Der urheberrechtliche Schutz performativer Kunst

Bei der vorliegenden Arbeit handelt es sich um eine von dem Fachbereich Rechtswissenschaft der Freien Universität Berlin angenommene Inaugural-Dissertation zur Erlangung des Grades eines Doktors des Rechts. Das Rigorosum fand am 14. Juli 2022 statt. Für den Druck bzw. die Vervielfältigung wurde sie geringfügig überarbeitet.

Moritz Johannes Ott
Der urheberrechtliche Schutz performativer Kunst
Theater Aktion Performance

Recherchen 168

Verlag Theater der Zeit
Verlagsleiter Harald Müller
Winsstraße 72 | 10405 Berlin | Germany
www.tdz.de

Umschlagabbildung: Ulay/Marina Abramović, Relation in Time,
Performance 17 Hours Studio G7, Bologna, Italy, 1977 © Ulay and Marina Abramović.
Courtesy of the Marina Abramović Archives
Satz: Tabea Feuerstein
Umschlaggestaltung: Nicolaus Ott
Grafische Konzeption und Gestaltung der Buchreihe: Agnes Wartner, kepler studio

Printed in Germany

ISBN 978-3-95749-482-5 (Paperback)
ISBN 978-3-95749-492-4 (ePDF)
ISBN 978-3-95749-493-1 (EPUB)

Recherchen 168

Moritz Johannes Ott
Der urheberrechtliche Schutz performativer Kunst

Theater Aktion Performance

Theater der Zeit

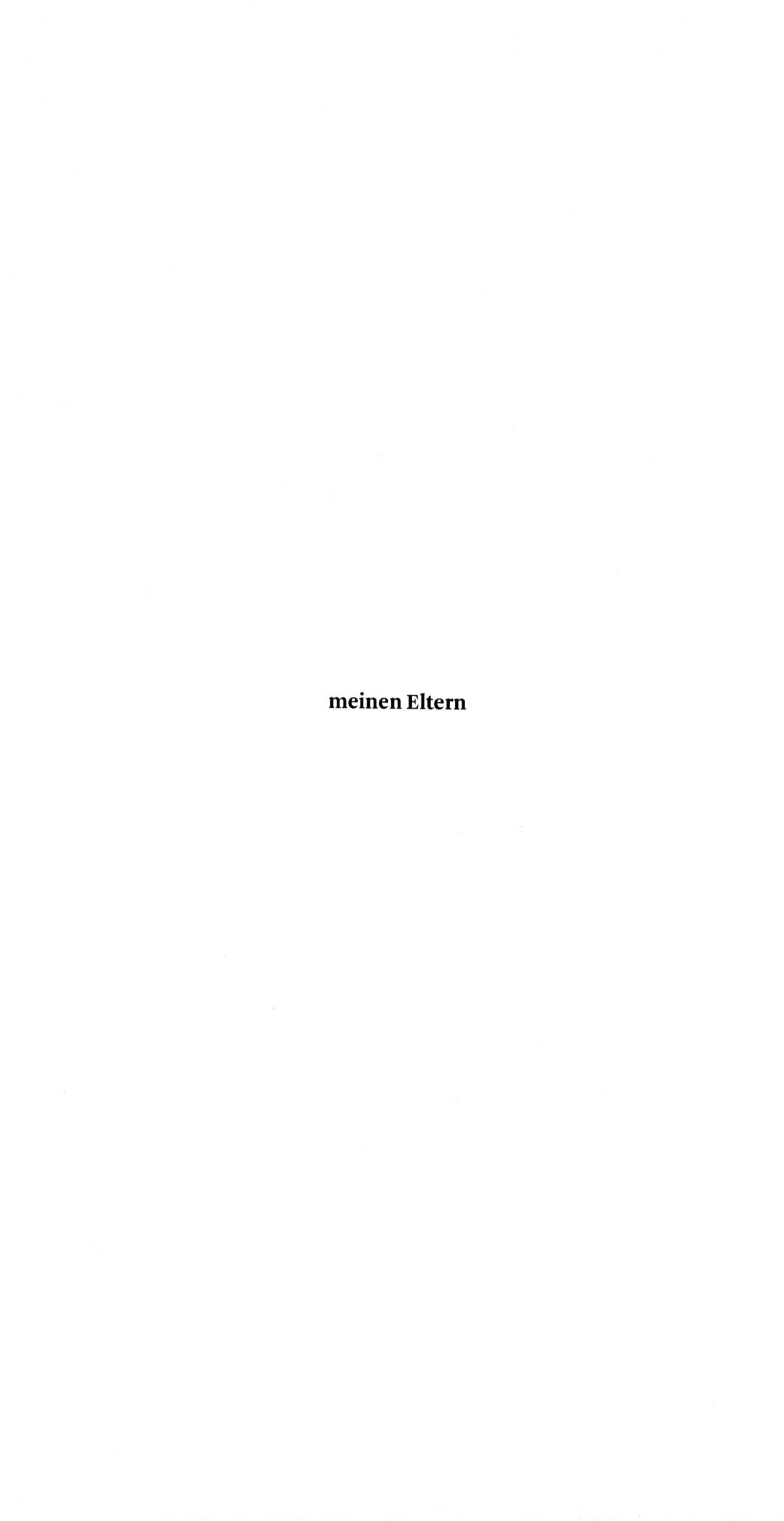

meinen Eltern

»Aller Platonismus aber,
alle Spekulation neigt zur Mißachtung
des tatsächlich Gegebenen.«
Dessoir I.c, S. 10

A Einleitung

I This is so contemporary

Auf der 51. Internationalen Kunstausstellung der Biennale von Venedig fand ein originelles und eigentümliches Ereignis statt. Der Berliner Künstler und Diplom-Volkswirt *Tino Sehgal* präsentierte im deutschen Pavillon seine Arbeit »This is so contemporary«: Die Arbeit bestand darin, dass, sobald ein Besucher[1] den leeren Pavillon betrat, drei uniformierte Museumswärter den Besucher tanzend umkreisten und rhythmisch immer wieder den Titelsatz riefen, »This is so contemporary, contemporary, contemporary! Tino Sehgal«.[2]

Mit dieser Arbeit schuf *Sehgal* eine Situation, die weder unter die urheberrechtlich geschützte Werkkategorie der bildenden Kunst noch unter die der Literatur im Sinne von § 2 Abs. 1 UrhG zu subsumieren gewesen wäre. *Sehgal* stellte mit »This is so contemporary« kein Artefakt her, dessen körperlicher Gegenstand den Besuch des deutschen Pavillons überdauern würde. Der Vollzug der Anweisungen von *Sehgal* diente aber auch nicht der Darstellung einer fiktiven Welt. Vielmehr entwickelte *Sehgal* mit seiner Arbeit »This is so contemporary« eine Form von Kunst, die allein in dem Moment Gestalt annimmt, in der man ihr *hic et nunc* begegnet.

II Die gesetzliche Regelung des Urheberschutzes

Da der Urheberrechtsschutz nicht von der Einordnung unter eine konkrete Werkgattung abhängig ist,[3] stellt sich gleichwohl die Frage, ob *Tino Sehgal* für »This is so contemporary« die Urheberschaft beanspruchen kann. Schutz nach Maßgabe des Urheberrechtsgesetzes genießen gemäß § 1 UrhG die Urheber von Werken der Literatur, Wissenschaft und Kunst. Das Gesetz knüpft hierzu an das Ergebnis der schöpferischen Tätigkeit des Urhebers an: Gegenstand des Urheberrechtsgesetzes ist das Werk, Urheber ist der Schöpfer des Werkes, § 7 UrhG. Im Zentrum des Urheberrechts steht demzufolge das

Werk – und zugleich sein Urheber, der durch ein geistiges Band in seinen geistigen und persönlichen Beziehungen zum Werk und bei der Nutzung des Werkes geschützt ist, § 11 UrhG.[4]

Das Wesen des urheberrechtlichen Werks, das durch die Legaldefinition bestimmt wird, wird durch zwei Relationen geprägt: 1) durch eine Differenzierung zwischen Subjekt und Objekt, Urheber und Werk bzw. Betrachter und Betrachtetem, und 2) durch eine grundlegende Trennung zwischen dem singulären materiellen Werkstück und dem durch dieses verkörperten Geisteswerk, also zwischen dem Ausdrucksmittel auf der einen Seite sowie der wahrnehmbaren Form und dem geistigen Gehalt auf der anderen Seite. Durch die Synthese dieser Beziehungen wird das Werk zu einem von seinem Urheber ablösbaren, ubiquitären Immaterialgut, dessen Rechtsgegenstand der wiederholten Nutzbarkeit durch Dritte zugänglich wird. Dies wird zwar meist nicht ausdrücklich erwähnt. Die Wiederholbarkeit ist aber die grundlegende Voraussetzung aller Immaterialgüterrechte.[5]

III Performative Kunst als urheberrechtliche Herausforderung

Eine derartige Ausdifferenzierung in Subjekt und Objekt, Urheber und Werk bzw. Betrachter und Betrachtetem wurde in *Sehgals* Arbeit »This is so contemporary« nicht ermöglicht. Denn *Sehgal* ersetzte die Schöpfung und Nutzung eines Werkes durch die Herstellung einer räumlich und zeitlich begrenzten Situation, der die Museumsbesucher des deutschen Pavillons nicht unbeteiligt gegenüberstanden, sondern sie bewegten sich in ihr.[6] Die Situation existierte also nie unabhängig von den jeweiligen Besuchern des deutschen Pavillons, sondern die Subjekte nahmen hieran aktiv teil. Damit ersetzte *Sehgal* das Objekt durch die Realerfahrung von Körper, Raum und Zeit, in die er die Aufseher und Zuschauer durch seine Anweisungen stellte.

Diese Veränderung der Subjekt-Objekt-Beziehung ist eng auf die Veränderungen der Nutzungsmöglichkeit bezogen, wie sie das Werk als ablösbares, ubiquitäres Immaterialgut eigentlich voraussetzt. Denn wenn die uniformierten Museumswärter über Monate hinweg während der ganzen Öffnungszeit der Biennale von Venedig immer wieder zu den Besuchern rhythmisch den Satz äußern, »This is so contemporary, contemporary, contemporary! Tino Sehgal«, wird mit diesen Äußerungen kein Immaterialgut wiederholt, sondern der Tatbestand von »This is so contemporary« jeweils neu geschaffen: »Das ist so gegenwärtig!« Das Aussprechen dieses Titelsatzes hat die Wirklichkeit verändert. Der Titelsatz sagt nicht nur einfach etwas, sondern er realisiert genau die Handlung, über die er spricht. Das heißt, das Aussprechen des Titelsatzes ist selbstreferenziell insofern als er das bedeutet, was er tut, und er ist insofern wirklichkeitskonstituierend, als er die soziale Wirklichkeit allererst erzeugt, von der er spricht.[7] Es sind diese beiden eigentümlichen Merkmale, welche performative Äußerungen kennzeichnen.[8] Dann ist »This is so contemporary« aber nicht als Wiederholung eines vorgegebenen geistigen Gehalts zu begreifen, den die Museumswärter durch Darstellung zur Anschauung bringen. Jener feste und stabile geistige Gehalt, den sie ausdrücken könnten, existiert nicht.

Damit sind zwei der entscheidenden Bedingungen, die erfüllt sein müssen, damit von einem Werk und insofern von urheberrechtlichem Schutz überhaupt gesprochen werden kann, bei *Sehgals* Arbeit »This is so contemporary« nicht erfüllt: zum einen der grundlegende Gegensatz von Urheber und Rezipient, den er relativierte, wenn nicht gar zum Einsturz brachte, zum anderen das Werk, an dessen Stelle *Sehgal* flüchtige, einmalige und unwiederholbare Geschehnisse setzte. Auf diesen Voraussetzungen beruht jedoch das geltende Urheberrecht.

Gleichwohl hat *Sehgal* längst bewiesen, dass sich seine konstruierten Situationen wie Artefakte verkaufen lassen. So konnte etwa das Museum of Modern Art in New York die Arbeit »The Kiss«[9] käuflich erwerben. Der Kaufvertrag hierfür wird mündlich vor einem Notar ausgehandelt. Der Käufer erwirbt das Nutzungsrecht. Dieses kann auf die gleiche Weise ausgewertet werden wie ein ganz »normales« Werk: Sobald *Sehgal* die Handlungsanweisungen mit den Akteuren vor Ort einstudiert hat, darf der Käufer die Arbeit für immer behalten und auch nach Belieben zeigen oder weiterverkaufen. Zudem erhält er die Lizenz, das »Werk« auszuleihen, wie etwa »The Kiss« an das New Yorker Guggenheim Museum, an die Londoner Tate Modern oder an den Martin-Gropius-Bau in Berlin.[10] Auf diese Weise wurde auch *Sehgals* Arbeit »This is Propaganda« an die Haubrok Foundation verkauft, »übergeben und übereignet« und den Staatlichen Museen zu Berlin als Dauerleihgabe zur Verfügung gestellt.

In diesem Sinne funktionieren *Sehgals* Arbeiten, wie z. B. »This is so contemporary«, in Ausstellungen, musealen Sammlungen und auf dem Kunstmarkt wie ein urheberrechtliches Werk, es ist aber höchst zweifelhaft, ob sie es in der rechtlichen Bewertung auch sind. »This is so contemporary« existiert nur als einmalige und unwiederholbare Situation.[11] Unterstrichen wird dies dadurch, dass *Sehgal* filmische oder fotografische Dokumentationen seiner Arbeiten untersagt. Anstelle deren materieller Festlegung oder Vervielfältigung gibt *Sehgal* – vorzugsweise im Museumsshop – Interviews.[12] In diesem Sinne verweist etwa der Katalog zur XI. Documenta auf eine Leerstelle, die eindrücklich auf die Immaterialität seiner Arbeit hinweist.

Wenn man es aber nicht mehr mit einem Werk zu tun hat, das als autonomes Objekt vorhanden ist, sondern einer zeitlich und räumlich begrenzten Situation, der die Anwesenden nicht unbeteiligt gegenüberstehen, sondern aktiv daran beteiligt sind, Schöpfung und Nutzung also gleichzeitig stattfinden, erscheint es problematisch, *Sehgals* Arbeit »This is so contemporary« unter Tatbestandsmerkmale zu subsumieren, die für das geltende Schöpfungsprinzip des Urheberrechtsgesetzes entwickelt wurden. Zumindest fordert die moderne Kunst zu einer Untersuchung heraus. Die urheberrechtliche Problematik dieser Untersuchung ist damit benannt.

IV Phänomenologische Gruppen performativer Kunst

Eine solche Untersuchung erscheint umso dringlicher, als »This is so contemporary« nicht das einzige Kunstereignis darstellt, welches das Urheberrecht auf die Probe stellt. In der urheberrechtlichen Literatur wird seit den sechziger Jahren des 20. Jahrhunderts nicht nur immer wieder eine Entgrenzung der Künste vom Leben proklamiert oder beobachtet,[13] sodass oftmals eine eindeutige Zuordnung der Lebenssachverhalte zu den anerkannten Werkkategorien des § 2 Abs. 1 UrhG nicht mehr möglich ist,[14] sondern auch die Rechtswissenschaft und Rechtspraxis haben längst zur Kenntnis genommen, dass in der Literatur- und Kunstwissenschaft von einer »Auflösung des Kunstbegriffs«[15] oder »Krise des Werkbegriffs«[16] die Rede ist, sodass in bestimmten Bereichen der modernen Kunst oftmals fraglich ist, ob überhaupt ein Sachverhalt des Urheberrechts vorliegt.[17] An den im Folgenden vorgestellten phänomenalen Gruppen entzündet sich die urheberrechtliche Diskussion insbesondere. Dabei ist auffällig, dass zeitgenössisches Kunstschaffen sich sehr häufig in Aufführungen realisiert.[18] Besonders im Fokus steht hierbei eine relativ neue Kunstgattung, die sogenannte Aktions- und Performancekunst.[19]

1 Bildende Kunst

Die bildende Kunst wurde schon beim *action painting*,[20] bei *body art*,[21] *landscape art* wie dem »Verhüllten Reichstag«[22] von *Christo* und *Jeanne-Claude* (Abb. 1) oder zuletzt ihren »Floating Piers« (Abb. 2), beim »Denkloch«[23] von *Walter de Maria*, aber auch in seinen

Lichtskulpturen[24] wie dem »Lightning Field«[25] und ähnlicher Konzeptkunst[26] seit den 1960er Jahren vom Aufführungscharakter dominiert.[27] Der Aufführungscharakter tritt hier durch die künstlerische Aktion und nicht in der Präsentation eines fertigen Werkes zutage. Zur urheberrechtlichen Berühmtheit haben es insbesondere die Anthropometrien[28] von *Yves Klein* (Abb. 3) gebracht, bei denen nackte Frauen in ultramarinblaue Farbe getränkt werden und, wie es der Kommentar Fromm/Nordemann seit mehr als 50 Jahren konnotiert, »durch Drehbewegungen mit dem Hosenboden ein kreisrundes Farbmischmasch«[29] auf der Leinwand erzeugt wird. Neben der Ersetzung eines Objekts durch die künstlerische Aktion war der Zuschauer oftmals aufgefordert, sich um Readymades[30] oder Objets trouvés[31] herumzubewegen, während andere Zuschauer ihn dabei beobachteten. Entsprechend waren die Zuschauer in die künstlerischen Prozesse mit eingebunden,[32] sodass der Besuch einer Ausstellung häufig den Charakter einer Aufführung hatte. Besonders herausgestellt wird dieser Aufführungscharakter für die in dieser Untersuchung relevanten Aktionen der bildenden Künstler *Joseph Beuys*[33] (Abb. 4), *Wolf Vostell*,[34] *Bazon Brock* und der Wiener Aktionisten. So führte *Hermann Nitsch* bis zu seinem Lebensende (2022) »Lammzerreißungsaktionen«[35] (Abb. 5) durch, bei denen die Zuschauer die Möglichkeit erhalten, selbst das Lamm aufzubrechen, es auszunehmen und zu verspeisen.[36]

2 Musik

Die sogenannte performative Wende begann in der Musik bereits in den frühen 1950er Jahren mit den »Events« und »Pieces« von *John Cage*.[37] Exemplarisch[38] hierfür ist das in zahllosen Lehrbüchern immer wieder erwähnte Stück »4'33"« (Abb. 6), in dem bei der Uraufführung am 29. April 1952 in der Maverick Hall Woodstock der Pianist *David Tudor* den Klavierdeckel beim jeweiligen Satzbeginn öffnete, ihn bei Satzende wieder schloss, sonst aber keinen einzigen Ton spielte.[39] Dennoch war die Stille bei *Cage* alles andere als geräuschlos. Es schwiegen nur die Instrumentalstimmen, die ganz gewöhnlichen Außengeräusche außerhalb der musikalischen Prozesse, wie etwa der Wind oder der auf das Dach niederprasselnde Regen oder gerade die von den Zuschauern selbst verursachten Geräusche, wurden besonders auffällig und in der Wahrnehmung der Zuschauer zu einem Klangereignis. Damit hatte *Cage* einen Hör-Raum erschaffen, in dem die eigentümliche Atmosphäre der »Stille« spürbar wurde.[40]

Abb. 1: Christo und Jeanne-Claude »Verhüllter Reichstag«
(1971–1995, Berlin. Foto: Wolfgang Volz/laif)

Abb. 2: Christo und Jeanne-Claude »The Floating Piers«
(2014–2016, Lake Iseo, Italien. Foto: Wolfgang Volz/laif)

Abb. 3: Performance »Anthropometries of the Blue Epoch«
(9.3.1960, bpk Berlin, Foto: Charles Wilp / Art Resource, NY / Klein)

Abb. 4: Joseph Beuys »Das Schweigen von Marcel Duchamp wird überwertet« (1964, Foto: Manfred Tischer)

Abb. 5: Hermann Nitsch »Orgien-Mysterien-Theater« (1962, »Lammzerreißungsaktion«)

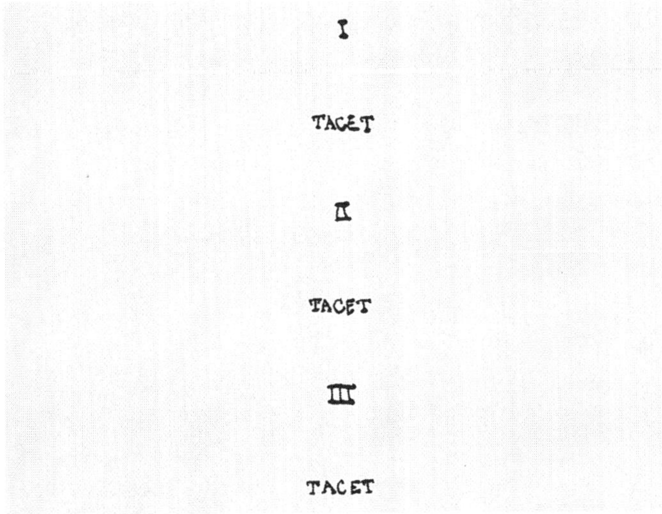

Abb. 6: John Cage »4'33"« (Uraufführung am 29.8.1952 in der Maverick Concert Hall bei Woodstock, New York)

3 Theater

Auch im Theater wird zunehmend das Mittel der Performance eingesetzt: Am 27. Oktober 2007 wurde im Solomon R. Guggenheim Museum in New York das Theaterstück »Right you are (if you think so)« des Literaturnobelpreisträgers *Luigi Pirandello* von 1917 in einer Inszenierung des italienischen Künstlers *Francesco Vezzoli* aufgeführt.[41] *Vezzoli* hatte zuvor seine Gäste mit dem Versprechen eingeladen, ihnen die größten Weltstars auf der Bühne zu präsentieren. Als Bühne diente die Rotunde in der Mitte des Guggenheim-Museums, umgeben von der spiralförmigen Rampe. Den Logenplatz unter den anwesenden Celebrities besetzte die 76-jährige *Anita Ekberg*; sie saß in der ersten Reihe auf einem rosa Lippensofa von Mae West. Die ausübenden Künstler, darunter Oscar-Gewinner wie *Natalie Portman*, *Anita Ekberg* und *Dianne Wiest*, saßen auf der Bühne im Kreis, ihre Rücken dem Publikum zugekehrt (Abb. 7). Den dramatischen Text von *Luigi Pirandello* sprachen sie ohne Deklamation in mechanischer Art und Weise gleich einem Nachrichtensprecher in Mikrofone ein. Inhaltlich handelt das Stück von Signora Ponza, die von *Cate Blanchett* verkörpert wird, davon, »ob sie die Frau eines älteren Mannes ist oder die Tochter von jemand anderem«.[42] *Vezzoli* selbst beschreibt diese Szenerie als eine in höchstem Maße langweilige Talkshow: »stundenlang nur Gossip, Gossip, Gossip«.[43] Zum Höhepunkt dieser Szenerie schritt *Cate Blanchett* fünf Minuten lang an den Zuschauern vorbei die spiralförmige Rampe des Museums hinab, begleitet von (fiktivem) Blitzlichtgewitter und Stroboskoplicht, und trat im John-Galliano-Kostüm auf die Bühne. Damit sollte *Cate Blanchett* alias Signora Ponza ihre tatsächlichen Familienverhältnisse ans Licht bringen. Stattdessen führte sie aus: *»I am neither, I am either, I am no-one, I am any-one. I am who-ever you believe me to be.«* (Abb. 8)

Das eigentliche Drama von »Right you are (if you think so)« fand im Publikum statt, nur wurde keiner der Zuschauer darauf hingewiesen, dass diese selbst die eigentlichen Akteure des Abends waren. Die Aufführung begann um kurz nach zehn Uhr abends. Etwa 500 geladene Gäste drängten sich vor dem Guggenheim-Museum, unter ihnen Kunstmäzene, große Künstler und Stars wie die *Olsen-Zwillinge*, *Salman Rushdie*, *Uma Thurman* oder *Lou Reed*. Das ganze Publikum war eine einmalige und unwiederholbare Zusammenkunft von Celebrities. Trotzdem und entgegen den üblichen Gepflogenheiten genoss kein einziger von ihnen seinen gewohnten Sonderstatus. Vielmehr mussten die bekannten Persönlichkeiten ihrerseits mit

Abb. 7: Luigi Pirandello »Right you are (if you think so)« (Uraufführung am 18.6.1917 in Mailand) in der Inszenierung von Francesco Vezzoli, 2007

Abb. 8: Cate Blanchett alias Signora Ponza in »Right you are (if you think so)« (2007)

ansehen, wie die ausübenden Künstler des Abends über einen roten Teppich an ihnen vorbei im Museum entschwanden. Erst nach einer Stunde Wartezeit erhielten die Gäste Einlass. Die Stimmung von gegenseitigem Anbiedern, Smalltalk und Schmeicheleien schlug um in genervtes Warten. Längst hatten einzelne Zuschauer verärgert die Warteschlange verlassen. Auch als die Aufführung losging, kam das Publikum nicht zur Ruhe. Es wurde getuschelt, man guckte sich irritiert an, teilweise waren die Gesichter wie eingefroren.[44] »Aber keiner verließ den Saal, weil alle anderen auch dablieben.«[45]

Was war passiert? Normalerweise besteht beim Besucher einer Theateraufführung die Vorstellung, dass ihm ein dramatischer Text präsentiert wird, der durch die Darstellung einer fiktiven Welt anerkannt, beobachtet und interpretiert wird. Es besteht die traditionelle ästhetische Norm, dass im Theater eine Illusion zur Erscheinung gebracht wird: Der Zuschauer weiß, dass der Darsteller von Romeo nur so tut, »als ob« er den Freitod mit seiner geliebten Julia wählt. Wenn aber die Schauspielerin *Cate Blanchett* die Rampe des Museums abschreitet, so bedeutet dieser Gang zunächst einmal den Gang auf die Bühne und erschafft die Wirklichkeit dieses Ganges. *Cate Blanchett* tut also keinesfalls nur so, als würde sie auf die Bühne gehen, sondern sie geht tatsächlich und schafft bzw. verändert dadurch die Realität.

Die Wahrnehmung der realen Körper- und Materialhaftigkeit der von *Cate Blanchett* vollzogenen Parade entlang der Spirale dominierte in ihrer schieren Endlosigkeit bei Weitem die Verkörperung der fiktiven Rolle der Signora Ponza. Der phänomenale Leib von *Cate Blanchett* verschwand hier nicht in der Darstellung der Signora Ponza, sondern rief eine eigene, nicht aus der Darstellung der Figur resultierende ästhetische Wirkung hervor. Diese Erfahrung von Präsenz ist nun aber keineswegs als ein Makel bei der Verkörperung der Darstellung der Signora Ponza zu begreifen, der nicht in dem gedanklichen Inhalt von der Rolle der Signora Ponza aufgehen würde, sondern sie beanspruchte mit der Intention von *Vezzoli*, seinen Gästen die größten Weltstars zu präsentieren, eine eigenständige ästhetische Realität.

Das bedeutet allerdings nicht, dass für die Zuschauer kein Interpretationsbedarf bestanden hätte. In der Aufführung von »Right you are (if you think so)« war es den Zuschauern durchaus möglich, einen gedanklichen Inhalt zu konstituieren, etwa eine Interpretation von *Pirandellos* geistigem Gehalt als »Talkshow über das Mediensystem«,[46] die das Scheitern der eigenen öffentlichen Identität inszeniert.

Insofern repräsentierten die Akteure auch bestimmte fiktive Rollen, die in einer gewissen Familienähnlichkeit zu den im Text festgesetzten Rollen standen. Derartige Deutungsmöglichkeiten, so verständlich sie auch sind, werden der Aufführung von »Right you are (if you think so)« aber nicht gerecht. Denn die jeweilige Erfahrung entzieht sich einer solchen Vergegenständlichung oder dem Versuch einer objektiven Beschreibung, da sie nicht deckungsgleich mit der anderer Beteiligter ist, gerade auch bei denjenigen, die es aus ihrer Alltagserfahrung gewohnt waren, bevorzugt behandelt zu werden – und veränderte deren körperlichen Zustand.

Es hat insofern den Anschein, als ob Vezzoli bewusst eine oszillierende Wahrnehmung provozierte, die zwar immer wieder das bewegte Spiel im Raum von *Cate Blanchett* als Signora Ponza wahrnehmen ließ, den Weltstar aber zugleich *in propria persona* in den Blick brachte. Dadurch entstand ein merk- und denkwürdiges Verhältnis zwischen beiden Funktionen. Die Präsenz von *Cate Blanchett* begründete eine spezifische Ordnung der Wahrnehmung, die Repräsentation der Signora Ponza dagegen eine andere. Und je öfter die Wahrnehmung hin- und herglitt, desto mehr richtete sich die Wahrnehmung auf die von den Zuschauern vollzogenen Transformationsprozesse selbst, indem diese sich selbst als Wahrnehmende wahrnahmen, was wiederum auf die Dynamik des Wahrnehmungsprozesses Einfluss hatte. Den Zuschauern von »Right you are (if you think so)« wurde also zunehmend bewusst, dass ihnen nicht *Pirandellos* dramatischer Text übermittelt wurde, sondern dass sie selbst es waren, die den gedanklichen Inhalt erst hervorbrachten, und zwar in einer Vielzahl unterschiedlichster Möglichkeiten.

Damit schuf *Vezolli* in und mit seiner Performance eine Situation, in der der Zuschauer nie sicher sein konnte, an welcher Art von Aufführung er gerade teilnahm, etwa an einer Aufführung des dramatischen Textes von *Pirandello*, zu der *Vezolli* geladen hatte, oder als Zuschauer einer Talkshow? Die Rahmen, die auf das eine oder andere hindeuten, wurden ständig wieder zum Einsturz gebracht. Damit provozierte *Vezolli* eine ästhetische Erfahrung, die im Publikum als »Verunsicherung, Irritation und Destabilisierung von Selbst und Weltwahrnehmung«[47] erlebt wurde, die ihren Ausgang in den »affektiven, physiologischen und energetischen«[48] Veränderungen des Körpers nahm – und umgekehrt. Denn jeder begriff, dass es auch um ihn ging: »Right you are (if you think so)«! Die Performance von *Vezolli* ereignete sich, indem die Zuschauer nicht einfach einem wahrzunehmenden Objekt gegenüberstanden, sondern indem es sich um ein Verhältnis der aktiven Teilhabe handelte. Dass sich etwas ereignete, erfuhren die Zuschauer bereits in der Warteschlange vor dem Museum; was sich dagegen ereignete, bemerkten die »Stars und Sternchen« vielleicht erst im Museum oder auch gar nicht. Gleichwohl waren sie zum Teil der Performance geworden. Damit schnappte die sog. tautologische Falle zu: Die Überschneidung von Kunst und Leben war zum »Werk« geworden, welches zum Ziel hatte, Objekt der Überschneidung zu werden. Der ganze Saal war ein Kunstereignis!

Diese spezifische Dynamik hat nun aber nicht nur eine ganz besondere ästhetische Erfahrung zur Folge, sondern auch erhebliche Auswirkungen auf die Frage nach der Anwendbarkeit des Urheberrechtsgesetzes. Wurde hier das Sprachwerk von *Pirandello* »Right you are (if you think so)« i. S. v. § 19 Abs. 2 UrhG bühnenmäßig dargestellt? Hat *Cate Blanchett* sich in den Genuss von Leistungsschutzrechten hineingespielt (§ 73 UrhG), indem sie an und mit ihrem Körper *Pirandellos* geistigen Gehalt erscheinen ließ, oder fehlte eine derartige Werkakzessorietät, sodass sie sich mit der Zurschaustellung ihres phänomenalen Leibes lediglich auf das allgemeine Persönlichkeitsrecht stützen kann? Welcher Richter mag hier für sich in Anspruch nehmen, nach den »richtigen« Regeln zu urteilen? Wenn es hier zudem die Zuschauer sind, welche die gedankliche Vorstellung erst konstituieren, ist dies überhaupt mit dem geltenden Urheberrechtsgesetz vereinbar oder gelten hier andere Wertmaßstäbe, die auf das Urheberrechtsgesetz ausstrahlen? Sind derartige Ereignisse überhaupt Kunst(werke)? Welches Verhältnis besteht hier zwischen den Bedingungen zur Entstehung der gedanklichen Vorstellung und den selbstreferenziellen Handlungen, die bedeuten, was sie tun. Handelt es sich hierbei um zwei unterschiedliche Sachverhalte oder denselben, der in ästhetischer Hinsicht lediglich aus unterschiedlichen Perspektiven untersucht werden muss? Und schließlich: Gibt es einen Urheber der Performance: *Pirandello*, *Vezolli* oder gar die Zuschauer oder gar keinen? Die Anwendbarkeit des Urheberrechts steckt hier sozusagen in einem *betwixt and between* an fließenden Übergängen, was zu einer enormen Rechtsunsicherheit und nicht zuletzt zu einem hohen Prozesskostenrisiko führt.

Die in der urheberrechtlichen Diskussion mehrfach betonte grundlegende Veränderung in den künstlerischen Prozessen seit den 1960er Jahren kann man mit *Fischer-Lichte* als »performative Wende« beschreiben.

> »Ob bildende Kunst, Musik, Literatur oder Theater – alle tendieren dazu, sich in und als *Aufführung* zu realisieren. Statt Werke zu schaffen, bringen die Künstler zunehmend Ereignisse hervor, in die nicht nur sie selbst, sondern auch die Rezipienten, die Betrachter, Hörer, Zuschauer involviert sind.«[49]

Ob und wie das Urheberrechtsgesetz auf diese veränderten Strukturen der künstlerischen Wirklichkeit angewendet werden kann, ist Gegenstand dieser Untersuchung. Dabei betritt sie *terra incognita*, denn die performative Wende in den Künsten ist, soweit ersichtlich, rechtlich noch nicht gewürdigt worden.[50] Die Untersuchung versucht diese Frage zu beantworten, indem sie erforscht, ob und wie Aktions- und Performancekunst urheberrechtlich geschützt werden, inwieweit dabei auch traditionelle bühnenmäßige Aufführungen urheberrechtlich neu bewertet werden müssen und ob der Schlüssel zum Urheberrechtsschutz aller Bühnenkunst im Urheberrechtsschutz ihrer Inszenierung oder in der Aufhebung der Werkakzessorietät des ausübenden Künstlers liegt. Dabei werden insbesondere verfassungsrechtliche Wertmaßstäbe eine Rolle spielen.

V Gang der Darstellung

Ausgehend von der zentralen Frage dieser Arbeit, ob Aktions- und Performancekunst urheberrechtlich als Werke i. S. v. § 2 UrhG geschützt sind, wird zunächst in **Kapitel B** untersucht, wie der Gesetzgeber den Begriff »Werk« in § 2 UrhG definiert hat. Sodann wird anhand der Darstellung und Analyse der wenigen gerichtlichen Entscheidungen, die zu der Frage ergangen sind, dargestellt, wie uneinheitlich und wenig überzeugend die Gerichte diese Frage beurteilen.

Kapitel C beantwortet die Frage, ob Aktions- und Performancekunst vom Werkbegriff des Urheberrechtsgesetzes erfasst sind. Dazu wird der Lebenssachverhalt »Aufführung« anhand theaterwissenschaftlicher Erkenntnisse untersucht, mit dem Resultat, dass Aufführungen allgemein ereignishaft sind, was ihre Werkeigenschaft infrage stellt, und dass das Urheberrechtsgesetz der Ereignishaftigkeit von Aufführungen nicht Rechnung trägt, obwohl es in § 19 Abs. 2 UrhG eine Regelung zur »bühnenmäßigen Aufführung« enthält. Performative Kunst erweist sich im Ergebnis als im Urheberrechtsgesetz ungeregelt.

In **Kapitel D** wird untersucht, ob diese Regelungslücke dem Wertungsplan der Rechtsordnung widerspricht. Als Wertungsmaßstab dient die Kunstfreiheitsgarantie des Art. 5 Abs. 3 S. 1 GG, genauer: der sog. offene Kunstbegriff der Verfassung. Dessen Merkmale werden konkretisiert.

Kapitel E zeigt, dass (Bühnen-)Ereignisse nicht ohne Weiteres mit dem offenen Kunstbegriff in Einklang zu bringen sind.

Daher wird in **Kapitel F** der Wesensgehalt von Kunst im Sinne des offenen Kunstbegriffs näher analysiert. Diese Analyse resultiert in der Erkenntnis, dass der Gegenstand der Kunstfreiheit der Schutz einer besonderen ästhetischen Erfahrung ist, die auch und gerade durch performative Kunst vermittelt wird. Dies erlaubt es, festzustellen: Art. 5 Abs. 3 S. 1 GG schützt auch performative Kunst und damit Aufführungen. Darin liegt eine verfassungsrechtliche Wertung, mit der die Regelungslücke im Urheberrechtsgesetz im Widerspruch steht: Aufführungen verdienen grundsätzlich urheberrechtlichen Schutz.

Regelungslücken bedürfen der Rechtsfortbildung. Daher wird in **Kapitel G** untersucht, wie das Urheberrechtsgesetz in Bezug auf den Schutz performativer Kunst fortgebildet werden kann. Dabei geht es insbesondere um die Frage, wer als Künstler und Urheber einer Aufführung geschützt wird und wofür – denn Ereignisse als solche können als spontanes und momentanes Phänomen ihrem Wesen nach keinen Schöpfer haben.

Kapitel H fasst die die Ergebnisse der Untersuchung zusammen und resümiert diese.

B Der urheberrechtliche Werkbegriff und seine Anwendung auf Aktions- und Performancekunst durch die Rechtsprechung

Aktions- und Performancekunst genießen als Werk Rechtsschutz nach Maßgabe des Urheberrechtsgesetzes, wenn sie die Voraussetzungen des § 2 UrhG erfüllen, allgemein die Voraussetzungen des § 2 Abs. 2 UrhG. Zunächst werden daher die tatbestandlichen Werkvoraussetzungen vorgestellt. Anschließend werden die wenigen Streitfälle erörtert und bewertet, die bislang von Gerichten in dieser Frage entschieden worden sind. Daran werden die Schwierigkeiten deutlich, welche die Rechtsprechung mit der urheberrechtlichen Bewertung von Aktions- und Performancekunst hat.

I Auslegung des gesetzlichen Werkbegriffs

Wie bereits einleitend angedeutet, ist das »Tor« für einen Schutz nach Maßgabe des Urheberrechtsgesetzes das Werk i. S. v. § 2 UrhG. Als Rechtsobjekt fungiert es als Dreh- und Angelpunkt des Rechtsschutzes, indem es dem Urheber als Rechtssubjekt Schutz gegen eine unbefugte Auswertung seiner schöpferischen Leistung und seiner ideellen Interessen gewährt, § 11 UrhG.[51] Um feststellen zu können, ob Aktions- und Performancekunst Werke im Sinne des Urheberrechtsgesetzes sind, müssen daher zunächst die Voraussetzungen erörtert werden, die erfüllt sein müssen, damit ein Werk im Sinne des § 2 UrhG vorliegt.

Regelungstechnisch enthält § 2 Abs. 1 UrhG einen offenen Regelbeispielkatalog unterschiedlicher Werkgattungen, der in § 2 Abs. 2 UrhG durch eine abstrakt-generelle Legaldefinition ergänzt wird. Diese Kombination bietet den Vorteil, dass einerseits neue Kunstarten nicht von vornherein vom Schutz ausgenommen sind, andererseits dienen die konkreten Beispielsfälle als Maßstab für die Anwendung der offenen Werkdefinition gemäß Absatz 2.[52]

Da Aktions- und Performancekunst weder in der beispielhaften Aufzählung von Werkgattungen des § 2 Abs. 1 UrhG genannt sind, noch beides zweifelsfrei der Werkgattung der bildenden Kunst i. S. v. § 2 Abs. 1 Nr. 4 UrhG untergeordnet werden kann,[53] sondern vielmehr gerade geprüft werden soll, ob der mit und in der Aktions-

und Performancekunst vollzogene Wandel in den bildenden Künsten urheberrechtlich erfasst werden kann, ist die Kunstgattung der Aktions- und Performancekunst anhand der allgemeinen Definition des urheberrechtlichen Werkes (§ 2 Abs. 2 UrhG) auf ihre Werkeigenschaften hin zu prüfen. Dazu muss der Werkbegriff zunächst ausgelegt werden.

1 Der Werkbegriff des Urheberrechtsgesetzes (§ 2 Abs. 2 UrhG)

Nach der Legaldefinition des Urheberrechtsgesetzes sind Werke nur »persönliche geistige Schöpfungen« (§ 2 Abs. 2 UrhG). Bei diesem Normtext handelt es sich aber lediglich um die »Spitze des Eisbergs«.[54] Denn die Ausdrucksweise »persönliche geistige Schöpfung« entbehrt mit ihren wenigen Attributen eines hinreichend scharfen Inhalts bzw. einer bestimmbaren Bedeutung, die aber die Voraussetzung der Bezugnahme auf den Lebenssachverhalt bildet, der auf seine Werkeigenschaft hin überprüft werden soll.[55]

In der Tat gehen die Meinungen, in welcher Weise der gesetzliche Werkbegriff zu verstehen sei, im urheberrechtlichen Schrifttum auseinander. Die überwiegend herrschende Meinung in Literatur und Rechtsprechung folgt dem sogenannten Schöpfungsprinzip.[56] Demgegenüber hat der Schweizer Rechtsgelehrte *Max Kummer* mit seiner Abhandlung »Das urheberrechtlich schützbare Werk« bereits 1968 das Fundament des Urheberrechts grundlegend fortgebildet[57] – und liegt seitdem für die Praxis quasi im Hintergrund auf der Lauer. Da seinem Werkbegriff am ehesten ein »Rezeptionsprinzip« zugrunde liegt, wird dieser Begriff bereits an dieser Stelle dem Schöpfungsprinzip entgegengesetzt.

Das vom Urheberrechtsgesetz geschützte Werk wird in Deutschland von der herrschenden Meinung in Literatur[58] und Rechtsprechung[59] als Ausdruck der subjektiven Wirklichkeit seines Urhebers begriffen und bestimmt. Entsprechend ist das zentrale Kriterium des Werkes die Eigenschaft, die je eigentümliche Individualität seines Schöpfers zum Ausdruck zu bringen.[60] Das Werk ist primär nicht Aussage oder Botschaft, sondern in erster Linie unmittelbarster Ausdruck der Urheberpersönlichkeit,[61] indem der Urheber durch eine wahrnehmbare Formgestaltung seinen »lebenden Geist«,[62] seine mitunter extremen seelischen Zustände, Träume, Fantasien im Werk durch eine spezifische Darstellung veranschaulicht.[63]

Dieser Gesetzesauslegung durch die herrschende Meinung in Literatur und Rechtsprechung liegt eine sogenannte Schöpfungstheorie zugrunde, die von der deutschen Jurisprudenz zum allgemeinen

Rechtsprinzip erhoben wird.[64] Bei dieser Rechtsidee wird das Werk zum Angelpunkt urheberrechtlicher Entscheidungen gemacht. Im Zentrum des Urheberrechts befindet sich also das von seinem Urheber unabhängig und selbstständig existierende Werk – und damit zugleich auch sein Urheber selbst, der seinen individuellen Geist durch einen genialen Schöpfungsakt ins Werk hineingebracht hat. Kraft Natur der Sache sei es daher gerecht, auf die vorgegebene Individualität seines Schöpfers im Werk Bezug zu nehmen.

Dieser Normzweck von § 2 Abs. 2 UrhG deutet sich bereits im Wortlaut seines Normtextes an. Die Schöpfung des urheberrechtlichen Werkes wird, wenn auch zum Teil nur im übertragenen Wortsinn, in Analogie zur Schöpfung der Welt durch Gott begriffen.[65] Der Urheber als autonomes Subjekt bringt ein ebenso autonomes Werk hervor. Und so wie auch der Ungläubige durch seine Vernunft die ewige göttliche Wahrheit erkennen kann, wird auch demjenigen die subjektive Wirklichkeit des Urhebers zuteil, der sich in das Werk *einfühlt*.

Die gesetzliche Verankerung des Schöpfungsprinzips kann man auch im äußeren System des Urheberrechtsgesetzes finden. Die herrschende Meinung pflegt sie in § 7 UrhG zu sehen: Als allein möglicher Urheber des Werkes gilt der Mensch.[66] Nur der Mensch sei in der Lage, als Ergebnis eines kreativen Denkprozesses seinen lebendigen Geist zum geistigen Gehalt des Werkes zu verobjektivieren.[67] Diese zentrale Wertung liegt den Anhängern des Schöpfungsprinzips zufolge als Begründungsansatz des Normgebers für den gesamten Urheberrechtsschutz zugrunde, wie ihn § 1 Abs. 1 UrhG postuliert, nämlich den Urheber in seinen persönlichen und geistigen Beziehungen zu seinem von ihm losgelösten und unabhängig existierenden Werk zu schützen, mit dem dieser durch ein unsichtbares geistiges Band verbunden ist.[68] Als »menschenrechtlich fundierten Anspruch auf die Zuordnung der Urheberschaft« soll er »lückenlos«[69] die gesamte Rechtsanwendung im Urheberrechtsgesetz durchziehen und betrifft damit auch die für diese Untersuchung relevante Verwertung des Werkes durch das Recht zur Aufführung, in der gemäß § 19 Abs. 2 UrhG ein Werk bühnenmäßig dargestellt werden soll, sowie die gesetzlich manifestierte Werkakzessorietät des Rechts des ausübenden Künstlers in § 73 UrhG.

2 Der ursprüngliche Normzweck des § 2 Abs. 2 UrhG als vorrangiger Auslegungsmaßstab

Da hinter dem Werkbegriff aber – wie bei jedem anderen Rechtssatz auch – ein Wille des Gesetzgebers steht, muss zunächst herausgearbeitet werden, welche Bestimmung der Gesetzgeber dem Begriff des Werkes gegeben hat, wonach Werke nur persönliche, geistige Schöpfungen sein sollen. Denn einen »Willen des Gesetzes« gibt es nicht, das heißt, erst wenn die Sichtweise des historischen Gesetzgebers feststeht, kann beurteilt werden, ob in einem zweiten Schritt der Rechtsanwendung dieser ursprüngliche Normzweck auch im Anwendungszeitpunkt fortgilt. Die historische Auslegung ermöglicht es, rational zu kontrollieren und zu kritisieren, ob ein Gesetz bei der Rechtsanwendung gegen seinen Normzweck umgedeutet wurde.

Aus Gründen solcher Methodenehrlichkeit ist für diese Untersuchung auch die klare Unterscheidung zwischen Auslegung und Rechtsfortbildung zentral.[70] Denn einerseits soll mit dieser Untersuchung eine rationale Kontrollierbarkeit und Kritisierbarkeit der bisherigen Praxis ermöglicht werden, andererseits soll erkennbar sein, wo die Grenze zwischen einer zulässigen Rechtsanwendung liegt, bei der »in denkendem Gehorsam«[71] durch Auslegung das aus dem Gesetz herausgeholt wird, was der Gesetzgeber hineingelegt hat, nur sozusagen am Maßstab der Gesamtrechtsordnung »hochgerechnet« (*intra ius*), und wo das Gesetz, orientiert an einem erkennbaren Wertungsplan der Rechtsordnung, fortgebildet wird – oder wo eine Rechtsanwendung auf eine unzulässige Lockerung der Gesetzesbindung und Gewaltenteilung hinauslaufen würde, weil sich der Rechtsanwender im Wege der »verdeckten Rechtsfortbildung« sozusagen »im Blindflug« zum Herrn des Gesetzes aufschwingt, indem er etwas Neues in das Gesetz hineinlegt, nämlich seinen Regelungswillen (*contra legem*).

Der Gesetzgeber von 1965 wollte zur Bestimmung des Werkbegriffs ausdrücklich den Inhalt übernehmen, welchen ihm Rechtslehre und Rechtsprechung zuvor gegeben hatten.[72]

Im Folgenden wird daher ein historischer Überblick über die wichtigsten Ideen und Lehren zum Wesen und zur rechtlichen Natur des Urheberrechts gegeben – aus drei Gründen: Die Entstehungsgeschichte soll erstens den historischen Normzweck präziser ermitteln, als er bereits durch Auslegung des Wortlauts und der Systematik festgestellt wurde.[73] Ferner markiert die historische Auslegung des ursprünglichen Normzwecks die Grenze zwischen Auslegung und Rechtsfortbildung. Denn durch Auslegung kann nur das an Bedeutung aus einer Norm herausgeholt werden, was der Gesetzgeber zuvor hineingelegt hat – ansonsten wäre es nicht mehr Auslegung, sondern Einlegung.[74] So soll, drittens, eine Eigenwertung als eigenständige Normsetzung offengelegt werden, was den Rechtsanwender zu einer erhöhten Begründung seiner Entscheidung verpflichtet.[75]

3 Historische Begründung und Legitimation des Schöpfungsprinzips

Das Urheberrecht ist in seinem Gang durch die Geschichte eine der »Grosstaten des Rechts der Neuzeit«[76].[77] Seine Rechtsquellen gehen auf das naturrechtliche Denken im 18. Jahrhundert zurück. Zwar sind die vom Urheberrecht geschützten Interessen uralt.[78] Die Grundannahme des modernen Urheberrechts war dem Altertum und dem Mittelalter aber noch fremd: die abendländische Dichotomie von Körper und Geist.[79] Die Rechtswissenschaft konnte daher auf keine römischen Rechtsquellen zurückgreifen, sondern musste vollständig neue Ideen und Lehren über das Wesen und die rechtliche Natur des Urheberrechts entwickeln. Wie sich aus der folgenden Entstehungsgeschichte zeigt, ist der Kampf der Meinungen bis heute geprägt von dem Problem, erstens den Rechtsgegenstand herauszuarbeiten, zweitens diesen Rechtsgegenstand von anderen, freien Gütern abzugrenzen und drittens den rechtlich adressierbaren Gegenstand (auf objektiver Basis) seinem Urheber zuzuordnen.

a) Theorie vom geistigen Eigentum – Schutz des Geisteswerkes

Seine erste wichtige Ausprägung fand die Dichotomie von Körper und Geist durch die Theorie vom geistigen Eigentum.[80] Während noch mit der Wende zur Neuzeit den Verlegern – und nicht etwa den Autoren als Urhebern[81] – ausschließliche Nachdruckprivilegien erteilt wurden,[82] verbreitete sich mit der Aufklärung die Idee des geistigen Eigentums durch eine Hochflut von Veröffentlichungen in ganz Europa[83] und trat schließlich an die Stelle[84] der spätfeudalistischen Privilegientheorie,[85] welche die staatliche Verleihung von Privilegien zum Schutz gegen Nachdruck durch einzelne Drucker, Verleger oder Autoren umfasste.[86]

In Deutschland wurde die Idee vom geistigen Eigentum als juristischem Begriff erstmals 1690 mit dem Argument formuliert, dass der Nachdruck von Büchern unrechtmäßig ist, obgleich keine kaiserlichen Nachdruckprivilegien bestehen.[87] Herrschende Meinung war dies aber noch nicht. Erst im 18. Jahrhundert wurde die Idee vom geistigen Eigentum insbesondere von *Johann Stephan Pütter* zu einer Theorie ausgearbeitet, indem er die Interessen des Buchhandels mit dem Streitstand zusammenfasste.[88]

In seiner Schrift »Der Büchernachdruck nach ächten Grundsätzen des Rechts« (1774)[89] differenzierte er zwischen dem Kaufvertrag über das körperlich greifbare Manuskript eines Buches und dem Verlagsvertrag über das im Manuskript verkörperte geistige Gut, weshalb allein der Kaufvertrag nicht zu einem Büchernachdruck berechtigte.[90] Die Unzulässigkeit des Büchernachdrucks führte *Pütter* auf die Herrschaftsmacht des Urhebers über sein Geisteserzeugnis zurück. Die Legitimität dieser Herrschaftsmacht begründete er mit der Schöpfung des Werkes, welches »ursprünglich ein wahres Eigenthum ihres Verfasser [sei], so wie ein jeder das, was seiner Geschicklichkeit und seinem Fleisse sein Daseyn zu danken hat, als sein Eigenthum ansehen kann«.[91] Entsprechend der naturrechtlichen Eigentumsideologie[92] und im Anschluss an die Arbeitstheorie von *John Locke*[93] wird im 18. Jahrhundert also auch das geistige Eigentum mit der Arbeit gerechtfertigt, die zu seiner Schaffung aufgewendet werden musste, und so juristisch zu erfassen versucht.[94] Gemäß der Lehre vom geistigen Eigentum besteht das Wesen des Urheberrechts demnach im Schutz des selbstständig existierenden Geisteswerks, dessen rechtliche Existenz mit einem Analogieschluss zum Sacheigentum konstruiert wird.[95] Die Überlegung, wonach »Eigenthum ist, was mir eigen ist, und eigen ist, was mir alleine zugehört«,[96] erwies sich also auch hier als äußerst fruchtbar. Mit dieser überpositivistischen, naturrechtlich begründeten Lehre fand das Zeitalter der Privilegien als eines »ewigen« Rechts zugleich nachträglich seine Legitimation, indem sie den Rechtsgegenstand, an dem die Verleger bereits zwischen 1500 und 1800 ausschließlich durch Privileg berechtigt waren, überhaupt erst konstruierte.[97] Die Lehre vom geistigen Eigentum ist bis zum heutigen Tag wirksam geblieben. Wie der BGH in seiner »Grundig«-Entscheidung zum geltenden Urheberrechtsgesetz formulierte:

> »[d]ie Herrschaft des Urhebers über sein Werk, auf die sich sein Anspruch auf einen gerechten Lohn für eine Verwertung seiner Leistung durch Dritte gründet […], wird nicht erst durch den Gesetzgeber verliehen, sondern folgt aus der Natur der Sache, nämlich aus seinem geistigen Eigentum, das durch die positive Gesetzgebung nur seine Anerkennung und Ausgestaltung findet.«[98]

Im Hinblick auf die zuerst aufgeworfene Frage nach dem Rechtsgegenstand des Urheberrechts ist damit aber nur ein Anfang gemacht. Denn es stellt sich sofort die Frage, was dieser geistige Gegenstand ist, der da geschützt werden soll. Und was ist daran als das Besondere zu qualifizieren?

b) Theorie vom Immaterialgüterrecht – Form und Inhalt

Die »Parole«[99] vom geistigen Eigentum als ausschließlichem Recht am Werk war rechtsgeschichtlich der »wirksamste Appell«[100] »im Kampf um den Schutz der geistigen Arbeit«.[101] Mit ihrer Durchsetzung erfuhr sie im 19. Jahrhundert aber eine Läuterung[102] und »verschwand« schließlich in der »Mottenkiste der Rechtsgeschichte«.[103] In ihrer dogmatischen Ausarbeitung erwies sich der Analogieschluss zum Eigentum als unzulässig, waren doch die Rechtsgüter Sacheigentum und Urheberrecht sowohl in Ansehung des Gegenstandes als auch des Inhalts zu verschieden.[104] Insbesondere *Kohler* fürchtete eine Verwässerung des Begriffs des Eigentums, da der Gegenstand des Geistwerkes nicht die gleiche Abgegrenztheit aufweise wie ein körperlicher Gegenstand, weshalb er oftmals unklar und schillernd bleibe.[105]

An die Stelle der Theorie vom geistigen Eigentum setzte *Kohler* zur Beschreibung des Rechtsgegenstandes des Urheberrechts den Begriff des Immaterialgüterrechts.[106] Im Hinblick auf die Frage nach dem Rechtsgegenstand erfuhr das Werk so eine maßgebliche Konkretisierung. Denn bislang wurde als Schutzobjekt »einfach das Gedicht, das Musikstück als Eigenthumsobjekt [...] [benannt,] ohne Rücksicht darauf, was alt, was neu, was original, was nicht original und was gewöhnlich ist«.[107] Allerdings stellten sich damit grundlegende Abgrenzungsschwierigkeiten zwischen dem Geschützten und dem Ungeschützten.

Kohler legte seiner Lehre vom Immaterialgüterrecht zunächst die Stellungnahme von *Johann Gottlieb Fichte* über den kontrovers diskutierten Streit über die Unrechtmäßigkeit des Büchernachdrucks[108] zugrunde. In seinem »Beweis über die Unrechtmäßigkeit des Büchernachdrucks« von 1793 unterschied dieser bei einem Buch »das Körperliche desselben, das bedruckte Papier; und sein Geistiges«, wobei er dieses Geistige weiter ausdifferenzierte »in das Materielle, den Inhalt des Buches, die Gedanken, die es vorträgt; und in die Form dieser Gedanken, die Art wie, die Verbindung in welcher, die Wendungen und die Worte, mit denen er es vorträgt«.[109] Diese Unterscheidung führte *Fichte* zu der rechtlichen Bewertung, dass der Erwerber des Buches Eigentum nur am Manuskript erhalte. Der geistige Inhalt werde demgegenüber mit Veröffentlichung des Buches frei. Nur die Form der Gedanken »die Ideenverbindung, in der, und die Zeichen, mit denen sie vorgetragen werden«[110] verblieben, so *Fichte*, im ausschließlichen

Recht des Verfassers; hier habe der Urheber »das Recht, zu verhindern, dass niemand in sein ausschließliches Eigenthum dieser Form Eingriffe thue und sich des Besitzes bemächtigte«.[111]

Mit der Unterscheidung vom Recht am Manuskript und dem Recht an seinem Inhalt oder besser: an der Form, in der sich der Gedankeninhalt manifestiert, leistete *Fichte*, wie bereits betont, einen wichtigen Beitrag zur Konkretisierung des Rechtsgegenstandes des modernen Werkbegriffs – nämlich als eines »Gebilde[s] des Gedankeneigentums«.[112] In der Jurisprudenz führte er jedoch zu dem klassischen Streit, ob nur die Form oder auch der Werkinhalt urheberrechtlich geschützt sein kann,[113] was in Bezug auf die Frage nach der Abgegrenztheit des Rechtsgegenstandes zu maßgeblichen Schwierigkeiten führen sollte.[114]

Diese Unterscheidung zwischen Form und Inhalt wurde auch von *Kohler* in seiner Lehre vom Immaterialgüterrecht zugrunde gelegt.[115] Dabei entwickelte *Kohler* aber den Gedanken, dass bei einem auf die bloße (äußere) Form beschränkten Schutzbereich rechtliche »Irrtümer« unterlaufen, wie z. B. bei Übersetzungen, »oder eine[m] zum Schauspiel hergerichtete[n] Roman«.[116]

> »Die Annahme, Kupferstiche von Gemälden seien kein Nachdruck, weil sie die Form verändern, auch das Nachstechen eines Kupferstiches nicht, nur der unbefugte Nachdruck von den Originalplatten, dieser unrichtige Gedanke, [ist] eine Folge solcher prinzipiellen Unrichtigkeit.«[117]

Um diese Lücke zu schließen, erweiterte *Kohler* den Rechtsschutz der »Form« auf die »innere Form«, die er der »äußeren Form«, z. B. dem nackten Wortlaut oder dem Sujet, gegenüberstellte. Diese innere Form sei die wesentliche Form, die er definierte als »die Form der Ideenfolge, Ideengruppierung und Ideenbewegung, die Eigenart der Assoziation, Verbindung und Abstoßung von Ideen, überhaupt die individuelle Besonderheit der psychischen Mechanik«.[118]

Mit dieser Überlegung, wonach auch die »Form der Gedankeneinteilung«,[119] die »Gedankenzeichen«,[120] geschützt sind, nicht aber der Gedanke selbst, knüpfte *Kohler* an die Inhaltsästhetik *Hegels* an, der mit »großer Schärfe«[121] den Unterschied zwischen Form und Inhalt weiter entfaltet habe.[122] Unter Rückgriff auf die »Vorlesungen über die Ästhetik« aus dem Jahre 1835, bei der *Hegel* das Schöne als das sinnliche Erscheinen der Idee versteht, war also für *Kohler* die Form die sinnlich-anschauliche Erscheinung eines Gegenstandes und die der

Wahrnehmung sich darbietende Art seiner Darstellung, in der die Gestaltungsmomente seiner äußeren und inneren Form enthalten sind. Demnach steht die Form im Gegensatz zum geistigen Gehalt, den die Form anschaulich offenbart, weshalb auch für *Hegel* nur das »Eigentum« an der »Art und Weise« des Werkes beim Urheber verbleibt.[123]

Wesentlich an der Theorie vom Immaterialgüterrecht ist nun, dass *Kohler* glaubte, auf dieser Basis die innere Form noch vom schutzlosen Gehalt trennen zu können. Denn der inneren Form liege ein »Prototyp« zugrunde, dessen Kern erhalten bleibe, selbst wenn die äußere Schöpfung verändert werde.[124] *Kohler* nannte diesen Kern »imaginäres Bild«. Den Kern seiner Lehre bildete damit die Verbindung der Überlegungen von *Arthur Schopenhauer*[125] mit der platonischen Ideenlehre. Denn *Kohler* dachte, so zu einer Möglichkeit zu gelangen, das Wesen hinter der Erscheinung zu erkennen. Und eben deswegen glaubte er, die innere Form schematisch noch vom schutzlosen Inhalt trennen zu können. In Abgrenzung zum Sujet, der äußeren Fabel,[126] erhob er daher dieses imaginäre Bild hinter der inneren und diese hinter der äußeren Form zum Schutzgegenstand des Urheberrechts. Denn *Kohler* war sich bei künstlerischen Schöpfungen (insbesondere des Realismus) sicher, dass »hinter der individuellen Sache die Idee der Sache lebt«:[127]

> »[D]er Künstler, der durch seine Skizzen das Rohbild der in ihm schlummernden Ideenmacht zu Tage bringt, bekundet damit von selbst, dass dem fertigen Werke ein Vorbild zu Grunde liegen muß, um das sich erst die individuelle Gestalt herumlegt, die ihm der Künstler gibt.«[128]

Kohler brachte mit dem Begriff des imaginären Bildes mithin zum Ausdruck, dass dem *internen* Denkprozess als Resultat ein »imaginäres Ideenbild« zugrunde liegt, dessen »Gegenstand« als »von der Form abgelöstes Substrat mit existiert«.[129] Nach *Kohler* handelte es sich bei diesem imaginären Bild also um ein Urbild, das in seiner Reinheit und Unvollkommenheit als Ideal *vorbesteht*. Hierbei handele es sich um die Emotionen, Träume oder Fantasien seines Urhebers, die es allein rechtfertigen würden, das urheberrechtliche Werk einem Urheber zuzuordnen – und um es so vom nicht geschützten Stoff, dem Sujet, dem freien Inhalt abzugrenzen. Das imaginäre Bild versuchte er in den verschiedenen Kunstgattungen sichtbar zu machen.[130] In seiner Stellungnahme zur Musik, die er im Ganzen den Schriftwerken zuschlägt, heißt es:

> »Beim Tonbild handelt es sich, wie beim lyrischen Gedicht, um einen Stimmungseindruck, der darauf beruht, dass der Tonmeister eine bestimmte Empfindung in eine ihr entsprechende Fassung von Tönen zu bringen versteht, was darin begründet ist, dass die Tonverbindungen eben in uns eine ganz einzigartige Stimmung zu erzeugen vermögen.«[131]

Hieraus wird deutlich, dass nach *Kohler* urheberrechtlich nur die individuelle Emotion von Bedeutung ist, die sozusagen direkt aus der Seele des Urhebers in das Werk eingeht:

> »Wie jedes künstlerische Streben, so kann natürlich auch dieses ein bewusstes oder ein unbewußtes sein: [...] Ja selbst der Autor, welcher im Somnambulismus oder in einem ähnlichen psychopathischen Zustand Werke macht, genießt den Autorschutz, da gerade in diesen Zuständen oftmals die Seele sich zum höchsten Schwunge begreift.«[132]

Kohlers Lehre vom Immaterialgüterrecht ging also davon aus, dass das Werk als Ausdruck der subjektiven Wirklichkeit seines Schöpfers zu verstehen ist. Problematisch daran ist aber, dass diese Idee erst dann justiziabel wird, wenn sie eine wahrnehmbare Formgestaltung gefunden hat, mithin dann, wenn sie zumindest für einen kurzen Augenblick auf einem Objekt der Körperwelt fixiert wird – und so das imaginäre Ideenbild dem Betrachter *erscheinen* kann. Das Problem seiner Theorie vom Immaterialgüterrecht liegt also darin, dass das imaginäre Bild bis heute imaginär geblieben ist.[133] Denn allein die Behauptung, es wäre ein Wesen hinter der Erscheinung vorhanden, genügt nicht, sondern dieses muss zwecks rechtlicher Beurteilung auch erkennbar sein. Die Theorie vom Immaterialgüterrecht ist aber nicht imstande, überzeugend zu erklären, wie und warum ein Werk, das als Ausdruck der Individualität eines Urhebers erschaffen wurde, von einem Rechtsanwender daraufhin überprüft werden könnte, ob sich dieses ideale Urbild im urheberrechtlich geschützten Werk auch tatsächlich rein und unverfälscht ausgedrückt hat. Mit Recht hat daher insbesondere *Ulmer*,[134] unter Berufung auf *de Boor*,[135] dargelegt, dass die Konstruktion des Autorrechts als eines Immaterialgüterrechts einen anfänglichen Fehler enthält, der in der rechtlichen Bewertung schließlich dazu führt, dass der gesamte inhaltliche Bestand eines (Sprach-)Werkes von dem Schutzbereich der inneren Form einverleibt wird, schmilzt doch der Begriff des freien Inhalts weitestgehend zugunsten der inneren Form, wenn der Begriff der inneren Form beliebig weit in den freien Inhalt ausgedehnt werden kann, was die Unterscheidung zwischen Form und Inhalt als willkürliche Grenzlinie »demaskiert«,[136] eben weil man dialektisch herausstellen kann, »dass der Inhalt nichts ist als das Umschlagen der Form in Inhalt, und die Form nichts als Umschlagen des Inhalts in Form«.[137] Die Versuche, aus den Begriffen »Form« und »Inhalt« objektive Kriterien herauszuarbeiten, um das Besondere vom Allgemeinen, das Geschützte vom Ungeschützten zu unterscheiden, sind daher gescheitert. Der Begriff vom imaginären Bild wurde in der Folge dann auch zu Recht in der Rechtswissenschaft ganz überwiegend abgelehnt.[138]

Damit konnte aber die Forderung, geschützt sei nur die Form, urheberrechtlich nicht aufrechterhalten werden. Denn wenn man die Form lediglich als etwas versteht, das dazu dient, etwas wahrnehmbar zu machen, ist die Aussage, geschützt sein kann nicht das, was noch gar nicht existiert, eine Banalität. Die Form dagegen zu definieren als etwas, das auf einen geistigen Inhalt verweist, und nur dessen wahrnehmbare Form zu schützen, führt, das hat *Kohler* treffend herausgearbeitet, etwa bei Übersetzungen zu Fehlschlüssen, die nur durch eine Ausweitung der Form in den Inhalt zu retten wären, was aber auf einer objektiven Grundlage nicht gelingen kann.[139]

Diese Ausdifferenzierung in Form und Inhalt ist auch in der Rechtsprechung auf Ablehnung gestoßen.[140] In der amtlichen Gesetzesbegründung des Urheberrechtsgesetzes von 1965 heißt es daher, dass als persönliche geistige Schöpfungen Geisteswerke anzusehen seien, »die durch ihren Inhalt oder durch ihre Form oder durch die Verbindung von Form und Inhalt etwas Neues und Eigentümliches darstellen«.[141] Auch der BGH geht in ständiger Rechtsprechung in Bezug auf Sprachwerke davon aus, geschützt seien grundsätzlich sowohl die Gedankenformung und -führung des dargestellten Inhalts als auch die besonders geistreiche Form und Art der Sammlung, Einteilung und Anordnung des dargebotenen Stoffes.[142]

c) Theorie vom Persönlichkeitsrecht

Wie gezeigt, vermag die Theorie vom Immaterialgüterrecht nicht befriedigend zu erklären, wie und warum ein Werk, das als individueller Ausdruck der Urheberpersönlichkeit geschaffen wurde, von einem Rechtsanwender daraufhin überprüft werden könnte, ob sich dieses ideale Urbild im urheberrechtlich geschützten Werk auch tatsächlich rein und unverfälscht ausgedrückt hat. Die Kritiker der Theorie des Immaterialgüterrechts versuchen diesem Dilemma nun dadurch zu entgehen, dass sie die Möglichkeit einer »Einfühlung« in die Urheberpersönlichkeit behaupten. Anstelle der Unterscheidung von Form und Inhalt, von materiellem und immateriellem Eigentum, wie sie von *Fichte*, *Hegel*, *Schopenhauer* und *Kohler* vertieft wurde, gehen sie dabei von der Annahme aus, dass der subjektive Geist selbst im Werk festgelegt ist und sich entsprechend verobjektiviert. Ihre klassische Darstellung findet diese Ansicht bei *Otto von Gierke*,[143] nach welchem das Urheberrecht ein Persönlichkeitsrecht sei, weil es ein Recht an der eigenen Seinsweise sei. Individualität wird entsprechend von ihm bestimmt als der durch Formgebung individualisierte Gedankeninhalt, »dessen Gegenstand ein Geistwerk als Bestandteil der eigenen Persönlichkeitssphäre bildet«.[144]

Diese personenrechtliche Konstruktion des Urheberrechts geht auf *Immanuel Kant* zurück. In seiner Schrift »Von der Unrechtmäßigkeit des Büchernachdrucks«[145] stellte dieser die – vielfach als »seltsam«[146] beschriebene – These auf, dass »im Werk« der Autor selbst spreche,[147] sodass dessen »angeborenes Recht in eigener Person«[148] verletzt sei, wenn sein Werk in unberechtigter Weise von einem anderen vorgetragen werde, also einem Vertreter ohne Vertretungsmacht.

Aus diesem von *Kant* als »ius personalissimum« bezeichneten Recht gewann *Johann Caspar Bluntschli* seine Überzeugung, dass das von einem Urheber erschaffene Werk »eine Offenbarung und ein Ausdruck seines persönlichen Geistes«[149] sei. Es sei daher ein Gebot der Rechtsordnung, die Relation zwischen Urheber und Werk, zwischen »Schöpfer und Geschöpf«[150] als ein subjektives Recht zu schützen. Wie gesagt, war es in Deutschland aber vor allem *von Gierke*, der diese Theorie zur »Lehre vom Persönlichkeitsrecht« weiterentwickelte: Das Werk gehöre insoweit dem Urheber, wie es Ausdruck seiner eigenen Persönlichkeit sei.[151]

d) Dualistische Theorie

Zwar gab auch *Kohler* zu, dass das urheberrechtliche Werk mit seinem Schöpfer durch »einige individualrechtliche Beziehungen«[152] zusammenhängt. Aber weil er nicht davon ausging, dass sich im Werk selbst die Urheberpersönlichkeit manifestiert, sondern dieses imaginäre Bild bereits ohne »Einfühlung« erkannt werden könne, handele es sich bei der Beziehung des Urhebers zu seinem Werk nicht um eine Beziehung zu sich selbst, sondern um die Beziehung eines Vaters zu seinem »geistigen Kind«.[153] Daher sei der Urheber mit seinem Werk auch lediglich durch die in der Vergangenheit liegende Tatsache des Schöpfungsaktes verbunden.[154] Die Persönlichkeitsrechte seien streng von den »Autorrechten«[155] zu unterscheiden, weshalb die Theorie vom Immaterialgüterrecht auch als »dualistische Theorie«[156] bezeichnet wird. Der Schöpfer schaffe das Geisteswerk als eine von ihm ablösbare und tradierbare unkörperliche Sache, der unabhängig von ihrem Urheber eine eigene Existenz zukomme.[157] Das Urheberrecht sei daher »ein außerhalb des Menschen stehende[s], aber nicht körperlich, nicht faß- und greifbare[s] Rechtsgut«.[158]

Da die Theorie vom Immaterialgüterrecht aber, wie bereits betont, weder zu erklären noch zu rechtfertigen vermag, wie und warum ein Werk, das als Ausdruck der subjektiven Wirklichkeit seines Urhebers verstanden werden soll, von anderen auf seinen Wahrheitsgehalt hin beurteilt werden soll, warf *von Gierke* der Theorie vom Immaterialgüterrecht vor, dass aus ihr nicht hervorgehe,

> »dass die positive Rechtsordnung die Grenzen der Herrschaft an einem so verselbständigten Gute aus der Person seines Schöpfers bestimmt. Und sie nimmt nur kraft eines wenig folgerichtigen Verfahrens in den Inhalt dieses dinglich angelegten Rechtes an einem äußeren Gute auch den Schutz der rein persönlichen Beziehungen des Urhebers zu seinem Werke auf.«[159]

Der Theorie vom Immaterialgüterrecht wurde daher zu Recht vorgehalten, dass das Urheberrecht zu einem bloßen Vermögensrecht »verkümmere«.[160] Denn der wesentliche Inhalt des Urheberrechts liegt hiernach lediglich in der Verwertung des Geisteserzeugnisses, sodass sich das Wesen des Urheberrechts »in bloße fremde Unterlassungen verflüchtigt«.[161] Damit würde man aber, so der Vorwurf, »dieses Recht der besonderen gegenständlichen Beziehung [berauben], durch die es sich von anderen absoluten Rechten unterscheidet«.[162] Und diese besondere Beziehung liege eben darin, dass sich der Urheber selbst in seinem Werk manifestiere, weshalb das urheberrechtliche Rechtsgut also keinesfalls außerhalb, sondern vielmehr innerhalb des Menschen stehe. Die Moral gebiete es daher, den Urheber auch in seinen ideellen Beziehungen zu seinem Werk zu schützen, und zwar in Form des sogenannten Urheberpersönlichkeitsrechts, des »droit moral«.[163]

e) Monistische Theorie – Schutz von Form und Inhalt

Damit standen sich zunächst die Theorie vom Urheberrecht als einem reinen Vermögensrecht einerseits und die Theorie vom Urheberrecht als einem reinen Persönlichkeitsrecht andererseits gegenüber. Diese beiden Theoriestränge führte – unter expliziter Erwähnung der eigentlichen Unvereinbarkeit – *Philipp Allfeld* zu der bis heute vorherrschenden »monistischen Theorie« zusammen, gemäß welcher sowohl vermögensrechtliche als auch persönlichkeitsrechtliche Aspekte in einem einheitlichen Urheberrecht untrennbar miteinander »verwurzelt« sind.

> »Das Urheberrecht ist also kein reines, es ist ursprünglich überhaupt kein Vermögensrecht. Es ist das in der Person wurzelnde, durch die Thatsache geistigen Schaffens zur Entstehung kommende, ausschließliche Recht, über die Kundgabe des Erzeugnisses dieses Schaffens an Andere zu bestimmen. Näher betrachtet, geht das Recht des Urhebers dahin, zu bestimmen, ob und wie, in welcher Form [Seitenwechsel] und zu welchen Zwecken das Werk kundgegeben werden solle.«[164]

Eugen Ulmer erklärt diese Zusammenführung bekanntermaßen mit den Wurzeln eines Baumes, dessen einheitlicher Stamm das Urheberrecht sei. Die urheberrechtlichen Rechte seien die Äste und Zweige, die ihre Kraft bald aus beiden Wurzeln, bald aus einer von ihnen ziehen.[165] Um zwischen gemeinfreien und denjenigen Elementen eines Werkes unterscheiden zu können, die dem Urheber zugeordnet werden können, wird daher nicht zwischen Form und Inhalt differenziert, sondern das Werk selbst als Manifestation der Urheberpersönlichkeit begriffen. Mit *Ulmer* wird entsprechend davon ausgegangen, dass nur die individuellen Züge des Werkes Gegenstand des urheberrechtlichen Schutzes sind – und zwar in Abgrenzung zu dem im Werk ebenfalls verkörperten geistigen Gemeingut.[166] Die Rechtsprechung hat dieser Auslegung des gesetzlichen Werkbegriffes beigepflichtet und fordert seitdem in ständiger Rechtsprechung für Werke der bildenden Kunst einen »ästhetischen Gehalt, der einen solchen Grad erreicht, dass nach den im Leben herrschenden Anschauungen noch von Kunst gesprochen werden kann«.[167]

Im Hinblick auf die eingangs gestellte Frage nach dem Rechtsgegenstand des Urheberrechts ist das urheberrechtliche Werk damit als Ausdruck der subjektiven Wirklichkeit ausgewiesen. Zusammenfassend kann es mit *Heinrich Hubmann* wie folgt charakterisiert werden. In seinem Beitrag »Das Recht des schöpferischen Geistes« heißt es in Bezug auf die subjektive Wirklichkeit:

> »Die göttliche Schöpfung hat dem Menschen Raum für selbständiges Schöpfertum gelassen. Immer wieder greift der persönliche Geist in die Tiefen seines eigenen Wesens und holt aus seiner Individualität eigene Vorstellungen, Stimmungen und Erlebnisse herauf, in der Werkstatt seiner Seele spinnt er eigene Gedanken und Bilder.«[168]

Dem Problem, wonach man nicht feststellen konnte, ob sich die vom Urheber intendierte Wirklichkeit auch tatsächlich ausgedrückt hat, versucht *Hubmann* durch die Manifestation der Urheberpersönlichkeit im Werk zu entgehen, indem er meint, »dass bei ihr der individuelle Geist selbst in eine äußere Form eingeht, dass er sich objektiviert und Ausdruck gewinnt, dass er sozusagen selbst Gestalt annimmt und aus dieser Gestalt wiedererkannt werden kann«.[169]

Durch diese Einfühlung kraft Affinität, was *Schleiermacher* das »Alleben« nennt,[170] kommt *Hubmann* zu dem Schluss:

> »Nun [...] können wir feststellen, welche geistigen Erzeugnisse Eigentum eines einzelnen Menschen sind und ihm ausschließlich gebühren. Es sind diejenigen geistigen Inhalte und Formen, die nicht aus allgemeinen Quellen stammen, sondern vom persönlichen Geist aus seinem eigenen Inneren neu geschaffen sind und deren Hervorhebung nur mit individuellem Einsatz möglich war.«[171]

f) Zwischenfazit

Die historische Auslegung hat ergeben, dass in der Entstehungsgeschichte des Urheberrechts das urheberrechtliche Werk als Ausdruck der subjektiven Wirklichkeit eines Urhebers begriffen und bestimmt wurde, bei dem das Kriterium für seine Schutzwürdigkeit in der Fähigkeit liegt, die besondere Individualität seines Schöpfers zum Ausdruck zu bringen. Das Dilemma, wonach die Lehre vom Immaterialgüterrecht nicht befriedigend zu erklären vermag, wieso ein Werk, welches als individueller Ausdruck der Urheberpersönlichkeit erschaffen wurde, für Dritte Relevanz besitzen kann, und daraufhin beurteilt werden könnte, ob sich das imaginäre Bild auch tatsächlich rein und unverfälscht ausgedrückt hat, versucht die Lehre vom Urheberrecht als einem Persönlichkeitsrecht dadurch zu lösen, dass sie das urheberrechtliche Werk selbst als Manifestation der Urheberpersönlichkeit begreift. Durch Divination wird es so möglich, dass sich der Rezipient gleichsam »in den anderen verwandelt«.[172] Diese beiden dualistischen

Theorien wurden schließlich zu der monistischen Theorie verknüpft. Danach sind als »persönliche geistige Schöpfungen« Erzeugnisse anzusehen, »die durch ihren Inhalt oder durch ihre Form oder durch die Verbindung von Inhalt und Form etwas Neues und Eigentümliches darstellen«.[173]

4 Die Tatbestandsmerkmale des Werkbegriffs im Sinne des Schöpfungsprinzips

Auf der Basis der oben dargelegten historischen Auslegung des gesetzlichen Werkbegriffes wird im Folgenden ein näherer Blick auf die Tatbestandsvoraussetzungen geworfen, die unter dem Eindruck der genannten Manifestation der Urheberpersönlichkeit im Werk als Quelle der Legitimation des Urheberrechtsschutzes stehen. Dabei wird der Werkbegriff in Literatur[174] und Rechtsprechung[175] ganz überwiegend durch vier Tatbestandsmerkmale konkretisiert. Nach Loewenheim/Leistner muss es sich erstens um eine *persönliche Schöpfung* des Urhebers handeln.[176] Zweitens muss diese Schöpfung einen *geistigen Gehalt* aufweisen.[177] Drittens muss sie eine *wahrnehmbare Formgestaltung* gefunden haben.[178] Und viertens muss in der Schöpfung die *Individualität* des Urhebers zum Ausdruck gelangen.[179] Im Folgenden werden diese Bestandteile und Merkmale des herrschenden Werkbegriffs im Lichte des Schöpfungsprinzips analysiert. Dabei wird sich zeigen: Dieser Begriff wird einerseits bestimmt durch die Beziehung zwischen Subjekt und Objekt, Urheber und Werk, Nutzer und Verwertetem, andererseits durch die Beziehung zwischen Körper und Geist, zwischen Werkstück und Geisteswerk, zwischen wahrnehmbarer Form und geistigem Gehalt.

a) Persönliche Schöpfung

Die »Hauptdenksäule«[180] des Urheberrechts, die für die herrschende Meinung in Literatur und Rechtsprechung noch heute »als unzerstörbarer denn Erz«[181] gilt, liegt in der Annahme, dass der Urheber als Subjekt das urheberrechtliche Werk schafft, das als Objekt aus der kreativen Tätigkeit seines Schöpfers hervorgeht und eine von ihm ablösbare und unabhängige Existenz besitzt. Demnach kann nur der Mensch tauglicher Urheber sein.[182] Für die Vertreter des Schöpfungsprinzips folgt dieses Erfordernis bereits aus dem Bestandteil »persönliche Schöpfung« der Legaldefinition. Erst das Ergebnis dieser kreativen Tätigkeit, das fertige Werk, stellt in seinem Objektcharakter die Voraussetzung dafür dar, dass es der Wahrnehmung durch menschliche Sinnesorgane zugänglich gemacht werden kann.[183] Für die herrschende Meinung ist mithin eine klare Trennung von Subjekt und Objekt fundamental.

In diesem Zusammenhang hatte *Friedrich Karl Fromm* zwar bereits im Jahr 1964 darauf hingewiesen, dass dieser »wissenschaftliche Glaubenssatz«[184] durch den Fortschritt der Technik »ins Wanken geraten«[185] sei. Das Recht habe daher »zur Kenntnis zu nehmen, dass aus der Utopie von gestern die Wirklichkeit von heute geworden ist, die nach juristischer Ordnung von morgen sucht«.[186] Er spricht sich daher dafür aus, »dem Betreiber des Übersetzungscomputers, des Schlagerroboters, des kritischen Analysators, des Vers- und Wortautomaten das Recht an automatisch gelieferten Übersetzungen, Schlagerliedern, Kritiken, Gedichten, lyrischen, epischen und lexikalischen Erzeugnissen zuzuerkennen«.[187]

Diese Auffassung ist aber von nahezu allen Kommentaren[188] mit dem unausgesprochenen Argument abgelehnt worden, dass Maschinen und Apparate keine künstliche Intelligenz besitzen, die es rechtfertigen würde, von einer persönlichen Schöpfung zu sprechen. »Es fehlt [...] am Tätigwerden des schöpferischen Menschen. [...] Den göttlichen Funken im schöpferischen Menschen kann keine noch so raffinierte Maschine ersetzen.«[189] Denn das charakteristische Merkmal des urheberrechtlich geschützten Werkes wird von den Anhängern des Schöpfungsprinzips – wie dargelegt – darin gesehen, dass im Werk die besondere Individualität seines Urhebers zum Ausdruck kommt. Daher genüge es auch nicht, dass die (elektronische) Technik ihrerseits auf den Menschen zurückgeht,[190] sondern diese darf allenfalls als Hilfsmittel benutzt werden. Dies sei der Fall, wenn das angewendete Hilfsmittel vom Urheber eindeutig determiniert und damit das Ergebnis vorhersehbar war.[191] Soweit das urheberrechtliche Werk also als Ausdruck der inneren Wirklichkeit seines Urhebers verstanden wird, können weder Maschinen, Apparate, Tiere oder juristische Personen, sondern ausschließlich natürliche Personen taugliche Urheber sein – und zwar auch dann nicht, wenn ein Objekt von einem Subjekt präsentiert wird, weil die persönliche Schöpfung immer eine schöpferische Tätigkeit voraussetzt.[192]

b) Geistiger Gehalt

Wie einleitend bemerkt, steht im urheberrechtlichen Werk die Subjekt-Objekt-Relation in einem engen Zusammenhang zum Verhältnis von Körper und Geist, zwischen Werkstück und Geisteswerk, zwischen wahrnehmbarer Form und geistigem Gehalt.

Für die Vertreter des Schöpfungsprinzips ist eine klare Unterscheidung zwischen dem Werkstück und dem Geisteswerk grundlegend.[193] Schutzgegenstand des Urheberrechts ist nicht das Werkstück, sondern das Geisteswerk.[194] Das Geisteswerk existiert in der Welt der geistigen Gegenstände, nicht in der Welt der körperlichen Gegenstände (Bronze oder Marmor).[195] Es ist das Ergebnis geistigen Schaffens, es ist seinem Wesen nach immateriell[196] und kann von den menschlichen Sinnesorganen nicht unmittelbar wahrgenommen werden.[197] Der Mensch kann nur die realen Phänomene wahrnehmen, wie sie sich ihm in visuellen Reizen wie Farbe, Kontrast, Linien, Bewegung und Räumlichkeit oder auditiven Reizen wie Schall, Geräuschen, Klängen usw. präsentieren.[198] Dieses körperliche Ding ist das real existierende, sinnlich-anschauliche »Werkstück«. Als materielles Artefakt ist es unmittelbares Objekt der Wirklichkeit. Demgegenüber kann das Geisteswerk wegen seiner Immaterialität vom einzelnen Werkstück lediglich zur Darstellung gebracht werden. Dies geschieht, indem im einzelnen Werkstück Geistiges mit Materie verbunden und so den menschlichen Sinnen zugänglich gemacht wird.[199] Das materielle Werkstück verkörpert also das Geisteswerk.[200] Beide sind jedoch zu unterscheiden,[201] denn das Werk wird als Immaterialgut im einzelnen Werkstück lediglich konkretisiert.[202]

Im Einklang mit der abendländischen Philosophie liegt dem ein urheberrechtliches Konzept zugrunde, wonach das urheberrechtliche Werk aus zwei voneinander getrennten Schichten besteht, einer körperlichen und einer geistigen. Die geistige Schicht ist das Geisteswerk und wird als »geistige« Größe verstanden, als etwas, das »über das bloße sinnlich wahrnehmbare Substrat hinausgeht, eine Aussage oder Botschaft, die dem Bereich der Gedanken, des Ästhetischen oder sonstiger menschlicher Regungen und Reaktionsweisen zugehört«.[203] Durch das Werk muss also ein »Gedanken- oder Gefühlsinhalt«[204] vermittelt werden. In diesem Sinne gilt am urheberrechtlich schützbaren Werk alles als »kommunikativer Gehalt«,[205] das als »qualifiziert menschliche Kommunikation«[206] eine Brücke von Mensch zu Mensch schlägt. Nach dem Schöpfungsprinzip bildet dieses Geisteswerk das Rechtsobjekt des Urheberrechts,[207] es ist die Grundlage des Tatbestandsmerkmals »geistig« in der gesetzlichen Definition. Daraus folgt, dass als Prüfungsmaßstab seiner Schutzfähigkeit ausschließlich seine *Ausdruckshaftigkeit* entscheidungserheblich ist, das heißt das Verstehen der Gefühle, der geistigen Erlebnisse, der Psyche, der Botschaft des Urhebers – obgleich es genügen soll, wenn sich dieser geistige Gehalt nur »Fachleuten« erschließt.[208]

c) Wahrnehmbare Form

Aus den Ausführungen zum geistigen Gehalt (»Geisteswerk«) darf man nicht ableiten, die Vertreter des Schöpfungsprinzips würden die materielle Schicht des Werkes ignorieren. Vielmehr findet jedes Detail des real existierenden Werkstücks in der Subsumtion Berücksichtigung. Aber jedes wahrnehmbare Detail wird zu einer »Form« erklärt, die den geistigen Gehalt in der Gegenständlichkeit herausstellt und so der sinnlichen Anschauung zugänglich macht.[209] Die Stärke des Strichs und die Farbenkombination werden zu einer sich der Wahrnehmung darbietenden Art und Weise einer Darstellung, damit dergestalt dem wahrnehmenden Subjekt das Geisteswerk *erscheinen* kann. Die überwiegend herrschende Meinung in Literatur und Rechtsprechung folgt damit der oben[210] näher erläuterten Inhaltsästhetik *Hegels*, bei der etwas durch Darstellung zur Anschauung gebracht wird.

Das urheberrechtliche Werk ist nach dem Schöpfungsprinzip also so konzipiert, dass dem Betrachter in seiner Wahrnehmung das auf der Leinwand dargestellte Luftschloss als geistiger Gegenstand erscheinen kann, ebenso wie der Stein oder das Stück Bronze die Skulptur, wie Ton und Rhythmus die Musik oder wie Wörter das Gedicht ergeben. Das heißt, der Begriff der Form meint durchgehend die Darstellung von etwas, das bereits besteht, aber »anderswo« existiert, als imaginäres Bild in der inneren Schau des Urhebers, dort aber nicht anschaulich gegeben ist, sondern nur in der Vorstellung »Gestalt« annimmt.[211] Es ist die Aufgabe und die Funktion der Form, diesen lebenden Geist des Urhebers zur Darstellung zu bringen, damit dem Betrachter das Geisteswerk als Bewusstseinsinhalt erscheinen kann.[212]

d) Ausdrucksform versus Ausdrucksmittel

Allen urheberrechtlich geschützten Werken ist mithin gemein, dass sie in ihrer Substanz aus zwei kongruenten Schichten bestehen: einer geistigen und einer materiellen Schicht.[213] Wegen dieser Einheit von Geistigem und Sinnlichem, bei der es um das Erscheinen des geistigen Gehalts in einer konkreten, anwesenden Gestaltung geht, wird die Form häufig auch als Ausdrucksform bezeichnet. Dieser Begriff kann allerdings missverständlich sein, er darf nicht mit dem Begriff des Ausdrucksmittels verwechselt werden. Denn zwischen Form und Ausdrucksmittel ist zu unterscheiden.[214] Die Form schlägt die »Brücke«[215] vom geistigen Gehalt zur Materie, indem sie den geistigen Gehalt anschaulich zur Darstellung bringt. Das heißt, die schöpferische Tätigkeit, welche der Urheber aufbringen muss, liegt in der Formung der Idee, sodass diese durch die Formgestaltung (Ausdrucks*form*) angemessen zur Darstellung gebracht und so der Wahrnehmung zugänglich ist. Komplementär zur (Ausdrucks-)Form steht das Ausdrucks*mittel*. Denn erst die materielle Substanz (wie Töne oder Gesten, Ölfarbe oder Marmor) kann auf die Sinnesorgane des Menschen einwirken; erst hierdurch können in den *visibilia* die *invisibilia* aufleuchten. Bei der Verbindung der Form mit der Materie handelt es sich aber nicht um die eigentliche schöpferische Tätigkeit des Urhebers, sondern nur um eine erlernbare, handwerklich technische Leistung.[216] Daher soll das Ausdrucksmittel auch ersetzbar sein.[217]

Auch wenn diese Unterscheidung zwischen Ausdrucksmittel und Formgestaltung oftmals nur in reflektierter Betrachtung möglich ist und schon gar nicht in der bildenden Kunst, bei der der Urheber mit beständigen, das heißt dauerhaften, Materialien arbeitet, ergibt sich die Selbstständigkeit der Elemente Form und Ausdrucksmittel insbesondere bei Werkarten, deren Ausdrucksmittel vergänglich sind, wie etwa bei der Jazzimprovisation,[218] dem Stegreifgedicht oder der schriftlich nicht fixierten Rede. Denn wohl mag das Ausdrucksmittel – das sind die Schallwellen, die menschliche Stimme und die Laute, welche das Musikinstrument hervorbringt – mit seinem Verklingen unwiderruflich verloren sein. Der geistige Gehalt, der durch die Form der Wahrnehmung zugänglich gemacht wurde, ist von den Zuhörern aber wahrgenommen worden und kann immer wieder mit einem neuen Ausdrucksmittel zum Erscheinen gebracht werden.[219] Eine körperliche Fixierung des Werkes ist daher nicht erforderlich.[220] Denn der geistige Gehalt kann durch erneuten handwerklich-technischen Einsatz wiederholt werden.

Für die Körper- bzw. Materialhaftigkeit der Werke gibt es hingegen keine Rettung. Als real existierendes Werkstück mag der (dauerhafte) körperliche Gegenstand zwar dem Sachenrecht unterliegen; im Urheberrecht dominiert hingegen die allgemeine Auffassung vom Primat des Geistes über den Körper: Der geistige Gehalt wird mit einem Körper begabt, wodurch die körperliche bzw. materielle Schicht des Werkes vollständig im Namen des Geisteswerkes verschwindet. Folglich gibt es für die körperliche Schicht auch keinen unerfüllten Rest, der nicht in der geistigen Schicht aufgeht, die durch erstere in Erscheinung treten kann. Die Aufgabe und Funktion der real existierenden materiellen Schicht ist mithin darauf beschränkt, den geistigen Gehalt in die Außenwelt zu tragen,[221] indem diese ihr »aufruht«.[222]

e) Individualität

Der Werkbegriff, der durch die Merkmale der persönlichen Schöpfung, des geistigen Gehalts und der wahrnehmbaren Formgestaltung gekennzeichnet wurde, erfährt seine wichtigste Einschränkung durch das Merkmal der Individualität. Denn generell werden nur die individuellen Züge im Werk geschützt. Es muss also geklärt werden, wie sie zustande kommen und worin sich die individuellen Züge ausdrücken.

Wie gezeigt, ist der Fixpunkt in der urheberrechtlichen Subsumtion das sowohl gegenüber seinem Urheber als auch gegenüber seinem Nutzer selbstständig bestehende Werk, das durch schöpferische Leistung des Urhebers entstanden und der Wahrnehmung und Interpretation des Rezipienten zugänglich ist. Der primäre Zweck des Urheberrechtsgesetzes ist nach dessen § 1 zwar der Schutz des Urhebers. Die Konzentration auf die Frage, *was* das Urheberrechtsgesetz schützt, also auf den Werkbegriff, ist hierzu aber kein Widerspruch,[223] sondern das Fundament des der herrschenden Meinung in Literatur und Rechtsprechung zugrunde liegenden Schöpfungsprinzips. Dies deshalb, weil für die Anhänger des Schöpfungsprinzips das urheberrechtliche Werk als Emanation des menschlichen Geistes gekennzeichnet ist. Durch die Formgestaltung hat sich der lebende Geist von seinem Urheber gelöst und existiert nunmehr als geistiger Gehalt unabhängig von ihm. Er ist in das Werkstück »gebannt«[224] und durch die geformte Materie an dieses »gefesselt«.[225] Er liegt dort verschlossen und überdauert die Zeit.[226] Aber gerade weil sich der geistige Gehalt von seinem Urheber gelöst und sich ihm gegenüber verselbstständigt hat, erkennt die herrschende Meinung in Literatur und Rechtsprechung hier eine schutzbedürftige Beziehung des Urhebers entweder zu sich selbst (*von Gierke*) oder zu seinem »geistigen Kind« (*Kohler*), mit dem er jedenfalls durch ein »geistiges Band« (*Ulmer*) verbunden ist. Der Urheber soll daher sowohl in seinen ideellen als auch in seinen materiellen Interessen geschützt werden. In § 11 Satz 1 UrhG heißt es hierzu: »Das Urheberrecht schützt den Urheber in seinen geistigen und persönlichen Beziehungen zum Werk und in der Nutzung des Werkes.«[227]

5 Individualität als Schutzbegründung und Schutzbegrenzung

Nach dem Schöpfungsprinzip ist die Schutzgrenze also dort zu ziehen, wo das Werk nicht mehr als Ausdruck der Individualität seines Urhebers zu verstehen ist. In der gesetzlichen Definition des Werkbegriffs soll diese Voraussetzung in dem Begriff »persönlich« enthalten sein.[228]

Während die Rechtsprechung das Tatbestandsmerkmal »persönlich« grundsätzlich im Vergleich zu anderen Werkarten durch den Begriff der »Eigentümlichkeit«[229] i. S. v. andersartig und/oder eigenartig definiert,[230] bestimmt es die Literatur durchgängig im Verhältnis zu seinem Urheber durch den Begriff der Individualität. Ein Unterschied in der Sache soll sich hieraus allerdings nicht ergeben.[231]

a) Rechtsprechung

Nach der Rechtsprechung ist das Werk individuell, wenn es vom individuellen Geist seines Urhebers geprägt ist.[232] Es »muss sich als Ergebnis seines individuellen geistigen Schaffens darstellen«.[233] Die urheberrechtliche Schöpfung beurteilt sich daher ausschließlich anhand ihrer individuellen Ausdruckskraft[234] und kann entsprechend, »auch nach der Rechtsprechung, nur in der Person ihres Schöpfers entstehen«.[235] Dieses Erfordernis wird in unterschiedlichen Modifikationen und Variationen durch Begriffe wie »schöpferische Eigentümlichkeit«,[236] »schöpferische Eigenart«[237] oder »eigenschöpferische Prägung«[238] zum Ausdruck gebracht.[239] Zur Beurteilung dieser Ausdruckskraft wird in ständiger Rechtsprechung ein »ästhetischer Überschuß«[240] oder ein »ästhetischer Gehalt«[241] gefordert, der zumindest einen solchen Grad erreicht haben muss, »dass nach der im Leben herrschenden Anschauung der gebildeten, mit Kunstanschauungen einigermaßen vertrauten und für künstlerische Dinge empfänglichen Verkehrskreise noch von Kunst gesprochen werden kann«.[242] Hierzu verlangte die ältere Rechtsprechung etwa eine »von dem Gegenstand ausgeübte ästhetische Wirkung von solchem Rang [...], dass von Kunst gesprochen werden kann«,[243] oder eine ästhetische Intensität. Schon das Reichsgericht stellte darauf ab, »inwieweit die Ausgestaltung der Form einen genügenden ästhetischen Überschuß über die durch den Gebrauchszweck gebotene Form enthält«.[244]

Zwar wird in neueren Entscheidungen auch von einer Gestaltungshöhe gesprochen. Die Gestaltungshöhe bezieht sich aber auf die Individualität als ihr feststellendes Element.[245] Sofern der Gestaltungshöhe hierdurch eine »deskriptive Funktion«[246] zukommen soll, ist diese Beschreibung zumindest insofern missverständlich, als sie zu einem impliziten und erschlichenen Werturteil führen könnte. Denn soweit der vermeintlich wertfreie Begriff der Gestaltungshöhe das quantitative Element der Individualität ausdrücken soll, versteckt er die präskriptive Funktion der Individualität, deren Bewertung in das Gebiet der Ästhetik fällt.[247]

b) Literatur

Die Begriffsbestimmung der Rechtsprechung wird auch in der Literatur vertreten,[248] obgleich über das erforderliche Maß an Individualität gestritten wird. *Loewenheim* fordert grundsätzlich dass das Werk »den Stempel der Individualität« trägt, verweist vor dem Hintergrund einer Harmonisierung des europäischen Urheberrechts aber auch auf eine tatrichterliche Ausdifferenzierung innerhalb der unterschiedlichen Werkgattungen.[249] *Schack* meint, Werke seien eine »verselbständigte Ausstrahlung der Persönlichkeit ihres Schöpfers«.[250] Für *Schramm* gilt als Beurteilungsmaßstab »die Tiefe der schöpferischen Leistung, die Tiefe des Unterbewußten, in welchem die Fantasie schöpferisch tätig wurde«.[251] *Hubmann* fordert, dass das Werk »den individuellen Geist mit seinen einmaligen Anlagen und Fähigkeiten in seiner Tätigkeit und Entfaltung zum Ausdruck bringen«[252] müsse. Demgegenüber hält *Ulmer* die »Individualität des Werkes, die auf persönlichem geistigen Schaffen beruht«,[253] für ausreichend, da andernfalls nur die wahre Geistestat eines Genies die Persönlichkeit des Urhebers widerspiegele.[254] Dem folgt auch *Rehbinder/Peukert*: Es sei nicht erforderlich, im Werk die »Löwenpranke des Genies« zu erkennen.[255]

c) Fehlende Individualität

Dieser kursorische Überblick zeigt, dass, obgleich die Schattierungen der verschiedenen Auffassungen im Unklaren bleiben, die ganz herrschende Meinung in Literatur und Rechtsprechung – dabei dem Schöpfungsprinzip folgend – das Werk als Ausdruck der Individualität seines Schöpfers versteht. Im Hinblick auf den Schutzgegenstand lassen sich daraus folgende Schlüsse ziehen:

aa) Idee

Ein urheberrechtlicher Grundsatz ist, dass bloße Ideen keinen Urheberrechtsschutz genießen.[256] Denn bei einer noch nicht geäußerten Idee, also einer Idee ohne wahrnehmbare Formgestaltung, fehle es an dem Rechtsgegenstand des Urheberrechtsgesetzes,[257] an dem eine Verletzungshandlung begangen werden könnte.[258] Der Anwendungsbereich des Urheberrechtsgesetzes ist daher erst mit einer persönlichen Schöpfung gegeben, obgleich nicht jede Idee genial, das heißt individuell, ist. »Abstrakte Gedanken und Ideen« müssten aber »prinzipiell im Interesse der Allgemeinheit frei bleiben und dürfen nicht durch das Urheberrechtsgesetz monopolisiert werden«, auch wenn sie sich im Werk verkörpern.[259] Nur das, was der Urheber den allgemeinen Quellen hinzufüge, könne als Entfaltung persönlicher Züge dem Urheber zugeordnet werden.[260]

bb) Manier, Stil, Regel, Methode

Unter Abwägung der Interessen der Allgemeinheit an der Freiheit des geistigen Lebens[261] sind zudem nie die Methode des Schaffens, die Manier, der Stil oder die Technik der Darstellung geschützt.[262] Es würde einer unzulässigen Beschränkung der literarischen und künstlerischen Entwicklung gleichkommen, wenn der Stil und die Manier[263] nicht der allgemeinen Verwendung zugänglich blieben.[264] Der Schutz nach dem Schöpfungsprinzip ist aber auch deswegen nicht zu gewähren, weil sie sich nicht auf einen urheberrechtlich schutzfähigen Gegenstand beziehen, wie dies etwa gilt für wirtschaftliche und kaufmännische Organisationsmethoden oder -systeme wie Werbemethoden, Buchhaltungssysteme, Nummerierungssysteme oder Stenografiesysteme, Konzepte der Raum- und Verkehrsplanung sowie soziale Ordnungssysteme, von administrativen Abläufen über pädagogische Curricula bis hin zu Spielregeln und Sport.[265] Denn anstelle einer Darstellung gehe es bei Anweisungen an den menschlichen Geist um eine Erzeugungsstrategie.[266] In Abgrenzung zur technischen Leistung[267] schützt das Urheberrecht[268] daher nie die Methode oder das System, sondern allenfalls deren konkretisierte Darstellung[269] in Wort[270] und Bild.[271]

cc) Gemeingut

Aufgrund fehlender Individualität schutzunfähig ist ferner als Gegenstand freier Auseinandersetzung das sog. Gemeingut, also all jene Stoffe, die dem Urheber durch die Geschichte, durch literarische und künstlerische Traditionen vorgegeben sind, ebenso wie Gedanken,[272] Lehren und Theorien vorgegeben sind.[273] Denn dieser freie »Schatz des geistigen Lebens«[274] bringt als »Gemeingeist«[275] einer Kulturentwicklung nicht den subjektiven Geist eines Urhebers, sondern den »objektiven Geist«[276] einer Gesellschaft zum Ausdruck,[277] mit dem sich der Urheber erst noch auseinandersetzt.

dd) Kleine Münze

Unter der Grenze dessen, was gerade noch als »kleine Münze«[278] geschützt wird, liegt nach herrschender Meinung ebenso die bloße handwerkliche oder routinemäßige Leistung,[279] das »Banale«, das, was in der Masse aufgehe[280] oder was jeder ähnlich machen würde.

6 Zwischenfazit zu B.I

Die Auslegung des Werkbegriffs hat ergeben, dass der ursprüngliche Normzweck des Werkes vom Schutz der Individualität seines Urhebers seinen Ausgang nimmt. Diesem sogenannten Schöpfungsprinzip liegt dabei die Annahme zugrunde, dass im Werk durch anschauliche Darstellung der geistige Gehalt des Urhebers wahrnehmbar wird, dieser sich durch den Vorgang der Objektivation als Ergebnis der schöpferischen Leistung von der Person seines Schöpfers löst und sich ihm gegenüber verselbstständigt. Der Zweck des Urheberrechtsschutzes liegt demnach im Schutz dieses »geistigen Bandes«, welches den Urheber mit seinem »geistigen Kind« verbindet, welches fortan als Werk unabhängig und selbstständig am Wirtschaftsleben teilnehmen kann. Hieraus erklärt sich auch § 11 Alt. 1 UrhG, wonach der Urheber in seinen geistigen Beziehungen zum Werk geschützt wird. In der Individualität seiner Schöpfung manifestiert sich zudem die Urheberpersönlichkeit, weswegen das Urheberrechtsgesetz die Urheberpersönlichkeitsrechte schützt, das sogenannte *droit moral*. Dabei werden unter einer »persönlichen Schöpfung« nur solche geistigen Leistungen und damit Werke verstanden, die anders sind als das, was es schon gibt, also originell oder individuell.

II Der Werkcharakter von Aktions- und Performancekunst in der gerichtlichen Beurteilung

Nachdem der Werkbegriff ausgelegt wurde, wird in dem vorliegenden Kapitel untersucht, wie die Rechtsprechung anhand dieses Maßstabs Aktions- und Performancekunst beurteilt. Hierzu werden die wenigen zur Aktions- und Performancekunst bekannt gewordenen Rechtsprechungsfälle besprochen, auch um zu zeigen, wie die Gerichte versucht haben, diese Fälle einer möglichst sachgerechten Lösung zuzuführen, und welche Schwierigkeiten sie bei der Anwendung des gesetzlichen Werkbegriffs hatten. Bemerkenswert an der urheberrechtlichen Reflexion durch die Gerichte ist dabei, dass diese insbesondere das Verhältnis von Inszenierung und Aufführung problematisieren.

Signifikante Entscheidungen in dieser Hinsicht sind

- die Entscheidung des Bundesgerichtshofes zum »Happening« von *Wolf Vostell*,[281]
- die Entscheidung des Landgerichts Hamburg zu »Eva und Adele«[282] und

- das relativ junge Urteil des Bundesgerichtshofes zu der fotografierten Aktion von *Joseph Beuys* »Das Schweigen von Marcel Duchamp wird überbewertet«.[283]

1 »Happening«-Entscheidung des BGH

Die erste und bislang einzige Entscheidung, bei der sich das höchste deutsche Zivilgericht umfassend zur Aktions- und Performancekunst geäußert hat, ist die Leuchtturmentscheidung des Bundesgerichtshofes vom 6. Februar 1985.[284] Streitgegenstand war ein »Happening« vom 25. Januar 1978.

a) Sachverhalt

Der Entscheidung des 1. Zivilsenats lag im Wesentlichen folgender Sachverhalt zugrunde: Der bildende Künstler *Wolf Vostell* unterrichtete im Wintersemester 1977/1978 als Gastprofessor an der Freien Universität Berlin. In der Vorlesung erprobte und ermittelte er mit seinen Studenten Strategien, wie ein Happening mit dem Titel »Der Heuwagen« durchgeführt werden konnte. Dem Happening lag als Motiv das Gemälde von *Hieronymus Bosch* gleichen Titels (Abb. 9) zugrunde. Das Ergebnis dieses Probenprozesses legte *Vostell* in einer »Broschüre« als eine Art »Choreografie« schriftlich und zeichnerisch fest und fixierte dergestalt, wie sich das Happening vollziehen sollte. Es fand am 25. Januar 1978 statt und trug den denkwürdigen Titel »Der Heuwagen (1967–1968) – Malen ist Handeln und Erfahrung sammeln«.

In der – nicht mehr verfügbaren – Broschüre sind 19 Studenten als Akteure aufgeführt. Folgende Handlungen wurden von den Akteuren vollzogen: »das Streichen von Stahlseilen mit langen Holzlatten«, das »Annähen von Fleischstücken an die Kleidung, das Schlagen großer Säcke oder das Stapeln von Briketts«, »das Braten von Spiegeleiern, das Schreiben von Postanweisungen oder gar das bloße Sichausruhen«. Zudem wurde den »übrigen Mitwirkenden« »Material« zur Verfügung gestellt, wie ein »Kraftwagen«, »Fotopapier«, ein »Stier«, ein »Frosch«, »Briketts« sowie »[die] übrigen in der erwähnten Broschüre genannten [Dinge]«.

Das Happening wurde gefilmt. Eine Kopie der Video-Bandaufnahmen verkaufte die Freie Universität an den Neuen Berliner Kunstverein für 830 DM. *Wolf Vostell* sah hierin eine Verletzung seiner Nutzungsrechte an dem Happening und ging aus § 97 Abs. 1 und Abs. 2 UrhG gegen die Freie Universität vor. Er trug vor, dass in der

Abb. 9: Hieronymus Bosch »Der Heuwagen« (um 1490, Mitteltafel des Triptychons)

Vervielfältigung und Verbreitung der – nunmehr mit einem Vorspann unterlegten Video-Aufnahmen – eine Urheberrechtsbeeinträchtigung zu sehen sei, da er als alleiniger Urheber des Happenings anzusehen sei.

Das Landgericht Berlin ist dieser Argumentation gefolgt und verurteilte die Universität, es zu unterlassen, die Video-Bandaufnahmen zu vervielfältigen und zu verbreiten, soweit diese nicht nur zu pädagogischen Zwecken und/oder gegen Entgelt erfolgen, und sprach *Wolf Vostell* des Weiteren 80 DM Schadensersatz zu. Hiergegen legte die Universität zunächst erfolglos Berufung zum Kammergericht und dann Revision zum Bundesgerichtshof ein, der die vorinstanzlichen Entscheidungen ebenfalls ganz überwiegend bestätigte.

b) Der Weg durch die Instanzen

aa) Vorinstanzliche Entscheidungen des LG Berlin und des Kammergerichts

Das Landgericht Berlin[285] führt in seiner Entscheidung aus, das Happening sei ein urheberrechtlich geschütztes Werk der bildenden Kunst i. S. v. § 2 Abs. 1 Nr. 4 UrhG. Da diese Entscheidung nicht veröffentlicht ist und die Akte in der Zwischenzeit vernichtet wurde, sollen an dieser Stelle die tragenden Entscheidungsgründe zitiert werden, auch weil über die nachstehenden Feststellungen in den Rechtsmittelinstanzen kein Wort mehr verloren wird:

> »Sinn und Zweck des Ereignisses ist es, das vom Kläger vorgegebene Motiv ›Der Heuwagen‹ nach dem Bild von Bosch mit Hilfe der von ihm bestimmten Materialien wie ein Auto, Stahlseile, Briketts, Lebensmitteln, usw. als ein Werk derart zu gestalten, daß primär kein Kunstgenuß im herkömmlichen Sinne angestrebt wird, sondern Fragen gestellt und Antworten gesucht werden sollen im Hinblick auf die Erziehung des Menschen, seiner Sozialisation bei der gemeinsamen Gestaltung oder reflektierenden und nicht nur rezeptiven Betrachtung des ›Happening‹. Ob dabei ein geistig-ästhetischer Gehalt im herkömmlichen Sinne erzielt wird, tritt dabei im Hinblick auf die vorgegebene Fragestellung und ihre Beantwortung in den Hintergrund. Die Kammer geht mit den Parteien davon aus, daß dem Ereignis selbst, unabhängig davon, ob das vom Kläger erstrebte Ziel erreicht worden ist, Urheberrechtsschutz zukommt, weil unstreitig ist, daß das ›Happening‹ nicht als mißlungen und damit als nicht urheberrechtsschutzfähig erachtet werden kann.«[286]

Alleiniger Urheber dieser persönlichen geistigen Schöpfung sei *Wolf Vostell*. Dem stehe auch nicht die »Mitwirkung der Hörer« entgegen, da *Vostell* dargelegt habe, »bereits vor etwa 10 Jahren den Gedanken, den ›Heuwagen‹ von Hieronymus Bosch in Szene zu setzen, erwogen und noch vor seiner Antrittsvorlesung drei Partituren entwickelt zu haben, die alle wesentlichen Details der Ausführung enthielten«.[287] Die Videoaufzeichnung dieses Happenings stelle eine abhängige Bearbeitung dar.

Das Kammergericht Berlin[288] hat die Entscheidung des Landgerichts weitestgehend bestätigt und die Berufung zurückgewiesen. Das Landgericht Berlin habe zu Recht die Urheberrechtswidrigkeit der Vervielfältigung und Verbreitung festgestellt. Das Kammergericht stellt ausdrücklich fest, das Landgericht Berlin habe *Wolf Vostell* zu Recht als alleinigen Urheber eines Werkes der bildenden Kunst nach § 2 Abs. 1 Nr. 4 UrhG angesehen, weil das Happening eine persönliche geistige Schöpfung nach § 2 Abs. 2 UrhG sei. In Ergänzung zu den Ausführungen des Landgerichts Berlin betont das Kammergericht, dass die Vorbereitung und Einübung des Ereignisses im Rahmen der Gastvorlesung es nicht rechtfertigen würden, von einer Miturheberschaft der Studierenden auszugehen. Denn die Idee, nach dem Gemälde »Der Heuwagen« von *Hieronymus Bosch* ein Happening zu veranstalten, stamme unstreitig von *Wolf Vostell*. Eine Miturheberschaft könne man auch nicht aus der Teilnahme der Akteure und Zuschauer am Happening ableiten. Dem stehe die als Anlage der Klageschrift eingereichte Broschüre entgegen, wonach *Wolf Vostell* die von den Akteuren vorzunehmenden Handlungen zuvor zeichnerisch und schriftlich festgelegt bzw. fixiert habe. Hieraus deduziert das Kammergericht, dass die Akteure bloß »Gehilfen« des Alleinurhebers gewesen seien, deren Handlungen lediglich handwerklich-technisch, nicht aber schöpferisch vollzogen worden seien.

Im Rahmen der Prüfung der Werkeigenschaft des Happenings stellt das Kammergericht dann fest, dass ein urheberrechtlich geschütztes Werk nicht mehr vorgelegen hätte, wenn die Akteure selbst entschieden hätten, welche Handlungselemente wann, wo und wie in Erscheinung zu treten hatten: »[D]enn durch die Häufung einer Vielzahl mechanischer Tätigkeiten, die von mehreren Personen nach deren freier Entscheidung ausgeführt werden, kann kein Werk entstehen, welches als persönlichkeitsgeprägte geistige Schöpfung [...] anzusehen wäre.«[289] In einem solchen Fall handele es sich vielmehr um ein sogenanntes Zufallswerk, »gleich einer Komposition, deren Tonfolge durch Würfeln bestimmt wird«.[290] Nach den vom Landgericht getroffenen Feststellungen sei hier aber nicht erkennbar, dass der Frei- und Spielraum für Nicht-Geplantes, Nicht-Inszeniertes, Nicht-Vorhersagbares so groß gewesen sei, dass die »Idee« von *Vostell*, »wie sie in der Choreographie zeichnerisch und schriftlich niedergelegt worden ist, überhaupt nicht zum Ausdruck gebracht worden ist«.[291] Denn »[a]lle diese Möglichkeiten einer individuellen Entfaltung«[292] rechtfertigten nach Ansicht der Gerichte nicht die Annahme einer persönlichen geistigen Schöpfung der Teilnehmer:[293]

> »Alleiniger Urheber dieses Werkes ist der Kl., der sich zu dessen Hervorbringungen seiner Studenten und der übrigen Teilnehmer

> bedient und dieses damit als seine eigene geistige Schöpfung entstehen ließ. Die Festsetzung in einer dauerhaften Form ist nicht Voraussetzung für den Urheberrechtsschutz, es genügte, dass das Happening sich lediglich im Wortsinne ›ereignete‹.«[294]

Das Kammergericht sah daher nicht nur die zeichnerische und schriftliche Darstellung des Konzepts, sondern auch das ausgeführte Happening, und zwar so, wie es sich ereignet hatte, als das zu schützende Werk an. Das Video-Band qualifizierte das Kammergericht als eine abhängige Bearbeitung i. S. v. § 3 UrhG. Das Kammergericht hielt daher die vom Landgericht erlassene Entscheidung zur Urheberrechtsbeeinträchtigung für richtig.

bb) Urteil des Bundesgerichtshofs

Der BGH[295] ist der rechtlichen Bewertung des Kammergerichts und des Landgerichts Berlin weitestgehend gefolgt. Er sieht in der Veröffentlichung und Verbreitung der Video-Bandaufnahmen eine Verletzung der Urheberschaft von *Wolf Vostell* i. S. v. § 97 UrhG. In Übereinstimmung mit den Vorinstanzen und entgegen der mit der Revision beanstandeten Auffassung würdigt der BGH das Happening als ein Werk im Sinne des Urheberrechts, indem auch er davon ausgeht, dass es sich nicht lediglich um eine »spontane Darstellung eines Themas durch eine Vielzahl von selbstständigen Akteuren«[296] handele, sondern um die Verwirklichung einer Idee von *Wolf Vostell.* Denn die verwendeten Materialien und die vorzunehmenden Handlungen – wie sie zuvor in der choreografieähnlichen Darstellungsform festgelegt worden seien – dienten der »Übertragung des Gemäldes ›Der Heuwagen‹ von Hieronymus Bosch in eine andere Darstellungsform unter Verwendung neuer, eigenartiger Symbole und Ausdrucksmittel«.[297] Damit sei die Urheberrechtsschutzfähigkeit der vollzogenen Handlungen zu bejahen.[298] Insoweit lehnte der BGH die klare Einordnung unter die Regelbeispiele ab, da es nicht darauf ankomme, ob es sich um »eine Art lebendes Bild« der bildenden Kunst oder, mit Rücksicht auf den Handlungsablauf, um eine Art Bühnenwerk handele.[299]

In Bezug auf das streitige Video-Band ließ der BGH es offen, ob die Video-Aufzeichnungen eine bloße Vervielfältigung des Happenings durch Übertragung auf einen Bildträger i. S. v. § 16 Abs. 2 UrhG war oder ob es sich, wie das Berufungsgericht annahm, um eine Verfilmung i. S. v. § 23 Satz 2 UrhG handelte.[300]

c) Bewertung der Entscheidungen

Der Rechtsprechungsfall »Happening« behandelt zwei wichtige Fragen, deren Bedeutung über den konkreten Fall hinausgeht. Die erste Frage betrifft das Verhältnis zwischen Subjekt und Objekt, den beteiligten Studenten als »Gehilfen« von *Vostell* und den anderen »Mitwirkenden«. Die zweite Frage betrifft das Verhältnis zwischen den verwendeten Materialien als Ausdrucksmittel und dem hierdurch verkörperten geistigen Gehalt. Wie oben[301] gezeigt, ist für das Schöpfungsprinzip eine klare Trennung der einzelnen Tatbestandsmerkmale (persönliche Schöpfung, wahrnehmbare Form, geistiger Gehalt und Individualität) in die Relationen von Subjekt vs. Objekt sowie Körper vs. Geist fundamental. Im Folgenden wird das Happening von *Vostell* im Hinblick auf eine Neubestimmung dieser Aspekte untersucht.

aa) Persönliche Schöpfung

Als »führender Künstler auf dem Gebiet der Gestaltung von Happenings«[302] hatte sich *Vostell* durch sein künstlerisches Arrangement in dem Happening »Der Heuwagen« offenbar dazu bereit erklärt, sich als dessen alleiniger Schöpfer zu entmächtigen, und darin eingewilligt, die Autorschaft – wenn auch in einem nicht mehr aufklärbaren Ausmaß – mit den Teilnehmern zu teilen, indem er diese ermächtigte, auf den Fortgang des Ereignisses aktiv Einfluss zu nehmen. Fraglich ist, ob dies mit dem Tatbestandsmerkmal der persönlichen Schöpfung vereinbar ist.

Angesprochen ist damit eine Problematik, die grundsätzlich auch das Kammergericht erkennt, wenn es in Bezug auf das Ereignis ausführt, dass *Vostell* dann nicht mehr die Urheberschaft beanspruchen könne, wenn das Happening gleich einem Zufallswerk »allein durch die beteiligten Studenten und anderen Mitwirkenden geprägt worden wäre«,[303] und in diesem Zusammenhang ausführt, dass es zwar den »Studenten [...] überlassen blieb, in welcher Form sie sich Fleischstücke an die Kleidung nähten oder mit welcher Kraft sie auf Säcke schlugen bzw. welche Stellung sie beim ›Ausruhen‹ einnahmen«,[304] sich die Studenten dabei aber als dessen Gehilfen den Anweisungen von *Vostell* untergeordnet hätten.

Dieser Frei- und Spielraum ist hier insbesondere deshalb relevant, weil nicht nur die Studenten, sondern unstreitig auch die Zuschauer aufgefordert waren, ihrerseits als Teilnehmer, als »Mitwirkende« zu agieren, indem ihnen Material zur Verfügung gestellt wurde, z. B. der Kraftwagen, das Fotopapier, der Stier, der Frosch, die

Briketts, um mit ihnen innerhalb eines gewissen Rahmens nach freier Entscheidung umzugehen.

Das Happening kam also durch die Konfrontation und die Interaktion der beteiligten Gruppen zustande, die eine Wechselwirkung intendierte. Die übrigen Zuschauer beschränkten sich nicht mehr auf eine reine Rezeption, sondern nutzten den Rollenwechsel dazu, ihrerseits Handlungen zu vollziehen, die Auswirkungen darauf hatten, z. B. »mit welcher Kraft [die Studenten] auf Säcke schlugen«, was erneut zu wirklichkeitskonstituierenden Handlungen führte. Die urheberrechtlich vorausgesetzte Dichotomie von Subjekt und Objekt wurde so in eine schillernde Relation überführt. Das heißt, die Zuschauer wurden zu den Akteuren in ein Verhältnis von Ko-Subjekten gestellt, bei denen die Teilnehmer in unterschiedlichem Ausmaß und in unterschiedlicher Weise an der Gestaltung des Ereignisses mitwirkten.

Aus dem Freiraum, den die Studenten hatten, und dem Prozess der Veränderung der Zuschauer in Teilnehmer mit einem sogar größeren Freiraum folgt, dass es nie vorhersehbar war, wie die Studenten und die anderen Mitwirkenden mit dieser Situation umgehen und wie die Studenten auf die Zuschauer als »Mitwirkende« reagieren würden. Vielmehr multiplizierte der Rollenwechsel der Zuschauer in Akteure das Nicht-Geplante, Nicht-Inszenierte, Nicht-Vorhersagbare, sodass in keinem Moment des Happenings vorhersehbar war, wie sich dessen weiterer Verlauf im Ergebnis gestalten würde.

Das heißt, über das Happening, wie es stattgefunden hat, hatte folglich niemand die volle Verfügungsgewalt in dem Sinne, dass er das Geschehen vollkommen durchplanen, kontrollieren und deshalb als ein Alleinurheber erschaffen konnte, sondern es wurde von allen Teilnehmern gemeinsam hervorgebracht. Daher erscheint es problematisch, wenn alle Rechtsprechungsinstanzen davon ausgehen, dass es sich hierbei um eine persönliche Schöpfung von *Vostell* gehandelt habe, indem er das, was sich ereignet hatte, zuvor in seiner Broschüre als vollendete Zukunft festgelegt hätte.

Um diese Annahme gleichwohl zu begründen, hatten die Gerichte die Studenten und Mitwirkenden kurzerhand zu *Vostells* »Gehilfen«[305] erklärt. Da nach der Rechtsprechung des Reichsgerichts als Gehilfe des Urhebers derjenige anzusehen ist, »der sich auf die Ausführung fremder Gedanken beschränkt, die Geistesarbeit eines anderen unterstützt und eigene schöpferische Tätigkeit nicht entwickelt«, werden damit die Wechselwirkungsprozesse, von denen aus Anlass des Rollenwechsels der Zuschauer in Akteure die Rede war, vollständig geleugnet. Dies scheint so nicht haltbar. Vielmehr wurde durch den Rollenwechsel offensichtlich, dass sich der Verlauf des Happenings als Selbsterzeugung vollzogen und ereignet hat.

bb) Wahrnehmbare Formgestaltung

Wenn die Gerichte das Ereignis, wie es stattgefunden hatte, als das zu schützende Werk angesehen haben, waren in das Happening alle Zuschauer als Teilnehmer involviert. Diese Annahme ist urheberrechtlich vor allem deshalb problematisch, weil es damit auch für die Zuschauer kein selbstständig bestehendes Werk mehr gab, das der Wahrnehmung und Interpretation zugänglich gewesen wäre. Das heißt, die für den Werkbegriff erforderliche wahrnehmbare Formgestaltung, durch die der geistige Gehalt der Wahrnehmbarkeit zugänglich gemacht wird, ist insofern fraglich, als die Zuschauer der von *Vostell* gestalteten Situation nicht unbeteiligt gegenüberstanden, sondern sie bewegten sich als »Mitwirkende«, als »Teilnehmer« *in* ihr. Damit waren die Betrachter des Happenings keine passiven Rezipienten eines geistig-ästhetischen Gehalts, sondern gewissermaßen Mitschöpfer des (Kunst-)Ereignisses. Die Voraussetzung, wonach die sinnlich wahrnehmbare Formgestaltung über eine gegenüber Außenstehenden unabhängige Existenz verfügt, ist hiernach also gerade nicht erfüllt. Der geistige Gehalt kann daher auch nicht als ein geformter geistiger Inhalt *Vostells* allein angesehen werden, also als etwas, das er allein geschaffen (weil vorgegeben oder kontrolliert) hätte. Vielmehr waren die Zuschauer gestalterisch involviert, also nicht auf die bloße *Wahrnehmung* beschränkt, sodass sich die »Produktion« und »Rezeption« des Werkes im selben Raum und zur selben Zeit realisierte.

Als Zwischenfazit bleibt festzuhalten: Dreh- und Angelpunkt des Happenings war nicht das von seinem Urheber wie von seinen Rezipienten losgelöste und unabhängig existierende Werk, das als persönliche Schöpfung aus der kreativen Tätigkeit des Urhebers hervorgegangen und als Objekt der Wahrnehmung und Interpretation durch die Zuschauer zugänglich gewesen wäre. Vielmehr hatte man es mit einem Prozess zu tun, der durch die Aktionen der Studenten und der anderen Mitwirkenden konstruiert, ausgehandelt und beendet wurde. Es erscheint daher kaum vertretbar, das Happening *Vostells* unter einen urheberrechtlichen Werkbegriff zu subsumieren, der das Ereignis in dichotomische und hierarchische Vorstellungsmuster von Akteur und Handlung, aktiver Ursache und passivem Geschehen, Subjekt und Objekt separiert.

cc) Geistiger Gehalt

Die Veränderung der Subjekt-Objekt-Position ist eng auf das Verhältnis von Körper und Geist bezogen. Die Frage nach dem geistigen Gehalt des Happenings haben die Gerichte einstimmig unproblematisch in der »Übertragung des Gemäldes ›Der Heuwagen‹ von Hieronymus Bosch in eine andere Darstellungsform unter Verwendung neuer, eigenartiger Symbole und Ausdrucksmittel«[306] gesehen.

Die Frage nach dem geistigen Gehalt, dem Tatsinn der »Gehilfen« von *Vostell*, hat insbesondere der BGH mit einer Verschiebung in Raum und Zeit des Gemäldes beantwortet und damit, dass *Vostell* hierzu neuartige Symbole schaffte. Der BGH hat derart den Körper als ein Mittel eines Ausdrucks ausgewiesen, bei dem die Nachahmung von Pose und Kostüm und auch die Szenografie der bekannten Bildvorlage im Vordergrund standen. Die Objekte, welche *Vostell* zur Verfügung gestellt hatte, und die Handlungen, die an und mit ihnen vollzogen wurden, ließen sich also nach Ansicht der Gerichte von den Zuschauern als eine Formgestaltung wahrnehmen, um hierdurch einen Gedanken- oder Gefühlsinhalt zur Erscheinung zu bringen, der dem Gemälde »Der Heuwagen« von *Hieronymus Bosch* entsprach. Nach Ansicht des BGH bereitete *Vostell* hierdurch den Boden für seinen urheberrechtlichen Schutz, indem er für die Zuschauer ein Geisteswerk zur Darstellung bzw. zur Erscheinung brachte.

Dieser Argumentation ist insoweit zuzustimmen, als die dem Gemälde entnommenen individuellen Züge gegenüber der Eigenart des ausgeführten Happenings wohl nicht vollständig verblasst sind. Vielmehr ist davon auszugehen, dass sich *Vostell* mit der Bildvorlage derart künstlerisch auseinandergesetzt hat, dass diese im neuen Werk erkennbar geblieben ist, sodass es einem fiktiven Zuschauer (die tatsächlichen waren in das Happening involviert) möglich gewesen wäre, einen entsprechenden gedanklichen Inhalt wahrzunehmen. Das heißt, der Zuschauer könnte die verwendeten Elemente als ein Ausdrucksmittel wahrgenommen haben, bei dem die Nachahmung von Pose und Kostüm und auch die Szenografie der bekannten Bildvorlage im Vordergrund standen. So konnte er etwa den durch *Vostell* zur Verfügung gestellten »Kraftwagen« (einen Cadillac) als Anspielung auf den im Gemälde von *Hieronymus Bosch* abgebildeten Heuwagen auffassen. In diesem Kontext mag der Zuschauer den Kraftwagen dann mit dem flämischen Sprichwort in Verbindung gebracht haben: »Die Welt ist ein Heuhaufen, jeder nimmt davon, was er erraffen kann.«

> »Sie streben nach dem Heuwagen und sie morden, um andere in ihrem Streben zu hindern. In dieser Menschenmasse befindet sich aber nicht nur das einfache Volk, auch Papst, Kaiser und Fürsten reiten hinterher. Im Gegensatz dazu sitzt auf dem riesigen Heuwagen ein musizierendes Liebespaar, auf dessen linker Seite sich ein Engel befindet und auf dessen rechter Seite ein Teufelswesen. Der Engel betet und richtet den Blick hoffnungsvoll nach oben, wo Christus mit ausgebreiteten Armen in einer Wolke steht. Im Vordergrund sehen wir für die Verdorbenheit der Menschen typische Szenen. Weder das Liebespaar noch die Gierigen bemerken, dass unheimliche Gestalten den Heuwagen in Richtung Hölle ziehen.«

Es ist daher durchaus möglich gewesen, den Kraftwagen mit einem übersteigerten Streben nach materiellem Besitz, unabhängig von dessen Nutzen und in diesem Sinne als Habgier, Raffgier, Habsucht oder Raffsucht, zu deuten. Als ein anderer Student Postanweisungen[307] schrieb, konnte man diese früher alltägliche Handlung mit dem Bedürfnis in Verbindung gebracht haben, dass dieser womöglich den in bar eingezahlten Geldbetrag selbst behalten wollte, was vielleicht Kritik an dem in der bürgerlich-kapitalistischen Konsum- und Verschwendungsgesellschaft vorherrschenden Neiddenken implizierte. Als sich zudem ein Student ausruhte und es sich bequem gemacht hatte, mag der Zuschauer diese Handlung als Gleichgültigkeit und insoweit als Trägheit gegenüber den anderen Handlungen der Studenten und Mitwirkenden gedeutet haben. Als andere Studenten sich Fleisch an die Kleidung nähten, wird dies der Zuschauer wahrscheinlich als eine sinnliche, sexuelle Begierde und Lust verstanden haben. Und die Handlung »Braten von Spiegeleiern« wird er gar als Völlerei verstanden haben. Das Streichen von Stahlseilen mit langen Holzlatten konnte man darüber hinaus als Hochmut interpretieren. In diesem Kontext hat der Zuschauer dann möglicherweise das Schlagen von großen Säcken als Abbildung des Zorns gedeutet, bei dem aber redensartlich der Esel gemeint ist und der Sack als Sündenopfer fungiert. Das Happening insgesamt hat der Zuschauer dann gegebenenfalls als eine Darstellung der »sieben Todsünden« interpretiert, die von *Vostell* durch eigenartige Symbole und Ausdrucksmittel zum Erscheinen gebracht wurden.

Die Beilegung eines solchen geistigen Gehalts, so nachvollziehbar dies in der Erinnerung auch sein mag – insbesondere für den Versuch der Gerichte, das Ereignis nachträglich zu verstehen –, ist jedoch mit dem Happening so, wie es stattgefunden hat, und damit so, wie es von den Gerichten als urheberrechtliches Werk anerkannt wurde, nicht vergleichbar. Denn es ist offensichtlich, dass die Handlungen, welche die Zuschauer infolge der Aktionen der Studenten an und mit den von *Vostell* zur Verfügung gestellten Materialien, wie dem »Kraftwagen«, dem »Fotopapier«, dem »Stier«, dem »Frosch«, den »Briketts« sowie »den übrigen in der erwähnten Broschüre genannten Dingen«[308] durchführten, nicht als eine Antwort auf eine intellektuelle Botschaft zu verstehen sind, die ihnen durch die Studenten vermittelt wurde. So dürfte etwa der in der Broschüre aufgeführte Frosch von den Zuschauern kaum als ein neuartiges Symbol oder Ausdrucksmittel für die Todsünde der Wollust interpretiert worden sein, wie dies etwa im Gemälde von *Hieronymus Bosch* angelegt ist, indem die Kröte auf dem Geschlechtsteil des Jünglings platziert ist.[309] Vielmehr ist anzunehmen, dass der Übergang der Zuschauer in Akteure als eine Auswirkung zu verstehen ist, die aus der Wahrnehmung eines lebendigen Frosches in einer Kunstaktion resultierte und ihrerseits zu wirklichkeitskonstituierenden Handlungen führte, etwa weil der Frosch aus der Hand im hohen Bogen vor die Füße von demjenigen gesprungen ist, der an einer übersteigerten Angst vor Fröschen leidet, was zu weiteren Handlungen herausforderte.

Das heißt, die Darbietung dessen, was als Gegebenheit, als Erscheinung wahrnehmbar war, wurde von den Teilnehmern nicht primär als Form eines vorgegebenen geistigen Inhalts wahrgenommen, sondern zuallererst in ihrer Auswirkung erfahren. Wie bereits der Untertitel des Happenings zum Ausdruck bringt: »Malen ist Handeln und Erfahrung sammeln«, ging es bei dem Happening nicht darum, das Ereignis zu verstehen, sondern zu handeln und dieses Handeln bewusst zu erfahren. Die Anregung des ästhetischen Gefühls durch Anschauung war hier jedem Versuch, das Happening zu verstehen, vorgelagert und ist daher auch nicht von dem Versuch abhängig, das Happening zu verstehen, sondern geschah hier unabhängig von einer Bedeutungsbeilegung. Dem Landgericht Berlin und seinen oben[310] zitierten Entscheidungsgründen ist daher zuzustimmen, wenn es ausführt, »daß primär kein Kunstgenuss im herkömmlichen Sinne angestrebt wird«,[311] sodass die Frage, ob ein »geistig ästhetischer Gehalt im herkömmlichen Sinn erzielt wird, [...] in den Hintergrund [tritt]«,[312] »sondern Fragen gestellt und Antworten gesucht werden sollen im Hinblick auf die Erziehung des Menschen, seiner Sozialisation bei der gemeinsamen Gestaltung oder reflektierenden und nicht nur rezeptiven Betrachtung des ›Happening‹«.[313]

Dann aber lässt sich das Happening nicht einem urheberrechtlichen Paradigma unterordnen, wonach der geistige Gehalt eines inhaltsästhetischen Kunstobjekts zur Darstellung, zur Erscheinung gebracht werden will, um das ästhetische Gefühl durch Anschauung anzuregen. Die spezifische Ästhetizität des Ereignisses, die später noch genauer zu untersuchen sein wird, liegt hier offenbar darin, *dass* sich *etwas* zwischen den Akteuren und Zuschauern ereignet und hierbei nicht so wesentlich ist, *was*.

dd) Individualität

Nach den vom Kammergericht getroffenen Feststellungen sei der Frei- und Spielraum der Akteure nun nicht so groß gewesen, dass die »Idee« von *Vostell* »wie sie in der Choreographie zeichnerisch und schriftlich niedergelegt worden ist, überhaupt nicht zum Ausdruck gebracht worden«[314] sei. Damit sieht es zu Recht einen Zusammenhang zwischen dem sicht- und/oder tastbaren, erfahrbaren Happening mit einer in der Broschüre zeichnerisch und schriftlich niedergelegten »Idee«. Problematisch ist dies aber insofern, als damit behauptet wird, dass bereits in der Broschüre eine Idee vorgegeben ist, die durch das Happening zum Ausdruck gebracht wird, nämlich ein bestimmter geistiger Gehalt nach dem Motiv des Gemäldes von *Hieronymus Bosch*. Wäre dem so, dann wäre diese vorgegebene ästhetische Idee das eigentliche Geisteswerk. Dann aber hätte *Vostell* das Happening gar nicht mehr durchführen müssen, sondern er hätte es durch logische Satzzusammenhänge, etwa in seiner Vorlesung, beschreiben können oder aber er hätte mit seinen Studenten das Museo del Prado besuchen können (wo eine der beiden Versionen des Gemäldes hängt).

Die Gerichte haben also missverstanden, dass das Happening als ein Werk der Kunst nicht durch einen logischen Sinnzusammenhang verstanden werden wollte. Es war nicht die Aufgabe des Happenings, verstanden zu werden. Vielmehr hat *Vostell* eine Situation erschaffen, die im Sinne eines *Verstehens* verstanden werden wollte: Das Kunstwerk hat sich in die Studenten und die anderen Mitwirkenden »hineinverstellt« und die Studenten und die anderen Mitwirkenden haben sich in das Kunstwerk »hineinverstellt«. Das Happening war nicht dazu da, den Intellekt zu bedienen, sondern wollte, wie bereits betont, mit den Sinnesorganen erfahren werden.

Das heißt, bei der in der Broschüre zeichnerisch und schriftlich niedergelegten Idee sowie den im Berufungsurteil erwähnten weiteren »Anweisungen« handelte es sich um einen Plan, eine Konzeption, die von *Vostell* erarbeitet und im Prozess der Vorlesung gemeinsam mit seinen Hörern erprobt wurde. Der Plan sah vor, wann und wo welche materiellen Elemente entsprechend den Vorstellungen von *Vostell* zum Einsatz kommen sollten. Die Vorlesung lässt sich entsprechend als Prozess begreifen, bei dem *Vostell* gemeinsam mit seinen Hörern oder auch schon vorher Strategien entwickelte, nach denen die aufgezählten materiellen Elemente des Happenings in Erscheinung treten sollten. Nach dem eben Gesagten handelte es sich hierbei aber lediglich um eine vom Inhalt losgelöste Anleitung zur Formgestaltung, mag diese auch ein individuell erarbeitetes, ins Einzelne gehendes und eigenartiges Leistungsergebnis sein.[315]

Aufgrund der Wechselwirkungsprozesse ist dabei strikt zwischen dem Happening, wie es stattgefunden hat, und den Festlegungen vorab zu unterscheiden. Dann aber erfolgte die eigentliche Ausformung und damit die für den Erfolg des Happenings allein maßgebliche konkrete schöpferische Leistung erst bei dem Ereignis durch die Art und Weise, wie die Studenten die Handlungen vollzogen, und durch die Art und Weise, wie die Zuschauer auf diese Handlungen reagierten und mit den zur Verfügung gestellten Gegenständen umgingen. Die Leistung von *Vostell* entzieht sich dieser Konkretisierung, weil sie – wie dargelegt – darauf angelegt ist, mit dem Ungeplanten, nicht Inszenierten, nicht Vorhersagbaren umzugehen.

Die maßgebenden und charakteristischen Merkmale des Happenings beruhten also nicht auf einem von *Vostell* entwickelten und im Einzelnen ausgearbeiteten Konzept mit zuvor festgelegten Handlungen, sondern auf der eigenständigen Leistung seiner Studenten in Zusammenarbeit mit den anderen Mitwirkenden. Damit hat sich das Happening, wie der Name bereits sagt, in seiner Ereignishaftigkeit aus sich selbst heraus erschaffen und nicht auf eine bereits vorhandene konkrete Schöpfung von *Vostell* zurückgegriffen, indem es eine »Idee« von *Vostell* »wie sie in der Choreographie zeichnerisch und schriftlich niedergelegt«[316] sein soll, zum Ausdruck gebracht hätte.

Damit soll nicht behauptet werden, dass das Happening nicht auch interpretiert werden kann – zum Beispiel als Situation, in der jeder Akteur erfährt, wie sehr es auch von ihm selbst abhängt, ob sich der Heuwagen Richtung Hölle oder Paradies bewegt. Aufgrund des Zufallscharakters ist es aber ausgeschlossen, das einmalige und unwiederholbare Happening als Ausdruck eines von *Vostell* vorgegebenen Inhalts zu begreifen. Nach den bestehenden urheberrechtlichen Regeln konnte *Vostell* daher richtigerweise keinen Urheberrechtsschutz beanspruchen.

Vielmehr schuf das Happening eine Situation dergestalt, dass sich die vier Elemente des urheberrechtlichen Werkbegriffs in einem wesentlichen Gesichtspunkt in ein neues Verhältnis zueinander setzten. Anstelle eines Werkes setzte *Vostell* ein einmaliges und unwiederholbares Ereignis in Gang und relativierte die grundlegende Trennung zwischen Urheber, Werk und Betrachter, wenn er sie nicht gar aufhob. Damit fehlt es aber an der grundlegenden Voraussetzung für einen Urheberrechtsschutz, nämlich der Individualität, die sich im Werk verobjektiviert.

Wenn die Gerichte demgegenüber ausführen, dass nicht erkennbar gewesen sei, dass die »Idee« von *Vostell*, »wie sie in der Choreographie zeichnerisch und schriftlich niedergelegt worden ist, überhaupt nicht zum Ausdruck gebracht worden«[317] sei, und hierzu die Studenten zu bloßen Gehilfen erklären, unterlaufen sie das zentrale Dispositiv des Happenings, das, wie es das Landgericht zutreffend formuliert hat, durch »die Erziehung des Menschen, seiner Sozialisation bei der gemeinsamen Gestaltung oder reflektierenden und nicht nur rezeptiven Betrachtung« charakterisiert ist.

2 »Eva und Adele«-Entscheidung des LG Hamburg

In der »Happening«-Entscheidung des BGH war die Unverfügbarkeit des Happenings von *Wolf Vostell* aus urheberrechtlicher Perspektive problematisch. Im vom Landgericht Hamburg entschiedenen Fall der Performancekünstler EVA & ADELE[318] (Abb. 10) ist das Verhältnis zwischen dem Vollzug von Handlungen und der Darstellung einer Kunstfigur zentral. Angesprochen ist damit das Verhältnis von Kunst und Wirklichkeit. Das Urheberrechtsgesetz im Sinne der oben[319] genannten Werkbegriffsdefinition geht von per se dichotomischen Verhältnissen aus, und Gerichte haben nur selten Gelegenheit, sich mit der Beziehung von Kunst und Leben auseinanderzusetzen. Der Fall EVA & ADELE bildete hierzu eine bemerkenswerte Ausnahme. Bei der Analyse dieses Falls geht es insbesondere darum, die Beziehung von Kunst und Leben zu verstehen und zu bewerten. Mit der Urteilsanalyse sollen zugleich dem schillernden Begriff des Performativen Konturen verliehen werden.

a) Sachverhalt

EVA & ADELE ist ein heterosexuelles Künstlerpaar aus Deutschland mit Wohnsitz in Berlin.[320] Seit 1989 treten sie bei Kunstereignissen wie Ausstellungseröffnungen, Biennalen, Kunstmessen oder auf der Documenta als Paar auf.[321] Dabei tragen sie stets selbstentworfene

Abb. 10: Gemeinsamer Auftritt von Eva & Adele seit 1989, Foto: André Rival

extravagante Kleider, manchmal mit Flügeln auf dem Rücken, manchmal einen mit Rüschen besetzten Schirm, fast immer hochhackige Pumps und Handtaschen, wobei sie das schrille Pinkrot ihrer Uniform bevorzugen. Im April 1991 feierten sie bei der Eröffnung der Ausstellung »Metropolis« in weißen Kleidern auf der Treppe im Berliner Martin-Gropius-Bau Hochzeit.[322] Seither nennen sie sich »Hermaphrodit Twins in Art«. Eva spielt dabei Adele und Adele Eva, immer bestätigt die eine die andere. Seit 30 Jahren kennt man sie nur im Partnerlook, perfekt geschminkt und gepudert, mit kahlrasiertem Schädel, Ringen und Perlenketten.[323] Bei ihren Auftritten im öffentlichen Raum verhalten sie sich grundsätzlich so wie andere Besucher auch, nehmen darüber hinaus aber besonders einstudierte Posen ein, wobei ihr stetes Lächeln inszeniert wirkt. Unter dem Motto »Wherever we are is museum«[324] verstehen sie sich als »work of art« und erheben den Anspruch, Kunst und Leben zugleich zu sein.

Wer fragt, woher sie kommen, erhält die Antwort, dass sie nicht von dieser Welt stammen: »Wir sind 1989 aus der Zukunft in Berlin gelandet.«[325] »Futuring« nennen sie das und verwenden diesen Neologismus als Marke. Informationen über ihr Leben vor EVA & ADELE geben sie nicht preis. Entsprechend einem Werk verraten sie nur ihre Körpergrößen (1,76 bzw. 1,61 m), Brustumfänge (101 bzw. 86 cm), Taillenmaße (81 bzw. 68 cm) und Hüftweite (beide 96 cm). Seit 2011 sind sie als Lebenspartnerschaft eingetragen.[326]

Dem Urteil lag folgender Sachverhalt zugrunde: Das »ZEIT-Magazin« der Wochenzeitschrift »Die ZEIT« veröffentlichte im 23. Heft des Jahres 1997 als Titelstory ein Interview mit EVA & ADELE. Dem Interview war eine Serie von zehn Fotografien beigefügt, die EVA & ADELE unter anderem in und vor ihrer Berliner Wohnung, bei einem Bummel im Freien, bei einem Abstecher auf das Dach eines Wolkenkratzers oder einer Spritztour durch New York zeigten.[327] Die Fotografien hatten EVA & ADELE zu einem Teil selbst produziert, die übrigen Fotografien hatte ein Fotograf der Verlegerin angefertigt. Die Verlegerin zahlte nur für die Verwertung der Fotografien von EVA & ADELE eine Nutzungsgebühr. Die die (Urheber-)Rechte von EVA & ADELE wahrnehmende Verwertungsgesellschaft VG Bild-Kunst forderte darüber hinaus ein Honorar für die fotografische Wiedergabe von EVA & ADELE durch den Fotografen der Verlegerin.

Sie machte geltend, dass die öffentlichen Auftritte von EVA & ADELE so, wie sie stattgefunden hätten, also die Art und Weise ihrer Darstellung, urheberrechtlich geschützt seien, und verlangte eine angemessene Beteiligung aus §§ 97 Abs. 1 S. 1 i. V. m. §§ 16, 17 UrhG.

b) Entscheidungen

Das Amtsgericht Hamburg[328] ist der oben genannten Argumentation gefolgt und hat die Verlegerin zur Zahlung eines Schadensersatzanspruchs in Höhe von 2187,55 DM verurteilt. Auf die Berufung der Verlegerin hob das Landgericht Hamburg[329] das Urteil des Amtsgerichts Hamburg auf und wies die Klage mit der Begründung ab, dass der immerwährende innere Selbstfindungsprozess Ausdruck eines jeden Menschen und deswegen keine persönlich geistige Schöpfung im Sinne des Urheberrechts sei.

aa) Amtsgericht Hamburg

Das Amtsgericht Hamburg hat die öffentlichen Auftritte und damit die Art und Weise der Darstellung von EVA & ADELE als ein Werk der bildenden Kunst im Sinne von § 2 Abs. 1 Nr. 4, Abs. 2 UrhG angesehen. Im Ausgangspunkt seiner Argumentation hat das Amtsgericht bei der Beurteilung die in Rechtsprechung und Lehre vorherrschende Ansicht herangezogen, dass der Schutz nur solchen Werken gebührt, bei denen es sich um eine eigenpersönliche Schöpfung handelt, die dazu bestimmt und geeignet ist, das ästhetische Empfinden des Betrachters anzusprechen, und deren ästhetischer Gehalt einen solchen Grad erreicht, dass nach den im Leben herrschenden Anschauungen von Kunst gesprochen werden kann.[330] Ob hiernach eine als Kunstwerk schutzwürdige Leistung vorliege, ergebe sich, so das Amtsgericht, aus dem ästhetischen Gesamteindruck.[331]

Das Amtsgericht hat diese Voraussetzungen als erfüllt angesehen. Das Tatbestandsmerkmal der persönlichen Schöpfung begründet das Amtsgericht mit den sorgfältig geplanten öffentlichen Auftritten von EVA & ADELE, in denen sie sich durch die »ausgewählte Pose, auffallende Bekleidung und aufwendige Schminke«[332] zu einer Art *tableau vivant* inszenierten. Der geistige Gehalt des Werkes liege in der »Annäherung der Geschlechter und in der Überschreitung der Geschlechtergrenze«,[333] die durch die optische Annäherung zweier Menschen verschiedenen Geschlechtes zum Ausdruck gebracht würde. Ausdrucksmittel hierfür seien die geschminkten Köpfe, welches bei allen Auftritten wiederholt würde.[334] Denn indem sie ihre Gesichter für jeden Auftritt durch Schminke »maskenhaft stilisieren, geben sie ihrem Erscheinungsbild eine charakteristische Ausdrucksform, welche durch die Kahlköpfigkeit der beiden Personen unterstrichen wird«.[335]

Im Ergebnis bejaht das Amtsgericht auch das Tatbestandsmerkmal der Individualität. Zum einen werde die eigentümliche Darstellung, die EVA & ADELE zur Anschauung bringen, nicht dadurch beeinflusst, »daß sie zur Schaffung ihres *darstellerischen Werkes* allgemein gebräuchliche, gemeinfreie Einzelelemente wie Schminke, Schmuck, Bekleidung und andere Accessoires benutzen«.[336] Denn über den nicht geschützten Stil bzw. die Manier hinaus gelinge es den Künstlern, durch gezielten Einsatz dieser Mittel insgesamt ein individuelles Geisteswerk zum Erscheinen zu bringen.[337] Zum anderen lasse sich die Kunst von EVA & ADELE nicht als Verweis auf die objektive Wirklichkeit verstehen, sondern die »Kontinuität, Intention und Intensität«[338] ihrer Auftritte avancierten zum künstlerischen Kriterium für ihre Fähigkeit, die je eigentümliche Individualität ihrer Urheber zum Ausdruck zu bringen. Denn durch ihr gesamtes äußeres Erscheinungsbild sowie ihre Mimik und Gestik, hinter welchen eine gewisse Gesamtvorstellung stecke, wirkten sie mit künstlerischen Mitteln auf die Sinne des Betrachters ein und stellten etwas Neues und Eigentümliches dar. Von daher genieße die Art und Weise der Darstellung durch EVA & ADELE urheberrechtlichen Schutz.[339]

bb) Landgericht Hamburg

Das Landgericht Hamburg hat zugunsten der Verlegerin das erstinstanzliche Urteil aufgehoben und die Klage abgewiesen. Den Schadensersatzanspruch hat das Landgericht scheitern lassen, weil nach seiner Ansicht den Auftritten von EVA & ADELE kein Werkcharakter im Sinne des Urheberrechts zukomme.

Die Beschäftigung mit dem eigenen Leben in der Welt sei ein »immerwährender innerer Selbstfindungsprozess, der die äußere Erscheinungsform präge und umgekehrt«.[340] Das Gericht führt hierzu aus: »Die tagtäglichen Auftritte von EVA & ADELE stellen nach ihren eigenen Äußerungen ihr normales Leben dar, wie sie es sich gewählt haben. Sie gehen über eine Einzigartigkeit [im Sinne der eigenen Lebensgestaltung, Anm. des Verfassers] nicht hinaus.«[341]

Der wesentliche Gesichtspunkt der gerichtlichen Entscheidung des Landgerichts berührt damit die vom Amtsgericht vorgenommene Unterscheidung zwischen Kunst und Leben. Ein urheberrechtliches Werk liege demnach erst dann vor, »wenn sie über die Darstellung der permanenten ohnehin individuellen Erscheinungsform hinaus eine persönliche Schöpfung darbringen«.[342] Eben diese Voraussetzung verneint das Landgericht mit dem Argument, dass der Mensch weder »selbst sein eigenes Werk sein [kann], [...] noch [...] sein gelebtes Leben, sei es auch noch so bewusst gestaltet, Werkcharakter«[343] haben könne.[344] Das Landgericht erkennt zwar an, dass »Kunstwerke grundsätzlich auch am lebenden Menschen geschaffen werden können«.[345] Zur Beantwortung der Frage, ob ein Werk im Sinne des Urheberrechtsgesetzes vorliege, müsse aber ein geistiger Gehalt zur Anschauung, zur Darstellung gebracht werden, der sich von der individuellen Lebensgestaltung jedes Einzelnen unterscheide. Und eben dies, so das Landgericht, sei bei den öffentlichen Auftritten von EVA & ADELE nicht der Fall.[346]

Denn nach der Überzeugung des Landgerichts nehmen EVA & ADELE gerade nicht in Anspruch, sich zu verkleiden, sondern nur, sie selbst zu sein. Insoweit führt das Landgericht das Zitat von EVA & ADELE an: »Es ist unser natürliches Bild, in eine Form gebracht.« Damit aber unterschieden sie sich, so das Landgericht, »gerade nicht von jedem anderen, der sich über sein Aussehen Gedanken mache und sich bewusst kleide und ›stylt‹, der sein Leben lebt.«[347] Jedenfalls fehlte es nach Auffassung des Landgerichts am Vortrag, dass die auf den streitgegenständlichen Fotos gezeigten Auftritte EVA & ADELEs in Abweichung von ihrer sonstigen Erscheinung besonders inszeniert worden wären. Aus denselben Gründen seien die Auftritte von EVA &

ADELE auch nicht als Happening geschützt. Indem das Landgericht also genau genommen EVA & ADELE die Erfüllung des Tatbestandsmerkmals des geistigen Gehalts (und damit auch des Merkmals der Individualität) abspricht, beharrt es in diesem Punkt auf der urheberrechtlich vorausgesetzten Dichotomie von Körper und Geist. Daran ändere auch die subjektive Einschätzung von EVA & ADELE nichts, dass Kunst gleich Leben sei und alles im eigenen Leben bereits Kunst sei.[348] Denn der Werkbegriff hänge nicht von einer solchen Einschätzung ab, genauso wenig wie von einem Urteil von Kunstsachverständigen, Museumsdirektoren, Kunstkritikern oder Kunsthändlern.[349]

c) Bewertung der Entscheidungen

Den Rechtsprechungsfall EVA & ADELE hat vor allem *Peter Raue* bekannt gemacht. In seinem Aufsatz »EVA & ADELE – der Mensch als ›Werk‹ im Sinne des Urheberrechts«[350] kritisiert er die »pseudophilosophische Lebensbetrachtung«[351] des Landgerichts Hamburg und argumentiert, dass die Prämisse, »ein menschliches Wesen kann ipso iure kein Kunstwerk sein«[352], in seiner radikalen Verkürzung nicht haltbar sei. In seinen Überlegungen zu Kunst und Leben führt er aus, dass nicht die individuelle Lebensgestaltung auf ihre Schutzfähigkeit hin zu überprüfen sei, sondern es darauf ankomme, »ob die Auftritte von EVA & ADELE in ihrer Unnatürlichkeit, also Künstlichkeit schutzfähig sind oder nicht«.[353] Indem er also prüft, »ob die Auftritte dieses Paares in ihrer konkreten wahrnehmbaren Formgestaltung die Voraussetzungen des urheberrechtlichen Werkes erfüllen«,[354] geht seiner Subsumtion die Feststellung voraus, dass bei den Auftritten von EVA & ADELE von Kunst gesprochen werden könne, weil EVA & ADELE eine »vieldeutige – künstlerische Aussage« zum Ausdruck bringen.[355]

Um den Kunstcharakter der Auftritte von EVA & ADELE zu erläutern, verweist *Raue* auf außerrechtliche Maßstäbe, die anerkanntermaßen der Kunst zugeordnet werden. Hierzu sieht er die Auftritte von EVA & ADELE in der Tradition der Kunstform der »lebenden Bilder«, dem »tableau vivant«, bei denen von Darstellern Bildelemente in theatrale Szenen implementiert werden.[356] Hierzu führt er die Passionsspiele in Oberammergau an,[357] deren Konzepte aber auch in Festen der Renaissance und des Barocks oder auch in der allegorischen Fürstenhuldigung Verwendung fanden.[358] Das heißt, *Raue* zieht bei EVA & ADELE eine Parallele zu einer mimischen Darstellung, bei welcher der Körper als »die statische Darstellung eines symbolisch bedeutsamen Wesensausdrucks einer Person oder eines Handlungsgeschehens«[359]

fungiert. Die Erscheinung der körperlichen Präsenz erstarrt so in der Pose und überlagert sich zugleich mit der körperlichen Aneignung von Repräsentation. Explizit macht er dies an einer »Marmor-Figur« deutlich, bei der die exakte Pose, Kostüm und Schminke einer bekannten Bildvorlage im Vordergrund standen. Prominent exponiert *Raue* noch Goethes Roman »Die Wahlverwandtschaften« aus dem Jahr 1809, durch welchen sich die Kunstform der »lebenden Bilder«, der *tableaux vivants*, der »Living Statues« in bürgerlichen Salons, im Rahmen von Künstlerfesten und höfischen Festen sowie im Zirkus und im Varieté verbreitet habe.[360]

Da EVA & ADELE demnach eine Form gewählt hätten, die anerkanntermaßen der Kunst zugeordnet werde, gelangten, so *Raue*, bei den Auftritten von EVA & ADELE durch das Medium der Formensprache Erlebnisse über innere Vorgänge unmittelbar zur Anschauung, zur Darstellung, zur Erscheinung.[361] Vor diesem Hintergrund habe das Landgericht Hamburg die Chance vertan, »als erstes deutsches Gericht« die Frage zu entscheiden, ob »eine ›living sculpture‹ im allgemeinen, ob EVA & ADELE in ihrer Kunst-Erscheinung im besonderen für ihre Erscheinung urheberrechtlichen Schutz genießen«.[362]

Doch hat *Raue* recht? Bringen EVA & ADELE tatsächlich einen fiktiven geistigen Gehalt zur Darstellung, zur Erscheinung? Das Landgericht geht davon aus, dass EVA & ADELE gerade keinen geistigen Gehalt verkörpern, sondern »nur« ihr Leben bewusst gestalten. Damit versetzen EVA & ADELE mit ihren Auftritten nicht nur ihre Zuschauer in eine Situation zwischen Kunst und Alltagsleben, sondern gerade auch das Urheberrecht.

Wenn sich *Raue* zur Bestimmung des geistigen Gehalts auf die Formulierung des Amtsgerichts bezieht, wonach der geistige Gehalt in der Annäherung der Geschlechter und in der Überschreitung der Geschlechtergrenze liege, die von einer Gesamtvorstellung geprägt sei, sind die körperlichen Handlungen, die EVA & ADELE vollziehen, gerade nicht als eine wahrnehmbare Formgestaltung zu begreifen, weil sie sich eben nicht auf einen feststehenden geistigen Gehalt beziehen. Denn der Kerngedanke von EVA & ADELE liegt gerade darin, dass die sozial geprägte Geschlechtsidentität (*gender*) keine natürliche Gegebenheit ist, sondern dass Weiblichkeit und Männlichkeit insoweit inszeniert sind, als sie historische, zeit- und kulturgebundene Konstruktionen sind. In Bezug auf EVA & ADELE führt *Sabine Kampmann* aus:

> »In unserer vom heterosexuellen Paradigma geprägten Welt ist die Vielfalt geschlechtlicher Identitäten eng begrenzt. Man hat entweder Frau oder Mann zu sein oder kann seit neuestem auch öffentlich als homosexuell gelten. In diesem Denken bestimmt immer das biologische Geschlecht (Sex) das sozial geprägte Geschlecht (Gender) beziehungsweise die Geschlechtsidentität. Alles ist auf Eindeutigkeit angelegt und allenfalls Fehler im Sinne von Verwechslungen werden akzeptiert. Unter dem Schlagwort ›im falschen Körper geboren‹ kann ein Transsexueller lebenslang auf der Suche nach der ›eigentlichen‹ Geschlechtsidentität sein. Diese Illusion der ›Eigentlichkeit‹, die binäre Regulierung der Sexualität und damit Unterdrückung von Mannigfaltigkeit, wird durch die Existenz EVA & ADELEs massiv in Frage gestellt. Indem sie mit ihrem künstlerischen Konzept nämlich am eigenen Körper ansetzen, gelingt es ihnen, das Sex-Gender-System mit seiner letztlich immer auf biologisch-anatomische Tatsachen rekurrierenden Logik empfindlich zu stören. Sie scheinen genau das prototypisch zu verkörpern, was Judith Butler mit dem Begriff der *›Performativität‹* gefordert hat: durch wiederholte (künstlerische) Setzungen in der Gegenwart den zukünftigen Diskurs über Geschlechtsidentität zu verändern.«[363]

Eingeführt ist damit der für diese Untersuchung zentrale Begriff des Performativen. Der Begriff »performativ« wurde von *John L. Austin* in seiner Vorlesung an der Harvard Universität 1955 mit dem Titel »How to do Things with Words« eingeführt. Bis dahin ging die Sprachphilosophie davon aus, dass Sprache die Wirklichkeit beschreibt und daher auch entweder wahr oder falsch sein kann. Dagegen hatte *Austin* argumentiert, dass es auch sprachliche Äußerungen gibt, die – allein über ihr Aussprechen – eine Änderung der sozialen Wirklichkeit bewirken.

> »Austin bedurfte seines Neologismus, weil er eine für die Sprachphilosophie revolutionäre Entdeckung gemacht hatte – die Entdeckung, daß sprachliche Äußerungen nicht nur dem Zweck dienen, einen Sachverhalt zu beschreiben oder eine Tatsache zu behaupten, sondern daß mit ihnen auch Handlungen vollzogen werden können, daß es also außer konstativen auch performative Äußerungen gibt. Die Eigenart dieser zweiten Art von Äußerungen erläutert er unter Bezug auf die sogenannten ursprünglichen Performativa. Wenn jemand beim Wurf der Flasche gegen einen Schiffsrumpf den Satz äußert: ›Ich taufe dieses Schiff auf

> den Namen ›Queen Elizabeth‹ oder der Standesbeamte nach der Bekundung beider Partner, daß sie miteinander die Ehe eingehen wollen, den Satz spricht: ›Hiermit erkläre ich Sie zu Mann und Frau‹, so ist mit diesen Sätzen nicht ein bereits bestehender Sachverhalt beschrieben – weswegen sie auch nicht als ›wahr/richtig‹ oder als ›falsch‹ klassifiziert werden können. Vielmehr wird mit diesen Äußerungen ein neuer Sachverhalt geschaffen: Das Schiff trägt von nun an den Namen ›Queen Elizabeth‹, und Frau X und Herr Y sind von nun an ein Ehepaar. Das Aussprechen dieser Sätze hat die Welt verändert. Denn die Sätze sagen nicht nur etwas, sondern sie vollziehen genau die Handlung, von der sie sprechen. Das heißt, sie sind *selbstreferentiell, insofern sie das bedeuten, was sie tun, und sie sind wirklichkeitskonstituierend, indem sie die soziale Wirklichkeit herstellen, von der sie sprechen.* Es sind diese beiden Merkmale, die performative Äußerungen charakterisieren. Was Sprecher von Sprachen intuitiv immer schon gewußt und praktiziert haben, wurde hier für die Sprachphilosophie zum ersten Mal formuliert: daß Sprechen eine weltverändernde Kraft entbinden und Transformationen bewirken kann.«[364]

Austin benutzt seine Begriffsbestimmung ausschließlich für Sprechhandlungen. Ohne ausdrücklich an sein Konzept anzuknüpfen, erweitert *Judith Butler*, auf die sich EVA & ADELE dezidiert beziehen, die Anwendbarkeit des Begriffs des Performativen auf körperliche Handlungen. *Fischer-Lichte* führt in diesem Zusammenhang aus:

> »Die performativen Akte (als körperliche Handlungen) sind insofern als ›non-referential‹ zu begreifen, als sie sich nicht auf etwas Vorgegebenes, Inneres, eine Substanz oder gar ein Wesen beziehen, das sie ausdrücken sollen: Jene feste, stabile Identität, die sie ausdrücken könnten, gibt es nicht. Expressivität stellt in diesem Sinne den diametralen Gegensatz zu Performativität dar. Die körperlichen Handlungen, die als performativ bezeichnet werden, bringen keine vorgängig gegebene Identität zum Ausdruck, vielmehr bringen sie Identität als ihre Bedeutung allererst hervor.«[365]

Ein derartiges Verständnis der Auftritte von EVA & ADELE zugrunde gelegt, bringen EVA & ADELE mit ihren Handlungen, Gesten und Bewegungen keinen vorgegebenen geistigen Gehalt zum Ausdruck, vielmehr bringen sie ihren Körper als einen individuellen, geschlechtlichen, kulturell gekennzeichneten – als ihre Identität – erst hervor. In diesem Sinne kann man ihre Auftritte als »Gender Performance« begreifen, bei denen sie eine Untergrabung von Normen inszenieren, bei denen sie andersartige Geschlechts- und Identitätskonzepte zuallererst entwerfen. Dem Landgericht Hamburg ist daher recht zu geben, wenn es ausführt, dass EVA & ADELE über eine Einzigartigkeit im Sinne ihrer eigenen Lebensgestaltung nicht hinausgehen. Gemäß diesen Überlegungen kann man die Auftritte von EVA & ADELE als symbolische Handlungen verstehen, die sich aber nicht auf etwas Vorgegebenes beziehen, also keinen geistigen Gehalt ausdrücken oder repräsentieren – jene feste Stabilität, die sie ausdrücken könnten, gibt es nicht, sondern sie bringen das Leben, auf das sie hinweisen, erst hervor.

3 Entscheidung des BGH zu der Aktion »Das Schweigen von Marcel Duchamp wird überbewertet«

Die Besprechung der beiden vorhergehenden Entscheidungen hat gezeigt, dass in der urheberrechtlichen Reflexion immer wieder das Verhältnis von Inszenierung und Aufführung problematisiert wird. Nach Auffassung des BGH war es in der »Happening«-Entscheidung Aufgabe und Funktion der Inszenierung, das Gemälde von *Hieronymus Bosch* (»Der Heuwagen«) in einer anderen Darstellungsform unter Verwendung neuer eigenartiger Symbole und Ausdrucksmittel in Erscheinung treten zu lassen. Nach Auffassung des BGH meint Inszenierung also eine Darstellungsstrategie, bei der ein geistiger Gehalt zur Anschauung gebracht wird, der nur in der Imagination existiert. Unter eben dieser Prämisse hat das Landgericht Hamburg den Werkcharakter der öffentlichen Auftritte von EVA & ADELE abgelehnt. Hier sei kein geistiger Gehalt dargestellt worden, der von dem Vollzug der Handlungen zu unterscheiden wäre. Der Werkcharakter wurde also mit dem Argument abgelehnt, dass weibliche und männliche Identitäten sich auf nicht Vorgängiges, Gegebenes beziehen, das durch eine Inszenierung zur Darstellung gelangt, sondern zuallererst erzeugt wird.

In der Entscheidung »Das Schweigen von Marcel Duchamp wird überbewertet«[366] nahm der BGH erneut zu dem Verhältnis von Inszenierung und Aufführung Stellung. Die Entscheidung markiert den Abschluss der bislang bekannt gewordenen Rechtsprechungsfälle zur Aktions- und Performancekunst. Sie wird im Folgenden im Hinblick auf die Erkenntnisse und Lösungen der beiden zuvor erläuterten Rechtsprechungsfälle analysiert. Streitgegenstand war die fotografische Dokumentation der Aktion von *Joseph Beuys* »Das Schweigen von Marcel Duchamp wird überbewertet«.

a) Sachverhalt

Der Entscheidung lag im Wesentlichen folgender Sachverhalt zugrunde: In der Ausstellung »Joseph Beuys – Unveröffentlichte Fotografien von Manfred Tischer« auf Schloss Moyland in Bedburg-Hau wurde vom 09.05.2009 bis zum 13.09.2009 eine Fotoserie ausgestellt. Die Fotoserie war von *Manfred Tischer* angerfertigt worden und umfasste 18 Schwarz-Weiß-Fotografien. Die Fotoserie dokumentierte Aktionen der FLUXUS-Künstler[367] *Joseph Beuys*, *Bazon Brock* und *Wolf Vostell*. Die auf der Fotoserie abgebildete Veranstaltung hatte unter dem Titel »Fluxus Demonstration / Agit Pop / Dé-coll/age Happening am 11. Dezember 1964 im ZDF – Landesstudio Düsseldorf« stattgefunden. Die Aktionen von *Beuys*, *Brock* und *Vostell* liefen zeitgleich auf dem Hof eines älteren Gebäudes. Sie begannen um 19 Uhr, dauerten zwischen zwanzig und dreißig Minuten und wurden live im ZDF im Rahmen der Sendereihe »Die Drehscheibe« ausgestrahlt. Die Sendung wurde nicht aufgezeichnet, sodass die Fotoserie die einzige Dokumentation der Veranstaltung darstellte.

In der Aktion von *Beuys*, der er später den Titel »Fluxus Demonstrationen – Das Schweigen von Marcel Duchamp wird überbewertet« gab, trug er seinen bekannt markanten Hut, ein helles langärmeliges Hemd, eine helle Anglerweste, eine dunkle Hose und dunkle Schuhe. Der Kunsthistoriker *Uwe M. Schneede* beschreibt den Beuys'schen Teil der Aufführung im Werkverzeichnis der Aktionen wie folgt:

> »Beuys hatte im Studio einen Bretterverschlag, der in einem Winkel angeordnet war, aufgestellt. Eine Filzdecke mit sich ziehend, betrat er das Aktionsfeld, legte die Filzdecke ab, entnahm einem Margarinekarton die einzelnen Packungen und stapelte sie. Auf dem Boden liegend und kriechend bildete er im inneren Winkel des Bretterverschlags eine Fettecke aus. ›Dann kam‹, so hat er berichtet, ›eine Fettecke in Filz und ein Geräuschstück mit Glocken, die auf dem Boden vor der Ecke lagen. Dann malte ich die Worte mit meiner Braunkreuz-Farbe und Schokolade. Ein weiteres Element war der mit Fett verlängerte Spazierstock.‹ [...] Die mit den Worten ›DAS SCHWEIGEN VON MARCEL DUCHAMP WIRD ÜBERBEWERTET‹ beschriebene, auf dem Boden vor dem Holzwinkel liegende Platte war nach Bazon Brock ursprünglich

> größer, zerbrach aber im Verlauf der Vorbereitungen und wurde von Beuys dann in dieser kleineren Form verwendet (die Bruchstelle an der rechten Seite der Platte ist auf den Fotos von der Aktion deutlich zu erkennen). Zu den Aktionsrequisiten gehörte eine Reihe von Schokoladentafeln; einige wurden geschmolzen und der Braunkreuzfarbe in einer Dose hinzugefügt, andere auf der beschriebenen Platte platziert (Schokolade war zuvor als ›Liebesgabe‹ in der Aachener Veranstaltung vom 20. Juli 1964 [man beachte das Datum, Anm. durch den Verfasser] eingesetzt worden). Nach Bazon Brock wurde angeschmolzene Schokolade auch – neben Fett – zur Verlängerung des Spazierstocks benutzt. Im Mittelpunkt der Aktion scheint die Herstellung der Fettecke gestanden zu haben, wenn sie nicht gar das eigentliche Ziel der Aktion war. Auf der Rückseite eines Fotos mit der fertigen Fettecke heißt es in Beuys' Handschrift: ›Fettwinkel – : – Das Schweigen von Marcel Duchamp wird überbewertet/Aktion‹. Jedoch wurde das Fett auch in das Filztuch gepresst, in das es sich einsaugte, statt – wie im Holzwinkel – eine feste Form einzunehmen.«[368] (Siehe Abb. 4)

Auf den Fotografien sind verschiedene »Momente« der Aktion von *Beuys* aus verschiedenen Perspektiven abgebildet und lassen die von ihm verwendeten Materialien erkennen, wie Bretterverschlag, Filzdecke, Margarine, Spazierstock, Plakat mit der Aufschrift »Das Schweigen von Marcel Duchamp wird überbewertet« (der Schriftzug wurde auf Anweisung von *Beuys* von *Norbert Tadeus* gemalt). Auf den Fotografien sind zum Teil auch die Aktionen von *Bazon Brock* und *Wolf Vostell* zu erkennen.

Die Herstellung der Foto-Dokumentation entstand mit Zustimmung sämtlicher Künstler; die Fotografien, die den Beuys'schen Teil der Aktionen zum Gegenstand haben, wurden jedoch ohne Zustimmung der Witwe und Alleinerbin von *Joseph Beuys*, *Eva Beuys*, veröffentlicht. Die Beuys-Witwe sah in der Ausstellung der Fotografien eine Urheberrechtsverletzung. Daraufhin nahm die Verwertungsgesellschaft Bild-Kunst die Stiftung Schloss Moyland auf Unterlassung der Veröffentlichung der Fotoserie in Anspruch; zur Rechtewahrnehmung hatte ihr die Rechtsnachfolgerin die Nutzungsrechte des am 23. Januar 1986 verstorbenen Künstlers Joseph Beuys eingeräumt.

b) Entscheidungen

Das Landgericht Düsseldorf[369] gab dem Verfügungs- und Klageantrag der Verwertungsgesellschaft Bild-Kunst aus den §§ 97 Abs. 1, 23 Abs. 1 UrhG statt und verurteilte die Stiftung Schloss Moyland, es zu unterlassen, die Fotografien aus der Fotoserie »Das Schweigen von Marcel Duchamp wird überbewertet« im Rahmen der Ausstellung »Joseph Beuys – Unveröffentlichte Fotografien von Martin Tischner« im Museum Schloss Moyland auszustellen. Gegen die Klage legte die Stiftung Schloss Moyland erfolglos Berufung beim Oberlandesgericht Düsseldorf ein.[370] Nach der vom Berufungsgericht zugelassenen Revision wies der Bundesgerichtshof die Klage ab und hob das Berufungsurteil auf.

aa) Verfügungsverfahren

Das Landgericht Düsseldorf[371] führt in seinen Entscheidungsgründen aus, die Aktion von *Beuys* »Das Schweigen von Marcel Duchamp wird überbewertet« sei ein urheberrechtlich geschütztes Werk, welches die Stiftung Schloss Moyland ohne Einwilligung der Rechtsnachfolgerin des Urhebers durch Ausstellung der streitgegenständlichen Fotografien als dessen Umgestaltung verwertet hätte. Daher habe die VG Bild-Kunst zu Recht ein fremdes Recht im eigenen Namen geltend gemacht.

Die Kammer begründet ihre Entscheidung damit, dass nach dem Gesamteindruck nicht nur die fotografierten Momente als solche, sondern die Aktion von *Beuys* als Ganzes ein Werk im Sinne des Urheberrechts darstelle.[372] Hierzu stellt das Gericht fest, dass die Beuys'sche Aktion der »Fluxus-Bewegung« zuzurechnen sei, die in einem Flyer als »performatierte künstlerische Handlung«[373] beschrieben sei. Das Gericht geht daher von einem Werk *sui generis* aus, das auf seine Schutzfähigkeit nach § 2 Abs. 2 UrhG zu beurteilen sei. Nach eigenem Bekunden setzt das Landgericht Düsseldorf die Anforderungen hierzu nicht sehr hoch an.[374]

In Bezug auf das Tatbestandsmerkmal der persönlichen Schöpfung ist es für das Gericht nicht erforderlich, dass die Aktion den Anforderungen unterliegt, wie diese vom Bundesgerichtshof in der »Happening«-Entscheidung angesetzt wurden. Soweit dort ausgeführt worden sei, dass ein Zufallswerk nicht mehr als eine persönlichkeitsgeprägte geistige Schöpfung anzusehen sei, weswegen es erforderlich sei, dass ein solches zuvor »organisiert, geplant und schriftlich niedergelegt«[375] wurde, setzt sich das Landgericht kurzerhand über diese Voraussetzung mit dem Argument hinweg, dass andernfalls »jedweder spontanen Aktion der Urheberschutz entzogen wäre«.[376]

In Bezug auf das Tatbestandsmerkmal des geistigen Gehalts stellt das Landgericht fest, dass *Beuys* eine individuelle Aussage zu *Duchamps* Kunstverständnis treffen wollte.[377] In diesem Zusammenhang erläutert das Landgericht, dass dieser geistige Gehalt auch eine wahrnehmbare Formgestaltung durch die von *Beuys* verwendeten Materialien gefunden habe, und stellt bei der Umsetzung der Ideen auf die »prägenden Teile des Werks« ab, nämlich die »Fettecke« und das Plakat.[378] Letztlich sei auch das Tatbestandsmerkmal der Individualität gegeben. Insoweit zitiert das Landgericht den Künstler selbst: »Diese ganzen Aktionen waren ja wichtig, um den alten Kunstbegriff zu erweitern. So weit, so groß wie möglich zu machen, daß er jede menschliche Tätigkeit umgreifen kann.«[379]

bb) Klageverfahren

(1) Landgericht Düsseldorf

Wie bereits im Urteil der Kammer im einstweiligen Verfügungsverfahren verurteilte das Landgericht Düsseldorf die Stiftung Schloss Moyland auch im Klageverfahren, es zu unterlassen, die streitgegenständlichen Fotografien auszustellen.[380] Das Landgericht Düsseldorf wiederholte seine eigenen Entscheidungsgründe und bestätigte, dass die Aktion ein Werk im Sinne des Urheberrechts sei, an dem *Beuys* die Alleinurheberschaft beanspruchen könne. Lediglich im Rahmen der Prüfung der Prozessführungsbefugnis betonte das Landgericht Düsseldorf in Ergänzung zu seinen Ausführungen im Verfügungsverfahren, dass auch nicht von einer Miturheberschaft im Sinne eines Gesamtkunstwerkes gemäß § 8 UrhG der an der Veranstaltung beteiligten Künstler *Beuys*, *Vostell* und *Brock* auszugehen sei, weil nicht erkennbar gewesen sei, dass sich die drei Künstler einer Gesamtidee untergeordnet hätten. Zwar hätten sich die Aktionen in einer zeitlichen und räumlichen Nähe zueinander befunden, eine wahrnehmbare Interaktion zwischen den Künstlern hätte aber nicht stattgefunden, weswegen von drei selbstständigen Werken auszugehen sei.[381] Das Landgericht traf diese Feststellung, obgleich es die Aktionen von *Vostell* und *Brock* nicht auf ihre Werkeigenschaft hin geprüft hatte.

(2) OLG Düsseldorf

Das OLG Düsseldorf[382] folgte der rechtlichen Bewertung des Landgerichts Düsseldorf und wies die Berufung gegen das Urteil des Landgerichts Düsseldorf weitestgehend zurück. In Bezug auf eine etwaige Miturheberschaft der beteiligten Künstler *Beuys*, *Vostell* und *Brock* führt das OLG Düsseldorf aus, dass die Stiftung Schloss Moyland nicht dargelegt habe, dass sich die Aktion von *Beuys* als ein »unselbständige[r] Teil in ein übergreifendes, von den drei Künstlern gemeinsam gestaltetes Geschehen eingefügt hätte«:[383]

> »Für die Darbietungen der beiden anderen Künstler gab es von Anfang an eigene Bezeichnungen – die Aktion Vostells wurde später als ›Weisser als Weiss‹ geführt – und für die Beuys'sche Aktion findet sich nach der anfänglichen Bezeichnung ›Fluxus Demonstrationen‹ durchweg der Titel ›Das Schweigen von Marcel Duchamp wird überbewertet‹. Der Umstand, dass es allen um ›Demonstrationen‹ der Fluxus-Bewegung gegangen ist und allen das Schweigen von Marcel Duchamp Anlass von Äußerungen gewesen sein mag, schließt gesonderte Stellungnahmen und Beiträge, die jeder für sich konzipiert und durchgeführt hat, keinesfalls aus. Eine – naheliegende – Abstimmung der drei Künstler über den äußeren Ablauf, schon zur Vermeidung gegenseitiger Störung, aber auch ein – denkbarer – Austausch, was jeder von ihnen inhaltlich bringen wollte, würden noch nicht die Annahme eines Gemeinschaftswerks aller drei Künstler rechtfertigen. Diejenigen Bilder aus der Fotoreihe, die Geschehen in der Nachbarschaft des Beuys'schen Bereichs erkennen lassen, sprechen deutlich für eine bloße Parallelität der Aktionen. Es ist im Übrigen keine Seltenheit, dass selbständige Werke verschiedener Künstler in einer Ausstellung oder Darbietung einfach einander gegenübergestellt werden. Das kann zu einem übergreifenden Thema geschehen, muss es aber nicht. Ein gemeinschaftliches Werk entsteht daraus nicht ohne Weiteres. Stellungnahmen zu ein und demselben Thema bedingen keine Gesamtidee, der sich alle unterordnen müssten.«[384]

Sodann stellt auch das Oberlandesgericht fest, dass es sich bei der Beuys'schen Aktion »Das Schweigen von Marcel Duchamp wird überbewertet« um ein Werk der Kunst handele, für das *Beuys* Schutz nach Maßgabe des Urheberrechts gemäß §§ 1, 2 Abs. 2 UrhG genieße. Zu diesem Ergebnis kommt das OLG Düsseldorf, indem es die Werkeigenschaft nach den Kriterien der Aktionskunst beurteilt. Um seinen Prüfungsmaßstab festzulegen, zitiert der Senat zunächst die 3. Auflage des »Brockhaus«, der Aktionskunst definiert als »die Ersetzung eines Kunstwerkes durch die künstlerische Aktion, deren Handlung und Verlauf mit präzise festgelegtem Konzept räumlich und zeitlich begrenzt sind«.[385] In diesem Zusammenhang zitiert das Gericht sodann den Kunsthistoriker *Uwe Schneede* wie folgt:

> »Die Aktionen bildeten daher das Zentrum des Beuys'schen Werks. Als eigene Gattung schufen sie Bilder, eindrückliche, lebhafte, suggestive Bilder, in denen Gattungen und die sonst verstreuten Intentionen integral aufgehoben waren. Die Aktionen bildeten auch deshalb das Zentrum des Werks, weil ihr Aufführungscharakter immer schon die Demonstration eines neuen Kunstbegriffs war, also nicht nur einen neuen Kunstbegriff forderte, wie es etwa ein Manifest täte und wie Beuys es verbal oft genug getan hat, sondern ihn gleich praktizierte. Beuys: ›Diese ganzen Aktionen waren ja wichtig, um den alten Kunstbegriff zu erweitern. So weit, so groß wie möglich zu machen, daß er jede menschliche Tätigkeit umgreifen kann.‹ Sie waren also Modellfälle jener Erweiterung der Kunst, die Beuys' zentrales Anliegen war. In der Integration der Gattungen manifestierte sich der universale Ansatz der Aktionen; Beuys selbst hat einmal denjenigen Begriff verwendet, den das späte 19. Jahrhundert dafür geprägt hat: Gesamtkunstwerk: ›Das Ganze ist ein Gesamtkunstwerk unter der Methode des Theaters als Schaubild.‹ [...] Beuys' Aktionen: Sie können nicht mehr erlebt, und sie können nicht mehr erfahren werden; weiterhin werden sie somit einen der rätselhaftesten Gesamtkomplexe innerhalb der Kunst des 20. Jahrhunderts bilden.«[386]

Um die Beuys'sche Aktion »Das Schweigen von Marcel Duchamp wird überbewertet« kunsthistorisch zu analysieren, zitiert das Gericht darüber hinaus die Äußerung von Frau *Dr. Pausch*, der Museumsdirektorin der Stiftung Schloss Moyland:

> »Vor dem Hintergrund der damals aktuellen Duchamp-Debatte unter den Fluxus-Künstlern formulierte Beuys mit diesem Satz seine Kritik an Duchamps Anti-Kunstbegriff, ebenso wie an dessen Schweigen und seiner Kultivierung des Schweigens, als er die Kunst aufgab. Joseph Beuys stellte dieser ›Verweigerung‹ Duchamps seinen eigenen auf den Menschen bezogenen erweiterten Kunstbegriff entgegen.«[387]

Nach diesem Maßstab hat das OLG Düsseldorf »bei sorgfältiger Deutung des Materials und einer kunsthistorischen Analyse« das

»juristische Urteil getroffen«, dass »ersichtlich« bei der Aktion von *Beuys* »in einem menschlichen Schöpfungsakt ein geistiger Gehalt auf dem Gebiet der Kunst Ausdruck gefunden« habe, weswegen ein Werk als persönliche geistige Schöpfung angenommen werden könne.[388] Das Ausdrucksmittel des Werkes sei die Auswahl und Anordnung der szenischen Elemente.[389] Dafür führt es als Beispiele die »Fettecke an dem Holzvorschlag in zwei durch eine Filzdecke getrennte[n] Schichten« und den »mit Margarine verlängerten Spazierstock« an.[390] Danach stellt das OLG Düsseldorf fest, dass die Aktion auch einen geistigen Gehalt aufweise. Ohne diesen genau zu bestimmen, führt das Gericht aus, dass »– wie meist bei Kunstwerken – ein Raum für spezielle, auch freiere Auslegungen«[391] bleibe. Im Übrigen könne, so das OLG Düsseldorf apodiktisch, »auf die kunstwissenschaftliche Diskussion verwiesen werden, zu der einzelne Stimmen oben zitiert sind [insoweit verweist das Gericht auf die oben angeführten Zitate von *Schneede* und der Museumsdirektorin, Anm. des Verf.]«.[392]

Nach Ansicht des OLG Düsseldorf begründeten also vor allem die Handlungsabläufe den Urheberrechtsschutz. Dem stehe auch nicht entgegen, dass es sich um eine vergängliche und daher um eine einmalige und unwiederholbare Aktion handele, die nach ihrem Ende unwiderruflich verloren sei, da bei einer Aktion nach der Brockhaus'schen Definition »eine räumliche und zeitliche Begrenzung der Handlung und des Verlaufs nach einem präzise festgelegten Konzept« vorliege.[393] Daher sei für den urheberrechtlichen Schutz auch nicht erforderlich, dass das Werk körperlich festgelegt sei, sondern lediglich, dass dessen Gestaltung der Wahrnehmung zugänglich sei, was hier der Fall gewesen wäre.[394] Feststellungen dazu, ob die Aktion zuvor vollkommen durchgeplant und in der Durchführung kontrolliert war und sich in diesem Sinne nach einem präzise festgelegten Konzept vollzog, finden sich in der Urteilsbegründung gleichwohl nicht.

(3) Bundesgerichtshof

Auf die vom Berufungsgericht zugelassene Revision der Stiftung Schloss Moyland hob der Bundesgerichtshof das Urteil des OLG Düsseldorf auf und wies die Klage ab.[395] Zur Begründung führte der BGH aus, dass auf Grundlage der überlieferten Erinnerung und der streitgegenständlichen Fotoserie trotz sorgfältiger Deutung des Materials und einer kunsthistorischen Analyse nicht beurteilt werden könne, ob es sich um ein urheberrechtlich geschütztes Werk handele. Denn die *Beuys*-Aktion habe vor Inkrafttreten des geltenden Urheberrechtsgesetzes vom 1. Januar 1966 stattgefunden, nämlich am 11. Dezember

1964. Gemäß der Übergangsbestimmung in § 129 Abs. 1 UrhG finde daher das Literaturrhebergesetz aus dem Jahre 1901 Anwendung. Zwar bestehe zwischen dem geltenden Recht und dem früheren Recht kein grundsätzlicher Unterschied. Allerdings unterschieden sich die Gesetze insoweit, als bei choreografischen und pantomimischen Werken zusätzlich eine formale Voraussetzung erfüllt sein müsse. Diese liege darin, dass choreografische oder pantomimische Werke gemäß § 1 Abs. 2 LUG schriftlich oder auf andere Weise festgelegt sein müssten. Da ein solches Fixierungserfordernis bei Werken der bildenden Kunst gemäß § 1 Abs. 1 LUG nicht bestehe und da keine Feststellungen dazu getroffen worden seien, ob die Aktion ein Werk der bildenden Kunst gemäß § 1 Abs. 1 LUG oder als choreografisches oder pantomimisches Werk gemäß § 1 Abs. 2 LUG schriftlich oder auf andere Weise festgelegt sei, könne nicht beurteilt werden, ob die Aktion die Anforderungen an den Urheberrechtsschutz erfülle.[396]

c) Bewertung der Entscheidungen

Der Rechtsprechungsfall »Das Schweigen von Marcel Duchamp wird überbewertet« liefert wichtige Erkenntnisse über den Lebenssachverhalt der Aktions- und Performancekunst sowie dessen rechtliche Einordnung. Soweit der BGH die Schutzfähigkeit der Aktion »Das Schweigen von Marcel Duchamp wird überbewertet« an der formalen Voraussetzung des Fixierungserfordernisses hat scheitern lassen, da das Berufungsgericht keine Feststellungen dazu getroffen habe, ob es sich bei der Aktion um ein Werk der bildenden Kunst handele, bzw. nicht habe festgestellt werden können, ob es sich um ein pantomimisches oder choreografisches Werk gehandelt habe, bei der die Aktion vor dem Zeitpunkt des Inkrafttretens des Urheberrechtsgesetzes schriftlich oder in anderer Weise im Sinne von § 1 Abs. 2 LUG fixiert gewesen sei, stehen hier die Feststellungen des OLG Düsseldorf im Fokus der rechtlichen Bewertung. Problematisiert werden hier insbesondere das Verhältnis von Akteuren und Zuschauern bei einer künstlerischen Aktion sowie das Verhältnis zwischen der künstlerischen Aktion, wie sie stattgefunden hat, und dem ihr zugrunde liegenden Konzept.

aa) Prüfungsmaßstab von Aktionskunst

Das OLG Düsseldorf hat die Aktion von *Beuys* »Das Schweigen von Marcel Duchamp wird überbewertet« nach dem Kriterium der Aktionskunst als persönliche geistige Schöpfung und damit als ein urheberrechtlich geschütztes Werk anerkannt. Als Prüfungsmaßstab hat es die Definition des »Brockhaus« übernommen, wonach Aktionskunst »die Ersetzung eines Kunstobjekts durch eine künstlerische Aktion« sei, »deren Handlung und Verlauf mit präzise festgelegtem Konzept räumlich und zeitlich begrenzt sind«.[397]

Dieser Prüfungsmaßstab wird im Folgenden näher untersucht, erstens mit Blick auf »die Ersetzung eines Kunstobjekts durch eine künstlerische Aktion« und zweitens, indem der Frage nachgegangen wird, ob »deren Handlung und Verlauf mit präzise festgelegtem Konzept räumlich und zeitlich begrenzt sind« oder ob es sich hierbei um einen Widerspruch in sich selbst handelt, weil die Aktion von *Beuys* »Das Schweigen von Marcel Duchamp wird überbewertet« Implikationen enthält, die schlechterdings nicht mit dem Urheberrecht zu vereinbaren sind.

(1) Die Ersetzung eines Kunstobjekts durch eine künstlerische Aktion

Für die Frage, ob eine künstlerische Aktion ein Kunstobjekt ersetzen kann, muss die Annahme des OLG Düsseldorf, wonach die Aktion von *Beuys* »Das Schweigen von Marcel Duchamp wird überbewertet« eine persönliche geistige Schöpfung und damit ein urheberrechtlich geschütztes Werk sei, bei der durch einen menschlichen Schöpfungsakt ein geistiger Gehalt auf dem Gebiet der Kunst Ausdruck gefunden habe, rechtlich infrage gestellt und überprüft werden. In Bezug auf die Aktion von *Beuys* gelten also die allgemeinen Voraussetzungen, wie sie oben[398] dargelegt wurden.

Als Ausdrucksmittel eines solchen Werkes führt das OLG Düsseldorf die »szenischen Handlungsabläufe in einem besonders arrangierten Raum unter Einsatz ersichtlich sorgfältig ausgewählter, zum Teil ganz ausgefallener Gegenstände in einer durchaus nicht naheliegenden Anordnung sowie so merkwürdige Hervorbringungen wie eine Fettecke an einem Holzverschlag in zwei durch eine Filzdecke getrennten Schichten und eines mit Margarine verlängerten Spazierstocks« an.[399]

Welcher geistige Gehalt aber wurde damit ausgedrückt? Im urheberrechtlich geschützten Werk steht alles, was in der künstlerischen Aktion zum Ausdruck kommt, im Dienste eines Geistwerkes, das durch das Ausdrucksmittel zwar vergegenwärtigt wird, nicht aber selbst zur Gegenwart kommen darf. Was vermochte also nicht (materiell) gegenwärtig zu werden? Der Hinterhof im Landesstudio Düsseldorf bedeutete jedenfalls keinen bestimmten anderen Raum. Es war zunächst einmal ein Hof eines älteren Gebäudes, in dessen Rückwand aus glasierten Ziegeln Fenster eingelassen waren. Das musste die Zuschauer der Live-Sendung im ZDF jedoch keineswegs davon abhalten, den Innenhof als einen fiktiven Raum wahrzunehmen. Dies trifft ebenso auf die Suche nach dem geistigen Gehalt der Elemente im Raum zu: Was sollte die Fettecke bedeuten? Was wird durch die Fettecke ausgedrückt?

Es hat insofern den Anschein, als wenn bei den Zuschauern eine Wahrnehmung provoziert wurde, die zwar immer wieder den Raum als das Landesstudio Düsseldorf ebenso wie die Materialität der Raumelemente, z. B. den Spazierstock, in den Blick brachte, den Raum zugleich aber als einen Treffpunkt der Fluxus-Künstler *Beuys*, *Vostell* und *Brock* und der Künste erscheinen ließ. Das Gleiche gilt für die Zeit der Aufführung. Die Zeit, in der sich die Aufführung vollzog, entsprach genau den 20 bis 30 Minuten, in denen die Aktion im ZDF live übertragen wurde. Sie bedeutete weder eine andere fiktive Uhr- oder Jahreszeit noch ein anderes Zeitalter, in der bzw. dem eine fiktive Rolle dargestellt wird. Es war vielmehr die Zeit, welche durch das Konzept für den Vollzug der Aktionen wohl geplant war, nicht jedoch notwendigerweise eine fiktive Zeit.

Dies gilt ebenso für die in Raum und Zeit vollzogenen Aktionen von *Beuys*, *Vostell* und *Brock*. Sie setzten ihren Körper ein, um in eigener Person auf bestimmte Weise gewisse Aktionen durchführen zu können, wie Margarine aus dem Karton zu nehmen, auszupacken und zu stapeln, ebenso diese in eine Ecke zu drücken und zu verschmieren. *Vostell* wiederum nahm in seiner Aktion die Werbung »Weißer als weiß« wörtlich und berieselte eine auf einem Bett liegende Schaufensterpuppe nebst Fernseher mit Waschmittel.[400]

Daraus lässt sich folgern, dass in der Aktion »Das Schweigen von Marcel Duchamp wird überbewertet« bei dem bewegten Spiel im Raum die reale Person in dem realen Raum im Fokus der Wahrnehmung stand – und nicht ihr möglicher Bezug auf einen geistigen Gehalt, der durch sie und ihr Handeln zur Erscheinung gebracht wurde, noch das Zusammenspiel der Handlungen untereinander, das diese zu einer sinnvollen Gesamtidee eines Gemeinschaftswerkes zusammenschließen würde. Der Umstand, dass die verschiedenen Aktionen gleichzeitig, jedoch völlig unabhängig verliefen, verdeutlicht, dass es dem Zufall überlassen war, welche Handlungen parallel und welche nacheinander vollzogen wurden. Folglich war es dem Zuschauer überlassen, die Aktionen von *Beuys*, *Vostell* und *Brock* nach seinen eigenen Vorstellungen in Verbindung zu bringen.

Damit waren völlig neue Bedingungen für die Rezeption der Live-Übertragung gegeben. Denn mit an Sicherheit grenzender Wahrscheinlichkeit sah sich der Zuschauer zu Hause vor dem Fernseher nicht dazu genötigt, nach einem vorgängigen geistigen Gehalt zu suchen, oder behelligt, eine intellektuelle Botschaft zu entschlüsseln. Vielmehr wurde ihm die Möglichkeit gegeben, die Aktionen von *Beuys*, *Vostell* und *Brock* und die dergestalt verwendeten Materialien in ihrer spezifischen Eigenart, in ihrem phänomenalen Sein wahrzunehmen oder den Aktionen gedankliche Vorstellungen beizulegen, die ihm aufgrund seiner individuellen Assoziationen oder Erinnerungen zustießen. Das heißt, die Wahrnehmung der Zuschauer wurde selbst als kreative Aktivität bestimmt und durch die künstlerischen Aktionen von *Beuys*, *Vostell* und *Brock* bewusst gemacht.

Eine solche Vorstellung eines kreativen Zuschauers ist nun keineswegs neu. Zu Recht greift das OLG Düsseldorf bei seiner kunsthistorischen Analyse auf die Ausführungen des Kunsthistorikers *Uwe Schneede* zurück, wonach der »Aufführungscharakter« der *Beuys*-Aktion einen neuen Kunstbegriff widergespiegelt habe, der bereits im späten 19. Jahrhundert mit der Bezeichnung »Gesamtkunstwerk« geprägt worden sei und den *Beuys* als eine »Methode des Theaters« bezeichnet habe.[401] Um den Aspekt der »Ersetzung eines Kunstobjekts durch eine künstlerische Aktion« näher zu beleuchten, wird daher untersucht, was unter dem Begriff »Gesamtkunstwerk« zu verstehen ist.

Der Begriff des Gesamtkunstwerks[402] wurde erstmals theoretisch von *Richard Wagner* formuliert:

> »Das große Gesamtkunstwerk, das alle Gattungen zu der Kunst zu umfassen hat, um jede einzelne dieser Gattungen als Mittel gewissermaßen zu verbrauchen, zu vernichten, zu Gunsten der Erreichung des Gesamtzwecks *aller*, nämlich der unbedingten, unmittelbaren Darstellung der vollendeten menschlichen Natur, dieses große Gesamtkunstwerk [...] [erscheint] nicht als die wirklich mögliche That des Einzelnen, sondern als das nothwendig denkbare gemeinsame Werk der Menschheit der Zukunft.«[403]

Was *Wagner* hier fordert, ist eine Überschreitung der Kunst, bei der die Aussagen des Kunstwerkes nicht vom Verstand aufgenommen und begriffen werden, sondern auf dem Wege »der sinnlichen Anschauung«[404] des »organisch mitwirkenden Zeugen«[405] vermittelt werden. *Wagner* setzte den Zuschauer also ebenfalls als kreativen Zuschauer voraus, der das Gesamtkunstwerk auf dem Wege der mitschöpferischen Teilnahme erst vollendet: »Diese Theilnahme des Publikums muß eine thätige, energische, nicht schlaffe oberflächliche genußsüchtige sein.«[406] In einem »Gesamtkunstwerk« wird der Zuschauer nach *Wagner* also »zum nothwendigen Mitschöpfer des Kunstwerks«.[407]

Bei *Beuys*, *Vostell* und *Brock* blieb es aber nicht bei einer öffentlichen Erklärung von Zielen und Absichten. Wie gezeigt, ist dem Kunsthistoriker *Schneede* recht zu geben, wenn er ausführt, dass *Beuys*, ebenso wie *Vostell* und *Brock*, »nicht nur einen neuen Kunstbegriff forderte[n], wie es etwa ein Manifest täte und wie Beuys es verbal oft genug getan hat, sondern ihn gleich *praktizierte[n]*«.[408] Indem die Künstler Strategien zur Erregung und Lenkung von Aufmerksamkeit entwarfen, wirkten sie darauf hin, dass die Elemente nichts anderes bedeuteten als das, als was sie für die Zuschauer im Akt der Wahrnehmung in Erscheinung traten – was die Zuschauer keinesfalls daran hinderte, diese Phänomene nun mit den unterschiedlichsten Assoziationen wie Erinnerungen, Fantasien, gedanklichen Vorstellungen oder Ähnlichem aus ihrer eigenen Lebensgeschichte in Verbindung zu bringen. Damit wurde den Zuschauern zu Hause vor dem Fernseher zunehmend bewusst, dass ihnen kein vorgegebener geistiger Gehalt vermittelt wurde, sondern dass sie es waren, welche die gedanklichen Vorstellungen erst konstituierten, die aber auch – abhängig von ihrer eigenen Lebensgeschichte – ganz andere Bedeutungen der Stapel von Margarine hätten hervorbringen können als etwa *Beuys*, der als Lehrling in einer Margarinefabrik arbeiten sollte, oder auch zu dem Fett. Das heißt, menschliches Handeln war hier in den Kunstprozess insofern mit eingeschlossen, als sich die geistige Versenkung der Wahrnehmung der Zuschauer zu Hause vor dem Fernseher erst noch ereignen musste. Der Zuschauer ist hier weder als distanzierter oder einfühlsamer Beobachter von Aktionen zu begreifen noch als intellektueller Entzifferer von Botschaften. *Beuys*, *Vostell* und *Brock* setzten den Zuschauer vielmehr als aktiven Beobachter voraus, der das »Werk« auf dem Wege der mitschöpferischen Teilnahme erst vollendet.

(2) Räumliche und zeitliche Begrenzung durch präzise Festlegungen im Konzept

Die eingangs gestellte Frage, ob der Aktion von *Beuys* »Das Schweigen von Marcel Duchamp wird überbewertet« durch die bestehenden urheberrechtlichen Regelungen (also nach dem UrhG) beizukommen ist, ist hierdurch aber noch nicht beantwortet. Hier wird der zweite Teil der vom OLG Düsseldorf zugrunde gelegten »Brockhaus«-Definition relevant, wonach Handlung und Verlauf der künstlerischen Aktion zuvor mit einem präzise festgelegten Konzept räumlich und zeitlich begrenzt sein müssen.

Hierdurch werden Bedingungen geschaffen, die es ermöglichen, zum einen eine künstlerische Aktion einem Urheber zuzuordnen und zum anderen zu verhindern, dass die Vergänglichkeit der künstlerischen Aktion einem urheberrechtlichen Schutz entgegensteht. Insofern wurde bereits oben[409] bei der Werkbegriffsdefinition dargelegt, dass bei dem vom Gesetzgeber definierten Werkbegriff das Ausdrucksmittel zwar transitorisch sein mag, dass der geistige Gehalt, der mit ihm zum Ausdruck gebracht wird, jedoch jenseits davon existiert.[410] Dieser kann durch handwerklich-technischen Einsatz erneut, also wiederholt, zum Ausdruck gebracht werden.

Hieraus folgt, dass das präzise festgelegte Konzept, mit dem Handlung und Verlauf der künstlerischen Aktion räumlich und zeitlich begrenzt werden, nach Ansicht des OLG Düsseldorf gerade das erscheinen lässt, was nicht (materiell) gegenwärtig zu werden vermag. Implizit ist hier das OLG Düsseldorf also davon ausgegangen, dass dem präzise festgelegten Konzept, mit dem Handlung und Verlauf der künstlerischen Aktion räumlich und zeitlich begrenzt werden, ein bestimmter geistiger Gehalt vorausgeht, der durch den Urheber im Konzept festgelegt wurde. Mit anderen Worten müsste dem präzise festgelegten Konzept also etwas vorausgehen, was hierdurch zur Erscheinung kommt. So rechtfertigt auch der BGH in der »Happening«-Entscheidung die Schutzfähigkeit des in der Broschüre niedergelegten Konzeptes aus dem, was es nicht ist. Denn alles, was durch das Konzept in den künstlerischen Aktionen zum Ausdruck kommt, steht im Dienste eines Geistwerkes, das durch das Ausdrucksmittel zwar vergegenwärtigt wird, nicht aber selbst zur (materiellen) Gegenwart kommen darf. Erst hierdurch kann in einem menschlichen Schöpfungsakt ein geistiger Gehalt auf dem Gebiet der Kunst Ausdruck finden.

Wie sich gezeigt hat, bot der geistig-ästhetische Gehalt der Aktionen von *Beuys*, *Vostell* und *Brock* aber gerade keinen Werkgenuss in dem urheberrechtlichen Sinne, dass dem Zuschauer des ZDF im Rahmen der Sendung »Die Drehscheibe« (man beachte den Titel) vorgegebene Bedeutungen vermittelt wurden. Die künstlerische Handlung von *Beuys* intendierte keine rezeptive Betrachtung, sondern die Zuschauer waren als kreative Zuschauer beteiligt, die anhand der Materialität des Wahrgenommenen das »Kunstwerk« erst konstituierten.

Dies ist kein Widerspruch zu der vom OLG Düsseldorf angesprochenen Praxis, dass Handlung und Verlauf von Aktionen oftmals mit einem präzise festgelegten Konzept räumlich und zeitlich begrenzt sind. Der Widerspruch liegt aber darin, dass es sich hierbei gerade nicht um ein Konzept zur *Darstellung* einer Idee seines Schöpfers, sondern um ein Konzept zur *Erzeugung* von etwas anderem handelt. Dem Konzept liegt hier also gerade nichts voraus, das durch die Begrenzung der Handlung zum Erscheinen gebracht würde – denn wie gezeigt ist es der Zuschauer als aktiver Beobachter, der das »Werk« auf dem Wege der mitschöpferischen Teilnahme erst vollendet. Anders gewendet ließe sich sagen, dass erst das Konzept das Vorausliegende ist. Ein solches Konzept kann aber nicht Gegenstand einer Darstellung sein, weil es kein imaginäres Bild enthält, das zur Anschauung gebracht werden könnte, sondern nur die Anleitung dafür ist, etwas zu schaffen. Das Konzept ist nicht das fertige Ergebnis, sondern nur ein Zwischenschritt, nur Ausdruck des Willens, dass erst noch etwas entstehen soll, wobei nicht vorhersehbar ist, welche gedankliche Vorstellung der Rezipient am Ende genau erzeugt. Die Aktionen drücken folglich nicht etwas aus, das sich ein Schöpfer zuvor genau so überlegt hat und das seine individuelle geistige Persönlichkeit widerspiegelt. Eben dies ist der Grund dafür, dass es sich bei dem Konzept lediglich um eine vom Inhalt losgelöste Anweisung an den menschlichen Geist zur Formgestaltung handelt, mag die Anweisung auch eine eigentümliche Leistung sein. Es handelt sich aber nicht um eine Darstellungsstrategie, sondern um eine Anweisung an den menschlichen Geist, erst etwas zu erzeugen, also um eine Erzeugungsstrategie. Doch ein solche Leistung ist urheberrechtlich ausdrücklich nicht geschützt.[411]

Und genau an diesem Punkt lässt der BGH die urheberrechtliche Schutzfähigkeit der Aktion von *Beuys* bei genauerem Hinsehen letztlich auch scheitern. Denn wenn er ausführt, dass »[h]insichtlich der Anforderungen an die Werkqualität [...] zwar zwischen dem geltenden und dem früheren Recht keine grundsätzlichen Unterschiede [bestehen], so dass insoweit die Versagung eines unter dem Urheberrechtsgesetz an sich erreichbaren Schutzes wegen Fehlens des Schutzes nach früherem Recht ausscheidet«[412], und die urheberrechtliche Schutzfähigkeit mit dem formalen Argument ablehnt, dass nicht festgestellt werden konnte, »ob es sich bei der *Beuys*-Aktion um ein pantomimisches oder choreographisches Werk gehandelt hat und ob die Aktion vor dem Zeitpunkt des Inkrafttretens des Urheberrechtsgesetzes schriftlich oder in anderer Weise im Sinne von § 1 Abs. 2 LUG festgelegt war«[413], dann muss er im Rahmen des geltenden Urheberrechtsgesetzes, ebenso wie das OLG Düsseldorf, eine Art »intellektuellen Überbau«[414] fordern, der durch die Handlungen zum Ausdruck kommt. Damit hat er aber implizit zugleich gesagt, dass nicht festgestellt werden konnte, dass durch die Aktionen ein vorgängiger geistiger Gehalt vermittelt wurde.

Wie bei der »Happening«-Entscheidung liegt das Missverständnis des OLG Düsseldorf also darin begründet, dass es einen Zusammenhang zwischen den sicht- und/oder tastbaren, erfahrbaren Aktionen zu einem präzise festgelegten Konzept erkennen will, in dem durch eine räumliche und zeitliche Begrenzung der Handlung und des Verlaufs die eigentlich dahinterstehende Idee bereits formuliert sein soll. Genau dieser Kunstbegriff galt Künstlern wie *Beuys*, *Vostell* und *Brock* aber als bürgerlicher Fetisch. Statt Werke zu schaffen, ging es ihnen gerade darum, Aktionen zu vollziehen, die sich niemand zu Hause an die Wand hängen oder im Safe wegschließen kann.

bb) Zur Ereignishaftigkeit der Aktionen

Der Aktion von *Beuys'* »Das Schweigen von Marcel Duchamp wird überbewertet«, das hat die Analyse gezeigt, kommt ihr Kunstcharakter – ihre eigentümliche Ästhetik – nicht im Sinne eines (Kunst-) Werkes im urheberrechtlichen Sinne zu. Insoweit macht sich das OLG Düsseldorf zu Recht die Ausführungen von *Schneede* zu eigen, der den Künstler wie folgt zitiert: »Sie können nicht mehr erlebt und sie können nicht mehr erfahren werden; weiterhin werden sie somit einen der rätselhaftesten Gesamtkomplexe innerhalb der Kunst des 20. Jahrhunderts bilden.«[415]

Solche künstlerischen Aktionen sind in ihrem Aufführungscharakter, wie dies schon *Lessing* erkannte, einmalig und unwiederholbar. Die spezifische Ästhetizität kommt den Aktionen jeweils nicht aufgrund ihres Wesens als eines Werkes zu, das die Künstler geschaffen hätten, sondern aufgrund ihres Wesens als Ereignis, als das es sich vollzog. Die Strukturmerkmale der verschiedenen Aktionen waren Prozessualität, Körperbezogenheit und Selbstbezüglichkeit; die Handlungen erfolgten im Hier und Jetzt, einmalig und unwiederholbar, weil sowohl die Konstellation der Künstler *Beuys*, *Vostell* und *Brock* einmalig und unwiederholbar war als auch die Situation der Zuschauer zu Hause vor dem Fernseher. Weil jegliche kreative menschliche Tätigkeit in den verschiedenen Aktionen von *Beuys*, *Vostell* und *Brock* mit eingeschlossen war, wurde die Ersetzung des Kunstobjekts durch die flüchtige Materialität der künstlerischen Aktion zu einem dynamischen Prozess. Dieser dynamische Prozess mag in dem konkreten Rechtsprechungsfall davon verdunkelt sein, dass die Zuschauer vor dem Fernseher saßen.[416] Aber gerade weil sie es taten, wird deutlich, dass in den Aktionen ein erweiterter Kunstbegriff praktiziert wurde, der auf eine Strukturierung und Formung der gesamten Gesellschaft ausgerichtet war,[417] nämlich auf die gemeinsame Gestaltung einer »sozialen Plastik«.[418] Der Ereignischarakter überwog den Werkcharakter.

Indem so die künstlerische Aktion in ihrer flüchtigen Materialität das Kunstobjekt »ersetzt«, wird damit dem urheberrechtlichen Werkbegriff in Bezug auf die Aktionskunst das Fundament entzogen. *Beuys* selbst sagte zur Live-Sendung:

> »Der Satz über Duchamp ist sehr schillernd und ambivalent. Er enthält Kritik an Duchamps Anti-Kunstbegriff, als er die Kunst aufgab und nur noch dem Schachspiel und der Schriftstellerei nachging. Nebenbei hatte sich Duchamp gegenüber Fluxuskünstlern sehr negativ geäußert, indem er vorgab, sie brächten keine neue Ideen, denn er hätte alles schon vorweggenommen. [...] Man kann ihn natürlich auch als Rätsel belassen, da er zu viele verschiedene Impulse in sich vereinigt. Hervorstechend ist jedoch die Missbilligung von Duchamps Anti-Kunstbegriff.«[419]

Während *Duchamp* als Inspirator der modernen Kunst die Ausdruckshaftigkeit als Wertmaßstab bei der Beurteilung des Werkes kritisierte und stattdessen Alltagsgegenstände, wie etwa ein handelsübliches Urinal, zum Museumsstück erklärte,[420] »befreite« *Beuys* diese Gegenstände aus dem Museum und kritisierte ein formalästhetisch begründetes Werkverständnis mit seinem berühmten Satz: »Jeder Mensch ist ein Künstler!«

4 Zwischenfazit zu B.II

Die Fälle aus der Rechtsprechung haben gezeigt, dass Aufführungen der Aktions- und Performancekunst mit den Kriterien des herrschenden Werkbegriffs nur unzulänglich und verzerrt, wenn überhaupt nur mit einer »Arbeit« am Sachverhalt erfasst und beschrieben werden können. Ein Urheberrechtsschutz wird allenfalls durch den Kunstgriff legitimiert, dass Aktions- und Performancekunst ein geistiger Gehalt untergelegt wird, wogegen sich die Künstler aber gerade zur Wehr setzen, weil sie (zu Recht) dessen Existenz bestreiten.

Damit aber scheint der ausschlaggebende Gesichtspunkt der »performativen Wende« – der Übergang vom Werk und den mit ihm definierten Tatbestandsmerkmalen von Subjekt vs. Objekt und Werkstück- vs. Geisteswerk zum Ereignis – von § 2 Abs. 2 UrhG nicht normiert zu sein. Das aber würde bedeuten, dass Ikonen der Kunst des 20. Jahrhunderts keinen Urheberrechtsschutz genießen. Der urheberrechtliche Schutz performativer Kunst in ihrer besonderen Eigenart könnte sich in diesem Fall nur aus einer Rechtsfortbildung ergeben, die zu dem Ergebnis führte, dass auch Ereignisse, und zwar so, wie sie stattgefunden haben, urheberrechtlich geschützt sind. Eine solche Rechtsfortbildung setzt jedoch voraus, dass ein Urheberrechtsschutz von Aktions- und Performancekunst tatsächlich fehlt und es sich bei dem fehlenden Schutz um eine planwidrige Regelungslücke handelt.

C Der Urheberrechtsschutz performativer Kunst – Aufführung als gesetzlich ungeregeltes Ereignis

Die Zulässigkeit der Rechtsfortbildung ist allgemein anerkannt. Begründet wird sie damit, dass sich die Gerichte nicht weigern dürfen, Recht zu sprechen, denn auch diejenigen Situationen sind einer (gerechten) Lösung zuzuführen, die gesetzlich nicht geregelt sind, das heißt, die Gerichte sind zur Rechtsgewährung verpflichtet.[421] Entsprechend handelt es sich bei der Rechtsfortbildung nach der Rechtsprechung des Bundesverfassungsgerichts um eine notwendige Funktion der Justiz.[422] Dabei sind die Grenzen zulässiger Rechtsfortbildung zu beachten: Eine Lücke kann nur angenommen werden, wenn eine »planwidrige Unvollständigkeit« des Gesetzes vorliegt. Maßstab für die Feststellung dieser Unvollständigkeit wie auch der Lückenfüllung ist in erster Linie das Gesetz selbst, hier also das Urheberrechtsgesetz. Wenn diesem unmittelbar kein Wertungsplan entnommen werden kann, stellt sich die Frage, ob sich ein solcher aus der Gesamtrechtsordnung, insbesondere aus höherrangigem Recht wie dem Verfassungsrecht, ergibt (*intra ius*), hier also der Wertung, dass Aktions- und Performancekunst in ihrer besonderen Eigenart urheberrechtlichen Schutz genießen. Eine Rechtsfortbildung darf dabei nie den »klar erkennbaren Willen«[423] des Gesetzgebers umdeuten. Zudem ist aufgrund der Gesetzesbindung der Gerichte grundsätzlich davon auszugehen, dass der ursprüngliche Normzweck im Anwendungszeitpunkt fortgilt. Dies gilt es hier zu prüfen: Hat der Gesetzgeber auch den urheberrechtlichen Schutz von Aktions- und Performancekunst bewertet, als er § 2 UrhG schuf?

Die bisherige Untersuchung, insbesondere die Analyse der Rechtsprechung, deutet darauf hin, dass Aktions- und Performancekunst nicht mit den vom Gesetzgeber aufgestellten Voraussetzungen des Werkbegriffs vereinbar sind, da sie den Charakter eines Ereignisses haben und sich dieser Charakter nicht mit der gesetzgeberischen Idee des Werkes als Schöpfung eines Urhebers in Einklang bringen lässt.

Im Folgenden wird untersucht, was die – augenscheinliche – Ereignishaftigkeit von Aktions- und Performancekunst konkret ausmacht. Es wird sich zeigen, dass diese Ereignishaftigkeit tatsächlich dazu führt, dass performative Kunst nicht vom urheberrechtlichen Werkschutz gemäß § 2 Abs. 2 UrhG erfasst wird und dass insoweit ein

Sachverhalt vorliegt, den der Gesetzgeber nicht gesehen und daher auch nicht bewertet hat, dass insoweit also eine Regelungslücke vorliegt. Die anschließenden Kapitel D bis G widmen sich der Frage, ob diese Regelungslücke dem Wertungsplan der Rechtsordnung widerspricht, also planwidrig ist, und wie sie gegebenenfalls zu schließen ist.

I Vom Gesetzgeber verkannte Performativität von Aufführungen?

Die performative Wende in den Künsten setzte erst Ende der 1960er Jahre ein. Der historische Gesetzgeber konnte diese spezielle Art von Kunst also nicht bewertet haben, als er 1965 das Urheberrechtsgesetz und insbesondere § 2 Abs. 2 UrhG schuf. Es gab aber schon zu dieser Zeit Theateraufführungen. Im Urheberrechtsgesetz wurden und sind diese ausdrücklich geregelt, und zwar in § 19 Abs. 2 UrhG als eine Form der Verwertung eines Werkes, z. B. eines Sprachwerkes. Die Vorschrift spricht von bühnenmäßiger Darstellung, üblicherweise, so auch hier, wird dafür der Begriff »bühnenmäßige Aufführung« verwendet.

Wenn nun aber bühnenmäßige Aufführungen mit Aktions- und Performancekunst *wesensgleich* sind, also auch (übliche) Theateraufführungen einen performativen Charakter haben und daher ebenfalls ereignishaft sind, hätte dies zwei Konsequenzen: Erstens wäre nicht auszuschließen, dass der historische Gesetzgeber den Sachverhalt der bühnenmäßigen Aufführung als Ereignis richtig beurteilt hat; dies stünde der Annahme einer Regelungslücke entgegen. Allerdings wäre dann, zweitens, gerade aufgrund ihrer Ereignishaftigkeit (auch) die Werkeigenschaft bühnenmäßiger Aufführungen zweifelhaft (zu dieser Werkeigenschaft sogleich).

Sind also auch (übliche) bühnenmäßige Aufführungen performativ und damit ereignishaft, werden es Aufführungen der Aktions- und Performancekunst erst recht sein. Und wenn damit Bühnenkunst allgemein performativ und ereignishaft ist, der Gesetzgeber dies aber nicht erkannt und daher in seiner Regelung der bühnenmäßigen Aufführung auch nicht sachgerecht bewertet hat – dann ist das Urheberrechtsgesetz in Bezug auf Aktions- und Performancekunst, genau genommen auf alle (Kunst-)Werke, die ereignishaft sind, lückenhaft.

1 Der Begriff der bühnenmäßigen Aufführung im Urheberrechtsgesetz (§ 19 Abs. 2 UrhG)

Als zu Beginn des 20. Jahrhunderts *Elisabeth Lilia*[424] die Forderung nach einem eigenständigen Urheberrecht für den Theaterregisseur erhob, markierte dies den Beginn des bis heute ausgefochtenen

Streits um das Urheberrecht des Theaterregisseurs. Die Befürworter eines Urheberrechts an der Inszenierung für den Theaterregisseur, entweder als einer abhängigen Bearbeitung nach § 3 UrhG oder als Werk *sui generis* nach § 2 Abs. 2 UrhG, konnten sich jedoch nie wirklich – und erst recht nicht in der Praxis – durchsetzen. Obwohl es jedoch viele, originelle und weniger originelle, Wege gibt, ein Sprachwerk in Szene zu setzen, und obwohl jede Inszenierung die Handschrift des jeweiligen Regisseurs trägt und eine jede sich kaum zwingend aus dem Text an sich wird ableiten lassen können, hat sich bis heute in der noch herrschenden Meinung in Literatur und Rechtsprechung ein Verständnis von Theater erhalten, das sich in Deutschland seit den Literarisierungsbestrebungen im 18. Jahrhundert durchgesetzt hat. Danach war und ist die Theateraufführung ein (wortdramatisches) Sprachwerk.

In diesem Sinne ist das Aufführungsrecht für dramatische und dramatisch-musikalische Werke in § 50 des deutschen Reichsgesetzes am 11. Juni 1870[425] gesetzlich anerkannt worden – und hat sich mit § 19 Abs. 2 UrhG bis heute erhalten. Als Aufführungsrecht wird das dem Autor vorbehaltene Recht angesehen, sein Sprachwerk öffentlich bühnenmäßig darzustellen, also in Form der öffentlichen Wiedergabe (§ 15 UrhG) unkörperlich zu verwerten. Die bühnenmäßige Aufführung ist also nach geltendem Gesetz, wie es auch von der ganz herrschenden Meinung und Rechtsprechung ausgelegt wird, nur Verwertung. Und der Gegenstand der Nutzung ist das urheberrechtlich geschützte Sprachwerk.

In der rechtlichen Bewertung von Theater steht die Aufführung also in einem Abhängigkeitsverhältnis zum aufgeführten dramatischen Text. Der Werkcharakter von Theateraufführungen ist in der Literatur nahezu ausnahmslos durch seinen Bezug auf Sprachwerke, auf literarische Texte beglaubigt, und in der Rechtsprechung gibt es keine einzige rechtskräftige Entscheidung, in der dem Theaterregisseur ein Urheberrecht an seiner Inszenierung zugestanden wird. Insoweit gilt für das Urheberrecht die sinngemäße Polemik gegenüber der Theaterwissenschaft von *Alfred Klaar* aus dem Jahr 1918, wonach »[d]ie Bühne [...] nur ihren vollen Wert behaupten [kann], wenn ihr die Dichtung den Gehalt zuführt«.[426] Andernfalls handele es sich nicht um Kunst, sondern, so *Kohler*, um »die Gesänge von Wilden, an denen kein Autorrecht besteht«.[427]

2 Der Aufführungsbegriff in den Theaterwissenschaften

Wenn es auch ein grundsätzliches Verständnis für ein Urheberrecht des Theaterregisseurs geben mag, ist dieses Primat des Textes vor der Aufführung in Literatur und Rechtsprechung, soweit ersichtlich, unbestritten. Die Frage, was heute als Aufführung verstanden werden kann oder soll, wird allerdings auch in der Theaterwissenschaft diskutiert – einer Universitätsdisziplin, die zu Beginn des 20. Jahrhunderts als die Wissenschaft von der Aufführung begründet wurde.[428] Denn soweit Theater lediglich als »textuelle« Kunst verstanden wird, war nicht die Aufführung Gegenstand von wissenschaftlichem Interesse, sondern nur der aufgeführte dramatische Text. In Deutschland wurde Theaterwissenschaft daher als eigenständige Universitätsdisziplin proklamiert, deren Gegenstand der Lebenssachverhalt der Aufführung ist.[429] Der Begründer der »Berliner Theaterwissenschaft«, *Max Herrmann*, plädierte dabei konsequent für die Emanzipation der Theaterwissenschaft von der Germanistik, und zwar mit der Begründung, dass dem Theater der Kunstcharakter nicht aufgrund des dramatischen Textes zukomme, sondern aufgrund der Aufführung: »[...] die Aufführung ist das Wichtigste [...].«[430] Dies aber beschreibt einen radikalen Bruch zu dem in der Rechtswissenschaft vorherrschenden Verständnis von Theater.

Herrmann bezeichnete den Theaterbegriff, wie er auch in der Rechtswissenschaft existiert, als »einen grundsätzlichen Fehler entscheidender Art«.[431] Für ihn waren nicht die Texte, die Bühnenbilder, Masken und andere Materialien relevant, sondern für ihn lag »[i]n der Schauspielkunst [...] das Entscheidende der theatralischen Leistung«;[432] erst das bewegte Spiel im Raum konstituiere »das eigentliche, das reinste Kunstwerk, das Theater hervorzubringen imstande ist«.[433] Denn nur »durch die Verwendung der jeweiligen Materialien im theatralen Prozess, durch ihr ›Aufgeführtwerden‹ kann sich hier Räumlichkeit, Körperlichkeit, Lautlichkeit konstituieren und erfahrbar werden«.[434] In diesem Zusammenhang schien *Herrmann* aber weniger die formgebende Tätigkeit des ausübenden Künstlers zu interessieren, durch die ein geistiger Gehalt zur Darstellung gebracht wird, sondern »das theatralisch Entscheidendste [ist] das Miterleben der wirklichen Körper und des wirklichen Raumes«.[435] Die Rezeption dieser Aktivität sieht *Herrmann* verwirklicht

> »in einem heimlichen Nacherleben, in einer schattenhaften Nachbildung der schauspielerischen Leistung, in einer Aufnahme nicht so sehr durch den Gesichtssinn wie vielmehr durch

> das *Körpergefühl* in einem geheimen Drang, die gleichen Bewegungen auszuführen, den gleichen Stimmenklang in der Kehle hervorzubringen«.[436]

Der besondere Charakter einer Aufführung betrifft hier also nicht, wie der Jurist *Koch* sagt, »Auge und Ohr«[437] als eine Tätigkeit der Fantasie oder der Imagination, als eine Leistung der Vernunft, sondern das synästhetische Körpergefühl. Nach *Herrmann* wird die Aufführung so zu einem »Fest«,[438] einem »Spiel«,[439] zu dem, »was sich zwischen Schauspielern und Zuschauern ereignet«,[440] und das Ereignis zu einem dynamischen Prozess.

> »[Der] Ur-Sinn des Theaters [...] besteht darin, daß Theater ein soziales Spiel war, – ein Spiel Aller für Alle. Ein Spiel, in dem Alle Teilnehmer sind, – Teilnehmer und Zuschauer. [...] Das Publikum ist als mitspielender Faktor beteiligt. Das Publikum ist sozusagen Schöpfer der Theaterkunst. Es bleiben so viel Teilvertreter übrig, die das Theater-Fest bilden, so daß der soziale Grundcharakter nicht verloren geht. Es ist beim Theater immer eine soziale Gemeinde vorhanden.«[441]

Herrmann kehrte also die Hierarchie von Text und Aufführung um. Entsprechend sprach er sich in der Frage der »schöpferischen Tätigkeit des Regisseurs und seiner Freiheit gegenüber dem Autor« auf dem Regiekongress der V.K.B. in seiner 14. Hauptversammlung am 23. Mai 1925 für folgende Dominantenverschiebung aus:

> »[...] Der Dramatiker muß immer wissen, daß das Theater ein gutes Recht darauf hat, wenn es ein Drama aufführt, eine selbstständige theatralische Leistung zu zeigen. [...] Das Dramatische steht immer obenan! Und das dichterisch Herrlichste muß unter Umständen fallen.«[442]

Denn

> »[i]n Wirklichkeit sind die meisten unserer sogenannten dramatischen Werke bloße Theaterstücke. Diese sind eigentlich gar keine Geschöpfe eines Dichters oder wenigstens Dramatikers, sondern des Theaters; und hier tritt die Freiheit des Theaters recht eigentlich in ihr Recht. Mit diesen Theaterstücken darf der Regisseur ganz anders umspringen und ein freies Gebilde hervorbringen.«[443]

Dabei beließ er es aber nicht, sondern proklamierte und propagierte einen grundsätzlichen Gegensatz zwischen der Literaturwissenschaft und der Theaterwissenschaft:

> »Theater und Drama [...] sind nach meiner Überzeugung [...] ursprüngliche Gegensätze, [...] die zu wesenhaft sind, als daß sich ihre Symptome nicht immer wieder zeigen sollten: das Drama ist die wortkünstlerische Schöpfung des Einzelnen, das Theater ist eine Leistung des Publikums und seiner Diener.«[444]

Indem *Herrmann* also das Publikum zum Mitschöpfer der Theaterkunst erklärt, gelangt er zu folgendem Ergebnis: »Aber der betreffende Theaterschriftsteller, der betreffende Verfasser darf nicht verantwortlich gemacht werden, er darf nicht noch weiter zeichnen für das, was als wesentlich neues Stück zustande kommt.«[445]

Für die Zwecke der vorliegenden Untersuchung erscheint dieser hier eher schemenhaft formulierte Theaterbegriff wegweisend. Denn wenn *Herrmann* die Interaktion zwischen Darstellern und Zuschauern zum Dreh- und Angelpunkt des Begriffs der Aufführung bestimmt, dann schließt diese Dynamik, die leibliche Ko-Präsenz von Zuschauern und Akteuren, aus, dass ein vorgegebener geistiger Gehalt im Sinne des Schöpfungsprinzips[446] zum Ausdruck kommt. Im Folgenden wird untersucht, ob sich diese Annahme *Herrmanns* als richtig erweist. Hat er recht, erweist sich Theater als performative Kunst schlechthin und entzieht dem urheberrechtlichen Werkbegriff in Bezug auf das Theater das Fundament.

3 Urheberrechtlicher Schutz bühnenmäßiger Aufführungen als Werk?

Wie gesehen, gelten bühnenmäßige Aufführungen nach dem Urheberrechtsgesetz und nach tradierter herrschender Auffassung einzig und allein als (wort-dramatische) Sprachwerke mit deren Autor als alleinigem Urheber. Er allein entscheidet nach § 19 Abs. 2 UrhG über die Darstellung seines Sprachwerkes auf einer Bühne. Ob diese Auffassung stimmt, ob also bühnenmäßige Aufführungen ein Sprachwerk sein können, wird im Folgenden untersucht. Voraussetzung dafür wäre insbesondere, dass »dem Publikum durch das bewegte Spiel« im Raum »der gedankliche Inhalt des aufgeführten Werkes vermittelt wird«.[447] Der grundsätzliche Maßstab der Prüfung ist § 2 Abs. 2 UrhG im Sinne des darin verankerten Schöpfungsprinzips. Daher muss erstens die Frage geprüft werden, ob eine bühnenmäßige Aufführung eine persönliche Schöpfung des Autors ist, zweitens, ob das bewegte

Spiel im Raum eine wahrnehmbare Form hat, und drittens, ob der gedankliche Inhalt des aufgeführten Sprachwerkes vermittelt wird.

Wie die Erläuterungen zum Aufführungsbegriff von *Herrmann* gezeigt haben, gibt es dabei drei grundlegende Sachaspekte der bühnenmäßigen Aufführung zu berücksichtigen, die bei der Subsumtion bühnenmäßiger Aufführungen unter den Werkbegriff beachtlich sind und die in der Theaterwissenschaft mit den Begriffen der *Materialität*, der *Semiotizität* und der *Medialität*[448] versehen werden. Damit für eine korrekte Subsumtion der Blick zwischen Sachverhalt und Gesetz hin- und herwandern kann, werden daher zunächst diese spezifischen Aspekte der bühnenmäßigen Aufführung unterschieden und erläutert:

- *Materialität:* Anders als bei einem Werk der bildenden Kunst oder einem Text als Sprachwerk resultiert aus dem Verlauf der bühnenmäßigen Aufführung kein losgelöstes, unabhängig existierendes Objekt als Ergebnis der Aufführung. Vielmehr liegt die Eigenart der bühnenmäßigen Aufführung darin, dass sie an das bewegte Spiel der ausübenden Künstler im Raum gebunden bleibt.[449] Die bühnenmäßige Aufführung existiert daher nur im Verlauf ihrer Herstellung. Sie hat ihre besondere Eigenart also nicht nur darin, dass sie – wie auch eine musikalische Aufführung (i. S. v. § 19 Abs. 2 Alt. 1 UrhG) oder der Vortrag (i. S. v. § 19 Abs. 1 UrhG) – flüchtig[450] ist, sondern auch darin, dass sie an die persönliche Darbietung der ausübenden Künstler gebunden bleibt und daher keiner wiederholten Auswertung zugänglich ist.[451] Dieser Umstand ist bei der Klärung der Frage beachtlich, wie der ausübende Künstler durch sein bewegtes Spiel die Körperlichkeit der bühnenmäßigen Aufführung hervorbringt[452] (zur Materialität der bühnenmäßigen Aufführung).
- *Semiotizität:* Aus der Bindung der bühnenmäßigen Aufführungen an den Raum ergibt sich zudem ihre absolute Gegenwärtigkeit (Liveness). Während medialisierte Aufführungen (i. S. v. § 19 Abs. 3 UrhG) zwar gleichzeitig, aber dennoch außerhalb des Raumes, in dem die persönliche Darbietung stattfindet, durch technische Einrichtungen öffentlich wahrnehmbar gemacht werden,[453] kann eine bühnenmäßige Aufführung (i. S. v. § 19 Abs. 2 Alt. 2 UrhG) nur zu der Zeit und in dem Raum ihrer Wiedergabe angeschaut werden. Aus dieser Liveness des dargebotenen Werkes, also dem Umstand, dass eine bühnen-

mäßige Aufführung nur im Verlauf ihrer Herstellung existiert, folgt, dass der geistige Gehalt des Werkes nur im Verlauf dieses Prozesses der sinnlichen Wahrnehmung zugänglich ist.[454] Relevant ist dies bei der Klärung der Frage, wie aus der Gegenwart der bühnenmäßigen Aufführung Bedeutungen entstehen[455] (zur Semiotizität der bühnenmäßigen Aufführung).

- *Medialität:* Die Liveness zeigt sich noch in einer anderen spezifischen Eigenart der bühnenmäßigen Aufführung: Sie erfordert immer die Anwesenheit von Öffentlichkeit. Denn weil die bühnenmäßige Aufführung nur zu der Zeit und in dem Raum der Wahrnehmung zugänglich ist, zu der und in dem die Darbietung stattfindet, ist auch die Öffentlichkeit immer »gemeinsam«[456] an diesem Ort präsent.[457] Die Zuschauer bilden daher einen konstitutiven Bestandteil einer bühnenmäßigen Aufführung.[458] Die gleichzeitige Anwesenheit der Darsteller und der Zuschauer gehört zu den medialen Bedingungen einer Aufführung, die durch diese »leibliche Ko-Präsenz«[459] bestimmt wird[460] (zur Medialität der bühnenmäßigen Aufführung).

Aufgrund dieser Merkmale unterscheidet sich die bühnenmäßige Aufführung prinzipiell von allen anderen Werkarten. Denn in dieser Kombination lassen sie sich in keiner anderen Werkart wiederfinden.[461] Die folgenden Ausführungen gelten entsprechend der Frage, wie diese drei tatsächlichen Merkmale in einer bühnenmäßigen Aufführung zum Ausdruck kommen – und was für Auswirkungen sie auf die zu konkretisierenden Tatbestandsmerkmale der persönlichen Schöpfung, der wahrnehmbaren Formgestaltung und des geistigen Gehalts haben. Dabei wird immer wieder auf die Untersuchungen von *Erika Fischer-Lichte* zurückgegriffen, einer Koryphäe der Theaterwissenschaft, deren wissenschaftliche Erkenntnisse in der urheberrechtlichen Literatur eine wichtige Rolle spielen, etwa in der urheberrechtlichen Würdigung von Aufführungen durch die analytische Theaterwissenschaft von *Andrea Raschèr*[462] oder *Roswitha Körner.*[463] Denn in ihrer »Ästhetik des Performativen« nimmt *Fischer-Lichte* zu den genannten und »einander bedingenden und untrennbar miteinander verknüpften« Sachaspekten der Medialität, der Materialität und der Semiotizität umfassend Stellung. Sie analysiert darin den *State of the Art* und konfrontiert diesen mit dem Literaturtheater des 18. Jahrhunderts und der historischen Avantgardebewegung des 20. Jahrhunderts.

II Bühnenaufführung als persönliche Schöpfung des Autors?

1 Die Medialität der bühnenmäßigen Aufführung aus Sicht der Theaterwissenschaft

Eine bühnenmäßige Aufführung setzt, so kann man den Ausführungen zu den medialen Bedingungen einer bühnenmäßigen Aufführung entnehmen, zwei Dinge gleichzeitig voraus: den Darsteller und den Zuschauer.[464] Sie kommt dadurch zustande, dass sich diese »zwei Gruppen von Personen, die als ›Handelnde‹ [bzw. ausübende Künstler – Anm. d. Verf.] und als ›Zuschauende‹ agieren, zu einer bestimmten Zeit an einem bestimmten Ort versammeln und dort eine Spanne Lebenszeit miteinander teilen«.[465] Die bühnenmäßige Aufführung entsteht folglich aus ihrer Zusammenkunft. Damit gelten ganz besondere Voraussetzungen für die Konkretisierung des Tatbestandsmerkmals der persönlichen Schöpfung. Es gilt also zu untersuchen, wie aus diesen medialen Bedingungen eine bühnenmäßige Aufführung hervorgeht.

Die Konfrontation der Zuschauer mit den Akteuren fokussiert auch *Fischer-Lichte* als Ausgangspunkt ihrer Untersuchung der Frage, wie aus dieser Begegnung die Aufführung wirksam zustande kommt.[466] Dabei legt sie folgenden Sachverhalt zugrunde: Während die ausübenden Künstler auf der Bühne auf eine bestimmte Art und Weise spielen – sich mit Mimik und Gestik durch den Raum bewegen, singen, tanzen, sich ausruhen oder sich ein Spiegelei (an-)braten[467] – nehmen die Zuschauer diese Handlungen mit Augen und/oder Ohren, aber auch mit ihrem Körpergefühl synästhetisch[468] wahr und reagieren auf diese Handlungen.

Für *Fischer-Lichte* stellen diese Reaktionen in mancherlei Hinsicht rein intelligible, also imaginative und kognitive, Prozesse dar. Ein überwiegender Teil solcher Reaktionen zeigt aber bestimmte äußerliche, das heißt wahrnehmbare, Reaktionen. Zu derartigen Reaktionen führt *Fischer-Lichte* aus:

> »Die Zuschauer lachen, juchzen, seufzen, stöhnen, schluchzen, weinen, scharren mit den Füßen, rutschen auf dem Stuhl hin und her, lehnen sich mit gespanntem Gesichtsausdruck vor oder mit entspanntem zurück, halten den Atem an und werden beinah starr; sie schauen wiederholt auf die Uhr, gähnen, schlafen ein und fangen an zu schnarchen; sie husten und niesen, knistern mit Einwickelpapier, essen und trinken, flüstern sich Bemerkungen zu oder kommentieren das Bühnengeschehen laut und

> ungeniert, rufen ›bravo‹ und ›da capo‹, klatschen Beifall oder zischen und buhen, stehen auf, verlassen den Saal und knallen die Tür hinter sich zu.«[469]

Diese Anreize würden nun von anderen Zuschauern wie von Akteuren wahrgenommen und setzten ihrerseits eine Ursache für eine neue Wirkung *ad infinitum*.

> »Derartige Reaktionen lassen sich sowohl von den anderen Zuschauern als auch von den Schauspielern wahrnehmen – sie spüren, hören oder sehen sie. Und diese Wahrnehmungen resultieren wiederum in wahrnehmbaren Reaktionen der Schauspieler und der anderen Zuschauer. Das Spiel der Schauspieler gewinnt oder verliert an Intensität; ihre Stimmen werden laut und unangenehm oder im Gegenteil immer anziehender; die Schauspieler fühlen sich animiert, Gags und andere Improvisationen hinzuzuerfinden oder verpassen Auftritte und Einsätze; sie treten an die Rampe, um die Zuschauer direkt anzuspielen oder um sie aufzufordern, ihr Verhalten zu ändern oder den Raum zu verlassen. Bei den anderen Zuschauern führt die Wahrnehmung der Zuschauerreaktionen dazu, daß sich der Grad bzw. das Ausmaß ihrer Beteiligung, ihres Interesses, ihrer Spannung erhöht oder verringert, ihr Lachen lauter, im Extremfall konvulsivisch wird, oder aber ihnen im Halse stecken bleibt, oder daß sie anfangen, sich gegenseitig zur Ordnung zu rufen, miteinander zu streiten oder sich zu beschimpfen.«[470]

Diese Überlegungen münden in ihre Behauptung, dass »die Aufführung von einer selbstbezüglichen und sich permanent verändernden *feedback*-Schleife hervorgebracht und gesteuert«[471] werde, die aus einem ständigen, nicht zielgerichteten Prozess der Wechselwirkung von Handlungen und Verhalten der ausübenden Künstler und Zuschauer hervorgehe, aus der heraus sich die Aufführung quasi selbst erst erschaffe.[472] Daher sei »ihr Ablauf auch nicht vollständig planbar und vorhersagbar«,[473] sondern sie »[...] entsteht – und vergeht [immer erst in ihrem Verlauf]«.[474]

Damit will *Fischer-Lichte* nicht sagen, dass der ausübende Künstler, der z. B. den »Romeo« spielt, den Gifttrank nicht deshalb zu sich nimmt, weil er, vom Publikum gewarnt, den nur totenähnlichen Schlaf von »Julia« erkennt und so der fiktive Doppelselbstmord verhindert werden kann, obwohl auch dies nicht ausgeschlossen ist.

Vielmehr sei in einer Aufführungssituation bereits jede äußere Reaktion bei den Zuschauern imstande, »die Intensität der Darstellung zu beeinflussen, die wiederum auf ihre Aufnahme durch die Zuschauer und deren Reaktionen zurückwirkt«,[475] was zu einem hohen Maß an Zufall führe.[476]

2 Die Medialität der bühnenmäßigen Aufführung und der urheberrechtliche Werkbegriff

Da die bühnenmäßige Aufführung hiernach »immer erst in ihrem Verlauf entsteht – und vergeht«[477] und gleich einem Zufallswerk »nicht vollständig planbar und vorhersehbar«[478] ist, stellt sich die Frage, ob der Charakter als Zufallswerk für das Tatbestandsmerkmal der »persönlichen Schöpfung« des gesetzlichen Werkbegriffs erheblich ist, wie er auch von der herrschenden Meinung und Rechtsprechung im Sinne des Schöpfungsprinzips verstanden wird.

In Kapitel B dieser Untersuchung wurde das Tatbestandsmerkmal der persönlichen Schöpfung abstrakt definiert.[479] Es hat sich gezeigt, dass die herrschende Meinung in Literatur und Rechtsprechung das Werk im Sinne des § 2 Abs. 2 UrhG als Ausdruck der Individualität seines Schöpfers versteht. Entsprechend wird als verbindlicher Maßstab formuliert, dass eine persönliche geistige Schöpfung vorliegt, sobald sich dieser lebendige Geist im Werk verobjektiviert. Das heißt, unter einer persönlichen Schöpfung wird das aus der kreativen Tätigkeit hervorgegangene Objekt verstanden, in dem, wenn auch nicht lebender Geist, so doch geistiger Gehalt ruht. Im Werk verobjektiviere sich eine vorgegebene Bedeutung, die dem Geiste der Urheberpersönlichkeit entsprungen ist. Negativ formuliert heißt das, dass sämtliche Werke, bei denen sich keine persönliche Prägung des Urhebers ausmachen lässt, schutzlos bleiben müssen, wie dies etwa bei *Malewitschs* »schwarzem Quadrat« der Fall ist, einer Ikone der Malerei des 20. Jahrhunderts.

Aus diesen Überlegungen ergibt sich, dass die Schutzfähigkeit von Werken, deren Ergebnisse (ausschließlich) unter Verwendung des Zufalls entstanden sind, nach dem Schöpfungsprinzip zu verneinen ist. Denn »[d]ie gedankenlose Spielerei, das blinde Waltenlassen der Natur, die dem Zufall überlassene Schöpfung«[480] könne nicht als Ausdruck der Individualität seines Schöpfers begriffen werden.[481] Uneinig ist man sich lediglich über das zulässige Maß an Zufälligkeit, also darüber, ab wann so viel Zufall im Spiel ist, dass die Werkeigenschaft verneint werden muss.[482]

Ein Teil der herrschenden Meinung vertritt die Ansicht, der Zufall dürfe überhaupt nicht wirksam werden.[483] Dieser Ansicht nach kommt es also auf den Herstellungsprozess des Werkes an.[484] Denn sobald Zufall am Werk sei, könne das Ergebnis nicht mehr als eine geistige Tätigkeit des Urhebers angesehen werden,[485] »echte Kunstwerke [verdanken] ihre Entstehung aber nicht dem Zufall, sondern dem Zutun ihrer Urheber«,[486] bei denen die Form Ausdruck der Gedanken und Gefühlswelt der Urheberpersönlichkeit ist.[487]

> »So ist derjenige kein Komponist, der die Tonfolge durch Würfeln ermittelt. Der Maler, der Farben blind über den Rücken wahllos gegen eine Leinwand wirft und sich nach dieser Aktion diejenigen Teile der Leinwand herausschneidet, auf denen die Farben besonders wirkungsvoll zueinander liegen, mag wegen der individuellen Leistung, die in der Sichtung und Ordnung des willkürlich gewonnenen Materials liegt, noch als Urheber angesehen werden können. Wer dagegen, wie es schon vorgekommen ist, wahllos Farbe auf eine am Boden liegenden Bildfläche gießt und sich dann darauf setzt, um durch Drehbewegungen mit dem Hosenboden ein kreisrundes Farbmischmasch zu erzeugen, bringt trotz der unbestreitbaren ›Individualität‹ des benutzten Werkzeugs keine geistige Schöpfung, sondern nur ein ungeschütztes Zufallsprodukt hervor.«[488]

Der überwiegende Teil der Lehre vertritt dagegen die Ansicht, dass zwar ein bloßes Zufallswerk keine persönliche geistige Schöpfung im Sinne des § 2 Abs. 2 UrhG sein kann, aber die bloße Mitwirkung des Zufalls einem urheberrechtlichen Schutz nicht entgegensteht.[489] Bei derartigen Zufallswerken würde es daher ausreichen, wenn der Urheber das »Grundmuster«[490] und damit den Spielraum festlegt, bei dem das Ergebnis die Konkretisierung »einer Vielzahl möglicher Varianten«[491] darstellt. *Girth* vergleicht dies mit einem rudimentären Entwurf und dem fertigen Werk.[492] Dieser Ansicht nach würde also jedes denkbare fertige Werk die Intention des Urhebers verkörpern und so den Zufall mit einbeziehen.

Hierbei handelt es sich aber nur um eine scheinbare Einbeziehung des Zufalls in die Schutzfähigkeit. Denn konkret heißt das, dass dem Urheber bereits ein vollständiges imaginäres Bild vor seinem geistigen Auge vorschwebte, diese Idee aber lediglich als rudimentärer Entwurf ausgeführt wurde, dessen Form die Idee jedoch bereits rein und unverfälscht zum Ausdruck bringt. In Bezug auf den geistigen Gehalt besteht hiernach zwischen Entwurf und fertigem Werk kein Unterschied.[493] Dann aber würden nur diejenigen »Zufallswerke« anerkannt, bei denen das Ergebnis zumindest theoretisch für den Urheber »vorhersehbar« war – und die damit als vollständig planbar und determinierbar gerade nicht zufällig entstanden sind,[494] weshalb Loewenheim kurzerhand formuliert, dass sich der Urheber dann nur noch für eine endgültige Variante entscheiden müsse[495] –, was aber für den Bereich von Aufführungen insofern nicht funktioniert, als diese mit ihrem Ende bereits unwiderruflich verloren sind.

Diese Überlegungen machen deutlich, dass die Unbestimmtheit der bühnenmäßigen Aufführung ein urheberrechtliches Problem darstellt. Denn ein Prozess, der sich fortlaufend bewegt und ständigen Änderungen unterworfen ist, schließt den Ausdruck und die Übermittlung eines vorgängigen geistigen Inhalts aus – und zwar unabhängig davon, ob es sich um die Verwertung eines bereits vorfindlichen Werkes oder eine Neuschöpfung handelt.

Der urheberrechtliche Schutz der bühnenmäßigen Aufführung als Werk ist daher nur dann gegeben, wenn man ihre Unbestimmtheit verneint. Mit diesem Ziel wird denn auch argumentiert. So hat, wie erwähnt, der Bundesgerichtshof in seiner Entscheidung »Musical-Starlights«[496] unter Bezugnahme auf seine bisherige Rechtsprechung[497] nachstehenden Leitsatz formuliert: »Eine bühnenmäßige Darstellung i. S. d. § 19 II Halbs. 2 UrhG liegt in allen Fällen vor, in denen ein gedanklicher Inhalt durch ein für das Auge oder für Auge und Ohr bestimmtes bewegtes Spiel im Raum dargeboten wird.«[498]

Wenn das bewegte Spiel im Raum also nur für das Auge bzw. für Auge und Ohr – und nicht synästhetisch – bestimmt ist, folgt daraus, dass die Zuschauer als bloße Beobachter dieses Spiels festgelegt sind. Das heißt, auf der einen Seite wird *durch* das bewegte Spiel im Raum ein ideeller Inhalt formuliert, den die Zuschauer auf der anderen Seite lediglich intellektuell entziffern sollen. Dieses tatsächliche Verständnis des Wesens der bühnenmäßigen Aufführung wird in der urheberrechtlichen Literatur in unterschiedlichen Modifikationen geteilt: Für *von Gamm* ist die bühnenmäßige Darstellung »das visuell erkennbare, bewegte Spiel zur Darstellung eines bestimmten Vorgangs«.[499] Nach *Kroitzsch/Götting* findet bei einer bühnenmäßigen Aufführung ein bewegtes Spiel im dreidimensionalen Raum statt und dieses gibt durch die Darstellung dem Auge und Ohr erkennbar einen Gedankeninhalt wieder.[500] *Von Ungern-Sternberg* nimmt eine bühnenmäßige Aufführung an

> »bei Wiedergabe des Werkes durch ein für das Auge bestimmtes bewegtes Spiel im Raum oder bei Wiedergabe des Werkes als integrierender Bestandteil eines für Auge und Ohr bestimmten Spielgeschehens, das durch ein bewegtes Spiel im Raum gekennzeichnet ist und einen gedanklichen Inhalt vermittelt«.[501]

Die von *Fischer-Lichte* behauptete »Gemeinschaft von Akteuren und Zuschauern«[502] in einer Aufführung wird also von der herrschenden Meinung durch die »Bühne«[503] bzw. die Bühnenrampe »in zwei einander fremde Welten«[504] geteilt: in »die nur handelnde und die nur aufnehmende«.[505] Die bühnenmäßige Aufführung ist bei diesem Verständnis so konzipiert, als ob die Gruppe von Personen, die nach *Fischer-Lichte* als Zuschauer »agieren«, an der Aufführung nicht teilnehmen. Um ein geschlossenes Werk zur Darstellung zu bringen, wird von den Anhängern des Schöpfungsprinzips also eine klare Trennung zwischen Bühne und Zuschauerraum vorausgesetzt. Eine bühnenmäßige Aufführung i. S. v. § 19 Abs. 2 Alt. 2 UrhG ist nach der herrschenden Meinung folglich ohne Zuschauerbeteiligung konzeptualisiert.

Die Vertreter des Schöpfungsprinzips knüpfen hier an Überlegungen des 18. Jahrhunderts an.[506] Während der Theaterbetrieb zuvor in erster Linie dem Vergnügen und der Pflege von sozialen Kontakten gegolten hatte, wurde das Theater im 18. Jahrhundert zu einem Kunsttempel erhoben, wobei der Glaube an ein selbstständig und unabhängig existierendes (im Rechtssinne also urheberrechtliches) Geisteswerk im Vordergrund stand.[507] Waren etwa die Logen der Opernhäuser im Venedig des frühen 18. Jahrhunderts noch mit Vorhängen versehen, sodass der Zuschauer in den darauf angelegten vier bis sechs Stunden dauernden Opern seinen sozialen, privaten und/oder intimen Kontakten nachgehen oder in den den Logen vorgelagerten »Antechambres« sein Essen zubereiten konnte,[508] wurde im 18. Jahrhundert auf eine Literarisierung des Theaters gesetzt. Bei einem solchen illusionistischen Theater stand die gemeinsame Imagination im Vordergrund. Um ein solche Illusion erfüllen zu können, hatte insbesondere *Denis Diderot* die Forderung nach der berühmten »vierten Wand« erhoben. Sie sollte den Schauspielern helfen, wahrnehmbare Zuschauerreaktion auszublenden. In seinem *Discours sur la poésie* forderte er bei der Ausbildung des Schauspielers: »Man stelle sich an dem äußersten Rande der Bühne eine große Mauer vor, durch die das Parterr [sic] abgesondert wird. Man spiele, als ob der Vorhang nicht aufgezogen würde.«[509]

Neben der Literarisierung der Bühne sollte der Einbruch des Realen aber auch durch eine »Disziplinierung des Zuschauers«[510] verhindert werden. Das Theater wurde unter die Aufsicht der Polizeibehörde gestellt, Theatergesetze wurden erlassen, »Gevattergespräche« und anderes »ansteckendes ›Fehlverhalten‹« unter Strafe gestellt,[511] und mit der Erfindung der Gasbeleuchtung setzten Theatermacher wie *Richard Wagner* die Zuschauer in die absolute Dunkelheit.[512] »[D]ie Sichtbarkeit der Zuschauer für die Schauspieler und vor allem die der Zuschauer untereinander«[513] sollte so ausgeschaltet werden, mit dem Ziel, die Feedback-Schleife zu durchtrennen, zu dem Zweck, die »Unbestimmtheit« auszuschließen oder zu minimieren. So behauptete etwa der bis dahin unbekannte Theatermacher *Gerhart Hauptmann*, sein Stück »Vor Sonnenaufgang« (1889) geschrieben zu haben, »ohne an das Publikum nur zu denken, als ob die Bühne nicht drei, sondern vier Wände hätte«.[514] Dennoch entstand bei der Uraufführung am 20. Oktober 1889 eine »dramatische Theaterschlacht«: »Von Akt zu Akt wuchs der Lärm [...] schließlich lachte, jubelte, höhnte und trampelte man mitten in die Aufführung hinein [...]«,[515] zu deren Höhepunkt der Arzt *Isidor Kastan* seine Geburtszange[516] über dem Kopf schwenkte, um seine Dienste bei der Geburt des Theaterstückes anzubieten.[517]

Eine persönliche Schöpfung im Sinne des Schöpfungsprinzips setzt nach der herrschenden Meinung, so kann man aus den vorhergehenden Überlegungen schließen, voraus, dass eine Feedback-Schleife nicht existiert. Nur diese Konzeption entspricht der in Kapitel B[518] dargestellten traditionellen Subjekt-Objekt-Spaltung. Es darf keine Wechselwirkung zwischen dem Verhalten der Akteure und der Zuschauer geben. Ebenso wie die Anhänger des Literaturtheaters des 18. Jahrhunderts begreift die herrschende Meinung im Sinne des Schöpfungsprinzips den Zuschauer als einfühlsamen Beobachter, der sich darauf beschränkt, die intellektuellen Botschaften der ausübenden Künstler zu entziffern – trotz einschlägiger Theaterskandale, wie *Hauptmanns* Stück »Vor Sonnenaufgang«.

Die Verneinung einer Feedback-Schleife ist aber fraglich, wie der erste Hinweis oben[519] auf *Fischer-Lichtes* Erkenntnisse gezeigt hat. Im Folgenden wird daher genauer untersucht, ob die Vorstellung der herrschenden Meinung vom tatsächlichen Wesen einer bühnenmäßigen Aufführung empirisch haltbar ist. Ist sie es nicht, ist eine bühnenmäßige Aufführung keine persönliche Schöpfung im Sinne des § 2 Abs. 2 UrhG.

3 Bühnenmäßige Aufführung als leibliche Ko-Präsenz

Zur Begründung ihrer Behauptung, dass bühnenmäßige Aufführungen ein autopoietisches System darstellen, aus dem heraus sich die Aufführung immer erst selbst verwirklicht, greift *Fischer-Lichte* auf den von *Humberto Maturana*[520] geprägten Begriff der Autopoiesis zurück und macht ihn für das Theater fruchtbar. Hierzu untersucht sie die Ergebnisse von Aufführungen des Theaters sowie der Aktions- und Performancekunst seit den 1960er Jahren, mit denen Regisseure Antworten auf die Fragen gesucht hätten, wie das Verhalten von ausübenden Künstlern und Zuschauern in bühnenmäßigen Aufführungen aufeinander einwirkt, welche Voraussetzungen für eine solche Wechselwirkung erfüllt sein müssen und welchen Einflüssen diese unterliegt.[521] Wie überzeugend *Fischer-Lichtes* Bewertung dessen ist, was bei einer Aufführung geschieht, wird im Folgenden erläutert und kritisch gewürdigt. Besonders berücksichtigt werden dabei Aufführungen, bei denen die Inszenierungsstrategien erstens eine aktive Teilnahme der Zuschauer als Akteure und zweitens die Herstellung einer Gemeinschaft zwischen Akteuren und Zuschauern intendierten.

a) Rollenwechsel als extreme Form der Wechselwirkung zwischen Darstellern und Zuschauern

Anhand von Aufführungen mit Zuschauerpartizipation geht *Fischer-Lichte* der Frage nach, welche Valenzen sich aus diesem Rollenwechsel zwischen Akteuren und Zuschauern, aus der Beziehung von Ko-Subjekten, ergeben. Denn gerade der Rollenwechsel habe eine »Dynamisierung«[522] der Subjekt-Objekt-Relation zur Folge, die es erlaube, die »autopoietische *feedback*-Schleife der Wechselwirkungen von Handlungen und Verhalten der Akteure und Zuschauer«[523] quasi unter einem Vergrößerungsglas zu untersuchen.

aa) »Dionysus in 69«

Als einen Fall der Zuschauerpartizipation führt *Fischer-Lichte* das Beispiel »Dionysus in 69« von *Richard Schechners* »Performance Group« aus dem Jahre 1968 an.[524] Um das starre Subjekt-Objekt-Verhältnis zu durchbrechen, sei hier die Illusion des Theaters weitestgehend reduziert worden, um so eine gleichberechtigte Gemeinschaft von Ko-Subjekten zu erzeugen. *Fischer-Lichte* führt zwei der von *Schechner* benannten Voraussetzungen für die Zuschauerpartizipation an:

> »First, participation occurred at those points where the play stopped being a play and became a social event – when spectators felt

> that they were free to enter the performance as equals. [...] The second point is that most of the participation in *Dionysus* was according to the democratic model: letting people into the play to do as the performers were doing, to ›join the story‹.«[525]

Die Performance begann bei einer eigens hierfür ausgedachten Eingangsszene. Diese bestand aus einer Art Geburtsritual, der Wiedergeburt von Dionysus als Gott, an dem auch die Zuschauer partizipieren konnten. Alle Teilnehmer waren in den ersten Aufführungen nackt, die Männer lagen nebeneinander auf der Bühne, »während die Frauen mit gespreizten Beinen und leicht vorwärtsgebeugtem Oberkörper über ihnen standen«[526] und einen »Geburtskanal«[527] bildeten. Durch »rhythmische Hüftbewegungen«[528] wurde der Darsteller des Dionysus durch die nackten Körper nach vorne getrieben und derart wiedergeboren (Abb. 11). Am Ende der Darstellung wurde der Tod des Pentheus in gleicher Weise nur rückwärts dargeboten. Anschließend konnte der Zuschauer am *bacchanalischen Tanz*[529] partizipieren: »Together we can make a community. We can celebrate together. Be joyous together. [...] So join us in what we do next. It's a circle dance around the sacred spot of my birth.«[530]

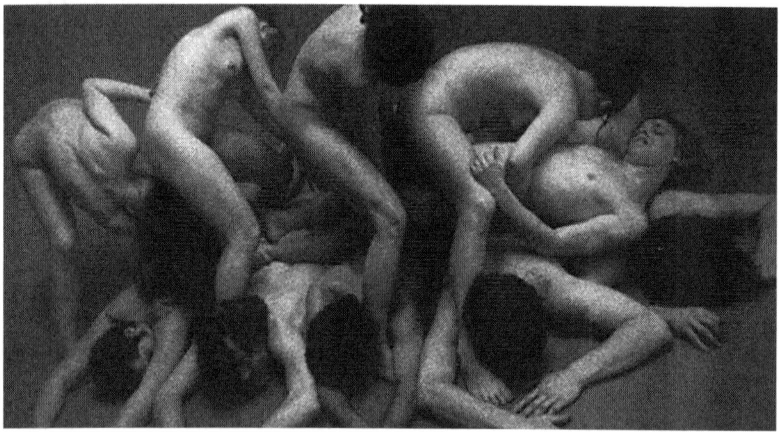

Abb. 11: Richard Schechner »Dionysus in 69« (1968, »Performance Group«)

Fischer-Lichte führt aus, *Schechner* habe für diese Zuschauerpartizipation in seinen Tagebüchern vermerkt, dass die vollzogenen Prozesse zum einen »according to the democratic model«[531] unter gleichberechtigten Partnern ausgehandelt wurden. Zum anderen sei ein Gegensatz zwischen dem ästhetischen Prozess des »play«[532] und dem

»social event«[533] hergestellt worden. Diese Einschätzung teilt *Fischer-Lichte* so nicht. Denn auch wenn *Schechners* Konzeption die Intention hatte, die Teilnehmer als gleichberechtigt zu behandeln, legt sie unter Verweis auf *Schechners* Aufzeichnungen dar, dass die aus der Objektposition befreiten Zuschauersubjekte nun ihrerseits die ausübenden Künstler zu Lustobjekten herabwürdigten, indem sie diese sexuell missbrauchten.[534]

bb) »Commune«

Als anderes Beispiel von Zuschauerpartizipation führt *Fischer-Lichte Schechners* spätere Produktion »Commune« (1970) an. Die Performance handelte vom Vietnamkrieg, genauer: dem Massaker von My Lai am 16. März 1968,[535] bei dem nur wenige amerikanische Soldaten den Befehl zum Mord verweigerten. Die Performance begann damit, dass 15 zufällig ausgewählte Zuschauer einen Kreis bilden sollten und so die Einwohner von My Lai spielten. Solange die Zuschauer diesen Anweisungen folgten, nahm die Performance ihren Lauf. Weigerte sich ein Zuschauer aber, in den Kreis zu treten, wurde die Aufführung unterbrochen, bis (1) dieser (zurück) in den Kreis kam, (2) jemand anderen aus dem Publikum gefunden hatte, um seine Stelle einzunehmen, oder er sich (3) nach Hause begab und die Darstellung ohne ihn weitergehen konnte.[536]

Fischer-Lichte macht anhand dieses Beispiels die soziale Interaktion der Beteiligten explizit, innerhalb derer die Zuschauer und Akteure wechselseitig aufeinander bezogene Handlungen durchführten. Denn bei der Weigerung Einzelner, in den Kreis zu treten – und damit diejenigen Dorfbewohner zu spielen, die erschossen werden sollten –, handelte es sich laut *Fischer-Lichte* bereits um ein Verhalten von Personen, die aufeinander reagieren, miteinander umgehen, einander beeinflussen und sich gegenseitig steuern. »Denn mit ihrer Weigerung hatten sie genau das vollzogen, was sie verweigerten. [...] als Akteure bestanden sie darauf, als Zuschauer an der Aufführung teilzunehmen«.[537] Für *Fischer-Lichte* entstand dadurch »eine Situation, in der sich die Subjekt- und Objekt-Positionen nicht mehr klar voneinander unterscheiden lassen«.[538] Denn »[j]eder der Beteiligten beanspruchte für sich eine Subjekt-Position und drängte den anderen in eine Objekt-Position«.[539]

In den dreistündigen Diskussionen, die *Fischer-Lichte* schildert, mussten die Beteiligten also die Regeln, Werte, Normen und Überzeugungen erst aushandeln, die zwischen ihnen zur Anwendung kommen sollten. Aus dieser Verflechtungsbeziehung der aufeinander eingestellten und angewiesenen Subjekte folgt für *Fischer-Lichte*, dass die Zuschauer als Akteure für die Spielunterbrechung die Verantwortung trugen, obwohl sie unverschuldet in diese Situation gekommen waren, an der sie aber teilnahmen, ohne es zu wollen.[540]

Aus dieser Figuration der Zuschauerpartizipation heraus zieht *Fischer-Lichte* die Schlussfolgerung, dass es unmöglich gewesen sei, vorauszusehen, was sich aus der sozialen Interdependenz der beteiligten Subjekte entwickeln würde. Daher eröffnet der Verlauf von »Commune« für *Fischer-Lichte* auch »einen faszinierenden Einblick in das Funktionieren der autopoietischen *feedback*-Schleife. [...] Was in ihm emergierte, war weder intendiert noch plan- oder gar kontrollierbar.«[541] *Fischer-Lichte* führt etwa an, dass ein Zuschauer sich möglicherweise nur deswegen bereit erklärte, in den Kreis zu treten, weil auch seine Freundin mitspielte. Dagegen vergleicht sie die Weigerung eines anderen Zuschauers, in den Kreis zu treten, mit dem bekannten Schmetterlingseffekt (*butterfly effect*), bei dem ein Schmetterlingsflügelschlag in seiner Wirksamkeit einen Tornado auslösen oder verhindern könne. Daher ist es für *Fischer-Lichte* bei allen Fällen der Zuschauerpartizipation generell unmöglich, das Ergebnis des Aushandlungsprozesses vorauszusehen, da wegen seiner Zufälligkeit immer auch ein anderer Fortgang möglich ist.

Fischer-Lichte belässt es aber nicht dabei, die Unvorhersehbarkeit auf die Fälle des Rollenwechsels zu beschränken, sondern sie beansprucht diese Geltung generell für die Wechselwirkungsprozesse der Handlungen und das Verhalten der ausübenden Künstler und Zuschauer:

> »Weder sind die Reaktionen der Zuschauer vorhersehbar oder komplett kontrollierbar noch auch die Auswirkungen, die sie auf die Akteure und die anderen Zuschauer haben werden. Auch wenn es sich dabei häufig eher um kaum wahrnehmbare Mikroprozesse handeln mag, die dem Beobachter nur durch das Vergrößerungsglas des Rollenwechsels zugänglich werden, sind sie in jeder Aufführung am Werke. Es ist die für die Aufführung konstitutive leibliche Ko-Präsenz von Akteuren und Zuschauern, die sie unwiderruflich in Gang setzt. Wo Menschen leiblich aufeinandertreffen, reagieren sie aufeinander, auch wenn dies nicht immer mit Augen und Ohren wahrnehmbar ist. Man kann nicht nicht aufeinander reagieren, wie sich mit Abwandlung von Watzlawicks bekanntem Diktum sagen ließe.«[542]

Die besondere Eigenart der Feedback-Schleife erkennt sie also in einer großen Anfälligkeit für kleine Abweichungen, sodass schon »unerhebliche« Veränderungen für den weiteren Verlauf der Aufführung ins Gewicht fallen und so zu einer völlig anderen Entwicklung führen können. Dies habe zur Folge, dass nicht nur das traditionelle Subjekt-Objekt-Verhältnis in eine schillernde Relation von physischen Ko-Subjekten überführt würde, sondern mit einer versammelten Menschenmenge immer auch eine soziale Situation gegeben sei.[543]

> »In ihr [der Aufführung] geht es, wie verborgen auch immer, um die Aushandlung oder Festlegung von Positionen und Beziehungen und damit um Machtverhältnisse. In der Aufführung sind Ästhetisches und Soziales bzw. Politisches untrennbar miteinander verknüpft. Diese Verknüpfung entsteht nicht erst, wenn in einer Aufführung politische Sujets behandelt oder politische Programme verkündet werden. Sie ist mit der leiblichen Ko-Präsenz gegeben und garantiert.«[544]

cc) »Two Amerindians«

Die Einsicht, dass Aufführungen nicht entweder ästhetisch oder politisch, sondern sowohl ästhetisch als auch politisch sind, bildet den Ausgangspunkt für *Fischer-Lichtes* Analyse der Performance »Two Amerindians« von *Visit Coco Fusco* und *Guillermo Gómez-Peña* aus dem Jahr 1992.[545] Zur Fünfhundertjahrfeier der »Entdeckung« Amerikas präsentierten sich die Performance-Künstler als zwei »Amerindians« in einem goldenen Käfig (Abb. 12). Sie gaben vor, aus »Guatinau« zu stammen, einer unentdeckten Insel im Golf von Mexiko. Als wilde Indianer mit Kopfschmuck und Bastrock verkleidet, in Kombination mit modernen Turnschuhen bzw. Flip-Flops und Sonnenbrille, traten sie an verschiedenen Orten auf: auf öffentlichen Plätzen oder in Kunstmuseen oder Naturkundemuseen. Neben ihrem goldenen Käfig standen Wachen, die sie an Halsbändern fortführten, damit sie ihre Notdurft verrichten konnten. Sonst kamen sie ihren »traditionellen Aufgaben« nach, wie Gewichte stemmen, Voodoo-Puppen stricken sowie fernsehen und am Computer arbeiten. Gegen eine Spende in eine dafür vorgesehene Dose am Käfig tanzte *Fusco* zu Rap-Musik und *Gómez-Peña* erzählte »ameriodische« Geschichten in einer Fantasiesprache. Zusätzlich waren vor dem goldenen Käfig Schilder angebracht mit Informationen über die Ausstellung sowie einem fiktiven Lexikoneintrag über die Insel »Guatinau«.

Abb. 12: Visit Coco Fusco und Guillermo Gómez-Peña »Two Amerindians« (1992)

Die Künstler versuchten damit laut *Fischer-Lichte*, ihre These zu belegen, dass bereits der Wahrnehmungsakt ein politischer Akt sei und dass in der westlichen Kultur der Blick auf andere Kulturen immer noch kolonialistisch konnotiert sei. Dies sei etwa dann deutlich geworden, wenn die Zuschauer *Coco Fusco* mit einer Banane fütterten und sich dabei fotografieren ließen.[546] *Fischer-Lichte* zweifelt aber an dieser These und kritisiert, dass es sich hierbei um eine einseitige Bedeutungszuschreibung von »distanzierten Beobachtern« handele, die erst nach Ende der Aufführung konstituiert worden sei. Sie suggeriere, dass es für die Künstler und/oder Zuschauer möglich war, sich während der Performance aus der Wechselwirkung der Handlungen und Verhalten der ausübenden Künstler und Zuschauer »auszuklinken«,[547] was mit den von ihr bislang angeführten Beispielen unvereinbar sei.[548] Demgegenüber legt *Fischer-Lichte* dar, dass die Beteiligten den Rollenwechsel dazu nutzten,

> »für sich das Recht und die Macht durchzusetzen, die Wahrnehmung der anderen sowie den Diskurs zu bestimmen, in dessen Kontext sie zu situieren und zu deuten sei. Das Ästhetische erwies sich hier in der Tat als das wahrhaft Politische. Die in der Aufführung unablässig aktive Dynamisierung des Subjekt/Objekt-Verhältnisses vollzog sich als eine Art Machtkampf, als ein ständiger Wechsel der Positionen zwischen Performern und Zuschauern.

> Die Aufführung und damit die *feedback*-Schleife verlief als ein Kampf um eine bestimmte Definitions- und Deutungsmacht […].«[549]

Nach *Fischer-Lichte* nimmt damit der Zuschauer, wenn auch in unterschiedlichem Ausmaß, immer aktiv und nie passiv an einer Aufführung teil. Der These, dass die Regie gezielt die Feedback-Schleife steuert oder das Publikum »verführt«,[550] erteilt sie damit eine explizite Absage.[551] Dies verdeutlicht sie insbesondere an der Inszenierung »Chance 2000 – Wahlkampfzirkus 98« von *Christoph Schlingensief* an der Volksbühne am Rosa-Luxemburg-Platz in Berlin. Dort seien die Rahmen und damit die Regeln, nach denen man einem etwaigen einheitlichen Gewebe eine gedankliche Vorstellung hätte zusprechen können, immer wieder intentional gebrochen worden. So hätte der Zuschauer von »Chance 2000 – Wahlkampfzirkus 98« immer wieder entscheiden müssen, welche Regeln für ihn gelten sollen. Da er sich aber nie sicher sein konnte, ob er sich in einer Theateraufführung, einer Zirkusveranstaltung, einer Jahrmarktsattraktion, einer Talkshow, einer politischen Versammlung oder in allem gleichzeitig befand, habe dies die Unvorhersehbarkeit des Verlaufs der Aufführung enorm erhöht.

Die Inszenierungsstrategie des Rollenwechsels vervielfache daher nicht nur die Unbestimmtheit der Aufführung, sie sei sozusagen auch ein fortlaufender Vorgang der Er- und Entmächtigung, der sowohl die ausübenden Künstler wie Zuschauer betreffe. Damit enthüllt und fokussiert für *Fischer-Lichte* der Rollenwechsel, dass das Muster, in dem die Vorgänge und Abläufe in einer Aufführung erfolgen, insofern »unverfügbar« ist, als sich dieser Prozess »stets als Selbsterzeugung vollzieht«.[552] »Selbsterzeugung meint, daß zwar alle Beteiligten sie [die Aufführung] gemeinsam hervorbringen, daß sie jedoch von keinem einzelnen vollkommen durchgeplant, kontrolliert und in diesem Sinne produziert werden kann, daß sie sich der Verfügungsgewalt jedes einzelnen nachhaltig entzieht.«[553]

Ebendies ist für *Fischer-Lichte* der Grund, warum es keine erfolgreichen Inszenierungsstrategien geben kann, bei denen die Feedback-Schleife lediglich eine einseitige Abhängigkeit ohne Rückwirkung oder Gegenseitigkeit bewirkt und in diesem Sinne den Aushandlungsprozess kontrolliert, sondern jeder mitverantwortlich ist für die Situation, auch wenn er es unterlasse, zumindest zu versuchen, sich mit seiner Kritik, seiner Meinung und seinen Wertvorstellungen durchzusetzen. Der Rollenwechsel sei eine Methode, um diese gruppendynamischen Vorgänge zu beeinflussen und erfahrbar zu machen.[554]

b) Gemeinschaft

Im vorherigen Abschnitt wurde gezeigt, dass der Rollenwechsel den Zuschauer zum Ko-Akteur macht. *Fischer-Lichte* legt für alle Fälle der Zuschauerpartizipation dar, dass der Zuschauer aktiv Einfluss auf den Verlauf der Aufführung nimmt. Eine Wechselwirkung zwischen ausübenden Künstlern und Zuschauern findet dabei auch ohne aktive Zuschauerpartizipation statt, sozusagen auf der Ebene von Mikroprozessen. Diese Feststellung stützt *Fischer-Lichte* mit Ausführungen zum Aspekt »Gemeinschaft«.

Sie nimmt dabei Bezug auf die in der Ritualforschung und Soziologe zu Beginn des 20. Jahrhunderts geführte Diskussion, ob »aus einer Ansammlung von Individuen eine Gemeinschaft entstehen könne, oder ob man nicht umgekehrt von der Annahme auszugehen habe, daß zuerst die Gemeinschaft war, aus der sich dann Individuen ausdifferenzierten«.[555] In der Folge macht *Fischer-Lichte* diese Diskussion für das Theater fruchtbar und zitiert zunächst *Georg Fuchs*, der bereits zu Beginn des 20. Jahrhunderts davon überzeugt gewesen sei, dass »Spieler und Zuschauer, Bühne und Zuschauerraum [...] ihrem Ursprung und Wesen nach nicht entgegengesetzt, sondern eine Einheit«[556] seien, und führt sodann die Kritik *Meyerholds* an der erhöhten Abgrenzung der Publikumsseite von der Bühne an, was »heute [...] das Theater in zwei einander fremde Welten teilt: die nur handelnde und die nur aufnehmende«.[557] Sodann nimmt sie die Experimente von *Max Reinhardt* mit dem *Hanamichi*[558] und der Arenabühne[559] auf, die darauf zielten, eben eine solche Einheit zu erschaffen.

Um zu erklären, wie Gemeinschaften in Aufführungen zustande kommen, greift *Fischer-Lichte* abermals auf *Schechner* zurück, der bei der Zuschauerpartizipation davon ausgegangen sei, dass Gemeinschaft durch gemeinsames Handeln hervorgebracht werde. Das heißt, bei *Schechners* »Dionysus in 69«[560] sei es die Beteiligung der Zuschauer am Geburts- bzw. Todesritual gewesen, »welche die Möglichkeit zur Bildung einer Gemeinschaft von Akteuren und Zuschauern eröffnete«:[561] »Together we make a community. We can celebrate together. Be joyous together [...].«[562] Für die nur in bestimmten Zeitinseln entstehenden Gemeinschaften stelle der Rollenwechsel hier also die Voraussetzung für das Zustandekommen von Gemeinschaft dar, die zum »Exzess«[563] und schließlich zur Verwandlung der Beteiligten geführt habe.[564]

Ähnliches gelte für das Orgien-Mysterien-Theater des Wiener Aktionisten *Hermann Nitsch*, bei dem die Zuschauer im Rahmen seiner »Lammzerreißungsaktionen« an unterschiedlichen Handlungen teilnehmen konnten. So hätten sie die Möglichkeit gehabt, das erlegte und an einem Kreuz aufgehängte Lamm aufzubrechen, ihm die inneren Organe zu entnehmen, Wein zu trinken und es schließlich als gemeinsame Mahlzeit einzunehmen.[565] Auch bei *Nitschs* Aktionen war es den Teilnehmern also durch aktive Teilnahme möglich, Grenzen zu überschreiten, Tabuzonen zu durchbrechen, wie das in höchstem Maße symbolisch aufgeladene Lamm auszuweiden und »mit Blut, Spülwasser und anderen Flüssigkeiten«[566] zu spielen und sich gemeinsam mit anderen körperlichen wie sinnlichen Erfahrungen einem »urexzess«[567] hinzugeben und so Gemeinschaft zu vollziehen (Abb. 13).

Abb. 13: Hermann Nitsch »Orgien-Mysterien-Theater« (1962, »Lammzerreißungsaktion«)

Fischer Lichte dazu:

> »Jene Gemeinschaft, die durch diese gemeinsam vollzogenen Handlungen geschaffen wurde, ist nun selbst nicht als eine ›Fiktion‹ zu begreifen, sondern entstand als eine soziale Wirklichkeit – eine soziale Wirklichkeit allerdings, die, anders als andere soziale Gemeinschaften, nur für kurze Zeit Existenz hatte. Sie verschwand im Augenblick, da die gemeinsamen Handlungen beendet waren.«[568]

Fischer-Lichte behauptet nun, dass die Entstehung einer solchen Gemeinschaft auch ohne aktiven Rollenwechsel möglich sei.[569] Dies macht sie anhand des »chorischen Theaters«[570] von *Einar Schleef* explizit, der sich in seiner Inszenierung von »Die Mütter« auf Euripides' »Hiketiden« und Aischylos' »Sieben gegen Theben« berufen habe und sich so auf das griechische Theater im Sinne von *Friedrich Nietzsches* Schrift »Die Entstehung der Tragödie aus dem Geiste der Musik« bezog. Dieser hätte die Behauptung aufgestellt,

> »daß das tragische Theater im Chor der singenden und tanzenden Satyrn seinen Ursprung genommen habe. Während das apollinische Prinzip[[571]] auf Individuation ziele, zerbreche das dionysische die Individuation, versetze die Individuen in Ekstase und verwandle sie in Mitglieder einer tanzenden und singenden Gemeinschaft.«[572]

Und in eben diesem Sinne habe *Schleef* in dem Stück »Die Mütter« die Gegenüberstellung von Chor und Individuum inszeniert.

> »Für *Die Mütter* schuf Schleef im Schauspielhaus Frankfurt einen einzigartigen Raum. Er ließ die Sitze aus dem Auditorium entfernen (mit Ausnahme der letzten drei Reihen, die für Ältere und Behinderte reserviert waren). Der Boden des Zuschauerraums stieg in relativ flachen Stufen, auf denen die Zuschauer Platz nahmen, allmählich nach hinten an. Mitten durch den Zuschauerraum war von der Bühne bis zur Rückwand ein breiter Steg gelegt, der ebenfalls in Stufen anstieg. Er stieß hinter den drei verbleibenden Sitzreihen auf eine zweite, schmale Bühne, die sich in der vollen Länge der letzten Sitzreihe vor der Rückwand erstreckte. Der Spiel-Raum für die Schauspieler befand sich also vor, hinter und mitten zwischen den Zuschauern, so dass diese oft von den Schauspielern beinahe eingekreist, ja umzingelt wurden. Der ›Fluchtweg‹ zu den Ausgangstüren an den Seiten stand ihnen allerdings immer offen.«[573]

Auf dieser leeren Bühne und der steilen Treppe mitten durch den Zuschauerraum übte der Chor der Mütter aus circa 50 Frauen seine Künste aus:[574] der Chor der Witwen ganz in Schwarz verschleiert und martialisch mit Hackebeil gewappnet, der Chor der Jungfrauen vor der Pause in Weiß, danach in roten Ballkleidern, und der Chor der Frauen in schwarzen Einteilern. Alle »trampelten, rannten, donnerten«[575] mit eisenbeschlagenen Stiefeln und »sprachen, schrien, brüllten, kreischten, winselten, heulten, flüsterten und wisperten«[576] rhythmisch vor, hinter und mitten im Bühnenraum. Auch wenn die ausübenden Künstler diese Aktionen dabei unisono durchführten, verschmolzen die individuellen Darsteller aber nie zu einem harmonischen Klangkörper. Vielmehr habe eine ständige Auseinandersetzung um die Eingemeindung des Individuums in die Gemeinschaft (Chor) und die Auslöschung der Individualität stattgefunden.[577] Entsprechend habe eine ungeheure Dauerspannung geherrscht, die Gruppendynamik habe sich im weiteren Verlauf der Aufführung noch intensiviert, jedoch nur in raren Momenten »eine harmonische Gemeinschaft«[578] erzeugt.

Um ihre These von der Entstehung einer Gemeinschaft ohne aktiven Rollenwechsel zu plausibilisieren, führt *Fischer-Lichte* aus, dass sich diese Dauerspannung auch auf das Verhältnis zwischen ausübenden Künstlern und Zuschauern übertrug. Zwar indiziere das bewegte Spiel mitten im Raum eine grundsätzliche Einheit zwischen ausübenden Künstlern wie Zuschauern. Diese Vorstellung täusche aber, denn »[w]ann immer eine solche Einheit entstand, löste sie sich schnell wieder auf«.[579] Diese sei nicht nur durch die demonstrative Zweiteilung des Zuschauerkollektivs durch den Steg inmitten des Raumes angelegt, sondern gerade auch durch die ständige Verschiebung der Positionen der Darsteller im Raum vorentschieden gewesen:

> »Auch hier ging es um einen Machtkampf, ausgefochten zwischen Akteuren und Zuschauern. Der ekstatische Chor suchte das Publikum zu überwältigen, es ebenfalls in Ekstase zu versetzen und in seine Gemeinschaft hineinzuzwingen, wogegen einzelne Zuschauer sich mit Worten und Stimmstärke zur Wehr setzten oder auch, indem sie die Flucht ergriffen und den Zuschauerraum verließen. Andere dagegen schienen sich angst- oder lustvoll dieser Vereinigung mit dem Chor hinzugeben. Allerdings waren es nur seltene Augenblicke, in denen Chor und Publikum eine harmonische Gemeinschaft bildeten – Augenblicke des Übergangs, ehe der Kampf konfligierender Kräfte erneut zwischen beiden Gruppen ausbrach und das Haus zeitweise in einen Hexenkessel verwandelte.«[580]

Fischer-Lichte erläutert nun, dass trotzdem der ausübende Künstler ausübender Künstler blieb und der Zuschauer Zuschauer. Dagegen seien es die Wechselwirkungen zwischen den ausübenden Künstlern und Zuschauern, zwischen Wahrnehmungen und Verhaltensweisen, die gruppendynamische Energien von hoher Intensität freigesetzt hätten. Sie führt diesen Austausch von Energien auf den »Rhythmus« zurück.[581] In diesem Zusammenhang verweist sie auf *Georg Fuchs*, der bereits ähnliche Überlegungen anstellte und davon ausgegangen sei, dass »die rhythmischen Bewegungen des menschlichen Körpers im Raum«[582] in der Lage seien, »andere Menschen in gleiche oder ähnliche rhythmische Schwingungen und damit in einen gleichen oder ähnlichen Rauschzustand«[583] zu bringen. Für *Fischer-Lichte* nimmt der Rhythmus also eine »Schlüsselfunktion«[584] ein, weil dieser Energien freisetzt und diese auf die Zuschauer übertragen werden.[585]

In diesem Zusammenhang konzediert *Fischer-Lichte*, dass zirkulierende Energien zwar nicht durch das Auge und/oder das Ohr der Wahrnehmung zugänglich sind. Sie hält aber daran fest, dass es eine Gesetzmäßigkeit darstellt, dass der Rhythmus als übergeordnete Ursache für Atem und Herzschlag verantwortlich ist. Sobald dieser Rhythmus leiblich erfahren werde, handele es sich um ein »energetisches Prinzip«.[586] Denn in diesem Fall werde der Rhythmus synästhetisch, das heißt mit allen Sinnen zugleich, wahrgenommen und setze Energien frei, die zwischen ausübenden Künstlern und Zuschauern zirkulierten, »d. h. sie bewirkten eine wechselseitige Freisetzung und Intensivierung von Energie«.[587] Ob diese Energien einen »Kampf« oder »für kurze Glücksmomente eine Gemeinschaft hervorbringen«, sei aber nicht vorhersagbar.[588]

Und eben in diesem Sinne behauptet *Fischer-Lichte*,

> »daß es eine besondere Art der Wahrnehmung ist, welche die *feedback*-Schleife [die Wechselwirkung von Handlungen und Verhalten von ausübenden Künstlern und Zuschauern, Anm. des Verf.] auf der Mikroebene in Gang hält, indem sie den Zuschauer befähigt, auf den Fortgang der Aufführung Einfluß zu nehmen. Er spürt leiblich die Energie, die von den Akteuren ausgeht und sich auf ihn überträgt.«[589]

Weiter sagt sie, dass die Zirkulation der Energien im Raum nicht einmal auf spezielle räumliche Begebenheiten beschränkt sei, sondern etwa auch in einem herkömmlichen Guckkastentheater flottiere, wie dies *Elfriede Jelineks* »Sportstück« in der Inszenierung von *Schleef* gezeigt habe. Dort führten die ausübenden Künstler 45 Minuten lang bis zur Erschöpfung körperliche Übungen durch und wiederholten dabei im Chor stets die gleichen Sätze. Hieraus zieht *Fischer-Lichte* folgenden Schluss:

> »Die theatralen Gemeinschaften in Schleefs chorischem Theater fügen einer Ästhetik des Performativen wichtige Aspekte hinzu. An ihnen hat sich gezeigt, daß die autopoietische *feedback*-Schleife nicht nur durch beobachtbare, d. h. sicht- und hörbare Handlungen und Verhaltensweisen von Akteuren und Zuschauern in Gang gesetzt und gehalten wird, sondern auch von der Energie, die zwischen ihnen zirkuliert. Diese Energie stellt kein Hirngespinst dar, wie als erster Hermann Schmitz gezeigt hat;[[590]] sie ist ebenfalls wahrnehmbar, allerdings auf eine besondere Art, nämlich durch das leibliche Spüren.«[591]

Aus der Analyse *Fischer-Lichtes* ist also festzuhalten, dass es einerseits das gemeinsame Handeln ist, durch das eine Gemeinschaft zustande kommt, andererseits es die gegenseitige Wahrnehmung von ausübenden Künstlern und Zuschauern ist, die Energien freisetzt, die im Raum fließen und so die Gemeinschaft erlebbar machen. Diese unterschiedlichen Arten von Gemeinschaftsbildung bringt sie dahingehend auf einen Nenner, dass beim Rollenwechsel die gemeinsamen Handlungen zunächst einmal wahrgenommen werden müssen.[592] Das heißt, nach *Fischer-Lichte* ist es bereits die Wahrnehmung, durch welche der Zuschauer Einfluss auf die Aufführung nimmt, wie bei »Two Amerindians« durch den Blick, durch das leibliche Spüren der Energie oder durch das bewegte Spiel im Raum. Daher ist für sie die bühnenmäßige Aufführung nicht ohne das Wirkpotenzial ihrer Wahrnehmung zu haben und zu denken.[593]

c) Zwischenfazit zur leiblichen Ko-Präsenz

Aus theaterwissenschaftlicher Perspektive hat *Fischer-Lichte* plausibel dargelegt, dass der Zuschauer nicht erst durch den Rollenwechsel zum Akteur wird, sondern dass es keine Dichotomie im Sinne der klassischen Rollenverteilung gibt zwischen Handelnden und Zuschauern, Subjekt und Objekt, ausübenden Künstlern und Zuschauern. Ihre »Entdeckung des Zuschauers« als Wahrnehmender heißt, dass er immer zugleich aktiv jemand ist, »der durch sein Tun *und* das, was ihm geschieht, Einfluß auf den Verlauf der Aufführung nimmt«.[594]

Anhand der Beispiele wurde deutlich: Wesentliche Merkmale der Aufführung sind die physische Ko-Präsenz von ausübenden Künstlern und Zuschauern, zwischen denen sich die Aufführung als »soziales

Ereignis« vollzieht, sowie das wechselseitige Aufeinandereinwirken der beiden Gruppen. Die Aufführung wird von dieser gegenseitigen Beeinflussung hervorgebracht und gesteuert – ohne dass dieser Prozess determiniert wäre. Wie *Fischer-Lichte* zu Recht betont, können Menschen, die aufeinandertreffen, *nicht* nicht aufeinander reagieren.[595] Die bühnenmäßige Aufführung entsteht aus dieser sozialen Interaktion.

4 Zwischenfazit zu C.II

Es ist die spezifische Eigenart der Aufführung, dass sie sich als Prozess, der die Aufführung verwirklicht, stets selbst erzeugt. Wegen dieser sich ständig verändernden Wechselwirkung der Handlungen der ausübenden Künstler und Zuschauer ist es keinem Beteiligten möglich, diese vollkommen durchzuplanen oder zu kontrollieren. Dies wurde bereits bei den drei eingangs referierten Rechtsprechungsfällen deutlich und hat sich bestätigt in der Untersuchung, bei der die Wechselwirkung der Handlungen der Akteure und Zuschauer sozusagen unter dem Vergrößerungsglas sichtbar wurde. Darüber hinaus hat sich gezeigt, dass die Feedback-Schleife zu ihrer Wirksamkeit nicht einmal einer besonderen räumlichen Anordnung bedarf, sondern sie ist in *jeder* Aufführung am Werk – auch auf der (Guckkasten-)Bühne.

Aus diesem Grund schlägt der Versuch der herrschenden Meinung fehl, die durch die Aufführung hervorgebrachte Gemeinschaft von ausübenden Künstlern und Zuschauern in zwei verschiedene Welten zu trennen. Vielmehr führt *Fischer-Lichtes* »Entdeckung« des Zuschauers zu der Einsicht, dass bühnenmäßige Aufführungen der Disposition eines Urhebers nachhaltig entzogen sind. Es ist daher ausgeschlossen, von der persönlichen Schöpfung eines einzelnen Urhebers zu sprechen. Vielmehr handelt es sich bei den Zuschauern unjuristisch um »Mitschöpfer«, die in unterschiedlichem Ausmaß und in unterschiedlicher Weise die Aufführung mitgestalten, ohne sie jedoch determinieren zu können.

Damit soll nicht gesagt sein, dass das visuell erkennbare, bewegte Spiel keinen bestimmten Vorgang darstellt oder dass im bewegten Spiel im dreidimensionalen Raum dem Auge und Ohr kein Gedankeninhalt der Wahrnehmung zugänglich würde, der durch die Aufführung nicht irgendwie gefördert oder verstärkt wird. Aber auf keinen Fall handelt es sich um einen gedanklichen Inhalt, den eine Gruppe von Personen, der Regisseur, der Bühnenbildner, der Lichtdesigner oder gar der Autor zuvor generiert hätte, und der lediglich an das Publikum vermittelt würde, sodass ihm dieser geistige Gehalt als sein »Werk« zugerechnet werden könnte.

Diese Erkenntnis, dass eine bühnenmäßige Aufführung sich zwischen den ausübenden Künstlern und den Zuschauern ereignet, also einmalig und unwiederholbar und deswegen nicht vollständig planbar und vorhersagbar ist, zeigt, dass die Autopoiesis der Feedback-Schleife nicht mit dem Tatbestandsmerkmal der persönlichen Schöpfung im Sinne des Schöpfungsprinzips vereinbar ist. Eine bühnenmäßige Aufführung kann somit kein (Sprach-)Werk im Sinne des § 2 Abs. 2 UrhG sein. Auch und erst recht kann somit eine Aufführung der Aktions- und Performancekunst keine persönliche Schöpfung und damit kein Werk sein.

III Wahrnehmbare Form des Sprachwerkes in Gestalt des ausübenden Künstlers?

Wie die Ausführungen in Abschnitt I gezeigt haben, sind die Autopoiesis der Feedback-Schleife und der dadurch erzeugte Zufallscharakter der buhnenmaßigen Aufführung nicht mit der Vorstellung des historischen Normgebers und der herrschenden Meinung vom Kriterium der persönlichen Schöpfung vereinbar. Bereits an diesem Kriterium scheitert also die Behauptung vom Vorliegen einer Werkeigenschaft von bühnenmäßigen Aufführungen.

Die Ephemeralität bühnenmäßiger Aufführungen gibt aber auch mit Blick auf das Kriterium der wahrnehmbaren Form Anlass zu Zweifeln am Werkcharakter bühnenmäßiger Aufführungen und Grund zur Annahme, dass der historische Gesetzgeber auch insofern regelungsbedürftige Rechtsfragen übersehen hat.

Nach ständiger Rechtsprechung liegt eine bühnenmäßige Aufführung (i. S. v. § 19 Abs. 2 Alt. 2 UrhG) jedenfalls »in allen Fällen vor, in denen ein gedanklicher Inhalt durch ein für das Auge oder für Auge und Ohr bestimmtes bewegtes Spiel im Raum dargeboten wird«.[596] Demnach ist das bewegte Spiel im Raum das Mittel der Darstellung, das auf die Sinnesorgane einwirkt und so dem Rezipienten den gedanklichen Inhalt des dargebotenen Werkes der Wahrnehmung zugänglich macht. Das heißt, die bühnenmäßige Aufführung ist die Form, in der das bühnenmäßig dargestellte Werk seinen Ausdruck findet.[597] Diese Ansicht ist in der urheberrechtlichen Literatur unbestritten.[598]

Schon *Lessing* stellte in seiner Hamburger Dramaturgie fest,[599] dass Bühnenwerke, anders als ein Gemälde oder als der Text eines Sprachwerkes, nicht über ein fixierbares Werkstück verfügen, sondern dass ihre Ausdrucksmittel flüchtig und vergänglich sind.[600]

Bühnenmäßige Aufführungen weisen, wie es der BGH formuliert, »kein den Schaffensvorgang überdauerndes Leistungsergebnis«[601] auf, sondern sind »an die Zeit ihrer Darbietung [und] an den Raum, in dem sie stattfinden, gebunden«.[602] Auch *Kohler* sprach in diesem Sinne von der »Kunst des Augenblicks«.[603] Als unkörperliche Verwertungsform erschöpft sich die Aufführung »in ihrer Gegenwärtigkeit, d. h. ihrem dauernden Werden und Vergehen, in der Autopoiesis der *feedback*-Schleife«.[604]

Daraus folgt natürlich nicht, dass in ihr keine urheberrechtlich geschützten Werke Verwendung fänden, wie etwa Bühnen-, Masken- und Kostümbilder.[605] Da diese aber nicht selbst Gegenstand der bühnenmäßigen Darstellung i. S. v. § 19 Abs. 2 Alt. 2 UrhG sind, sondern erst durch ihr Aufgeführtwerden im theatralen Prozess auf das äußere

Abb. 14: Joseph Beuys »Filzanzug« (1970)

Erscheinungsbild einwirken, ist deren dauerhafte Festlegung nicht mit der bühnenmäßigen Aufführung zu verwechseln.[606] Diese ist »als solche nicht wiederholbar«,[607] sondern nach ihrem Ende »unwiderruflich verloren«[608] und deshalb allenfalls »nachvollziehbar«[609] – etwa indem die sie überdauernden Bühnen-, Masken- und Kostümbilder sichergestellt und in Ausstellungen und Museen als Relikte der Aufführung präsentiert werden, wie oftmals in der Aktions- und Performancekunst (Abb. 14).

Damit stellt sich die Frage: Können die ausübenden Künstler durch ihr bewegtes Spiel im Raum tatsächlich ein taugliches Ausdrucksmittel sein, wie Tinte auf Papier, um dergestalt den gedanklichen Inhalt des dargebotenen Werkes der Wahrnehmung zugänglich zu machen?

Um diese Frage zu beantworten, wird im Folgenden untersucht, wie der ausübende Künstler aus und mit seinem Material die Materialität der bühnenmäßigen Aufführung produziert und ob diese Materialität dem Kriterium der wahrnehmbaren Form als Voraussetzung des § 2 Abs. 2 UrhG im Sinne der herrschenden Meinung entspricht. Dafür wird die (historische) Debatte zum Rechtsschutz des ausübenden Künstlers (§ 73 UrhG) erläutert, da daran deutlich wird, wie der historische Gesetzgeber und wie die herrschende Meinung damals wie heute das Wirken des ausübenden Künstlers auf der Bühne faktisch beurteilten bzw. beurteilen. Im Anschluss daran werden erneut *Fischer-Lichtes* Erkenntnisse zeigen, dass sowohl der Gesetzgeber wie auch die herrschende Meinung mit ihrer faktischen Bewertung der Tätigkeit des ausübenden Künstlers nicht nur falsch liegen, sondern auch wesentliche Aspekte nicht gesehen und damit nicht bewertet haben.

1 Der Rechtsschutz des ausübenden Künstlers einer bühnenmäßigen Aufführung im historischen Rückblick

Der Rechtsschutz des ausübenden Künstlers ist im Abschnitt über die verwandten Schutzrechte in § 73 UrhG geregelt. Nach der Legaldefinition ist ausübender Künstler, »wer ein Werk oder eine Ausdrucksform der Volkskunst aufführt, singt, spielt oder auf eine andere Weise darbietet oder an einer solchen Darbietung künstlerisch mitwirkt« (§ 73 UrhG). Mit dieser Legaldefinition werden die verschiedenen Alternativen (aufführen, singen, spielen etc.) unter den Oberbegriff der Darbietung zusammengeführt.[610] Der Begriff der Darbietung ist aber, möchte er für eine Rechtsanwendung »in denkendem Gehorsam« verstanden werden, auslegungsbedürftig.

Nach dem klaren und eindeutigen Wortlaut der Legaldefinition muss die Darbietung ein urheberrechtlich schützbares Werk zum Gegenstand haben.[611] Demnach ist das Recht des ausübenden Künstlers i. S. v. § 73 UrhG untrennbar an die Wiedergabe eines Werkes gebunden.[612] Dabei wird zwar nicht für notwendig gehalten, dass das wiedergegebene Werk über die erforderliche Schöpfungshöhe verfügt.[613] Gleichwohl soll das Werk seiner Art nach einem Urheberrecht zugänglich sein.[614] In der urheberrechtlichen Literatur ist diese Bindung der Darbietung an ein Werk mit dem Begriff »Werkakzessorietät« belegt, womit zugleich vorentschieden ist, dass aufgrund der Gesetzesbindung solche Darbietungen aus der Rechtsanwendung von § 73 UrhG herausfallen, die gemäß der Wortlautgrenze kein Werk zum Gegenstand haben, wie dies etwa bei Zirkus- und Varietédarbietungen der Fall ist.[615] Dass diese paradigmatische Werkakzessorietät der Regelungszweck des Gesetzgebers war, ergibt sich zudem aus der Systematik des Urheberrechtsgesetzes. Während § 19 Abs. 2 UrhG klarstellt, dass die bühnenmäßige Aufführung als das bewegte Spiel im Raum die Ausdrucksform eines von § 2 UrhG geschützten und aufgeführten Werkes darstellt, regelt § 73 UrhG das Recht des ausübenden Künstlers, der dieses Werk durch sein bewegtes Spiel im Raum persönlich darbietet.[616] In systematischer Hinsicht sind § 19 Abs. 2 UrhG und § 73 UrhG daher eng aufeinander bezogen.[617] Diese Werkakzessorietät spiegelt sich auch im Sinn und Zweck des Rechtsschutzes des ausübenden Künstlers wider, ihm eine angemessene Vergütung für die Wiedergabe des Werkes zu sichern.[618]

Historisch entbrannte aber bereits früh ein Streit darüber, ob dem ausübenden Künstler darüber hinaus ein eigenes Urheberrecht zusteht. Diese Kontroverse wird im Folgenden zusammen mit der Entstehungsgeschichte des Rechtsschutzes des ausübenden Künstlers dargestellt. Diese wird zeigen, welche faktische Bedeutung der historische Gesetzgeber und die herrschende Meinung der Darbietung des ausübenden Künstlers beimessen.

a) Die erste gesetzliche Regelung (§ 2 Abs. 2 LUG)

Anfang des 20. Jahrhunderts wurde die Forderung erhoben, dem ausübenden Künstler einen ausdrücklichen Anspruch für die Verwertung seiner Leistung durch Dritte zu gewähren.[619] Dem war die technische Entwicklung des Phonographen vorausgegangen, der die flüchtige »Augenblicksäußerung«[620] des ausübenden Künstlers durch »Stimmsprecher«[621] und sogenannte Sprechmaschinen auf Walzen, Scheiben oder Platten fixierte. Damit bestand die Möglichkeit, die sogenannte

Konserve der menschlichen Stimme durch Schallplatten, Tonbänder und Radiowellen in den Handel zu bringen und zu vervielfältigen. Es war also beim Künstlerschutz – ebenso wie im Urheberrecht – die technische Entwicklung, die neue Arten der Nutzung und so die Möglichkeit mit sich brachte, die »Kunst des Augenblicks«[622] zu verwerten. Dies musste wiederum zur ungenehmigten Vervielfältigung und Verbreitung herausfordern, sodass die Frage nach einem weitergehenden Rechtsschutz akut und das Bedürfnis danach drängend wurde, was schließlich die Rechtsordnung zwang, zu reagieren.[623]

Während man also früher mit *Schiller* zu sagen pflegte: »Dem Mimen flicht die Nachwelt keine Kränze«,[624] versucht die Jurisprudenz seit nunmehr mehr als 100 Jahren, die Leistung des ausübenden Künstlers durch Video, Schallplatte, Tonband u. Ä. als Artefakt zu fixieren, sodass diese »Schöpfung des Augenblicks«[625] mit ihrer Festlegung auf Bild- oder Tonträgern überall verwertet und genutzt werden kann.[626] Angesprochen ist damit die immer wieder betonte Spannung, die sich aus der Flüchtigkeit von bühnenmäßigen Aufführungen und den fortwährenden Versuchen ergibt, den Rechtsschutz des ausübenden Künstlers dogmatisch als Immaterialgut oder ein dem Immaterialgut verwandtes Schutzrecht zu konstruieren. Dieser Gegensatz zwischen der Flüchtigkeit der ausgeübten Kunst und einem Produkt der Kommerzialisierung ist erstmals deutlich bei der ersten gesetzlichen Regelung zum Schutz des ausübenden Künstlers[627] hervorgetreten, der Novelle des Literaturhebergesetzes von 1901 durch das Gesetz zur Ausführung der revidierten Berner Übereinkunft vom 22.05.1910.[628]

Bei der Einführung von § 2 Abs. 2 LUG berief sich der Gesetzgeber auf *Joseph Kohler*,[629] der bezeichnenderweise seine Lehre in seinem berühmten Beitrag »Autorschutz des reproduzierenden Künstlers«[630] erst ins Gegenteil verdrehen musste,[631] um dem ausübenden Künstler ein unbedingtes Aufnahmerecht zusprechen zu können. *Kohler* argumentierte, dass, sobald die »augenblickliche Wiedergabe«[632] durch den ausübenden Künstler in einem anderen Medium fixiert bzw. dauerhaft festgelegt sei, dem Künstler ein Autorrecht[633] zukomme, weil seine »Schöpfung des Augenblicks«[634] mit ihrer Festlegung aus der Persönlichkeit des Künstlers »heraustrete«,[635] sich also verobjektiviere und dann gleich wie ein immaterielles Werk als Geisteswerk zu behandeln sei.[636] Denn hierdurch habe sich der eigentlich an Raum und Zeit gebundene »Blitz des Augenblicks«[637] von der Person seines Produzenten und dem flüchtigen Wiedergabeakt befreit und sei so einer ubiquitären Auswertung zugänglich.[638]

§ 2 Abs. 2 LUG hatte folgenden Wortlaut:

> **Satz 1:** »Wird ein Werk der Literatur oder Tonkunst durch einen persönlichen Vortrag auf Vorrichtungen für Instrumente übertragen, die der mechanischen Wiedergabe für das Gehör dienen, so steht die auf diese Weise hergestellte Vorrichtung einer Bearbeitung des Werkes gleich.«
> **Satz 2:** »Das gleiche gilt, wenn die Übertragung durch Lochen, Stanzen, Anordnung von Stiften oder eine ähnliche Tätigkeit geschieht und die Tätigkeit als eine künstlerische Leistung anzusehen ist.«
> **Satz 3:** »Im Fall des Satzes 1 gilt der Vortragende, im Fall des Satzes 2 derjenige, welcher die Übertragung bewirkt, als der Bearbeiter.«

§ 2 Abs. 2 LUG wurde in Rechtsprechung und Literatur nahezu einhellig als »doppelte Fiktion«[639] gebrandmarkt. Erstens galt der Bearbeiter als Urheber und zweitens galt der Vortragende als Bearbeiter. Weil sich der Gesetzgeber aber nur dann einer Fiktion bedient, wenn unterschiedliche Sachverhalte gleichbehandelt werden sollen,[640] kam schon mit der Regelung des § 2 Abs. 2 LUG zum Ausdruck, dass diesem »Quasi-Urheberrecht«[641] des ausübenden Künstlers ein anderer Sachverhalt zugrunde lag als dem Urheberrecht des werkschaffenden Urhebers. Dieser andere Sachverhalt dürfte in der Flüchtigkeit der Darbietung gelegen haben. Denn gegen *Kohler* ist zu argumentieren, dass sich die »Schöpfung des Augenblicks«[642] nicht mit ihrer Festlegung verobjektiviert. Jeder Versuch, die »Schöpfung des Augenblicks« durch Aufnahmen in ein urheberrechtliches Werk zu fixieren, ist untauglich und schlägt um in den Versuch, die Darbietung des ausübenden Künstlers zu dokumentieren.[643] In diesem Sinne führt der technische Einsatz zwar zu der Herstellung eines Objekts, nämlich des Tonträgers oder eines ähnlichen Mediums, diese führt aber nicht zu einer urheberrechtlichen Objektivation.[644] Denn die technische Vorrichtung enthält zwar die Informationen der Darbietung zur weiteren Verwertung, nicht jedoch die unmittelbare Darbietung selbst. Das Medium dokumentiert die Aufführung also lediglich und stellt ein Produkt der Kommerzialisierung dar, welches die Interessen von Markt und Medien ausdrückt, indem es eine 360-Grad-Auswertung[645] zulässt. Die Gegenwärtigkeit und die Authentizität der ausübenden Künstler, »mit der sie ihrer natürlichen Tonstärke nach [den Raum] zu erfüllen vermögen«,[646] kann hierdurch jedoch nicht fixiert werden, sondern reflektiert lediglich die unüberbrückbare Differenz zwischen der Liveness des bewegten Spiels im Raum als Residuum einer glaubwürdigen Kultur und ihrer medialen Reproduktion.

> »Performance cannot be saved, recorded, documented, or otherwise participate in the circulation of representations *of* representations: once it does so, it becomes something other than performance. To the degree that performance attempts to enter the economy of reproduction it betrays and lessens the promise of its own ontology.«[647]

Zumindest eine Ahnung hiervon hat der Gesetzgeber gezeigt, indem er die Schallvorrichtung der Werkbearbeitung gleichstellte. Denn damit brachte er zum Ausdruck, dass er nicht die Darbietung des ausübenden Künstlers als eine eigene, selbstständige Werkschöpfung anerkennt, sondern den Tonträger. Der ausübende Künstler war zwar das Schutzsubjekt.[648] Das Schutzobjekt war aber nicht die Darbietung des ausübenden Künstlers,[649] sondern die Schallvorrichtung als Träger der Wiedergabeleistung, welche die Leistung des ausübenden Künstlers gleichsam »in sich aufnimmt«, wie es der BGH formuliert.[650] Das »Quasi-Urheberrecht« wurde entsprechend nur am körperlichen Aufnahmeträger gewährt.[651] Damit aber widersprach die Regelung in § 2 Abs. 2 LUG dem fundamentalen Grundsatz des Urheberrechts, wonach das subjektive Urheberrecht am Geisteswerk und nicht am körperlichen Werkstück entsteht.[652]

Nicht zuletzt hieraus wird deutlich, dass die Novelle gar nicht den ausübenden Künstler schützen wollte.[653] Vielmehr räumte der Gesetzgeber freimütig ein, »der Industrie einen Schutz gegen unberechtigte Nachbildung ihrer oft mit großen Kosten erworbenen Vorrichtungen bewilligen« zu wollen.[654] Nach dem Schöpfungsprinzip wäre es aber prinzipiell unmöglich gewesen, das originäre Urheberrecht eines Dritten beim Produzenten entstehen zu lassen.[655] Der Gesetzgeber ließ damit das Quasi-Bearbeiterurheberrecht beim ausübenden Künstler entstehen und ging ausdrücklich davon aus, dass der ausübende Künstler »in der Praxis sein Recht regelmäßig dem industriellen Unternehmen übertragen wird«.[656]

Die Differenz zwischen dem Wesen einer Live-Aufführung und dem ihrer »Wiederholung« und »Konservierung« auf Bild- oder Tonträger verdeutlichte also schon vor 100 Jahren den untauglichen Versuch des Literaturrhebergesetzes, die Leistung der ausübenden Künstler zu einem ablösbaren Immaterialgut zu erklären, und weist unmissverständlich auf ihre Ephemeralität und Einmaligkeit hin. »Performance occurs over a time which will not be repeated. It can be performed again, but this repetition itself marks it as ›different‹.« Bei grundsätzlichem Verständnis für das Rechtsschutzbedürfnis des ausübenden Künstlers wurde die Regelung entsprechend abgelehnt.

b) Historische Standpunkte

Vor Inkrafttreten des geltenden Gesetzes über Urheberrecht und verwandte Schutzrechte von 1965 bestand in der urheberrechtlichen Literatur kein Zweifel an der Notwendigkeit eines weitergehenden Rechtsschutzes des ausübenden Künstlers, als er durch die »lückenbüßerische Flickbestimmung«[657] von § 2 Abs. 2 LUG vermittelt wurde. Hinsichtlich der näheren Ausgestaltung war man sich zudem darüber einig, dass der Rechtsschutz des ausübenden Künstlers unmittelbar an seinem unfixierten bewegten Spiel im Raum anzuknüpfen habe. Das Rechtsobjekt sollte die Darbietung des ausübenden Künstlers sein – und nicht erst die »höchst unsystematisch[e]«[658] Festlegung auf einem anderen Träger. Als Schutzsubjekt sollte der ausübende Künstler also am Rechtsobjekt seiner Darbietung Rechtsschutz genießen.[659] Fraglich war aber, ob beim Rechtsschutz des ausübenden Künstlers rechtsdogmatisch *de lege lata*[660] oder *de lege ferenda* ein echtes Urheberrecht des »nachschaffenden Künstlers«[661] in Betracht komme oder lediglich ein Leistungsschutz für den »reproduzierenden Künstler«[662] zu normieren sei. Besonders betont und problematisiert wurde dabei, dass dessen Darbietung nicht von seiner »geheimnisvollen, unnachahmlichen«[663] Körperlichkeit abgelöst werden kann, weshalb sich sein »Werk« auch nicht von ihm verobjektiviert. »[W]eil die an sich flüchtige, an Raum und Zeit geknüpfte Darbietung des ausübenden Künstlers«[664] »unmittelbar [...] an seine Person und an den vergänglichen Wiedergabevorgang«[665] gebunden ist, bringt der ausübende Künstler sein »Werk« mit einem Material *sui generis* hervor: mit seinem eigenen Körper, oder, wie *Helmuth Plessner* es formuliert, »im Material der eigenen Existenz«.[666] Auf diese Besonderheit wurde im Hinblick auf die nähere Ausgestaltung des Rechtsschutzes des ausübenden Künstlers immer wieder explizit hingewiesen. Demnach hat der ausübende Künstler einen Körper, den er als Ausdrucksmittel (Objekt) verwenden und als Material zur Formgestaltung eines geistigen Gehalts instrumentalisieren kann. Zugleich ist er aber diese individuelle Persönlichkeit (Leib-Subjekt), ist Schutzsubjekt, da »jede lautliche Äußerung eines Menschen Ausdruck der Persönlichkeit«[667] ist.

Hieraus ergibt sich ein Problem, das *Fischer-Lichte* unter Berufung auf *Helmuth Plessner* als Spannung zwischen Leib-Sein und Körper-Haben bezeichnet.[668] Während sich für den BGH aus dieser Spannung »[d]as persönlichkeitsrechtliche Schutzbedürfnis jedes [...] mitwirkenden Künstlers gegen eine ungenehmigte Verwertung der [...] Darbietung «[669] ergibt, weil »jede Einzelleistung unlösbar mit der Individualität des [ausübenden Künstlers] verknüpft ist«,[670] sieht *Max Kummer* in dieser Spannung den wesentlichen Grund dafür, dass der Leistung des ausübenden Künstlers »mit dem für das Urheberrecht massgebenden Kriterien nicht beizukommen«[671] ist, da der ausübende Künstler mangels »handgreiflicher Individualität [im Sinne statistischer Einmaligkeit, Anm. des Verf.[672]]« im Verhältnis zu einem Urheber »wesensmässig zu Verschiedenes« leistet.[673]

Im Folgenden wird diese Spannung zwischen der Individualität des ausübenden Künstlers und seiner Darbietung einer fiktiven Figur in den Mittelpunkt der Untersuchung gesetzt, indem der Blick zwischen der tatsächlichen Tätigkeit des ausübenden Künstlers und dem, wie sie sein soll, so lange hin- und herwandert, bis mit einer Evidenzbehauptung festgestellt werden kann, ob die persönliche Darbietung des ausübenden Künstlers eine wahrnehmbare Form des Sprachwerkes ist. Denn sobald der ausübende Künstler ein Werk persönlich darbieten und dergestalt der Wahrnehmbarkeit zugänglich machen will, stößt er auf die Bedingtheit seiner eigenen Körperlichkeit. Deutlich wurde diese Spannung bereits beim historischen Streit um das Schöpfungsniveau des ausübenden Künstlers.

aa) Der Streit in der Rechtslehre um das Schöpfungsniveau des ausübenden Künstlers

Der Streit, ob die Darbietung des ausübenden Künstlers systematisch als Werk zu bewerten sei, entzündete sich insbesondere an der Frage, ob die Tätigkeit des ausübenden Künstlers schöpferisch ist.[674] Oben[675] wurde dargelegt, dass nach dem Schöpfungsprinzip ein Urheber dann schöpferisch tätig wird, wenn er seinen individuellen Geist durch formgebende Tätigkeit zum geistigen Gehalt des Werkes verobjektiviert. Um die Frage nach dem schöpferischen Niveau des ausübenden Künstlers beantworten zu können, musste daher geklärt werden, ob die Wiedergabeleistung des ausübenden Künstlers »eine eigenpersönliche Formprägung offenbart«.[676] Da die wahrnehmbare Formgestaltung aber – wie gesagt – nach dem Schöpfungsprinzip gerade dem lebenden Geist des Urhebers Ausdruck verleiht,[677] setzte dies bei der Beurteilung der Werkwiedergabe durch den ausübenden Künstler zugleich die Beantwortung der Frage voraus, ob »in seinem Wirken sich etwas vom Wiedergegebenen Unterschiedenes objektiviere, nämlich das Subjekt des Vortragenden«.[678] Im Kern ging es also um die Frage, ob der ausübende Künstler in ein und derselben Tätigkeit neben der Wiedergabe des Werkes des Urhebers zugleich seine schöpferische Individualität zum Ausdruck bringt. Wenn ja, dann sprach dies für Urheberrechtsschutz, wenn nein, für einen Leistungsschutz.

(1) Der ausübende Künstler als »reproduzierender Künstler«?

Nach diesem Maßstab vertraten *Marwitz*, *Elster* und *Kohler* die Auffassung, dass ein Urheberrecht des ausübenden Künstlers nicht in Betracht komme, da es dem Urheberrecht widerspreche, »die Leistung des ausübenden Künstlers als ›Werk‹ zu bezeichnen«.[679] Als Begründung führten sie an, dass die Darbietung des »reproduzierenden«[680] Künstlers inhaltlich vom wiedergegebenen Werk abhängig sei.[681] Bevor der ausübende Künstler die Bühne betreten kann, müsse ihm, damit er die Welt bedeuten kann, der Urheber das Werk an die Hand geben. Entsprechend bestehe die Leistung des ausübenden Künstlers bloß darin, mit seinem bewegten Spiel im Raum das Werk des Urhebers darzustellen und so der Wahrnehmbarkeit zugänglich zu machen.[682] Das Werk des Urhebers beanspruche Priorität und gehe der Tätigkeit des ausübenden Künstlers notwendig voraus.[683] Daher bleibe die Leistung des ausübenden Künstlers »immer eine völlig abhängige Leistung«,[684] weil er, sofern er keine »Eigenmächtigkeiten«[685] begehe, nur das wiedergebe, »was vorhanden ist«.[686]

> »Der Schöpfer (Dichter, Komponist) hat in nuce (immanent!) alles das geschaffen, was aus dem Werk normaliter zu machen ist; selbst wenn er es nicht besonders vorgeschrieben hat, steht das alles, was an folgerichtiger Entwicklung aus seinem Werk zu machen ist, implicite in seiner Niederschrift der Schöpfung selbst, denn vor seinem geistigen Auge stand (zum mindesten als Wunsch) die vollendete, letzte Tiefen herausholende Wiedergabe […].«[687]

Diese Argumentation von *Elster* zielte also darauf, das Werk des Urhebers zur kontrollierenden Instanz gegenüber dem ausübenden Künstler zu erheben. Der ausübende Künstler sollte ein Werk der Literatur oder Musik nicht eigenmächtig nach subjektivem Empfinden, das heißt schöpferisch, vortragen, sondern seine Funktion war darauf beschränkt, den geistigen Gehalt, den der Urheber in seinem Werk zum

Ausdruck gebracht hatte, dem Publikum zu vermitteln. Für die grundsätzliche Richtigkeit dieser Annahme wurde immer wieder der Komponist *Hans Pfitzner* ins Feld geführt, der »absolute[n] Verneiner eines Schutzes für die ausübenden Künstler und Verfechter der Selbstherrlichkeit des Urhebers«.[688] In seiner kunsttheoretischen Streitschrift »Werk und Wiedergabe« proklamierte *Pfitzner* einen unversöhnlichen Widerspruch zwischen der lediglich technisch-handwerklichen Wiedergabeleistung eines Musikers und der schöpferischen Tätigkeit eines Komponisten. Denn »[a]n einem Geschaffenen kann nicht noch einmal der Vorgang des Schaffens bewerkstelligt werden. Der schöpferische Interpret ist ein Widerspruch in sich selbst.«[689] Entsprechend forderte *Pfitzner* »mit geradezu fanatischer Schärfe gegen die Freiheit und gegen wirkliche und wohl auch vermeintliche Willkürlichkeiten ausübender Künstler«,[690] dass der Musiker das Werk mit »[h]öchste[r] Objektivität«[691] so zu spielen habe, wie der Komponist es geschrieben hat, und sich bedingungslos an dessen Vorgaben zu halten habe.

Für das Theater folgte aus dieser Prämisse die Dominanz des Textes vom Autor über den Schauspieler: Der Schauspieler sollte als ausübender Künstler den geistigen Gehalt, den der Autor als Urheber mit sprachlichen Mitteln im Text zum Ausdruck gebracht hat, an und mit seinem bewegten Spiel im Raum lediglich erneut zum Ausdruck bringen. Der Schauspieler sollte in seiner Performativität keinen neuen geistigen Gehalt erzeugen, sondern den vom Autor in seinem Text festgelegten Inhalt lediglich zum Ausdruck bringen. Seine Aufgabe und Funktion waren darauf beschränkt, der vom Autor entworfenen, fiktiven Figur Körper, Stimme und Gesicht zu verleihen und der Kunstfigur so zu einer lebendigen Anwesenheit zu verhelfen.[692]

Damit stürzten die Verfechter eines Leistungsschutzrechtes den ausübenden Künstler in ein Dilemma, denn »[j]e vollendeter der ausübende Künstler ein Werk wiedergibt, um so mehr wird er Interpret des Vorhandenen, um so weniger wird er Schöpfer des Neuen sein«.[693] Und je mehr sich der ausübende Künstler eigenmächtig von dem Inhalt des Textes befreie, desto eher begebe er sich in die heikle Situation, das ursprüngliche Werk zu entstellen und den Ansprüchen des Urhebers ausgesetzt zu sein.[694] Entsprechend wurde das Urheberrecht des ausübenden Künstlers mit dem Argument abgelehnt, dass der ausübende Künstler nicht schöpferisch tätig werde, weil seine Leistung lediglich in der Vermehrung fremden Vermögens bestünde, nämlich in der Aufführung des Werkes des Urhebers. Oder, um es mit den Worten von *Marwitz* wiederzugeben: »Der ausübende Künstler wirkt als solcher nicht bei der Gestaltung, sondern bei der Wiedergabe des Werkes mit; er ist, wie RGZ 107, S. 64 zutreffend bemerkt, Gehilfe des Dichters.«[695]

Kummer resümiert diese Ansicht dahin gehend:

> »Je näher der Interpret der Vorstellung des Werkurhebers komme, desto Vollkommeneres leiste er, denn der Meister zeige sich eben darin, das Werk genau so wiedererstehen zu lassen, wie der Autor es ihm vorgebe; und eben deshalb leiste er nichts Individuelles; je weniger Individualität, je weniger eigene Willkür er mitsprechen lasse, desto Grösseres leiste er. Wo er den Werkautor voll erreiche, vollbringe er Bestes, entferne er sich damit aber auch am weitesten von jeder eigenen, individuellen Leistung; wo er das zu interpretierende Werk willkürlich verstümmle, schaffe er Individuelles. Vollkommene Interpretation bringe daher nichts, was noch zu schützen wäre; erst Stümperarbeit trage das Siegel des Eigenpersönlichen; kein Schutz dort, wohl aber hier, was sich von selbst widerlege.«[696]

Die werkgetreue Wiedergabeleistung des ausübenden Künstlers ist nach dieser Auffassung keine nachschaffende, sondern eine rein reproduzierende und damit völlig abhängige Leistung. Hieraus folgte für *Elster*, dass »man die reproduzierende Leistung urheberrechtlich als minderen Rechts ansehen muß«.[697]

Diese Forderung verdeutlicht, was die Juristen vom ausübenden Künstler erwarteten. Denn eine solche Auffassung, wonach der ausübende Künstler bei der Werkwiedergabe nichts Originelles, Neues erbringt, verdeutlichte zugleich eine ablehnende Haltung gegenüber einer Wiedergabeleistung des ausübenden Künstlers, die eine »eigenpersönliche Formprägung offenbart«.[698] Denn soweit sich diese dadurch definiert, dass sie einem individuellen Geist Ausdruck verleiht, wäre damit zugleich gesagt, dass hierdurch etwas Neues, Originelles zum Ausdruck kommt, nämlich etwas vom Wiedergegebenen Unterschiedenes: das Subjekt des ausübenden Künstlers.

Um die geforderte Unterordnung des ausübenden Künstlers unter das Werk des Urhebers erfüllen zu können, durfte der Schauspieler folglich »nur seine Körperlichkeit, sein Kostüm, sein Gesicht und seine Stimme [hergeben], [...] ohne es durch eine schaffende Seele hindurchfiltriert zu haben«.[699] Der ausübende Künstler sollte also seine Persönlichkeit, seinen sinnlichen Leib so weit in ein Ausdrucksmittel umwandeln, dass dieser imstande war, für die Schöpfung des

Autors, die in der Sprachform ihren Ausdruck gefunden hatte, als ein neues Ausdrucksmittel zu dienen. Der vom Autor geschaffene Inhalt sollte im phänomenalen Leib des ausübenden Künstlers eine in Raum und Zeit versetzte sinnlich wahrnehmbare Form finden, damit an und mit dieser Ausdrucksform die dramatische Dichtung körperliche Gestalt annehmen konnte, sodass in der Vorstellung der Zuschauer das Geisteswerk erscheinen konnte.[700]

> »Das (wiedergegebene) Werk ist ja nicht nur deshalb Geistesgut, weil es geistig wirkt, sondern ebenso oder noch mehr deshalb, weil es geistig geschaffen ist. Die künstlerische Leistung des Nachschaffenden schafft Geistes-Werte, aber nicht Geistes-Werke! Das macht den urheberrechtlichen Unterschied aus.«[701]

Das Paradigma des leistungsschutzrechtlichen Konzepts des ausübenden Künstlers, wie es von *Elster* und seinen Zeitgenossen zu Beginn des 20. Jahrhunderts entwickelt wurde, ist damit generell durch das Bemühen charakterisiert, die Spannung des ausübenden Künstlers zwischen Leib-Sein und Körper-Haben, zwischen seiner Persönlichkeit und der Darstellung eines Werkes aufzuheben, indem der phänomenale Leib des Künstlersubjekts vollständig hinter bzw. in der wahrnehmbaren Formgestaltung zum Verschwinden gebracht wird. Die Spannung zwischen dem Künstlersubjekt und seinem Körperobjekt sollte also zugunsten der Darstellung nivelliert werden – mit dem Ergebnis, dass die Wirklichkeit des Schauspielers depotenziert wird.[702]

Dieser Ansicht liegt ein Konzept zugrunde, das bereits bei der allgemeinen Erläuterung des Werkbegriffs dargelegt wurde:[703] Das Urheberrecht teilt die Welt in zwei Hälften, indem im urheberrechtlich geschützten Werk etwas Geistiges mit einem Körper begabt wird. In diesem Sinne wurde oben[704] dargelegt, dass die körperliche Schicht als Ausdrucksmittel dient, das auf die Sinnesorgane des wahrnehmenden Menschen einwirkt, damit das Geisteswerk des Urhebers dem Bewusstsein des anschauenden Menschen zugänglich wird. Diese sogenannte Aufteilung der Welt wird bei der Konzeption des Rechtsschutzes des ausübenden Künstlers als Leistungsschutz beibehalten: Auf der einen Seite existiert der geistige Gehalt des Urhebers und auf der anderen Seite die Darbietung, die der ausübende Künstler erbringt, um diesen geistigen Gehalt zur Darstellung bzw. zur Erscheinung zu bringen. Die »Leistung« des ausübenden Künstlers besteht danach durchgehend darin, etwas zur Erscheinung zu befördern, das bereits besteht – als imaginäres Bild im Kopf des Urhebers oder im literarischen Text des Dramas –, dort aber nicht bildlich angeschaut werden kann, sondern nur in der Vorstellung »Gestalt« annimmt. Es ist demnach die Aufgabe und Funktion des ausübenden Künstlers, dieses Geisteswerk zur Darstellung zu bringen, damit es dem Zuschauer dargeboten wird.

Während Sprachwerke nun aber als Text besonders gut versprechen, dass der Urheber vermittels der Sprache einen bestimmten geistigen Gehalt »rein« und »unverfälscht« zum Ausdruck bringt, ist mit dem ausübenden Künstler ein sehr viel weniger geeignetes Mittel zur angemessenen Formgestaltung gegeben. Denn die Form muss mit dem Ausdrucksmittel, in welchem der geistige Gehalt zur Anschauung gebracht werden soll, kompatibel sein.[705] Die Materie steht aber nur bestimmten Formen offen, das heißt, die Form, in der geistiger Inhalt zum Erscheinen gebracht werden soll, ist abhängig von der Materie.[706]

Wenn der ausübende Künstler aber an die Bedingtheiten der eigenen Körperlichkeit gebunden bleibt, ist zweifelhaft, ob sich die Materialität des ausübenden Künstlers nicht der Form des Sprachwerkes widersetzt. Und eben in diesem Zusammenhang warnte *Cahn-Speyer* bereits zu Beginn der Kontroverse über den Rechtsschutz des ausübenden Künstlers, dass das Recht »die Materie für seine Begriffsbildungen und Deduktionen von dem Künstler und vom Ästhetiker beziehen muß«,[707] weil juristische Feststellungen darüber, was der Künstler »soll«, immer etwas Defizitäres hätten.[708] Denn damit der geistige Gehalt des Autors im phänomenalen Leib des ausübenden Künstlers eine in Raum und Zeit versetzte sinnlich wahrnehmbare Form finden kann, muss der Körper des ausübenden Künstlers zunächst dieser Form zugänglich gemacht werden. Die Bedingung dafür liegt aber, so *Fischer-Lichtes* pointierte Analyse, in einer Disziplinierung des Schauspielers. Sie führt aus:

> »Damit der Leib überhaupt entsprechend verwendet werden kann, muß er daher zunächst einer gewissen Entleiblichung unterzogen werden: Alles, was auf den organischen Körper verweist, auf das leibliche In-der-Welt-Sein des Schauspielers, muß seinem Leib ausgetrieben werden, bis ein ›rein‹ semiotischer Körper zurückbleibt. Denn nur ein ›rein‹ semiotischer Körper wird imstande sein, die im Text niedergelegten Bedeutungen unverfälscht sinnlich wahrnehmbar zur Erscheinung zu bringen

und dem Zuschauer zu vermitteln. Verkörperung setzt also Entkörperlichung bzw. Entleiblichung voraus.«[709]

Das heißt, der ausübende Künstler sollte seine Individualität zum Verschwinden bringen, damit sein Körper vollständig in den Dienst der künstlerischen Darbietung gestellt werden konnte. Die Frage von *Hoffmann* an den ausübenden Künstler, ob »in seinem Wirken sich etwas vom Wiedergegebenen Unterschiedenes objektiviere, nämlich das Subjekt des Vortragenden«,[710] wurde verneint. Der ausübende Künstler als Subjekt wird mithin als bloßes Objekt behandelt – »ein Erdenrest zu tragen, peinlich«![711] Der konkrete Mensch als ausübender Künstler wird auf diese Weise zu einer ersetzbaren Größe, zu einem bloßen (Ausdrucks-)Mittel degradiert, das unter vollständiger Verfügung eines Urhebers steht und dem als Rädchen im Räderwerk der bühnenmäßigen Aufführung jede eigene geistige Individualität genommen wird, ja der sogar seiner physischen Existenz beraubt wird. Darin kommt eine Rechtsansicht zu dem vorkonstitutionellen LUG zum Ausdruck, hinsichtlich derer es zweifelhaft ist, ob sie mit dem heutigen Art. 1 Abs. 1 GG in Einklang zu bringen ist – eine rechtshistorische Frage, der zum Zwecke dieser Untersuchung nicht weiter nachgegangen zu werden braucht.

Eine solche Auffassung von der Vermittlung des Urhebergeistes durch den Darsteller widersetzt sich zugleich der Flüchtigkeit von Aufführungen. Der Gedanke hinter dieser Auffassung ist: Die an sich flüchtige und an Raum und Zeit geknüpfte Darbietung sowie damit die vollzogene Geste und Mimik des ausübenden Künstlers mögen als Augenblicksäußerungen flüchtiger Natur sein, der geistige Gehalt aber bleibt bestehen.[712] Obwohl das Ausdrucksmittel mit seinem Vollzug unwiderruflich fortfällt, wurde der hierdurch verkörperte geistige Gehalt vernommen und existiert auch jenseits dieser flüchtigen Ausdrucksform. Das heißt, der geistige Gehalt kann erneut zum Erscheinen gebracht werden, indem er durch eine wiederholbare handwerklich-technische Leistung der ausübenden Künstler verwirklicht wird.[713] Denn Werke, die nur über ein flüchtiges Ausdrucksmittel verfügen, wie die Aufführung, verobjektivieren sich durch ihre Wiederholbarkeit. Die Bedingung dafür, dass der geistige Gehalt des schriftlich fixierten Dramas in und mit der bühnenmäßigen Aufführung wiederholt werden kann, liegt also darin, dass dem ausübenden Künstler der Status einer selbstständigen Schöpfung abgesprochen wird. Die Spannung zwischen der Individualität des ausübenden Künstlers und seiner Darstellung einer Figur wird also zugunsten der Figur einseitig aufgelöst. Denn nur in diesem Fall kann, so die Deduktion, der geistige Gehalt des Autors in einer bühnenmäßigen Aufführung dargeboten werden. Performativität wird ausschließlich in den Dienst der Expressivität gestellt.

Im weiteren Verlauf der urheberrechtlichen Diskussion über den Schutz des ausübenden Künstlers vertrat zwar niemand mehr ernsthaft die Forderung nach »Werktreue«[714] als juristisch belastbarem Begriff, da niemand mehr glaubte, dass sich die richtigen Bedeutungen – also das imaginäre Bild des Urhebers – im dramatischen Text würden finden lassen. Gleichwohl wurde und wird der Begriff der Werkwiedergabe, bezogen auf die Tätigkeit des ausübenden Künstlers, vielfach »im Sinne einer derartigen Entkörperlichung verwendet und verstanden«.[715] Noch 1980 empfahl *Ulmer* die Lektüre der Ausführungen von *Hans Pfitzner*, wonach »der schöpferische Interpret ein Widerspruch in sich selbst« sei, und zog hieraus die »wichtige Grenzlinie zwischen werkgetreuer Wiedergabe und Bearbeitung«.[716]

(2) Der ausübende Künstler als »nachschaffender Künstler«?

Der Auffassung, wonach der Urheber etwas schafft und der ausübende Künstler nur etwas leistet, wurde von *Cahn-Speyer* bereits zu Beginn des 20. Jahrhunderts heftig widersprochen. In seinen Ausführungen zum Urheberrecht des ausübenden Künstlers argumentierte er, dass die Darbietung durch den ausübenden Künstler nicht lediglich als handwerklich technische Reproduktion des Geisteswerkes des Urhebers durch ein anderes, besonders gestaltetes Ausdrucksmittel verstanden werden kann. Es sind vor allem zwei Argumente, die er anführt.

Das erste Argument bezieht sich auf den fundamentalen Unterschied zwischen dem vom Autor mit sprachlichen Mitteln niedergelegten Text oder der Partitur des Komponisten und dem durch den ausübenden Künstler dargebotenen Geisteswerk. Für *Cahn-Speyer* besteht

> »[u]nzweifelhaft [...] ein Unterschied zwischen dem, was der Leser in sich aufnimmt, und dem, was er vom ausübenden Künstler zu hören bekommt. [...] Die Sprachgebilde, die Töne liegen zur Niederschrift gestaltet, vor; der Künstler bringt sie zum Erklingen, und zwar in ganz bestimmter (für ihn jedes Mal bestimmter) Weise.«[717]

Den Grund für den Unterschied erkennt *Cahn-Speyer* darin, dass es sich bei der Aufführung von Sprach- und Musikwerken nicht um ein von dem Buch oder der Partitur verschiedenes Ausdrucksmittel handelt, sondern das Buch oder die Partitur sei nur das behelfsmäßige Festlegungsmittel, um ein ursprünglich in der flüchtigen Natur der Sprache oder Musik wahrgenommenes Werk für die Nachwelt zu retten und um es so in der Aufführung wieder in sein ursprüngliches Medium zurückführen zu können.

> »Wir kommen zu dem Ergebnis, daß es für ein Werk, dessen Kundgebung durch die Sprache erfolgt, nur ein Ausdrucksmittel gibt: die akustische wahrnehmbare Sprache, und dass jede sprachliche Aeußerung, die nicht auf unmittelbarem, akkustischem Wege erfolgt, nur eine behelfsmäßige Kundgebungsart ist [...].«[718]

Für die Gattung der Literatur wird dieses Verhältnis von schriftlich fixiertem Text und dessen bühnenmäßiger Aufführung von *Smoschewer* erörtert:[719] Er führt aus, dass die Sprache deshalb »mangelhaft« sei, weil sie bei einer Rolle nur das festlege, was literarisch an ihr fixierbar sei.[720] Sie betreffe nur die unvollkommene Vorstellung dessen, »was nachher sinnlich wahrnehmbar dargestellt und wiedergegeben werden soll«.[721] Denn weder sei ihre »klingende und sichtbare Wirklichkeit«[722] im Voraus festgelegt, noch liege sie dem Werk gedanklich eindeutig zugrunde, sodass sie aus dem schriftlichen Text einfach wieder herausgeholt werden könnte.[723] Um es mit den Worten von *Georg Simmel* zu sagen:

> »Die Bühnenfigur, wie sie im Buche steht, ist sozusagen kein ganzer Mensch, sie ist nicht ein Mensch im sinnlichen Sinne – sondern der Komplex des literarisch Erfaßbaren an einem Menschen. Weder die Stimme noch den Tonfall, weder das ritardando noch das accelerando des Sprechens, weder die Gesten noch die besondere Atmosphäre der lebenswarmen Gestalt kann der Dichter vorzeichnen oder auch nur wirklich eindeutige Prämissen dafür geben. Er hat vielmehr Schicksal, Erscheinung, Seele dieser Gestalt in den nur eindimensionalen Verlauf des bloß Geistigen verlegt. Als Dichtung angesehen ist das Drama ein selbstgenügsames Ganzes; hinsichtlich der Totalität des Geschehens bleibt es Symbol, aus dem diese sich nicht logisch entwickeln läßt.«[724]

Aus diesem Grund steht für *Cahn-Speyer* fest, dass die Anschaulichkeit einer bühnenmäßigen Aufführung in dem schriftlichen Werk gar nicht existent gewesen sei, was der ausübende Künstler zum »Erklingen« bringe.[725] Es bestünden daher noch gewisse Frei- und Spielräume, innerhalb derer der ausübende Künstler schöpferisch tätig werden könne – und nennt das, was im Buch oder in der Partitur festgelegt ist, einen Torso:

> »Es kann nicht zweifelhaft sein, dass der Komponist alle diese Dinge, die er in der Niederschrift nicht festhalten kann, bei der Konzeption gleichwohl denkt. Es ist unmöglich, sich ein Tongebilde vorzustellen, ohne es zugleich in einer bestimmten Tonstärke, in einem bestimmten Tempo mit seiner Modifikation, in einer bestimmten Art der Tongebung vorzustellen. Diese Vorstellung des Komponisten ist ein wesentlicher Teil seines Schöpfungsaktes. Dieser Teil entzieht sich aber der unzweideutigen Mitteilung an andere, so auch an die ausführenden Künstler. Somit ist das, was uns die Niederschrift des Komponisten darbietet, kein abgeschlossenes Werk, sondern ein Torso. Diesen Torso zu ergänzen, ist die Aufgabe des nachschaffenden Künstlers.«[726]

Aus der von *Cahn-Speyer* geführten Diskussion wird verständlich, was mit dem Begriff »Torso« gemeint ist: In jedem zur Aufführung geeigneten Werk gebe es eine Mehrzahl von Elementen, die in der Niederschrift dieses Werkes nicht eindeutig festgelegt seien und auch unmöglich festzulegen seien. Der Text[727] oder die Partitur sei im Verhältnis zu seiner bzw. ihrer bühnenmäßigen Aufführung unvollkommen, sodass er als »Torso« lediglich seine bzw. ihre »behelfsmäßige Kundgebungsart«[728] darstelle. Dies gelte sowohl für die Musik als auch für Werke der Literatur.[729] Dieser Umstand, wonach es bei Sprachwerken also nur das Ausdrucksmittel des Sprachlauts gibt und dieser im Text nur unzureichend niedergelegt werden kann, lasse es grundsätzlich unmöglich erscheinen, dass zwei unterschiedliche ausübende Künstler – *Moissi* oder *Pallenberg* – auf dieselbe Art und Weise »nicht nur den Zauber [ihrer] Persönlichkeit wirken lasse[n], sondern auch durch die geistige Durchdringung des Werkes weiter ausgestalten«.[730]

Aus diesem Grund wandte sich *Cahn-Speyer* entschieden gegen die Auffassung von *Elster*, der sich in seinem bekannten Aufsatz »Formgebung und Ausdrucksmittel II«[731] darzulegen bemüht hatte, dass zwischen Ausdrucksmittel und Form kein innerer Zusammenhang bestünde.[732] Unter impliziter Anknüpfung an den

»Taubstummenbrief« von *Denis Diderot* (1751)[733] geht *Elster* dort prinzipiell davon aus, dass der Inhalt eines Sprachwerkes sowohl mit dem Ausdrucksmittel der Sprache als auch durch Gestik und Mimik zur Darstellung gebracht werden kann.[734] Daher könne das Sprachwerk auch ohne Probleme durch Gestik und Mimik aufgeführt werden, wobei dem Gesehenen (Bild) als Ausdruck der Gedanken und Empfindungen, wie diese (nur unvollständig) im Text niedergelegt sind, eine wiederholend-illustrierende Funktion zukomme.

Für *Elster* war es demnach möglich, ein Sprachwerk von der begrifflichen in die sinnlich fassbare Sphäre umzusetzen, ohne zugleich das Geisteswerk zu verändern. Als Begründung führte er an, dass man dem Urheberrecht als einem Immaterialgüterrecht die Unterscheidung zwischen bloßem Ausdrucksmittel und wirklicher Bearbeitung schuldig sei.[735] Die Frage, ob eine neue, schöpferische Formgebung vorliegt, dürfe seiner Ansicht nach nicht schon dann bejaht werden, wenn man das Ausdrucksmittel des Wortes durch ein sichtbares Ausdrucksmittel ersetze, sondern erst, wenn der Sinngehalt (Inhalt) oder der Aufbau außerhalb der äußeren Umgestaltung des Ausdrucksmittels geändert werde.[736] Entsprechend nannte *Elster* die Ersetzung von nur Gehörtem (Sprache) durch Gesehenes (Bild) eine »Veränderung des Ausdrucksmittels ohne neue Formgebung«.[737] »Bearbeitung ändert die Form des Werkes. Das soll der reproduzierende Künstler gar nicht.«[738] Unter Berufung auf das Reichsgericht[739] stand bei *Elster* also die »Neuschöpfung« gegen die »Wiedergabe mit veränderten Mitteln«.[740]

Eben diese Unterscheidung ist nach *Cahn-Speyer* unmöglich. Mit allem Nachdruck weist *Cahn-Speyer* darauf hin, dass bei einem Bühnenkunstwerk nur der sprachlich vermittelte Teil (unvollständig) im Text festgelegt sei, nicht aber die Gestik, sodass es unmöglich sei, das Werk des Autors von der begrifflichen in die sinnlich fassbare Sphäre umzusetzen, ohne dass damit zugleich die Form verändert würde.[741] Vielmehr bedeute dies eine Änderung des Werkes.[742] Um das, was *Cahn-Speyer* abstrakt formulierte, präzise für die Bühne zu erfassen,[743] seien hier die Worte von *Simmel* zitiert:

> »[...] als ob die ideale Art, eine Rolle zu spielen, mit dieser Rolle selbst eindeutig und notwendig gegeben wäre; als stiege für den, der nur hinlänglich scharf zu sehen und logisch zu folgern wüßte, aus den Buchseiten des Hamlet selbst seine ganze theatralische Versinnlichung heraus; so daß es, genau genommen, von jeder Rolle nur eine einzige ›richtige‹ schauspielerische Darstellung

gibt, der sich der empirische Schauspieler mehr oder weniger nähert. Allein dies wird durch die Tatsache widerlegt, daß drei große Schauspieler die Rolle in drei völlig verschiedenen Auffassungen spielen werden, jede der anderen gleichwertig und keine ›richtiger‹ als die andere; [...] man [kann] also den Hamlet [nicht] [...] einfach aus der Dichtung heraus spielen; denn diese legitimiert die Auffassung von Moissi ebenso, wie sie die von Kainz oder Salviati [sic] legitimiert hatte.«[744]

(3) Gestaltung durch den ausübenden Künstler?

Dass unterschiedliche Aufführungen von unterschiedlichen ausübenden Künstlern regelmäßig zu einer »tabula rasa«[745] führen, gab auch *Kohler* zu: Um die im Drama festgelegten Leidenschaften der Figur zu erfassen, müsse der ausübende Künstler daher neben seinen körperlichen Eigenschaften auch über intellektuelle Fähigkeiten verfügen, um so die individuellen Züge der Rolle zu erfassen. Trotzdem lehnte *Kohler* das Urheberrecht des ausübenden Künstlers ab, weil »die Wiedergabe kein Sprachgebilde [...], sondern nur eine Verwirklichung des im Sprachgebilde Enthaltenen«[746] und darum kein »Autorwerk« sei.[747]

> »Der Wiedergebende hat sich nicht nur in die Seele des Meisters hineinzuversetzen, sondern aus seiner eigenen Persönlichkeit und seiner künstlerischen Fassungskraft heraus den Vortrag selbständig zu gestalten. Insofern bietet jede Wiedergabe zu gleicher Zeit ein wesentliches Stück der Nachschöpfung, und die Behauptung, der Nachschöpfer sei lediglich der Diener oder Sklave des Schöpfers, ist völlig verfehlt; sie verkennt, dass in jedem Werk eine Unendlichkeit enthalten ist, die der Verfasser eröffnet, aber nicht erschöpft; weshalb wenn auch der Dichter die ausführlichsten Erläuterungen beigefügt hätte, immer noch eine (allerdings durch die Ausführung des Schöpfers angeregte) Gestaltung hinzukommen muß.«[748]

In seiner Antwort auf *Cahn-Speyer* stimmte dem auch *Marwitz* zu:

> »Es ist ohne weiteres zuzugeben, daß die Sprache mit ihren Unvollkommenheiten den künstlerischen Willen des Dichters [...] nicht wiederzugeben vermag und daß die Notenschrift noch weniger auszudrücken in der Lage ist, was den Komponisten tief innerlichst bewegt hat; [...] weil ›die Wiedergabe kein

> Sprachgebilde, sondern nur die Verwirklichung des im Sprachgebilde Enthaltenen und darum kein Autorwerk‹ sei [...], [bleibt] [d]ie Schöpfung des ausübenden Künstlers [...] aber immer das Werk des Urhebers, auch wenn der Künstler noch so viel Eigenes hineingelegt hat; es entsteht – darin muß man Kohler beipflichten – kein neues Werk. Dies gilt auch dann, wenn die einzelnen Interpretationen stark voneinander abweichen [...]. Nur dort, wo der ausübende Künstler über den Kreis der beim Urheber voraussetzbaren Ausführungen hinausgeht, könnte man zu einem anderen Ergebnisse kommen [...] also dann, wenn eine Änderung [...] vorliegt.«[749]

Die Aufgabe des ausübenden Künstlers wird damit auf die Aufgabe beschränkt, durch Einfühlung den geistigen Gehalt wieder herauszuholen, den der Urheber ins Werk hingelegt hat und der seitdem dort verschlossen liegt und nur eben gefunden werden muss. Und eben hieraus folgt für *Elster*, dass es *Marwitz* unter Bezugnahme auf *Kohler* in der unausgefochtenen Frage des »Urheberrechts des reproduzierenden Künstlers«[750] endgültig gelungen sei, »das Hauptargument der Befürworter«[751] eines Urheberrechts für den ausübenden Künstler auszuräumen, »nämlich daß sie an dem Werk des Dichters oder Komponisten mitschaffen, das etwa vor ihrer Reproduktion gar nicht oder nur als ›Torso‹ vorhanden war«.[752] Auch *Elster* pflichtete dem bei:

> »Der reproduzierende Künstler schafft künstlerisch am Ausdrucksmittel. Vielleicht schafft er hie und da überhaupt erst das wirkliche und echte Ausdrucksmittel, das dem Werkschöpfer nur vorschwebte. Der reproduzierende Künstler, der keine unerlaubten Eigenmächtigkeiten begeht, sondern sich im Rahmen seiner hohen Aufgabe hält, gibt nur wieder, was in nuce oder in ovo schon vorhanden ist: das natürliche Ausdrucksmittel in vollendeter Form [...]. Und selbst wenn dieser vollendete Ausdruck erst durch Intuition, Fleiß und Einfühlen erkannt wird und den Dichter oder Komponisten selbst überrascht, es war dennoch in dem Werke enthalten, sonst könnte es ja nicht herausgeholt werden, und ist eine folgerichtige Entwicklung des im Werke Enthaltenen. Es mag hie und da an die Grenze einer ›Zutat‹ gelangen; aber es als Zutat juristisch zu behandeln, hieße dem reproduzierenden Künstler Werkuntreue und unerlaubte Bearbeitung zuzuschreiben, die er gar nicht sich zu schulde kommen lassen will.«[753]

Mit dieser Aussage beanspruchen *Kohler*, *Marwitz* und *Elster* die fortdauernde Gültigkeit der dargelegten Zwei-Welten-Theorie. Sie benennen die sprachlich im Text niedergelegte Figur, die vom impliziten Leser[754] bei der Rezeption des Sprachwerkes hervorgebrachte, die bei der Interpretation durch die verschiedenen ausübenden Künstler bei der Darbietung hervorgebrachte und die vom Theaterbesucher wahrgenommene Figur alle mit demselben Namen: Romeo und Julia oder Signora Ponza. Die Figur ist zunächst in »nuce oder in ovo« im Text festgelegt, wo der Rezipient sie als eine fiktive Figur auffinden kann, und dieselbe fiktive Figur wird von den realen Körpern der unterschiedlichen ausübenden Künstler zur Darstellung, zum Erscheinen gebracht, sie nimmt in der Aufführung lediglich eine andere *Gestalt* an.

Cahn-Speyer hält jedoch mit einem starken zweiten Argument dagegen. Während *Kohler*, *Marwitz* und *Elster* die Rolle des ausübenden Künstlers als eine bereits vorfindliche Figur verstehen, fragt *Cahn-Speyer*, warum es dann überhaupt noch ihrer Aufführung durch den ausübenden Künstler bedürfe. Denn wenn man die Richtigkeit dieser Annahme unterstelle, ließe sich die Wirkung der Literatur bzw. der Musik bereits vollständig aus der Niederschrift des Urhebers entwickeln.[755] Für die Gattung der Musik ist für *Cahn-Speyer* aber »[d]as Entscheidende [...], daß der Klang, die sinnliche Erscheinung des Werkes eine vollständige Veränderung erfährt«.[756] Für den Bereich der Literatur erinnert *Cahn-Speyer*[757] in diesem Zusammenhang an *Hoffmann*,[758] der davon spricht, dass anstelle des geschriebenen Ausdrucksmittels das Gesprochene zum »Ausdruck eines neuen Werkes« werde.[759] Entgegen der Annahme, »daß hier das Vorbild, die Vorlage, als das Wesentliche, Unveränderte angesehen wird, welches unversehrt in seiner Daseinsform wiedergegeben wird, ›nur‹ ergänzt, verschönt, nicht einmal in seiner Wesensform gewandelt«[760] werden soll, entsteht für *Hoffmann* »etwas von diesem als den Objektivierungen des Subjektes ihres Schöpfers Verschiedenes, nämlich die Objektivierung des Subjektes des Vortragenden«.[761] Für die Zuschauer sei offenkundig, dass die »Seelen«[762] gewechselt haben. Das Vorgegebene diene dem ausübenden Künstler daher nur als ein Material unter vielen für sein eigenes Schaffen. Und da »das nachschaffende Individuum den Nährboden der Wiedergabe bildet«,[763] habe »der bildende Geist gewechselt«.[764] Daher füge der ausübende Künstler nicht »nichts oder nahezu nichts von [... seiner] Individualität«[765] hinzu, sondern aufgrund dieser Individualität sei »die Wiedergabe des gleichen Schriftwerkes insbesondere einer Rolle oder einer Komposition durch den gleichen Künstler nicht wesensgleich«.[766] Als Beispiel führt *Hoffmann* den zu seiner Zeit bekannten Schauspieler *Pallenberg* an, der »die Worte aufmacht wie ein Kind eine Puppe, um nachzusehen, was drin ist«.[767] Er fährt fort:

> »Das Werk wird durch die Körperlichkeit des Mimen aus der Welt des Scheins in die Welt des Seins erhoben. Die Schaubühne will sein. Etwas, was im Buchdrama, in der Opernpartitur noch nicht enthalten ist, ist hinzugetreten, etwas, das nicht neues Ausdrucksmittel ist, sondern welches die äußere Form des dramatischen oder dramatisch-musikalischen Werkes noch viel inniger wandelt als die Subjektivität des Vortragskünstlers: das Da-Sein, So-Sein des Bühnenkünstlers.«[768]

Für *Cahn-Speyer* ist also die sichtbare Entfaltung der körperlichen Tätigkeit des ausübenden Künstlers kein Mittel der Wiedergabe eines vorbestehenden Werkes, wie dies *Marwitz*, *Elster* und *Kohler* annehmen, sondern eine Leistung, die mit der geistigen Produktion des nachschaffenden Künstlers zusammenfällt.[769] Daher wird man den »Zauber [der] Persönlichkeit«[770] des ausübenden Künstlers auf seine spezifische Physis, sein phänomenales Sein, das heißt seine Individualität, zurückführen. Mit anderen Worten: Das »Werk« des ausübenden Künstlers ist an die spezifische Individualität des ausübenden Künstlers gebunden[771] und hat nur in und durch diesen ausübenden Künstler seine Existenzberichtigung. Entsprechend steht für *Cahn-Speyer* empirisch fest, dass eine Nachahmung und mithin eine Plagiatsverletzung der Arbeit des ausübenden Künstlers unmöglich ist. Das »Werk« des ausübenden Künstlers könne daher weder mit dem eines anderen ausübenden Künstlers identisch sein noch mit dem Werk, wie es im Text oder in der Partitur angelegt sei. Der ausübende Künstler bilde daher nicht etwas nach, was im Text oder in der Partitur »in nuce oder in ovo« enthalten sei, sondern schaffe etwas vollkommen Neues, an dem der nachschaffende Künstler ein echtes Urheberrecht genieße.

bb) Die historische Rechtsansicht des BGH zum Literaturheberrgesetz

Am 30. Mai 1960 verkündete der BGH vier Urteile, welche, die heutige Gesetzeslage vorbereitend, als »Leistungsschutzurteile«[772] in die Rechtsgeschichte eingegangen sind. In den Urteilen nahm der BGH umfassend zu nahezu allen Fragen Stellung, die sich in der Praxis zur Auslegung von § 2 Abs. 2 LUG gestellt hatten.[773] Insbesondere das

Verhältnis zwischen der einmaligen und unwiederholbaren Leistung des ausübenden Künstlers und seiner Festlegung auf technische Träger wurde problematisiert. Für diese Untersuchung sind allerdings weniger die konkreten Probleme der vier Rechtsprechungsfälle als vielmehr die abstrakten Ausführungen wesentlich, in denen sich der BGH ausdrücklich oder zumindest implizit zum Verhältnis von Leib-Sein und Körper-Haben des ausübenden Künstlers äußerte. Denn offenbar war auch dem BGH aufgefallen, dass die Dualität von Leib-Sein (Mensch) und Körper-Haben (Figur) zu einer Spannung im normativen Werkverständnis in Bezug auf den Rechtsschutz des ausübenden Künstlers führt.

(1) Körper-Haben des ausübenden Künstlers

Ausgangspunkt der aufeinander verweisenden Urteile war die Entscheidung »Öffentliches Schallplattenkonzert und Künstlerlizenz«.[774] Darin stellte der BGH fest, dass »Werke der Literatur und Tonkunst [...] zu ihrer lautlichen Wiedergabe stets der Vermittlung durch den ausübenden Künstler [bedürfen]«.[775] Damit konstatierte der BGH also die spezifische Abhängigkeit des Urhebers vom ausübenden Künstler.[776] Bereits unter der Geltung des Literaturrurhebergesetzes ist der BGH also von der Prämisse ausgegangen, dass der ausübende Künstler die Ausdrucksform des wiedergegebenen Werkes ist. Schon seiner damaligen Ansicht nach ist die Tätigkeit des ausübenden Künstlers auf die Wiedergabe eines Werkes bezogen. Gegenstand der Darbietung des ausübenden Künstlers ist demnach das vorbestehende und damit *wieder*-gegebene urheberrechtliche Werk – weswegen nach Ansicht des BGH die Tätigkeit des ausübenden Künstlers »seiner Natur« nach von der schöpferischen Tätigkeit des Urhebers zu unterscheiden sei.[777] In Wahrheit handele es sich bei dem Künstlerschutz nicht um einen »Geistesschöpfungsgrundsatz, sondern um einen Leistungsschutz«.[778] Von dieser Werkakzessorietät der Darbietung des ausübenden Künstlers ging der BGH auch in seinen Entscheidungen »Ausübender Künstler und Rundfunksendungen«,[779] »Rundfunkmusikdarbietungen in Gaststätten und Künstlerlizenz«[780] und »Tonträger und Orchester«[781] aus.

(2) Leib-Sein des ausübenden Künstlers

In der Entscheidung »Öffentliches Schallplattenkonzert und Künstlerlizenz« gab der BGH sodann eine Rechtfertigung für den Rechtsschutz des ausübenden Künstlers: »Ist der Genuß eines Geisteswerkes von der Mittlertätigkeit Dritter abhängig, so ist es nur gerecht, wenn der Werkschöpfer sich mit dem jeweiligen Werkmittler [...] das wirtschaftliche Entgelt teilen muss.«[782] Während es hier also vordergründig nur um Geld ging und der BGH dabei eher beiläufig erwähnte, »dass der Gesetzgeber nur in dem individuellen Moment, das jeder Wiedergabeleistung anhaftet, die Rechtfertigung für die Zuerkennung eines urheberrechtlich ausgestalteten Schutzes erblickt«,[783] bewertete er in seiner Entscheidung »Ausübender Künstler und Rundfunksendung« den Rechtsschutz des ausübenden Künstlers am Maßstab von § 2 Abs. 2 LUG ausdrücklich als Ausfluss des allgemeinen Persönlichkeitsrechtes.[784] Von besonderer Relevanz sind in diesem Zusammenhang die Aussage, wonach bei der Darbietung eines Werkes an und mit dem Körper des ausübenden Künstlers »die einmalige Individualität des Künstlers zum Ausdruck kommt«,[785] sowie die – in einen Relativsatz eingeschobene – apodiktische Feststellung: Diese »Wiedergabeleistung« ist »durch seine höchstpersönlichen Fähigkeiten geprägt«.[786] »Auch die Stimme oder das äußere Erscheinungsbild eines Menschen [...] gehören [...] der nach seiner Eigenart einmaligen Individualsphäre des Einzelnen an, und hieraus rechtfertigt sich das Selbstbestimmungsrecht über diese Ausstrahlung der Persönlichkeit.«[787] Denn jede Wiedergabeleistung sei »unlösbar mit der Individualität«[788] des ausübenden Künstlers verknüpft. Daher könne das Publikum das Werk auch nur unter Einsatz dieser »individuellen Fähigkeiten«[789] wahrnehmen.

Hieraus rechtfertige sich die in § 2 Abs. 2 LUG getroffene Regelung. Dies gelte unabhängig von der Frage, »ob sein [des ausübenden Künstlers, Anm. des Verf.] Vortrag als ›künstlerische‹ Leistung oder gar als ›eigentümliche Schöpfung‹«[790] zu werten sei. Diese Feststellung wiederholte der BGH in seiner Erörterung zum Begriff »persönlicher Vortrag« in der Entscheidung »Tonträger und Orchester«.[791] Während das dortige Berufungsgericht das Tatbestandsmerkmal »persönlicher Vortrag« als eine »individuelle geistige Leistung«[792] konkretisiert hatte, die über die bloße Wiedergabe als »persönliche Auffassung« im Sinne einer Interpretation hinausgehe, stellte der BGH klar, dass bereits die Wiedergabe »eine individuelle Leistung darstellt«.[793] Denn »[i]n Wahrheit erbringt jeder der Mitwirkenden eine individuelle, mit anderen Worten von den Bedingtheiten seiner Person abhängige Leistung«.[794]

Festzuhalten ist, dass der BGH in seinen damaligen Entscheidungen ausdrücklich die Bedingtheiten der Körperlichkeit des ausübenden Künstlers anerkannte. Er ging in diesen Entscheidungen also davon aus, dass der ausübende Künstler nicht einfach nur Text oder Noten wiedergibt, wie Tinte auf Papier, also nicht bloßes

Ausdrucksmittel eines Anderen ist, sondern jede Wiedergabe von den »höchstpersönlichen Eigenschaften und Fähigkeiten abhängig ist«.[795] Nach der damaligen Auffassung des BGH findet die Verwendung des Körpers des ausübenden Künstlers als Ausdrucksmittel des geistigen Inhalts in seinem leiblichen In-der-Welt-Sein ihr Fundament und ihre Begründung. Die individuelle Persönlichkeit des ausübenden Künstlers ist die Bedingung dafür, dass der Körper gegebenenfalls als Material zur Formbildung bzw. als Ausdrucksmittel verwendet werden kann. Der BGH weist also »in aller Deutlichkeit«[796] darauf hin, dass nur die Technik »unpersönlich«[797] ist, die Darbietung aber immer »persönlich«.[798] Folgerichtig umschrieb der BGH das Recht des ausübenden Künstlers als Persönlichkeitsrecht.[799]

Gleichwohl wird aus allen vier Leistungsschutzurteilen deutlich, dass nach der damaligen Rechtsprechung des BGH die Tätigkeit des ausübenden Künstlers auf die Wiedergabe des Werkes bezogen ist. Der BGH hat die Wiedergabe eines Werkes durch den ausübenden Künstler daher nicht prinzipiell infrage gestellt.

c) Der Einfluss der historischen Debatte und der BGH-Rechtsprechung auf den Gesetzgeber des Urheberrechtsgesetzes

Mit Inkrafttreten des geltenden Gesetzes über Urheberrecht und verwandte Schutzrechte (UrhG) wurde der oben[800] erläuterten Rechtsprechung des BGH zum Leistungsschutzrecht nach dem LiteraturUrhebergesetz ihre Rechtsgrundlage entzogen. Dennoch hat sich der Gesetzgeber eingehend mit der historischen Umwelt und BGH-Rechtsprechung befasst und sich im Gesetzgebungsprozess davon anregen lassen.[801]

Dies wird insbesondere anhand der erläuterten Entstehungsgeschichte des Rechtsschutzes des ausübenden Künstlers deutlich. Zwar vermeidet er es, die Tätigkeit des ausübenden Künstlers im Gesetz als Leistung zu beschreiben oder von einem Leistungsschutzrecht zu sprechen. In der amtlichen Begründung des Regierungsentwurfs wird der Begriff »Leistung« aber als Oberbegriff zur Beschreibung der verwandten Schutzrechte ausdrücklich verwendet.[802] Dort differenziert der Gesetzgeber zwischen »anderen Leistungen, die der schöpferischen Leistung des Urhebers ähnlich sind«,[803] und Leistungen, »die in Zusammenhang mit den Werken der Urheber erbracht werden«.[804] Die Tätigkeit des ausübenden Künstlers wird dabei der letztgenannten Fallgruppe zugeordnet. Der historische Normzweck des Rechtsschutzes des ausübenden Künstlers lag beim Gesetzgeber also darin, dass der ausübende Künstler das Werk des Urhebers an ein Publikum vermittelt.[805] Das heißt, das besondere Verdienst des ausübenden Künstlers soll darin liegen, dass dieser die körperliche Schicht des Geisteswerkes produziert, damit dieses dergestalt der Wahrnehmung durch das Publikum zugänglich wird. Die ausübenden Künstler sollen also, wenn sie ein Werk der Literatur auf der Bühne spielen, dessen geistigen Gehalt zum Ausdruck bringen. Den Begriff der Leistung kann man also durchaus mit dem Begriff der Leistung umschreiben, wie er aus der Leistungskondiktion geläufig ist: Die Leistung des ausübenden Künstlers besteht in der Vermehrung fremden Vermögens, namentlich des Urhebers, hier des Autors.

Obgleich dem ausübenden Künstler bei der Ausübung dieser Tätigkeit der Status eines »Werkinterpreten«[806] attestiert wird,[807] soll seine Individualität also hinter der »schöpferischen Leistung«[808] des Urhebers zurücktreten,[809] damit dieser sein Geisteswerk auf jene Weise verwerten kann. Obwohl die amtliche Begründung ausdrücklich davon ausgeht, dass es sich bei der Darbietung des ausübenden Künstlers auch um eine »nachschaffende Tätigkeit«[810] handelt, wird ihr also der Status einer selbstständigen Geistesschöpfung abgesprochen, womit der Gesetzgeber ausdrücklich davon ausgeht, dass »rechtsdogmatisch eine klare Trennungslinie zu ziehen ist zwischen dem Schutz der schöpferischen Leistung des Urhebers und dem Schutz der das geschaffene Werk wiedergebenden Leistung des ausübenden Künstlers«.[811] Mit dem Begriff der Darbietung eines Werkes wird seine Tätigkeit folglich als Anwendung einer bereits vorfindlichen Figur verstanden; diese wird durch Interpretation des ausübenden Künstlers auf ihn zugeschnitten, bestenfalls konkretisiert; Rolle und ausübender Künstler werden sozusagen durch ein Hin- und Herwandern des Blicks zwischen der Figur im Text, wo sie der Leser als fiktive auffinden kann, und dem Körper des ausübenden Künstlers vermittelt.

2 Theaterwissenschaftliche Erkenntnisse zur Bühnendarstellung durch ausübende Künstler

Der Blick auf die historische Entwicklung des Rechtsschutzes ausübender Künstler hat gezeigt, dass zu der Zeit, als der Gesetzgeber das Urheberrechtsgesetz schuf, unterschiedliche Meinungen dazu existierten, wie eine Darbietung durch ausübende Künstler auf der Bühne faktisch zu bewerten sei. Diejenigen, die infrage stellten, dass Darsteller lediglich ein Ausdrucksmittel seien, um dem Sprachwerk eine wahrnehmbare Form zu verleihen, argumentierten, dass bei der Darstellung immer die Individualität der Darsteller die Rolle präge und sie in gewissem Umfang schöpferisch tätig seien und insoweit einen Schutz als nachschaffende Urheber verdienten. Der Gesetzgeber hat sich aber dieser Kritik verschlossen und den Schutz ausübender Künstler nicht durch ein eigenes Urheberrecht, sondern durch ein sog. Leistungsschutzrecht geregelt. Hat er dabei aber die Fakten, also den Lebenssachverhalt »Bühnendarstellung«, tatsächlich im Kern richtig bewertet? Oder hat er wesentliche Aspekte übersehen?

Einleitend wurde bereits auf die besondere Eigenart der bühnenmäßigen Aufführung hingewiesen, dass diese sich im Moment ihrer Darbietung realisiert, weil sich die Darbietung des ausübenden Künstlers nicht von seinem bewegten Spiel im Raum lösen lässt.[812] Der ausübende Künstler bringt diese flüchtige Körperlichkeit der Aufführung hervor, ist aber auch ein Mensch mit eigener Persönlichkeit, also – anders als mit Text bedrucktes Papier – kein seelenloser Träger und Reproduzent von Informationen. Ausgehend von dieser Dualität von Leib-Sein (Mensch) und Körper-Haben (Figur) stellt sich die grundlegende Frage, ob der ausübende Künstler überhaupt ein taugliches Ausdrucksmittel sein kann, durch das die Figur in den unterschiedlichen Aufführungen lediglich eine andere Gestalt annimmt. Auch die Beantwortung dieser Frage stützt sich auf die Erkenntnisse von *Erika Fischer-Lichte*.

a) Theaterwissenschaftliche Untersuchungen zum Begriff der Verkörperung

Wie die Darbietung der ausübende Künstler an und mit ihrem Körper in tatsächlicher Hinsicht zu beurteilen ist, analysiert *Fischer-Lichte* in ihrer »Ästhetik des Performativen« anhand von Aufführungen des Theaters sowie der Aktions- und Performancekunst seit den 1960er Jahren, bei denen »die Aufmerksamkeit gezielt auf die performative Hervorbringung von Materialität in der Aufführung [gelenkt wurde] [... um], einen fast mikroskopischen Einblick in den spezifischen Erzeugungsprozeß [zu erhalten], den die Aufführung im Hinblick auf die ihr eigene Materialität vollzieht«.[813] Hierbei hat *Fischer-Lichte* die jeweils einzigartige Individualität der Akteure unter vier Gesichtspunkten diskutiert: aa) Umkehrung des Verhältnisses von Darsteller und Rolle; bb) Individualität des Darstellerkörpers; cc) Verletzlichkeit, Gebrechlichkeit und Unzulänglichkeit des Darsteller(körpers); dd) Cross Casting.[814]

aa) Umkehrung des Verhältnisses von Darsteller und Rolle

Das erste Verfahren, bei dem die Aufmerksamkeit auf die Eigenart des individuellen Körpers des ausübenden Künstlers (Schauspielers) gerichtet wird, betrifft die Umkehrung des klassischen Verhältnisses von Darsteller und Rolle.[815] Das heißt, die Darstellung einer fiktiven Figur ist nach diesem Konzept nicht mehr Sinn und Zweck des Schauspielers, sondern diese ist umgekehrt das Hilfsmittel dafür, dass der Schauspieler lernt, seinen »Körper selbst als etwas ›Geistiges‹ in Erscheinung treten zu lassen, ihn als verkörperten Geist zur Erscheinung zu bringen«.[816] In diesem Zusammenhang sympathisiert *Fischer-Lichte* mit *Jerzy Grotowski*, dem es gelungen sei, die Spannung zwischen Körper-Haben und Leib-Sein auf besondere Art und Weise fruchtbar zu machen:

> »Nach seinem Verständnis kann der Schauspieler nicht dazu da sein, eine Rollenfigur darzustellen und in diesem Sinne zu verkörpern. Er begreift die im Text des Dramatikers niedergelegte Rolle eher als ein Werkzeug: ›[...] der Schauspieler muß lernen, seine Rolle wie das Skalpell eines Chirurgen zu benutzen, um sich selbst zu zerlegen.‹[[817]] Die Rolle ist nicht länger Ziel und Zweck der Tätigkeit des Schauspielers, sondern lediglich ein Mittel zur Erreichung eines anderen Zwecks: den Körper selbst als etwas Geistiges in Erscheinung treten zu lassen, ihn als verkörperten Geist zur Erscheinung zu bringen. [...] Der Schauspieler leiht nicht seinen Körper einem Geistigen und verkörpert in diesem Sinne etwas Geistiges – nämlich vorgegebene Bedeutungen –, sondern er bringt den ›Geist‹ in seinem Leib zur Erscheinung, indem er dem Leib ›agency‹ verleiht.«[818]

Für *Grotowski* sei das »Körper-Haben nicht vom Leib-Sein zu trennen«.[819] Der Körper sei für ihn weder ein Ausdrucksmittel noch ein geeignetes Material zur Formbildung eines vorgegebenen geistigen Gehalts. »Seine ›Materie‹ wird vielmehr in und durch die Tätigkeit des Schauspielers ›verbrannt‹, in Energie verwandelt.«[820] Nach *Grotowski* unterdrückt der ausübende Künstler nicht seinen Körper – im übertragenen Sinne von *Elster, Marwitz* und *Kohler* –, »er lässt ihn vielmehr selbst zum Akteur werden: Der Leib agiert als verkörperter Geist (*embodied mind*).«[821]

Das Ziel dabei ist die Rollenverkörperung durch den ›heiligen Schauspieler‹,[822] dem es gelingt, sowohl einen fleischlichen als auch einen geistigen Körper zu erlangen. Der Gegensatz von Leib-Sein und

Körper-Haben, wie ihn das Konzept des ausübenden Künstlers voraussetzt, ist hier annulliert, weil »der Geist nur als ein verkörperter und der Körper nur als ein ›vergeistigter‹ gedacht werden kann«.[823] In dieser Konzeption erkennt *Fischer-Lichte* die Voraussetzung für eine Neubestimmung des Begriffs der Verkörperung:

> »Verkörpern meint hier, am bzw. durch den Körper etwas zur Erscheinung bringen, das nur durch den Körper Existenz hat. Das heißt, wenn eine Figur [...] durch den Körper [...] in Erscheinung tritt, so kann sie dies nur als einmalige, an diesen besonderen Körper gebundene. Im leiblichen In-der-Welt-Sein des Schauspielers hat sie ihren existentiellen Grund und die Bedingung ihrer Möglichkeit. Sie existiert nur in seinen körperlichen Vollzügen, wird von seinen performativen Akten zusammen mit der spezifischen Körperlichkeit des Schauspielers hervorgebracht.«[824]

Fischer-Lichtes Definition des Begriffs der Verkörperung bemüht sich also darum, im Theater die Trennung von Körper und Geist zu überwinden,[825] wie dies *Merleau-Ponty* in seiner Spätphilosophie des Fleisches (*chair*) für die Philosophie getan hat, wonach der Mensch ausschließlich mit dem Leib in seiner Fleischlichkeit auf die Welt zugreifen kann.[826]

bb) Individualität des Darstellerkörpers

Mit der zweiten von *Fischer-Lichte* analysierten Inszenierungsstrategie, mit welcher die individuelle Physis des Schauspielers betont und präsentiert wird, erklärt sie ausführlich, was unter ihrer Definition des Begriffs der Verkörperung zu verstehen ist. Sie untersucht dafür die Prinzipien des Theaterkonzepts von *Robert Wilson*, das darin besteht, die Aufmerksamkeit gezielt auf die individuelle Körperlichkeit des ausübenden Künstlers zu lenken, sodass die Spannung zwischen dem phänomenalen Leib und der Darstellung einer Figur erheblich verstärkt wird. *Wilson* ließ die ausübenden Künstler Handlungen vollziehen, die einerseits zum »Grundvokabular der Bühne«[827] gehören, wie »Auftreten, Über-die-Bühne-Gehen, Stehen, Sich-Setzen, Sitzen, Sich-Legen, Liegen, Aufstehen, Abgehen«,[828] die aber andererseits nach rhythmischen und geometrischen Mustern immer wieder im Zeitlupentempo wiederholt wurden.

Diese *slow motion* verunmögliche es dem Zuschauer nach *Fischer-Lichte*, die vom Schauspieler/Performer vollzogenen Handlungen als Ausdrucksmittel eines geistigen Inhalts, also als Form, wahrzunehmen. Vielmehr werde die Individualität des ausübenden Künstlers hervorgehoben und präsentiert. Dann sei es aber, wie bei *Grotowski*, nicht mehr Aufgabe der Schauspieler, eine fiktive Rolle zur Darstellung zu bringen, sondern es gehe darum, die »eigene Körperlichkeit als eine je individuelle hervorzubringen und den von ihm – auch mit Hilfe von Kostümen und Schminke – geschaffenen Kunst-Körper buchstäblich ins rechte Licht zu rücken«.[829] Daraus folgert *Fischer-Lichte* allerdings nicht, dass diese zum »spezifischen Genie«[830] befreiten ausübenden Künstler überhaupt keinen geistigen Gehalt vermitteln würden. Vielmehr seien die Handlungsvollzüge selbstreferenziell und wirklichkeitskonstituierend in dem Sinne, dass Ausdrucksmittel, wahrnehmbare Form und geistiger Gehalt zusammenfielen.[831] Dass der Darsteller damit zugleich auch eine dramatische Figur repräsentiert, ist hier daher eher unwesentlich. Trotzdem folgert *Fischer-Lichte* hieraus nicht, »dass die Kategorie der Figur obsolet geworden wäre«, sondern dass diese lediglich eine »radikale« Neubestimmung erfahre:[832]

> »Figur wird nicht länger durch innere Zustände bestimmt, die der Schauspieler/Performer mit seinem Körper zum Ausdruck bringen muß. Figur ist vielmehr das, was durch die performativen Akte hervor- und zur Erscheinung gebracht wird, mit denen der Performer seine individuelle Körperlichkeit hervor- und zur Erscheinung bringt.«[833]

Mit einer derartigen Herausstellung der Differenz zwischen ausübendem Künstler und der Darstellung eines geistigen Gehalts schärft *Fischer-Lichte* den Blick dafür, dass die Individualität des ausübenden Künstlers erst die Bedingung dafür darstellt, dass überhaupt so etwas wie ein geistiger Inhalt zur Darstellung gebracht werden kann. Es ist gerade die Differenzierung zwischen ausübendem Künstler und fiktiver Figur, mit der sie diese *conditio sine qua non* in den Blick bringt.[834]

cc) Verletzlichkeit, Gebrechlichkeit und Unzulänglichkeit des Darstellerkörpers

Als wesentlich radikalere Strategie, um zwischen dem phänomenalen Leib des ausübenden Künstlers und der von ihm dargebotenen Figur zu unterscheiden, führt *Fischer-Lichte* die Inszenierung »Giulio Cesare« im Hebbel-Theater aus dem Jahr 1998 der Gruppe Soc̀ietas Raffaello Sanzio an. Die Körper der ausübenden Künstler waren hier von krassen Lebensspuren gezeichnet; so trat zum Beispiel als Cäsar »ein hinfälliger, gebrechlicher Greis auf, der sich kaum auf den Beinen zu halten vermochte und in seiner Fragilität ebenso anrührte wie erschreckte«.[835] Laut *Fischer-Lichte* wirkten diese »›verdammte[n]‹ Körper«[836] so andersartig, dass die Zuschauer nicht darüber hinwegsehen konnten. Deshalb sei es so gut wie unmöglich gewesen, den ausübenden Künstlern eine repräsentative Rolle zuzuschreiben. Das heißt, die Wirkung, welche die Schauspieler hatten, hätten, so *Fischer-Lichte*, weder mit der Ausdruckshaftigkeit der Figur etwas zu tun gehabt, die sie verkörperten, noch sei sie in bestimmten Darstellungstechniken niedergelegt, sondern diese sei allein den jeweiligen Eigenheiten der ausübenden Künstler zuzuschreiben gewesen, die den phänomenalen Leib des Darstellers »in besonderer Weise als gegenwärtig« haben erscheinen lassen.[837] Das heißt, die körperlichen Vollzüge wurden nicht in ihrer Ausdruckshaftigkeit, also als Ausdrucksmittel und durch den Zuschauer zu entziffernde Form, verstanden. Stattdessen wirkten die Körper durch die Leiblichkeit der ausübenden Künstler hindurch und riefen Gefühle von Abneigung oder auch Interesse am phänomenalen Leib hervor, ohne dass dies von der fiktiven Figur abhängig gewesen wäre.

> »Die ganz individuelle Physis der Schauspieler wirkte so unmittelbar und verstörend auf die Zuschauer ein, daß sie es kaum fertigbrachten, zwischen ihr und der Figur, die den Schauspielern/-innen zugeordnet war, überhaupt eine Beziehung herzustellen – was keineswegs ausschließt, daß sie nachträglich in dem einen oder anderen Fall auch diese ihre Physis im Hinblick auf die jeweilige Figur gedeutet haben mögen. Während der Aufführung wurde sie jedoch kaum als Zeichen für eine Figur wahrgenommen, sondern in ihrer je spezifischen Materialität.«[838]

dd) Cross Casting

Als letzte Strategie, um den Fokus der Wahrnehmung auf den phänomenalen Leib des Schauspielers zu richten, erwähnt *Fischer-Lichte* das Cross Casting. Dabei werden männliche Rollen von Frauen und weibliche Rollen von Männern gespielt. Als Beispiel führt *Fischer-Lichte* die Inszenierung *Frank Castorfs* von *Zuckmayers* »Des Teufels General« an, bei der die Rolle des Generals Harras im ersten Teil des Abends von *Corinna Harfouch* und in der zweiten Hälfte von *Bernhard Schütz* verkörpert wurde. Dabei beschreibt sie die Irritationen bei den Zuschauern, die dadurch entstanden seien, dass der weibliche Körper von *Corinna Harfouch* männlich konnotierte Verhaltensweisen der dramatischen Figur spielte. Als Grund hierfür nennt *Fischer-Lichte* auch hier das Auseinanderfallen des phänomenalen Leibes der Darstellerin und ihrer Darstellung der Figur. Zum einen sei der phänomenale Leib von *Corinna Harfouch* nicht vollständig in der Figur aufgegangen, zum anderen habe sich die wahrnehmbare Formgestaltung der fiktiven Figur auch nicht von der Schauspielerin trennen lassen, da sie ohne das leibliche In-der-Welt-Sein von *Corinna Harfouch* nicht zu denken und zu haben gewesen sei: »Es gab sie auf der Bühne nur in dieser spezifischen Körperlichkeit, außerhalb ihrer hatte sie keine Existenz.«[839] Dies sei besonders deutlich nach der Pause geworden. Denn nachdem die Rolle nunmehr von *Bernhard Schütz* gespielt wurde, sei eine völlig andere Figur entstanden. Das liege aber nicht in der unterschiedlichen Interpretation der Rolle, sondern finde ihren Grund in der Individualität des Schauspielers.[840]

b) Schlussfolgerungen: *embodiment*-Konzept

Aus ihrer systematischen Untersuchung zur Spannung zwischen Leib-Sein und Körper-Haben folgert *Fischer-Lichte*, dass der phänomenale Leib zwar ohne fiktive Figur gedacht werden kann, die Figur aber nicht von dem phänomenalen Leib abgelöst werden kann:

> »Unsere Redeweise, die verschieden konstituierte Figur – sprachlich im Text, vom Leser bei der Lektüre, von verschiedenen Schauspielern in der Darstellung, vom Zuschauer bei der Wahrnehmung – alle mit demselben Namen zu benennen – als Hamlet, Fernando, Cicero, General Harras – suggeriert die fortdauernde Gültigkeit der Zwei-Welten-Theorie: Es gibt die Figur zunächst im Text, wo der Leser sie als fiktive auffinden kann, und diese fiktive Figur wird von den verschiedenen realen Körpern der Schauspieler verkörpert; sie nimmt in verschiedenen Aufführungen lediglich verschiedene Gestalt an. Nun ist durchaus einzuräumen, daß diese Figuren, die wir mit demselben Namen bezeichnen, eine gewisse Familienähnlichkeit aufweisen mögen, um mit Wittgenstein zu sprechen – ebenso wie die verschiedensten Arten von Spielen, die wir alle ›Spiel‹ nennen.«[841]

Dennoch hält sie ihre These aufrecht,

> »daß der phänomenale Leib des Schauspielers nicht als Medium und Zeichen für die sprachlich konstituierte Figur dient, sondern

> daß die Figur, die auf der Bühne erscheint, als eine je spezifische ohne das je besondere In-der-Welt-Sein des Schauspielers/Performers *nicht* zu denken und zu haben ist, daß sie jenseits seines individuellen phänomenalen Leibes, den sie nicht auszulöschen vermag, keine Existenz hat.«[842]

Diese Erkenntnis stellt für sie aber die grundlegende Bedingung dar, unter der allein über Verwendungsweisen des Körpers des ausübenden Künstlers diskutiert werden könne.[843] Die Trennung von Leib-Sein und Körper-Haben ist hier überwunden.

Diese Bewertungen *Fischer-Lichtes* sind schlüssig, nachvollziehbar und überzeugend. Sie hat damit den Nachweis für das erbracht, was *Cahn-Speyer* bereits zu Beginn der Diskussion über den Rechtsschutz des ausübenden Künstlers theoretisch formuliert hatte: Der ausübende Künstler verleiht seinen Körper nicht lediglich an ein vorgängiges Geisteswerk, das durch ihn im Wege der Darstellung zur Anschauung gebracht wird, sondern er erschafft etwas vollkommen Neues.

Das leibliche In-der-Welt-Sein des ausübenden Künstlers stellt also überhaupt erst die Voraussetzung dafür dar, dass dessen Körper gegebenenfalls darüber hinaus als Ausdrucksmittel bzw. als Träger einer wahrnehmbaren Formgestaltung für einen geistigen Gehalt fungieren und begriffen werden kann.[844] Diese schlichte Selbstverständlichkeit hat die urheberrechtliche Literatur lange übersehen bzw. ignoriert. Während *Kohler*, *Marwitz* und *Elster* immer wieder postulierten, dass »die Wiedergabe [...] nur eine Verwirklichung des im Sprachgebilde Enthaltenen« sei, was, wie bereits *Cahn-Speyers* Überlegungen gezeigt haben, ein Postulat bleiben muss, das nicht zu erfüllen ist,[845] erweist sich deren Hauptargument, wonach der ausübende Künstler etwas verkörpert, was im Sprachgebilde »in nuce oder in ovo«[846] schon vorhanden ist, als Ad-hoc-Hypothese.[847]

Dies gilt auch für die Rechtsprechung des BGH,[848] der die Konsequenzen des Persönlichkeitsrechtsschutzes des ausübenden Künstlers[849] in seiner Entscheidung »Tonträger und Orchester«[850] weitgehend aus seiner Theoriebildung ausgeblendet hat. Denn auch der BGH hat den individuellen Körper des ausübenden Künstlers bevorzugt als Objekt der Subsumtion verstanden und daraufhin geprüft, ob damit ein Immaterialgut *wiedergegeben* wird. Besonders prägnant wird dieses Konzept in der »Happening«-Entscheidung des BGH[851] vorgetragen, wonach sich die Idee von *Vostell* dadurch verwirklicht habe, dass seine »Gehilfen« durch »das bloße Sich-Ausruhen« oder »das Braten von Spiegeleiern« das Gemälde »Der Heuwagen« von *Hieronymus Bosch* in eine andere Darstellungsform unter Verwendung neuer, eigenartiger Symbole und Ausdrucksmittel übertragen hätten.[852] Seine Interessensbewertung kann man mit der Erklärungsmetapher von »Kultur als Text«[853] beschreiben, bei der das urheberrechtliche Werk als *lex ante casum* gesetzt ist und vom individuellen Körper des Darstellers repräsentiert wird.

Dieser Vorwurf ist auch gegenüber dem Gesetzgeber zu erheben. Durch das Dogma der Werkakzessorietät hält der Gesetzgeber zumindest implizit an den Schriften von *Kohler*, *Marwitz* und *Elster* fest, wonach der phänomenale Leib des ausübenden Künstlers ausschließlich als Ausdrucksmittel bzw. wahrnehmbare Formgestaltung der sprachlich konstituierten Figur dient. Damit suggeriert er, dass die Figur auf der Grundlage einer Trennung von Körper und Geist, von Rolle und ausübendem Künstler, als etwas in sich Ruhendes, dem ausübenden Künstler Vorgegebenes, zu begreifen ist. Die Rolle wird demnach als etwas Statisches aufgefasst, als etwas vor der bühnenmäßigen Aufführung Fertiges und Anwendungsbereites, das sich dem Buch entnehmen lässt und in den unterschiedlichen Aufführungen lediglich eine andere Gestalt annimmt: Damit ist es der instrumentalisierte und verwertbare Körper des ausübenden Künstlers, der vom Geisteswerk verobjektiviert, verdinglicht und im Sinne vom Körper-Haben als einem Gegenstand in Besitz genommen wird. Die wesentliche Kritik am Rechtsschutz des ausübenden Künstlers als verwandtem Schutzrecht liegt also darin, dass der Gesetzgeber den Leib des ausübenden Künstlers nicht mehr *sein* lässt, sondern den Körper als wahrnehmbare Formgestaltung des Geisteswerkes in ein Gehabtes und Gemachtes verwandeln will.

Diesem Konzept der Repräsentation (Abb. 15), bei dem der Körper lediglich als Verweis auf einen geistigen Gehalt verhandelt wird, stellt *Fischer-Lichte* den Begriff »embodiment« (Verkörperung) gegenüber. Mit dem über *Merleau-Ponty* auf *Heidegger* zurückgehenden Begriff des leiblichen In-der-Welt-Seins möchte *Fischer-Lichte* also das »Konzept der Repräsentation«[854] korrigieren, indem sie den Körper als Subjekt und existenzielle Grundlage von kulturellen Handlungen definiert. Hierzu beruft sie sich auf *Thomas Csordas*, der den Körper als »existential ground of culture and self«[855] bestimmt und das »Konzept der Repräsentation«[856] mit dem der »gelebten Erfahrung«,[857] des »Erlebens«[858] des phänomenalen Körpers vergleicht. Mit *Csordas* und unter Bezugnahme auf *Merleau-Ponty* wirft *Fischer-Lichte* dem Konzept der Repräsentation mithin vor: »none have taken seriously the idea that culture is grounded in the human body«.[859]

Abb. 15: Ideen zu einer Mimik aus dem 18. Jahrhundert

Der Vorgang ihrer Analyse endet daher nicht in ihrer Erkenntnis, sondern sie kehrt diesen Vorgang um und versucht, aus den Elementen, welche durch die Analyse gefunden wurden, ein neues Ganzes zusammenzusetzen. Sie fordert

> »dem Körper eine vergleichbar paradigmatische Position zu verschaffen wie dem Text, anstatt ihn unter dem Textparadigma zu subsumieren. Das eben soll der Begriff embodiment/Verkörperung leisten. Er eröffnet ein neues methodisches Feld, in dem der phänomenale Körper, das leibliche In-der-Welt-Sein des Menschen als Bedingung der Möglichkeit jeglicher kultureller Produktion figuriert. Das Konzept der Verkörperung soll entsprechend als eine methodische Korrekturinstanz gegenüber dem Erklärungsanspruch von Begriffen wie ›Text‹ oder ›Repräsentation‹ fungieren. Dies gilt auch für die Kognitionswissen-

> schaft, die zunehmend nicht nur neurophysiologische Daten, sondern den ganzen Körper berücksichtigt. Den heute wichtigsten Forschungsrichtungen wie dem *enactivism* und dem *experientalism* liegt die Einsicht zu Grunde, dass Kognition als *embodied activity* zu verstehen und zu untersuchen, daß der Geist immer verkörpert ist.«[860]

Dieses Konzept ist auch für die vorliegende Untersuchung zentral. Wie die bisherige Untersuchung ergeben hat, repräsentiert der ausübende Künstler nicht etwas, was durch die »Macht- und Kontrollinstanz des literarischen Textes«[861] vorgängig wäre und mit seinem Körper »ab- oder nachgebildet«[862] wird. Vielmehr stellt die Erkenntnis des BGH in seiner »Orchester«-Entscheidung, wonach »[i]n Wahrheit [...] jeder der Mitwirkenden eine individuelle, mit anderen Worten von den Bedingtheiten seiner Person abhängige Leistung«[863] erbringt, nicht nur die grundlegende Rechtfertigung für den Rechtsschutz des ausübenden Künstlers dar, sondern ist darüber hinaus die grundlegende Voraussetzung, unter der allein die Frage beantwortet werden kann, ob diese Materialität dem Kriterium der wahrnehmbaren Formgestaltung als Voraussetzung des § 2 Abs. 2 UrhG im Sinne der herrschenden Meinung entspricht.

3 Subsumtion des *embodiment*-Konzepts unter das Tatbestandsmerkmal der wahrnehmbaren Form

Zur Beantwortung der Frage, wie der ausübende Künstler die flüchtige Körperlichkeit der Aufführung hervorbringt, wanderte der Blick zwischen dem Lebenssachverhalt und dem Darbietungsbegriff des §73 UrhG so lange hin- und her, bis geklärt werden konnte, dass der phänomenale Leib des ausübenden Künstlers nicht geleugnet oder gar ausgelöscht werden kann, sondern der »existential ground of culture and self« ist. Auf der Grundlage dieser Erkenntnis kann nun geprüft werden, ob diese Materialität dem Kriterium der wahrnehmbaren Formgestaltung als Voraussetzung des § 2 Abs. 2 UrhG im Sinne der herrschenden Meinung entspricht,

Auch hierzu soll die Untersuchung von *Fischer-Lichte* herangezogen werden. Denn sie geht bei ihrer Analyse dessen, was die Darstellung durch ausübende Künstler ausmacht, noch tiefer und liefert die wesentlichen Erkenntnisse, die der Annahme, dass ausübende Künstler auf der Bühne ein (Sprach-)Werk darbieten könnten, entgegenstehen – Erkenntnisse, die der BGH trotz seiner Einsichten in der Entscheidung »Tonträger und Orchester«[864] bislang ignoriert.

Sie zeigt dies anhand von Beispielen aus der Aktions- und Performancekunst, bei denen sich ausübende Künstler wie *Marina Abramović*, *Chris Burden* oder *Gina Pane* auf unterschiedliche Art und Weise einer Gefahr für Leib und Leben oder ihre körperliche Unversehrtheit aussetzten. Denn hierdurch werde »[d]ie ständige Veränderung, der jeder lebende Organismus unterworfen ist, [...] von ihnen in der Verletzung, die sie sich selbst zufügen oder von anderen zufügen lassen, markiert, vergrößert und so der Wahrnehmung zugänglich gemacht«.[865]

In der Aktion »Five-Day-Locker-Piece« an der Universität von Kalifornien, Irvine, sperrte sich *Chris Burden* für fünf aufeinanderfolgende Tage in ein Schließfach ein, das 60 cm hoch, 60 cm breit und 90 cm tief war. Hierfür präparierte er das Schließfach über ihm mit einer vollen 15-Liter-Wasserflasche und das Schließfach unter ihm mit einer leeren 15-Liter-Flasche. Nachdem das Schließfach verriegelt war, gingen alle Zuschauer aus dem Raum, der erst nach fünf Tagen wieder geöffnet wurde.[866]

Die Arbeit markierte den Beginn einer Serie von Arbeiten, mit denen er seinen Körper immer wieder extremen Belastungen aussetzte. In der Arbeit »Shoot« (1971) ließ sich *Burden* in einer Galerie mit einem Gewehr in den Arm schießen: »At 7:45 P.M. I was shot in the left arm by a friend. The bullet was a copper jacket. 22 long rifle. My friend was standing about fifteen feet from me.«[867]

In der Arbeit »Through the Night Softly« (Abb. 16) hielt sich *Burden* die Hände hinter dem Rücken und kroch nackt über fünfzehn Meter Glasscherben.[868] Die Aktion »Trans-Fixed« (Venice, Kalifornien 1974) beschreibt *Burdon* wie folgt:

> »Inside a small garage on Speedway Avenue, I stood on the rear bumper of a Volkswagen. I lay on my back over the rear section of the car, stretching my arms onto the roof. Nails are driven through my palms onto the roof of the car. The garage door was opened and the car was pushed half way out into the speedway. Screaming for me the engine was run at full speed for two minutes. After two minutes, the engine was turned off and the car pushed back into the garage. The door was closed.«[869]

1970 begann auch *Gina Pane* Aktionen, bei denen sie immer wieder ihren eigenen Körper mit Glas, Dornen, Klingen und Feuer bearbeitete. So bestand die Aktion »Sang, lait chaud« (1972) darin, stundenlang Milch zu gurgeln, bis sich Blut bildete. In einer anderen Aktion ging sie über einen Rost, unter dem Feuer brannte. In »Escalade Sanglante« (1971) stieg sie auf eine mit scharfen Ecken und Kanten hervorstehende Leiter.

Fischer-Lichte bewertet diese Aktionen wie folgt:

> »Was immer die Performer hier an und mit ihrem Leib hervorbringen, hinterläßt an ihrem Körper wahrnehmbare Spuren, die auf einen Transformationsprozeß verweisen. Indem die Künstler ihre je spezifische und individuelle Körperlichkeit hervorbringen, vollziehen sie Prozesse, mit denen sie die Verletzlichkeit

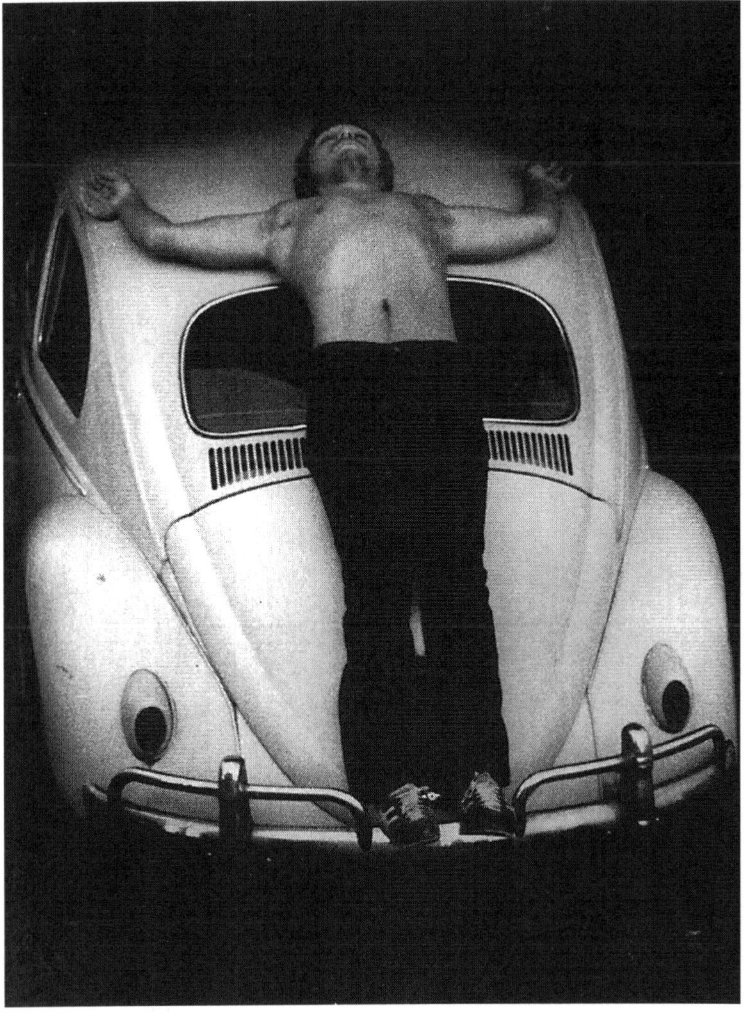

Abb. 16: Chris Burden »Trans-Fixed« (1974, Venice, Kalifornien)

> ihres Körpers, sein Preisgegebensein an die Gewalt, seine Lebendigkeit und die Gefährdung, die aus ihr erwächst, verkörpern.«[870]

Hieraus folgert sie, dass der menschliche Körper keiner Formgestaltung zugänglich ist, mit der eine bestimmte geistige Idee zum Ausdruck gebracht werden kann, weil dieser

> »beliebig bearbeitbar und formbar wäre, sondern ein lebendiger Organismus, der sich beständig im Werden befindet, im Prozeß einer permanenten Transformation. Für ihn kann es keinen Ist-Zustand geben; er kennt Sein nur als Werden, als Prozeß, als Veränderung. Mit jedem Lidschlag, mit jedem Atemzug, mit jeder Bewegung bringt er sich neu hervor, wird ein anderer, verkörpert sich aufs neue. Daher bleibt der Körper letztlich unverfügbar.«[871]

Mit ihren Selbstverletzungsperformances, denen die Zuschauer durch keinen Verweis auf irgendeinen geistigen Inhalt oder eine gedankliche Vorstellung schutzlos ausgeliefert waren, brachten die ausübenden Künstler also nichts im Sinne der urheberrechtlich vorausgesetzten Zwei-Welten-Theorie zum Erscheinen, sondern sie boten auf brutale und extreme Weise ihren eigenen Körper dar. Damit sind diese besonders gut geeignet, um zu erfassen, was parallel mit den eben erwähnten performativen Akten hervorgebracht wird, mit denen die ausübenden Künstler in der Aufführung zunächst ihre eigene Körperlichkeit hervorbringen: »Das leibliche In-der-Welt-Sein, das nicht *ist*, sondern wird«, wie *Fischer-Lichte* es formuliert,[872] negiert mit Nachdruck die Ansicht der herrschenden Meinung in Literatur und Rechtsprechung, wonach der ausübende Künstler seinen Leib in ein urheberrechtliches Werk transformiert. Wenn Leib-Sein Werden ist, ist Körper-Haben das, was aus den performativen Akten heraus fortwährend entsteht, festgelegt und verhärtet wird. Durch die selbstverletzenden Aktionen erzeugen die Künstler an ihrem Körper »wahrnehmbare Spuren«,[873] die unmissverständlich darauf hinweisen, dass ihr Material lebt und als Leib anwesend ist und daher auch nicht geeignet ist, als Form abstrahiert zu werden. Der Mensch *hat* keinen Körper, den er für einen Moment stoppen und beliebig formen könnte, sondern *ist* immer schon vergangener Leib. Körper-Haben ist »Geworden- sein«,[874] oder wie *Plessner* es ausdrückte: »Ein Mensch *ist* immer zugleich Leib [...] und *hat* diesen Leib als diesen Körper«[875] Damit vollzieht er dynamische Prozesse der Darbietung/Verkörperung, bei denen er ein anderer wird. »Er transformiert sich, schafft sich neu und *ereignet* sich.«[876]

Indem Aufführungen des Theaters, der Aktions- und Performancekunst immer wieder mit Nachdruck auf die spezifische Materialität des ausübenden Künstlers hinweisen, bringen sie die spezifische Eigenart des Menschen zum Ausdruck, *embodied mind* zu sein: »als Dialektik von Leib-Sein und Körper-Haben, als mit Bewußtsein begabten lebendigen Organismus«.[877] Nicht durch Entleiblichung bietet der ausübende Künstler etwas Geistiges dar, er ist es schon. Der ausübende Künstler bietet nicht an oder mit seinem Körper ein Werk dar. Dem Rechtsanwender, der diese Naturseite des Leibes leugnet und das gelebte Leben des ausübenden Künstlers in der Subsumtion verdinglicht, scheinen die ausübenden Künstler mit *Fischer-Lichte* sagen zu wollen: »Seht sie euch an, diese Körper, die ihr im Namen eines anderen verschwinden lassen wollt, seht ihr Leiden und ihr Leuchten, und ihr begreift – sie erscheinen doch bereits als das, was ihr werden wollt: als verklärte Körper.«[878]

4 Exkurs: das Recht des ausübenden Künstlers, § 73 UrhG

Aus der soeben geführten Diskussion ergeben sich nebenbei Fragen, die zwar die Entscheidung, ob eine bühnenmäßige Aufführung einer wahrnehmbaren Formgestaltung zugänglich ist, nicht tragen, die jedoch im Hinblick auf den Rechtsschutz des ausübenden Künstlers, aber gerade auch für die nachfolgende Untersuchung höchst folgenreich sind. Diesen soll im Hinblick auf eine Rechtsfortbildung in Kapitel G bereits hier nachgegangen werden.

In Bezug auf den künstlerischen Leistungsschutz des ausübenden Künstlers wurde in der urheberrechtlichen Literatur wiederholt die Forderung nach einer Aufhebung der in § 73 UrhG gesetzlich manifestierten Werkakzessorietät *de lege ferenda* erhoben.[879] Die Aufhebung der »Werkakzessorietät« meint dabei üblicherweise, dass der ausübende Künstler auch dann ein *Leistungsschutzrecht* nach § 73 UrhG haben soll, wenn er etwas darbietet, das kein Werk ist (z. B. eine Zahlenreihe »darstellt«), solange dies nur als »künstlerische Darbietung«[880] geschieht. In der vorliegenden Untersuchung wurde allerdings bereits im Hinblick auf die Frage, ob bühnenmäßige Aufführungen mit den ausübenden Künstlern als Ausdrucksmittel eine wahrnehmbare Form des (Sprach-)Werkes haben, eine Regelungslücke festgestellt. Hierzu wanderte der Blick zwischen Ober- und Untersatz so lange hin und her, bis mit einer »Evidenzbehauptung« die Frage beantwortet werden konnte, ob die persönliche Darbietung des ausübenden Künstlers mit dem Normkomplex einer bühnenmäßigen Aufführung i. S. v. § 19 Abs. 2 in Beziehung gesetzt werden kann. Dabei hat sich gezeigt, dass der ausübende Künstler seinen Leib nicht in ein Werk transformiert, sondern sich ereignet.[881] Das Verständnis des geltenden Urheberrechts, wonach sich die Darbietung des ausübenden Künstlers auf die Wiedergabe eines (Sprach-)Werkes bezieht, bei der die fiktiven Figuren lediglich eine andere Gestalt annehmen, ließ sich daher nicht aufrechterhalten. Vielmehr sind die Ähnlichkeiten, durch welche die unterschiedlichen ausübenden Künstler eine Rolle verkörpern, mit *Fischer-Lichte* »Familienähnlichkeiten« im Sinne *Wittgensteins*, die nicht unter den gemeinsamen Bezugspunkt des dramatischen Textes subsumiert werden können, ohne dass sich »der Verstand Beulen holt«.[882]

Da das Leistungsschutzrecht des ausübenden Künstlers aber von der Darbietung eines Werkes abhängig ist, der ausübende Künstler seinen Leib jedoch nicht in ein Werk transformiert, sondern Prozesse der Verkörperung vollzieht,[883] erweist sich das mit der Werkakzessorietät des ausübenden Künstlers verfolgte Ziel, das Werk des Urhebers an ein Publikum zu vermitteln,[884] in der Subsumtion als unerreichbar. Entsprechend führte eine Fortgeltung dieses Normzwecks im juristischen Syllogismus zu der Schlussfolgerung, dass ausübende Künstler keinen Rechtsschutz nach Maßgabe der bestehenden Regelungen genießen. Da durch Auslegung aber kein anderer Inhalt ermittelt werden kann, als er durch den Gesetzgeber in das Gesetz hineingelegt wurde, ist die Auslegung hier am Ende. Für den urheberrechtlichen Schutz der »Darbietung« des ausübenden Künstlers stehen damit keine unmittelbar anwendbaren gesetzlichen Regelungen zur Verfügung. Eine Anwendung der vorhandenen Gesetzesvorschriften auf die entscheidungsbedürftigen Streitfälle bei ausübenden Künstlern ist nicht nach Maßgabe des ursprünglichen Normzwecks möglich. Wenn aber der Zweck der Werkakzessorietät wegfällt, weil das Ziel unerreichbar ist, kann hieraus nur die logische Schlussfolgerung gezogen werden, dass die Werkakzessorietät selbst wegfällt (*cessante ratione legis cessat lex ipsa*).

Damit ist der Weg zur Lückenfüllung eröffnet. Es muss darum gehen, dem ausübenden Künstler einen dem Urheber eines Werkes vergleichbaren Rechtsschutz in § 73 UrhG zu gewährleisten, ohne ihn unter das Paradigma der Werkakzessorietät zu subsumieren. Im Folgenden wird geprüft, ob hierzu das Konzept der Verkörperung (*embodiment*)[885] als methodische Korrekturinstanz fungieren könnte, sodass in »denkendem Gehorsam« die vom Gesetzgeber vorgegebenen Strukturen des geregelten Sachbereichs des ausübenden Künstlers *de lege lata* oder *de lege ferenda* berücksichtigt werden können.

a) Das ungeschriebene Tatbestandsmerkmal »künstlerisch«

Bis vor kurzem bestand Streit, ob für den Rechtsschutz als »verwandtes Schutzrecht« i. S. v. § 73 UrhG bereits jeder individuelle Vortrag im Sinne einer persönlichen Darbietung genügt,[886] oder ob die persönliche Darbietung irgendwie *künstlerisch*[887] sein muss, was nach dem BGH der Fall ist, wenn die Individualität des ausübenden Künstlers irgendwie in der Lage ist, auf den Zuschauer »auszustrahlen«.[888] Was ist damit gemeint?

Die Frage nach der inhaltlichen Bestimmung des Begriffs »Darbietung« wurde erstmals in dem Fall eines freien Mitarbeiters des NDR gestellt, der seine Manuskripte im Rundfunk als Sprecher ohne besondere Deklamation vortrug und dafür den Abschluss eines Wahrnehmungsvertrages über die verwandten Schutzrechte der ausübenden Künstler und damit eine Beteiligung an der Ausschüttung der Vergütungen durch die Gesellschaft zur Verwertung von Leistungsschutzrechten (GVL) begehrte.

In dem Rechtsstreit erkannte das Landgericht Hamburg,[889] dass ein solcher Rundfunksprecher zwar Werke i. S. v. § 19 Abs. 1 UrhG »vortrage«,[890] dabei jedoch keine »künstlerische«[891] Leistung erbringe, da es an einer »künstlerischen Interpretation«[892] fehle. Das Wesen des künstlerischen Leistungsschutzes erschöpfe sich nicht in der bloßen Werkwiedergabe. Vielmehr setze der Darbietungsbegriff des § 73 UrhG darüber hinaus voraus, dass der ausübende Künstler das Werk irgendwie »künstlerisch« wiedergebe.

Dieses Urteil, welches bereits nach der ersten Instanz in Rechtskraft erwuchs, ist in der urheberrechtlichen Literatur und Rechtsprechung bis heute maßgeblich.[893] Insoweit besteht heutzutage weitgehend Einigkeit darüber, dass der Darbietungsbegriff inhaltlich den Bestandteil »künstlerisch« enthält.[894] Zwar ist das Merkmal »künstlerisch« nach dem Gesetzeswortlaut bloß in der 2. Alternative des § 73 UrhG enthalten, also bei demjenigen erforderlich, der bei der Darbietung »künstlerisch mitwirkt«, nicht dagegen in der 1. Alternative, also bei Schauspielern, Musikern, Sängern, Tänzern usw., die das Werk selbst unmittelbar darbieten. Für die Rechtsprechung folgt das Erfordernis des künstlerischen Moments aber bereits aus dem Begriff des »ausübenden Künstlers«, dem das künstlerische Moment wesensimmanent sei.[895] Durch die Erwähnung der künstlerischen Mitwirkung in der 2. Alternative habe der Gesetzgeber vielmehr nur eine Abgrenzung zu technischen und organisatorischen Hilfeleistungen vornehmen wollen.[896] Hieraus folgert der BGH, dass das Gesetz, wenn es eine künstlerische Leistung schon beim Mitwirkenden voraussetze, diese

Leistung erst recht vom unmittelbar Vortragenden verlange, dass dort das künstlerische Moment »wesensimmanent« sei, weswegen es vom Gesetz nicht ausdrücklich erwähnt werde. Die Richtigkeit dieser Auffassung soll sich nunmehr auch aus einer richtlinienkonformen Auslegung von § 73 UrhG ergeben, da Art. 2 lit. a WPPT das Merkmal »interpretieren« in Bezug auf die Begriffsbestimmung des ausübenden Künstlers ausdrücklich enthalte – und sich im Übrigen mit dem 10. Erwägungsgrund der InfoSoc-RL decke, der davon spricht, dass die angemessene Vergütung dem ausübenden Künstler ermöglichen soll, »künstlerisch tätig« zu sein.

Was aber ist mit dem zusätzlichen Merkmal »künstlerisch« gemeint? Dieser Frage soll unter Bezugnahme auf das spezifische Charakteristikum der bühnenmäßigen Aufführung in ihrer absoluten Gegenwärtigkeit nachgegangen werden. Denn was immer den Zuschauern durch Darstellung zur Anschauung gebracht wird, wird von den ausübenden Künstlern im Hier und Jetzt dargeboten. Entsprechend wird auf der Bühne alles Gegenwart. »Das Theater verwandelt das, was auf seine Bretter kommt – einer Zeitmaschine gleich – in den gegenwärtigen Augenblick des Hier und Heute.« Diesen »Topos von der Gegenwärtigkeit des Theaters«[897] beschreibt *Goethe* etwa dahin gehend, dass das Werk bei der bühnenmäßigen Aufführung so frisch wiedergegeben werde, »als wenn es eben aus der Pfanne käme«.[898]

Dieser Gegenwärtigkeit wird in der urheberrechtlichen Literatur und Rechtsprechung die Fähigkeit zugeschrieben, eine unmittelbare sinnliche Wirkung beim Zuschauer zu erzielen. Schon nach der Definition des Reichsgerichts, welche vom BGH übernommen wurde, ist das Geisteswerk des Urhebers vorzugweise zur Anregung des ästhetischen Gefühls durch Anschauung gedacht.[899] Das heißt, die vom ausübenden Künstler durch Mimik und Gestik dargestellten Vorgänge, wie etwa die leidenschaftliche Sterbeszene in »Romeo und Julia«, sollen beim Zuschauer eine »ästhetische Wirkung«[900] erzielen, sodass auch in ihm Gefühle ausgelöst werden. Über den behaupteten Tod, den die ausübenden Künstler von Romeo und Julia lediglich darstellen, soll der Zuschauer also Trauer und/oder Enttäuschung, Wut oder Ärger etc. empfinden.

Wenn das Geisteswerk des Urhebers nun vorzugweise für die Anregung des ästhetischen Gefühls durch Anschauung bestimmt ist und die Gegenwärtigkeit der dargestellten Ereignisse allein durch leibliche Ko-Präsenz der ausübenden Künstler mit dem Publikum ermöglicht wird, heißt das, dass diese »ästhetische Wirkung«[901] des Geisteswerkes unmittelbar auf dem Wege über die Wahrnehmung des

Körpers des ausübenden Künstlers als Ausdrucksform des geistigen Gehalts des urheberrechtlichen Werkes erfolgt.[902] Denn sofern jede Wiedergabeleistung »unlösbar mit der Individualität«[903] des ausübenden Künstlers verknüpft ist, kann das Publikum das Werk auch nur unter Einsatz dieser »individuellen Fähigkeiten«[904] wahrnehmen.

Neben dieser Gegenwärtigkeit des dargebotenen Geisteswerkes hat der BGH in seinem Leistungsschutzurteil »Figaros Hochzeit«[905] nun aber noch eine andere Ursache für die Wirkung einer bühnenmäßigen Aufführung festgestellt, die er örtlich direkt in der Person des ausübenden Künstlers bestimmt, »und zwar unabhängig davon, ob sein Vortrag als ›künstlerische Leistung‹ oder gar als eine ›eigentümliche Schöpfung‹ zu werten ist«.[906] In diesem Sinne differenziert der BGH die Gegenwärtigkeit der bühnenmäßigen Aufführung aus – einerseits in die Gegenwärtigkeit, wie sie die körperliche Ausdrucksform des ausübenden Künstlers ermöglicht und schafft, indem er das Geisteswerk darstellt, und andererseits in die Gegenwärtigkeit, wie sie allein mit der »Ausstrahlung der Persönlichkeit«[907] des ausübenden Künstlers vor oder jenseits seiner Darbietung gegeben ist.

Diese Differenzierung durch den BGH erweist sich als weitaus hellsichtiger als der von den Schriften *Dünnwalds*[908] geprägte Darbietungsbegriff der heute noch herrschenden Meinung in der Literatur.[909] Im Einklang mit der oben zitierten Auffassung von *Elster*, *Marwitz* und *Kohler*,[910] wonach »die Wiedergabe kein Sprachgebilde, sondern nur die Verwirklichung des im Sprachgebilde Enthaltenen«[911] sei, besteht auch *Dünnwald* im geltenden Urheberrechtsgesetz auf der fortdauernden Gültigkeit der Zwei-Welten-Theorie: Die fiktive Figur gebe es zunächst im Schriftwerk, in dem der Leser sie als fiktive erfahre, und diese fiktive Figur könne durch die verschiedenen realen Körper der ausübenden Künstler von der begrifflichen in die sinnlich fassbare Sphäre umgesetzt werden, sie nehme in den verschiedenen bühnenmäßigen Aufführungen lediglich eine andere *Gestalt* an.[912] Der Darbietungsbegriff werde also dadurch ausgefüllt, dass der ausübende Künstler seiner Darbietung – wie bei *Elster*, *Marwitz* und *Kohler* – eine bestimmte Gestaltung hinzufüge.[913]

Wohl nicht zuletzt aufgrund der Einsicht, dass sich der individuelle Leib des ausübenden Künstlers nicht zum Verschwinden bringen lässt, wie dies insbesondere *Elster* forderte, ist *Dünnwald* aber darum bemüht, hier eine vermittelnde Lösung im Rahmen des geltenden Urheberrechtsgesetzes zu finden. Denn auch nach seiner Ansicht ist der Vortrag des ausübenden Künstlers gerade nicht von dessen Persönlichkeit geprägt. Nach *Dünnwald* beeinflusst zwar auch die Persönlichkeit des ausübenden Künstlers die Art und Qualität der Darbietung.[914] Diese Ausstrahlung der Persönlichkeit erklärt *Dünnwald* aber kurzerhand zu einer wahrnehmbaren Form. Denn Gestaltung manifestiere sich in der Form.[915] Da sich diese auf einen geistigen Inhalt beziehe,[916] müsse, so *Dünnwald*, bei der Wiedergabe des Werkes folglich ein »Rollen- oder Identitätswechsel«[917] des ausübenden Künstlers stattfinden. Das heißt, bei der Wiedergabe eines Sprachwerkes werde der Rechtsschutz davon abhängig gemacht, ob der ausübende Künstler unter Aufgabe seiner eigenen Identität eine andere, fiktive Rolle »spiele«.[918] Das Sprechen würde so zur Rezitation, zur Deklamation, zu einem stilisierten Vortrag, mithin zu einer »Kunstsprache«.[919] Nach seiner Auffassung zeichnet sich der Begriff der Darbietung also durch die künstlerische Interpretation aus.[920] Es kommt nach *Dünnwald* also darauf an, »wie« der ausübende Künstler den Stimmungsgehalt oder den Eindruck über den Gemütszustand oder den Charakter einer Person bei der vermittelnden Wiedergabe auslegt und wiedergibt.

Das heißt, die auch von *Dünnwald* unbestrittene natürliche Äußerung und Erscheinung des ausübenden Künstlers in seiner phänomenalen Leiblichkeit sollte nicht länger als spezifische Ausstrahlung seiner Persönlichkeit wirksam werden;[921] sie sollte vielmehr als Ausstrahlung der fiktiven Figur wahrgenommen werden, damit die Ausstrahlung der Persönlichkeit des ausübenden Künstlers sich beim Zuschauer auf die von ihm gestaltete Kunstform und nicht auf den ausübenden Künstler richtet,[922] weshalb der Rezipient den ausübenden Künstler ausschließlich als Ausdrucksmittel, das heißt als Form für den gedanklichen Inhalt des Autors, wahrnehmen sollte.

Diese als Formthese[923] bezeichnete Auffassung ist indes abzulehnen. Wie ausführlich dargelegt wurde,[924] kann es nicht gelingen, die Ausstrahlung der Persönlichkeit des ausübenden Künstlers jemals vollkommen hinter einer Ausdrucksform für ein Geisteswerk verschwinden zu lassen.[925] Der ausübende Künstler wird objektiv nicht immer ausschließlich als fiktive Figur wahrgenommen, sondern auch als natürliche Person in seiner phänomenalen Leiblichkeit. Das heißt, sobald sich die Aufmerksamkeit des Zuschauers nicht mehr auf die Persönlichkeit des Schauspielers richtet, wie etwa bei *Cate Blanchett* in »Right you are (if you think so)«, wird der ausübende Künstler nicht mehr als Form und Spielposition eines fiktiven Inhalts wahrgenommen. Vielmehr richtet sich die Aufmerksamkeit auf die reale Persönlichkeit. Eine derartige Einwirkung auf die Sinnesorgane des anschauenden Subjekts verhindert also die bewusste Wahrnehmung des Geisteswerkes. Anstelle der »Gefühle, seelischen Zustände, Gedankengänge und Charakterzüge«[926] der fiktiven Figur des Geisteswerkes erscheint der ausübende Künstler *in propria persona*; er fällt aus der Rolle, durchbricht auf diese Weise die »vierte Wand«[927] und der Zuschauer wird »unausbleiblich aus der Illusion«[928] gerissen und wird »genötigt, [...] sich in die Welt realer Leiblichkeit zu begeben«.[929]

Diese Inkongruenz zwischen dem phänomenalen Leib und der Darbietung einer fiktiven Figur hatte bei der Entwicklung des Rechtsschutzes des ausübenden Künstlers in der »Quizmaster«-Entscheidung des BGH[930] die von *Dünnwald*[931] kritisierte Konsequenz, dass die Differenz zwischen der Gegenwärtigkeit des Geisteswerkes und der Gegenwärtigkeit des ausübenden Künstlers konkludent und eher unter der Hand in zwei verschiedene »künstlerische« Verfahren überführt wurde, die der ausübende Künstler anwendet:

- in solche, die der künstlerischen *Interpretation* des Werkes dienen,
- und solche, bei denen der künstlerische *Eigenwert* in der »persönlichen Ausstrahlung«[932] vor oder auch jenseits des dargestellten Geisteswerkes erkannt wird.

Dies wird etwa daran deutlich, dass der BGH die Annahme des Berufungsgerichts[933] billigte, als Werkinterpretation sei das zu verstehen, was – über die durch das reine Lesen aus den Satzinhalten zu entnehmende Information hinausgehend – als weitere Aussage in die Sprache zurücktransportiert werde, um dem Hörer das zu vermitteln, »was zwischen den Zeilen« stehe. Für die Wiedergabe dieser Informationen bedürfe es deshalb – neben der reinen akustischen Textwiedergabe – einer diese *Interpretation* vermittelnden Wiedergabe des Werkes. Das heißt, nach Ansicht des BGH erschöpft sich die künstlerische Interpretation eines Sprachwerkes »nicht bloß [in der] akustische[n] Wiedergabe«,[934] sondern diese setzt *darüber hinaus* voraus, dass der Hörer mit den Ausdrucksmöglichkeiten der Sprache – unabhängig vom sachlichen Inhalt – einen Sinneseindruck empfängt, der seine Stimmung, sein Empfinden, sein Gefühl oder seine Fantasie anregt.

Wenn der BGH aber dieses Kriterium des Berufungsgerichts akzeptiert und dann selbst ausführt, dass der Kläger »mit innerer Anteilnahme«[935] und mit »abgestufter Lebhaftigkeit«[936] spreche und es verstehe, »die von ihm beabsichtigte Wirkung zu erreichen[,] und durchaus auch eine besondere *Ausstrahlung* erkennen [lässt], die sich von der persönlichen Wirkung anderer Quizmaster unterscheidet«,[937] differenziert der BGH, wie gesagt, unter der Hand zwei unterschiedliche künstlerische Verfahren, die der ausübende Künstler anwendet: ein solches, das der Darstellung der Figur als einer gegenwärtigen dient, und ein solches, bei welchem der ausübende Künstler eine besondere persönliche »Ausstrahlung«[938] vor oder auch außerhalb der dargestellten Figur zeigt.

b) Verkörperung des Leib-Seins?

Im Folgenden wird daher untersucht, ob sich das Phänomen der »persönlichen Ausstrahlung« tatsächlich in unterschiedliche künstlerische Verfahren ausdifferenzieren lässt. Wie dargelegt, stellt der BGH bei der Definition des Begriffs »künstlerisch« auf das Kriterium der »persönlichen Ausstrahlung« ab. *Dünnwald* kritisiert daran, dass, wenn man auf die Publikumswirkung der eigentümlichen »persönlichen Note« des ausübenden Künstlers abstelle, eine normative Bestimmung des Begriffs des ausübenden Künstlers nicht mehr auf objektiver Grundlage gelingen könne. Möglicherweise gelingt aber eine (deskriptive) Bestimmung des Tatbestandsmerkmals »künstlerisch«, indem man sich auf »tatsächliche Gegebenheiten« bezieht, die vernünftigerweise bei dem Begriff der Darbietung zu berücksichtigen sind. Dieser Frage soll anhand der theaterwissenschaftlichen Debatte um den Begriff »Präsenz« nachgegangen werden. Den Begriff der Präsenz versteht *Fischer-Lichte* dabei in einem dreifachen Sinn:

> »Er meint zunächst die bloße Anwesenheit des phänomenalen Leibes des Akteurs. Sie wird vom schwachen Konzept von Präsenz erfasst. Von der bloßen Anwesenheit ist jene Präsenz zu unterscheiden, die es dem Akteur ermöglicht, den Raum zu beherrschen und die Aufmerksamkeit des Zuschauers zu erzwingen. Der Zuschauer spürt eine Kraft, die vom Akteur ausgeht und ihn dazu bringt, seine Aufmerksamkeit ganz und gar auf ihn zu fokussieren, ohne sich von Kraft überwältigen zu lassen; er empfindet sie eher als eine Kraftquelle. Die Zuschauer spüren, dass der Darsteller auf eine ungewöhnlich intensive Weise gegenwärtig ist, die ihm das Vermögen verleiht, sich selbst auf eine besonders intensive Weise als gegenwärtig zu fühlen. Dies soll als das starke Konzept von Präsenz gelten. Ein noch weitergehender Eindruck der Präsenz entsteht im Zuschauer, wenn es dem Schauspieler/Performer gelingt, mit seinen Verkörperungsprozessen Energien in einer Weise zu erzeugen, dass sie für den Zuschauer spürbar im Raum zirkulieren und ihn affizieren. Diese Energie

> ist eine Kraft, die vom phänomenalen Leib des Darstellers ausgeht und ihn für den Zuschauer in besonderer Weise als gegenwärtig erscheinen lässt. Insofern sie den Zuschauer dazu bewegt, selbst Energie zu evozieren, die nun ihrerseits im Raum zirkuliert, wird der Zuschauer sich selbst nicht nur als in besonderer Weise gegenwärtig empfinden. Denn wenn der Zuschauer seinen phänomenalen Leib als einen energetischen hervorbringt, dann tritt er als embodied mind in Erscheinung. In dieser Präsenz des Akteurs erfährt und erlebt der Zuschauer daher den Darsteller und zugleich sich selbst als embodied mind; die zirkulierende Energie wird von ihm als transformatorische Kraft – und in diesem Sinne als Lebens-Kraft – wahrgenommen. Dies wird als das radikale Konzept von Präsenz verstanden.«[939]

Dieser Diskurs, den *Fischer-Lichte* um den Begriff der Präsenz führt, scheint in spezifischer Weise ein Desiderat für die Bestimmung des Begriffs der Darbietung einzulösen: Mit dem ungeschriebenen Tatbestandsmerkmal der »künstlerischen« Darbietung könnte beim Rechtsschutz des ausübenden Künstlers die planwidrige verdeckte anfängliche Anschauungslücke durch eine (analoge) Anwendung von § 73 UrhG »in denkendem Gehorsam« geschlossen werden, indem die in der Rechtsanwendung seit Langem (*de lege ferenda*) geforderte Aufhebung der Werkakzessorietät des ausübenden Künstlers außer Kraft gesetzt wird. Denn wenn nach der hier vertretenen und mit *Fischer-Lichte* näher begründeten Auffassung »künstlerisch« besondere Prozesse der Verkörperung des Leib-Seins meint, machen die drei unterschiedlichen Konzepte von Präsenz die Gelingensbedingungen einer künstlerischen Darbietung aus. Diese rechtfertigten es, dem ausübenden Künstler eine vergleichbare paradigmatische Rechtsposition zu verschaffen wie dem Urheber, anstatt ihn an das Erfordernis der Darstellung eines Werkes zu binden. Ob dies aber *de lege lata* oder *de lege ferenda* geschehen kann, und wenn ja wie, muss mit Rücksicht auf die zuerst aufgeworfene Frage nach der vom Gesetzgeber verkannten Performativität von Aufführungen insgesamt an dieser Stelle aber offen bleiben.

5 Zwischenfazit zu C.III

Eine bühnenmäßige Aufführung durch ausübende Künstler, das haben die Beispiele der Aktions- und Performancekunst zur performativen Hervorbringung der Materialität gezeigt, kann keine wahrnehmbare Form eines (Sprach-)Werkes sein. Der ausübende Künstler ist kein beliebig formbares und gestaltbares Material, sondern ein lebendiger Organismus. Er bietet mit seinem individuellen Körper kein Werk dar, sondern er *ereignet* sich. Auch insoweit ist also der Werkcharakter einer bühnenmäßigen Aufführung zu verneinen. Und auch diese Fakten hat der Gesetzgeber nicht gesehen und damit nicht bewertet. Diese Folgerung gilt ebenfalls für die urheberrechtliche Bewertung von Aktions- und Performancekunst: Auch und erst recht bei diesen Aufführungen sind die Künstler aufgrund ihrer Ereignishaftigkeit keine wahrnehmbare Form eines Werkes.

Im Exkurs hat sich zudem gezeigt, dass der ausübende Künstler für seine Leistung weiter über § 73 UrhG geschützt werden könnte, obwohl er seinen Leib nicht in ein Werk transformiert. Der Zweck des Rechtsschutzes des ausübenden Künstlers, das Werk an ein Publikum zu vermitteln, entfällt zwar. Als rechtliche Korrektur kann jedoch der Begriff der künstlerischen Darbietung dienen. »Künstlerisch« meint dabei besondere Prozesse der Verkörperung des Leib-Seins, die nach drei unterschiedlichen Konzepte von Präsenz die Gelingensbedingungen einer künstlerischen Darbietung ausmachen, nämlich nach dem schwachen Konzept von Präsenz, dem starken Konzept von Präsenz und dem radikalen Konzept von Präsenz. Dieser Darbietungsbegriff ist aber keine expressive, sondern allein eine performative Qualität. Wie die Lücke im Wege einer Rechtsfortbildung konkret zu schließen ist, hängt vom Ausgang dieser Untersuchung ab.

IV Geistiger Gehalt der bühnenmäßigen Aufführung

Als das Aufführungsrecht für dramatische und dramatisch-musikalische Werke in § 50 des deutschen Reichsgesetzes vom 11. Juni 1870[940] gesetzlich anerkannt wurde, ging man von der Annahme aus, dass es keinen Unterschied machen dürfe, ob der Sinn bzw. die Handlung eines Werkes durch das Mittel der Sprache oder durch das bewegte Spiel im Raum, durch Gestik und Mimik des ausübenden Künstlers zum Ausdruck gebracht würde.[941] Entsprechend wurde der gedankliche Inhalt von bühnenmäßigen Aufführungen eines Sprachwerkes mit demjenigen dramatischer Texte gleichgesetzt. Diese Auffassung hat sich, wie im Kapitel über die wahrnehmbare Formgestaltung dargestellt, bis heute erhalten.[942] Der BGH geht in ständiger Rechtsprechung davon aus, dass eine bühnenmäßige Aufführung eines Werkes vorliegt, »wenn dem Publikum durch das bewegte Spiel im Raum der gedankliche Inhalt des aufgeführten Werkes vermittelt wird«.[943] In Bezug auf bühnenmäßige Aufführungen von Sprachwerken folgt daraus, dass in und mit der bühnenmäßigen Aufführung der dem geschützten Sprachwerk entnommene geistige Gehalt durch das bewegte Spiel zum Ausdruck gebracht wird.[944]

Da der geistige Gehalt von Sprachwerken nach ständiger Rechtsprechung seinen Niederschlag in der Gedankenformung und Gedankenführung des dargestellten Inhalts und/oder in der besonderen geistvollen Form und Art der Sammlung, Einteilung und Anordnung des dargebotenen Stoffs findet,[945] ist der geistige Gehalt der bühnenmäßigen Aufführung des Sprachwerkes entsprechend gekennzeichnet von der Darstellung der Elemente des Werkes, die im Gang der Handlung, in der Charakteristik und Rollenverteilung der handelnden Personen, der Ausgestaltung von Szenen und in der »Szenerie« des Sprachwerkes liegen.[946] Der Vollzug von Handlungen in einer bühnenmäßigen Aufführung steht also vollständig im Dienste ihrer Ausdrucksfähigkeit, um so das einheitliche Gewebe des aufgeführten Sprachwerkes zur Darstellung zu bringen.[947] Das Verhältnis zwischen den ausübenden Künstlern und den Zuschauern, wie es im Kapitel zur persönlichen Schöpfung als leibliche Ko-Präsenz herausgearbeitet wurde,[948] wird hier lediglich bei der Frage aktuell, ob die ausübenden Künstler in der Lage waren, den geistigen Inhalt gemäß den Buchstaben von der begrifflichen in die sinnlich fassbare Sphäre umzusetzen, das heißt, ob nach dem »Gesamteindruck« die »eigentümlichen Begebenheiten« des benutzten Werkes oder seiner Bestandteile für das Publikum erkennbar wurden.[949]

Zwar soll die Erkennbarkeit des benutzten Werkes keine Voraussetzung für die bühnenmäßige Aufführung als solche sein, sondern entscheidungserheblich sei allein, ob überhaupt »ein gedanklicher Inhalt hörbar oder visuell wahrnehmbar« sei.[950] Dennoch wird der gedankliche Inhalt von bühnenmäßigen Aufführungen eines Sprachwerkes auf den literarischen Text des Dramas zurückgeführt und nach diesem bewertet, »ob und inwieweit der gedankliche Inhalt des benutzten Werkes in der Aufführung erkennbar bleibt«. Zur Beantwortung dieser Frage soll es dabei nicht einmal erforderlich sein, dass der Handlungsablauf insgesamt oder zumindest größtenteils dargestellt werde, sondern es reiche aus, wenn bereits »kleinste Teile von Werken [..., die] für sich genommen den urheberrechtlichen Schutzvoraussetzungen genügen«,[951] zum Ausdruck kämen und so den Zuschauern vermittelt würden.

An diese Frage der tatrichterlichen Würdigung, wie dies insbesondere in den BGH-Entscheidungen »Eisrevue I«[952] und »Eisrevue II«[953] deutlich wird, werden Rechtsfolgen geknüpft: etwa ob dem Autor Unterlassungsansprüche wegen der Entstellung seines Werkes zustehen oder Änderungen durch die Regie zulässig sind oder ob der Zuschauer den Wert seiner Eintrittskarte kondizieren kann, weil der geistige Inhalt des Dramas nicht »richtig« zur Anschauung gekommen ist.[954] Das heißt, der gedankliche Inhalt der bühnenmäßigen Aufführung eines Sprachwerkes gilt *ipso iure* als Aufführung des literarischen Textes und der Aufführende trägt die Darlegungs- und Beweislast für seine Behauptung, dass er das benutzte Werk umgestaltet (§ 23 UrhG) oder in freier Benutzung (§ 24 UrhG) verwendet hat.[955]

Die Annahme, dass in bühnenmäßigen Aufführungen ein vorgegebener geistiger Gehalt vermittelt wird – noch dazu mit der prozessrechtlichen Konsequenz der gerade geschilderten Beweislastverteilung – erscheint jedoch problematisch. Denn wie diese Untersuchung ergeben hat, ist die physische Ko-Präsenz von ausübenden Künstlern und Zuschauern das wesentliche Definiens bühnenmäßiger Aufführungen; zudem wird von der Annahme ausgegangen, dass es sich bei dem von *Kohler* vorgetragenen »Hauptargument«, wonach »die Wiedergabe [des ausübenden Künstlers, Anm. des Verf.] kein Sprachgebilde [...], sondern nur eine Verwirklichung des im Sprachgebilde Enthaltenen« ist, um eine Ad-hoc-Hypothese handelt, um dessen »Lieblingstheorie« von einem Leistungsschutzrecht des ausübenden Künstlers gegen die Argumente von *Cahn-Speyer* für ein Urheberrecht des »nachschaffenden Künstlers« zu immunisieren. Diese beiden Aspekte legen die Annahme nahe, dass es sich bei dem geistigen Gehalt in bühnenmäßigen Aufführungen nicht um eine fixe Größe handelt, sondern dass dieser geistige Gehalt im Prozess der bühnenmäßigen Aufführung zuallererst entsteht, und zwar in einer Plurivalenz (Bedeutungsvielfalt) bei den unterschiedlichen Rezipienten.

Auch zu dieser Frage helfen *Fischer-Lichtes* Erkenntnisse in ihrer »Ästhetik des Performativen« weiter. Darin erörtert sie nicht nur die medialen Bedingungen (Medialität) von Bühnenaufführungen und zeigt, dass in einer Aufführung der Gegensatz zwischen handelnden Akteuren und wahrnehmenden Zuschauern kollabiert,[956] sondern auch, »dass das leibliche In-der-Welt-Sein des Menschen die Bedingung [...] dafür darstellt, dass der Körper als Objekt [...] u. a. für Zeichenbildung fungieren und begriffen werden kann«[957] (Materialität).[958] Sie verdeutlicht schließlich auch, *wie* in Aufführungen Bedeutungen zustande kommen und wie sie wirken (Semiotizität).

1 Materialität, Form und Inhalt

Wie erwähnt, hat der BGH in Anknüpfung an seine bisherige Rechtsprechung mit Urteil vom 3. Juli 2008 entschieden, dass eine bühnenmäßige Darstellung i. S. v. § 19 Abs. 2 Alt. 2 UrhG jedenfalls in allen Fällen vorliegt, »in denen ein gedanklicher Inhalt durch ein für das Auge oder Auge und Ohr bestimmtes bewegtes Spiel im Raum dargeboten wird«.[959] Im zweiten Leitsatz dieser Entscheidung heißt es hierzu: »Die Darbietung eines gedanklichen Inhalts setzt lediglich voraus, dass nicht nur der Eindruck von zusammenhanglos aneinandergereihten Handlungselementen entsteht, sondern ein sinnvoller Handlungsablauf erkennbar wird.«[960]

Eine Begründung hierzu gibt der BGH nicht. Sie ist aber mit Händen zu greifen: Wenn man die wahrgenommenen Elemente aus jeglichem übergeordneten Zusammenhang löst, sodass sich die wahrgenommenen Theatermittel aus Sicht des Zuschauers nicht mehr zu einer szenischen Darstellung eines logischen Handlungszusammenhangs im Sinne eines »einheitlichen Gewebes«[961] aneinanderreihen lassen, sind die verwendeten und wahrgenommenen Theatermittel auch nicht mehr an einen bestimmten geistigen Inhalt gebunden. Die materielle Schicht des »Werkes«, deren Funktion nach dem Schöpfungsprinzip darin besteht, einen geistigen Inhalt zum Ausdruck zu bringen, wird nicht in einen anderen Formstatus überführt, sondern wird in seiner spezifischen Materialität wahrgenommen.[962] Die materiellen Theatermittel hören damit auf, als Ausdrucksmittel zu fungieren. Wenn nach dem Schöpfungsprinzip für eine bühnenmäßige Darstellung also allein relevant ist, ob überhaupt »ein gedanklicher Inhalt durch ein für das Auge oder für Auge und Ohr bestimmtes bewegtes Spiel im Raum dargeboten wird«,[963] vermitteln die derart isoliert auftauchenden materiellen Elemente keinen gedanklichen Inhalt mehr, sondern sie erscheinen in dem Sinne desemantisiert, als sie keinen Inhalt mehr haben – also in ihrer spezifischen Materialität. Die Wahrnehmung von Leib und Dingen in ihrer spezifischen Materialität schließt also umgekehrt Ausdruck und Übermittlung eines vorgängigen geistigen Inhalts aus. Im Sinne des Begründers des modernen Balletts kann man also mit *Fokines* These zum Ausdruckstanz sagen: »Solange Tanz und Musik kein Ausdrucksmittel der Handlung sind, haben sie im Ballett keinen Sinn.«[964] Das heißt, (ekstatische) Bewegungen von Schauspielern, Musikern und Tänzern auf der Bühne oder auf dem Eis, bei denen die ausübenden Künstler zunächst (nur) ihre eigene Leiblichkeit, das heißt ihre Körperlichkeit, hervorbringen, sind mangels Darbietung eines geistigen Gehalts nicht als bühnenmäßige

Aufführungen anzusehen – eben weil die ausübenden Künstler kein Werk darbieten.[965] Vielmehr erscheinen die Dinge plötzlich im Raum, ohne dass sie aus einem einheitlichen Gewebe ableitbar sind. Ihr Auftreten erfolgt also ohne Sinn und Zweck, sodass sich für ihr emergentes Erscheinen kein Grund oder Anlass anführen ließe.[966]

Bei der Wahrnehmung solcher sinnlichen Phänomene erkennt *Fischer-Lichte* nun einen Widerspruch: Einerseits seien die verwendeten und wahrgenommenen Theatermittel bedeutungslos – und in diesem Sinne desemantisiert. Andererseits seien es aber gerade diese unbegründet und unmotiviert hervortretenden materiellen Phänomene, die beim Betrachter »eine Fülle von Assoziationen, Vorstellungen, Gedanken, Erinnerungen, Gefühlen hervorzurufen vermögen«,[967] was beim wahrnehmenden Subjekt »eine ungeheure Pluralisierung von Bedeutungsmöglichkeiten zur Folge«[968] habe.

Diesen Widerspruch erklärt *Fischer-Lichte* in einer theoretischen Reflexion, indem sie zwischen zwei unterschiedlichen Arten differenziert, nach denen in der bewussten Wahrnehmung eine Bedeutung entsteht: erstens Selbstreferenzialität und zweitens Assoziation (im Folgenden a) und b)). Dabei treten die Wesensbestände des Gehalts, des Ausdrucks und der Form jeweils in ein anderes Verhältnis zueinander.

a) Selbstreferenzialität

Im Fall der Selbstreferenzialität richte sich die Aufmerksamkeit auf die je spezifische Materialität des wahrgenommenen Objekts.[969] Diese Wahrnehmung von Leib und Dingen in ihrer spezifischen Materialität macht *Fischer-Lichte* an dem von *Robert Wilson* praktizierten Verfahren der *slow motion* deutlich, bei dem Bewegungen stark verlangsamt werden.[970] In diesem Zusammenhang stellt sie zwar fest, dass der Körper aufhöre, als Ausdrucksmittel zu fungieren und zu funktionieren, sondern lediglich als Bewegung wahrgenommen werde.[971] Sie zieht hieraus allerdings nicht den Schluss, dass der Körper vollständig seine inhaltliche Ebene verliert, sondern dass diese Bewegungen selbstbezüglich und wirklichkeitskonstituierend sind: »Die Geste bedeutet eben das, was sie vollzieht; sie wird wahrgenommen zum Beispiel als eine Bewegung des gebeugten Armes aus der Taillen- in die Augenhöhe.«[972]

In diesem Zusammenhang bringt sie eine Fülle von Beispielen, bei denen jeweils die Materialität der erscheinenden Elemente in den Vordergrund tritt. Wenn etwa in *Frank Castorfs* Inszenierung von »Endstation Amerika« an der Berliner Volksbühne ein Spiegelei anbrennt oder sich in »De Metsiers« der Gruppe Hollandia der Geruch einer Bierlache im Saal verbreitet oder das gleißende Licht in *Robert Wilsons* Inszenierung des »König Lear« im Akt der Wahrnehmung in Erscheinung tritt, dann nimmt das wahrnehmende Subjekt dieses Element nach *Fischer-Lichte* als das wahr, »als was es in Erscheinung tritt, d. h. in seinem phänomenalen Sein«.[973]

Um die Wahrnehmung von Leib und Dingen in ihrer Phänomenalität, in ihrer spezifischen Präsenz, zu erklären, geht *Fischer-Lichte* methodisch dergestalt vor, dass sie die Frage stellt, ob die »Wahrnehmung von Objekten in ihrer spezifischen Materialität gleichzusetzen [wäre] mit ihrer Wahrnehmung als insignifikante, rein ›sinnliche‹ Phänomene?«[974] Das heißt, sie trägt an die »Lammzerreißungsaktionen« des Wiener Aktionskünstlers *Hermann Nitsch* die konkrete Frage heran, ob es sich bei den Aktionen, bei denen die Zuschauer »mit Blut, Kot, Spülwasser und anderen Flüssigkeiten bespritzt [wurden] und die Gelegenheit erhielten, selbst mit ihnen zu plantschen, das Lamm selbst auszuweiden, Fleisch zu essen, Wein zu trinken«,[975] tatsächlich um »bedeutungslose Sinneseindrücke«[976] handelt, die in der sinnlichen Perzeption als unspezifische, sinnliche Reize erst noch intellektuell verarbeitet werden müssen und deshalb vor ihrer Apperzeption[977] noch gar keine Bedeutung haben. Für *Fischer-Lichte* heißt die Frage zu stellen, sie zu verneinen:

> »Wenn ich den Leib des Akteurs als diesen besonderen Leib wahrnehme, das Blut, mit dem in Nitschs Aktionen der Lammkadaver, die Akteure und die Zuschauer bespritzt werden, in seiner spezifischen Röte betrachte und in seiner merkwürdigen Süße schmecke oder die Eingeweide unter den Füßen in ihrer besonderen Konsistenz und Nachgiebigkeit fühle, so nehme ich all diese Phänomene *als etwas* wahr. Es handelt sich nicht um einen unspezifischen Reiz, sondern um die Wahrnehmung von etwas als etwas.«[978]

Nach *Fischer-Lichte* handelt sich bei der Wahrnehmung von Leib und Dingen in ihrer Materialität also weder um die Vermittlung vorgegebener Bedeutungen noch um eine Desemantisierung, sondern um eine ganz spezifische Bedeutungskonstitution.

> »Dieser Prozess wird als Wahrnehmung von etwas als etwas vollzogen. Es wird also nicht zuerst etwas als etwas wahrgenommen, dem dann in einem zweiten Schritt die Bedeutung zuge-

> sprochen wird. Vielmehr entsteht Bedeutung im und als Akt der Wahrnehmung.«[979]

Da *Fischer-Lichte* eine solche Wahrnehmung »von etwas als etwas« beschreibt, sieht sie sich gezwungen, die Frage zu stellen, wovon das Bewusstsein eine Vorstellung bekommt. *Fischer-Lichte* beantwortet diese Frage durch eine Tautologie:

> »Das gleißende Licht, das wahrgenommen wird, tritt im Akt der Wahrnehmung als gleißendes Licht in Erscheinung. Die in hohem Ton kreischende Stimme wird als ein ganz spezifisches Kreischen wahrgenommen. Der Geruch des auf dem Bühnenboden verschütteten Bieres wird als ganz besonderer Geruch wahrgenommen.«[980]

Das heißt, das Ausdrucksmittel fungiert hier nicht als wahrnehmbare Form, die etwas anderes zum Erscheinen bringt, sondern der Materialstatus ist zugleich als seine Bedeutung zu begreifen: Die Wahrnehmung fällt mit der Konstitution eines Bewusstseinsgehalts zusammen.

> »Die Dinge bedeuten das, was sie sind bzw. als was sie in Erscheinung treten. Etwas als etwas wahrzunehmen heißt also, es als bedeutend wahrzunehmen. In der Selbstreferentialität fallen Materialität, Signifikant und Signifikat zusammen. Die Materialität fungiert nicht als ein Signifikant, dem dies oder jenes Signifikat zugeordnet werden kann. Vielmehr ist die Materialität zugleich als das Signifikat zu begreifen, das mit der Materialität für das wahrgenommene Subjekt, das sie als solche wahrnimmt, immer schon gegeben ist. Die Materialität des Dings nimmt [...] in der Wahrnehmung des Subjekts die Bedeutung seiner Materialität an, das heißt seines phänomenalen Seins. Das Objekt, das als etwas wahrgenommen wird, bedeutet das, als was es wahrgenommen wird.«[981]

Fischer-Lichte gelangt so zu dem Ergebnis, dass die Phänomene bereits durch ihre Wahrnehmung eine Bedeutung erhalten. Nach *Fischer-Lichte* handelt es sich bei der Wahrnehmung von etwas also nicht um einen passiven Akt, sondern – um es mit den Worten von *Merleau-Ponty* zu sagen – um ein »aktives Entwerfen«,[982] bei dem das wahrnehmende Subjekt dem Wahrgenommenen einen Sinn gibt, bei dem im Akt der Wahrnehmung »die Materie selbst Sinn und Form [annimmt]«.[983] Dies schließt die Frage nach einer weiteren gedanklichen Vorstellung aus.

> »Sie [die Wahrnehmung, Anm. des Verf.] vollzieht sich als eine Art kontemplativer Versenkung in diese Geste, dieses Ding, diese Lautfolge, in der die wahrgenommenen Dinge sich dem Subjekt als das zeigen, was sie sind: Sie geben ihre ›Eigenbedeutung‹ preis. Dies geschieht, wenn der Wahrnehmende die Präsenz eines Akteurs oder die Ekstase eines Dinges erfährt. Es ist der Augenblick, in dem sich ihm ein Geheimnis zu offenbaren scheint – die geheime, im und als phänomenales Sein ›gegebene‹ Bedeutung des Wahrgenommenen, wie sie der Akt der Wahrnehmung ›enthüllt‹ oder besser: hervorbringt. [...] Bewusste Wahrnehmung erzeugt immer Bedeutung, und ›sinnliche Eindrücke‹ lassen sich daher angemessener als jene Art von Bedeutungen beschreiben, die mir als spezifische sinnliche Eindrücke bewusst werden.«[984]

Bei der Wahrnehmung von Dingen in ihrem Selbstzweck handelt es sich also nicht um bedeutungslose Sinneseindrücke, sondern um Bewusstseinszustände, bei denen Wahrnehmung und Bedeutungserzeugung derselbe Prozess sind.[985]

Solche spezifischen sinnlichen Eindrücke lassen sich allerdings nicht »umstandslos« in Worte übersetzen, nicht in einen Begriff fassen, also in keine Bedeutung, keinen geistigen Inhalt.[986] Dennoch stellt *Fischer-Lichte* fest, »dass es sich bei der Wahrnehmung von etwas als etwas um einen spezifischen Bewusstseinsakt handelt, der sich zwar nicht zufriedenstellend sprachlich ausdrücken lässt, dem wahrnehmenden Subjekt als etwas Bewusst-Gewordenes jedoch durchaus verfügbar ist«.[987] Andernfalls würde es, so *Fischer-Lichte*, gar nicht wahrgenommen. Ausdrucksmittel, Form und Inhalt fallen hier also zusammen – und *ereignen* sich.

b) Assoziationen

Die Wahrnehmung von gegenwärtigen Phänomenen ist, wie betont, für *Fischer-Lichte* darüber hinaus die Ursache für das Zustandekommen einer ganz anderen Art von Bedeutung. Das wahrnehmende Subjekt wird sich zunächst auf die Phänomene konzentrieren, in der logischen Sekunde aber, in der sich die Wahrnehmung aus dieser Konzentration löst und »abzuschweifen«[988] beginnt, wird es diese als eine Ausdrucksform wahrnehmen, mit der sich die unterschiedlichen Assoziationen (Vorstellungen, Erinnerungen, Gefühle, Gedanken) als seine Bewusstseinsgehalte zu möglichen Bedeutungen verbinden. So kann etwa der Geruch eines anbrennenden Spiegeleis, der beim Akt der Wahrnehmung in den Körper des Wahrnehmenden eindringt, das Gefühl von Ekel und Übelkeit hervorrufen. Ebenso könne »gleißende[s] Licht« als Blendung wahrgenommen werden, aufgrund derer der Wahrnehmende die Augen schließt.[989] Dies gelte erst recht für Assoziationen, die als Erinnerungen, Fantasien, Vorstellungen oder Ähnliches im Bewusstsein des Rezipienten erscheinen.[990] *Fischer-Lichte* führt für diese Art der Wahrnehmung das »wohl berühmteste literarische Beispiel«[991] der von *Marcel Proust* in Tee getauchten »Madeleine« an. Der Schriftsteller widmet dem Gebäck in seinem Werk »Auf der Suche nach der verlorenen Zeit« mehrere Seiten. Dessen Geruch und Geschmack erinnern den Ich-Erzähler an seine Kindheit und tauchen so im Bewusstsein des Erzählers auf. Das heißt, die Kindheit taucht hier als eine gedankliche Vorstellung für die als Form wahrgenommene »Madeleine« im Bewusstsein des wahrnehmenden Subjektes auf.

Die Wahrnehmung der Phänomene in ihrer Selbstbezüglichkeit kann also beim Wahrnehmenden Wirkungen haben, »die als spezifische Empfindungen und Gefühle bewusst werden und insofern als ihre Bedeutungen eben diese [...] Bewusstseinsgehalte erzeugen«.[992] Allerdings weist *Fischer-Lichte* darauf hin, dass keinesfalls immer die gleichen Bewusstseinsinhalte generiert würden, weil jeder Zuschauer anders reagiert und derselbe Mensch nicht immer gleich reagiert bzw. unter anderen Umständen anders wahrnimmt.[993] Zwar bestehe etwa bei einer psychischen Störung, bei der eine übertriebene Angst oder konkrete Furcht vor Objekten bzw. Situationen besteht – wie etwa bei *Freuds* kleinem Hans[994] – eine gewisse Wahrscheinlichkeit, wie das Pferd wahrgenommen wird und welche Wirkung das als Pferd Wahrgenommene auslöst. Grundsätzlich gelte aber, dass die Bewusstseinsinhalte der wahrgenommenen Phänomene als nicht voraussehbar zu verstehen sind, sondern insofern als atypischer Kausalverlauf zu gelten haben, als sie jeweils anders erlebt würden.[995]

> »Es wäre naiv zu glauben, dass Wahrnehmung und Bedeutungskonstitution allein auf das zurückzuführen sind, was präsentiert wird, sowie auf die Weise seiner Präsentation. Vielmehr haben beide ihren Grund auch in den spezifischen Bedingungen, die jedes einzelne teilnehmende Subjekt in die Aufführung mitbringt. Eine für alle gleiche Wahrnehmung und durch sie ausgelöste Assoziationskette kann es daher nicht geben.«[996]

Nach *Fischer-Lichte* wird also die Konzentration auf die wahrgenommenen Phänomene beim wahrnehmenden Subjekt höchstwahrscheinlich Assoziationen auslösen, die praktisch mit jedem beliebigen Sachverhalt in Bezug gesetzt werden können. Aber selbst wenn sich diese Assoziationen im Nachhinein aufgrund von subjektiven Erfahrungen oder objektiven Konventionen logisch herleiten ließen, versteht *Fischer-Lichte* derartige Assoziationen als zufällig, weil sie dem wahrnehmenden Subjekt »zustoßen«, ohne dass dies mit seinem Wissen und Wollen geschehe – und sich in diesem Sinne ereignen.[997]

2 Präsenz und Repräsentation

Im Kapitel über die wahrnehmbare Formgestaltung[998] wurde gezeigt, dass nach dem Schöpfungsprinzip die Aufgabe des ausübenden Künstlers gemäß § 19 UrhG darauf beschränkt ist, in und mit den bühnenmäßigen Aufführungen des Theaters den gedanklichen Inhalt zu vermitteln, wie ihn der Urheber im Sprachwerk »vorgeschrieben« hat. Der gedankliche Inhalt wird als starr angesehen, es gilt ihn allenfalls durch den ausübenden Künstler zu konkretisieren. Das heißt, die Darbietung des ausübenden Künstlers, sein bewegtes Spiel im Raum, wird durch das Sprachwerk als »lex ante casum«, als festgelegt betrachtet. Für die besondere Ausstrahlung der Persönlichkeit des ausübenden Künstlers ist dies besonders deshalb problematisch, weil sie dem Sprachwerk untergeordnet und als bedeutungstragendes Element allenfalls beim Tatbestandsmerkmal der künstlerischen Werkwiedergabe berücksichtigt wird.

Wie die Ausführungen zur Körperlichkeit der Aufführung gezeigt haben,[999] lässt sich ein solches Verständnis vom Wesen des ausübenden Künstlers aber nicht aufrechterhalten. Die dramatische Figur entsteht nicht als Darbietung oder Wiederholung eines vorgängigen Geisteswerkes, »sondern wird durch den Prozess bestimmter Verkörperungsprozesse allererst erzeugt«.[1000] Der phänomenale Leib des ausübenden Künstlers, sein leibliches In-der-Welt-Sein ist erst die Bedingung dafür, dass überhaupt so etwas wie eine Figur in der bühnenmäßigen Aufführung dargestellt werden kann. Jenseits der Individualität des ausübenden Künstlers existiert sie nicht.[1001] Daraus ergibt sich, dass der ausübende Künstler nicht etwas darstellt/repräsentiert, was durch die »Macht- und Kontrollinstanz des literarischen Textes«[1002] vorgängig wäre und mit seinem Körper »ab- oder nachgebildet«[1003] wird, sondern es handelt sich um eine von der Individualität des ausübenden Künstlers geprägte Neuschöpfung. Wenn der

Begriff der Darstellung, wie er in § 19 UrhG verwendet wird, weiterhin Anwendung finden soll, bedarf er daher einer Redefinition.

Fischer-Lichte tut dies, indem sie zwei unterschiedliche Wahrnehmungsordnungen ausdifferenziert: zum einen die Wahrnehmungsordnung der Präsenz, mithin die Wahrnehmung der Phänomene in ihrer Selbstbezüglichkeit und die Assoziationen, die hierdurch ausgelöst werden, zum anderen die Wahrnehmungsordnung der Repräsentation/Darstellung. In jeder Wahrnehmungsordnung werden nun, so *Fischer-Lichte*, gedankliche Vorstellungen nach anderen Regeln hervorgebracht.[1004] Die Wahrnehmungsordnung der Repräsentation verlangt, im Hinblick auf die bühnenmäßige Darstellung den Leib und die Dinge zielgerichtet »auf die Figur bzw. auf die fiktive Welt zu beziehen, in der die Figur sich aufhält«, und bringt die Bedeutungen hervor, »die in ihrer Gesamtheit die Figur und ihre fiktive Welt oder auch eine andere symbolische Ordnung konstruieren«.[1005] Dies ist die Wahrnehmungsordnung, wie sie dem Gesetzgeber bei der bühnenmäßigen Darstellung i. S. v. § 19 Abs. 2 UrhG vorschwebte, wobei auch hier gilt, was bereits bei den Assoziationen angeführt wurde: Bei den durch die Zuschauer hervorgebrachten gedanklichen Vorstellungen handelt es sich nicht um eine fixe Größe, sondern diese sind an Voraussetzungen gebunden, die von den individuellen Erfahrungen der wahrnehmenden Subjekte abhängen.[1006]

Nach *Fischer-Lichte* besitzt die Wahrnehmung durch den Zuschauer nun allerdings mehrere Gleichgewichtslagen.[1007] Denn der Fokus der Wahrnehmung springt von der besonderen Leiblichkeit des ausübenden Künstlers und den durch sie ausgelösten Assoziationen »von Zeit zu Zeit« um auf die von ihm dargestellte Figur, ohne dass der Wahrnehmende darüber verfügen könnte – und umgekehrt. *Fischer-Lichte* gebraucht hierfür den Begriff der perzeptiven Multistabilität. Sie bestimmt ihn als einen »Zustand der Instabilität«,[1008] der den Wahrnehmenden zwischen die Ordnungen in einen Schwellenzustand versetzt, in dem er sich selbst als Wahrnehmenden wahrnimmt, was wiederum auf die Dynamik des Wahrnehmungsprozesses Einfluss hat – und stellt fest, dass es sich insoweit um Emergenzen handelt.[1009]

> »Je öfter die Wahrnehmung zwischen der Ordnung der Präsenz und der Ordnung der Repräsentation umspringt, also zwischen eher ›zufälligen‹ und eher zielgerichteten Prozessen der Wahrnehmung und Bedeutungserzeugung, desto größer erscheint das Maß an Unvorhersagbarkeit insgesamt und desto stärker

> richtet sich die Aufmerksamkeit des Wahrnehmenden auf den Prozess der Wahrnehmung selbst. Es wird ihm zunehmend bewusst, dass ihm nicht Bedeutungen übermittelt werden, sondern dass er es ist, der sie hervorbringt, und dass er auch ganz andere Bedeutungen hätte hervorbringen können, wenn zum Beispiel das Umspringen von einer Ordnung zu einer anderen später oder weniger häufig eingetreten wäre.«[1010]

Das heißt, es ist der Zuschauer, der die gedankliche Vorstellung erst hervorbringt. Er erzeugt die Bedeutung, den geistigen Gehalt der bühnenmäßigen Aufführungen. Dieser Zwischenzustand, den der Zuschauer durchlebt, ist bereits in der Einleitung als »betwixt and between« bezeichnet worden, worauf in dieser Untersuchung im Rahmen der Rechtsfortbildung einer Ästhetik des Performativen noch zurückgekommen wird. An dieser Stelle ist aber festzuhalten, dass die Auffassung, dass in einer bühnenmäßigen Aufführung der geistige Gehalt eines Werkes vermittelt wird, nicht vertretbar ist, sondern der geistige Gehalt durch ein hohes Maß an Kontingenz geprägt sind, da sich die vom Zuschauer hervorgebrachten gedanklichen Vorstellungen als emergente Phänomene ereignen.

3 Zwischenfazit zu C.IV

Die Annahme der herrschenden Meinung und Rechtsprechung im Sinne des Schöpfungsprinzips, dass, gemäß dem Leitsatz des BGH, in einer bühnenmäßigen Aufführung »dem Publikum durch das bewegte Spiel im Raum der gedankliche Inhalt des aufgeführten Werkes vermittelt wird«,[1011] ist falsch. Der geistige Gehalt bzw. die gedanklichen Vorstellungen entstehen vielmehr erst aktiv aus der Wechselwirkung zwischen den Handlungen der ausübenden Künstler und Zuschauer, die zugleich mit der Aufführung hervorgebracht werden und die den erscheinenden theatralen Elementen zugewiesen werden können. Es werden in einer bühnenmäßigen Aufführung keine vorgegebenen Bedeutungen vermittelt, sondern Bedeutungen sind als Bewusstseinszustände zu verstehen, wobei die Wahrnehmungen zwischen der Konzentration auf die Phänomene in ihrer Selbstbezüglichkeit und auf die Assoziationen, die diese auszulösen vermögen, sowie zwischen der Wahrnehmungsordnung der Präsenz und der Wahrnehmungsordnung der Repräsentation hin- und hergleiten und erst im Verlauf der Aufführung entstehen. Auch insoweit ist also der Werkcharakter einer bühnenmäßigen Aufführung zu verneinen, und auch insoweit hat der Gesetzgeber die Tatsachen verkannt und damit nicht bewertet. Diese Folgerung gilt wiederum ebenfalls für die urheberrechtliche Bewertung von Aktions- und Performancekunst: Auch und erst recht diese Aufführungen vermitteln keinen geistigen Gehalt eines anderen Werkes.

V Zwischenergebnis zu C

Bühnenaufführungen, das haben *Fischer-Lichtes* Erkenntnisse aus der Theaterwissenschaft als der Wissenschaft von Aufführungen gezeigt, sind unübersehbar von ihrer Ereignishaftigkeit geprägt und daher kein (Sprach-)Werk im Sinne des § 2 Abs. 2 UrhG. Die bühnenmäßige Aufführung ereignet sich nicht nur als Ganzes in der leiblichen Ko-Präsenz von ausübenden Künstlern und Zuschauern, weshalb sie weder vollständig planbar noch vorhersehbar ist und deshalb nicht von einem einzelnen Urheber produziert werden kann, sondern keine der Voraussetzungen des Werkbegriffs ist erfüllt. So hat sich gezeigt, dass die bühnenmäßige Aufführung nicht als materielles Artefakt vorliegt, welches der ausübende Künstler an und mit seinem Körper darbietet. Der Körper des ausübenden Künstlers entspricht keinem anderen Material, lässt sich nicht willkürlich formen und gestalten, sondern stellt einen Organismus dar, dessen leibliches In-der-Welt-Sein für die Wiedergabe eines Werkes nicht zur Verfügung steht. Dies gilt ebenso für die Bedeutungen, die im Prozess der bühnenmäßigen Aufführung zuallererst entstehen.

Fischer-Lichte hat in ihrer empirischen Untersuchung überzeugend dargelegt, dass diese Ereignishaftigkeit das Wesen aller Arten von Aufführungen ausmacht, von Aufführungen des Theaters wie auch und erst recht von gezielt performativen Aufführungsformen der Aktions- und Performancekunst. Es ist damit unmöglich, Aufführungen unter den urheberrechtlichen Werkbegriff zu subsumieren, wie er vom historischen Gesetzgeber gestaltet wurde. Diesem war bei Erlass des Urheberrechtsgesetzes die Ereignishaftigkeit von Aufführungen nicht bewusst, insbesondere kannte er das Phänomen der Aktions- und Performancekunst noch nicht, weil performative Kunst sich erst einige Jahre später entwickelte. Der historische Gesetzgeber hat also den Sachverhalt »Aufführungen« falsch bzw. überhaupt nicht bewertet.

In Bezug auf Aufführungen des Theaters und der Aktions- und Performancekunst als Ereignisse existiert daher eine sogenannte unbewusste primäre Gesetzeslücke. Für den gesamten Lebensbereich performativer und damit ereignishafter Kunst, insbesondere von Aufführungen des Theaters und der Aktions- und Performancekunst, gibt es keinen gesetzlichen Werkschutz im Sinne des Schöpfungsprinzips. Wenn aber – wie in diesem Fall – eine Interessenbewertung durch den Gesetzgeber fehlt, weil er sie anfänglich »übersehen« hat, muss die Planwidrigkeit der Regelungslücke nach dem Wertungsplan der Rechtsordnung im Anwendungszeitpunkt festgestellt und (in »denkendem Gehorsam«[1012]) ausgefüllt werden. Denn der Rechtsverkehr erfordert und die Rechtsgemeinschaft erwartet eine gesetzliche Regelung, weshalb der Rechtsanwender aufgrund des »Rechtsverweigerungsverbots« (auch »Justizverweigerungsverbot«) gesetzlich verpflichtet ist, auch hier zu entscheiden. Diese Aspekte bilden den Gegenstand der folgenden Kapitel D bis G.

D Wertungsplan der Rechtsordnung: Kunstfreiheitsgarantie als Schutzmaßstab performativer Kunst(ereignisse)

Die bisherige Untersuchung hat gezeigt hat, dass für einen urheberrechtlichen Werkschutz von Aufführungen des Theaters und der Aktions- und Performancekunst keine unmittelbar anwendbare gesetzliche Regelung zur Verfügung steht. Ob diese Regelungslücke planwidrig und wie sie gegebenenfalls auszufüllen ist, ist am Maßstab der »geltenden Gesamtrechtsordnung« zu entscheiden,[1013] das heißt, die Rechtsordnung ist nach Maßstäben zu erforschen, die es ermöglichen, den vom Gesetzgeber unbewerteten und ungeregelten Sachverhalt zu entscheiden. In diesem Fall ist zu entscheiden, ob Aufführungen als performative Kunst urheberrechtlich als Werke geschützt oder ungeschützt sein sollen und wie das Urheberrecht gegebenenfalls fortgebildet werden muss. Die Frage, ob derartige Kunstprozesse in ihrer Ereignishaftigkeit mit dem urheberrechtlich geschützten »Werk« erfasst werden können, lässt sich dabei mangels anderer gesetzlicher Maßstäbe nur im Lichte der Verfassung beantworten. Aus der Verfassungsbindung der Exekutive, Legislative und der Judikative gemäß Art. 1 Abs. 3 GG folgt, dass vor allem der objektive Regelungsgehalt der Grundrechte als Wertentscheidung der Verfassung seine Wirkung auf jedes staatliche Handeln entfaltet und auf das einfache Recht ausstrahlt.[1014]

I Die Kunstfreiheit als Wertungsmaßstab

Nach der Rechtsprechung des Bundesverfassungsgerichts und nach weiten Teilen des Schrifttums wird gemäß der monistischen Lehre[1015] das Urheberrechtsgesetz entlang seines persönlichkeitsrechtlichen Stamms im Lichte des allgemeinen Persönlichkeitsrechts (Art. 2 Abs. 1 i. V. m. Art. 1 Abs. 1 GG) und werden die Verwertungsrechte als geistiges Eigentum im Lichte der Eigentumsgarantie des Art. 14 GG systemkonform ausgelegt.[1016] Wie sich in dieser Untersuchung gezeigt hat, lässt sich die bühnenmäßige Aufführung aber nicht als Ausdruck der Urheberpersönlichkeit verstehen, dessen Emanation des Geistes in und mit der Aufführung bühnenmäßig dargestellt und in diesem Sinne als sein geistiges Eigentum verwertet wird. Eine Auslegung im Lichte von Art. 14 GG kommt daher auch deswegen nicht in Betracht, weil, solange die bühnenmäßige Aufführung nicht dem

Urheberrecht zugänglich ist, der Anwendungsbereich von Art. 14 GG noch nicht eröffnet ist. Beide Schutzbereiche sind gerade (noch) nicht betroffen.[1017]

Ein in Bezug auf die Frage eines urheberrechtlichen Werkschutzes performativer Kunst naheliegender verfassungsrechtlicher Maßstab ist jedoch die Kunstfreiheitsgarantie des Art. 5 Abs. 3 S. 1 GG. Danach sind »die auf der Eigengesetzlichkeit der Kunst beruhenden, von ästhetischen Rücksichten bestimmten Prozesse, Verhaltensweisen und Entscheidungen von jeglicher Ingerenz öffentlicher Gewalt freizuhalten«.[1018] Dies ist der Sinn und die Aufgabe der Kunstfreiheitsgarantie. Denn »[d]ie Kunstfreiheit verbietet, auf Methoden, Inhalte und Tendenzen der künstlerischen Tätigkeit einzuwirken, allgemein verbindliche Regeln für den Schaffensprozeß vorzuschreiben oder den Raum künstlerischer Betätigung einzuengen«.[1019] Es kann daher nicht – wie sonst üblich[1020] – dahingestellt bleiben, ob die verfassungsrechtlichen Wertungen der Kunstfreiheitsgarantie auf das Urheberrecht ausstrahlen, sondern es stellt sich (umgekehrt) die Frage, ob mithilfe der Bedeutung und der Tragweite der Kunstfreiheit als Teil der grundrechtlichen Kommunikationsverfassung[1021] ein Maßstab existiert, anhand dessen festgestellt werden kann, ob und wie die oben festgestellte Regelungslücke im urheberrechtlichen Rechtsschutz von Aufführungen des Theaters und der Aktions- und Performancekunst zu schließen ist.

II Verfassungsrechtliche Kunstbegriffsdefinitionen

Die Erfassung des sachlichen Schutzbereiches der in Art. 5 Abs. 3 S. 1 GG normierten Kunstfreiheitsgarantie stellt den Rechtsanwender vor ein »Definitionsdilemma«.[1022] Denn einerseits gilt: »Was der Staat nicht definieren kann, kann er auch nicht schützen.«[1023] Da aber bereits jede Definition die Kunstfreiheitsgarantie einschränke, liege hierin, so ein weit verbreiteter Vorwurf, eine »Quadratur des Kreises«.[1024] Von einigen Stimmen wird daher ein »Definitionsverbot«[1025] gefordert, weil es, wie es das Bundesverfassungsgericht formuliert, unmöglich sei, »Kunst *generell* zu definieren«.[1026] Demgegenüber geht die überwiegende Meinung ebenso wie die Rechtsprechung des Bundesverfassungsgerichts von einem »Definitionsgebot«[1027] des Schutzbereichs von Art. 5 Abs. 3 S. 1 GG aus, weil auch der »weltanschaulich neutrale Staat«[1028] das Recht auf etwas Bestimmbares anwenden muss.

Das Bundesverfassungsgericht versucht in seiner Rechtsprechung, die Kunstfreiheitsgarantie von den Schranken her zu denken, indem es Kunst von »Nicht-Kunst«[1029] abgrenzt. Unter impliziter Bezugnahme auf den Beitrag von *F. Müller* zur verfassungsrechtlichen Kunstfreiheitsgarantie »Freiheit der Kunst als Problem der Grundrechtsdogmatik« knüpft das Bundesverfassungsgericht an den Begriff der Kunst als »Rechtsbegriff«[1030] an und prüft im Einzelfall, ob dieser die »der Kunst eigenen Strukturmerkmale«[1031] aufweist. Dabei wird davon ausgegangen, dass der vom Normprogramm als frei geschützte Lebensbereich einen strukturierten Normbereich aufweist, dessen »harter Kern« in seiner Eigengesetzlichkeit von der Kunstfreiheit garantiert wird.[1032]

In der Rechtsprechung des Bundesverfassungsgerichts haben sich hierzu insbesondere vier Kunstbegriffe herausgebildet: der sog. materielle Kunstbegriff, der sog. formelle Kunstbegriff, der sog. offene Kunstbegriff und derjenige der »engagierten Kunst«.[1033] Im Zentrum des Wesensgehalts der Kunstfreiheitsgarantie stand dabei lange Zeit das Werk – und damit zugleich sein Urheber, der Schöpfer, der Künstler.

1 Kunst als Ausdruck der subjektiven Wirklichkeit (materieller Kunstbegriff)

Nach dem »materiellen Kunstbegriff«[1034] wird Kunst definiert als die »freie schöpferische Gestaltung, in der Eindrücke, Erfahrungen, Erlebnisse des Künstlers durch das Medium einer bestimmten Formsprache zur unmittelbaren Anschauung gebracht werden«.[1035] Das Kunstwerk wird folglich als unmittelbarer Ausdruck der individuellen Persönlichkeit des Künstlers/Urhebers verstanden.[1036] Daher »sei es primär nicht Mitteilung, sondern Ausdruck, und zwar unmittelbarster Ausdruck der individuellen Persönlichkeit des Künstlers«.[1037] Ebenso wie beim urheberrechtlichen Schöpfungsprinzip wird hier von der Annahme ausgegangen, dass sich der lebende Geist des Künstlers – des Genies – im Werk verobjektiviert und dort als geistiger Gehalt verschlossen liegt.[1038] Wer sich das Werk anschaut, dessen Wahrnehmung wird der ewige lebendige Geist des Urhebers zugänglich.[1039] Die Vorstellung, dass sich im Kunstwerk Wahrheit sinnlich verkörpere, lässt sich also vom Urheberrecht, über die Position des Bundesverfassungsgerichts zum materiellen Kunstbegriff, aber ebenso in *Theodor W. Adornos* ästhetischer Theorie (1970), *Hans-Georg Gadamers* klassischem Verständnis vom Werk, von *Martin Heidegger* bis hin zur philosophischen Ästhetik von *Hegel* verfolgen – und findet ihre Fußnote im Höhlengleichnis von Platon.

2 Kunst nach typologischen Gattungsanforderungen (formeller Kunstbegriff)

Der formelle Kunstbegriff fragt, ob bei einem spezifischen Werktyp bestimmte »formale, typologische Gattungsanforderungen«[1040] erfüllt sind, er also an die tradierte Tätigkeit und die Ergebnisse des Malens, Bildhauens, Dichtens etc. anknüpft.[1041]

3 Kunst als Herstellung einer eigenen Wirklichkeit (offener Kunstbegriff)

Demgegenüber sieht *F. Müller* die spezifische Ästhetizität eines Kunstwerkes darin begründet, dass im Kunstwerk eine Wirklichkeit *sui generis* hergestellt werden soll.[1042] Diese »offene« Kunstbegriffsbestimmung hat das Bundesverfassungsgericht in der Entscheidung »Anachronistischer Zug«[1043] übernommen. Nach den Worten des Bundesverfassungsgerichts liege hier »das kennzeichnende Merkmal einer künstlerischen Äußerung darin, dass es wegen der Mannigfaltigkeit ihres Aussagegehalts möglich ist, der Darstellung im Wege einer fortgesetzten Interpretation immer weiterreichende Bedeutungen zu entnehmen, so daß sich eine praktisch unerschöpfliche, vielstufige Informationsvermittlung ergibt«.[1044]

4 Sozial »engagierte Kunst«

Schließlich heißt es in der »Mephisto«-Entscheidung des Bundesverfassungsgerichts, dass »gerade dort, wo der Künstler sich mit aktuellem Geschehen auseinandersetzt, der Bereich der ›engagierten‹ Kunst [...] von der Freiheitsgarantie *nicht* ausgenommen [ist]«.[1045] Wie weit die Verfassungsgarantie der Kunstfreiheit insofern reicht und was sie im Einzelnen bedeutet, lässt sich der Entscheidung allerdings nicht entnehmen, da nur auf die eigentümlichen Aspekte eingegangen wird, die bei der Bewertung eines Werkes der erzählenden (epischen) Kunst in Betracht kommen können.

Dennoch ist auffällig, dass das Gericht diese negative Formulierung unter Verweis auf die vorgenannte Entscheidung in seiner Entscheidung »Anachronistischer Zug« wiederholt:

> »Fällt damit die Veranstaltung des ›Anachronistischen Zuges‹ in den Schutzbereich von Art. 5 Abs. 3 Satz 1 GG, kann daran auch die vordergründige und eindeutige politische Absicht der Veranstalter nichts ändern. Verbindliche Regeln und Wertungen für die künstlerische Tätigkeit lassen sich auch dort nicht aufstellen, wo sich der Künstler mit aktuellem Geschehen

> auseinandersetzt; der Bereich der ›engagierten Kunst‹ ist von der Freiheitsgarantie nicht ausgenommen.«[1046]

Gegenstand der Verfassungsbeschwerde war hier die Frage, ob eine Verurteilung wegen Beleidigung im Rahmen eines politischen Straßentheaters vor der Kunstfreiheitsgarantie des Art. 5 III 1 GG Bestand hat. Er scheint daher besonders geeignet, ihn ohne Weiteres für die vorliegende Untersuchung fruchtbar zu machen. Der schillernde Begriff der engagierten Kunst existiert im außerrechtlichen Bereich seit den 1970er-Jahren und fordert die Überwindung starrer Grenzen zwischen Kunst und Leben. Er soll insbesondere auf den erweiterten Kunstbegriff Anwendung finden, wie ihn *Beuys* proklamiert hat. Pablo Helguera definiert engagierte Kunst wie folgt:

> »All art, inasmuch as it is created to be communicated to or experienced by others, is social. Yet to claim that all art is social does not take us very far in understanding the difference between a static work such as a painting and a social interaction that proclaims itself as art – that is, socially engaged art.«[1047]

Dieser Kunstbegriff stellt entsprechend darauf ab, dass sich Künstler mit aktuellem Geschehen auseinandersetzen, indem sie sich darin engagieren, wirklichkeitskonstituierend auf das Sozialverhalten Dritter einzuwirken.

5 Kunstfreiheit am Maßstab des offenen Kunstbegriffs

Auf der Ebene der Verfassung stehen sich damit im Wesentlichen vier Kunstbegriffe gegenüber. Für die Beantwortung der Frage, nach welchem Wertungsplan sich die Feststellung der Planwidrigkeit der Lücke im urheberrechtlichen Rechtsschutz von Aufführungen des Theaters und der Aktions- und Performancekunst sowie gegebenenfalls deren Ausfüllung richtet, muss folglich ergründet werden, welcher dieser Kunstbegriffe als maßgebliche Wertentscheidung der Verfassung auf das Urheberrechtsgesetz ausstrahlt. Zwar sollen sich diese gegenseitig ergänzen bzw. alternativ zur Anwendung kommen. Im Falle der Suche nach einem Wertungsplan, nach dem die Planwidrigkeit einer Lücke festgestellt werden könnte, hilft dies aber bei unterschiedlichen Schlussfolgerungen nicht weiter.

Stellt man auf den »materiellen Kunstbegriff« ab, hat die Untersuchung in Kapitel B und C gezeigt, dass die oben umschriebenen Anforderungen Aufführungen des Theaters, der Aktions- und

Performancekunst nicht genügen – und damit keine Planwidrigkeit einer Regelungslücke vorliegt. Subsumiert man Aufführungen des Theaters, der Aktions- und Performancekunst unter den »formellen Kunstbegriff«, sind diesen die Kunstwerkeigenschaften ebenfalls abzusprechen. Zum einen, weil diese weder unter die Werkkategorie der bildenden Kunst noch unter die der Literatur zu subsumieren sind, zum anderen, weil es sich um Ereignisse statt Werke handelt.[1048]

Stellt man demgegenüber auf den »engagierten« Kunstbegriff ab, wonach sich Künstler mit aktuellem Geschehen auseinandersetzen, indem sie wirklichkeitskonstituierend auf das Sozialverhalten Dritter einwirken, erscheint dieser Kunstbegriff für die Zwecke der vorliegenden Untersuchung besonders interessant und vielversprechend, um den Schutzbereich der Kunstfreiheitsgarantie für performative Kunst zu eröffnen. »Der Lebensbereich ›Kunst‹ ist [aber] durch die vom Wesen der Kunst geprägten, ihr allein eigenen Strukturmerkmale zu bestimmen.«[1049] Die Strukturmerkmale der »engagierten Kunst«, die Ästhetizität ihrer Ereignishaftigkeit, sind aber noch vollkommen unklar. Berücksichtigt man zudem die negative Formulierung des Bundesverfassungsgerichts, wonach der Bereich der »engagierten Kunst« von der Freiheitsgarantie *nicht ausgenommen* ist, müssen die Strukturmerkmale der »engagierten Kunst« ebenso wie das Normprogramm erst noch erarbeitet werden, um hieraus eine Rechtsnorm zu konstruieren. Dies gebietet nicht zuletzt die Methodenehrlichkeit, da andernfalls die Gefahr der Dezision bestünde, dass angeblichen Künstlern Tür und Tor der Kunstfreiheitsgarantie mit bloßen Schutzbehauptungen eröffnet wird.

An dieser Stelle wird daher die These aufgestellt, dass der »offene Kunstbegriff« und der Bereich der »engagierten Kunst« lediglich zwei unterschiedliche Perspektiven auf dieselbe ästhetische Erfahrung als ihr gemeinsames, schutzbegründendes Strukturmerkmal darstellen.

Die verfassungsrechtlichen Kunstbegriffe werden, wie gesehen, uneinheitlich gedeutet. Eine Auslegung, die den Wertmaßstäben der Verfassung am besten entspricht, ist jedoch, wie angeführt,[1050] diejenige, die »die auf der Eigengesetzlichkeit der Kunst beruhenden, von ästhetischen Rücksichten bestimmten Prozesse, Verhaltensweisen und Entscheidungen von jeglicher Ingerenz öffentlicher Gewalt«[1051] freihält. Denn nur wenn sich der »weltanschaulich neutrale Staat«[1052] auch »ästhetisch neutral«[1053] verhält, kann die Kunst gemäß der Garantie des Art. 5 Abs. 3 S. 1 GG »frei« sein.[1054]

Für diese Untersuchung ist insoweit entscheidend, dass *F. Müller* in seinem genannten Beitrag[1055] den materiellen Kunstbegriff in seinem idealistischen Wahrheitsanspruch nicht nur relativiert, sondern als tautologische »Leerformel«[1056] kategorisch zurückweist.[1057] Denn dieser Kunstbegriff »besten Karats«[1058] treffe eine Abgrenzung zwischen Kunst und Nichtkunst auf der Grundlage eines »inhaltlich normierenden Wertbegriffs«.[1059] Da bei der Rezeption des Werkes aber von einer »Plurivalenz«[1060] von Bedeutungsmöglichkeiten auszugehen sei, führe der materielle Kunstbegriff, dessen Ästhetizität darin liege, eine jeweils besondere Individualität zum Ausdruck zu bringen, ohne Ausnahme in eine Aporie.

Aus eben diesem Grund verlangt *F. Müller* bei der als »frei« geschützten Kunst einen Verzicht auf die inhaltliche Bestimmung des Wesens der Kunst,[1061] also auf genau das, was die materielle Begriffsbestimmung tue, weshalb für *F. Müller* feststeht, dass der offene Kunstbegriff den Regelungszweck der Kunstfreiheitsgarantie am besten verwirkliche. Dem materiellen Kunstbegriff – und damit jedem Gesetz, das diesen zur Grundlage hat (also auch dem Urheberrechtsgesetz) – wirft er dagegen Verfassungswidrigkeit vor, weil damit die Ästhetizität auf der Grundlage eines mangelhaften und präskriptiven Kunstbegriffs bestimmt werde. Vor dem Hintergrund seiner »verfassungsrechtlichen Bereichsdogmatik«[1062] müsse der Schutzbereich der Kunstfreiheitsgarantie daher, vereinfacht gesagt, von jeder inhaltlichen Begriffsbestimmung befreit werden, um so auf deskriptiver Ebene für die Erfassung des verfassungsrechtlich geschützten Normgehalts, ebenso für dessen Sachstruktur, praktikabel gemacht zu werden.[1063]

III Der offene Kunstbegriff als Maßstab zur Fortbildung des Urheberrechtsschutzes

Um diese Kritik *F. Müller*s am materiellen Kunstbegriff zu erläutern, kann am besten auf die bereits im ersten Teil als »Rezeptionsprinzip« erwähnte Lehre *Max Kummers* über »Das urheberrechtlich schützbare Werk« zurückgegriffen werden, die nach *F. Müller* »wichtige Aspekte auch für die verfassungsrechtlichen Überlegungen bereithält«.[1064] Sollte sich hierbei zeigen, dass sein alternativer Werkbegriff im Kern dem offenen Kunstbegriff *F. Müllers* entspricht, lässt sich *Kummers* Kritik am urheberrechtlichen Werkbegriff im Sinne des Schöpfungsprinzips auch als Kritik im Sinne *F. Müllers* an den Prämissen des materiellen Kunstbegriff verstehen.

1 Der Werkbegriff nach *Max Kummer* (Rezeptionsprinzip)

In den Erläuterungen zum Schöpfungsprinzip[1065] wurde gezeigt, dass die herrschende Meinung von einem autonomen Schöpfer ausgeht, der ein ebenso autonomes Werk schafft. Über den Begriff der »Individualität« bestimmt sie, was von dem geistigen Gehalt, der sich im Werk manifestieren kann, schutzfähig ist; zudem manifestiere sich in der Individualität des Werkes die Urheberpersönlichkeit.

Von grundlegend anderen Prämissen geht die von *Kummer* begründete Lehre vom urheberrechtlich schützbaren Werk aus.[1066] Ebenso wie bereits *Gierke*[1067] und *Müller*[1068] kritisiert *Kummer*, dass die herrschende Meinung in Literatur und Rechtsprechung nicht befriedigend zu erklären vermag, wieso ein Werk, welches als individueller Ausdruck der Urheberpersönlichkeit erschaffen wurde, für andere als für diesen Urheber Relevanz besitzen und von dem Rechtsanwender daraufhin beurteilt werden kann, ob es das Urbild vom Werk des Urhebers auch wirklich aufs Vollkommenste ausgedrückt hat.

Anders als die Theorie vom Urheberrecht als Persönlichkeitsrecht[1069] akzeptiert *Kummer* – ebenso wie *F. Müller* – jedoch auch nicht die Prämisse, wonach das Werk als Manifestation der Urheberpersönlichkeit zu begreifen ist, durch die der Rezipient die innere Wirklichkeit des Urhebers durch Vergleich mit sich selbst divinatorisch im »Alleben« erkennen kann.[1070] Vielmehr bezeichnet er die Annahme, wonach der Rezipient nur das aus dem Werk wieder herausholt, was der Urheber hingelegt hat, als eine »ästhetische Elle«, bei der mit »Stockmaß« gemessen werde.[1071]

> »Verwandte Versuche, mehr im Wortlaut als dem Sinn nach verschieden, scheitern nicht weniger: Das Kunstwerk drücke ›Gefühle‹, geistige Erlebnisse aus, treffe daher unmittelbar die Psyche, spanne eine Beziehung von Mensch zu Mensch, sei Botschaft des Autors. Wer wollte sich anmassen, verbindlich zu entscheiden, wann solche Botschaft spricht, wann Leere gähnt, wann nichts mitschwingt!«[1072]

Um diese Kritik am (urheberrechtlichen) Werkbegriff der herrschenden Meinung zu erläutern, setzt sich *Kummer* mit Phänomenen moderner Kunst auseinander. Denn gerade die moderne Entwicklung habe dazu geführt, dass sich die Voraussetzungen, die erfüllt sein müssen, damit von einem Werk im Sinne des Urheberrechts gesprochen werden könne, auf »bestimmte Grenzbereiche avantgardistischer Kunst«[1073] nicht mehr sinnvoll anwenden ließen. Die moderne

Kunst schaffe nicht mehr innerhalb der traditionellen Werkgattungen der Literatur, Musik oder bildenden Kunst,[1074] sondern stürme »radikal gegen alle derartigen Auffassungen, vollführt die so viel beschworene ›Revolution‹[1075] und will anders sein als alles Bisherige«.[1076] »Ein Rauschen und Zischen ist nicht Musik im hergebrachten Sinn des Wortes, ein zerbeulter Flugzeugpropeller kein Werk der bildenden Kunst nach überliefertem Sprachgebrauch.«[1077]

Kummer geht es hierbei aber nicht oder nicht nur darum, zu zeigen, dass das Kriterium, aufgrund dessen die Schutzfähigkeit eines Werkes beurteilt werden kann, veraltet ist, sofern es an bestimmte historische Werkgattungen gebunden ist,[1078] »weite Teile des heutigen Kulturschaffens«[1079] aber »ausserhalb des konventionellen Kunstbegriffes stehen«.[1080] Vielmehr steht für ihn – ebenso wie für das Bundesverfassungsgericht[1081] – fest, dass es »eine allgemeingültige Auffassung über den Begriff ›Kunst‹ nicht gibt«,[1082] und er führt hierzu als »unwiderlegbare[n]«[1083] Beweis die weltweiten Meinungsverschiedenheiten an, die über die Bewertung der modernen Kunst ausgetragen werden, bzw. die »Kunst der Kunstlosigkeit«,[1084] des »Skandals«,[1085] des »öffentlichen Ärgernisses«,[1086] bei denen Kunst eher auf »Schockwirkung«[1087] ausgerichtet sei und hinter der sich »die grosse Krise der humanistischen Bildung«[1088] melde. Dieser Streit, so *Kummers* Überlegung, könne auch nicht von der Jurisprudenz entschieden werden, sondern habe von dieser Revolution, »wie sie in der Geschichte der westlichen Kultur noch nicht dagewesen ist«,[1089] einfach Kenntnis zu nehmen.

Aus diesen Überlegungen leitet er ab, dass die Entscheidung, »wo das regellose Gekritzel in die künstlerische Formung übergehe«[1090] (Abb. 17), »nicht nur sehr schwierig«,[1091] sondern »unmöglich«[1092] sei. Genau von dieser Abgrenzung gehe aber die herrschende Meinung mit der Forderung aus, das Werk »müsse eine ästhetische Mindesthöhe aufweisen, müsse von qualifizierter Individualität sein«.[1093] Denn die Fahndung »nach dem schöpferischen Funken«[1094] setze eine Unterscheidung zwischen der wahren Geistestat des Genies und der bloßen »Albernheit«[1095] und »Bagatelle«[1096] voraus. Da eine eindeutige Bestimmung des geistigen Gehalts nach dem Kriterium des »romantische[n] Ausdrucksverlangen[s]«[1097] aber nicht gelingen könne, kann, so *Kummer*, auch nicht entschieden werden, wo »dadaistische Prosa in der Würde rechtlicher Relevanz einherschreitet«.[1098]

Daraus folgt für *Kummer*, dass das Kriterium der Individualität seinem Wesen nach »bewusst oder unbewusst«[1099] eine versteckte Qualitätsanforderung sei. Eine »solche Qualitätswertung ist [aber] verfehlt,

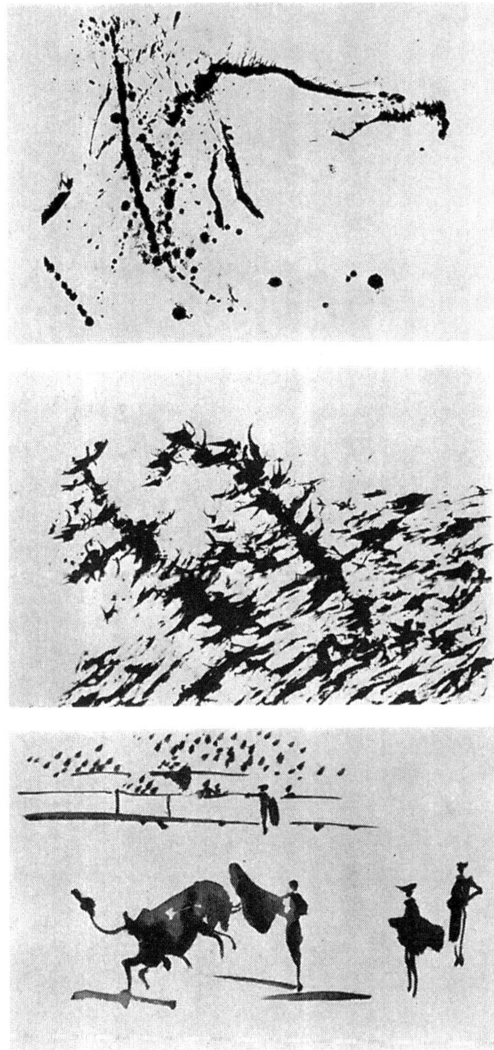

Abb. 17: Guido Haas, Henri Michaux, Pablo Picasso

weil sie subjektive Massstäbe einsetzt«.[1100] Aber gerade weil »[n]ur subjektives Empfinden regiert«,[1101] will *Kummer* diese Wertung nicht der Rechtspraxis als »Tummelplatz«[1102] ausliefern. Denn sonst geriere sich der Jurist als »Kunstzensor«.

Kummer wirft *Ulmer*, der seines Erachtens als Erster das Merkmal der Individualität als Beurteilungsmaßstab für die Schutzfähigkeit eingeführt hat, also vor, dass er durch die Gleichsetzung von »Individualität« und »schöpferischer Leistung«[1103] eine bestimmte Qualität fordere. Dies zeige *Ulmer* etwa ausdrücklich in der Aussage,

»durch die künstlerische Gestaltung [unterscheidet sich] das Bauwerk vom gewöhnlichen Mietshaus«[1104] oder »[d]urch die sprachliche Gestaltung [... der] Vorträge und Reden [diese] von Äußerungen in der Unterhaltung, literarische Abhandlungen von alltäglichen Briefen usf.«.[1105]

Dass ein uneingeschränkter Verzicht auf Werturteile im Urheberrecht nicht möglich ist, gibt auch *Ulmer* zu.[1106] Das heißt, obwohl *Ulmer* betont, dass es »auf einen besonderen literarischen, wissenschaftlichen oder künstlerischen Rang sowie auf die Qualität des Werkes«[1107] oder den »Wertgehalt«,[1108] wie *Hubmann* sich ausdrückt, nicht ankomme, besteht mit *Ulmer* in der herrschenden Literaturmeinung doch darüber Einigkeit, dass zwar »nicht ohne Not ein literarisches oder künstlerisches Werturteil«[1109] gefällt wird, in der »Grenzziehung«[1110] aber, also dann, wenn es darauf ankommt, entgegen ihren eigenen Prämissen an dem Kriterium des ästhetischen Werturteils festzuhalten sei.[1111] Nichts anderes könne auch für die von der Rechtsprechung herangezogene Formel des sog. ästhetischen Überschusses gelten.[1112]

Pointiert ausgedrückt: Während *Ulmer* der Meinung ist, dass ein Richter, »der literarisch oder künstlerisch wertblind ist, [in] Urheberrechtssachen ein schlechter Richter« sei,[1113] wirft *Kummer* der herrschenden Meinung in Rechtsprechung und Literatur Unschlüssigkeit vor, weil die Bewertung der Ausdruckshaftigkeit der subjektiven Wirklichkeit in der Rechtsanwendung ohne Ausnahme in eine Aporie führe.[1114] Diese Aporie führt er darauf zurück, dass die Kriterien, die das Schützbare vom Schutzlosen unterscheiden, auf der Grundlage eines mangelhaften und präskriptiven Werkbegriffs basieren würden.[1115] Denn soweit lediglich das Verhältnis zwischen Werk und Urheber berücksichtigt werde, verkenne eine solche Auffassung, dass bei der Konstitution des Kunstwerkes nicht nur der Urheber und das materielle Werk, sondern auch der Betrachter als relevanter Faktor beteiligt seien.[1116] Und eben dies ist der Grund, warum *Kummer*, vereinfacht, sagt: »Das Kriterium, was urheberrechtlich geschützt sei, will [...] von jedem ästhetischen Werturteil befreit und so für den Gebrauch des Rechts praktikabel gemacht sein.«[1117]

Können aber die Prämissen der herrschenden Meinung nicht für richtig gehalten werden, muss Ersatz geschaffen werden. *Max Kummer* tat dies, indem er als direkte Entgegnung auf den Werkbegriff der herrschenden Meinung in seiner umfassenden Monografie von 1968 unter dem Titel »Das urheberrechtlich schützbare Werk« einen neuen, rein deskriptiven Werkbegriff entwickelte.[1118]

Kummer gibt in seiner Untersuchung allerdings keine eigentliche Definition des Werkes, wie dies *F. Müller* als Herstellung einer Wirklichkeit *sui generis* tut, sondern er beschränkt sich darauf, Kriterien für den urheberrechtlichen Rechtsschutz herauszuarbeiten. Um *Kummers* Argumente auch für die verfassungsrechtlichen Überlegungen bereithalten zu können, gilt es daher, den besonderen Status des von ihm gemeinten Werkbegriff anhand seiner wesentlichen Eigenschaften zu rekonstruieren. Dies geschieht, indem die Voraussetzungen des urheberrechtlich schützbaren Werkes nach *Kummers* Lehre analysiert werden. Sollte sich dabei zeigen, dass *Kummers* Lehre ebenfalls davon ausgeht, dass es im (Kunst-)Werk um die Herstellung einer Wirklichkeit *sui generis* geht, sind die nachfolgenden urheberrechtliche Aspekte im Ergebnis auch für die Frage nach dem verfassungsrechtlichen Maßstab der Kunstfreiheitsgarantie von Relevanz.

Dabei kann nur bedingt auf juristische Sekundärliteratur zurückgegriffen werden. Zwar hat *Troller* in Bezug auf *Kummers* Lehre im Vorwort zur zweiten Auflage seines »Immaterialgüterrechts«[1119] in Betracht gezogen, das gesamte Fundament des Urheberrechts auszuwechseln,[1120] und auch sonst scheint kein Lehrbuch ohne die Erwähnung von *Kummers* Lehre auszukommen. Doch ist es, soweit ersichtlich, in der Literatur bislang nicht gelungen, zum wahren Kern seiner Lehre vorzustoßen, noch war man gewillt, diesen offenzulegen. Vielmehr begnügt man sich damit, seine Lehre mit den Argumenten zu verwerfen, die bereits *Ulmer* in einer knappen Rezension zur Verteidigung seines Individualitätsbegriffs hochgehalten hat.[1121] Darin liegt aber kein Erkenntnisgewinn, sondern ein deduktiver Zirkelschluss innerhalb der dargestellten Aporie.[1122] Dass *Kummer* mit seiner Monografie »Das urheberrechtlich schützbare Werk« den Werkbegriff grundlegend fortgebildet hat, scheint in weiten Teilen des urheberrechtlichen Schrifttums noch nicht angekommen zu sein.[1123]

Die von *Kummer* angestrebten praktikablen Voraussetzungen für den Urheberrechtsschutz sind mit den Begriffen »statistische Einmaligkeit« und »Präsentation« belegt. Während das Konzept von der statistischen Einmaligkeit[1124] auch in Deutschland Anhänger gefunden hat,[1125] ist *Kummers* Präsentationslehre auf fast einhellige Ablehnung gestoßen.[1126] Wie sich aber zeigen wird,[1127] kann weder die »statistische Einmaligkeit« noch die »Präsentation« als allein maßgeblicher Faktor angesehen werden kann. Um an dieser Stelle einen kurzen Überblick über die folgenden in den Unterabschnitten a), b), c) usw. genannten Aspekte zu geben, seien im Folgenden seine Kriterien aufgelistet. Danach soll geschützt sein,

> »was Gedankliches (Vorstellung) ist (S. 5 ff.); was geäußert und als Geäussertes von Aug und Ohr aufzunehmen ist (S. 8); was individuell (statistisch einmalig) und insbesondere nicht Gemeingut ist (S. 30 ff., 47 ff.); was nicht blosser Vollzug einer Anweisung ist (S. 52 ff.); was zweckfrei insofern ist, als es nicht im Dienst eines bestimmten Zwecks steht, der es so und nicht anders ausfallen lässt (S. 70 ff.); was sich nach den Sachumständen als Werk der Literatur und Kunst präsentiert (S. 75 ff.)«.[1128]

Aus dieser Aufstellung ergibt sich, dass auch für *Kummer* der Schutzgegenstand »notwendigerweise«[1129] etwas »Gedankliches«[1130] ist, obgleich er quasi den Geist des Urhebers aus dem Werk verbannt. Im Gegensatz zum Schöpfungsprinzip beschreibt er diesen Schutzgegenstand daher nicht als »geistigen Gehalt«, sondern bezeichnenderweise als »gedankliche Vorstellung« (an sich). In diesem Zusammenhang ist es wesentlich, zwischen den von ihm verwendeten Begriffen »Art und Weise des Darstellens« und »gedankliche Vorstellung« zu unterscheiden. Denn für den Gebrauch des Rechts schützt *Kummer* grundsätzlich nur die Art und Weise des Darstellens (Symbol).[1131] Etwas anderes gilt bei *Kummer* aber für das Sprachwerk (Allegorie). Denn dieses kenne auch geschützten Inhalt.[1132] Dieser Unterschied ist deshalb hervorzuheben, weil dies für das Kernelement seiner Lehre relevant wird, nämlich für die Forderung, das Werk von jedem ästhetischen Werturteil zu befreien. Symbol und Allegorie scheinen sich dabei auszuschließen – auch wenn sie beide letztlich auf eine gedankliche Vorstellung an sich verweisen.

a) Individualität als statistische Einmaligkeit

Bei der Entwicklung seines neuen Werkbegriffs steht für *Kummer* der Materialcharakter des Werkes im Vordergrund. Zwar stimmt er mit der herrschenden Meinung darin überein, dass ein individuelles Gebilde vorliegen muss. Er versteht Individualität aber als statistische Einmaligkeit.[1133] Bei *Kummer* heißt »nach dem Individuellen zu fahnden nicht wägen, sondern *vergleichen*; vergleichen mit dem, was da ist; aber auch mit dem, was da sein könnte«. [1134] Während bei der herrschenden Meinung und Rechtsprechung das Kriterium der Individualität des Werkes für dessen Fähigkeit steht, die besondere Individualität seines Urhebers zum Ausdruck zu bringen, liegt nach *Kummer* Individualität vor, wenn mit »hoher Wahrscheinlichkeit«[1135] kein anderer das gleiche Werk schaffen würde.[1136] *Kummer* fragt mithin nicht nach dem Inhalt, sondern nach der Form, wobei er unter

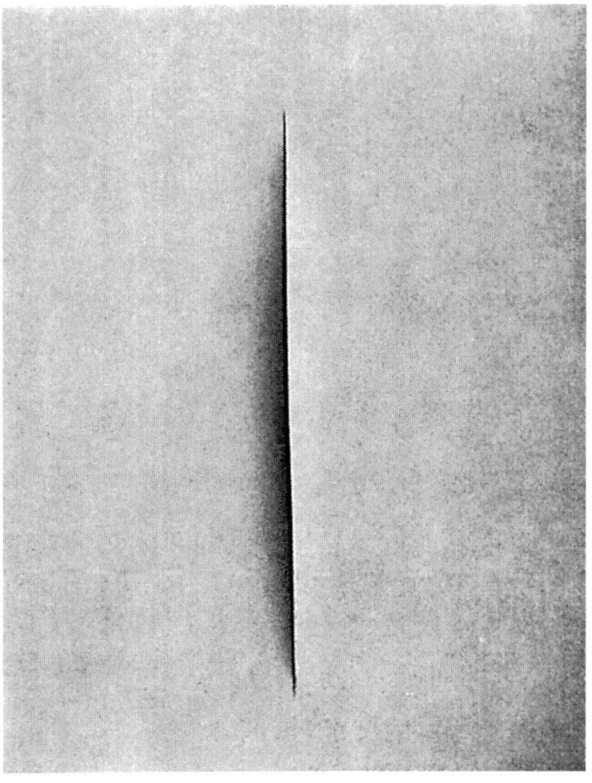

Abb. 18: Lucio Fontana

einer Form zunächst einmal nur den Gegensatz zu einer Nichtform sieht als etwas, das physisch noch nicht existent geworden ist.[1137] Für die Rechtspraktikabilität untersucht er damit die Struktur des Werkes – in Relation zu den Strukturen anderer Werke.[1138] Nach seiner Lehre »hat sich das Recht auf die äußeren Fakten zu beschränken«.[1139]

Entscheidungserheblich sei beispielsweise nicht die von *Arnold Böcklin* dargestellte Allegorie der Pest in menschlicher Gestalt mit einer Sense in der Hand, sondern – wie *Ulmer* kritisiert – die Art und Weise, wie der Leinwand von hinten mit einem Messer eine klaffende Wunde beigefügt wird (Abb. 18).[1140]

> »Nicht die Idee, auch nicht die Ideenverbindung [...], weder der Personenbestand noch die eingefügten Dinge sind das geschützte Individuelle; sondern das ›Bild‹ ist es, nämlich die Aufstellung und Gliederung dieser zum Einzug in das Bild aufgebotenen Gruppe von Menschen, Tieren und Sachen.«[1141]

Indem *Kummer* auf die statistische Einmaligkeit des Gebildes, des materiellen Artefaktes abstellt, ergeben sich hieraus ganz andere Konklusionen. Denn wenn für die Individualität eines Werkes allein maßgeblich ist, ob es statistisch einmalig ist, kann es nicht mehr darauf ankommen, ob der Urheber im Rahmen des Schöpfungsprozesses überhaupt gestalterisch tätig geworden ist. Entsprechend schützt *Kummer* auch vorgefundene Alltagsgegenstände oder in der Natur Vorgegebenes, die der Urheber als sogenannte *Objets trouvés* zur Schau stellt. Zur urheberrechtlichen Berühmtheit hat es in diesem Zusammenhang die von *Kummer* als urheberrechtlich geschützt angesehene und von der Natur zurechtgeformte Föhrenwurzel geschafft[1142] (freilich mit dem erklärenden Zusatz von *Ulmer*, »weil« diese an eine Tänzerin erinnern soll)[1143] oder auch das eingerahmte Stück verwitterten Besenwurfs (Spritzputz) aus einer alten Hausmauer.

Indem *Kummer* den Rechtsschutz von der statistischen Einmaligkeit des materiellen Artefaktes abhängig macht, löst er das urheberrechtlich schützbare Werk aus seiner direkten Beziehung zu seinem Urheber. Denn wenn der Individualitätsbegriff als statistische Einmaligkeit verstanden wird, ist damit zugleich gesagt, dass es nicht mehr auf das geistige Band ankommt, das den Urheber nach dem Schöpfungsprinzip mit seinem geistigen Werk verbinden soll.[1144] Dadurch dass *Kummer* nicht mit der Waage bestimmt, ob die individuelle Leistung »edel oder banal, ob sie Form oder Inhalt«[1145] ist, sondern das Ergebnis, das fertige Werk mit dem vergleicht, was da ist, bzw. mit dem, was da sein könnte, dient das Werk auch nicht mehr als ein Instrument, um die Individualität seines Schöpfers zum Ausdruck zu bringen. Das heißt, nach *Kummer* wird in der juristischen Reflexion auf das Qualitätsmerkmal des »schöpferischen Menschengeistes«[1146] verzichtet. Der Rechtsanwender habe sich daher nicht zu grämen, wenn das von dem Schimpansen »Cindy Loo« gemalte Bild urheberrechtlich geschützt sei.[1147]

Angesichts seiner langen und ehrwürdigen Geschichte mutet es vor diesem Hintergrund fast wie ein Sakrileg an, dass *Kummer* den Werkbegriff »entpersonalisierte«.[1148] Denn obgleich *Kummer* behauptet, dass jeder »mit seinem Blut«[1149] malt, herrscht bei ihm »strengste formale Nüchternheit«[1150].[1151] Entsprechend liegt die »Sprengkraft«[1152] seiner Lehre in einer Abkehr vom Schöpfungsprinzip und wird von dessen Verfechtern – allen voran von *Ulmer* – aus eben diesem Grund abgelehnt. Denn indem *Kummers* Lehre beim Werkbegriff allein darauf abstellt, dass das Artefakt statistisch einmalig ist, widerspricht er der das Schöpfungsprinzip wesentlich tragenden Begründung.

Als Zwischenergebnis bleibt festzuhalten, dass der Status als urheberrechtlich schützbares Werk nach der Lehre *Kummers* unabhängig ist von einem Verweis auf die Subjektivität seines Urhebers.

b) Präsentation als Kunstwerk

Der Status des urheberrechtlichen Werkes nach der Lehre *Kummers* verfestigt sich, wenn man neben der Loslösung des Werkes aus seiner direkten Beziehung zu seinem Urheber eine weitere wesentliche Eigenschaft untersucht, nämlich dass es sich nach den Sachumständen als Werk »der Literatur und Kunst« *präsentieren* muss.[1153] *Kummer* führt aus:

> »Einen Tuschspritzer an der Wand darf der Reporter füglich fotografieren und das Bild als Tatort des Gefechts zweier Streithähne veröffentlichen. Der gleiche Spritzer, vom Urheber eingerahmt und hinter Glas gelegt und als Kunst ausgegeben, ruft das Urheberrecht auf den Plan.«[1154]

Kummer unterscheidet also zwischen den beiden Fällen von Tuschspritzern. Wie sich aus seinen Ausführungen ergibt, sind die Begleitumstände der Tuschspritzer entscheidend. Während der eine Tuschspritzer an der Wand als Tatort eine Tatsache der Wirklichkeit mitteilt, in *Kummers* Beispiel die Spur eines Gefechts zweier Streithähne, fehlt dem gleichen Tuschspritzer, hinter Glas als Kunst präsentiert, dieser Wirklichkeitsbezug. Vielmehr erscheint die Abbildung losgelöst von der sie umgebenden Realität als reine gedankliche Reflexionsfläche, als eine Art und Weise des Darstellens einer »anderen Realität«.[1155]

Während also im ersten Fall das Bild des Reporters die Wirklichkeit darstellt, weshalb er diese auch »füglich« fotografieren und veröffentlichen darf, fehlt dem gleichen Spritzer »vom Urheber eingerahmt und hinter Glas gelegt«[1156] der Bezug zu dieser außerkünstlerischen Wirklichkeit, weshalb nach *Kummer* das Urheberrecht zur Anwendung kommt, Individualität vorausgesetzt. Aus diesen Überlegungen kann nur die Feststellung folgen, dass *Kummer* Kunst als einen autonomen Bereich[1157] versteht, durch den das urheberrechtlich schützbare Werk aus seiner Beziehung zur objektiven Wirklichkeit der Außenwelt gelöst ist.

Das heißt, dem Tuschspritzer, vom Urheber eingerahmt und hinter Glas gelegt, kommt eine ästhetische Funktion zu, welche die Betrachtung des statistisch einmaligen Gegenstandes aus einer ästhetischen Perspektive zur Folge hat. Diese ästhetische Funktion[1158] kommt dem statistisch einmaligen Artefakt aber nicht von selbst zu, sie gehört nicht zum Werk dazu, sondern sie muss diesem erst durch einen Rezipienten bzw. als eine Aufgabe der Gesellschaft zugesprochen werden.[1159] In diesem Zusammenhang führt *Kummer* aus:

> »Solange die Hervorbringungen der Künstler sich in den hergebrachten Bahnen bewegten, war augenscheinlich, was ein Werk der Musik, der Malerei oder der Literatur ist und sich eben als ›Werk‹ um den Rechtsschutz bewirbt [...]. Heute versagen sie [die Kriterien, Anm. durch d. Verf.] aber insofern, als sie nicht mehr in jedem Fall klarzulegen vermögen, wann eine Hervorbringung als Sachverhalt des Urheberrechts auftritt [...].«[1160]

Anders formuliert, ist der Unterschied zwischen Kunst und Wirklichkeit klar, wenn eine Hervorbringung der klassischen Musik, Literatur oder bildenden Kunst die Kunsteigenschaft »auf der Stirn trägt«.[1161] Denn durch dieses »Signet ›Kunst‹«[1162] war es »ex cathedra«[1163] augenscheinlich, welche Sachverhalte unter das Urheberrecht fallen.[1164] »Die Grenzen zwischen künstlerischer und außerkünstlerischer Wirklichkeit sind [aber] unsicher geworden«,[1165] wie etwa bei einem »Rauschen und Zischen«[1166] im Bereich der Musik[1167] oder in der bildenden Kunst.[1168] Daher sei es auch nicht klar, ob das Werk eine Wirklichkeit mitteilt oder ob es sich dabei um das von *Kummer* geschützte »Bild« handelt, also um die Art und Weise des Darstellens einer anderen Wirklichkeit.

Für *Kummer* kann die Lösung »nur«[1169] in der Präsentation als Werk liegen. Seiner Ansicht nach kann also derjenige, der »mit Alteisen zur eigenen Belustigung herumhantiert«[1170], keinen Schutz erwarten, während derjenige Urheberrechtsschutz beanspruchen kann, der »sein Gebilde irgendwie als ›Schaustück‹ präsentier[t]«.[1171] Der Urheber muss nach *Kummer* also durch »besondere Vorkehrungen zu erkennen geben«,[1172] dass er etwas als schützbares Werk verstanden wissen will und dafür Rechtsschutz begehrt.[1173] Das versteht *Kummer* unter »Präsentation als Kunstwerk«.

c) Zweckfreiheit und Betrachterperspektive

Dieser Präsentationstheorie von *Kummer* hat *Ulmer*[1174] entgegengehalten, dass man so die Entscheidung, ob Urheberrechtsschutz besteht oder nicht, dem Belieben des Urhebers überlassen würde. Dies würde aber bei Werken der angewandten Kunst, bei Bauwerken und im Bereich der Schriftwerke bei Briefen, Formularen, Katalogen usw.

zu ungereimten Ergebnissen führen.[1175] Denn jeder Unternehmer wäre im Stande, durch eine Präsentation als Kunstwerk für Produkte wie »Möbelprogramme oder für Prospekte, Preislisten und Kataloge Urheberrechtsschutz in Anspruch zu nehmen und in einer dem Wettbewerb zuwiderlaufenden Weise Mitbewerber von Herstellung und Vertrieb derartiger Erzeugnisse auszuschließen«.[1176]

Diesem Argument ist insoweit zuzustimmen, als nicht jeder Gegenstand, dem eine ästhetische Funktion zugesprochen werden kann, urheberrechtlich geschützt ist. Der Einwand *Ulmers* greift dennoch zu kurz. Denn wenn er ausführt, dass das Merkmal der »Präsentation als Kunstwerk« als Abgrenzungskriterium ausscheide, weil es nur im Bereich der reinen Kunst, also in den Gedichten der Dadaisten oder in *Schwitters* »Ursonate«, die *Kummer* unter Bezugnahme auf *Walter Benjamin* als schutzfähige »Wortsalate«[1177] (Abb. 19) anführt, nicht aber in dem der Baukunst und der angewandten Kunst zur Anwendung kommen könne,[1178] verkennt er zwei wesentliche Aspekte in *Kummers* Lehre: zum einen, dass die Schutzvoraussetzung der Zweckfreiheit des Werkes gegenüber anderen Zwecken lediglich dominieren muss, zum anderen, dass die Perspektive, aus der die »Präsentation als Kunstwerk« bejaht oder verneint wird, nicht die des Urhebers ist, sondern die der Betrachter.

schweigen schweigen schweigen
schweigen schweigen schweigen
schweigen schweigen
schweigen schweigen schweigen
schweigen schweigen schweigen

Abb. 19: Eugen Gomringer

aa) Zweckfreiheit

Für *Kummer* ist die Zweckfreiheit eine »durchgehende Eigenschaft des urheberrechtlich Schützbaren«[1179]. Mit Zweckfreiheit deckt sich laut *Kummer* der Ausdruck »L'art pour l'art«, aber ausdrücklich ohne die spezifischen Probleme, die mit einem solchen ästhetizistischen

Kunstbegriff verbunden sind – und auf die hier *Ulmer* anspielt –, zu übernehmen, weshalb damit auch nicht mehr und nicht weniger gesagt sei als mit dem Begriff der Zweckfreiheit.[1180] *Kummer* versteht hierunter grundsätzlich eine freie Gestaltung, die nicht »im Dienst eines bestimmten Zweckes steht, der es genau so und nicht anders ausfallen lässt«.[1181]

Da Möbelprogramme oder Prospekte, Preislisten und Kataloge aber meist inhaltlich vorgegeben sind, braucht der Mitbewerber keine Sorge zu haben, er würde in unlauterer Weise von Mitbewerbern von der Herstellung und dem Vertrieb derartiger Erzeugnisse ausgeschlossen. Zum Beispiel bleibt der Theaterzettel so lange ungeschützt, wie er durch den Inhalt vorgegeben ist. Sobald er aber in einer (zweckfreien) visuellen Gestaltung auftritt, die zudem noch statistisch einmalig ist, soll, so *Kummer*, auch dieser geschützt sein. Im Bereich der angewandten Kunst oder bei Bauwerken, z. B. der Architektur, verhält es sich dagegen anders. Denn der Architekt arbeite freier, weil er »nicht in gleicher Strenge unter das Joch des Zweckmässigen gebeugt« sei.[1182] Ein gewöhnliches Wohnhaus wird nach *Kummers* Lehre also nicht allein dadurch zu einem urheberrechtlich geschützten Werk, dass es mit *Ulmer* durch An- und Umbauten so verwinkelt geworden ist, dass es eine statistische Einmaligkeit darstellt,[1183] sondern dadurch, dass es der Architekt innerhalb eines »Spielraums«[1184] frei und einmalig gestaltet,[1185] also auf eine Weise, die für den reinen Zweck des Wohnens nicht notwendig ist. Denn zum bloßen Wohnen genügt auch ein grauer Plattenbau. Ein statistisch einmaliges Gebilde wird also nicht dadurch zu einem urheberrechtlich geschützten Werk, dass es *als* Kunstwerk präsentiert wird, sondern dadurch, dass durch die Präsentation die ästhetische Funktion dominiert und der verbleibende Zweck dahinter zurücktritt.

bb) Präsentation als Kunstwerk aus Betrachtersicht

Die Beantwortung der Frage, ob die ästhetische Funktion dominiert und der verbleibende Zweck dahinter zurücktritt, liegt zudem nach *Kummer* nicht beim Urheber, der sein Werk präsentiert, sondern beim individuellen Betrachter, der dem Werk eine ästhetische Funktion zuschreibt, genauer: der Gesellschaft, bei der sich diese ästhetische Funktion stabilisiert und damit über alle anderen Zwecke dominiert.[1186] In diesem Sinne stellt *Kummer* ausdrücklich die Voraussetzung auf, dass die Umstände, also die »Gestaltung der äusseren Sachlage«[1187] entscheidet, ob es für jeden ersichtlich ist, dass es sich um ein Werk der Kunst handelt, ob also das als Werk Präsentierte im Rahmen der gesellschaftlichen Konventionen (nur) die Wirklichkeit mitteilt (dann kein Schutz) oder ob es als Mittel zur Darstellung einer »anderen«, zweckfreien und damit künstlerischen, Wirklichkeit erscheint (dann Schutz).

Ulmer ist daher zu widersprechen, wenn er bei der Präsentationslehre davon ausgeht, dass die Entscheidung, ob Urheberschutz besteht oder nicht, dem Belieben des Urhebers überlassen würde. Für das urheberrechtliche Werk ist nach *Kummer* vielmehr charakteristisch die besondere Beziehung, welche die Präsentation zwischen Kunst und Wirklichkeit herstellt. In eben diesem Sinne ist die Aussage *Kummers* zu verstehen, dass es eine »elementare Regel«[1188] sei, »dass das Urheberrecht sich auf jede Gestaltung erstreckt, die zweckfrei ist«.[1189] Auf den Einzelfall bezogen heißt das, dass der Urheberrechtsschutz dort zu versagen ist, wo der Gegenstand der praktischen Funktion, z. B. dem Verkaufszweck, untergeordnet ist. Ob der Schutz wirklich eintritt, ist dann eine Frage der statistischen Einmaligkeit.[1190]

d) Art und Weise des Darstellens

Nachdem das urheberrechtliche Werk nach der Lehre *Kummers* dahin gehend charakterisiert wurde, dass es weder auf die Individualität seines Urhebers noch auf die objektive Wirklichkeit der Außenwelt verweist und dass dieser Status im Wesentlichen durch die Kriterien der Individualität im Sinne einer statistischen Einmaligkeit und der Präsentation bedingt und begründet wird, kann nun der Frage nachgegangen werden, was *Kummer* als das vom Urheberrecht zu Schützende versteht, mithin was nach seiner Lehre das Werk als *Geisteswerk*, und damit als Immaterialgut, ausmacht.

Trotz Betonung der statistischen Einmaligkeit der Materialität des gegossenen Stücks Bronze[1191] ist nach *Kummer* das Schutzobjekt des Urheberrechts kein Gegenstand der Körperwelt. Ausdrücklich erhebt er die »gedankliche Vorstellung an sich«[1192] zum rechtlich geschützten Geisteswerk,[1193] mit der Einschränkung: »Für den Gebrauch des Rechts wird man sich indessen mit der Ausdrucksweise begnügen müssen, geschützt sei die *gedankliche Vorstellung*, die *Art und Weise des Darstellens*.«[1194]

Damit stellt sich die Frage, was *Kummer* unter der Art und Weise des Darstellens, der gedanklichen Vorstellung und – wie sich zeigen wird – konkret der gedanklichen Vorstellung *an sich* versteht und worin sich die Unterschiede zeigen. Dieser Frage wird unter Bezugnahme auf den »Flaschentrockner« von *Marcel Duchamp* (Abb. 20)

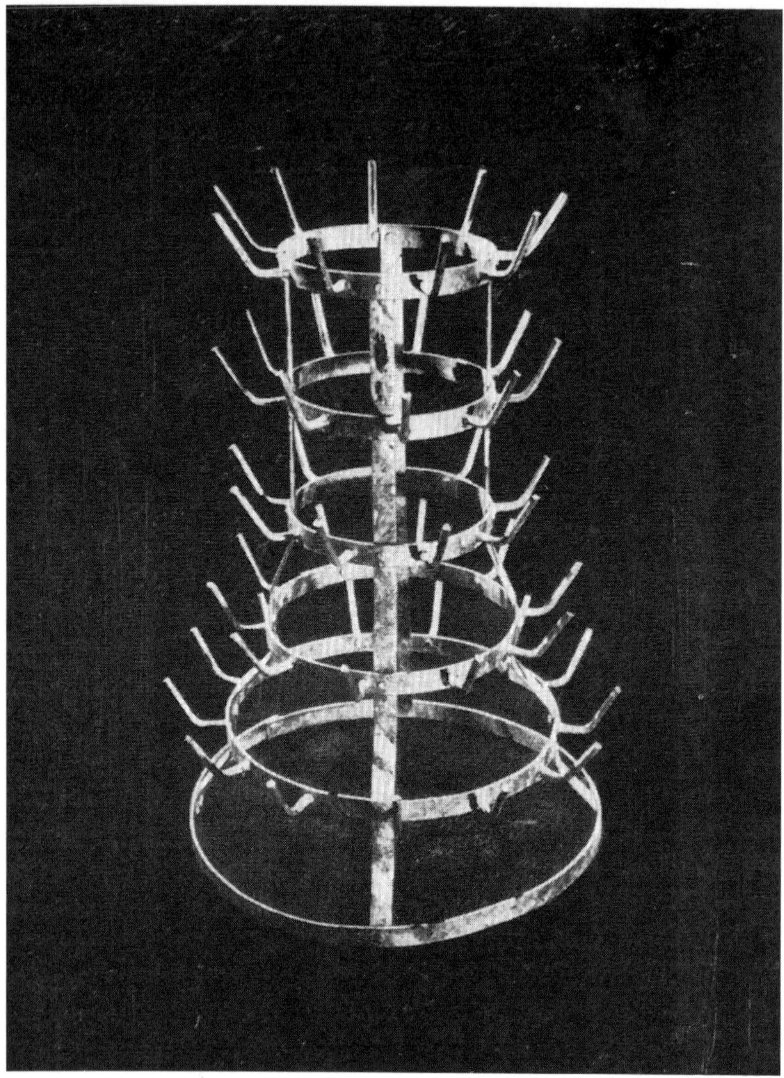

Abb. 20: Marcel Duchamp »Flaschentrockner«
(Replik des verlorenen Originals von 1914)

nachgegangen, den dieser, »als einer der großen Wegbegleiter der modernen Kunst«,[1195] gefunden und als Objekt »kühn zum Museumsstück promoviert«[1196] hatte. *Kummer* spricht dem damals weit verbreiteten Gebrauchsgegenstand Flaschentrockner eine ästhetische Funktion qua Präsentation[1197] zu und verweist im Übrigen auf die »geistreiche und eindrückliche Analyse« von *Hofmann*, die im Folgenden als Leitlinie dienen soll:

> »Der verfremdete Flaschentrockner wird zu einem besonderen Flaschentrockner. Die anderen stehen in Geschäften, er jedoch, von Duchamp signiert, steht in Ausstellungen und Museen. Was ihn von anderen unterscheidet, kann man mit Walter Benjamin seine ›Aura‹ nennen. Durch die Vereinzelung gibt Duchamp dem Gegenstand eine Autorität, die dieser als Massenartikel nicht besass. Es scheint, dass er gleichzeitig damit die Stereotypie des Massenproduktes glossieren und dem Betrachter bewusst machen will, dass auch der anonyme Konsumartikel in den Besitz der Aura gelangen kann, wenn man ihm konzediert, dass seine Nutz- und Gebrauchswirklichkeit nur eine seiner vielen Wirklichkeitsschichten verkörpert. Duchamps Versuch, eben diese Schichten bewusst zu machen, stellt einen wesentlichen Beitrag zur Bewältigung des Massenaspektes unserer Zivilisation dar [...]. Der Flaschentrockner ist eben, weil er als factum brutum vorgeführt wird und der formalen Umkleidung entbehrt, keine künstlerische Wiedergabe einer empirischen Tatsache, er bezeichnet gleich einer imago dissimilis[[1198]] geistige Positionen, er muss als Metapher einer Weltanschauung interpretiert werden. So wird der Sachinhalt unter Umgehung der Formhandlung sowohl verdinglicht als auch spiritualisiert.«[1199]

Diese Kunstkritik *Hofmanns* erhellt die Wirkung der ästhetischen Funktion, die für die Lehre *Kummers* grundlegend ist. Denn einerseits ergreift die ästhetische Funktion qua Präsentation von der Wirklichkeit Besitz, hier dem Flaschentrockner, der zunächst einmal nur als »factum brutum« vorgeführt wurde. Das heißt, durch die ästhetische Funktion wird der Flaschentrockner zu einer Art und Weise des Darstellens; das wiederum heißt, im Auge des Betrachters verweist er damit auf etwas anderes, was er selbst nicht ist. Zugleich dient der Flaschentrockner nicht mehr einem konkreten Gebrauchszweck,[1200] sodass er seinen Sachbezug zu dieser außerkünstlerischen Wirklichkeit verloren hat. Wie auch in dem oben[1201] angeführten Beispiel des Tuschspritzers kann damit die gedankliche Vorstellung des Betrachters nicht mehr an dieser Wirklichkeit verifiziert werden. Entsprechend handelt es sich für *Hofmann* bei dem Flaschentrockner nicht um eine »künstlerische Wiedergabe einer empirischen Tatsache«, die im Werk zur Darstellung gelangt. Vielmehr erscheint die Abbildung dieser unbestimmten Realität ihrerseits als »imago dissimilis«, das heißt als eine Art und Weise des Darstellens einer anderen Realität.[1202]

aa) Gedankliche Vorstellung

Indem *Duchamp* also den Flaschentrockner zu einem »Bild«[1203] »signiert«[1204] und dieses hierdurch das »Signet Kunst«[1205] erhält, resultiert aus diesem Prozess ein eigenartiges Verhältnis zur Wirklichkeit. Denn einerseits wird der von der Wirklichkeit abgelöste Flaschentrockner zu einer Art und Weise der Darstellung. Andererseits wird nun jegliche gedankliche Vorstellung von der Wirklichkeit, auf die der Flaschentrockner durch seine ästhetische Funktion hinzuweisen vermag, selbst wieder zu einer Art und Weise des Darstellens. Um diesen Sachverhalt präzise zu formulieren, wird mit den Worten *Mukařovskýs* »die Wirklichkeit nicht unmittelbares, sondern mittelbares Objekt; unmittelbares Objekt [...] ist für sie das Zeichen, das die Einstellung des Subjekts, realisiert im Aufbau des Zeichens, in die Wirklichkeit als deren allgemeines Gesetz hineinprojiziert, ohne dabei seine Eigenständigkeit aufzugeben«.[1206]

Die Realität, auf die der Flaschentrockner verweist, geht daher auch nicht mit dem Inhalt in das Werk als gedankliche Vorstellung ein, die sie jenseits des (Kunst-)Werkes darstellen mag. Zu Recht stellt *Hofmann* vielmehr darauf ab, dass aus den anderen Schichten des Flaschentrockners auch eine andere gedankliche Vorstellung bzw. andere Möglichkeiten einer gedanklichen Vorstellung folgen können. Denn die gedankliche Vorstellung von der Wirklichkeit, über die etwa der Flaschentrockner informiert und die ihrerseits als eine Art und Weise des Darstellens gekennzeichnet wurde, ist nicht »als die eigentliche Trägerin der sachlichen Mitteilung, sondern nur [als] deren Mittlerin«[1207] zu verstehen.

> »Die sachliche Bezogenheit ist hier vielfältiger Art und weist auf Wirklichkeiten hin, die dem Betrachter bekannt sind, die jedoch keinesfalls im Werk selbst ausgedrückt und angedeutet sind und sein können, denn sie bilden einen Bestandteil der Erfahrung des Betrachters.«[1208]

Die Befreiung des urheberrechtlichen Werkes von jedem ästhetischen Werturteil beruht nach *Kummers* Ansicht also darauf, dass dem Werk ein eigenständiger geistiger Inhalt fehlt, auf den seine Art und Weise des Darstellens hinweist. Der geistige Inhalt wird vielmehr erst im Akt der Wahrnehmung, vermittelt über die statistische Einmaligkeit des strukturierten Gebildes, in der subjektiven Vorstellung des Betrachters erschaffen. Denn die Wirklichkeit, auf welche sich die Art und Weise der Darstellung bezieht, ist ein Element der Erfahrung des Rezipienten.[1209] Das Charakteristische der ästhetischen Funktion qua Präsentation liegt also darin, dass beim urheberrechtlichen Werk nicht *im* Werk eine gedankliche Vorstellung des Urhebers durch die Art und Weise des Darstellens rekonstruiert wird, sondern dass der Betrachter zu einem wesentlichen Mitschöpfer wird, sogar zu demjenigen, der den geistigen Inhalt und damit zugleich das Werk als gedankliche Vorstellung erst (re-)konstruiert, das, was *Mukařovský* als ein ästhetisches Objekt bezeichnet – bezogen auf den Flaschentrockner etwa »als Metapher einer Weltanschauung«.[1210] Erst diese gedankliche Vorstellung jener Realität bezeichnet *Hofmann* als das, was *Benjamin* Aura nennt und *Kummer* Gegenstand der »ästhetischen Kontemplation«.[1211] Letzterer freilich mit dem Zusatz, dass sich der Jurist um die Voraussetzungen der ästhetischen Kontemplation nicht zu kümmern braucht.[1212]

Kummer hat damit eine für das Urheberrecht grundlegende Erkenntnis gewonnen, nämlich dass dem urheberrechtlichen Werk ein eigenständiger gedanklicher Inhalt fehlt. Das Verfahren, in dem der Rezipient die gedankliche Vorstellung hervorbringt, muss daher als dasselbe Verfahren angesehen werden, in dem der Rezipient die inhaltliche Dimension des Werkes erst (wieder-)herstellt. Dabei ist wesentlich, dass der Inhalt auf die Erfahrung des Rezipienten bezogen ist.[1213] Bei *Kummer* kommt die gedankliche Vorstellung mithin keinesfalls selbst im Werk zum Ausdruck. Vielmehr muss dem Werk eine gedankliche Vorstellung erst beigelegt werden, indem in Abhängigkeit von der statistischen Einmaligkeit und der Art und Weise der Präsentation die inhaltliche Dimension begründet wird. Dieser Prozess konstituiert das urheberrechtliche Werk. In ihm findet die »Plurivalenz«[1214] des (Kunst-)Werkes seine Begründung und ist der Grund, warum *Kummer* das Werk von jedem ästhetischen Werturteil befreien möchte.

bb) Gedankliche Vorstellung an sich

Wenn *Kummer* das Werk aus seiner direkten Beziehung zu seinem Urheber löst, zugleich davon ausgeht, dass der Rezipient die gedankliche Vorstellung erst von außen konstituiert, und gleichwohl das Werk als ein Geisteswerk versteht, muss er davon ausgehen, dass es im Werk eine gedankliche Vorstellung »an sich« gibt, die zwar nicht sinnlich erkannt, aber doch als intellektuelle Erkenntnis vorausgesetzt werden muss. Ebendies tut er, indem er sagt, das Urheberrecht befasse sich mit »dem Gedicht ›an sich‹ und nicht mit der Niederschrift oder dem gesprochenen Wort, mit der Tonfolge an sich und nicht mit den hier und jetzt erzeugten Tönen, mit den ›Äpfeln‹ an sich und nicht mit den lasierend übereinandergelegten Farbschichten«.[1215] Da jedoch für *Kummer* nur die (sinnlich wahrnehmbaren) Phänomene real sind, formuliert er, dass man sich »[f]ür den Gebrauch des Rechts [...] mit der Ausdrucksweise begnügen [muss], geschützt sei die gedankliche Vorstellung, die Art und Weise des Darstellens«.[1216]

In *Kummers* Lehre vom urheberrechtlich schützbaren Werk kann also die »Art und Weise des Darstellens« der »gedanklichen Vorstellung« gegenübergestellt werden. Diese Opposition ist bezogen auf die Opposition zwischen dem, *was* das urheberrechtliche Werk wiedergibt, und dem, *wie* es das tut.[1217] Während das Was auf eine gedankliche Vorstellung verweist, lässt das Wie es als bloßes Instrumentarium der Art und Weise des Darstellens dieser gedanklichen Vorstellung erscheinen. Die »Art und Weise des Darstellens« entspricht so dem materiellen Ausdruck des Geisteswerkes, den *Kummer* als Form bezeichnet. Allerdings fehlt dem Werk ein eigenständiger Inhalt.[1218] Hieraus ergibt sich die Notwendigkeit, das Paar aus Form und Inhalt, das von der herrschenden Meinung als Dichotomie begriffen wird, nach der Lehre vom urheberrechtlich schützbaren Werk zu aktualisieren.

Kummer fragt, ob aus dem »Gegensatzpaar Form und Inhalt« Kriterien zu gewinnen sind, um Geschützes und Ungeschütztes voneinander abzugrenzen.[1219] In Bezug auf das Sprachwerk kommt diesbezüglich bei ihm ein Grundgedanke zum Ausdruck, nämlich die Unterscheidung zwischen der kommunikativen und der poetischen Sprache. Für *Kummer* ist es unbestreitbar, dass »der einzige annähernd gesicherte Richtpunkt« für eine Aufgliederung von Form und Inhalt in Bezug auf das Sprachwerk entlang der Grenze des Wortlauts einerseits und des durch ihn geäußerten Sinngehalts andererseits verläuft.[1220] Entsprechend definiert er den Wortlaut als Form und den durch ihn geäußerten Gedanken als Inhalt.[1221] Allerdings schränkt *Kummer* die Möglichkeit einer Aufgliederung in Form und Inhalt dahin gehend ein, dass beim Sprachwerk etwas nur dann als »Inhalt« gelten könne, wenn es in kommunikativer Sprache verfasst, das heißt »eindeutig erfassbar, gegenständlich bestimmt, ist; wie etwa bei einer Mitteilung äusserer Gegebenheiten oder einer logischen (wissenschaftlichen) Gedankenfolge«.[1222] Denn nur hier sei die Voraussetzung gegeben, dass der Inhalt vom Wortlaut herausgelöst und, »wenn ausgesprochen, wiederum aus der Sprachform gelöst, in seine ursprüngliche Nacktheit als geistige Vorstellung zurückversetzt und durch Umgiessen in andere Worte oder Sprache abermals mitteilbar gemacht werden«[1223] könne. Denn »trotz der andern Worte versteht ihn [den gedanklichen Inhalt, Anm. des Verf.] jeder Aufnehmende im wesentlichen gleich«, sodass sich sein Sinngehalt nicht ändere.[1224]

Eine solche bedingungslose Betonung des Inhalts erkennt *Kummer* bei der poetischen Sprache nicht. Denn während bei der Mitteilung eines Faktums Sprache ausschließlich als Mittel zur Kommunikation dient,[1225] neigten Sprachwerke dazu, dass »der Dichter durch Wortwahl und Satzbau den Inhalt mit Irrationalem durchsetzt«.[1226] Denn hier »legt [der Dichter] über den Gedanken hinaus Weiteres in seine Aussage, das nicht blosse ›Form‹ ist, sondern regelmässig dem Inhalt Farbe gibt«.[1227] Gegen die begriffliche Reduktion auf die Inhaltsebene wendet sich *Kummer* etwa in seinem Kommentar zu *Goethes* »Wandrers Nachtlied« (»Über allen Gipfeln ist Ruh«). Denn hieran zeige sich, dass die Ausdrucksebene bei Sprachwerken eigenen Gesetzen gehorche, die nicht aus den Gesetzmäßigkeiten der Inhaltsebene ableitbar seien, weil die Form ihrerseits bedeutende Werte annimmt. In diesem Sinne bestimmt und begreift *Kummer* den »Inhalt« denn auch als »die wundersame Einheit von Laut und Bedeutung«,[1228] womit er meint, dass der Inhalt weitgehend zugunsten der Form zurücktritt.[1229] *Kummer* betont damit die urheberrechtliche Besonderheit der Form und orientiert den Rechtsschutz folglich an der Ausdrucksebene.

Der Ansicht der herrschenden Meinung in Literatur und Rechtsprechung »Alles im Werk ist Inhalt«[1230] begegnet er also mit der Antithese »Form ist alles«, wie er dies auch mit dem von ihm angeführten Zitat von *Josef Hofmiller* andeutet: »Form abgetrennt vom Inhalt existiert für den Dichter sowenig wie Haut abgetrennt vom Körper für den Maler.«[1231] In *Kummers* Werkbegriff finden somit Gedanke und Ausdruck, Inhalt und Form, Gehalt und Gestalt zu einer Einheit. Das heißt, das Was des Themas findet seine Entsprechung in dem gestalteten Wie der Aussage und realisiert sich in der Übereinstimmung von Form und Inhalt.[1232] Wenn *Kummer* sagt, »geschützt sei die gedankliche Vorstellung, die Art und Weise des Darstellens«, dann heißt das nichts anderes, als dass die Art und Weise des Darstellens als gedankliche Vorstellung ausgegeben wird. Damit ist die Art und Weise des Darstellens als äußeres Symbol konzipiert, indem es das ästhetische Werturteil des Rezipienten ignoriert, weil es die gedankliche Vorstellung in sein »Inneres« aufgenommen hat. Das Werk beruft sich auf seine inhärente gedankliche Vorstellung an sich. Auf diese Weise symbolisiere die Art des Darstellens die seit der Vertreibung aus dem Paradies und im Laufe der Geschichte verloren gegangene ursprüngliche Identität der gedanklichen Vorstellung und der Art des Darstellens. Damit nimmt *Kummer* die Willkür des Betrachters zurück und befreit das Werk von jedem ästhetischen Werturteil – und kann trotz Betonung der statistischen Einmaligkeit der Materialität »gegossenes Stück Bronze«[1233] davon ausgehen, dass es sich beim urheberrechtlich schützbaren Werk um ein Immaterialgut handelt.

Das heißt, das urheberrechtliche Werk stellt einerseits eine gedankliche Vorstellung an sich dar (Wirklichkeit *sui generis*), andererseits wird das urheberrechtliche Werk als ästhetisches Objekt erst im Akt der Rezeption (re-)konstruiert. »Denn damit Recht überhaupt sein kann, bedarf es bekanntlich mindestens zweier Menschen.«[1234] Da hierbei subjektives Empfinden regiert, befreit *Kummer* das Werk von diesem ästhetischen Werturteil, indem er als Immaterialgut auf die sozusagen objektiv konstruierte gedankliche Vorstellung an sich rekurriert – um nachzuschieben: »Für den Gebrauch des Rechts wird man sich indessen mit der Ausdrucksweise begnügen müssen, geschützt sei die gedankliche Vorstellung, die Art und Weise des Darstellens.«[1235]

Damit ist der Status des urheberrechtlichen Werkes nach *Kummers* Lehre geklärt: Das urheberrechtlich schützbare Werk verweist weder auf die Individualität seines Urhebers noch auf die außerkünstlerische Wirklichkeit, sondern es deutet auf seine gedankliche Vorstellung an sich. Für den Bereich der Musik stellt *Kummer* etwa fest: »En fait la musique, dans le mesure où elle est simplement musique, est une langue d'un accès direct, elle n'exprime rien, ne signifie rien, ne conduit à rien d'autre qu'elle-même.«[1236] Dies gilt auch für die »zweckfreie Darstellung physikalischer Abläufe«, die der von konkreten Gebrauchszwecken beherrschten Wirklichkeit insofern widersprüchlich gegenübertritt, als sie sich als »jolis mécanismes précis qui ne servent á rien«[1237] darbietet. Und »[w]o ein physikalischer Ablauf insofern in den nonsense hinüberwechselt, als er um seiner selbst willen, ohne jeden technischen Effekt, nicht einmal als Lehrmodell, vorgeführt wird«,[1238] da liege, so *Kummer*, »das urheberrechtlich relevante Spiel vor, und da ist der Rechtsschutz, sofern Individualität besteht, zu gewähren«.[1239]

2 Schlussfolgerung aus *Kummers* Rezeptionstheorie: das desemantisierte Werk

Wie gezeigt, kritisiert *Kummer* den überkommenen Werkbegriff des Schöpfungsprinzips wegen der Einseitigkeit der Beziehung zwischen dem individuellen Stand des Bewusstseins seines Urhebers und dem

Werk. Dieser Konzeption stellt er die Tatsache entgegen, dass auch der Betrachter als relevanter Faktor beteiligt ist, weil erst dieser die gedankliche Vorstellung des Werkes konstituiert. *Kummer* versteht das urheberrechtlich schützbare Werk daher implizit als ein sogenanntes autonomes Zeichen.[1240] Dabei legt er einen Zeichenbegriff zugrunde, der aus zwei Ebenen besteht: einerseits der Art und Weise des Darstellens, das ist das Bezeichnende, andererseits der gedanklichen Vorstellung, das ist das Bezeichnete. Die Art und Weise des Darstellens entspricht dem materiellen Werk in seiner statistischen Einmaligkeit und die gedankliche Vorstellung seiner Bedeutung, von *Mukařovský* auch als »ästhetisches Objekt« bezeichnet.

Diese Beziehung zwischen der Art und Weise des Darstellens und der gedanklichen Vorstellung ist nach *Kummer* aber erklärtermaßen »ambivalent«.[1241] Denn durch die Verlegung des Werkes in Raum und Zeit und insbesondere den Wandel des Zeitgeistes in der Kunst, durch den das Werk wahrgenommen wird, verändert sich auch die gedankliche Vorstellung. In der urheberrechtlichen Literatur wird hierauf immer wieder hingewiesen,[1242] etwa dass jede Zeit ihre eigenen Schauspieler oder Regisseure hat und von einer anderen Generation durch ein ganz anderes Prisma wahrgenommen wird.[1243]

Das urheberrechtliche Werk zeichnet sich also dadurch aus, dass es eine stabile Eins-zu-eins-Zuordnung der Art und Weise des Darstellens zur gedanklichen Vorstellung nicht gibt. Der gedanklichen Vorstellung kann man vielmehr eine Pluralisierung der Bedeutungsmöglichkeiten zusprechen (was in der Kunstbegriffsdefinition des Bundesverfassungsgerichts ja gerade zur Öffnung des Kunstbegriffs geführt hat).[1244] Dieses grundlegende Problem erkennt auch *Kummer*, weshalb er das Werk von jedem ästhetischen Werturteil befreien will, womit zugleich gesagt ist, dass er die besondere Eigenschaft der Plurivalenz der gedanklichen Vorstellung im Ästhetischen begründet sieht.

Kummer hat damit eine grundlegende Erkenntnis formuliert. Aus seiner Darstellung kann man deduzieren, dass die Herstellung des urheberrechtlichen Werkes das Ergebnis desjenigen Prozesses ist, in dem ihm zugleich erst die gedankliche Vorstellung zugeschrieben wird. Während reinen Gebrauchszwecken dienende Erzeugnisse, die nicht als Kunst präsentiert werden – denen also keine ästhetische Funktion zugesprochen werden kann –, als Teil der Wirklichkeit verifiziert werden können, gelingt dies beim urheberrechtlichen Werk nicht. Denn das urheberrechtliche Werk ist an Voraussetzungen gebunden, die mit den Erfahrungen des Rezipienten gesetzt sind, wie sein subjektives Empfinden, sein Vorwissen etc. Alle seine individuell mitgebrachten Bedingungen stellen demnach die Voraussetzungen dar, unter denen das statistisch einmalige Artefakt als Art und Weise des Darstellens wahrgenommen (*universe of discourse*) und unter denen eine gedankliche Vorstellung konstituiert wird.

Entsprechend sind hier vier Gesichtspunkte auszudifferenzieren:

- das materielle Artefakt in seiner statistischen Einmaligkeit als Art und Weise der Darstellung;
- das subjektive Empfinden als die Erfahrung des Betrachters, die das *universe of discourse* absteckt und fixiert, auf das die mögliche, aber vage gedankliche Vorstellung verweisen könnte;
- das individuelle *universe of discourse*, also der Inhalt, auf den sich die Art und Weise des Darstellens bezieht;
- das Werk als gedankliche Vorstellung.

Der Zeichenbegriff von *de Saussure*, den *Kummer* in seinem Gedankengang offenbar verwendet, beachtet nur den ersten und vierten Gesichtspunkt, also die Art und Weise des Darstellens und die gedankliche Vorstellung. Da der Unterschied zwischen einem mitteilenden Zeichen (»Tuschspritzer an der Wand«),[1245] das an der Wirklichkeit verifiziert werden kann, und einem urheberrechtlichen Werk, dem durch die Präsentation eine ästhetische Funktion zugesprochen werden kann und das deswegen nicht anhand dieser eigenständigen Wirklichkeit verifiziert werden kann, seine Ursache im zweiten und dritten Gesichtspunkt findet, können die schwer zu durchschauenden und zu handhabenden Prozesse bei der Zusammensetzung der gedanklichen Vorstellung nicht annähernd erfasst werden. Ebendies dürfte der Grund sein, warum *Kummer* sich damit begnügen muss, den Begriff »Werk« immer wieder neu zu umschreiben, und ihn paraphrasiert, ohne dass ihm jedoch eine präzise Formulierung des Werkes gelingen will.[1246]

Kummers Lehre kann jedoch im Kern auf einen dreigliedrigen Zeichenbegriff zurückgeführt werden, wie ihn *Morris*[1247] im Anschluss an *Peirce*[1248] entwickelt hat und in dem die Art und Weise der Darstellung und die gedankliche Vorstellung um den sogenannten Interpretanten ergänzt wird.

Hierbei sind folgende Aspekte zu unterscheiden:

- die statistische Einmaligkeit des Werkes als Verhältnis zwischen den Zeichen, noch ohne ihnen eine Bedeutung zu geben, als die syntaktische Dimension,
- das Verhältnis zwischen der Art und Weise des Darstellens und der Wirklichkeit, auf die es hinweist, als die semantische Dimension,
- das Verhältnis des Zeichens zum Rezipienten als pragmatische Dimension.

Im Folgenden wird versucht, anhand dieser Instrumente den Sachverhalt, auf den *Kummers* Befreiung von jedem ästhetischen Werturteil hinauswollte, präzise zu formulieren:

1. Das Artefakt, das als Art und Weise der Darstellung definiert ist und dessen statistische Einmaligkeit durch einen Vergleich »mit dem, was da ist; aber auch mit dem, was da sein könnte«,[1249] ermittelt wird, soll durch die syntaktische Dimension ersetzt werden, also die Relation der Zeichen zu anderen Zeichen. Dies hat den Vorteil, dass hierdurch klargestellt ist, dass die syntaktische Dimension auf die semantische und die pragmatische Dimension bezogen ist. Hierdurch wird deutlich, dass es eine Zeichenverbindung der Art und Weise der Darstellung zur gedanklichen Vorstellung unabhängig vom Rezipienten nicht gibt.
2. Das »subjektive Empfinden«, also die Erfahrung des Rezipienten, der das *universe of discourse* absteckt und fixiert, soll durch die pragmatische Dimension bestimmt werden, also die äußeren »Sachumstände«,[1250] unter denen das »Schaustück«[1251] präsentiert wird. Damit wird explizit, dass das statistisch einmalige Artefakt als die Art und Weise der Darstellung kein vom *universe of discourse* des Rezipienten unabhängiger Aspekt ist, sondern sich beide im urheberrechtlichen Werk gegenseitig bedingen.
3. Das *universe of discourse* lässt sich nur als Ergänzung zur semantischen Dimension angemessen begreifen. Denn während bei einem mitteilenden Zeichen (»Tuschspritzer an der Wand«)[1252] auf eine *eigenständige* Wirklichkeit verwiesen wird, muss bei einem autonomen Zeichen die semantische Dimension in Abhängigkeit von den subjektiven Erfahrungen

des Rezipienten erst hergestellt werden. Indem der Urheber also das statistisch einmalige Werk präsentiert, bedingt dies die Autonomie des urheberrechtlichen Werkes von der Wirklichkeit. Denn im urheberrechtlichen Werk gemäß *Kummers* Lehre ist keine eigenständige semantische Dimension vorhanden, auf die es sich beziehen könnte. Eine für alle Rezipienten objektiv gegebene semantische Dimension kann es daher nicht geben.

4. Das urheberrechtliche Werk ist hiernach das Ergebnis des Prozesses, in welchem die gedankliche Vorstellung der Art und Weise der Darstellung hergestellt wird. Die gedankliche Vorstellung wird also erschaffen, indem der Rezipient in Abhängigkeit von der syntaktischen Dimension und der pragmatischen Dimension die semantische Dimension des urheberrechtlichen Werkes erst produziert.

Auf dieser Grundlage lässt sich die grundlegende Erkenntnis *Kummers* formulieren: Dem urheberrechtlichen Werk fehlt eine eigenständige semantische Dimension (Inhalt). Gemäß der Lehre vom urheberrechtlichen Werk wird also einerseits die gedankliche Vorstellung der Art und Weise der Darstellung erst vom Rezipienten hergestellt. Andererseits stellt das desemantisierte urheberrechtliche Werk als gedankliche Vorstellung an sich eine Wirklichkeit *sui generis* dar. Denn weil das urheberrechtliche Werk gegenüber der Wirklichkeit autonom ist, kann es sich auf seine intrinsische gedankliche Vorstellung an sich berufen. Von dieser Besonderheit des Rezeptionsprozesses hat eine Befreiung von jedem ästhetischen Werturteil, wie *Kummer* sie anstrebt, ihren Ausgang zu nehmen.[1253]

Damit steht zugleich fest, dass *Kummer* mit seiner Lehre vom urheberrechtlich schützbaren Werk ebenso wie *F. Müller* bei seinem offenen Kunstbegriff davon ausgeht, dass es beim Werk um die Herstellung einer eigenen Wirklichkeit, der Herstellung einer Wirklichkeit *sui generis* geht.

3 Zwischenfazit zu D.III

Die wesentlichen Erkenntnisse *Kummers* können wie folgt zusammengefasst werden: Das Ziel der Lehre vom urheberrechtlich schützbaren Werk ist es, jegliche Subjektivität beim Erzeugen von Bedeutung und damit jegliches ästhetisches Werturteil über das Werk durch das Konzept der »gedanklichen Vorstellung an sich« auszuschließen. Zwar erzeugt *der Rezipient* die Bedeutung (gedankliche Vorstellung) als Resultat des Rezeptionsprozesses in Abhängigkeit von der statistischen Einmaligkeit und der Art und Weise der Darstellung des Werkes. Um aber als Geisteswerk *des Urhebers* gelten zu können, muss das Werk diese Subjektivität des Rezipienten eliminieren, also eine Wirklichkeit *sui generis* darstellen, die weder auf den lebenden Geist seines Urhebers noch auf die außerkünstlerische Wirklichkeit verweist, sondern auf sich selbst, auf die Struktur des Werkes. Diese desemantisierte Struktur des Werkes als »gedankliche Vorstellung an sich« begründet seine Autonomie, das heißt die Loslösung des Werkes von jedem ästhetischen Werturteil. *Kummers* alternativer Werkbegriff entspricht damit im Kern dem offenen Kunstbegriff *F. Müllers.* Die von *Kummer* geäußerte fundamentale Kritik am urheberrechtlichen Werkbegriff im Sinne des Schöpfungsprinzips hält daher auch wesentliche Aspekte für die Überlegungen nach dem verfassungsrechtlichen Prüfungsmaßstab bereit.

IV Zwischenergebnis zu D

Die Fähigkeit, den lebenden Geist des Urhebers im urheberrechtlichen Werk zu erkennen, kann nicht nur, wie es das OLG Hamburg konstatiert, »auch durch längere richterliche Tätigkeit und die Beschäftigung des gebildeten Menschen mit Fragen der Kunst nicht ohne weiteres erworben«[1254] werden, sondern dies ist schlechterdings unmöglich, weil die gedankliche Vorstellung des Werkes erst durch den Rezipienten konstituiert wird. Diese Feststellung gilt auf der Regelungsebene des Urheberrechts ebenso wie für den materiellen Kunstbegriff. Auch dieser bleibt, auf der Ebene der Verfassung, als »inhaltlich normierender Wertbegriff«[1255] innerhalb der unter *Kummers* Lehre dargestellten Aporie und ist damit sachlich unhaltbar. Er kann daher weder alternativ noch ergänzend noch, wie auch immer, parallel zur offenen Kunstbegriffsdefinition Geltung beanspruchen, sondern gar nicht. Die »Natur« oder das »Wesen« des Werkes als Ausdruck der subjektiven Wirklichkeit seines Urhebers, wie es mit dem geltenden Urheberrecht und dem materiellen Kunstbegriffsdefinition begründet wird, erweist sich als Scheinbegründung. Als inhaltlich normierender Wertbegriff läuft er als verfassungsrechtlicher Prüfungsmaßstab Gefahr, als Tarnmantel für eine willkürliche richterliche Ersatzgesetzgebung zu dienen, obgleich die inhaltliche Dimension erst vom Rezipienten erschaffen wird. Die »Zauberformel der Natur der Sache«, bei der der materielle Kunstbegriff als Ausdruck der Individualität verstanden wird, könnte sich als unhaltbarer

Versuch erweisen, die Normsetzung als Normfindung auszugeben, indem mit dem materiellen Kunstbegriff »die grundrechtlich eingeräumte Freiheit von vornherein mit Hilfe verfassungsrechtlich nicht normierter ideologischer Leerformeln außer Gefecht gesetzt« wird.[1256] Der offene Kunstbegriff ist folglich zunächst der alleinige Maßstab, anhand dessen die Fragen zu beantworten sind, ob die oben festgestellte Regelungslücke im Hinblick auf den Urheberrechtsschutz performativer Kunst planwidrig ist und, wenn ja, wie diese Lücke auszufüllen ist.

Gezeigt hat sich zudem, dass das urheberrechtlich schützbare Werk nach der Lehre *Kummers* nicht nur in der Lage ist, Geschützes von Schutzlosem auf eine deskriptive Weise zu bestimmen, die aus der von ihm aufgezeigten Aporie des Schöpfungsprinzips herausführt, ohne ihrerseits in Widersprüche zu geraten, sondern auch dazu, den offenen Kunstbegriff *F. Müllers* zu konkretisieren, bei dem es um die Herstellung einer Wirklichkeit *sui generis* geht.[1257]

E Der Schutz von Ereignissen als Kunst im Sinne des offenen Kunstbegriffs

Die bisherige Untersuchung hat gezeigt, dass der offene Kunstbegriff gemäß Art. 5 Abs. 1 S. 1 GG zunächst derjenige Wertungsmaßstab ist, anhand dessen die Planwidrigkeit des fehlenden Schutzes performativer Kunst im Urheberrechtsgesetz beurteilt werden muss. Damit stellt sich die Frage: Sind Aufführungen des Theaters und der Aktions- und Performancekunst Kunst im Sinne des offenen Kunstbegriffs nach Art. 5 Abs. 1 S. 1 GG?

Ist beides in diesem Sinne als Kunst verfassungsrechtlich geschützt, folgt daraus, dass nach dem Wertungsplan der Rechtsordnung beides auch urheberrechtlich als Werk Schutz verdient und damit die in Bezug auf performative, ereignishafte Kunst festgestellte Regelungslücke in § 2 Abs. 2 UrhG planwidrig und eine Rechtsfortbildung erforderlich ist. Ist dies nicht der Fall, kann man sich nur noch die Frage stellen, ob der Bereich der »engagierten Kunst« von der Freiheitsgarantie *nicht* ausgenommen ist.

Der offene Kunstbegriff ist im vorigen Kapitel im Sinne der Lehre *Kummers* vom urheberrechtlich schützbaren Werk konkretisiert und die Voraussetzungen des Werkbegriffs nach der Lehre *Kummers* sind dort[1258] im Detail beschrieben worden. Danach muss also im Folgenden geprüft werden, ob erstens eine Aufführung des Theaters und der Aktions- und Performancekunst ein statistisch einmaliges Gebilde darstellt,[1259] das präsentiert wird,[1260] zweitens, ob es sich um etwas handelt, das geäußert und als Geäußertes von Auge und Ohr aufzunehmen ist,[1261] und drittens, ob es etwas Gedankliches (eine Vorstellung an sich) ist.[1262]

I Präsentation eines statistisch einmaligen Gebildes

Kummer gibt selbst keine ausdrückliche Antwort auf die Frage, ob Aufführungen des Theaters und der Aktions- und Performancekunst nach seiner Lehre individuell sind. Wie gesehen,[1263] löst er das Werk aber allgemein sowohl aus seiner direkten Beziehung zu seinem Urheber als auch von der objektiven Wirklichkeit und stellt stattdessen darauf ab, ob das präsentierte Werk statistisch einmalig ist. Denn nach *Kummer* heißt »[n]ach dem Individuellen fahnden [...] nicht wägen, sondern heisst *vergleichen*«.[1264] Bei ihm kommt es, anders als nach der herrschenden Meinung, also nicht darauf an, ob die bühnenmäßige Aufführung als Ausdruck eines gedanklichen Inhalts seines Schöpfers verstanden werden kann, sondern es stellt sich die Frage, ob Aufführungen des Theaters und der Aktions- und Performancekunst die Eigenschaft aufweisen, dass etwas statistisch Einmaliges präsentiert wird.

Die Antwort hierauf ergibt sich im Wesentlichen aus *Kummers* Regel für die Kombination artungleicher Ausdrucksmittel.[1265] Denn ein Werk genießt nach *Kummer* Rechtsschutz, sobald die Kombination als eine individuelle, das heißt statistisch einmalige, Kombination artungleicher Ausdrucksmittel zu gelten hat.[1266] Als Beispiel nennt *Kummer* eine aus zwei Schaufeln bestehende Skulptur in Kombination mit dem Titel »Autostop«. Weder die Verbindung der Schaufeln sei geschützt noch das als Aufbauelement fungierende Wort »Autostop«. Als individuell und damit geschützt gilt *Kummer* aber deren Kombination.[1267] Als »wichtigste Kombination ungleicher Ausdrucksmittel«[1268] nennt *Kummer* den Film und führt u. a. aus, dass heute nicht mehr die Frage erörtert werde, ob der Filmregisseur Urheber ist, sondern in welchem Verhältnis seine Rechte im Verbund mit denen anderer Urheber wie Autor, Komponist, Kameramann usw. stehen.[1269] Kombiniert wird nun aber auch beim Theater. Wenn daher bei *Kummer* »[j]ede Individualität [...] letztlich darauf zurückzuführen [ist], dass aus einer Menge von Einzelelementen einzelne ausgewählt und zusammengefügt oder dass zumindest Entscheidungen (Auswahlen) für die Anordnung getroffen werden«,[1270] kommt in Betracht, dass auch Aufführungen des Theaters und der Aktions- und Performancekunst als individuelle Auswahl und Anordnung oder als Kombination von ungleichen Ausdrucksmitteln statistisch einmalig sind. Zum Ballett führt *Kummer* etwa aus:

> »Die Grundfiguren des klassischen Balletts [...] müssen schutzlos bleiben [...], weil sie [...] die einzelnen Aufbauelemente, die ›Worte‹ bereit [...] stellen. Wohl aber tanzt die Ballerina auf der Bühne oder auf dem Eis sofort in die Individualität hinein, sobald sie solche gemeinfreien Grundfiguren über hinreichend langen Weg aneinanderreiht, gleich dem Schriftsteller, der schon nach wenigen Worten die Schwelle der Individualität überschreitet. Und wo immer der Choreograph frei erfindet und schafft, ist er sofort in der Individualität.«[1271]

Für *Kummers* Lehre vom Rezeptionsprinzip sind hinsichtlich des Tatbestandmerkmals der statistischen Einmaligkeit also die Auswahl und Anordnung der einzelnen theatralen Elemente entscheidend.

Auch wenn *Kummer* dies nicht ausdrücklich erwähnt, rückt damit notwendigerweise der Theaterregisseur »ins Rampenlicht« des Urheberrechts: Der Zuschauer wird nicht mehr als intellektueller Entzifferer einer vorformulierten Botschaft (des Autors) begriffen. Vielmehr ist es der Betrachter, der auf der Grundlage der wahrgenommenen Aufbauelemente dem Werk erst eine gedankliche Vorstellung beilegt.

Kummers Lehre knüpft damit implizit an die Theatermacher der historischen Avantgardebewegung zu Beginn des 20. Jahrhunderts an. Während im 18. Jahrhundert die Zuschauer die unverhandelbaren Mienen und Gebärden des Schauspielers entziffern sollten, um sich in die dargestellten Gefühle »einzufühlen«,[1272] sollte hier der Regisseur »ganz bestimmte wahrnehmbare Reaktionen durch gezielte Inszenierungsstrategien allererst hervorrufen«,[1273] weshalb etwa *Sergej M. Eisenstein* »die Formung des Zuschauers in einer gewünschten Richtung (Gestimmtheit)«[1274] intendierte. In seiner Schrift »Montage der Attraktionen«, in der er anhand seiner Inszenierung von *Ostrowskis* Theaterstück »Eine Dummheit macht auch der Gescheiteste« sein ästhetisches Konzept begründete, charakterisierte er den Zuschauer regelrecht als »Hauptmaterial des Theaters«, mit dem Ziel, mit sensationellen Darbietungen und einer auf den Schockeffekt ausgerichteten Sinnesreizung die Feedback-Schleife zu lenken und zu leiten.[1275]

Im Kern bedeutet dies, dass zum einen, ebenso wie beim Schöpfungsprinzip, zwischen Subjekt und Objekt unterschieden, zum anderen der Zufallscharakter der Aufführung negiert wurde, indem das, was zuvor geplant war, jeden Abend genau gleich präsentiert werden sollte.

Wie jedoch die empirische Analyse von Aufführungen in Kapitel C ergeben hat, lässt sich die Feedback-Schleife »weder tatsächlich unterbrechen noch gezielt steuern«.[1276] Wie *Fischer-Lichte* dargelegt hat, handelt es sich bei der Feedback-Schleife, welche die bühnenmäßige Aufführung allererst erzeugt, weder um eine Subjekt-Objekt-Relation im Sinne des Schöpfungsprinzips noch um eine solche im Sinne des Rezeptionsprinzips, sondern um ein Verhältnis von Ko-Subjekten, bei denen die Beteiligten nicht nicht aufeinander reagieren können. Gleich einem Fußballspiel, bei dem sich die Spieler den Ball gegenseitig zuspielen und dabei von zigtausenden Zuschauern im Stadion angefeuert werden, nimmt jeder an der Aufführung als einem »selbstbezügliche[n] autopoietische[n] System mit prinzipiell offenem, nicht vorhersagbarem Ausgang«[1277] teil. Durch die Interaktion aller Beteiligten wird sie von allen gemeinsam hervorgebracht, weshalb sie von keinem Einzelnen, auch nicht vom Fußballtrainer oder hier dem

Theaterregisseur, vollkommen durchgeplant, kontrolliert und in diesem Sinne präsentiert werden könnte.

Dann aber kommt in Betracht, dass die Annahme der von *Kummer* vorausgesetzten statistischen Einmaligkeit bei einem Ereignis als abgeschlossenem Ganzen gegen »den überhaupt wesentlichsten Grundsatz des Urheberrechts« verstößt, wonach erst das »konkrete« Werk geschützt ist.[1278] Denn das Urheberrecht ist – auch nach der Lehre *Kummers* – »Werk- und nicht Verfahrensschutz«.[1279] Dies hat auch beim urheberrechtlich schützbaren Ereignis zu gelten. Denn »[n]ach unbezweifeltem Grundsatz [sind] die Anweisung, die Handwerksregel, die Manier, der Stil nie geschützt«.[1280] Das heißt, *Kummers* Lehre basiert auf dem fundamentalen Prinzip, dass nie die Methode des Schaffens, sondern immer nur das »konkrete Bild, die vollzogene Anwendung der Stilregeln, des Rezepts«[1281] geschützt ist.

Zwar gilt es hierbei zunächst festzuhalten, dass nach der Lehre vom urheberrechtlich schützbaren Werk auch Zufallswerke zum Kreis der schutzfähigen Werke zählen. Zu diesem Ergebnis gelangt *Kummer*, indem er den Rechtsschutz nicht von einer im Werk verobjektivierten Individualität seines Schöpfers abhängig macht. Nach seiner Lehre ist nicht entscheidend, »*wie* der Autor zu seinem Werk kommt, sondern erheblich nur ist, *dass* er eine [statistisch einmalige, Anm. des Verf.] Hervorbringung in seiner Hand hält und diese als Werk des Urheberrechts ›präsentiert‹«.[1282] Für *Kummer* ist daher auch nicht maßgeblich, ob im Rahmen des Schöpfungsprozesses Zufall am Werk *war*, sondern ob dessen Ergebnis individuell *ist*.[1283] Entsprechend kritisiert er die oben[1284] zitierte Differenzierung von *Fromm/Nordemann*,[1285] wonach sich der persönliche Geist gerade noch bei demjenigen verobjektiviere, der »Farbtuben blind über den Rücken wahllos gegen die Leinwand wirft«[1286] und sich nach dieser Aktion den schönsten Teil der Leinwand herausschneidet,[1287] demgegenüber aber Action Paintings aus dem Rechtsschutz herausfielen, bei denen der Fertigungsprozess des Kunstwerkes im Vordergrund steht, etwa wenn der Maler »wahllos Farben auf eine am Boden liegende Bildfläche gießt und sich dann darauf setzt, um durch Drehbewegungen mit dem Hosenboden ein kreisrundes Farbmischmasch zu erzeugen«[1288].[1289]

Der Bezugspunkt dieser Kritik *Kummers* an *Fromm/Nordemann* ist aber derselbe, nämlich das fertige Werk, das als »Ding« durch diese Aktion erst geschaffen wurde, nicht aber die Aktion selbst, die hier auf dem Prüfstand steht. Die Berechtigung dieser Differenzierung ergibt sich aus *Kummers* Unterscheidung zwischen der Schutzbegründung und dem Schutzumfang:

> »Und jeder darf sich ein Bild ›à la manière des tachistes‹ malen [...], deren Arbeitsweise darin bestehen soll, die Farbe gleichsam auf Distanz auf die Leinwand zu schleudern. Solche Bilder sind einerseits höchste Individualität, weil ungemein viel Zufall mitspricht; denn wer könnte gleich flüssige oder steife Farbe auf die genau gleiche Flugbahn bringen! Das scheint fast ausgeschlossen, weil Zufall hilft, und dieser beugt sich keinem Zwang zur Wiederholung. Andererseits ist das Bild beinahe nur noch Rezept, entfesseltes Rezept, weswegen denn auch jedes dem anderen so verzweifelt ähneln kann. Die urheberrechtliche Individualität verkriecht sich weitgehend in das Verschiedensein einzelner Farbspritzer, und der Rechtsschutz schmilzt auf Unbedeutendes zusammen.«[1290]

Aus diesen Überlegungen *Kummers* ist für das urheberrechtlich schützbare Ereignis der Schluss zu ziehen: Zufall und Absicht schließen sich in der Entstehung der Aufführung als einem urheberrechtlichen Werk als geschlossenem Ganzen aus. Anders als bei der absichtlichen Präsentation einer zufällig entstandenen Sache *als Kunst* gibt es bei der flüchtigen Aufführung kein (zufällig entstandenes) dauerhaftes körperliches Produkt, das der Urheber in seinen Händen halten könnte und das sich *als Kunst*, also mit dieser Absicht, präsentieren ließe. Ein durch Zufall entstandenes, flüchtiges, einmaliges und unwiederholbares Ereignis, sei es auch einmalig und unwiederholbar, kann nicht präsentiert werden. Also kann auch eine Aufführung, die immer, wie gezeigt, ereignishaft ist, nicht als Ausdruck der Intention eines Urhebers begriffen werden, und als flüchtiges Geschehen erzeugt sie nichts, was als Kunst präsentiert werden könnte. Vielmehr handelt es sich bei den Anordnungen, die der Regisseur trifft, im Hinblick auf die Aufführung um Anweisungen, die Aufführungen des Theaters und der Aktions- und Performancekunst nicht prädeterminieren können. Wenn *Kummer* etwa meint, dass sich die Individualität in dem zufällig entstandenen *Bild* versteckt und nur diese geschützt wird, hier aber gerade die Frage untersucht wird, ob die Aufführung als Ganzes, das heißt in ihrer Unwiederholbarkeit Urheberrechtsschutz genießt, kann hieraus nur die Schlussfolgerung gezogen werden, dass die Lehre vom urheberrechtlich schützbaren Werk hier insoweit an ihre Grenzen stößt, als es sich bei der Bewertung eines Ereignisses nicht um einen Werk-, sondern um einen Verfahrensschutz handelt. Gerade das will *Kummer* aber ausschließen, denn »das Fabrikationsverfahren spielt überhaupt keine Rolle«.[1291]Anders als bei der Präsentation eines statistisch einmaligen Werkes, bei dem im Rahmen des Schöpfungsprozesses Zufall am Werk *war*, handelt es sich bei Aufführungen des Theaters und der Aktions- und Performancekunst gerade um einmalige und unwiederholbare Aufführungen, bei denen Zufall am Werk *ist* – und die damit auch nicht Ausdruck einer Intention sein können. »Solange das Werk nicht Gestalt angenommen hat, solange es nicht aufgeführt, nicht zum ›Wahrnehmbaren‹ gemacht worden ist, kann kein Schutz eingreifen, es fehlt der Schutzgegenstand.«[1292]

Befriedigen kann das nicht. Bereits an dieser Stelle sollte daher im Hinblick auf die in Kapitel F folgenden Ausführungen strikt zwischen der »fast fertigen« Inszenierung und der Aufführung als geschlossenem Ganzen unterschieden werden. Die Inszenierung beinhaltet einen Entwurf, einen Plan, welche Elemente ausgewählt und wie sie angeordnet werden, den das Ereignis verkörpert. Obgleich jede Aufführung dabei einmalig und unwiederholbar ist, stellt sie im Falle einer gelungenen Umsetzung einer Inszenierung auch immer eine Variante dar. Das heißt, auch an die Inszenierung kann die Frage gestellt werden, »wo im Einzelfall das Rezept aufhört und die individuelle Leistung beginnt, was also, weil Rezept, von jedermann übernommen werden darf, was dagegen, weil individuell [i. S. v. statistisch einmalig, Anm. des Verf.], geschützt ist«.[1293] An dieser Stelle bleibt aber zu konstatieren, dass Aufführungen des Theaters und der Aktions- und Performancekunst als abgeschlossenes Ganzes aufgrund ihrer Ereignishaftigkeit kein Werk gemäß *Kummers* Werkbegriff und damit auch nicht Kunst im Sinne des offenen Kunstbegriffs des Art. 5 Abs. 3 S. 1 GG sind.

II Geäußerte und als Geäußertes von Auge und Ohr aufzunehmende Form

Erfüllen Aufführungen des Theaters und der Aktions- und Performancekunst die Voraussetzungen, die *Kummer* hinsichtlich der *wahrnehmbaren Form* von Aufführungen aufstellt?[1294] Wie gezeigt,[1295] verbirgt sich hinter dieser Frage die folgende konkrete Frage: Lässt sich *Kummers* Werkbegriff mit der Tatsache in Einklang bringen, dass der Körper des Darstellers kein beliebig formbares Material darstellt und daher kein Ausdrucksmittel sein kann? Oben[1296] wurde gezeigt, dass *Kummer* nach dem Individuellen (i. S. v. statisch einmalig) sucht, indem er nicht wägt, sondern vergleicht.[1297] Diese Umkehrung der Hierarchie von Körper und Geist bedingt auch ein neues Verständnis von der Form der Aufführung.

Während das Schöpfungsprinzip im Hinblick auf die wahrnehmbare Formgestaltung der bühnenmäßigen Aufführung darauf abstellt, ob die Aufführung als Ausdruck eines gedanklichen Inhalts seines Schöpfers verstanden werden kann, sieht *Kummer* in einer Form zunächst einmal nur den Gegensatz zu einer Nichtform als etwas, das physisch noch nicht existent geworden ist.[1298] Für die Rechtspraktikabilität untersucht er also die Struktur des Werkes in Relation zu den Strukturen anderer Werke. Danach bedeutet wahrnehmbare Form also zunächst lediglich physische Existenz, die bei einer Darstellung schlicht gegeben ist. In Bezug auf ausübende Künstler bedeutet dies, dass ihr bewegtes Spiel im Raum zunächst nur als etwas Geäußertes und als Geäußertes von Auge und Ohr Aufzunehmendes verstanden wird. Es klingt dabei wie eine direkte Entgegnung auf die Anhänger des Schöpfungsprinzips, wenn *Kummer* sich bei der urheberrechtlichen Würdigung des ausübenden Künstlers ausdrücklich auf Zirkus und Varieté beruft: »Der Varieté-Künstler baut ähnlich wie der Choreograph ein bestimmtes Programm auf, für das er Schutz geniesst, wenn auszuschliessen ist, auch ein anderer könnte zufällig auf Gleiches verfallen.«[1299]

Und an anderer Stelle:

> »Der Choreograph ist für seinen Pas de deux geschützt, gleichviel ob auf Brett oder Eis geführt. Wird aber dieser Pas de deux auf Olympia-Eis, im Wettkampf, dargeboten, fällt der Rechtsschutz aus [...] dort reines Schauspiel, hier Wettkampf. Ähnliches findet sich vielleicht im Verhältnis zwischen Zirkusakrobaten und Kunstturner«.[1300]

Für *Kummer* kann die Streitfrage, ob der ausübende Künstler ein Werk schafft, daher auch nicht auf der Grundlage des Werkbegriffs beantwortet werden, wie er von den Anhängern des Schöpfungsprinzips zugrunde gelegt wird, zumal er – wie gezeigt[1301] – davon ausgeht, dass »eine Verständigung [...] auf dem Boden einer künstlerisch-qualitativen Bewertung ausgeschlossen [erscheint]«.[1302] Wie sich gezeigt hat, führt die Beantwortung der Frage, welcher gedankliche Inhalt im dramatischen Text niedergelegt ist, in der Tat in eine Aporie hinein.[1303] Für eine praktikable Rechtsanwendung fordert *Kummer* daher auch hier die Befreiung von jedem ästhetischen Werturteil. Das heißt, die Entscheidung der Frage, ob der Tätigkeit des ausübenden Künstlers die Eigenschaft als wahrnehmbare Form des Werkes zu- oder abgesprochen werden kann, macht er von der Voraussetzung abhängig, ob das »Wertmass der Individualität«[1304] erfüllt ist. Nach der Lehre vom urheberrechtlich schützbaren Werk steht bei der Form der bühnenmäßigen Aufführung daher notwendigerweise die Reflexion auf den Materialcharakter des ausübenden Künstlers im Vordergrund.

Kummer kommt dabei zu der (erstaunlichen) Schlussfolgerung, dass das von ihm postulierte Tatbestandsmerkmal der Individualität im Sinne statistischer Einmaligkeit beim ausübenden Künstler keine Geltung beanspruchen könne.[1305] Denn »Interpret und Urheber leisten *wesensmässig zu Verschiedenes*«.[1306]

> »Die Interpretation [...] ist Befolgung einer Vorlage und neigt deshalb notwendigerweise dazu, eine für die Rechtsanwendung praktikable, für den Rechtsanwender handgreifliche Individualität nicht aufkommen zu lassen, eine Individualität, die nun in der Tat sehr oft um so mehr verblasst, je werkgetreuer, mithin je besser und schutzwürdiger die Interpretation ist.«[1307]

Aus diesem Zitat werden die von ihm gemeinten »grundlegende[n] Unterschiede«[1308] zwischen Urheber und Interpret deutlich. Zwar ist der Schauspieler nach der Lehre *Kummers* aus der Übermittlung geistiger Inhalte befreit. Bei ihm macht nicht das Was, sondern das Wie den Unterschied. Gleichwohl weist sein Konzept vom urheberrechtlich schützbaren Werk eine auffallende Parallele mit demjenigen auf, das auch der Theorie vom Leistungsschutzrecht des ausübenden Künstlers zugrunde liegt. Denn wenn *Kummer* meint, das Wesen der Interpretation des ausübenden Künstlers liege in der »Befolgung einer Vorlage«,[1309] dominiert nicht die Literatur den ausübenden Künstler, wie dies bei *Elster*, *Marwitz* und *Kohler* der Fall war,[1310] sondern der ausübende Künstler erscheint wie eine Marionette, die an den unsichtbaren Fäden des Regisseurs bzw. des Choreografen hängt. Nicht der dramatische Text des Autors ist als Vorlage gemeint, sondern die durch die Umkehrung der Hierarchie von Körper und Geist bedingte »Vorlage« des anweisenden Regisseurs. Möchte die Aufführung urheberrechtliches Werk sein, muss der ausübende Künstler daher die Form des Werkes wiedergeben, wie sie der Urheber vorgeschrieben hat – selbst wenn es seine eigene Vorlage ist. Die Prämissen für das Tatbestandsmerkmal der Form nach der Lehre *Kummers* können mit den Worten *Meyerholds* wie folgt konkretisiert werden:

> »In der Kunst geht es immer um die Organisation von Material. [...] Die Kunst des Schauspielers besteht in der Organisation seines Materials, d. h. in der Fähigkeit, die Ausdrucksmittel seines Körpers richtig auszunützen. In der Person des Schauspielers kongruieren der Organisator und das, was organisiert werden soll (d. h. der Künstler und sein Material). In einer Formel ausgedrückt sieht das so aus: N = A1 + A2, wobei N der Schauspieler ist, A1 der Konstrukteur, der eine bestimmte Absicht hat und Anweisungen zur Realisierung dieser Absicht gibt, A2 ist der Körper des Schauspielers, der die Aufgaben des Konstrukteurs (des ersten A) ausführt und realisiert. Der Schauspieler muß sein Material – den Körper – so trainieren, daß er die von außen (vom Schauspieler bzw. vom Regisseur) aufgetragenen Aufgaben augenblicklich ausführen kann.«[1311]

In *Kummers* Lehre wird also eine Verwendungsweise des Körpers vorausgesetzt, bei der die Bedingung, dass der ausübende Künstler als Form verstanden werden kann, darin liegt, dass sich sein Körper beliebig bearbeiten lässt, bis er der Form zugänglich ist, wie sie der Urheber in seiner Vorlage zugrunde gelegt hat. Damit weist *Kummers* Lehre vom urheberrechtlich schützbaren Werk eine frappierende Parallele mit der auf, die auch der Theorie vom Leistungsschutzrecht des ausübenden Künstlers zugrunde liegt:[1312] Sowohl das Verständnis der Vertreter des Schöpfungsprinzips vom Darsteller als wahrnehmbarer Form eines Literaturwerkes als auch dasjenige *Kummers* setzen ein Rechtssubjekt voraus, dem es gelingt, seinen Körper vollständig der Kontrolle seines Geistes zu unterwerfen. Die Spannung zwischen Leib-Sein und Körper-Haben[1313] ist hier angeblich abermals dadurch aufgehoben, dass es dem ausübenden Künstler gelingt, seinen Körper vollständig im »Geiste« des Urhebers aufzulösen und ihm damit zur Verfügung zu stellen. Und je besser es dem ausübenden Künstler gelingt, sich kraft seiner Vernunft von den Vehikeln seines Körpers zu befreien und der Kontrolle des Geistes zu unterwerfen, desto besser wird er die Rolle treffen, desto werkgetreuer wird er das Geisteswerk des Urhebers wiedergeben.[1314] Sowohl das Schöpfungsprinzip als auch das Rezeptionsprinzip gehen in ihren Prämissen von dem Irrtum aus, dass der ausübende Künstler nahezu alles kann und es für ihn keine denkbare Handlungsbeschränkung gibt, er also den Bedingtheiten seines Körpers nicht unterliegt.

»In beiden Fällen haben wir es mit dem Phantasma einer vollkommenen Beherrschbarkeit des Körpers zu tun. Es gibt kein Leib-Sein, sondern nur ein fast allmächtiges Subjekt, das nicht durch seinen Körper bedingt und bestimmt ist, vielmehr frei über ihn wie über ein beliebig formbares Material verfügen kann.«[1315]

Dabei darf man aber nicht den wesentlichen Unterschied übersehen, der durch die unterschiedlichen urheberrechtlichen Prinzipien begründet ist: Während es für die Anhänger des Schöpfungsprinzips erheblich ist, »daß alles, was am Körper sinnliche, hinfällige und unzulängliche menschliche Natur ist«,[1316] im Prozess seiner Vergeistigung aus der Welt geschafft werden kann, ist es nach *Kummers* Lehre vom urheberrechtlich schützbaren Werk erheblich, dass der menschliche Körper »wie eine unendlich perfektionierbare Maschine [funktioniert], die durch klug kalkulierte Eingriffe ihres Konstrukteurs so weit optimiert werden kann, daß ihre Störanfälligkeit signifikant abnimmt und ein reibungsloser Ablauf garantiert ist [vgl. Abb. 21]«.[1317] Während nach dem Schöpfungsprinzip die Körperlichkeit des ausübenden Künstlers im Rahmen des Werkkriteriums der wahrnehmbaren Formgestaltung als Ausdrucksmittel für den geistigen Inhalt des schriftlichen Textes relevant ist,[1318] tritt sie bei *Kummer* allein materiell in Erscheinung: Die Darstellung des ausübenden Künstlers dient nicht der Übermittlung eines geistigen Gehalts, sondern sie ist zu verstehen als spezifische Art und Weise seiner Darstellung, die unmittelbar auf die Sinne des Zuschauers einwirkt. Dies schließt die Existenz einer gedanklichen Vorstellung nicht aus. Entsprechend dem Rezeptionsprinzip *Kummers* ist es lediglich der Zuschauer, der als »Schöpfer eines neuen Sinns«[1319] anhand des Wahrgenommenen die gedankliche Vorstellung erst konstituiert. Während also nach herrschender Meinung Handeln wahrnehmbarer Ausdruck ist, wird Handeln bei *Kummer* als Wirkpotenzial begriffen. *Kummers* Konzept der Form einer bühnenmäßigen Aufführung ist in gewisser Weise als Umkehrung des Schöpfungsprinzips zu begreifen. Er stellte es vom »Kopf auf die Füße«.[1320]

Die Antwort auf die Frage, ob »der Interpretation [...] mit dem für das Urheberrecht massgebenden Kriterium [deswegen] nicht beizukommen ist«, weil er den Körper des ausübenden Künstlers aus dem genannten Grund für unzulänglich gehalten hat, konnte *Kummer* gleichwohl offenlassen. Er umgeht sie dadurch, dass er ausführt, ein

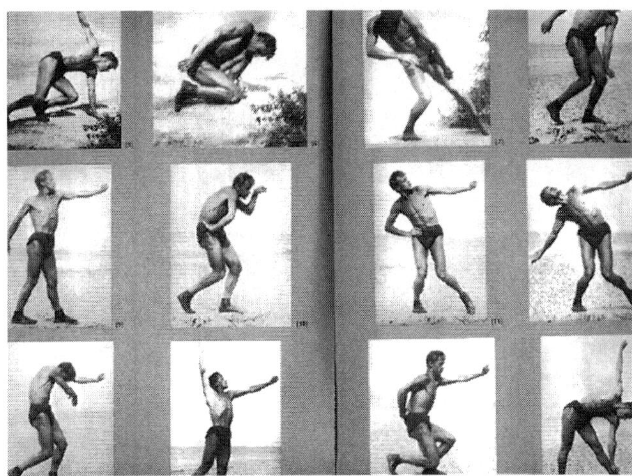

Abb. 21: Biomechanik, entwickelt in den 1920er Jahren von dem Regisseur Wsewolod Emiljewitsch Meyerhold

»simultanes Vergleichen« sei nicht möglich, da der Rechtsanwender »[d]ie Interpretation [...] nur zeitlich gestaffelt aufnehmen und die gerade jetzt vollzogene bloss konfrontieren [kann] mit dem mehr oder weniger vagen Erinnerungsbild, das er von der anderen aufgespeichert hat, was die Individualität zu erkennen ungleich schwieriger macht.«[1321]

Festzuhalten bleibt aber, dass sich *Kummer* zwar nicht explizit zu der Frage der Verwendung der Materialität äußert, der ausübende Künstler aber trotzdem nicht in ein Schlachtfeld von Körper und Geist hineingezogen werden kann, wie dies seine Lehre denklogisch voraussetzt. Der ausübende Künstler ist kein vollständig form- und beherrschbares Material, sondern Leib-Sein und Körper-Haben sind nicht voneinander zu trennen. Verwendungsweisen des Körpers finden zwar in der Materialität des ausübenden Künstlers ihr Fundament und ihre Begründung,[1322] und insofern knüpfen sie durchaus an *Kummers* Überlegungen an. Als *embodied mind* ist das Material des ausübenden Künstlers aber nicht frei verfügbar. Der ausübende Künstler transformiert seinen Leib nicht in ein urheberrechtlich geschütztes Werk, auch nicht nach der Lehre *Kummers*. Bühnenmäßige Aufführungen und erst recht Aufführungen der Aktions- und Performancekunst haben damit keine Form, wie sie nach der Lehre *Kummers* zu verstehen ist. Auch insofern sind Aufführungen aufgrund ihrer Ereignishaftigkeit kein Werk gemäß *Kummers* Werkbegriff und damit auch nicht Kunst im Sinne des offenen Kunstbegriffs des Art. 5 Abs. 3 S. 1 GG.

III Gedankliche Vorstellung und Art und Weise des Darstellens

Für *Kummer* sind zwar objektive Werkkriterien maßgeblich, dennoch versteht er das Werk als Geisteswerk (im Sinne einer gedanklichen Vorstellung an sich).[1323] Konkret in Bezug auf Aufführungen wird von *Kummer* aber ebenfalls nicht explizit erörtert, ob und, wenn ja, inwiefern diese gedankliche Vorstellung (an sich) in seinem Sinne zum Ausdruck kommt – ob also insofern diese Voraussetzung des offenen Kunstbegriffs bei Aufführungen des Theaters und der Aktions- und Performancekunst erfüllt ist.

Dabei gilt es, Verschiedenes auseinanderzuhalten. Auf der einen Seite gibt es Aktions- und Performancekunst, wobei häufig keine fiktive Figur hervorgebracht wird, oder doch, wie überwiegend in Aufführungen des Theaters. Bei Kummer heißt es insoweit zum Prüfungsmaßstab: »Die Pantomime ist die Geschichtserzählung durch Gestik. Der Schutz der Gestik richtet sich nach den für den Tanz (Ballett), der Schutz der dargebrachten Geschichte (Fabel) nach den für die Erzählung geltenden Grundsätzen.«[1324]

Daher muss erstens untersucht werden, ob und inwiefern diese gedankliche Vorstellung (an sich) bei Aufführungen der Aktions- und Performancekunst zum Ausdruck kommt, also dem, was *Kummer* »Ballett«[1325] nennt, und zweitens, ob es sich bei der Transformation des dramatischen Textes in den theatralen Text der bühnenmäßigen Aufführung um eine Bearbeitung oder andere Umgestaltung handelt, deren Veröffentlichung von der Einwilligung des Autors abhängig ist, § 23 UrhG. Dies setzt voraus, dass die individuellen Wesensmerkmale des Sprachwerkes erkennbar bleiben, also das, was *Kummer* nach den Grundsätzen der Erzählung schützen will. Sollte sich dagegen zeigen, dass die individuellen Elemente des Ausgangswerkes in der bühnenmäßigen Aufführung verblassen, handelte es sich um eine freie Benutzung i. S. v. § 24 UrhG (des Regisseurs), die nicht geeignet ist, den Autor in seinen geistigen und persönlichen Beziehungen zum Werk zu gefährden. Vom Ergebnis dieses Obersatzes hängt zugleich das Schicksal des Aufführungsrechts des Autors ab. Nur wenn »der gedankliche Inhalt des benutzten Werkes in der Aufführung vermittelt wird«,[1326] kommt eine Anwendung von § 19 Abs. 2 UrhG in Betracht.

1 Aktions- und Performancekunst (Ballett)

Oben[1327] wurde dargelegt, dass *Kummer* dem Ansatz des Schöpfungsprinzips »Alles im Werk ist Inhalt«[1328] mit der Antithese »Form ist alles« begegnet. Daher gilt bei *Kummer* der Grundsatz, dass der Inhalt, das Sujet, urheberrechtlich nicht geschützt ist. In Bezug auf die bildende Kunst fragt *Kummer* etwa, ob der Bildinhalt des Stilllebens »Lilie, Einhorn und Fadenspule«[1329] ein statistisch einmaliger Inhalt ist,[1330] um nachzuschieben, dass dem Schutz des Sujets entgegensteht, dass dem Bild seine Individualität nicht dadurch zukommt, *was* es wiedergibt, sondern *wie* es das tut. Dieses Prinzip soll im Bereich der bildenden Kunst für jeden Bildinhalt gelten, »zumal auch für die Allegorie«.[1331] »Nicht das Dargestellte macht die Individualität aus, sondern die Art und Weise des Darstellens«.[1332]

> »Nicht die Idee, auch nicht die Ideenverbindungen, zu denen der Maler anregt, weder der Personenbestand noch die eingefügten Dinge sind das geschützte Individuelle; sondern das ›Bild‹ ist es, nämlich die Aufstellung und Gliederung dieser zum Einzug in das Bild aufgebotenen Gruppe von Menschen, Tieren und Sachen.«[1333]

Bei *Kummer* ist also nie das Sujet,[1334] die »Fabeltiere und Ähnliches«,[1335] der Typ[1336] oder der Charakter »erdichtete[r] Typen«,[1337] geschützt, sondern immer nur die konkrete Art und Weise der Darstellung, wie sie oben als äußeres Symbol gekennzeichnet wurde.[1338]

Für den hier relevanten Bereich flüchtiger und vergänglicher Ausdrucksmittel führt er bereits in seiner Einleitung die »Clownerie des Choreographen«[1339] an. In diesem Zusammenhang wurde bereits ausgeführt, dass der Choreograf, der die Ballerina über einen hinreichend langen Weg gemeinfreie Figuren tanzen lässt, »die Schwelle der Individualität überschreitet«,[1340] »gleich dem Schriftsteller«,[1341] der dies »schon nach wenigen Worten«[1342] erreicht; »[u]nd wo immer der Choreograph frei erfindet und schafft, ist er sofort in der Individualität«.[1343]

Nicht zuletzt an diesen Ausführungen zeigt sich, wenn auch hier besonders deutlich, dass sich die urheberrechtliche Bewertung von bühnenmäßigen Aufführungen nach der Lehre *Kummers* von derjenigen der Anhänger des Schöpfungsprinzips unterscheidet. Zwar vergleicht *Kummer* in seinen Ausführungen den Choreografen ausdrücklich mit einem Schriftsteller. Der Schriftsteller ist nach *Kummer* aber nicht für seine »Sprachgestaltung, die Eingebungen der Phantasie, die Logik und Gliederung der Gedankenführung«[1344] geschützt,[1345] indem sich diese »von der Masse der alltäglichen Gebilde abhebt«,[1346] sondern schützbar ist nach der Lehre *Kummers* beim Schriftwerk zunächst einmal nur die statistisch einmalige Wortfolge, »wo also die Reihe der an das erste Wort anschließenden Wörter lang genug ist, um in das Werk hineinzuwachsen«.[1347]Dies gilt entsprechend auch für den Choreografen. Hierzu sind *Kummers* Vergleiche der Choreografie mit dem Varieté und dem Zirkus aufschlussreich. Denn wenn er den Varietékünstler und den Zirkusakrobaten für ihr »Programm« schützt, dem Kunstturner aber den Rechtsschutz versagt, weil das Dargebotene nicht zweckfrei ist: »dort reines Schauspiel, hier Wettkampf«,[1348] dann bestätigt dies die These, dass die realistisch-psychologische Schauspielkunst,[1349] wie es die Anhänger des Schöpfungsprinzips in einer bühnenmäßigen Aufführung voraussetzen, vollkommen durch Akrobatik und Slapstick ersetzt sind. All diesen von *Kummer* aufgelisteten Attraktionen liegt nämlich nicht die Hörbarkeit oder die Visualisierung eines gedanklichen Inhalts zugrunde, wie dies von den Anhängern des Schöpfungsprinzips vorausgesetzt wird,[1350] sondern eine Art Zirkusmodell. Im übertragenen Sinne gilt bei *Kummer*, was *Eisenstein* in seiner Schrift »Montage der Attraktionen« darlegte, auch für die urheberrechtliche Bewertung bühnenmäßiger Aufführungen:

> »[D]ie Zirkusvorstellung [ist] jener Fall, bei dem wir es mit einer Unterart der Kunst zu tun haben, in der in reiner Form nur die sinnliche Komponente erhalten blieb ..., die in allen anderen Fällen nur eine Form der Verkörperung irgendwelcher stofflich-ideeller Inhalte ist. Deshalb arbeitet der Zirkus zwangsläufig wie ein eigenartig sinnlich-tonisierendes Bad. [...] Deshalb berechtigt der Zirkus zu keinerlei Hoffnung im Hinblick auf eine ›Sinngebung‹ oder auf eine sinnvermittelnde Verwendung.«[1351]

Es nimmt daher kaum Wunder, wenn *Kummer* die Choreografie als Clownerie bezeichnet und nachschiebt, dass er die Auswahl und Reihung (Anordnung) der Artistentricks des Schweizer Clowns *Grock* schützen möchte, wenn dieser »mit einer riesenhaften Bassgeigenkiste auf die Bühne tritt und aus ihr eine winzige Violine hervorholt, oder wenn er als Klavierspieler den Flügel an den Stuhl heranmüht, statt den Stuhl zu verschieben«.[1352] Anders als für die Anhänger des Schöpfungsprinzips zielt das bewegte Spiel im Raum nicht auf den Ausdruck einer bestimmten Botschaft, die an den Zuschauer vermittelt werden soll, sondern es wird eine geballte Aneinanderreihung von sensationellen Darbietungen präsentiert. Nach der Lehre *Kummers* wird bei Aufführungen also kein gedanklicher Inhalt der Wahrnehmbarkeit zugänglich gemacht. Vielmehr sind es die theatralen Mittel, die in ihrer Materialität bzw. Sinnlichkeit präsentiert werden. Mit dem Festhalten an der Position des Choreografen wendet sich Kummer also vom Literaturtheater ab und lässt so den Bezug auf den »intellektuellen Überbau«[1353] des Schöpfungsprinzips obsolet werden.

Der Grund hierfür wurde bereits herausgearbeitet: Wie sich im Kapitel über die Konkretisierung des offenen Kunstbegriffs gezeigt hat,[1354] liegt der Kern der Lehre *Kummers* gerade darin, dass die »Inhalte« erst von außen an das Artefakt herangetragen werden. Das Werk als gedankliche Vorstellung kommt also erst im Laufe der Rezeption zustande,[1355] womit der Zuschauer als »Mithandelnder und *Schöpfer eines neuen Sinns*«[1356] vorausgesetzt wird.

Wenn *Kummer* in diesem Zusammenhang aber die rhetorische Frage stellt: »Wann ist ein Witz geistreich?«,[1357] um geschützt zu werden, den Witz aber zugleich als »urheberrechtliches Freiwild«[1358] bezeichnet und allgemein darlegt, dass es unmöglich sei, das ästhetische Niveau einer Botschaft zu bewerten und zu entscheiden, wo sich der »schöpferische Funke manifestiere«, dann wird hieraus deutlich, dass es sich bei der gedanklichen Vorstellung, die der Zuschauer in einer Aufführung generiert, um eben das ästhetische Werturteil handelt, von dem er das urheberrechtliche Werk befreien möchte, weil es für ihn kein tauglicher rechtlicher Maßstab ist:

> »Wer dem Juristen zumuten wollte, bestimmte ästhetische Substanz vorauszusetzen, zu bestimmen, welches ästhetische Ziel eine Aussage verfolgen müsse, um Kunst zu sein, nicht wahrhaben zu wollen, dass einer der ›eigentümlichsten Impulse‹ des modernen Kunstwollens die ›Kunst der Kunstlosigkeit ist‹[[1359]], zu beantworten, ob heutige Kunst überhaupt auf ästhetischen Gewinn ausgehe und nicht vielmehr auf Schockwirkung (wie das Valéry[[1360]] schon vor 40 Jahren behauptet hat), Missbilligung zu bekunden, wo das Kunstwerk sich zum ›Mittelpunkt des Skandals‹ machen und ›öffentlich Ärgernis‹ erregen will[[1361]]: der überfordert und verkennt die Funktion des Urheberrechtsschutzes.«[1362]

Für die angestrebte Befreiung von jedem ästhetischen Werturteil muss *Kummer* den Rechtsschutz also auch bei bühnenmäßigen Aufführungen auf die Materialität/Sinnlichkeit reduzieren. Dies gilt entsprechend für alle anderen Fälle, bei denen in Betracht kommt, dass *Kummers* Lehre Anwendung findet und bei denen von den Anhängern des Schöpfungsprinzips davon ausgegangen wird, dass zwar eine artistische, körperliche Leistung erbracht wird, diese jedoch nicht in der Darbietung eines (Geistes-)Werkes besteht. Dies gilt insbesondere für Zirkusartisten und Varietékünstler (Akrobaten, Clowns, Tierdresseure, Zauberkünstler).[1363] Wenn also der Eislauftänzer von der Eisfläche abhebt und sich in der Luft um die eigene Achse dreht, dann ist der Anknüpfungspunkt des Urheberrechts eben jene Choreografie – und nicht etwa eine sich gegenwärtig vollziehende Handlung einer fiktiven Person, die den gedanklichen Inhalt der entsprechenden Operette durch bewegtes Spiel für Auge und Ohr vermitteln soll –, sondern was der Eislauftänzer vollzieht, wenn er sich um die eigene Achse dreht.[1364] Wenn die Schlangenfrau »Arabeske« ihren Körper zu immer neuen Figuren verbiegt, die für die meisten Menschen unerreichbar zu sein scheinen, dann ist dies als Tanz geschützt und nicht als ein Ausdrucksmittel zu bewerten, um mit ihren kontorsionistischen Darstellungen die Gottheit Vishu mit acht Armen ohne Rumpf darzustellen; wenn der chinesische Seiltänzer auf dem Schlappseil Fahrrad fährt und Purzelbäume schlägt, oder wenn dressierte Elefanten auftreten,[1365] die Spanische Hofreitschule eine Reitvorführung veranstaltet oder der Stierkampf das »Todesballett von Mensch und Tier« vollführt, dann soll der Rechtsschutz an diese äußere Fakten anknüpfen, wie sie oben als äußeres Symbol gekennzeichnet wurden, das seine gedankliche Vorstellung an sich in seinem Inneren versteckt.

Hierzu muss *Kummer* aber, wie dargelegt,[1366] die pragmatische Dimension des Rezipienten eliminieren. Oben wurde gezeigt, dass sich diese pragmatische Dimension auf die Beziehung der Art und Weise der Darstellung und der Zuweisung einer gedanklichen Vorstellung durch den Interpretanten bezieht. In diese Beziehung geht also alles mit ein, was den Wahrnehmenden aufgrund seiner Lebenserfahrung dazu bringt, der Art und Weise eine gedankliche Vorstellung zuzuordnen, wie etwa die konkrete Situation, Normen, Regeln und Werte, sprich subjektives Empfinden, von dem *Kummer* das Werk eigentlich befreien möchte.

Indem *Kummer* also die pragmatische Dimension eliminiert, koppelt er die Wahrnehmung sinnlicher Qualitäten von dem Prozess der Erzeugung der gedanklichen Vorstellung ab. Die gedankliche Vorstellung des Rezipienten geht nach ihm über den rein physiologischen Akt der Wahrnehmung (sinnliche Perzeption) hinaus und schließt bereits intellektuelle Prozesse mit ein, nämlich alles, was in Begriffen, Formen, Farben, Tönen und Gebärden *gedacht* werden kann.[1367] Zwar betont *Kummer* in seiner Lehre ausdrücklich den Verzicht auf eine vollständige Phänomenologie.[1368] Die Aussage *Kummers*, dass man zwar ohne Worte denken kann, nicht aber ohne Begriffe,[1369] knüpft dennoch an das bekannte Zitat von *Kant* an: »Gedanken ohne Inhalt sind leer, Anschauungen ohne Begriffe sind blind.«[1370] Nach *Kummer* ist folglich die Wirkung der sinnlichen Materialität als ein rein physiologischer Akt, als ein bloßes Sinnesdatum zu begreifen, und dieser physiologische Akt ist von einer Zuweisung einer gedanklichen Vorstellung zu unterscheiden. Die Lehre *Kummers* vom urheberrechtlich schützbaren Werk unterscheidet also zwischen der sinnlichen Anschauung und dem Verstand: Während die Sinnlichkeit eine unmittelbare Wirkung auf das Gemüt hat, bringt der Verstand sie in Begriffe. Auch bezogen auf bühnenmäßige Aufführungen liegt der Lehre *Kummers* also eine Wahrnehmungstheorie zugrunde, nach der die aus der Perzeption gewonnene passive Empfindung das hervorbringt, was *Kummer* als gedankliche Vorstellung bezeichnet: Das bewegte Spiel im Raum ist als Anreiz gedacht, der bei dem angesprochenen Zuschauer eine Reaktion auslöst und den Zuschauer dazu bewegt, eine gedankliche Vorstellung hervorzurufen. Der Rechtsschutz beschränkt sich dabei auf das bewegte Spiel im Raum – weil subjektives Empfinden regiert.

Eben dieses Kant'sche Erkenntnismodell wurde jedoch mit *Fischer-Lichte* widerlegt, mit der Erklärung der Wahrnehmung von etwas als etwas.[1371] Der Prozess der Wahrnehmung eines Phänomens in seiner besonderen Materialität ist nämlich gerade nicht als reine Anschauung im Sinne *Kummers* zu verstehen. Zwar hat die These der Desemantisierung der Inhaltsebene insoweit ihre Berechtigung, als bei der Art und Weise der Darstellung nicht irgendein übergeordnetes einheitliches »Gewebe« erforderlich ist, wie dies etwa *von Gamm*[1372] fordert. Im Hinblick auf die Wahrnehmung von Leib und Dingen in ihrer spezifischen Materialität geht die Lehre *Kummers* aber nicht weit genug. Denn bei der Wahrnehmung von Leib und Dingen in ihrer spezifischen Materialität hört der Körper zwar auf, als Ausdrucksmittel eines geistigen Inhalts zu funktionieren; er wird lediglich als ein Phänomen wahrgenommen. Wie sich aber gezeigt hat,[1373] wird der phänomenale Leib aber niemals vollständig desemantisiert, er tritt vielmehr in seinem Selbstzweck als wirklichkeitskonstituierend hervor und bedeutet das, als was er im Akt der Wahrnehmung wahrgenommen wird.

Die sinnliche Wahrnehmung in ihrem Selbstbezug ist demnach bereits als ein geistiger Akt zu verstehen. Es handelt sich bei der Wahrnehmung von Leib und Dingen in ihrer Phänomenalität nicht um einen rein physiologischen Akt im Sinne eines Sinnesdatums, das mit der Anschauung als einem desemantisierten, rein »sinnlichen« Phänomen gleichgesetzt werden kann.[1374] Um es nochmals zu verdeutlichen: Wenn die Zuschauer in den »Lammzerreißungsaktionen« des Wiener Aktionskünstlers *Nitsch* »mit Blut, Kot, Spülwasser und anderen Flüssigkeiten bespritzt [werden] und die Gelegenheit erhalten, selbst mit ihnen zu plantschen, das Lamm selbst auszuweiden, Fleisch zu essen, Wein zu trinken«,[1375] lassen sich die sinnlichen Eindrücke wie folgt als gedankliche Vorstellungen begründen: »Pointiert – und vielleicht für manche provozierend – ausgedrückt: Bewusste Wahrnehmung erzeugt immer Bedeutung, und ›sinnliche Eindrücke‹ lassen sich daher angemessener als jene Art von Bedeutungen beschreiben, die mir als spezifische sinnliche Eindrücke bewusst werden.«[1376]

Die bewusste Wahrnehmung ist also kein sensorisch stimulierter Prozess der Abbildung eines inneren Modells der Welt, sondern eine Leistung, die sich im Gesamtkonzept eines handelnden Menschen ereignet. Machen demnach der Leib und die Dinge auf ihre Materialität aufmerksam, so liegt deren Sinnhaftigkeit in der Möglichkeit, ihre Leibhaftigkeit zu erfahren. Der Wahrnehmende erhält hier im Akt der Wahrnehmung eine Vorstellung »von etwas als etwas«. Der geistige Gehalt, die bewusst wahrgenommene Geste, auf welche die sinnliche Perzeption verweist, ist diese selbst. Bei der Wahrnehmung von Leib und Dingen in ihrer spezifischen Materialität handelt es sich also nicht um eine Desemantisierung (als Grundlage der gedanklichen Vorstellung an sich), wie sie *Kummer* voraussetzt, sondern um eine ganz spezifische Bedeutungskonstitution.

> »Dieser Prozess wird als Wahrnehmung von etwas als etwas vollzogen. Es wird also nicht zuerst etwas als etwas wahrgenommen, dem dann in einem zweiten Schritt die Bedeutung zugesprochen wird. Vielmehr entsteht Bedeutung im und als Akt der Wahrnehmung.«[1377]

Wenn jedoch im Akt der Wahrnehmung des Phänomens die (geistige) Innenwelt und die (materielle) Außenwelt, das Sinnliche und Sinnhafte immer eine Einheit bilden, sozusagen Ausdrucksmittel, Form und Inhalt zusammenfallen, hebt dies den oben[1378] dargestellten Gegensatz auf, der für die urheberrechtliche Bewertung von bühnenmäßigen Aufführungen nach der Lehre *Kummers* die Voraussetzung für die gedankliche Vorstellung an sich ist: die Unterscheidung zwischen dem sinnlich Wahrnehmbaren und der Zuweisung einer gedanklichen Vorstellung, einer Bedeutung davon. *Maurice Merleau-Ponty* schreibt hierzu in seiner »Phänomenologie der Wahrnehmung«:

> »Nie ist das Ding von einem es Wahrnehmenden zu trennen, nie kann es wirklich ganz an sich sein, denn all seine Artikulationen sind eben die unserer eigenen Existenz; es ist gesetzt als Ziel unseres Blickes und unserer sinnlichen Erforschung seiner, worin wir es mit Menschlichem bekleiden.«[1379]

Damit fehlt es an der Möglichkeit, den Rezipienten aus der gedanklichen Vorstellung zu eliminieren, worum sich *Kummer* durch seinen Rückgriff auf die Sinnlichkeit/Materialität bemüht, die sich auf nichts außerhalb, sondern auf seine intrinsische gedankliche Vorstellung an sich beruft. In Bezug auf bühnenmäßige Aufführungen kann also nicht die subjektiv hergestellte Beziehung zur gedanklichen Vorstellung verleugnet werden, wie dies mit der Lehre vom urheberrechtlich schützbaren Werk durch Rekurs auf die gedankliche Vorstellung an sich vorgegeben wird, sondern sie ist im Akt der Wahrnehmung mit dieser gegeben. Die Befreiung von jedem ästhetischen Werturteil, wie sie in der Lehre vom urheberrechtlichen Werk für die Rechtspraktikabilität vorgegeben wird, muss daher ein theoretisches Postulat bleiben, das in Bezug auf die Wahrnehmung der Präsenz von Leib und Dingen gar nicht zu erfüllen ist. Auch insoweit ist daher festzustellen, dass Aufführungen kein Werk im Sinne von *Kummers* Werkbegriff und damit auch nicht Kunst im Sinne des offenen Kunstbegriffs des Art. 5 Abs. 3 S. 1 GG sind.

Trotz dieses Unterschieds zwischen der sachlichen Bewertung *Fischer-Lichtes* und den normativen Voraussetzungen *Kummers* sei mit Blick auf die in Kapitel F folgenden Ausführungen auf die Ähnlichkeiten beider Vorstellungen hingewiesen. Denn auch für *Kummer* sind nur die (sinnlich wahrnehmbaren) Phänomene real, weswegen er formuliert, dass man sich »[f]ür den Gebrauch des Rechts […] mit der Ausdrucksweise begnügen [muss], geschützt sei die gedankliche Vorstellung, die Art und Weise des Darstellens«.[1380] Bei *Kummer* findet das Was des Themas seine Entsprechung in dem gestalteten Wie der Aussage und realisiert sich in der Übereinstimmung von Form und Inhalt.[1381] Die Art und Weise der Darstellung ist damit als äußeres Symbol konzipiert, indem es die gedankliche Vorstellung in sein

»Inneres« aufgenommen hat: »Das Werk mindert und verschlüsselt sich zur Geste, zum Achselzucken, Entwurf, Zeichen, Ölzweig, Vorboten des Kommenden, Abbild pathologischer Zustände.«[1382] In beiden Fällen hat man es mit einer Vereinigung von Ausdrucksmittel, Form und Inhalt tun. In beiden Fällen kann man von einer Wirklichkeit *sui generis* sprechen.

Dabei darf man aber nicht den wesentlichen Unterschied zwischen beiden Vorstellungen ignorieren. Während *Kummer* mit der Fiktion der »gedanklichen Vorstellung an sich« den Anteil des wahrnehmenden Subjekts leugnet und ausführt: »Wer dem Werk entgegentritt, muss es gewissermaßen in seiner eigenen Vorstellung nach eigener Facon zu Ende führen; er soll bloss den Anstoss empfangen zu eigener Vision«,[1383] stellt *Fischer-Lichte* im Hinblick auf die Selbstreferenzialität gerade auf die Subjektivität des Wahrnehmenden ab:

> »Es ist vielmehr seine Wahrnehmung des Phänomens in dessen Sein, die es ermöglicht, von einer intrinsischen Bedeutung zu sprechen. Es ist der Akt der Wahrnehmung eines Subjekts, der die Bedeutung des wahrgenommenen Objekts als sein phänomenales Sein allererst erzeugt.«[1384]

Anstelle der Verdinglichung der gedanklichen Vorstellung an sich im Werk als einem Objekt handelt es sich bei der kontemplativen Versenkung der Wahrnehmung in die Gegenwart von Erscheinungen um die »Eigenbedeutung«, wie sie sich dem Zuschauer im Akt der Wahrnehmung zeigen. Eine andere gedankliche Vorstellung als im Akt der Wahrnehmung gibt es, wie gesagt, nicht.

2 Bühnenmäßige Darbietung als Wiederholung des sprachwerklichen Inhalts (Schutz der Fabel)

Davon zu unterscheiden ist die Frage, ob nach *Kummer* dem Autor auch ein Schutz bei der »Umsetzung« des Schriftwerkes von der begrifflichen in die sinnlich fassbare Sphäre zukommt, ob der Autor also die Verwendung und Bearbeitung seiner »Fabel« auf der Bühne gemäß § 23 UrhG verhindern kann.

Für die Beantwortung der Frage, ob es sich bei der Transformation des literarischen Textes des Dramas in den theatralischen Text der Aufführung um eine Wiederholung des sprachlichen Inhalts handelt, müssen zunächst die Bedingungen für eine prinzipielle Übersetzbarkeit des Dramas in die Bühnenform ermittelt werden.

a) Äquivalenz als maßgebliches Kriterium der Wiederholung

Oben[1385] wurde dargelegt, dass *Kummer* davon ausgeht: »Alles im Werk ist Form.« Daher wurde wiederholt ausgeführt, dass bei *Kummer* der Grundsatz gilt, dass der Inhalt, das Sujet, urheberrechtlich nicht geschützt ist. Dieses Prinzip soll im Bereich der bildenden Kunst für jeden Bildinhalt gelten, »zumal auch für die Allegorie«.[1386]

So zu trennen, liefert nach *Kummer* bei Sprachwerken aber »Unbrauchbares«, da eine ausschließliche Betonung der Form als das urheberrechtlich Ansprechbare »sich rasch als unbrauchbar [erweist], bliebe doch der Autor schutzlos gegen Übersetzungen wie auch gegen inhaltsgetreue Wiedergabe seines Werkes in gleicher Sprache, aber anderer Wortfolge, was beides gleich schief wäre«.[1387] Daher kann der »Inhalt [...] so gut geschützt sein wie Form«.[1388] Und da das Sprachwerk

> »auch geschützten Inhalt kennt, ist zwangsläufig eine allegorische Darstellung, wie überhaupt ein Aufmarsch bestimmter Personen und Dinge schützbar, sofern all das sich als Inhalt individueller Prägung ausweist. Übernahme dieses gleichen ›Sortiments‹ von Personen und Dingen könnte sonach unzulässig sein, sofern es auf eine Wiederholung jenes Inhaltes hinausliefe.«[1389]

Aus seinen Ausführungen über die Art und Weise des Inhaltsschutzes der Fabel ergibt sich auch, dass *Kummers* Engagement für die urheberrechtliche Form eher als Synthese zwischen Form und Inhalt zu verstehen ist. *Kummer* führt aus:

> »Gelänge dem Dichter, ein Bündel von Eigenschaften zusammenzutragen, das als einmalig zu gelten hätte, so müsste dieser Darstellung einer ›inneren‹ Situation so gut Schutz zukommen wie der Erfindung eines individuellen Handlungsablaufs. Allein dieses Charakterbild käme bei aller Singularität wohl nimmer über eine Wiedergabe dessen hinaus, was im Menschenmaterial irgendwann schon einmal auftrat. Das Individuelle beschränkte sich alsdann auf die Art und Weise, diese Charakterlandschaft sichtbar zu machen, was nur geschehen kann durch Schildern von Einzelzügen, in abstrakten Begriffen oder durch typische Handlungsweisen. Und ein solches Bündel von Einzelzügen, wäre es bis ins Individuelle entrollt, käme nun offenbar in den Schutz [...].«[1390]

Und weiter: »Aber immer ist nicht das Entwerfen eines gleichen Gesamtbildes, eines gleichen Typs, das urheberrechtlich Unzulässige [...]. Sondern geschützt kann höchstens sein der Stapel von Einzelzügen, aus denen sich dieses Bild aufbaut.«[1391]

Das heißt, die Frage, ob eine bühnenmäßige Aufführung auf eine Wiederholung des »Inhalts« des Sprachwerkes hinausläuft, richtet sich danach, ob sie »in ihrer Signifikanz jedoch durchaus gleichwertige[n] Sachverhalte[n] sichtbar macht«.[1392] Dies wird etwa deutlich, wenn *Kummer* die »Kombination« der Elemente »Detektiv« und »Sherlock Holmes« als individuell bezeichnet und diese Kombination mit dem Bildhauer vergleicht, der als Readymade zwei Erdschaufeln mit dem Wort »Autostop« kombiniert.[1393] In diesem Zusammenhang führt *Kummer* zum Sinnbereich der Form an: »er wird nie verstanden als Gegensatz zu Inhalt, sondern als Aufbauprinzip, Struktur, als Verhältnis der Teile zueinander und zum Ganzen [...].«[1394] Das heißt, der »Inhalt« eines Textes wird aus *Kummers* Perspektive als geordnete Menge sprachlicher Elemente aufgefasst, die miteinander verknüpft sind und als Ganzes Sinn produzieren. Wenn *Kummer* also von »Inhalt« des Werkes spricht, bezeichnet er mit diesem Begriff keineswegs die Fabel, Gestaltung oder Situationen etc., sondern die Art und Weise, wie diese Inhalte gestaltet, aufeinander bezogen und wie sie im Werk strukturiert sind. Damit überwindet *Kummer* auch im Schutz des »Inhalts« die traditionelle Trennung von Form und Inhalt. Denn entscheidend sei nicht, ob die Figuren von ihrem Typ her individuell sind – wie für das Schöpfungsprinzip –, sondern ob der Autor *Conan Doyle* eine individuelle Kombination geschaffen hat.[1395]

Auf dieser Grundlage ist die Aussage *Kummers* zu verstehen, dass der Plagiator den geschützten »Stapel von Einzelzügen« des Dichters verletzt, wenn er »diese typischen Handlungsweisen zwar an veränderten, in ihrer Signifikanz jedoch durchaus gleichwertigen Sachverhalten sichtbar macht«.[1396] Das heißt, die Frage, ob die »vom Romancier ausgebreitete eigentliche Geschichtserzählung [...] auch in völlig andere Umgebung eingebettet die nämliche bliebe«,[1397] beurteilt sich im Sinne von *Kummers* Lehre vom urheberrechtlich schützbaren Werk nach dem Grundsatz der Äquivalenz.

Damit ist die Bedingung der Übersetzbarkeit, das heißt der Umformung in eine andere Mitteilungsform, benannt: Äquivalenz beurteilt sich danach, ob der neue Signifikant, das Bezeichnende, das heißt nach der Lehre *Kummers* die Art und Weise des Darstellens, auf das gleiche Signifikat, das Bezeichnete, das heißt nach der Lehre *Kummers* auf die gleiche gedankliche Vorstellung, verweist bzw. den gleichen Sinn hat, auf den auch der ursprüngliche Signifikant verweist – und beschreibt das, was der Begründer der modernen Semiotik *Charles Peirce* den »Interpretanten«[1398] nennt. Die bühnenmäßige Aufführung müsste, um als äquivalent zum dramatischen Text zu gelten, also als Interpretant des dramatischen Textes bestimmt werden können. Das und nichts anderes meint *Kummer* mit »Signifikanz«.

Ob der Urheber des Ausgangswerkes nun beim Umgießen in eine andere Mitteilungsform in seinen Rechten verletzt ist, ist nach *Kummer* »mitunter heikel«[1399] zu beantworten. Eine Übersetzung des dramatischen Textes »von der begrifflichen in die sinnlich fassbare Sphäre« ist nach diesem Maßstab in Bezug auf die Signifikanz bzw. den Interpretanten vor allem deshalb problematisch, weil *Kummer* selbst zugibt, dass »der an sich feststehende Gedankengang« mittelbar durch die Form beeinflusst wird. Dies wird etwa deutlich, wenn *Kummer* in einer Fußnote das Zitat anführt: »Wen es nicht ekelt, der setze in ›Wanderers Nachtlied‹ statt ›spürest‹ ›merkest‹ ein; er streiche nur das ›e‹ in ›Vögelein‹ und frage sich, ob die Zeile damit nicht ernstlich beeinträchtigt sei.«[1400]

Die Voraussetzung dafür, dass »der Gedanke, wenn ausgesprochen, wiederum aus der Sprachform gelöst, in seine ursprüngliche Nacktheit als geistige Vorstellung zurückversetzt und durch Umgiessen in andere Worte oder Sprache [oder in eine andere Mitteilungsform, Anm. des Verf.] abermals mitteilbar gemacht werden [kann]«,[1401] ohne dass sich der Sinn ändert, und von den Rezipienten im Wesentlichen gleich verstanden wird, liegt nach der Lehre vom urheberrechtlich schützbaren Werk entsprechend darin, dass die »Übersetzung« die Art und Weise des Darstellens um die gedankliche Vorstellung ergänzt. Aufgabe des Übersetzers ist es daher, die gedankliche Vorstellung und die Art und Weise des Darstellens zur Deckung zu bringen. Erst dann würde die Art und Weise des Darstellens aufhören, als Form zu fungieren, sondern sich in ihre ursprüngliche Nacktheit zurückverwandeln.

Nach diesem Maßstab nimmt *Kummer* eine »laokonische« Trennung zwischen Malerei und Dichtung vor, womit er die Unüberschreitbarkeit der materialgegebenen Grenzen zwischen diesen Künsten behauptet, denn in der bildenden Kunst mache die Individualität nicht das Dargestellte, sondern die Art und Weise des Darstellens aus.[1402] Da nicht das Was, sondern das Wie entscheide,[1403] verletze die bildliche Darstellung dessen, was durch das Sprachwerk erzählt wird, auch nicht das Urheberrecht des Autors.[1404]

Anders entscheidet er sich bei der Verfilmung, die »unverkennbar den Romaninhalt wiederholt«.[1405] Denn »die Verfilmungen von vorbestehenden Sprachwerken haben nun aber längst überzeugt, dass sie in das Urheberrecht des Dichters eingreifen, auch wenn sie bloss die nackte Fabel, jedoch keine zwei gleichen Worte übernehmen und erst alles noch nach Raum und Zeit verschieben«.[1406] Denn sobald der Film den »engsten Kern des Inhalts« wiederholt, verletze dies das Recht des Dichters.[1407]

Einzig zum Theater verliert *Kummer* kein Wort. Denn im Unterschied zu anderen Kunstwissenschaften kann die Theaterwissenschaft über ihren Gegenstand, das Kunstwerk der bühnenmäßigen Aufführung, nicht frei verfügen.[1408] Wegen der Flüchtigkeit des Geschehens ist es zu keinem Zeitpunkt möglich, die Aufführung als Ganzes zu analysieren oder einzelne Elemente auf ein Ganzes zu beziehen, noch kann vor- oder zurückgeblättert, sondern nur mit der Erinnerung verglichen werden. Für eine Aufführungsanalyse ergeben sich daher andere Probleme. *Kummer* hat seine Untersuchung allerdings 1968 vorgelegt und konnte nicht mehr auf die sich seit den 1970er Jahren herausbildende systematische Aufführungsanalyse zurückgreifen.

Festzuhalten bleibt aber, dass *Kummer* als Prämisse für eine urheberrechtliche Bearbeitung von dem Kriterium der Äquivalenz ausgeht, das dann erfüllt ist, wenn es sich bei der bühnenmäßigen Aufführung um eine Transformation des literarischen Textes, das heißt um einen Übersetzungsprozess, handelt, bei dem die Signifikanz des einen Darstellungssystems die gleiche gedankliche Vorstellung bzw. den gleichen Sinn wiederholt wie das andere Zeichensystem (Interpretant), nach klassischer Terminologie also um eine formverändernde Tätigkeit, durch die einerseits ein abhängiges Werk zweiter Hand geschaffen wird, andererseits der Inhalt des Originalwerkes doch noch erkennbar bleibt.

b) Analytische Theaterwissenschaft

Inzwischen hat der Schweizer[1409] *Andrea Raschèr* die Bühnenaufführung aus Sicht der analytischen Theaterwissenschaft, namentlich der Theatersemiotik, wie sie von *Fischer-Lichte* auf Basis der Prager Strukturalisten entwickelt wurde, einer urheberrechtlichen Prüfung unterzogen.[1410] *Raschèr* tut dies in »vollem Bewusstsein der damit verbundenen Gefahren«.[1411] Da jedoch seiner Aufführungsanalyse der Werkbegriff von *Mukařovský* zugrunde liegt,[1412] bei dem das Kunstwerk als »autonomes Zeichen« aus seiner direkten Beziehung zu seinem Schöpfer gelöst ist und es zudem erst der Rezipient ist, der eine gedankliche Vorstellung konstituiert, ist seine Untersuchung schon nicht mit dem von ihm zugrunde gelegten Werkbegriff des deutschen Schöpfungsprinzips kompatibel.

Seine Untersuchung ist aber gut geeignet, um zu untersuchen, ob nach dem zeichentheoretischen, offenen Kunstbegriff, wie er mit der Lehre vom urheberrechtlich schützbaren Werk konkretisiert wurde,[1413] die Aufführung eines Sprachwerkes auf eine Wiederholung von dessen »Inhalt« hinausläuft und hierdurch möglicherweise das Urheberrecht des Dichters am Sprachwerk verletzt ist.

aa) Werktreue in der Kritik *Raschèrs*

Ausgangspunkt der Erörterung der Äquivalenz im Sinne *Raschèrs* ist die Frage, ob der Begriff der Werktreue zur Bestimmung des Verhältnisses zwischen der Inszenierung eines Dramas und dem zugrunde liegenden Text gerechtfertigt ist.[1414] Zur Überprüfung und zum Nachweis der Unrichtigkeit der diesem Begriff zugrunde liegenden Prämissen nennt *Raschèr* drei Bedingungen, die nach *Fischer-Lichte* erfüllt sein müssten, damit von einer werkgetreuen Aufführung gesprochen werden könne.

Eine werkgetreue Inszenierung verlange, das Werk

> »›so, wie es ist‹, auf die Bühne zu bringen; zweitens sollen die Aufbau- und Gliederungsprinzipien des Stückes in der Inszenierung befolgt werden und drittens sollen die sprachlichen oder musikalischen Zeichen des zugrunde liegenden Werkes die gleichen Bedeutungen haben wie die theatralischen Zeichen der Aufführung«.[1415]

(1) Das Werk als ästhetisches Objekt

Das Werk bühnenmäßig so auszuführen, wie es ist, setzt nach *Raschèr* das Geisteswerk als feste, unveränderliche Größe voraus, dessen geistiger Gehalt erfassbar und objektiv definierbar sei.[1416] Das Werk sei aber ein »ästhetisches Objekt«[1417] und ergebe sich daher erst aus den Bedingungen, unter denen der Rezipient dem materiellen Artefakt eine gedankliche Vorstellung zuschreibt.[1418] Da diese Sinnzuschreibung auf die Erfahrung des Rezipienten bezogen ist, existiere das Drama in einer unendlichen Vielzahl von Sinnzuschreibungen. Die erste Forderung sei damit unsinnig.[1419]

(2) Aufbau- und Gliederungsprinzipien des Stückes

Die Aufbau- und Gliederungsprinzipien des Stückes in der Inszenierung zu befolgen, sei vieldeutig und könne, so *Raschèr*, zu unterschiedlichen Ergebnissen führen. Man könne den Text linear[1420] übernehmen, bei dem dann »Satz für Satz, von Replik zu Replik, von Dialog zu Dialog«[1421] geprüft werde, ob die Sinnzuschreibung als äquivalent angesehen werden könne, obgleich sich daraus das Problem ergebe, dass der Gesamtzusammenhang vernachlässigt werde. Die Transformation könne auch strukturell[1422] vorgenommen werden, dabei werde von einzelnen verbundenen Teilen des dramatischen Textes ausgegangen, wie den Figuren, den Räumen, den Szenen, der Tages- oder Jahreszeit oder den Handlungen, und die Frage nach der Äquivalenz werde anhand dieser Teilstrukturen beantwortet, obgleich man auf die Schwierigkeit stoße, zu entscheiden, in welcher Kombination diese aufeinandertreffen. Zudem könne die Aufführung global[1423] transformiert werden, indem versucht werde, den gesamten Sinn des Textes auf die Bühne zu transportieren, obgleich man hier vor dem Problem stehe, dass schon der gesamte Sinn subjektiv beurteilt werde. Insgesamt kommt *Raschèr* daher zur Schlussfolgerung, dass jedes dieser Transformationsprinzipien zwar seine Berechtigung habe, die Beantwortung der Frage nach der Äquivalenz aber nicht auf objektiver Grundlage gelingen könne.[1424]

(3) Zum Begriff der Äquivalenz

Die dritte Forderung schließlich, wonach die theatralischen Zeichen die gleiche Bedeutung haben müssen wie die textlichen Zeichen, um als »äquivalente Übersetzung« gelten zu können, ist nach *Raschèr* gleichfalls fragwürdig.[1425] Denn würde selbst der zugrunde liegende Text einheitlich interpretiert, stünde damit keinesfalls fest, dass dies auch für die Bühne mit ihren theatralischen Symbolen gelte. Es könne vorkommen und komme insbesondere im heutigen Regietheater vor, dass der Regisseur die Spielvorlage in dem oben genannten Sinne global inszeniert. Dann wähle er theatralische Zeichen aus, die den Sinn des gesamten Stückes konstituieren sollen. Gehe nun der Zuschauer aber in die Aufführung mit der Vorstellung einer linearen Transformation des literarischen Textes, würde er die theatralischen Zeichen anders deuten oder im Ergebnis gar nicht entschlüsseln können. Äquivalenz könne demnach eigentlich nie vorliegen und die Frage danach stelle den Juristen vor eine unlösbare Aufgabe.[1426]

(4) Zwischenfazit

Als Ergebnis, so *Raschèr*, stehe somit fest, dass eine Aufführung die postulierten Bedingungen für eine äquivalente Aufführung unerfüllt lasse. Diesen Feststellungen immanent sei dabei die Tatsache, dass die Sinnzuschreibung immer auf die Erfahrung des Rezipienten bezogen wäre, weswegen das Drama in einer unendlichen Vielzahl von Bedeutungen existiere, die jedes Mal fest an die Bedingungen geknüpft seien, die mit dem wahrnehmenden Subjekt gegeben seien. Wie oben dargelegt,[1427] ist hierzu dessen Vorwissen zu zählen, und ebenso relevant ist es, ob es sich um einen Zuschauer handelt, der oft oder fast nie ins Theater geht, ob er das Stück kennt, ob er es selbst gelesen hat, er den Schauspieler kennt und ob er für ihn Sympathien oder Abneigungen hegt – und der Zuschauer insofern mit der ganzen Geistes- und Gefühlslage sowie Willenshaltung verbunden ist, unter denen er die Aufführung wahrnimmt.[1428]

bb) Äquivalenz der Inszenierung

Trotzdem könne man, so *Raschèr*, wie bei jeder Übersetzung die Frage der Äquivalenz zwischen literarischem Text und theatralischem Text stellen.[1429] Da jedoch seine Überprüfung ergeben hat, dass es sich dabei »weder um ein präzises noch um ein objektives Kriterium«[1430] handeln könne, versucht *Raschèr*, den Begriff der Äquivalenz ohne Rücksicht auf derartige subjektive Bedingungen zu definieren. Dies tut er, indem er die Begriffsbestimmung verallgemeinert: Äquivalenz sei dann gegeben, »wenn sie sich als Interpretant für eine *mögliche* Bedeutung des Stückes versteht«.[1431] Nach klassischer Terminologie liegt also eine Bearbeitung im Sinne von Äquivalenz vor, wenn die Form der bühnenmäßigen Aufführung als Interpretant für einen möglichen Inhalt des Sprachwerkes vorliegt.

Nach diesem Maßstab prüft *Raschèr*, ob Äquivalenz zwischen dem dramatischen Text und dem theatralischen Text der Aufführung überhaupt hergestellt werden kann. Er kommt dabei zu dem Ergebnis, dass sprachliche Zeichen (Symbole) »abstrakt« sind, theatralische Zeichen (Ikone) demgegenüber »konkret« und bestimmt. Aufgrund dieser Materialität (Firstness) der in der bühnenmäßigen Aufführung verwendeten theatralischen Zeichen würde die Übertragung des Interpretanten immer eine spezifische Bedeutungsverschiebung nach sich ziehen.[1432] Damit habe sich die Möglichkeit einer Eins-zu-eins-Zuordnung im Sinne von Äquivalenz erledigt. Vielmehr würde jede Aufführung aufgrund der spezifischen Materialität ihrer theatralischen Zeichen andere gedankliche Vorstellungen bei den unterschiedlichen Zuschauern hervorbringen.

(1) Die Aufführung als eigenständiges Kunstwerk

Danach erscheint es für *Raschèr* nur konsequent, den Begriff der Werktreue zu verabschieden. Zwar liege der Aufführung der dramatische Text zugrunde, ihm komme aber in einem anderen Medium, nämlich in der Sprache des Theaters, eine »Neuformulierung«[1433] zugute. Handlungen und Personen entfalteten erst in der Aufführung ihre volle Aussage,[1434] da die verschiedenen theatralen Elemente im Auge des Betrachters auch untereinander sinnstiftende Beziehungen eingehen würden.

> »Die Übertragung des monomedialen, dramatischen Textes in den plurimedialen, theatralischen Text kann deshalb nur als Übersetzungsprozess aus einem Zeichensystem in ein anderes angemessen beurteilt werden, und nicht als bloße Übermittlung des dramatischen Textes in ein anderes Medium.«[1435]

Dieses Ergebnis sei schließlich, so *Raschèr*, als eigenständiges Kunstwerk, als Werk *sui generis*, zu beurteilen: Sowohl der dramatische Text als auch die Aufführung seien damit eigenständige Werke *sui generis*.[1436]

(2) Die Aufführung als »Interpretant« des dramatischen Textes

Da *Raschèr* aber, wie dargelegt,[1437] den Begriff der Äquivalenz redefiniert hat, impliziert dies, dass er die Bühneninszenierung als eigenständiges Kunstwerk (als urheberrechtliche Bearbeitung) neben dem literarischen Werk anerkennen kann.[1438] Damit aber geht er seinen eigenen Vorbehalten und Einwänden nicht mehr nach, wonach es keine objektive Grundlage des Vergleichs zwischen Text und Aufführung gibt. Denn wenn lediglich die Möglichkeit eines gemeinsamen Sinnes genügt, ist dem Richter kein objektives Richtmaß an die Hand gegeben, sondern nur ein subjektives.

> »Da nämlich nach dieser Definition Äquivalenz vorliegen soll, wenn die Aufführung sich als Interpretant für die potentiell(en) Bedeutungen(en) eines Dramas verstehen läßt, impliziert dies die Möglichkeit, die Aufführung als einen selbständigen Text und zugleich als Transformation eines dramatischen Textes zu begreifen. Denn dem Interpretanten kommt, da er bereits vor seiner Bestimmung durch jenes andere Zeichen, für das er als Interpretant fungiert, als Zeichen definiert ist, auch dann eine Zeichenfunktion zu, wenn er nicht auf dieses andere Zeichen

bezogen wird. Äquivalenz zwischen dem literarischen Text des Dramas und dem theatralischen der Aufführung braucht unter diesen Umständen auch nicht als völlige Sinn- bzw. Bedeutungsgleichheit zwischen beiden bestimmt und begriffen zu werden. Der Terminus Äquivalenz, wie wir ihn hier verwenden und verstanden wissen möchten, meint vielmehr lediglich, daß beide Texte sich im Hinblick auf einen gemeinsamen Sinn interpretieren lassen.«[1439]

c) Zwischenfazit zu III.2

Der offene Kunstbegriff, wie er hier im Sinne *Kummers* rekonstruiert wurde, hebt bei der Frage, ob die Aufführung den »Inhalt« des Sprachwerkes wiederholt, ausdrücklich auf die spezifische Materialität der theatralischen Zeichen ab. Die gedankliche Vorstellung findet ihre Fundierung und ihren Ausgangspunkt also immer im Performativen. Bei dieser Betrachtung werden die theatralischen Zeichen als bedeutungstragende Elemente beachtet, das heißt in ihrer Signifikanz, und die Analyse so auf das Geschehen auf der Bühne beschränkt und nach der Art und Weise der Darstellung gefragt. Das Bühnengeschehen wird sozusagen als ein urheberrechtliches Werk *sui generis* betrachtet.

Dabei hat sich gezeigt, dass die analytische Theaterwissenschaft der Vorstellung,[1440] dass nach *Kummers* Lehre in der bühnenmäßigen Aufführung der Inhalt eines Sprachwerkes wiederholt werde, die theoretische Grundlage entzieht. Zwar können symbolische Zeichen (Sprache) und ikonische Zeichen (Bild) auf einen gemeinsamen Interpretanten hin verstanden werden. Aufgrund der Materialität der in der bühnenmäßigen Aufführung verwendeten theatralischen Zeichen wird die Übersetzung des monomedialen dramatischen Textes in den plurimedialen theatralischen Text aber immer eine Änderung des gedanklichen Inhalts nach sich ziehen. Damit scheidet die Möglichkeit einer Eins-zu-eins-Zuordnung aus. Äquivalenz zwischen dem literarischen Text des Dramas und dem theatralischen der Aufführung kann es daher nicht geben, wenn – wie oben[1441] mit *Kummer* herausgearbeitet – Äquivalenz gleiche Bedeutungen bzw. einen gleichen Sinn (gedankliche Vorstellung) meint.

Vielmehr wird jede Aufführung aufgrund der spezifischen Materialität ihrer theatralischen Zeichen andere gedankliche Vorstellungen bei den unterschiedlichen Zuschauern hervorbringen. Das heißt, die semiotische Aufführungsanalyse gemäß dem offenen Kunstbegriff führt stets zu einer Plurivalenz möglicher Bedeutungen und zielt weder auf eine einheitliche Interpretation noch auf eine

Vereinheitlichung der Interpretation ab. Vielmehr ist die Aufführungsanalyse unterschiedlichsten Bedeutungen offen.

Damit wird zudem die Ereignishaftigkeit von Aufführungen, wie sie in Kapitel C erläutert wurde, vollständig ausgeblendet. Denn die gedanklichen Vorstellungen, die der Zuschauer während einer Aufführung erzeugt, teilen sich anderen mit, indem sie zu wahrnehmbaren Reaktionen führen. Hier stellt sich zu einem späteren Zeitpunkt die Frage nach dem Verhältnis von Wirkung und Bedeutung.

IV Zwischenergebnis zu E

Aufführungen des Theaters, der Aktions- und Performancekunst können nicht vom offenen Kunstbegriff der Verfassung erfasst werden, wie er nach der Lehre vom urheberrechtlich schützbaren Werk konkretisiert wurde. Aufgrund der Wechselwirkungsprozesse der Handlungen der ausübenden Künstler und Zuschauer kann die (statistisch einmalige) Auswahl und Anordnung der theatralen Elemente nicht präsentiert werden, weil sich Zufall und Intention ausschließen. Darüber hinaus ist der ausübende Künstler kein beliebig bearbeitbares und formbares Material, das es erlaubte, dass sich dieser exakt an die Vorlage des Regisseurs/Choreografen halten kann. Zudem hat sich gezeigt, dass die Wahrnehmung von etwas als etwas nicht bloß ein unbedeutender Sinnesreiz ist, dem dann in einem zweiten Schritt eine gedankliche Vorstellung beigelegt wird, sondern eine gedankliche Vorstellung entsteht bereits im und als Akt der Wahrnehmung. Damit fehlt es an der Möglichkeit, den Rezipienten aus der »objektiv« gegebenen gedanklichen Vorstellung an sich zu eliminieren, um so den Schutzbereich der Kunstfreiheitsgarantie von jeglichem ästhetischen Werturteil zu befreien. Zudem hat sich gezeigt, dass auch nach dem offenen Kunstbegriff die bühnenmäßige Aufführung nicht als Transformation des literarischen Textes auf die Bühne angemessen zu begreifen ist.

F Der Schutz von Kunstereignissen als Schwellenerfahrung im Sinne des offenen Kunstbegriffs

I Einführung

Die Untersuchung in Kapitel E hat ergeben, dass Aufführungen aufgrund ihrer Ereignishaftigkeit nicht verstanden werden können als Kunst im Sinne des offenen Kunstbegriffs, wie ihn *F. Müller* entwickelt hat, wie ihn das Bundesverfassungsgericht anwendet und wie er mit der Lehre *Kummers* vom urheberrechtlich schützbaren Werk konkretisiert wurde. Die Frage vom Anfang dieser Untersuchung stellt sich daher auch im verfassungsrechtlichen Kontext: Sind Ikonen moderner Kunst (nicht nur urheberrechtlich, sondern auch) als Kunst im Sinne von Art. 5 Abs. 3 S. 1 GG schutzlos? Wenn ja, wäre die Konsequenz, dass diese Wertung auch auf das Urheberrecht durchschlägt, also die oben festgestellte Schutzlücke im Urheberrechtsgesetz für Aufführungen als Ereignisse nicht über die Kunstfreiheitsgarantie des Grundgesetzes geschlossen werden könnte.

Ob dies tatsächlich so ist, wird im Folgenden anhand des »engagierten Kunstbegriffs« untersucht, wie er in Kapitel D.II.4 vorgestellt wurde. Insbesondere wird die Frage gestellt, ob die Beschränkung der Kunstfreiheitsgarantie (auch) im Sinne des offenen Kunstbegriffs auf »Werke« dem Normzweck des Art. 5 Abs. 3 S. 1 GG entspricht, oder ob das Wesen von Kunst durch etwas gekennzeichnet ist, das werkunabhängig ist und damit auch für (Kunst-)Ereignisse den Maßstab bildet: eine besondere ästhetische Erfahrung.

Im Zentrum des Wesensgehalts der Kunstfreiheitsgarantie stand lange Zeit das Werk – und damit zugleich sein Urheber, der Schöpfer, der große Künstler. Der offene Kunstbegriff entlarvt zwar diesen materiellen Kunstbegriff »besten Karats«[1442] als tautologische Leerformel und weist ihn in seinem idealistischen Individualitätsbegriff kategorisch zurück. Doch obgleich dem Rezipienten bei der Konstruktion des Werkes die Rolle eines Mitschöpfers zugewiesen ist und obgleich nach *Kummer* er derjenige ist, der die gedankliche Vorstellung des Werkes erst hervorbringt, bleibt nach *F. Müller* die »zentrale Stellung des Werkes«[1443] unangetastet.[1444] In seinem Beitrag über die »Freiheit der Kunst als Problem der Grundrechtsdogmatik« stellt er fest:

»Es könnte sein, daß die Existenz des Kunstwerks zu den schlechthin unverzichtbaren Faktoren der als frei garantierten Kunst, zum grundrechtlichen Wesensgehalt gehört und überdies zu jenen Geltungsaspekten des Grundrechts, die angesichts der Vorbehaltlosigkeit seiner Garantie nicht oder nur minimal flexibel sind.«[1445]

Das wesentliche Strukturmerkmal der Kunstfreiheitsgarantie soll also das Werk sein, ohne welches dieses in seinem Ding-Sein aufgehoben wäre. Wie aus *F. Müllers* Überlegung hervorgeht, geht der offene Kunstbegriff von der Annahme aus, dass das Werk (hoffentlich) nicht in seinem Objektcharakter aufgehoben wird. So könne der Rezipient dem gleichen materiellen Artefakt in unterschiedlichen Räumen zu unterschiedlichen Zeiten unterschiedliche gedankliche Vorstellungen beilegen[1446] und in diesem Sinne »einen lebenslangen Dialog«[1447] mit dem Werk führen, das sich aber selbst gleich bleibt.[1448]

Wenn aber die verfassungsmäßigen Kunstbegriffsdefinitionen[1449] auf diese Weise weitgehend an dem von Ereignishaftigkeit gekennzeichneten Lebenssachverhalt von Aufführungen vorbeigehen, wird eine derartig abstrakte und generelle Einengung des Kunstbegriffs den Sachkriterien der konkreten und individuellen »Eigengesetzlichkeit der Kunst«[1450] kaum gerecht.[1451] Die Forderung von *F. Müller*, dass sich ein Happening einer »skeptischen Diskussion«[1452] zu unterziehen habe, gilt daher für jede Aufführung. Möchte jedoch der »Staat, der sich im Sinne einer Staatszielbestimmung auch als Kulturstaat versteht«,[1453] ein freiheitliches Kunstleben erhalten und fördern, muss der Zweck der verfassungsrechtlich gewährleisteten Kunstfreiheitsgarantie genauer untersucht und gefragt werden, ob der außerrechtlich geprägte Schutzbereich der Kunstfreiheitsgarantie auch für die Ereignishaftigkeit von Aufführungen gemäß dem engagierten Kunstbegriff offen ist.

Bei dieser Frage geht es nicht um eine – wie auch immer wirkende – »normative Kraft des Faktischen«.[1454] Vielmehr hat eine in erster Linie am Normzweck orientierte Auslegung zu erfolgen, die vom Wortlaut ausgeht, und dieser ist schlicht: Die Kunst ist frei! Die Reduzierung des Schutzes auf Werke kann schon daher auch nicht per se dem Leitbild von Art. 5 Abs. 3 S. 1 GG entsprechen. Vielmehr ist damit zunächst nur festgestellt, »daß Art. 5 Abs. 3 Satz 1 GG jedenfalls *auch* und mit besonderem Nachdruck die Existenz von Kunstwerken als ›frei‹ gewährleistet«.[1455] Dass der Bereich der »engagierten Kunst« von der Freiheitsgarantie nicht ausgenommen ist, hat das Bundesverfassungsgericht bereits festgestellt. Es fehlt aber die Schutzbegründung für die von Ereignishaftigkeit gekennzeichneten Lebenssachverhalte.

Bei der Kunstfreiheitsgarantie handelt es sich um einen nicht rechtserzeugten Schutzbereich,[1456] sodass sich für die »praktische Realisierbarkeit der Kunstfreiheitsgarantie«[1457] die Frage stellt, ob sich die Kunsthaftigkeit einer Aufführung, das heißt ihre Ästhetizität, auch allein aufgrund ihrer Ereignishaftigkeit ergeben kann. Dazu müssten die typischen Strukturmerkmale einer Aufführung vom Normzweck der Kunstfreiheitsgarantie des Art. 5 Abs. 3 S. 1 GG erfasst sein.[1458] Das heißt, über den Schutz des materiellen Artefakts hinaus müsste der Schutzbereich der Kunstfreiheit auch für einmalige und unwiederholbare Vorgänge eröffnet sein, bei denen die bisher grundlegende Trennung zwischen Produzenten und Rezipienten relativiert, wenn nicht gar aufgehoben wird.

Als Ansatzpunkt zur Beantwortung dieser Frage dient wiederum die faktische Analyse von *Fischer-Lichte*. Denn *Fischer-Lichte* sieht gerade in der Ereignishaftigkeit der Aufführung ihre spezifische Ästhetizität fundiert,[1459] also das, was Aufführungen zu Kunst macht. Damit opponiert sie gegen die klassische Überzeugung einer werkorientierten Ästhetik, wie sie dem geltenden Verständnis des Urheberrechts, aber eben auch der so verstandenen Kunstfreiheit der Verfassung zugrunde liegt.

Damit stellen sich zwei Fragen: Ist *Fischer-Lichtes* faktische Bewertung überzeugend? Und, wenn ja, schützt Art. 5 Abs. 3 S. 1 GG (auch) diese spezifische Ästhetizität?

II Autonomie der Kunst

Es ist allgemein anerkannt, dass Art. 5 Abs. 3 S. 1 GG alle mit der Herstellung von Kunst in Verbindung stehenden Vorgänge schützt.[1460] Hierzu wird immer wieder ein wesentliches Strukturmerkmal genannt, auf das nicht weiter verzichtet werden könne, möchte die Kunst aufgrund ihrer Eigengesetzlichkeit frei sein: die Unterscheidung zwischen Kunst und Nichtkunst, also zwischen Kunst und Wirklichkeit. Die vom Staat gewährte Freiheit der Kunst wird aus dieser Differenz heraus bestimmt und begriffen. Ein solches Verständnis wird dem Schutzbereich zugrunde gelegt und als Tatbestandsmerkmal der Ästhetizität betrachtet, vorausgesetzt und hierunter subsumiert. Ganz gleich, ob man mit dem materiellen Kunstbegriff davon ausgeht, dass Kunst eine gegebene, vorgängige Wirklichkeit darstellt, nämlich den individuellen Stand seines Urhebers, oder im Gegensatz dazu mit dem offenen Kunstwerk davon ausgeht, dass im Kunstwerk eine Wirklichkeit *sui generis* erschaffen wird, nämlich die gedankliche Vorstellung an sich, die nur im Kunstwerk aufgefunden werden könne, wird diese Unterscheidung zwischen Kunst und Wirklichkeit von der Kunstfreiheitsgarantie als wesensimmanent vorausgesetzt.[1461] Mit den Worten des Bundesverfassungsgerichts strebt ein Kunstwerk hiermit »eine gegenüber der ›realen‹ Wirklichkeit verselbständigte ›wirklichere Wirklichkeit‹ an, in der die reale Wirklichkeit auf der ästhetischen Ebene in einem neuen Verhältnis zum Individuum bewusster erfahren wird«.[1462] Diese Trennung von Kunst und Wirklichkeit garantiere dem Künstler seine Kunstfreiheit und schütze ihn vor staatlicher Zensur oder Strafverfolgung. So führten etwa die von dem Performancekünstler *Jonathan Meese* gezeigten Hitlergrüße in einem öffentlichen Interview nicht zur Strafbarkeit wegen des Verwendens von Kennzeichen verfassungswidriger Organisationen gemäß §§ 86a Abs. 1 Nr. 1, 86 Abs. 1 Nr. 4 StGB. Denn weil es sich bei der von ihm während der Veranstaltung gezeigten Performance um Kunst i. S. d. offenen Kunstbegriffs[1463] handelte, so das Gericht, laufe sie dem Schutzzweck des § 86a StGB erkennbar nicht zuwider.[1464]

Die so verstandene Freiheit der Kunst, ihre Autonomie, löst die Kunst aber nicht nur aus jener außerkünstlerischen Wirklichkeit heraus, sodass sie in der öffentlichen Anerkennung zu einer Art Gral (v)erklärt und ihr im Kunsttempel einer Art Ersatzreligion gehuldigt wird, wie der Fall des Satirikers *Böhmermann* eindrucksvoll belegt.[1465] Die Kunstfreiheit gemäß Art. 5 Abs. 3 S. 1 GG meint in diesem Sinne vor allem, »dass die Wahrheit der Werke niemals in dem aufgeht, was sie sagen oder zeigen, sondern dahinter liegt, sozusagen sich in der Tiefe des Werkes verbirgt«.[1466] Entsprechend darf Satire auch nicht als politische oder moralische Beleidigung etwa eines Staatspräsidenten missverstanden werden, auch wenn sie *prima facie* zu Aufstand und Revolution aufruft, Zoophilie verherrlicht oder blasphemisch wirkt. Denn als Kunstwerk bedeutet sie etwas ganz anderes. Sie ist von der Realität, in welcher zu Mord und Totschlag aufgerufen wird und in der die Meinungs- und Pressefreiheit mit Füßen getreten wird, »durch eine tiefe Kluft getrennt«.[1467] Die Kunstfreiheitsgarantie impliziert mithin eine Dichotomie zwischen Kunst und Wirklichkeit, welche sie zugleich beansprucht und behauptet.

Diese Autonomie der Kunst gegenüber der Wirklichkeit ist aber in Aufführungen des Theaters und der Aktions- und Performancekunst, das hat die Aufführungsanalyse ergeben, zweifelhaft. Denn wenn die Geste, mit der die Gehilfen von *Vostell* sich ein Spiegelei braten,[1468] als ebendies wahrgenommen wird – und nicht etwa als eine symbolische Handlung, welche eine neuartige Ausdrucksform für das Gemälde von *Hieronymus Bosch* bedeuten soll –, dann bedeutet dies, dass sich der Gehilfe von *Vostell* ein Spiegelei brät. Wenn *Cate Blanchett* in ihrer schier endlos dauernden Parade und umgeben von Blitzlichtgewitter im John-Galliano-Kostüm die Rampe des Guggenheim-Museums hinunterschreitet, so bedeutet dieser Gang zunächst einmal die Wirklichkeit dieses Ganges.[1469] *Cate Blanchett* tut nicht nur so, als ob sie geht, sie geht tatsächlich und verändert damit die Wirklichkeit – erst dies stellt die Voraussetzung dafür dar, dass der Gang gegebenenfalls als derjenige von der Figur Signora Ponza ins Dorf interpretiert werden kann: »Right you are (if you think so).«

Man hat es bei solchen Aktionen, wie *Fischer-Lichte* zutreffend mit *Max Herrmann* formuliert, mit »wirklichen Menschen« in »wirklichen Räumen« zu tun. Das heißt, wenn sich *Burden* in »Shoot« in den Arm schießen lässt,[1470] dann konstituiert diese Handlung die Wirklichkeit, dass sich *Chris Burden* in den Arm schießen lässt. Die Differenz zwischen Kunst und Wirklichkeit, wie sie die Kunstfreiheitsgarantie angeblich voraussetzt, lässt sich hier also nicht feststellen. Denn die Handlungen sind selbstreferenziell insofern, als sie das bedeuten, was passiert, und sie sind wirklichkeitskonstituierend, dadurch dass sie die soziale Realität erzeugen, von der sie handeln.

Gemessen am gängigen Verständnis von Kunstfreiheit im Sinne des Art. 5 Abs. 3 S. 1 GG ist es daher zweifelhaft, ob die Strukturmerkmale, die eine Aufführung auszeichnen, überhaupt dem Kerngedanken der Kunstfreiheit entsprechen. Denn die Aufführung setzt offenbar einen Prozess in Gang, der »dazu führt, das dichotomische begriffliche Schema als ganzes zu destabilisieren«.[1471] Auch das Bundesverfassungsgericht sieht die »häufig unauflösbare Verbindung von Anknüpfungen an die Wirklichkeit mit deren künstlerischer Gestaltung«, sodass es »nicht möglich [ist], mit Hilfe einer festen Grenzlinie [zwischen] Kunst und Nichtkunst« den Maßstab festzulegen, anhand dessen beurteilt werden könne, ob der Schutzbereich der Kunstfreiheit eröffnet sei.[1472]

Angesichts dieser Überlegungen ist die Autonomie der Kunst zu überdenken. Bevor aber die Schlussfolgerung gezogen wird, dass jegliche Unterscheidung zwischen Kunst und Wirklichkeit obsolet geworden wäre, gilt es zu bedenken, dass, gerade weil die Gegensätze in einer Aufführung einstürzen, diese die Möglichkeit eröffnen, Aufführungen als Kunstereignisse zu reflektieren. Von der doppelten Daseinsweise von Kunst bzw. von ästhetischen Objekten (i. S. d.

offenen Kunstbegriffs) wird daher unten noch die Rede sein. Bereits an dieser Stelle soll aber nicht mehr von *entweder* Kunst *oder* Wirklichkeit gesprochen werden, sondern vielmehr von *sowohl als auch* – und von einer ästhetischen Erfahrung, die sich von sinnlichen Wahrnehmungserfahrungen im Alltag unterscheidet.

III Ästhetische Erfahrung

Das Bundesverfassungsgericht hat wiederholt hervorgehoben, dass eine essenzialistisch, formalistisch oder gar normativ abschließende Definition des Begriffs der Kunst nicht leistbar und auch nicht unbedingt wünschenswert ist, weil sie dem offenen Charakter der Kunstfreiheit widersprechen würde.[1473] Im Hinblick auf den *Normzweck* der Kunstfreiheitsgarantie hat es aber wiederholt auf die ästhetische Erfahrung oder auf die ästhetische Wirkung des Kunstwerkes auf die außerkünstlerische Wirklichkeit abgestellt. So hat es etwa in seinem »Mephisto«-Urteil ausgeführt, dass ein

> »Kunstwerk nicht nur als ästhetische Realität wirkt, sondern daneben ein Dasein in den Realien hat, die zwar in der Darstellung künstlerisch überhöht werden, damit aber ihre sozialbezogenen Wirkungen nicht verlieren. Diese Wirkungen auf der sozialen Ebene entfalten sich ›neben‹ dem eigenständigen Bereich der Kunst; gleichwohl müssen sie auch im Blick auf den Gewährleistungsbereich des Art. 5 Abs. 3 Satz 1 GG gewürdigt werden, da die ›reale‹ und die ›ästhetische‹ Welt im Kunstwerk eine Einheit bilden.«[1474]

Im Folgenden wird diese ästhetische Wirkung untersucht, und es wird der Frage nachgegangen, ob sich aus dieser Wirkung ein doppelter Zugang zur Welt begründen lässt.

1 Ästhetische Erfahrung aus der Perspektive des offenen Kunstbegriffs

Im Kontext der Definition des offenen Kunstbegriffs wurde bereits darauf hingewiesen, dass das Bundesverfassungsgericht das »kennzeichnende Merkmal einer künstlerischen Äußerung« darin erkennt, »dass es wegen der Mannigfaltigkeit ihres Aussagegehaltes möglich ist, der Darstellung im Wege der fortgesetzten Interpretation immer weiterreichende Bedeutungen zu entnehmen, sodass sich eine praktisch unerschöpfliche, vielstufige Informationsvermittlung ergibt«.[1475] Mit dieser Definition scheint auch das Bundesverfassungsgericht die Möglichkeit einer ästhetischen Wirkung oder Erfahrung als das »kennzeichnende Merkmal einer künstlerischen Äußerung« anzuerkennen.

Als wesentliche Bedingung der Eigenart dieser »vielstufigen Informationsvermittlung«[1476] stellt das Bundesverfassungsgericht zunächst die »Mannigfaltigkeit ihres Aussagegehaltes« heraus. Wie sich aus der Rekonstruktion der Lehre *Kummers* ergeben hat, findet diese »Mannigfaltigkeit« ihren Grund darin, dass dem Werk eine eigentliche inhaltliche Dimension fehlt. Folglich muss die gedankliche Vorstellung, vermittelt über die Art und Weise der Darstellung und die statistische Einmaligkeit des Werkes, immer erst konstruiert werden. Der Rezeptionsprozess nimmt entsprechend bei der statistischen Einmaligkeit des Werkes durch einen Vergleich mit anderen Werken seinen Ausgang. Der Weg der Rezeption folgt dabei einem Trial-and-Error-Prinzip, weil der Rezipient versucht, zwischen den »Vorurteilen« aus seiner eigenen Lebensgeschichte und der »künstlerischen Äußerung« des Urhebers zu vermitteln.[1477] Daher wird er die gedankliche Vorstellung zunächst bewusst nur probeweise einsetzen und dann in einer »fortgesetzten Interpretation«[1478] der Darstellung »immer weiterreichende Bedeutungen […] entnehmen«.[1479] Die »vielstufige Informationsvermittlung«[1480] im Sinne des Bundesverfassungsgerichts zeigt sich also im Rezeptionsprozess.

Dabei ist zu berücksichtigen, dass ein Rezipient, weil er den Inhalt des Werkes erst produziert, seine Geisteshaltung gegenüber dieser Wirklichkeit verändern kann, die gedankliche Vorstellung also eine Wirkung auf die Wirklichkeit auszulösen imstande ist. Wenn *Hofmann*,[1481] wie von *Kummer*[1482] angeführt, in seiner Kunstkritik von *Duchamps* ausgestelltem Flaschentrockner sagt, dass dieser einen wesentlichen Beitrag zur Bewältigung des Massenaspektes unserer Zivilisation darstelle, meint er eben diese verändernde Wirkung auf das Bedeutungssystem des Rezipienten, z. B. seine Einstellung gegenüber dem Raubtierkapitalismus oder dem verschwenderischen Umgang mit der natürlichen Ressource Wasser – oder aber, in Abhängigkeit von seinem subjektiven Bedeutungssystem, auch eine ganz andere.

Damit wird das Werk selbst zu einem der Faktoren, die verändernd auf die Wirklichkeit einwirken: Die Konstitution einer gedanklichen Vorstellung bewirkt eine Veränderung der Wirklichkeit; eine Veränderung der Wirklichkeit bewirkt eine Veränderung der gedanklichen Vorstellung des Werkes, sodass sich, wie es das

Bundesverfassungsgericht zu Recht formuliert, eine »praktisch unerschöpfliche, vielstufige Informationsvermittlung« *ad infinitum* ergibt. Dieser Vorgang sei im Alltag eine schleichende, ja gewöhnliche Erfahrung, sodass sich das nichtkünstlerische Werk durch seine Eindeutigkeit, rasche Durchschaubarkeit und zweifelsfreie Gedanken abhebt und nicht weiter interpretiert werden muss.[1483]

In der Kunst wird diese Erfahrung aber als Verstärkung, Akzeleration und zugleich zu einer bewussten Erfahrung »verdichtet«.[1484] Der Gegenstand ästhetischer Wahrnehmung und Erfahrung ist damit also nicht nur das Wahrgenommene, sondern zudem der Wahrnehmungsprozess. In der ästhetischen Wahrnehmung wird nicht nur etwas wahrgenommen, sondern der Wahrnehmende nimmt sowohl den Akt der Wahrnehmung als auch sich selbst als Wahrnehmenden wahr. Die ästhetische Erfahrung ist folglich auf sich selbst als Wahrnehmung bezogen. Der Begriff der ästhetischen Erfahrung ist damit ein Schlüsselbegriff der Kunstfreiheit – wie dies bereits 1970 *Rüdiger Bubner* in seinem Aufsatz »Über einige Bedingungen der gegenwärtigen Ästhetik«[1485] in der Debatte über die Entgrenzung der Künste gefordert und proklamiert hat.

Soweit nach den Worten des Bundesverfassungsgerichts also das »kennzeichnende Merkmal einer künstlerischen Äußerung« in der »praktisch unerschöpflichen, vielstufigen Informationsvermittlung« liegt, ist diese dadurch charakterisiert, dass sie das Bedeutungssystem des wahrnehmenden Rezipienten (*ad infinitum*) transformieren kann.

Diese ästhetische Erfahrung, aus der Perspektive des offenen Kunstbegriffs, kann nun als *Schwellenerfahrung* beschrieben werden: Derjenige, der die Schwelle durchlebt, befindet sich im Zustand der *Liminalität* (von lat. *limen*: die Schwelle).

Der Begriff der Liminalität stammt aus der Ritualforschung, namentlich des Ethnologen *Victor Turner*. Nach seinen Beobachtungen sind Grenz- und Übergangserfahrungen in Ritualen in drei Phasen gegliedert. Diese Phasen werden von *Fischer-Lichte* im Hinblick auf die spezifische Ästhetizität von Aufführungen des Theaters und der Aktions- und Performancekunst wie folgt erläutert:

> »1) die Trennungsphase, in der der/die zu Transformierende(n) aus ihrem Alltagsleben herausgelöst und ihrem sozialen Milieu entfremdet werden;
> 2) die Schwellen- oder Transformationsphase; in ihr wird/werden der/die zu Transformierende(n) in einen Zustand ›zwischen‹

allen möglichen Bereichen versetzt, der ihnen völlig neue, zum Teil verstörende Erfahrungen ermöglicht;
3) die Inkorporationsphase, in der die nun Transformierten wieder in die Gesellschaft aufgenommen und in ihrem neuen Status, ihrer veränderten Identität akzeptiert werden.«[1486]

Liminalität befindet sich in der zweiten Phase, dem Schwellenzustand. Beispiele sind etwa Initiationsriten, bei denen das Kind zum Erwachsenen, Knaben zu Kriegern oder Laien zum Schamanen werden. Während der liminalen Phase befinden sich die an solchen Ritualen teilnehmenden Individuen in einem unsicheren, labilen Zustand, der weder mit dem vorherigen Zustand noch mit dem zukünftigen gleichgesetzt werden kann, sondern sie befinden sich in einem Übergang. Diesen Übergang bezeichnet *Turner* als einen Zustand des »betwixt and between«:[1487] Erst das Durchleben dieser Schwelle bewirkt eine Veränderung des gesellschaftlichen Status.

Wenn ästhetische Erfahrung mit dieser liminalen Erfahrung gleichgesetzt werden soll, folgt daraus nicht, dass zwischen Kunst und Ritual keine Unterschiede bestehen oder ein solcher Unterschied behauptet wird, hierum geht es nicht.[1488] Vielmehr stellt die ästhetische Erfahrung als Schwellenerfahrung ein strukturelles Merkmal dar, anhand dessen sich der Kerngedanke des offenen Kunstbegriffs realisiert. Denn damit ist der von der Kunstfreiheit vorausgesetzte doppelte Zugang zur Welt gefunden: Durch die ästhetische Erfahrung als Schwellenerfahrung durchlebt der Rezipient »eine gegenüber der ›realen‹ Wirklichkeit verselbständigte ›wirklichere Wirklichkeit‹ [...], in der die reale Wirklichkeit auf der ästhetischen Ebene in einem neuen Verhältnis zum Individuum bewusster erfahren wird«.[1489] Im Kontext des offenen Kunstbegriffs kann man die These, wonach es sich bei der ästhetischen Erfahrung um eine Schwellenerfahrung handelt, also im Hinblick auf die Veränderungen beschreiben, welche das Bedeutungssystem des wahrnehmenden Rezipienten durchläuft – und zwar unabhängig von jeder Kunstgattung.

2 Ästhetische Erfahrung aus der Perspektive des Performativen (engagierter Kunstbegriff)

Im vorgehenden Abschnitt hat sich gezeigt: Wo immer fraglich ist, ob der Schutzbereich der Kunstfreiheitsgarantie gemäß dem offenen Kunstbegriff eröffnet ist – bei einem literarischen Text, einem Bild, einer Skulptur, einer Theateraufführung etc. –, geht es um die Frage, ob eine ästhetische Erfahrung als Schwellenerfahrung (zumindest theoretisch) möglich ist. Konkret in Bezug auf Aufführungen des Theaters und der Aktions- und Performancekunst stellt sich daher die Frage, ob die Veränderungsprozesse, die in dieser Untersuchung mit Blick auf eine Ästhetik des Performativen aufgezeigt und konkretisiert wurden, ebenfalls als Schwellenerfahrungen charakterisiert werden können. Wenn ja, ist die darin liegende ästhetische Erfahrung vom offenen Kunstbegriff und damit vom Schutzbereich des Art. 5 Abs. 3 S. 1 GG ebenso erfasst wie vom engagierten Kunstbegriff.

Die faktische Analyse und Bewertung aller in dieser Untersuchung beispielhaft vorgestellten Aufführungen des Theaters und der Aktions- und Performancekunst haben ergeben, dass Beteiligte an einer Aufführung immer eine Veränderung ihres körperlichen Zustandes erfahren. Egal, ob dies das Empfinden der besonderen Stimmung in »Right you are (if you think so)« im Guggenheim-Museum war,[1490] das im »Sportstück« erzeugte Energiefeld zwischen den ausübenden Künstlern und Zuschauern[1491] oder die Gefühle von körperlicher Ablehnung, Furcht oder Beschämung, die durch die von Krankheit und Tod gekennzeichneten Körper im »Giulio Cesare«[1492] erzeugt wurden. Dies gilt erst recht für die Aktionen von *Burden*:[1493] Wenn dieser in der Aktion »Through the Night Softly« am 12. September 1973 auf der Main Street in Los Angeles nackt und mit auf dem Rücken verbundenen Händen 15 Meter über zerbrochenes Glas kroch, ist anzunehmen, dass die Wahrnehmung dieser Wirklichkeit bei den wenigen Zuschauern und erst recht bei den zufällig vorbeikommenden Passanten Aversion, Schmerz, Geringschätzung, Angst, Unwohlsein, Empathie oder Grauen verursachte. Die Wahrnehmung der selbstreferenziellen Phänomene hat also offensichtlich die Fähigkeit, mit psychischer Wirkung den ganzen Organismus des Körpers der Zuschauer zu beeinflussen, seinen »physiologischen, energetischen, motorischen Zustand«.[1494] *Fischer-Lichte* qualifiziert diesen Zustand wie folgt:

> »Schweiß bricht aus, es läuft ihnen kalt über den Rücken, sie bekommen eine Gänsehaut, Hände und Füße werden eiskalt, der Puls fängt an zu rasen, der Herzschlag setzt aus, der Atem stockt, die Träne quillt, ein Knoten im Hals schnürt die Kehle zu, der Mund wird trocken. Ein Gefühl von Scham ergreift sie, Angst überfällt sie, sie verschränken krampfartig die Hände ineinander u. a. mehr.«[1495]

Dieser Umschwung der Gefühle ist auch bei den Inszenierungen von *Castorf*, *Schlingensief* und *Schleef* adäquat kausal für eine Verwirrung der Selbst- und Weltwahrnehmung. Welche Verhaltensweisen sollten die Zuschauer oder Passanten bei der Wahrnehmung der Aktion »Through the Night Softly« anwenden? Als Passant hätte man seine Aktion möglicherweise als geisteskrank abgetan oder schlechterdings nicht akzeptiert, dass sich der Künstler selbst verletzt, und hätte Einhalt geboten, was tatsächlich aber nicht geschah. Andererseits galt für die in die Aktion eingeweihten Zuschauer, dass der Kunstrahmen möglicherweise dazu aufforderte, den Künstler gewähren zu lassen, offenbar gewillt, sich die tiefen kleinen Schnittwunden zuzufügen. Eine noch radikalere Selbst- und Weltwahrnehmung lässt sich bei *Burdens* Aktion nachweisen, bei dem er seinen »Freund« anstiftete, ihn in den Arm zu schießen: Verlangten es nicht die guten Sitten, dass der Täter die gefährliche Körperverletzung unterlässt? Handelte es sich in der Parallelwertung der Laiensphäre nicht, trotz Einwilligung, um eine rechtswidrige Tat, oder aber erforderte es nicht vielmehr der Respekt vor dem Künstler, dessen Plan auszuführen? Oder wollte das Opfer den Täter, der unmittelbar zum »Shoot« ansetzte, lediglich testen? Und wie sollten sich die Zuschauer als Garanten in dieser Situation verhalten?

Im Hinblick auf die Eigenart der Ereignishaftigkeit von Aufführungen erläutert *Fischer-Lichte* diese Veränderung dahin gehend, dass, wenn bisherige Verhaltensmuster keine Anwendung finden, weil deren Gegensätze kollabieren, die Zuschauer zum Teil in zutiefst irritierende, verunsichernde Situationen versetzt würden, weil die Erfahrung von Selbst-, Fremd- und Welterfahrung des Alltages bisher gültige ästhetische Normen, Regeln und Sicherheiten destabilisiere. Diesen Zustand beschreibt sie nicht nur als kognitive Irritation, sondern als eine leibliche Veränderung, die – wie gesehen – oft als Krisenerfahrung durchlebt wird. Dies sei etwa der Fall, wenn der Wahrnehmende starke Gefühle im und als Akt der Wahrnehmung hervorrufe. Dieser Zustand der Instabilität könne qualvoll wie lustvoll empfunden werden und dem Zuschauer wie in *Rilkes* »Apoll« zurufen: »Du musst dein Leben ändern.«

> »Die Aufführung stürzt den Zuschauer in eine Krise, zu deren Bewältigung er nicht auf allgemein anerkannte Verhaltensmuster zurückgreifen kann. Die bisherigen Standards werden nicht mehr akzeptiert, neue sind noch nicht formuliert. Der Zuschauer befindet sich in einer Schwellenphase, im Zustand der Liminalität.«[1496]

Die These von »ästhetischer Erfahrung als Schwellenerfahrung« kann man auf andere Weise auch beim »Happening«[1497] von *Vostell* plausibilisieren: Zu den Besonderheiten des Happenings gehörte es, dass die Materialität einerseits als selbstreferenzielles Phänomen verstanden werden konnte – das Braten eines Spiegeleis –, die Wahrnehmung der Phänomene aber eine, wie es *Brandstätter* ausgedrückt hat, »doppelte Existenzweise«[1498] aufwiesen, indem sie darüber hinaus auch als eine neuartige Ausdrucksform für das Gemälde von *Hieronymus Bosch* wahrgenommen werden konnten. Eine solche Differenz zwischen »Präsenz und Repräsentation«[1499] wurde auch bei »Right you are (if you think so)« deutlich: Wenn *Cate Blanchett* in ihrer schier endlos dauernden Parade und umgeben vom Blitzlichtgewitter im John-Galliano-Kostüm die Rampe des Guggenheim-Museums hinunterschreitet, so konnte dieser Gang zunächst einmal die Wirklichkeit dieses Ganges bedeuten, oder aber den von Signora Ponza: »Right you are (if you think so)«. Man hat es mithin im (veralteten) Sinne von Zweideutigkeit mit einer »Duplizität zwischen Materialität und Bedeutung«[1500] zu tun. Es gibt die »leibliche Präsenz« von *Cate Blanchett*, die »ohne Regreß nicht wieder auf Zeichen rückführbar« erscheint, »etwas, das nicht spricht, sondern sich nur zeigen kann«,[1501] gleichzeitig aber auch etwas darstellt. Diese perzeptive Multistabilität, die allgemein als Figur-Grund-Wahrnehmung bekannt ist, erfuhr auch der Zuschauer von *Schlingensiefs* »Chance 2000«,[1502] der zu keinem Zeitpunkt sicher sein konnte, ob er in einer Theateraufführung, in einer Talkshow oder im Zirkus saß, weil eindeutige Normen, Regeln oder Sicherheiten, die augenscheinlich klarzulegen vermochten, um was für eine Art von Veranstaltung es sich handelt, nicht mehr wirksam schienen. Dies gilt ebenso für den Besucher des deutschen Pavillons bei »This is so contemporary«,[1503] der davon ausgegangen sein mag, dass seine Rolle in der Galerie darin besteht, sich (passiv) um Kunstwerke herumzubewegen, und auf einmal zum Teil der Performance wird, wie sich dies ebenfalls bei »Commune«[1504] oder »Two Amerindians«[1505] gezeigt hat.

Indem konventionelle Wahrnehmungs- und Denkschemata destabilisiert werden, bewirkt diese Grenzerfahrung also auch hier einen Übergang, der sich im Kontext einer Ästhetik des Performativen ebenfalls als Schwellenerfahrung beschreiben lässt. Während dieser Wahrnehmungsprozesse befindet sich der Wahrnehmende wie auch bei einem Ritual auf der Schwelle, in einem Zwischenzustand, bei dem die bisherige Einstellung zur Wirklichkeit, zu Normen, Regeln, Wahrnehmungs- oder Verhaltensmustern nicht mehr akzeptiert wird, eine neue Einstellung aber noch nicht gefunden wurde. Der Rezipient befindet sich weder jenseits noch diesseits, sondern in einem radikalen »betwixt and between«.[1506] Erst mit Abschluss des Rezeptionsvorgangs befindet sich der Wahrnehmende in der von *Turner* genannten dritten Inkorporationsphase.[1507] Allerdings bleibt – anders als beim Ritual – zweifelhaft, ob sich der Mensch hierdurch, wie dies *Lessing* hoffte, tatsächlich durch die Neuformulierung anderer Normen und Regeln »bessern« würde.

> »Es kann natürlich ebenso der Fall eintreten, daß der Zuschauer nach Verlassen der Aufführung seine vorübergehende Destabilisierung als unsinnig und unbegründet abtut und zu seiner vorherigen Wirklichkeits- und Selbstwahrnehmung zurückzukehren sucht – oder aber, daß er auch nach der Aufführung noch lange im Zustand der Desorientierung verbleibt und erst sehr viel später entweder zu einer Neuorientierung gelangt oder zu seinen alten Wertordnungen und Verhaltensmustern zurückfindet. Dies ändert nichts daran, daß er die Teilnahme an der Aufführung als eine Schwellenerfahrung erlebt hat. Und nur dies steht hier zur Debatte, d. h., nur diejenigen Transformationen, die im Prozeß der Rezeption durchlaufen werden, nicht aber solche, die sich erst nach dem Ende der Aufführung einstellen.«[1508]

Im Hinblick auf die oben aufgeworfene Frage kann der Wahrnehmungsprozess also ebenfalls als Schwellenerfahrung charakterisiert werden. Während die Schwellenerfahrung im Zusammenhang des offenen Kunstbegriffs als »Destabilisierung und Umstrukturierung des Bedeutungssystems«[1509] des wahrnehmenden Subjekts begriffen wurde, kann die Veränderung in Hinsicht auf eine Ästhetik des Performativen mit *Fischer-Lichte* als »Destabilisierung von Selbst- und Weltwahrnehmung«[1510] des rezipierenden Subjekts beschrieben werden.

Damit stellt sich die Frage, ob es sich hierbei um dieselbe ästhetische Erfahrung als Schwellenerfahrung handelt. In welcher Beziehung steht also die Veränderung des körperlichen Zustandes zu der Veränderung des Bedeutungssystems? Diese Frage kann aber nur unzureichend beantwortet werden, wenn nicht zuvor das Verhältnis von Wirkung und Bedeutung geklärt wird.

3 Wirkung und Bedeutung

Das Verhältnis von Wirkung und Bedeutung wird gemäß dem offenen Kunstbegriff als Gegensatz erklärt. *F. Müller* führt zur »Wirkung« des

Werkes aus:

> »Das Ereignishafte, das heißt das nicht auf die dingliche Gegenständlichkeit des Kunstwerks Beschränkte, sondern als Vorstellungsschema im Betrachter, Leser, Hörer Aktualisierte wird dabei nicht verkannt. Theoretisch ist das Werk als eine sinnlich-anschaulich vorliegende ›Sache‹ isolierbar, auch wenn es als ›Ereignis‹ ein ›Produkt aus Haltung und Situation‹ mit dem Anstoß durch die Wirkung seiner sinnlichen Perzeption darstellt.«[1511]

Auch *Kummer*, der sich mit seiner formalen Ästhetik gegen die Inhaltsästhetik der herrschenden Meinung in Rechtsprechung und Literatur wendet und stattdessen proklamiert, dass sich der Rechtsschutz an die äußeren Fakten zu halten habe, ist der Ansicht, dass die Sinnlichkeit der Materialität nicht auf die Übermittlung eines geistigen Gehalts ziele, sondern eine unmittelbare Wirkung auslöse.[1512]

Wie die Analyse zur Entstehung von Bedeutungen ergeben hat,[1513] handelt es sich bei den sinnlichen Phänomenen, welche der offene Kunstbegriff mit der These der Desemantisierung zu erfassen sucht, im strengen Sinne aber um Selbstbezüglichkeit (Selbstreferenzialität). Eine solche Selbstbezüglichkeit ist weder als Vermittlung vorgegebener Bedeutungen noch als Desemantisierung zu erklären, sondern »[d]er Blick des Wahrnehmenden tastet das Objekt ab, wie Merleau-Ponty es ausgedrückt hat«,[1514] und erhält so die Bedeutung, »als was es im Akt der Wahrnehmung in Erscheinung tritt«.[1515] Das heißt, die Wirkung des wahrgenommenen Phänomens ist mit *Fischer-Lichte* nicht als ein Ursache-Reaktion-Mechanismus zu erklären, wie es die Anhänger des Rezeptionsprinzips voraussetzen, sondern als eine Art *vis compulsiva*.

Denn wenn der Wahrnehmende in die bühnenmäßige Aufführung kommt, hat er bereits eine Fülle von derartigen Eindrücken aus der Außenwelt empfangen und ist kein unbeschriebenes Blatt mehr. Wenn sich für den Zuschauer der Bühnenvorhang öffnet, bedeutet das für ihn also keine *tabula rasa*, sondern mit der Wahrnehmung ist immer schon etwas in der Erinnerung verbunden. Für ihn kann es daher keine reine Anschauung im Sinne eines ursprünglichen Zustandes geben. Daher ist davon auszugehen, dass die in einer Aufführung ausgelösten Gefühle aus den früher erzeugten Bedeutungen ableitbar sind. Die Wahrnehmung eines selbstreferenziellen Phänomens, das auf keine andere Bedeutung verweist als auf seine spezifische Materialität, löst also deshalb sichtbare, spontane oder andere körperliche Reaktionen aus, weil die Wahrnehmung »ihrerseits im Kontext von bestimmten kulturellen oder auch biographisch bedingten Bedeutungen vollzogen wurde«.[1516] *Fischer-Lichte* macht dies anhand von Phobien deutlich:

> »[F]ür den, der an einer Schlangenphobie leidet, [heißt,] eine Schlange wahrzunehmen, sie als angstbesetzt wahrzunehmen. Die Phobie ist in diesem Sinne integraler Bestandteil der Bedeutung, die das Objekt Schlange für ihn hat. Es ist also nicht erst die Wahrnehmung der Schlange, welche Angst erzeugt. Sondern weil zur Bedeutung des Objektes Schlange die Phobie gehört und es die Bedeutung ist, welche die Wahrnehmung als Bedeutung erzeugt, ruft die Wahrnehmung der Schlange auch jetzt Angst hervor.«[1517]

Fischer-Lichte beschreibt an diesem Beispiel, wie eine ganz individuelle Bedeutung eine Wirkung hervorruft. Es gebe allerdings auch Bedeutungen, die in einer ganzen Kultur vorkommen, weswegen etwa bei einem Bruch gegen ein Tabu, z. B. einem Eingriff in die physische Integrität, das Leben oder in die körperliche Unversehrtheit, entsprechende Emotionen hervorgerufen würden, wie hier bei den Selbstverletzungsperformances von *Abramović*, *Burden* oder *Pane*. Wenn die Wahrnehmung der Adipositas des Darstellers des Cicero in »Giulio Cesare« beim Zuschauer physiologische, affektive oder motorische Reaktionen hervorruft, ist mit *Fischer-Lichte* entsprechend davon auszugehen, dass diese nur deswegen entstehen, weil sie gegen das in der westlichen Kultur vorherrschende Schönheitsideal verstoßen. Würde Cicero nicht als ein von Fettsucht geplagter bzw. als ein von Tod und Krankheit gekennzeichneter Leib wahrgenommen, würde der Zuschauer auch nicht vom Gefühl der Angst überfallen, würde nicht der Schweiß ausbrechen und ihm kalt über den Rücken laufen. Das heißt, es sind »diese bereits früher erworbenen Bedeutungen [...], die auf die Dynamik des Wahrnehmungsprozesses einwirken: Im Akt der Wahrnehmung werden Bedeutungen erzeugt, die sich als starke Gefühle körperlich artikulierten.«[1518]

4 Das Verhältnis von körperlichem Zustand und Umstrukturierung der Bedeutung

Auf der Grundlage der gewonnenen Erkenntnisse über die Beziehung zwischen Wirkung und Bedeutung kann nun, unter Rückgriff auf die Erläuterungen zum Darbietungsbegriff,[1519] der Aspekt der ästhetischen Erfahrung als Schwellenerfahrung abschließend bewertet werden. Bereits oben wurde die These aufgestellt, dass der offene Kunstbegriff und der engagierte Kunstbegriff von unterschiedlichen Perspektiven auf dieselbe ästhetische Erfahrung abstellen. Nachdem beide zunächst aus heuristischen Gründen getrennt voneinander betrachtet wurden, können sie nun zueinander in Beziehung gesetzt werden.

Wie gezeigt, vermag die Wahrnehmung der Phänomene in ihrer Selbstbezüglichkeit beim Wahrnehmenden Wirkungen zu verursachen, »die als spezifische Empfindungen und Gefühle bewusst werden, und insofern, als ihre Bedeutungen eben diese [...] Bewusstseinsgehalte erzeugen«.[1520] In einer bühnenmäßigen Aufführung sind es also ausnahmslos »Bedeutungen [...], die neue Bedeutungen hervorbringen«.[1521]

Die »Umstrukturierung des Bedeutungssystems«[1522] im Sinne einer Schwellenerfahrung, wie sie aus der Perspektive des offenen Kunstbegriffs dargelegt wurde, ist also in der Sinnlichkeit der Wahrnehmung verwurzelt, das heißt, sie resultiert aus der Wahrnehmung des selbstbezüglichen Phänomens und bleibt immer auf die Sinne bezogen. Sie findet ihren Ausgang in den Prozessen der ästhetischen Erfahrung, wie sie aus der Perspektive des Performativen als Verunsicherung und Destabilisierung von Selbst- und Fremdwahrnehmung beschrieben wurden.[1523]

> »[...] die Umstrukturierung des Bedeutungssystems nimmt in den affektiven, physiologischen, energetischen und motorischen Veränderungen ihren Ausgang, die mit der Destabilisierung einhergehen bzw. in denen diese sich artikuliert. Sie geschieht also nicht losgelöst oder unabhängig von den Veränderungen des körperlichen Zustands, sondern in direkter Interaktion mit ihnen sowie in unmittelbarer Relation zu ihrer Intensität.«[1524]

Nicht nur daraus erklärt sich, wenn auch hier besonders deutlich, dass es sich bei dem vom Urheberrecht geschützten geistigen Gehalt bzw. der gedanklichen Vorstellung nicht um »rein ›*geistige*‹ Phänomene«[1525] handelt, für deren Existenz das Urheberrecht auf eine Zwei-Welten-Theorie rekurrieren muss. Entsprechend den Erkenntnissen von *Fischer-Lichte* gilt vielmehr für die Kunstfreiheitsgarantie der Verfassung – ebenso wie für das Urheberrecht –, dass gedankliche Vorstellungen im Sinne des Konzepts vom Menschen als *embodied mind*[1526] als verkörpert zu denken sind, als etwas, das sich körperlich artikuliert. Im Hinblick auf die ästhetische Erfahrung, wie sie von der Kunstfreiheitsgarantie als das Kennzeichnende einer künstlerischen Äußerung verstanden wird, folgt daraus für den engagierten Kunstbegriff mit den Worten *Fischer-Lichtes* folgender Wesensgehalt:

> »Wenn die Veränderungen des körperlichen Zustands, die als Destabilisierung erlebt werden, den Ausgangspunkt für die Umstrukturierung des Bedeutungssystems darstellen, dann läßt sich eine gelungene Umstrukturierung als geglückte Neuorientierung, als Ermöglichung einer neuen Selbst- und Weltwahrnehmung bestimmen. Denn sie stellt dem rezipierenden Subjekt neue Instrumente für eine neue Wahrnehmung und eine neue, andere Praxis zur Verfügung.«[1527]

Dabei hat sich gezeigt, dass wenn der Zuschauer z. B. von den leidenschaftlichen Handlungen auf der Bühne derart angesteckt wird, dass er ruft: »Es zerreißt mir das Herz!«, dann handelt es sich bei diesen überwältigenden Gefühlen nicht um ein Symptom als Ausdruck eines Gefühls, das woanders als im Körper zu verorten wäre, etwa im »Inneren« oder in der »Seele«, und sich am Körper lediglich manifestiert, wie es die Anhänger des Schöpfungsprinzips voraussetzen. Vielmehr sind Bedeutungen in dem Sinne zu verstehen, wie es der Volksmund schon immer wusste, nämlich dass Bedeutungen nur deshalb bewusst werden, weil sie »unter die Haut gehen«. Emotionen und Gefühle sowie die hierdurch bewirkte Veränderung des körperlichen Zustandes gehen also einerseits auf die früher erzeugten Bedeutungen zurück. Und unter umgekehrten Vorzeichen ist es andererseits die Intensität der Gefühle des Rezipienten, die Anlass dazu geben, seine Geisteshaltung gegenüber der Wirklichkeit zu verändern. Das und nichts anderes ist gemeint, wenn das Bundesverfassungsgericht über den engagierten Kunstbegriff ausführt, dass sich Künstler »mit aktuellem Geschehen auseinandersetzen«, indem sie sich engagieren, wirklichkeitskonstituierend auf das Sozialverhalten Dritter einzuwirken.

Die eingangs gestellte Frage, in welcher Beziehung die Wahrnehmung der selbstreferenziellen Phänomene, die Wirkungen auszulösen imstande sind, zu einer Überwindung von alten Vorstellungen steht, ist demnach dahin gehend zu beantworten, dass es sich um eine Wechselwirkung handelt. Es ist daher auch müßig zu ermitteln, ob »zuerst die Veränderung des körperlichen Zustandes oder die Veränderung des Bedeutungssystems«[1528] eintritt, sondern die ästhetische

Erfahrung bedeutet eine »Veränderung des ganzen Menschen«.[1529] Die Veränderungsprozesse, in denen der Wahrnehmende die Wirklichkeit auf ästhetischer Ebene in einem neuen Verhältnis zu sich selbst bewusster erfährt, lassen anhand aller hier berücksichtigten Aufführungen des Theaters und der Aktions- und Performancekunst die gegenüber der »realen Wirklichkeit« selbstständige »wirklichere Wirklichkeit«[1530] erkennen, dass nämlich Wahrnehmung noch vor jeder Subjekt-Objekt-Spaltung anzusiedeln und dass das dichotomische Begriffspaar von Geist und Körper als ein vollkommen unangemessenes Mittel zur Beschreibung des Menschen zurückzuweisen ist.

> »Ästhetische Erfahrung im Theater stellt als eine Schwellenerfahrung eine Intensivierung, Beschleunigung und zugleich Bewußtwerdung spezifischer Transformationsprozesse dar. Sie läßt das zuschauende Subjekt nicht nur Veränderungen durchleben, die es als lebendigen Organismus betreffen, oder solche, die auf seine Imagination und seinen Intellekt zielen, sondern vor allem Transformationen, in denen und durch die es sich als ›embodied mind‹ erfährt.«[1531]

Diesen Zustand kann man durchaus mit *Schiller* vergleichen, der in seinen Briefen »Über die ästhetische Erziehung des Menschen« in der Vereinigung von Stofftrieb und Formtrieb zum Spieltrieb die Versöhnung des Menschen mit den Gegensätzen von Körper und Geist, sinnlicher Natur und Vernunft in der Kunst beschreibt. Der offene Kunstbegriff, wie er der Verfassung zugrunde liegt, ist also nicht im Gegensatz oder gar im Widerspruch, sondern allein im Kontext einer Ästhetik des Performativen angemessen zu verstehen. Damit ist zugleich gesagt, dass eine Ästhetik des Performativen einen Anknüpfungspunkt in der Verfassung selbst hat. Die von der Kunstfreiheitsgarantie vorausgesetzte Ästhetizität kann sich also gemäß dem engagierten Kunstbegriff auch allein aus der Ereignishaftigkeit von Aufführungen des Theaters und der Aktions- und Performancekunst ergeben.

IV Zwischenergebnis zu F

Die Auslegung des Kunstbegriffs in Kapitel F hat gezeigt, dass nach dem Normzweck des Art. 5 Abs. 3 S. 1 GG auch Ereignisse als Kunst vom offenen Kunstbegriff erfasst werden – obwohl sie gerade keine Werke nach traditioneller Lesart sind.

Bereits nach einem – im Sinne *Kummers* – richtig verstandenen offenen Kunstbegriff schützt Art. 5 Abs. 3 S. 1 GG als Kunst die ästhetische Erfahrung im Sinne einer Schwellenerfahrung. Diese ist dadurch gekennzeichnet, dass der Rezipient des Kunstwerkes sich mit diesem fortlaufend auseinandersetzt und ihm dabei fortlaufend neue Bedeutungen beimisst, die ihn das Kunstwerk jedes Mal anders wahrnehmen lassen, wodurch er wiederum neue Bedeutungen erkennt, und so fort.

Diese Schwellenerfahrung als ästhetische Erfahrung gibt es auch und erst recht bei Aufführungen des Theaters und der Aktions- und Performancekunst. Sie ergibt sich aus deren Performativität, wie sie vom engagierten Kunstbegriff vorausgesetzt wird. Diese löst körperliche Reaktionen bei den Zuschauern aus und destabilisiert deren Selbst- und Weltwahrnehmung, weil sie laufend zwischen dem, was sie wahrnehmen und fühlen, und dem, was dies jeweils für sie bedeutet, hin und her schwanken. Wirkung und Bedeutungsbeimessung wechseln sich ab und schaukeln sich gegebenenfalls sogar auf, verstärkt noch durch die ebenfalls wechselwirkende Feedback-Schleife zwischen Darstellern und Publikum. Die Zuschauer erleben diesen irritierenden Prozess als eine leibliche Veränderung. Diese Schwellenerfahrung kennzeichnet die ästhetische Erfahrung ereignishafter Kunst und damit die Ästhetik des Performativen. Sie rechtfertigt es, nicht nur Kunstwerke im tradierten Sinne, sondern auch Kunstereignisse, und damit insbesondere Aufführungen des Theaters und der Aktions- und Performancekunst, als ästhetische Erfahrung und daher als Kunst im Sinne eines – erweiterten – offenen Kunstbegriffs (engagierte Kunst) zu verstehen und damit Aufführungen als vom Schutzbereich des Art. 5 Abs. 3 S. 1 GG erfasst anzusehen.

Diese Wertung der Verfassung wirkt auf das Urheberrecht ein. Nach diesem Wertungsplan der Rechtsordnung ist die oben[1532] festgestellte Schutzlücke in § 2 Abs. 2 UrhG daher planwidrig. *Wie* diese Regelungslücke durch Rechtsfortbildung geschlossen werden kann, wird im folgenden Kapitel G untersucht.

G Rechtsfortbildung: der Schutz des Urheberrechts an der Inszenierung

Aufführungen fallen, obwohl ereignishaft, in den Schutzbereich der Kunstfreiheitsgarantie des Art. 5 Abs. 3 S. 1 GG. Dies hat die Untersuchung in Kapitel F ergeben. Beantwortet werden müssen allerdings noch die Fragen, *wer* als Künstler *wofür* genau geschützt ist, und damit – rechtsfortbildend –, wer als »Urheber der Aufführung« wofür Schutz verdient. Denn das Wesen von Ereignissen und damit von Aufführungen ist, wie gesehen, das Zufällige, Momentane und Unkontrollierbare, das seinem Wesen nach keinen Urheber haben kann. Im Kern geht es also um die Frage, wem die ereignishafte Aufführung zugerechnet werden kann. Die Antwort auf diese Fragen ergibt sich, schaut man differenzierter auf den Schutzbereich der Kunstfreiheitsgarantie des Art. 5 Abs. 3 S. 1 GG.

I Schutzbereiche der Kunstfreiheitsgarantie

Die Kunstfreiheitsgarantie von Art. 5 Abs. 3 S. 1 GG schützt nach allgemeiner Meinung den sog. Werk- und den Wirkbereich der Kunst.[1533] Der Begründer dieser sog. strukturierenden Rechtslehre, *Friedrich Müller*, führt hierzu aus:

> »Die Möglichkeit der Produktion von Werken und die Fortexistenz geschaffener Werke sind das sachliche Zentrum des Normbereichs ›Kunst‹. Sie gehören im Sinn der verfassungsnormativen Heraushebung eines sachgeprägten ›harten Kerns‹ der Freiheitsgarantie zum ›Wesensgehalt‹ des Grundrechts.«[1534]

Werk- und Wirkbereich sind gleichwertige Ebenen eines umfassenden Rechtsschutzes der Kunstfreiheit. Der Werkbereich betrifft das Recht der Produktion und der Wirkbereich das Recht der Präsentation (Kommunikation).[1535] Der Schutz des Werkes umfasst damit die Bereiche der Produktion (Werkbereich) und der Rezeption (Wirkbereich).

Wie dargelegt, wird die Aufführung stets aus einer sich selbst erhaltenden autopoietischen Feedback-Schleife hervorgebracht; aus dieser erzeugt sich die Aufführung selbst. Als Schutzgegenstand der Kunstfreiheitsgarantie kann also nicht mehr das von seinem Produzenten wie von seinem Rezipienten unabhängig existierende Werk fungieren, das als Objekt aus dem Werkbereich eines Künstlersubjektes hervorgegangen ist und in seinem Wirkbereich eine »unentbehrliche Mittlerfunktion zwischen Künstler und Publikum«[1536] einnimmt.

Dies wirft die Frage auf, wie sich der Werk- und der Wirkbereich bei Aufführungen als Kunstereignissen darstellen. Welche Merkmale einer (ereignishaften) Aufführung entsprechen denen der Produktion und Rezeption eines Werkes?

1 Werkbereich von Aufführungen

Um einen differenzierten Einblick in die eigentümliche Struktur des Bereichs der Produktion, also des Werkbereichs, von Aufführungen zu erhalten, wird im Folgenden unterschieden zwischen Performances, die von einem einzigen »Urheber« initiiert und zugleich in Personalunion[1537] von diesem als »ausübendem Künstler« dargeboten werden, und bühnenmäßigen Aufführungen des Theaters, bei deren Vorbereitung in der Regel Regisseure, Bühnenbildner, Komponisten u. a. künstlerisch mitwirken, die aber selbst nicht als ausübende Künstler unmittelbar an der Aufführung teilnehmen.

Im Fall der Performances schafft der Performer eine Situation, in die er selbst wie auch die Zuschauer sich hineinbegeben. Dieses typische Strukturmerkmal soll nachfolgend am Beispiel von *Beuys'* »Coyote«-Aktion sowie anhand der Performance »Dragon Heads« von *Marina Abramović* resümiert werden. In dieser auch »I like America and America likes me« betitelten Aktion teilte sich *Beuys* mit einem Kojoten vom 23. bis zum 25. Mai 1974 einen durch ein Gitter getrennten Galerieraum in der René Block Gallery in New York. Auf der einen Seite lebte der Künstler mit dem Kojoten zusammen und auf der anderen Seite befanden sich die Zuschauer. *Fischer-Lichte* beschreibt und definiert diese Situation als eine offene Situation, da nicht vorhersehbar war, wie die Zuschauer mit dieser gefährlichen Situation umgehen würden oder wie der Künstler und das wilde Tier darauf reagieren würden. Ähnlich äußert sich *Fischer-Lichte* auch über die Aktion von *Abramović*, in der sich fünf Pythonschlangen um den Körper der Künstlerin wickelten.[1538]

Sie macht hieran explizit, dass die Künstler freiwillig weitestgehend darauf verzichtet hätten, den Verlauf der Performances zu kontrollieren, und damit zugleich darauf aufmerksam gemacht hätten, dass es die Tiere und die ebenfalls anwesenden Zuschauer gewesen seien, die am weiteren Verlauf maßgeblich beteiligt waren. Dabei stellt sie die Verantwortung der beteiligten Zuschauer für Leib und Leben der Künstler heraus: Die Gefahr für Leib und Leben der Künstler hätten die Zuschauer durch ihr Handeln im Prinzip nicht verursacht, sie seien aber in diese für die Künstler gefährliche Situation durch ihre Teilnahme hineingezogen worden. Die Eigengesetzlichkeit der Situation, in die sich die Zuschauer wie Künstler hineinbegeben hätten, liege also in ihrer Offenheit.[1539]

Das typische Strukturmerkmal der Kunst liegt hier also ebenso wie in allen anderen in dieser Untersuchung berücksichtigten Aufführungen in den Wechselwirkungsprozessen, die als zirkuläres Modell zu verstehen sind. Über den Vollzug von Handlungen bekommen die Akteure ebenso wie die Zuschauer ein Feedback, das gleich einem Spielball aufgenommen und wieder zurückgegeben wird.[1540] So sind es gerade Performances, bei denen man im »Werkbereich« ein neues Selbstverständnis der künstlerischen Betätigung erkennen kann. Die Urheber produzieren nicht mehr länger »gottähnlich«[1541] ein Werk, sondern entwickeln experimentelle Inszenierungsstrategien, mit denen sie eine Versuchsanordnung entwerfen und herstellen, deren Situation die Zuschauer nicht mehr länger als Unbeteiligte gegenüberstehen, sondern an der sie selbst beteiligt sind.

Dieses Planungsstadium nimmt gerade bei bühnenmäßigen Aufführungen des Theaters eine nicht unerheblich lange Zeit in Anspruch und ist von der Aufführung selbst zu unterscheiden. Die Planung, mit anderen Worten: die Inszenierung, ist insofern für die Aufführung wesentlich, als durch sie die theatralen Elemente ausgewählt und angeordnet werden, aus denen heraus die Aufführung entsteht. Innerhalb dieses Prozesses kommt dem Regisseur eine Art Richtlinienkompetenz zu. Dieser ist aber nicht mit dem Autor eines Schriftwerkes zu vergleichen, der als Alleinurheber sein Werk schafft, sondern im Rahmen der Proben wirken auch Bühnenbildner, Maskenbildner, Lichtregisseure, Kostümbildner u. a. als Miturheber mit, wie auch die Handwerker und Techniker ihre schöpferischen Ideen mit einbringen können.

Dieser Werkbereich der Theaterproduktion muss klar von der Aufführung unterschieden werden. Denn generell ist in einer Aufführung nur das von Relevanz, was in ihr tatsächlich in Erscheinung tritt – unabhängig davon, was vorher geplant oder festgelegt war. Da der Regisseur an der Aufführung selbst nicht teilnimmt (außer als Zuschauer), hat er über den konkreten Aushandlungsprozess der Beziehungen zwischen Bühne und Zuschauerraum keine Kontrolle.[1542] Während die ausübenden Künstler im Raum singen, spielen oder auf andere Weise an der bühnenmäßigen Aufführung künstlerisch mitwirken, ist eine gezielte Beeinflussung der Feedback-Schleife durch den Regisseur und seine Miturheber von außerhalb der Aufführung unmöglich. Insoweit geht es bei der Frage der Urheberschaft immer auch um die Frage einer objektiven Zurechnung.

Der künstlerische Werkbereich von Aufführungen ist also durch die Inszenierung gekennzeichnet, »die eine bestimmte Situation schafft, der alle Beteiligten ausgesetzt sind und mit der diese auf unterschiedliche Weise umgehen können«.[1543] Die Inszenierung (des Ereignisses) entspricht der Produktion des Werkes. Und sie grenzt sich von der eigentlichen Aufführung dadurch ab, dass im Verlauf der Inszenierung ausprobiert, ausgewählt und angeordnet wird, was wann, wo und wie in der Aufführung in Erscheinung treten soll. Die Inszenierung ist also eine Erzeugungsstrategie.

2 Wirkbereich von Aufführungen

Aufführungen haben seit den 1960er Jahren gezielt die Aufmerksamkeit des Betrachters auf das Wirken der Wechselwirkungsprozesse der Feedback-Schleife gerichtet. Diese ergeben sich daraus, dass sich die ausübenden Künstler wie auch die Zuschauer in die vom »Urheber« räumlich und zeitlich begrenzte Situation hineinbegeben und sich dort gegenseitig wahrnehmen und beobachten. Anstelle eines »Kommunikationssektors«, bei dem der ausübende Künstler nach klassischem Verständnis ein Werk des Urhebers darbietet oder präsentiert,[1544] artikuliert sich damit in der Kunst seit den 1960er Jahren eine neue Vorstellung über das Wesen des Künstlers, wenn nicht gar eine neue Vorstellung vom Wesen des Menschen.[1545] Doch wie spiegelt sich dieser Wandel hin zu einem »Kommunikationsprozess Kunst« im Wirkbereich der Kunstfreiheitsgarantie, wenn es um den Schutz von Aufführungen geht?

Das Bundesverfassungsgericht führt zum Wirkbereich der Kunstfreiheitsgarantie aus:

> »[D]ieser ›Wirkbereich‹, in dem der Öffentlichkeit Zugang zu dem Kunstwerk verschafft wird, ist der Boden, auf dem die Freiheitsgarantie des Art. 5 Abs. 3 GG vor allem erwachsen ist. Allein schon der Rückblick auf das nationalsozialistische Regime und seine Kunstpolitik zeigt, daß die Gewährleistung der individuellen Rechte des Künstlers nicht ausreicht, die Freiheit der Kunst zu sichern. Ohne eine Erstreckung des personalen Geltungsbereichs der Kunstfreiheitsgarantie auf den Wirkbereich des Kunstwerks würde das Grundrecht weitgehend leerlaufen.«[1546]

Damit ist eine eigentümliche Systemeigenschaft der Feedback-Schleife angesprochen, die für den Wirkbereich der Aufführung von hoher Relevanz ist. Solange der Wirkbereich der Kunstfreiheitsgarantie in der Verbreitung, der Verwertung o. Ä. des Kunstwerkes (durch den ausübenden Künstler) gesehen wird[1547] und folglich bei der Kunstfreiheitsgarantie davon ausgegangen wird, dass in und mit der Aufführung eine Handlungsfolge, eine Figurenpsychologie entsteht und ein Inhalt kommuniziert wird, sind die Zuschauer bei einer Aufführung nur als passive Zuschauer konzeptualisiert, die vom Wirkbereich der Kunstfreiheit nicht erfasst werden, sondern lediglich als außerkünstlerische Realität, die bei der Abwägung der kollidierenden Interessen im Sinne der verfassungsrechtlichen Wertentscheidungen im Spannungsfeld zur Kunstfreiheitsgarantie berücksichtigt werden.

In ihrer »Ästhetik des Performativen« führt *Fischer-Lichte* allerdings aus, dass das Wirken der Feedback-Schleife weder mit der Vorstellung eines freien Willens vereinbar sei noch mit der Annahme, der Mensch sei total determiniert und trage deswegen keine Verantwortung für sein Handeln.[1548] Vielmehr handele es sich bei jedem der Teilnehmer einer Aufführung jeweils um ein Subjekt, »das immer sowohl andere/s bestimmt als auch sich von anderen/m bestimmen lässt«,[1549] bei dem es sich, so *Fischer-Lichte*, um eine »ganz wesentliche Komponente der ästhetischen Erfahrung«[1550] der Aufführung handelt, welche durch die Wahrnehmung der Autopoiesis ermöglicht werde.[1551]

Diese ästhetische Erfahrung beschreibt sie anhand der Systemeigenschaften der Feedback-Schleife, namentlich der Emergenz. Denn wenn sich die Aufführung stets aus der Konfrontation der Akteure mit den Zuschauern selbst organisiert, selbst erzeugt und selbst erhält, erfordert dies, dass innerhalb dieses geschlossenen Systems eine Vielzahl von ständig neuen und unvorhergesehenen Systemelementen in die Aufführung integriert werden.[1552]

Bei der Wahrnehmung durch die Zuschauer handelt es sich also nicht lediglich um einen rein kognitiven Prozess, sondern um eine aktive Wahrnehmung, die sich körperlich artikuliert.[1553] Entsprechend dem Verständnis vom Menschen als *embodied mind* sind diese Aktivitäten in der körperlichen Aktivität anderer eingebunden (Abb. 22). Mit *Fischer-Lichte* und *Csordas* umfasst diese Aufmerksamkeit

> »more bodily and multisensory engagement than we usually allow for in psychological definitions of attention. [...] Somatic modes of attention are culturally elaborated ways of attending to and with one's body in surroundings that include the embodied presence of others.«[1554]

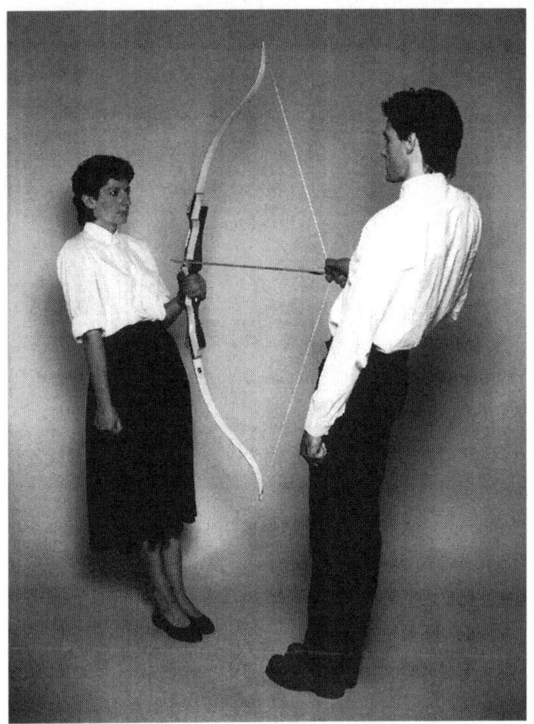

Abb. 22: Marina Abramović und Ulay »Rest Energy«, 1980

Daraus folgt, dass in bühnenmäßigen Aufführungen Wirkung nicht einseitig auf die soziale Wirklichkeit zu verstehen ist, wie dies üblicherweise im Wirkbereich der Kunstfreiheit vorausgesetzt wird. Vielmehr bringen die ausübenden Künstler auf und hinter der Bühne etwas zur Erscheinung, das die Zuschauer als etwas wahrnehmen. Die gedanklichen Vorstellungen, welche die Zuschauer im Akt der Wahrnehmung und in dessen Folge generieren, können, soweit sie sich für Dritte körperlich artikulieren, erneut auf andere Zuschauer und/oder ausübende Künstler einwirken und so weiter bis zum Aufführungsende.[1555] Die Wahrnehmung von etwas als etwas wirkt also auf die Dynamik des Wahrnehmungsprozesses in einer bühnenmäßigen Aufführung zurück.

Wenn die körperliche Aktivität in der Wahrnehmung Dritter eingebunden ist, kann der Zuschauer aber nicht lediglich als passiv und rezeptiv und damit als unbeachtlich angesehen werden. Vielmehr hat sich gezeigt, dass das dichotomische Begriffspaar von Subjekt und Objekt nicht länger als starrer Gegensatz zu begreifen ist, sondern in der autopoietischen Feedback-Schleife lediglich verschiedene Zustände darstellt, der Zuschauer also nicht nur Subjekt der Wahrnehmung ist, sondern auch das wahrgenommene Objekt.[1556] Die Eigengesetzlichkeit des Kreisprozesses der Feedback-Schleife ist also durch einen »überindividuellen gesellschaftlichen Prozeßcharakter«[1557] geprägt.

Möchte der Staat eine freie Kultur von allen für alle in ihrer Eigengesetzlichkeit schützen, ist daher zu beachten, dass ein Kunstereignis seine Realität sowohl im außerkünstlerischen Wirkbereich als auch auf ästhetischer Ebene besitzt. Bei der Abwägung zwischen Grundrechtspositionen einerseits und der durch Art. 5 Abs. 3 Satz 1 GG gewährleisteten Kunstfreiheit andererseits, ist dem angemessen Rechnung zu tragen und nicht einseitig auf das Spannungsfeld im außerkünstlerischen Wirkbereich abzuheben. Die ästhetische Realität des Ereignisses darf im Spannungsfeld unterschiedlicher Grundrechtspositionen nicht unberücksichtigt bleiben.

Wenn also *Ladeur* feststellt: »Keine staatliche Verfolgung der Kunst (auch nicht des NS-Systems) betrachtet sich als ›rein künstlerisch‹ motiviert, immer geht es um den Schutz alter oder neuer sozialer Normen gegen die ästhetische Infragestellung«,[1558] kann daraus im Hinblick auf die Anerkennung der Eigengesetzlichkeit der Kunst nur die Freiheit folgen, eben jene alten oder neuen Normen künstlerisch infrage zu stellen.

II Ausstrahlung des Werkbereichs der Kunstfreiheitsgarantie: das Urheberrecht an der Inszenierung

Die Ausführungen zum Schutzbereich der Kunstfreiheitsgarantie haben gezeigt, wie der Werk- und der Wirkbereich einer (ereignishaften) Aufführung zu verstehen sind. Der Kerngedanke dieses Verständnisses ist: Während das urheberrechtliche Werk in seinem Schutzbereich ergänzt wird durch die Begriffe der Produktion und Rezeption, ist das (Bühnen-)Ereignis durch die weiteren Begriffe der Inszenierung und der ästhetischen Erfahrung, im Sinne einer Schwellenerfahrung, gekennzeichnet. Es sind also die Begriffe »Inszenierung«, »Ereignis« und »ästhetische Erfahrung«, die das konzeptuelle Grundgerüst der Rechtsfortbildung in Bezug auf den urheberrechtlichen Schutz performativer Kunst bilden. Entscheidend ist dabei die verfassungsrechtliche Wertung, dass die Inszenierung von Aufführungen zum Werkbereich der Kunstfreiheitsgarantie gehört. Diese verfassungsrechtliche Wertung spricht für die Annahme eines Urheberrechts an der Inszenierung. Die Frage danach gehört allerdings seit über 100 Jahren zu den umstrittensten Fragen des Urheberrechts überhaupt.

Im Folgenden wird zunächst die historische Debatte nachgezeichnet, um zu verdeutlichen, welche Argumente für und gegen ein solches Urheberrecht an der Inszenierung im Raume stehen. Anschließend wird untersucht, ob und wie angesichts dieser Argumente die verfassungsrechtliche Wertung, die für ein solches Urheberrecht spricht, konkret umgesetzt werden kann.

1 Der Inszenierungsbegriff im Geltungszeitraum des LUG

Die erste umfassende Untersuchung zum Urheberrecht des Theaterregisseurs stammt aus der Feder von *Elisabeth Lilia* aus dem Jahre 1914. Sie schlägt folgende Begriffsbestimmung der Inszenierung vor: »Regie ist die bühnenmäßige Inszenierung des Stückes, die sich nicht nur auf die sinnlich wahrnehmbare Einrichtung und Ausgestaltung des äußeren Bühnenrahmens bezieht, sondern auch die lebendige Gestaltung des gesamten Bühnenbildes zur Aufgabe hat.«[1559] Diese »allumfassende« Tätigkeit des Theaterregisseurs erörtert sie mit *Hagemann*: »Die Tätigkeit des Regisseurs geht dahin, mit allen Ausdrucksmitteln der jeweiligen Bühne die dramatische Dichtung als Gesamtwerk in einer der dichterischen Absicht kongenialen Weise zur technischen Darstellung zu bringen.«[1560]

Die Begriffsbestimmung der Inszenierung ist also darauf gerichtet, ein dramatisches Werk vollständig der Wahrnehmung zugänglich zu machen, um mit den Ausdrucksmitteln der Bühne den geistigen Inhalt des dramatischen Textes zu ergänzen und/oder seine Wirkung zu verstärken. Bei dieser Tätigkeit des In-Szene-Setzens handelt es sich entsprechend um die »konkrete Gestaltung eines bislang nur geistig geschauten Komplexes von Dingen der materiellen Seinswelt«.[1561] Das heißt, im Ergebnis handelt es sich bei dem Prozess der Inszenierung um »eine zweite, diesmal konkretisierte Schöpfung des Stückes«.[1562] Der Begriff der Inszenierung ist also auf den dramatischen Text bezogen, dessen geistiger Inhalt durch »technische Darstellung« zur Anschauung gebracht werden soll.

Der Begriff der Inszenierung meint bei *Lilia* aber nicht, oder nicht nur, den Prozess der »Übertragung des Buchdramas in die Raumdimension«.[1563] Wenn *Lilia* davon ausgeht, dass die Inszenierung durch das »eigenartige Wesen der dramatischen Dichtung«[1564] bedingt sei, und in diesem Zusammenhang *Richard Wagner* mit den Worten zitiert: »Ein Kunstwerk wird nur dadurch zum Kunstwerk, dass es in Erscheinung tritt«,[1565] stellt ihre Begriffsbestimmung zudem in den Vordergrund, dass durch den Prozess der Inszenierung etwas der Wahrnehmung zugänglich wird, also in Erscheinung treten soll, das im Drama schriftlich festgelegt ist und demnach nur in der Imagination oder im Denken »Gestalt« annimmt.

In diesem Sinn versteht auch *Freiesleben*[1566] die »Regiekunst«. Er definiert sie als »die gesamte geistige Schaffenstätigkeit, die ein Bühnenleiter entwickelt, um ein bei Beginn dieser Tätigkeit nur im Buch oder Partitur vor ihm liegendes Bühnenwerk zur körperlichen Erscheinung im Rahmen einer bühnenmäßigen Aufführung zu bringen«.[1567] Das heißt, ebenso wie *Lilia* geht *Freiesleben* davon aus, dass das Primäre, Gegebene, der vorgängige gedankliche Inhalt des dramatischen Textes ist, der durch den spezifischen Prozess der Inszenierung in eine bühnenmäßige Aufführung umzusetzen ist.

Eine andere Auffassung geht von einem »engen«[1568] Inszenierungsbegriff aus. Hiernach ist die Aufgabe des Regisseurs auf die Schauspielerführung beschränkt, sodass Dramaturgen,[1569] Bühnenbildner,[1570] Ausstatter und Beleuchter aus dem Kreis der potenziellen Urheber einer Inszenierung ausgeklammert werden.[1571] *Ott* etwa definiert die Schauspielerführung als eine »Vermittlung zwischen abstraktem Wort und konkreter Gebärde«.[1572] *Telser* begreift dieses Ordnen des Personals als »elementare Regie«, die aus den Elementen des schriftlichen Textes des Dramas bestehe, der durch das andere Element der Schauspielkunst zum Ausdruck gebracht werde.[1573] *Ellinger*[1574] schließlich bestimmt die Regie als die Zusammenführung der »bei der Aufführung eines Bühnenwerkes sich verwirklichenden Einzeldarstellungen unter einen richtunggebenden Willen« zum Zwecke der Darstellung des dramatischen Schriftwerkes.[1575]

Porstendorfer dagegen prüft die Inszenierung auf die Voraussetzungen des Werkbegriffs durch eine »Nebeneinanderstellung einzelner Leistungen«.[1576] In der Reihenfolge seiner Entstehung schlägt er warnend, »alles nur dem Regisseur zuzuschreiben«,[1577] folgende Dreiteilung[1578] vor: die Regie am Schreibtisch, worunter er die dramaturgische Bearbeitung des literarischen Stoffes versteht;[1579] die Ausstattungsregie,[1580] worunter er den »bildnerischen Rahmen« des Bühnenbildes, der Kostüme, der Maske und Beleuchtung usw. versteht;[1581] und endlich die dramatische Regie.[1582] Die dramatische Regie bezeichnet er als »eigentliche Regie«[1583] und versteht hierunter, dass der Regisseur das Werk des Autors mit den Schauspielern szenisch gestaltet, um es dergestalt in ein lebendiges Spiel umzusetzen.[1584]

Indem die Anhänger des engen Inszenierungsbegriffs also einerseits die Deklamation, Gestik und Bewegung der Schauspieler zum Ausgangspunkt ihrer urheberrechtlichen Würdigung machen und andererseits den bildnerischen Rahmen der bühnenmäßigen Aufführung, seine Dekorationen und die Kostüme u. a. auf ihre Werkeigenschaft prüfen, sind dies Tätigkeiten, die bereits *Lilia* als urheberrechtlich relevante Aufgaben des Regisseurs anführte. Das heißt, das »Ordnen des Personals und das Ordnen des Materials zum Ganzen der Darstellung einer dramatischen Dichtung«,[1585] wie es das *Allgemeine Theater-Lexicon* bereits 1846 formulierte, wurde generell als derjenige Lebenssachverhalt erklärt, der unter den urheberrechtlichen Werkbegriff subsumiert wurde. Ausgangspunkt der Untersuchung für das Urheberrecht des Theaterregisseurs im Geltungsbereich des LUG war also eine Bestimmung der Inszenierung, welcher der Theaterpraktiker *August Lewald* in seinem Aufsatz »In die Szene setzen« bereits 1837 den Begriff gegeben hatte: »In die Szene setzen heißt, ein dramatisches Werk vollständig zur Anschauung [zu] bringen, um durch äußere Mittel die Intention des Dichters zu ergänzen und die Wirkung des Dramas zu verstärken.«[1586]

2 Meinungsstreit um die Rechtsstellung des Bühnenregisseurs nach dem LUG

Zur Zeit der Geltung des Literaturhebergesetzes bestand allerdings keineswegs Konsens im Hinblick auf die Frage, ob die Tätigkeit des »In-Szene-Setzens« als schöpferisch und das Ergebnis, die fertige Inszenierung, dementsprechend als ein individuelles Werk des Regisseurs zu bewerten sei oder ob es sich nicht um eine bloß technische Aufgabe handele, bei der lediglich ein fremdes Werk wiedergegeben werde.

a) Rechtsprechung

In der grundlegenden Entscheidung »Nur eine Tänzerin« vom 16. Juni 1923[1587] hatte sich das Reichsgericht mit der urheberrechtlichen Stellung des Filmregisseurs auseinanderzusetzen. Da das Kammergericht den Filmregisseur zuvor dem Theaterregisseur gleichgestellt hatte, musste das Reichsgericht damit zugleich sein Verständnis von der Tätigkeit des Theaterregisseurs und damit das Verhältnis einer bühnenmäßigen Aufführung zum dramatischen Schriftwerk offenlegen.
In seinen Entscheidungsgründen weist das Reichsgericht zunächst darauf hin, dass die Gleichstellung von Film und Theater »mehr auf juristisch-konstruierter Grundlage als auf Berücksichtigung der lebendigen Rechtstatsachen« beruhe.[1588] Denn anders als bei einer bühnenmäßigen Aufführung sei bei einer Verfilmung nicht das Manuskript Gegenstand der Darstellung, »sondern etwas, was erst noch entstehen soll«.[1589] Bei einer Verfilmung müsse die »Urschrift« erst noch dramatisiert, das heißt das Ausdrucksmittel des Wortes in Gebärdensprache umgesetzt werden.[1590] »Gleichzeitig findet aber

auch eine Umsetzung in ein anderes Kunstgebiet statt.«[1591] Denn das Wesen einer Verfilmung liege in dem »Auflösen des dramatischen Vorgangs in Einzelbilder, wie es sich aus dem Wegfall des Wortes und dem Zusammendrängen auf kurze einzelne Bildszenen ergibt«.[1592] Durch diese Auflösung ändere sich der »Inhalt des Dargestellten«.[1593]

In Abgrenzung zu einer Verfilmung eines Schriftwerkes erläutert das Reichsgericht sodann seine Auffassung vom schriftlichen Drama und dessen bühnenmäßiger Aufführung. Es führt aus: »eine Umsetzung des Werks in ein anderes Kunstgebiet kommt beim Bühnendrama nicht in Betracht; denn dieses ist fix und fertig zum Gebrauch vom Verfasser hergestellt. Der Regisseur ist hier nur Gehilfe des Dichters.«[1594]

Nach Auffassung des Reichsgerichts ist bei einer bühnenmäßigen Aufführung der dargebotene Gegenstand also das dramatische Schriftwerk selbst. Die bühnenmäßige Aufführung gilt als Aufführung des geistigen Gehalts des Schriftwerkes. Folglich wird – ganz im Einklang mit den oben[1595] dargestellten Inszenierungsbegriffen – die bühnenmäßige Aufführung als szenische Realisation eines dramatischen Sprachwerkes begriffen.

Soweit das Reichsgericht den Regisseur hierbei als Gehilfen des Dichters sieht, weil das schriftliche Drama »fix und fertig zum Gebrauch vom Verfasser hergestellt«[1596] ist, geht es entsprechend davon aus, dass es sich bei der Transformation des schriftlichen Dramas in eine bühnenmäßige Aufführung um keine schöpferische Tätigkeit handelt.

> »Als Gehilfe des Urhebers ist derjenige anzusehen, der sich auf die Ausführung fremder Gedanken beschränkt, die Geistesarbeit eines anderen unterstützt und eigene schöpferische Tätigkeit nicht entwickelt. Ein solcher Gehilfe erwirbt weder ein eigenes Urheberrecht noch ein Miturheberrecht, da seiner Leistung das für schutzfähige Schriftwerke erforderliche Merkmal einer eigenartigen selbständigen Schöpfung fehlt.«[1597]

Auch wenn dieser Argumentation immer wieder der Vorwurf gemacht wurde, dass die Äußerung des Reichsgerichts aus einer ganz anderen Fragestellung hervorgegangen ist,[1598] nämlich ob aus dem Erwerb eines Filmmanuskripts der Zwang zur Verfilmung erfolgen kann,[1599] wurde die Aussage, dass das Bühnendrama »fix und fertig zum Gebrauch hergestellt«[1600] bzw. der Regisseur nur »Gehilfe des Dichters«[1601] ist, im weiteren Verlauf der urheberrechtlichen Diskussion zu einem geflügelten Wort und wird immer wieder in eben diesem Sinne angeführt.[1602] Auch das Landgericht Saarbrücken vertrat noch Jahrzehnte später in seiner Entscheidung vom 13. Februar 1962[1603] die Auffassung, dass der Regisseur nur den Willen des Autors ausführe und seine Tätigkeit sich auf die »Offenbarung eines fremden Werkes«[1604] beschränke, die eine Individualität nicht aufkommen lasse.[1605] Die gleiche Begründung findet sich auch im Urteil vom 3. Dezember 1965 des Arbeitsgerichts München, in dem eine Inszenierung ohne Einwilligung des Regisseurs auf Tournee ging.[1606] Es bleibt daher festzuhalten, dass nach Auffassung der Rechtsprechung im Geltungsbereich des Literaturunrhebergesetzes die Inszenierung nicht als Schöpfung eines neuen, sondern als Wiedergabe eines fremden Werkes bewertet wird, also lediglich ein fremder geistiger Gehalt übermittelt wird.

b) Literatur

aa) Befürworter

Demgegenüber bemühte sich *Lilia* bereits im Jahre 1914 darzulegen, dass es sich bei dem Prozess der Umsetzung von der begrifflichen in die sinnlich greifbare Sphäre nicht bloß um eine Übermittlung eines geistigen Gehalts des dramatischen Schriftwerkes in einem anderen Ausdrucksmittel – nämlich der Bühne und der Schauspieler – handelt, sondern dass es sich um einen Veränderungsprozess handeln kann, bei dem zwar nicht der geistige Gehalt des Schriftwerkes, wohl aber dessen äußere Form geändert werden kann.

Für ihre urheberrechtliche Untersuchung differenziert sie dabei ihren eingangs erwähnten »allumfassenden« Inszenierungsbegriff aus in die »Text- und Rahmenregie«[1607] und prüft beide Regiezweige getrennt auf die Voraussetzungen des Werkbegriffs.[1608] Die »Textregie« bestimmt *Lilia* als die Tätigkeit des Regisseurs, welche sich auf die Anordnung des Lebendigen bezieht,[1609] wobei sie hierunter die Anweisungen des Regisseurs an den Schauspieler über Ton, Auffassung der Rolle, Art und Weise des Vortrags und die Fixierung des Dialogs versteht.[1610] Demgegenüber versteht *Lilia* unter der »Rahmenregie« die Anordnung und Ausschmückung des äußeren Rahmens der Aufführung, wie Szenerie, Festlegung des Gebärdenspiels, Bühnentechnik usw.[1611]

(1) Textregie

Die Frage nach der Schutzfähigkeit der Textregie als Anordnung des Lebendigen beantwortet *Lilia* dahin gehend, dass eine solche Tätigkeit zwar geistige Werte entstehen lasse, diese aber keinen »vom Schöpfer objektivierte[n] Wille[n]« darstellten.[1612] Denn der geistige Gehalt der Textregie »findet seine Bestehensmöglichkeit in dem veränderlichen Geist der Schauspieler, es [das Werk des Regisseurs, Anm. des Verf.] vermag nur durch das Medium des Mimen in Erscheinung zu treten«.[1613] Da eine »Identität zweier Aufführungen«[1614] aber nicht zu erreichen sei, weil sich »das veränderliche persönliche Moment nicht ausschalten lässt«,[1615] sei der Textregie die Grundlage zur Objektivation entzogen. Ein urheberrechtlicher Schutz der Textregie sei daher zwecklos und überflüssig.[1616]

(2) **Rahmenregie**

Demgegenüber kommt *Lilia* in ihrer Untersuchung über die Schutzfähigkeit der Rahmenregie zu dem Ergebnis, dass »jede Inszenierung« eine »künstlerische Schöpfung«[1617] sei. Nach allgemeinen urheberrechtlichen Grundsätzen könne dem Theaterregisseur daher »abschließend« nur dort das Urheberrecht versagt werden, wo sich erstens seine Darstellungsstrategien an die Szenenanweisungen des schriftlichen Dramas hielten,[1618] zweitens sich die Regie an ein »bekanntes Schema« eines »festen Inszenierungsmodus« halte und drittens sich lediglich als handwerklich-technische Bebilderung des geistigen Inhalts des schriftlichen Dramas darstelle.[1619]

Dieses Ergebnis begründet *Lilia* damit, dass die Anordnung und Ausschmückung des äußeren Rahmens der bühnenmäßigen Aufführung »wahrhaft [...] neue, selbständige Werte« schafft.[1620] Was sie hierunter konkret versteht, beschreibt sie anhand der Ödipus-Inszenierung von *Max Reinhardt* aus dem Jahre 1910, die sie ganz im Sinne der urheberrechtlich vorausgesetzten Dichotomie von Körper und Geist erklärt.

> »Wenn zu Beginn die verzweiflungswütende Volksmenge in rasendem Anlauf den Palast des Königs stürmte, wenn sich diesem Volkswirbel gegenüber die ernste Gestalt des Herrschers zeigte und zu der Menge sprach, so war es durch diese eigenmächtige Einführung in die Tragödie dem Regisseur gelungen, den Gedanken, der den ersten Teil des Stückes beherrscht, ohne das Wort des Dichters in körperlicher Gestaltung zum Ausdruck zu bringen.«[1621]

Nach *Lilia* hat man es also auf der einen Seite mit dem geistigen Inhalt des schriftlichen Dramas zu tun und auf der anderen Seite mit den

Bildern, welche die Inszenierung erschafft, um diesen vorgegebenen geistigen Gehalt zur Darstellung, zur Erscheinung zu bringen. Entsprechend liegt das Ziel der Rahmenregie darin, »mit den der Bühne adäquaten Mitteln eine Ausdrucksform für die dramatische Schöpfung in der Dimension des Raumes zu finden«.[1622]

> »Der volltönende Eingangsakkord im ›König Ödipus‹, die wuchtige Bildung und Meisterung der Volksszene, der Anblick der tosenden Menge, deren Aufprall an der überragenden Herrscherwürde des Königs zerschellte, die düster-feierliche Opferung auf dem Hausaltare und – beim Einbrechen der Katastrophe – die entsetzensgepeitschte Flucht der Dienerschar aus dem Palaste ihres schicksalsgetroffenen Herrn, sie waren das Medium, durch das ein gestaltender Künstler zu uns sprach, wie der Dichter durch die Sprache.«[1623]

Die Tätigkeit des Regisseurs ziele also auf eine »konkretisierte Gestaltung des Dramas durch die Wiedergabe auf der Bühne«.[1624] Daher sei die Inszenierung auch keine Leistung, die für sich allein bestehen könne. Vielmehr sei das »Dasein« des schriftlichen Dramas »Entstehungsvoraussetzung«, weshalb die Inszenierung »durchaus« im Rahmen des schriftlichen Dramas bleiben müsse,[1625] und »wo das [nicht] der Fall ist, hat der Regisseur eben seinen Wirkungskreis eigenmächtig und unberechtigt überschritten«.[1626]

Dass *Lilia* gleichwohl zu dem Ergebnis kommt, dass es sich bei der Rahmenregie nicht bloß um eine Technik, sondern um einen künstlerischen Prozess handelt, obgleich sie als Prämisse für die Schutzfähigkeit ausgibt: »Auszuscheiden sind *ab initio* alle diejenigen Tätigkeiten, die in Reproduktion bereits geäußerter und niedergelegter Gedanken bestehen«,[1627] findet sich bei ihr in einer Fußnote: »derselbe Gedanke kann wohl in verschiedener Form wie auch in verschiedener Gestaltung jedes Mal neu und originell verpackt werden«.[1628]

Und eben dies sei bei einer Inszenierung, die nicht nur eine »übliche Reproduktion des üblichen Ausstattungstypus darstellt, sondern eigene künstlerische Ideen verwirklicht und zur Gestaltung bringt«[1629] der Fall; sie bilde die äußere Form für die geistige Schöpfung des Autors.

> »Das Theater macht die prunkvolle Ausgestaltung des Bühnenbildes zur Hauptsache. Die an sich unbedeutende Handlung des Stückes tritt neben der kostbaren Inszenierung völlig zurück.

> Das Stück selbst ist gleichsam nur dazu da, den Rahmen für die Ausstattung zu liefern, also gerade umgekehrt wie die gewöhnlichen Verhältnisse.«[1630]

Diese Auffassung, wonach die Inszenierung das dramatische Werk »aug- und ohrgerecht«[1631] zur Anschauung und hierdurch das Drama in einer ganz anderen Ausdrucksebene zur Erscheinung bringt als der Zeitdimension der Sprache, nämlich in der Zeit-Raum-Dimension der bühnenmäßigen Aufführung, sodass das »Drama« im Ergebnis einmal als Schriftwerk und einmal auf der Bühne veröffentlicht werden kann, wurde unter den Befürwortern des Urheberrechts des Theaterregisseurs ganz im Sinne *Lilias* ihr liebstes Kind.[1632] Denn durch die szenische Transformation des dramatischen Textes würde sich die Form des schriftlichen Dramas ändern und hierdurch in ein anderes Kunstgebiet übersetzt.[1633]

In diesem Sinne erklärt etwa *Schreyer* den Regisseur zum »Schöpfer des Gesamtwerkes«[1634] Aufführung. Gleichwohl sei auch hier für das »Schaffen« der »Bühnenform« durch den Regisseur der Gehalt der Dichtung maßgebend, »die der Bühnenkünstler gemäß seines eigenen künstlerischen Temperaments aufzuführen und in die neuen Werte der Bühnenform umzusetzen hat«.[1635]

> »Für das Drama gibt es zwei Formen der Veröffentlichung, die Buchform und die Bühnenform, d. h. die Aufführung. Die Aufführung ist keine identische Veröffentlichung wie die Buchform, sondern eine Reproduktion. Das Wesen der Reproduktion zeigt eine wesentliche Neugestaltung, d. h. der Neugestalter, der Bühnenkünstler, benutzt das Drama nur als gegenständlichen Inhalt seines Kunstwerkes, indem er ihm mit den Ausdrucksmitteln der Bühne eine neue Form gibt und ihm seine eigene künstlerische Individualität aufprägt. Die reproduzierende Kunst ist also eine selbständige Kunst, die sich von der anderen dadurch unterscheidet, dass sie nicht die Natur oder ein Menschenleben zum Gegenstand hat, sondern ein Kunstwerk.«[1636]

In diesem Sinne vergleicht auch *C. Heine* die »Transformation« des In-Szene-Setzens mit »Rebe und Wein im Faß«, »die sogar Transsubstantiation[1637] bedeuten kann«.[1638] Er hält aber ebenso daran fest, »dass ›Buch‹ und ›Aufführung‹ zwei selbständige Erscheinungsformen des Dramas sind«.[1639] Und unter Berufung auf *Schreyer* und *Heine* argumentiert auch *Koch*, dass das Drama als Dichtung fertig sei, hinsichtlich der Totalität des Geschehens auf der Bühne aber unfertig, als es noch der Umsetzung in erlebbare Realität durch den Regisseur bedürfe, was eine individuelle schöpferische Leistung des Regisseurs darstelle.[1640]

Andere Autoren argumentieren wiederum, die Sprache verfüge über nur ihr eigene Materialität, weshalb die Buchform im Verhältnis zur Bühnenform einen »Torso« darstelle.[1641] Diesen Torso zu »ergänzen«, sei die Aufgabe des Regisseurs.[1642] Das heißt, die Bühnenform ist hiernach die Vollendung der Form des Bühnenwerkes, wie sie der Autor nur »unvollkommen« festgelegt hat und auch nur festlegen konnte.[1643] Schließlich wird das Urheberrecht des Theaterregisseurs auch damit begründet, dass es eine im Verhältnis zum schriftlichen Drama zusätzliche Information enthält. Für *Wenger* ergibt sich die urheberrechtlich geschützte Inszenierung aus der Differenz von Dichtung und der der Dichtung immanenten Regie zum geschützten Bühnenwerk.[1644] Während die handwerksmäßige Inszenierung die Bilder erschafft, die der Intention des Dichters entsprechen, werden mit der eigenschöpferischen Regie neue Bilder geschaffen, um die Wirkung des Dramas zu verstärken.[1645] Auch andere Autoren haben sich in diesem Sinne immer wieder dafür ausgesprochen, dem Regisseur nicht generell, sondern nur unter einschränkenden Voraussetzungen einen urheberrechtlichen Schutz zuzusprechen.[1646]

Von diesem kursorischen Überblick über die zahllosen Stellungnahmen zur urheberrechtlichen Einordnung der Arbeit des Theaterregisseurs[1647] ist für die vorliegende Arbeit nur die übereinstimmende Auffassung von Bedeutung, dass mit der Aufführung eine Form geschaffen wird, die vorher so nicht existierte. »Die Tätigkeit des Regisseurs ist in Wahrheit Weiterschöpfung der poetischen Form, indem sie den Endzweck des Dramas: Die Aufführung verwirklicht.«[1648]

Bei der bühnenmäßigen Aufführung handelt es sich hiernach und im Gegensatz zur Auffassung des Reichsgerichts also nicht lediglich um eine Übermittlung des geistigen Gehalts des schriftlichen Dramas in und durch ein anderes Ausdrucksmittel – nämlich das der Bühne und der Schauspieler –, sondern bei dieser Transformation handelt es sich um einen Übersetzungsprozess, bei dem ein geistiger Gehalt aus der einen Form in eine andere Form übertragen wird. Dabei gehen aber alle Meinungen von einem gemeinsamen Bezugspunkt aus: dem literarischen Text des Dramas, »der von seinem rein geistigen und verborgenen Dasein übergeht in das reale und gegenwärtige Theaterdasein«,[1649] und dergestalt eine körperliche Erscheinung annimmt.

bb) Gegner

Diesen Bezugspunkt legen auch die Gegner des Regieurheberrechts zugrunde. Gerade weil die Tätigkeit des Theaterregisseurs auf den literarischen Text des Schriftwerkes bezogen ist, wird seit jeher im Brustton der Überzeugung das Argument wiederholt, dass die Tätigkeit des Bühnenregisseurs die Sphäre der Werkwiedergabe und nicht die des Werkschaffens betreffe.[1650] Entsprechend stellte *Goldbaum* schon 1914 fest, dass ein Urheberrecht des Regisseurs ein »Unding« sei.[1651] Das Urheberrecht schütze Werke, nicht Werte.[1652] Und:

> »Je vollendeter der ausübende Künstler ein Werk wiedergibt, um so mehr wird er Interpret des Vorhandenen, um so weniger wird er Schöpfer des Neuen sein. Nur dort, wo er selbstherrlich seine künstlerische Persönlichkeit über diejenige des Urhebers stellt, kann er Neues schaffen, Neues, das sich im Werke selbst nicht findet. Die Ehrfurcht vor dem schaffenden Künstler und seinem Werke verwirft diese letzte Art der Wiedergabe, auch wenn sie Mode geworden ist, und muß ihr schon aus dieser allgemeinen Erwägung heraus den Rechtsschutz verweigern.«[1653]

Unter Bezugnahme auf die Entscheidung des Reichsgerichts »Nur eine Tänzerin«[1654] kommentiert auch *Marwitz* die Leistungen der »nachschaffenden« Regisseure dahin gehend, dass sie nicht bei der Schöpfung, sondern bei der Mitteilung des Vorbestehenden mitwirkten. Ihre Aufgabe sei die »Darstellung, nicht die Bearbeitung des Werkes«.[1655] *Ott* pflichtet dem bei[1656] und schreibt noch 1956, dass alle Interpretationsmöglichkeiten für den Regisseur bereits von dem Urheber in das Autorenwerk hineingelegt wurden.[1657]

c) Zwischenfazit

Dieser Überblick macht deutlich, dass der Begriff der Inszenierung im Geltungsbereich des Literaturrhebergesetzes in der Vergangenheit durchgehend meinte, einen gedanklichen Inhalt zum Erscheinen zu bringen, der im dramatischen Sprachwerk oder im Bereich der ästhetischen Ideen gegeben ist, dort aber nicht der Wahrnehmung zugänglich, sondern nur in der Einbildungskraft existent ist. Es war die Aufgabe und Funktion des Regisseurs, diesen geistigen Gehalt in Erscheinung treten zu lassen: »er bildet Gedanken in Körper um und haucht ihnen Farbe und Leben ein«.[1658] Inszenierung meinte also eine Darstellungsstrategie.

3 Begriff der Inszenierung im Geltungsbereich des UrhG

Die Bedeutung des Begriffs der Inszenierung, welche die Juristen diesem Begriff bereits zu Beginn des 20. Jahrhunderts gegeben hatten,[1659] hat sich in unterschiedlichen Varianten bis heute erhalten, obgleich im Geltungsbereich des Urheberrechtsgesetzes die »Mindermeinung« eines denkbaren[1660] oder häufigen Urheberrechts des Theaterregisseurs aufgrund zahlreicher befürwortender Beiträge in Monografien[1661] mittlerweile zur mehrheitlichen, wenn nicht gar herrschenden Meinung geworden ist.[1662]

a) Der Inszenierungsbegriff in der Literatur

So sieht etwa *Schmieder* »jede Inszenierung eines Bühnenwerkes als eine Umformung des schriftlichen ›Entwurfs‹ in die konkrete Gestalt seiner Realisierung«.[1663] Das heißt, durch seine bühnenmäßige Aufführung werde das Ausgangswerk zu einer erlebbaren Realität, womit die Tätigkeit des Regisseurs darin gesehen wird, die Inszenierungsbeiträge, wie das Ordnen des Personals und des Materials zu einer Gesamtheit zu koordinieren, um dergestalt die dramatische Dichtung zur Darstellung zu bringen.[1664] Indem also der Vorgang der Inszenierung als eine Realisation des dramatischen Textes verstanden wird, durch den dieser »aug- und ohrgerecht«[1665] dargeboten wird, wird die dargebotene Geschichte zu einer erfahrbaren (fiktiven) Realität. Dadurch dass *Schmieder* von einer Umformung des »schriftlichen Entwurfs in die konkrete Gestalt seiner Realisierung«[1666] spricht, definiert er also die Inszenierung mit der Encyclopédie française als »die Summe der künstlerischen und technischen Vorgänge, mit deren Hilfe das von einem Autor als schriftlicher Text verfasste Werk aus seinem rein geistigen Dasein und verborgenen Dasein übergeht in das reale und gegenwärtige Theaterdasein«,[1667] womit der dramatische Text der Spielvorlage als der vorgängige geistige Gehalt bestimmt wird, der durch den Prozess der Inszenierung in sinnliche Gegenwart transformiert wird und dergestalt körperlich in Erscheinung treten soll.

b) Der Inszenierungsbegriff in der Rechtsprechung

Diese Bestimmung des Inszenierungsbegriffs – und die damit vorausgesetzte Gültigkeit der urheberrechtlichen Zwei-Welten-Theorie – liegt auch der Rechtsprechung zum Urheberrechtsgesetz zugrunde.

aa) »Maske in Blau«

Im Urteil »Maske in Blau« des BGH vom 29. April 1970[1668] hatte sich der I. Zivilsenat des BGH erstmals mit den »Schranken der schöpferischen Phantasie des Regisseurs durch das Urheberrecht des Autors«[1669] zu befassen. Mit der Premiere vom 30. März 1967 wurde im Bremer Stadttheater die Operette »Maske in Blau« des Komponisten *Fred Raymond* in einer Inszenierung durch *Alfred Kirchner* und *Tutte Lemkow* mit dem Untertitel »oder Ein Künstlerschicksal« aufgeführt, bei der nach den Feststellungen des Berufungsgerichts die Rollen der Hauptdarsteller durch die Art und Weise der Darstellung entstellt, wesentliche Musiknummern gestrichen und andere hinzugefügt wurden und bei der die Intendanz anlässlich der Premiere folgende Pressemitteilung herausgab: »Gekonnte Verhohnepiepelung der ›Maske in Blau‹«.[1670] In einer Theaterkritik im Weserkurier vom 1. April 1967 heißt es hierzu:

> »Knock-out für die Maske in Blau. Die Inszenierung löste einen lautstarken Skandal aus [...]. Die Ursachen liegen in einer radikalen, happeningartigen Verfremdung des Werkes, einer rücksichtslosen Zerstörung seines dramaturgischen Baues und einer Missachtung der Musik begründet [...]. Sie wollten dem Publikum beweisen, wie schlecht, sentimental und fad doch solch eine Operette ist.«[1671]

In seinen Entscheidungsgründen führte der BGH im Rahmen der Abwägung der Kunstfreiheitsgarantie und des urheberrechtlichen Änderungsverbotes nach § 39 UrhG aus, dass nach den verfassungsmäßigen Schranken der Kunstfreiheitsgarantie jede Aufführung von den Realitäten des jeweiligen Theaters abhängig sei. Danach verletzten unwesentliche Änderungen nicht das Urheberrecht des Bühnenautors, also Änderungen, die lediglich die Einrichtung der Spielvorlage für seine Realisierung betreffen.[1672] Wesentlich an dieser Abwägung ist, dass der BGH im Rahmen seiner Abwägung den »schöpferischen Charakter« der Regieleistung betont[1673] und in einem *obiter dictum* die Möglichkeit eines Urheberrechts der Theaterregie anzunehmen, ohne hierzu jedoch eindeutig Stellung zu beziehen. In ausdrücklicher Distanzierung von der Rechtsprechung des Reichsgerichts, wonach der Regisseur als »Gehilfe des Dichters« charakterisiert ist,[1674] führt der BGH im Urteil »Maske in Blau« aus, dass

> »sich immer mehr die Auffassung durchgesetzt [hat], dass der Regisseur nicht etwa nur ›Gehilfe‹ des Werkautors ist, sondern

> bei der Umsetzung des Schriftwerkes von der begrifflich in die sinnlich fassbare Sphäre durchaus schöpferische Tätigkeiten entfalten kann, deren Eigenwert neben dem der Schöpfung des Schriftwerkes anzuerkennen ist«.[1675]

Indem der BGH also genau genommen zwischen der durch die abstrakten Sprachsymbole notwendigerweise unvollständig festgelegten Schriftform des dramatischen Textes und der konkreten sinnlich fassbaren Sphäre der Aufführung unterscheidet, räumt er nicht nur mit der »landläufigen Meinung«[1676] auf, wonach es sich bei der Transformation des schriftlichen Dramas in eine bühnenmäßige Aufführung lediglich um eine Übermittlung des schriftlichen Dramas in und durch ein anderes Ausdrucksmittel – nämlich das der Bühne und der ausübenden Künstler – handelt,[1677] sondern ausdrücklich auch mit der durch das Reichsgericht vertretenen Ansicht in der Entscheidung »Nur eine Tänzerin«.[1678] Gleichwohl ist der Begriff der Inszenierung – wie bei *Schmieder* und wie bei allen anderen Anhängern des Schöpfungsprinzips – auf den literarischen Text des Dramas bezogen, der als das »Vorbestehende«, »das Primäre«, »Gegebene« angesehen wird und der durch den spezifischen Prozess – das *mise en scène* – das In-Szene-Setzen, in eine Aufführung zu transformieren sei.[1679] Das *obiter dictum* aus dem Jahre 1970 sollte daher nicht überbewertet werden. Zwar heißt es im Leitsatz der Entscheidung, dass »wegen des Wandels des Zeitgeschmackes dem Regisseur ein weiter Spielraum für Werkänderungen einzuräumen ist«; der BGH schiebt aber sogleich nach, dass »ihm doch eine eigenmächtige Verfälschung der Charaktere der Hauptfiguren« nicht gestattet sei. Dabei sei »[b]ei einem Meinungsstreit zwischen dem Autor und dem Regisseur, in welcher Aufführungsform das Werk der Öffentlichkeit zugänglich zu machen ist, […] – *ganz unabhängig von künstlerischen Wertungsfragen* – stets die Auffassung des Autors maßgebend«.[1680]

bb) »Biografie: ein Spiel«

Diese Haltung des BGH ist auch aus dessen Entscheidung zu der Inszenierung »Biografie: Ein Spiel« deutlich herauszulesen.[1681] Der Regisseur *Rudolf Noelte* hatte anlässlich der geplanten (und »geplatzten«) Ur-Aufführung des Stückes »Biografie: Ein Spiel« umfangreiche Textpassagen geändert und umgestaltet. In diesem Zusammenhang zog der BGH zwar nicht in Zweifel, »daß ein Regisseur – wovon das Berufungsgericht ausgegangen ist – bei der Inszenierung eines Bühnenwerkes gegebenenfalls auch eine eigene schöpferische Tätigkeit entfalten kann, deren Eigenwert neben dem der Schöpfung des Schriftwerks anzuerkennen ist«.[1682] Allerdings stellte sich dem BGH ausdrücklich nicht die Frage, »ob die vom Kläger vorbereitete, aber nicht zur Aufführung gelangte Inszenierung als solche urheberrechtsschutzfähig ist«.[1683] Denn es gehe hier nicht um die Übertragung der Textvorlage in das optische Spiel, »sondern um einen etwaigen Urheberrechtsschutz an Änderungen und Umgestaltungen des Schriftwerks selbst, also am Werktext, -inhalt und an der Szenenfolge«,[1684] womit der Text als dasjenige bestimmt wird, was der Inszenierung vorausliegt. Über das im Stück angelegte »Spiel« zwischen der Wahrnehmungsordnung der Präsenz und der Wahrnehmungsordnung der Repräsentation zitiert der BGH in diesem Zusammenhang zwar die »Anmerkungen« zur Buchausgabe:[1685]

> »Das Stück spielt auf der Bühne. Der Zuschauer sollte nicht darüber getäuscht werden, daß er eine Örtlichkeit sieht, die mit sich selbst identisch ist: die Bühne. Es wird gespielt, was ja nur im Spiel überhaupt möglich ist: wie es anders hätte verlaufen können in einem Leben. Also nicht die Biografie des Herrn K., die banal ist, sondern sein Verhältnis zu der Tatsache, daß man mit der Zeit unweigerlich eine Biografie hat, ist das Thema des Stücks, das die Vorkommnisse nicht illusionistisch als Gegenwärtigkeit vorgibt, sondern das sie reflektiert – etwa wie beim Schachspiel, wenn wir die entscheidenden Züge einer verlorenen Partie rekonstruieren, neugierig, ob und wo und wie die Partie wohl anders zu führen gewesen wäre. Das Stück will nichts beweisen.«[1686]

Wenn der BGH in seinen weiteren Entscheidungsgründen aber kein weiteres Wort mehr über dieses »Spiel« verliert, sondern den Eigentümlichkeitsgrad des bearbeiteten Textes ausschließlich anhand des hierdurch zur Darstellung gebrachten geistigen Gehalt problematisiert, fühlt man sich unweigerlich an das Theaterstück »Warten auf Godot« von *Samuel Beckett* erinnert. Darin heißt es:

> »Estragon: *Komm, wir gehen!*
> Wladimir: *Wir können nicht.*
> Estragon: *Warum nicht?*
> Wladimir: *Wir warten auf Godot.*
> Estragon: *Ah!*«

cc) »Götterdämmerung«

Der Fall »Götterdämmerung« des OLG Frankfurt vom 4. Dezember 1975 behandelte ebenfalls die Frage nach der urheberrechtlichen Charakterisierung einer Inszenierung. Dem Fall lag im Wesentlichen folgender Sachverhalt zugrunde: Der »junge, experimentierfreudige« Regisseur *Peter Mussbach* wurde von der städtischen Bühne Frankfurt mit Gastregievertrag verpflichtet, den »Ring der Nibelungen« von *Wagner* in der Reihenfolge »Götterdämmerung«, »Rheingold«, »Walküre« und »Siegfried« in Szene zu setzen. Die Premiere der Oper »Götterdämmerung« fand am 23. März 1975 statt. Nach den tatsächlichen Feststellungen des Berufungsgerichts stieß die Inszenierung beim Publikum auf heftigen Protest und wurde in der Presse als Totalverriss kritisiert.[1687] Der Theaterskandal lag insbesondere bei der Inszenierung des dritten Aktes, in dem Brünnhilde ihren Schlussmonolog vorträgt und anstelle der Apotheose der Liebe (»selig in Lust und Leid läßt – die Liebe nur sein«) – eine weiße Wand.

Die städtische Bühne kündigte daraufhin *Mussbach* den Vertrag und erklärte, die Inszenierung ohne *Mussbachs* Zustimmung umgestalten zu wollen. Hiergegen nahm *Mussbach* die Bühne Frankfurt auf Unterlassung in Anspruch, woraufhin das LG Frankfurt am 14. August 1975 eine einstweilige Verfügung erließ,[1688] in der die städtische Bühne Frankfurt verpflichtet wurde, es zu unterlassen, die Oper »Götterdämmerung« in der Inszenierung von *Mussbach* wiederzugeben, wenn darin Inszenierungsteile enthalten sind, die nicht von *Mussbach* erschaffen sind oder in die er nicht eingewilligt hat, insbesondere wenn dies geschieht wie bei der Gestaltung des dritten Aktes.

In seinen Entscheidungsgründen führt das Gericht aus, dass sich die Leistung des Regisseurs zwar grundsätzlich in einer handwerklich-technischen Wiedergabe erschöpft, weswegen sich die Vermittlung eines fremden geistigen Gehalts nach den Grundsätzen der verwandten Schutzrechte beurteilt (§ 73 UrhG). Unter Bezugnahme auf die Monografie von *Foerster* kam für das OLG Frankfurt aber ein Urheberrecht an einer Inszenierung dann in Betracht, wenn sich die Tätigkeit des Inszenierens »die Erhellung des Werkes mit neuen Mitteln zur Aufgabe gestellt hat«.[1689] Sodann führte das LG Frankfurt aus, dass *Mussbach* glaubhaft machen konnte, dass seiner Inszenierung eine »liturgisch-strukturale Regiegestaltung« zugrunde gelegen habe, bei der seine Idee durch eine »fast choreographische Bewegungsregie« zum Ausdruck gekommen sei, um so die emotionale Verflechtung zwischen den tragenden Rollen, ihren fiktiven Aktionen und »den übergeordneten mythenhaften Strukturen deutlich zu machen«.[1690]

Da sich diese Gestaltung nicht »natürlich«, also notwendigerweise und zwangsläufig, aus dem Stück ergebe, könne der Inszenierung die erforderliche Schöpfungshöhe nicht abgesprochen werden.[1691] Damit war das LG Frankfurt das erste Gericht, dass die Inszenierung als ein urheberrechtlich geschütztes Werk anerkannte.[1692]

Das Oberlandesgericht Frankfurt hob diese einstweilige Verfügung der Vorinstanz wieder auf. Zwar hält auch das OLG Frankfurt ein Urheberrecht an einer Regieleistung theoretisch für möglich, »wenn es sich um eine grundlegende schöpferische Neugestaltung der bühnenmäßigen Ausdrucksmittel handelt und die Inszenierung dadurch über eine bloße Interpretenleistung hinaus einen selbständigen Aussagewert erhält«.[1693] *Mussbach* habe aber nicht glaubhaft machen können, dass seine Inszenierung das erforderliche Maß an Individualität besitze.[1694] Bemerkenswert und in der urheberrechtlichen Literatur bislang nicht ausreichend gewürdigt ist aber der Vergleichsmaßstab des OLG Frankfurt. Denn entscheidungserheblich war nicht, ob das Werk *Wagners* umgestaltet worden war, hierin liege nur eine Interpretationsleistung i. S. v. § 73 UrhG, in der noch keine schöpferische Eigenart liege. Als Vergleichsmaßstab für die schöpferische Eigentümlichkeit zog das OLG Frankfurt vielmehr die Auswahl und Anordnung der theatralen Elemente als solche in Betracht. *Mussbach* hätte mithin glaubhaft machen müssen, dass seine Inszenierung nicht auf einem »vorbekannte[n] Formenschatz an Regielösungen, insbesondere an ›strukturalistischen‹ Inszenierungen anderer Opern« aufbaue.[1695] Daher hätte sich »[e]in Sachverständiger [...] dazu äußern müssen, ob es sich bei der ›strukturalistischen‹ Art der Inszenierung lediglich um eine – urheberrechtlich nicht geschützte – ›Manier‹ oder einen ›Stil‹ handelt [...], der die Gestaltung [...] nahelegte«.[1696] Dem sei *Mussbach* aber nicht nachgekommen, sodass glaubhafte Zweifel bestünden, ob die Auswahl und Anordnung der theatralen Elemente nicht vielmehr unter Zuhilfenahme des Zufalls zustande gekommen seien.[1697]

dd) »Die Csárdásfürstin«

Ähnlich wie der zuletzt besprochene Fall »Götterdämmerung« liegt der Rechtsstreit zu der von Peter Konwitschny an der Semperoper inszenierten Operette »Die Csárdásfürstin« von Emmerich Kálmán. Die Intendanz hatte verschiedene Szenen streichen lassen, worauf Konwitschny auf Unterlassung klagte. Das Landgericht Leipzig (Urteil vom 23.2.2000, vgl. ZUM 2000, 331 ff.) erkannte die konkrete Inszenierung als schöpferische Bearbeitung gemäß § 3 UrhG an. Der selbständige Aussagewert liege in der prägenden Inszenierungsidee, die fröhliche Schnulze aus dem Jahr 1915 in einen Schützengraben des Ersten Weltkrieges zu verlegen. Die Visualisierung der Brutalität des Krieges habe mit dem Erwartungshorizont gebrochen, was ästhetisch besonders wirke. Im Berufungsverfahren stützte das Oberlandesgericht Dresden (Urteil vom 16. Mai 2000 – 14 U 729/00) den Unterlassungsanspruch dann aber allein auf das dem Regisseur in jedem Fall zustehende Leistungsschutzrecht gemäß §§ 73, 83, 97 Abs. 1 UrhG.

c) Zwischenfazit

Die zuletzt angesprochenen, in der Berufungsinstanz aber wieder kassierten Entscheidungen sind Einzelfallentscheidungen geblieben. Insgesamt bleibt festzuhalten, dass es bislang keine einzige rechtskräftige Entscheidung gibt, in der die Frage nach dem Urheberrecht des Theaterregisseurs positiv beantwortet wurde. Vielmehr hat sich gezeigt, dass nach der Rechtsprechung im Sinne des Schöpfungsprinzips ein Geisteswerk zur Darstellung, zur Erscheinung gebracht werden muss – und damit implizit von der Gültigkeit der Zwei-Welten-Theorie ausgegangen wird. Mit den Worten des Literaturwissenschaftlers *Wolfgang Iser* muss der Inszenierung folglich

> »etwas vorausliegen [...], welches durch sie zur Erscheinung kommt. Dieses Vorausliegende vermag niemals vollkommen in Inszenierung einzugehen, weil sonst diese selbst das ihr Vorausliegende wäre. Anders gewendet ließe sich sagen, daß jede Inszenierung aus dem lebt, was sie nicht ist. Denn alles, was sich in ihr materialisiert, steht im Dienste eines Abwesenden, das durch Anwesendes zwar vergegenwärtigt wird, nicht aber selbst zur Gegenwart kommen darf.«[1698]

Wie sich aber in dieser Untersuchung gezeigt hat, kann im Hinblick auf die Ereignishaftigkeit der Aufführung nicht von einem Inszenierungsbegriff ausgegangen werden, der sich auf den literarischen Text des Dramas bezieht und angeblich einen vorgängigen geistigen Gehalt eines Urhebers zum Erscheinen bringt. Die Schwäche aller dargelegten Auffassungen, die in der Inszenierung eine Darstellungsstrategie sehen, liegt darin, dass sie ihrer rechtlichen Würdigung Tatsachen zugrunde legen, die gar nicht existieren. Damit sind die unterschiedlichen Auffassungen, wonach die Aufführung eine »Konkretisierung«, »Realisierung«, »Umsetzung« oder Ähnliches des dramatischen Textes ist und dieser geistige Gehalt den Prozess der

Inszenierung steuert und/oder kontrolliert, als unvertretbar zurückzuweisen. Dies geschieht aber nicht – wie es das Reichsgericht formulierte[1699] – beruhend »mehr auf juristisch-konstruierter Grundlage als auf Berücksichtigung der lebendigen Rechtstatsachen«, sondern es ist genau umgekehrt. Inszenierungsbegriffe, die gemäß dem Schöpfungsprinzip davon ausgehen, dass der Inszenierung etwas vorausliegen muss, was durch sie zur Erscheinung kommt, können daher sinnvollerweise keine Anwendung mehr finden.

Vielmehr muss geprüft werden, ob und wie ein Urheberrecht an der Inszenierung sinnvollerweise, das heißt auf der Basis der in dieser Untersuchung gewonnenen Erkenntnisse, begründet und konkretisiert werden kann. Infrage kommt insofern nur, das Urheberrecht an der Inszenierung anhand der Kriterien des offenen Kunstbegriffs zu begründen. Dieser wurde oben[1700] mit *Kummers* Lehre vom urheberrechtlich schützbaren Werk konkretisiert und dient insoweit im Folgenden als Ausgangspunkt für die Beantwortung der Frage, wie das (Urheber-)Recht der Ereignishaftigkeit der Aufführung begegnen kann.

4 Das Urheberrecht des Theaterregisseurs nach der Lehre von *Max Kummer*

Kummer erwähnt den Theaterregisseur in seiner Abhandlung das einzige Mal an der Stelle, wo er auf die urheberrechtliche Bearbeitung zu sprechen kommt.[1701] Unter einer Bearbeitung versteht er etwa das »Umformen eines Romans in ein Hörspiel«[1702] oder »eines Schauspiels in ein Ballett«,[1703] wobei für ihn bei »beliebig viele[n] Lösungen«[1704] kaum eine Bearbeitung denkbar ist, die keinen individuellen Charakter haben kann. Dabei gilt es allerdings, Verschiedenes auseinanderzuhalten.

a) Bühnenmäßige Wiedergabe der Wortfolge

Zunächst ist es nach seiner Lehre selbstverständlich, dass eine Wiederholung der entsprechenden Wortfolge in und mit der bühnenmäßigen Aufführung auf eine Verletzung der Schutzrechte des Autors hinausläuft. Daher treten nach *Kummer* Probleme dort auf, »wo der Regisseur ein Schauspiel durch Kürzungen bühnenfähiger macht. [...]. Individuelle Bearbeitung erreicht der Regisseur hier erst über eine Vielzahl von Kürzungen, die er ebenso gut auch anders hätte treffen können.«[1705] *Kummer* meint damit offenkundig Änderungen, Streichungen, Textrevisionen und Ähnliches.[1706] Dass eine Bearbeitung der Wortfolge oder Wortstruktur am Sprachwerk selbst urheberrechtlich geschützt sein kann, ist allerdings – das hat insbesondere der Rechtsprechungsfall »Biografie: Ein Spiel« gezeigt[1707] – unstreitig.[1708]

b) Bühnenmäßige Aufführung als Werk *sui generis*

Eine andere Frage ist es, ob dem Regisseur nach Kummer ein eigenständiges Urheberrecht zur Seite steht. In *Kummers* Lehre vom Rezeptionsprinzip sind hinsichtlich des Tatbestandmerkmals der statistischen Einmaligkeit die Auswahl und Anordnung der einzelnen Elemente entscheidend.[1709] Damit ändert sich die grundlegende Bestimmung des Inszenierungsbegriffs, verglichen mit derjenigen im Sinne des Schöpfungsprinzips. Denn der Lebenssachverhalt, der für die urheberrechtliche Würdigung der Arbeit des Theaterregisseurs nach der Lehre vom urheberrechtlich schützbaren Werk zugrunde gelegt wird, ist nicht mehr auf den literarischen Text des Dramas bezogen. Vielmehr rückt der Regisseur ins Rampenlicht des Urheberrechts. Der Begriff der Inszenierung kann mit den Worten des Theaterpraktikers *Edward Gordan Craig* zusammengefasst werden, der in seiner Schrift »Die Kunst des Theaters« (1905) festhält:

> »die Kunst des Theaters ist weder die Schauspielkunst noch das Theaterstück, weder die Szenengestaltung noch der Tanz. Sie ist die Gesamtheit der Elemente, aus denen diese einzelnen Bereiche zusammengesetzt sind. Sie besteht aus der Bewegung, die der Geist der Schauspielkunst ist, aus den Worten, die den Körper des Stückes bilden, aus Linie und Farbe, welche die Seele der Szenerie sind, aus dem Rhythmus, der das Wesen des Tanzes ist.«[1710]

Der Werkcharakter der Aufführung wird entsprechend nicht mehr durch die Transformation der Dichtung von der begrifflichen in die sinnlich greifbare Sphäre definiert, sondern durch die Auswahl und Anordnung derartiger kleinster theatraler Elemente. Dieses Verfahren steuert der Regisseur, der als Urheber die Bewegung, Worte, Farben, Linien und den Rhythmus[1711] kombiniert. Damit ist – wie dies bereits um die Wende vom 19. zum 20. Jahrhundert *Adolphe Appia*, *Max Reinhardt*, *Wsevolod Meyerhold* und viele andere Theoretiker in ihrer Disziplin proklamiert und gefordert haben – das Theater gemäß der Lehre *Kummers* auch in rechtlicher Hinsicht zu einer eigenständigen Kunst avanciert. Die Inszenierung ist hiernach keine Darstellungsstrategie, sondern, wie auch beim Werkbereich der verfassungsrechtlichen Kunstfreiheitsgarantie[1712] festgestellt, eine Erzeugungsstrategie.

c) Werk *sui generis* und zugleich Transformation?

Hiervon zu unterscheiden ist allerdings die Frage, ob es sich bei der Transformation des dramatischen Textes in den theatralen Text der bühnenmäßigen Aufführung um eine Bearbeitung oder andere Umgestaltung handelt, deren Veröffentlichung von der Einwilligung des Autors abhängig ist, § 23 UrhG. Dies setzte voraus, dass die individuellen Wesensmerkmale des Sprachwerkes erkennbar bleiben.[1713] Damit wäre zugleich gesagt, dass es sich bei einer bühnenmäßigen Aufführung um eine urheberrechtliche Bearbeitung im Sinne der §§ 3, 23 UrhG handelt.

Nach dem offenen Kunstbegriff, wie er mit der Lehre *Kummers* rekonstruiert und als maßgeblich zugrunde gelegt wurde, ist aber allein die Inszenierung als selbstständiges Werk anzusehen, die weder als Übersetzungsprozess noch umgekehrt das Drama als Partitur für die Inszenierung angemessen zu verstehen ist. Wohl mögen Drama und Aufführung durch eine Vielzahl unterschiedlicher Beziehungen verknüpft sein. Ihre ästhetische Eigentümlichkeit, ihre ästhetische Autonomie lässt sich aber nicht annähernd aus dieser Relation heraus adäquat erfassen. Wie die Untersuchung oben ergeben hat,[1714] ist *Raschèr* zwar zuzustimmen, dass der Prozess der Transformation eines dramatischen in einen theatralen Text Äquivalenz im oben redefinierten Sinne herzustellen in der Lage ist. Allerdings gilt es, methodisch offenzulegen, dass es sich hierbei immer um eine subjektive Bedeutungszuschreibung des Betrachters handelt. Eine Anknüpfung des Urheberrechts an den »Inhalt« einer bühnenmäßigen Aufführung führt entsprechend immer zu einem ästhetischen Werturteil. In der rechtlichen Bewertung impliziert dies aber ein unzulässiges staatliches Kunstrichtertum.[1715] Die ständige Rechtsprechung zum Schöpfungsprinzip, wonach im Wege tatrichterlicher Feststellungen die Frage beantwortet wird, ob etwa im Rahmen einer Eisrevue der gedankliche Inhalt eines dramatisch-musikalischen Werkes unter Verwendung des Ausdrucksmittels des Eistanzes aufgeführt wird (so »Eisrevue I«)[1716] oder nicht (so »Eisrevue II«),[1717] ist nicht länger haltbar.

Da die Aufführung tatsächlich nicht auf eine Wiederholung des Inhalts des Sprachwerkes hinausläuft, kann der Dichter nach *Kummer* durch sie auch nicht in seinem Urheberrecht am Sprachwerk verletzt sein – außer in der Verwendung der statistisch einmaligen Wortfolge. Insbesondere handelt es sich bei Aufführungen des Theaters nicht um eine urheberrechtliche Bearbeitung i. S. v. § 23 UrhG. Vielmehr hat sich gezeigt, dass durch die Übertragung des Sprachwerkes in die andere Werkgattung des Theaters die Züge des Ausgangswerkes so sehr verblassen, dass seine individuellen Wesensmerkmale nicht mehr erkennbar sind. Daraus folgt, dass Aufführungen des Theaters nach dem offenen Kunstbegriff ohne Einwilligung des Autors bearbeitet oder umgestaltet, veröffentlicht oder ausgewertet werden dürfen, weil es sich bei der Aufführung des dramatischen Textes tatsächlich um eine freie Benutzung i. S. v. § 24 UrhG handelt. Daraus folgt weiter, dass der Autor kein Recht hat, eine Entstellung oder eine andere Beeinträchtigung seines Werkes durch die Aufführung gemäß § 14 UrhG zu verbieten, weil diese gar nicht geeignet ist, seine geistigen oder persönlichen Interessen an seinem Werk zu gefährden.

> »[...] Der Dramatiker muß immer wissen, daß das Theater ein gutes Recht darauf hat, wenn es ein Drama aufführt, eine selbständige theatralische Leistung zu zeigen. [...] Das Dramatische steht immer obenan! Und das dichterisch Herrlichste muß unter Umständen fallen.«[1718]

Das Aufführungsrecht des Autors, bei dem die Gerichte bislang davon ausgegangen sind, dass nach dem Gesamteindruck der gedankliche Inhalt eines Werk(bestandteil)s zur Darstellung gelangt, so ließe sich ein bekanntes Diktum von *Barthes* abwandeln, ist (nach dem offenen Kunstbegriff) tot. Gleichwohl ist der Originaltext auf der Bühne zu hören. Auch wenn die Aufführung noch so sehr ereignishaft ist, die reine Textwiedergabe ist es nicht, der Text »erklingt« und soll es auch. Zum Schutz des Autors könnte man daher insofern auf § 19 Abs. 1 UrhG zurückgreifen, weil zumindest der Text »vorgetragen« wird. Allerdings verkennt eine solche Auffassung, dass in Aufführungen, in denen durch das bewegte Spiel im Raum eine Geschichte erzählt wird, die Wahrnehmungsordnung der Repräsentation dominiert. Wenn also das Recht der bühnenmäßigen Aufführung i. S. v. § 19 Abs. 2 UrhG für ein Sprachwerk beibehalten werden soll, muss, wie dies oben geschehen ist,[1719] der Begriff der Darstellung radikal redefiniert werden, wie er sich aus der Wahrnehmungsordnung der Repräsentation ergibt. Wenn also mit dem bewegten Spiel im Raum eine fiktive Welt und fiktive Figuren aufgebaut werden sollen, so könnte man sagen, dass die Wortfolge i. S. v. § 19 Abs. 2 »aufgeführt« wird.

d) Urheberrechtliche Trennung zwischen Inszenierung und Aufführung

Bevor im Rahmen der Rechtsfortbildung dem Regisseur aber tatsächlich ein selbstständiges, von der Literatur unabhängiges Urheberrecht an seiner Inszenierung zur Seite gestellt werden kann, stellt sich die Frage, ob und inwieweit es relevant ist, dass die Aufführung sich nicht allabendlich genau gleich wiederholt, sondern sich als ein einmaliges und unwiederholbares Ereignis aus der autopoetischen Feedback-Schleife zuallererst selbst erzeugt.

Die empirische Analyse von bühnenmäßigen Aufführungen in Kapitel C hat ergeben, dass die Feedback-Schleife weder tatsächlich unterbrochen noch gezielt gesteuert werden kann. Wie *Fischer-Lichte* dargelegt hat, handelt es sich bei dieser Feedback-Schleife, welche die bühnenmäßige Aufführung erzeugt, weder um ein Subjekt-Objekt-Verhältnis im Sinne des Schöpfungsprinzips noch um ein solches im Sinne des Rezeptionsprinzips nach *Kummer*, sondern im Sinne des engagierten Kunstbegriffs um ein Verhältnis von Ko-Subjekten, bei denen die Beteiligten gemäß dem *embodiment*-Konzept *nicht* nicht aufeinander reagieren können, insbesondere auch weil die gedanklichen Vorstellungen der Zuschauer auf andere einwirken. Bei der Aufführung handelt es sich entsprechend nicht um ein Werk, sondern um ein »selbstbezügliches autopoietisches System mit prinzipiell offenem, nicht vorhersagbarem Ausgang«.[1720]

Von der so verstandenen Aufführung zu unterscheiden ist, wie gesagt, die Inszenierung. Die Inszenierung hat die Bedeutung, die in den Ausführungen zum Werkbereich der Kunstfreiheitsgarantie herausgearbeitet wurde[1721] und die in der Theaterwissenschaft mit *Fischer-Lichte* geläufig ist:

> »Indem nämlich im Prozeß der Inszenierung erprobt, ermittelt und festgelegt wird, wie die performative Hervorbringung von Materialität sich vollziehen soll, wird eine spezifische Situation geschaffen, in die Akteure wie Zuschauer sich hineinbegeben. Dabei handelt es sich prinzipiell um eine offene Situation, da nicht vorhersagbar ist, wie Zuschauer mit ihr umgehen und Akteure darauf reagieren werden. Das heißt, der Vorgang der Inszenierung läßt immer Frei- und Spielräume dafür offen, daß sich Nicht-Geplantes, Nicht-Inszeniertes, Nicht-Vorhersagbares in der Aufführung ereignen kann, auch wenn manche künstlerische ebenso wie nicht-künstlerische Inszenierung versuchen mag, diese Frei- und Spielräume so weit wie möglich einzuschränken.«[1722]

Inszenierung meint also den Prozess, in dem ein Plan, ein Konzept festgelegt wird,

> »nach [dem] die Materialität der Aufführung performativ hervorgebracht werden soll, wodurch zum einen die materiellen Elemente als gegenwärtig, in ihrem phänomenalen Sein in Erscheinung treten können, und zum anderen eine Situation geschaffen wird, die Frei- und Spielräume für nicht geplante, nicht-inszenierte Handlungen, Verhaltensweisen und Ereignisse eröffnet«.[1723]

Nach dieser vom Urheber geschaffenen Situation hat sich *Kummers* Kriterium der statistischen Einmaligkeit zu richten – nur diese ist vom Schutzumfang des urheberrechtlich schützbaren Ereignisses erfasst. Dabei wird auch nicht gegen »den überhaupt wesentlichsten Grundsatz des Urheberrechts« verstoßen, wonach erst das »konkrete« Werk geschützt ist.[1724] Denn der Begriff »Situation« meint den Vollzug der Inszenierung, sobald sich die Akteure in die Situation hineinbegeben haben. Bei *Kummer* heißt es hierzu: Der »Anweisungscharakter dieser ›Formel‹ und damit der Ausschluss vom Schutz heissen nicht, auch dem ausgeführten [...] Stück fehle die Schutzfähigkeit«.[1725]

Problematisch ist dabei, dass das Subjekt dieser vom Urheber gestalteten Situation nicht unbeteiligt gegenübersteht, sondern »es bewegt sich in ihr und existiert nicht unabhängig von ihr«,[1726] sodass es dem Regisseur in der Inszenierung unmöglich ist, den genauen Aushandlungsprozess zwischen den Beteiligten auf der Bühne zu lenken und zu steuern oder zuvor exakt festzulegen. In der näheren Ausgestaltung seines Rechtsschutzes reflektiert der Begriff der Inszenierung insofern also immer schon die Grenzen des Schutzumfangs des urheberrechtlich schützbaren Ereignisses. Denn die Frei- und Spielräume für nicht geplante, nicht inszenierte Handlungen, Verhaltensweisen und Ereignisse markieren die Grenzen der statistischen Einmaligkeit. Nicht der Zufall ist geschützt, sondern die erfolgreiche Umsetzung der Inszenierung in der Aufführung; und wo das nicht der Fall ist, ist der Schutz zu versagen.

Bei Aufführungen, bei denen eine Steigerung des Zufälligen, Spontanen, Unberechenbaren stattfindet, ist der Schutz ein entsprechend schmaler, bei dem gegebenenfalls nur noch eine fotografische Dokumentation in das Urheberrecht der Inszenierung eingreifen kann. Denn das Urheberrecht ist – auch nach der Lehre *Kummers* – »Werk- und nicht Verfahrensschutz«.[1727] Dies hat auch beim urheberrechtlich schützbaren Ereignis zu gelten. Denn »[n]ach unbezweifeltem Grundsatz [sind] die Anweisung, die Handwerksregel, die Manier, der Stil nie geschützt«.[1728] Das heißt, *Kummers* Lehre basiert auf dem fundamentalen Prinzip, dass nie die Methode des Schaffens, sondern immer nur das »konkrete Bild, die vollzogene Anwendung der Stilregeln, des Rezepts«[1729] geschützt ist. In diese Richtung tendiert ausdrücklich auch das OLG Frankfurt, wenn es in seiner Entscheidung zur »Götterdämmerung« begründet, dass sich »[e]in Sachverständiger hätte dazu äußern müssen, ob es sich bei der ›strukturalistischen‹ Art der Inszenierung lediglich um eine – urheberrechtlich nicht geschützte – ›Manier‹ oder einen ›Stil‹ handelt«.[1730]

Bei den angesprochenen Aufführungen des Theaters und der Aktions- und Performancekunst zeigt sich damit die »statistische Einmaligkeit« weitestgehend in der Einmaligkeit und Unwiederholbarkeit der Aufführung und nicht in der Inszenierung »und schmilzt auf Unbedeutendes zusammen«.[1731]

Dann aber stellt sich die Frage, »wo im Einzelfall das Rezept aufhört und die individuelle Leistung beginnt, was also, weil Rezept, von jedermann übernommen werden darf, was dagegen, weil individuell [i. S. v. statistisch einmalig, Anm. des Verf.], geschützt ist«,[1732] was sich also als ein »vorbekannte[r] Formenschatz an Regielösungen«[1733] darstellt und was nicht. *Kummer* erläutert die Problematik anhand von Beispielen. Ein Readymade sei ein individuelles Werk, ebenso wie die Auswahl und Anordnung seiner einzelnen Elemente, nicht aber die diesem Readymade zugrunde liegende Anweisung, »Gegenstände auf ein Brett zu kleben«.[1734] Ebenso lehnt er bei einer »mit Wasserhähnen gefüllten Kiste«[1735] (Abb. 23) sowohl den Schutz

Abb. 23: Augustin Fernandez Arman

der Anweisung ab, »etwas in eine flache Kiste unter Glas zu legen«, wie auch die abstrakte Beschreibung der Auswahl des Kisteninhalts (»gleiche Gegenstände«), da andernfalls die Konkretisierung durch Wasserhähne in die geschützte Individualität führte, was nach *Kummer* ebenfalls eine Anweisung ist. Für *Kummer* beschränkt sich die Individualität daher auf die Art und Weise, »wie die einzelnen Hähne platziert werden«.[1736]

Aus diesen Überlegungen *Kummers* ist für das urheberrechtlich schützbare Ereignis der Schluss zu ziehen: Je differenzierter die Anweisung und je größer ihre Regelungsdichte ist, desto eher führt die konkrete Ausführung in die Individualität. Und ein weiterer, für diese Untersuchung folgenreicher Schluss ist zu ziehen: Ist die Art und Weise der Ausführung des Rezepts mehr oder weniger dem Zufall überlassen, verringert dies die Chancen auf Rechtsschutz. Da *Kummer* aber offenlässt, woran man Zufall erkennt,[1737] muss er – und auch diese Untersuchung – eingestehen, dass scharfe Abgrenzungskriterien nicht zur Verfügung stehen und mithin die Entscheidungen »von einem Schuss ›Zufälligkeit‹ abhängig sind«[1738] »und ein Ermessensspielraum [bei der Beweiswürdigung bzw. objektiven Zurechnung, Anm. des Verf.] offenbleiben mag«.[1739] *Kummer* empfiehlt daher, im Zweifel »den Bereich der Anweisung weit zu fassen, auf Kosten der Individualität«.[1740] »Schrumpft aber der Anteil ›Individualität‹ zugunsten des Anteils ›Rezept‹ stark zusammen, dann ist schließlich nur noch eine *genaue Kopie* fähig, in die Individualität und damit in den Schutzbereich einzubrechen.«[1741] Auf eine Kurzformel gebracht, kann man daher sagen, dass nach der Lehre vom urheberrechtlich schützbaren Werk die Nach*ahmung* zulässig ist, die Nach*machung* dagegen eine unzulässige Verletzungshandlung darstellt, sofern unter Nachahmung der Vollzug einer außerhalb des Schutzbereichs stehenden Anweisung und unter »›Nachmachung‹ die peinlich genaue, insbesondere nun eben fotografische Kopie verstanden wird«.[1742]

Der Ausgleich liegt bei *Kummer* also in einer Differenzierung zwischen der Schutzbegründung und dem Schutzumfang.[1743] Dies gilt auch im Verhältnis von Inszenierung und Aufführung. Anders ausgedrückt ist hier der Gegensatz also richtigerweise Rezept/Zufall, *nicht* Rezept/Individualität. Ob das Rezept individuell ist, hängt davon ab, wie ausgefeilt und dicht es ist. Es kann aber noch so ausgefeilt sein: Passiert nicht das, was geplant war, sondern (überwiegend) Zufälliges, fehlt (immer stärker) das Individuelle und damit das Inszenierte:

> »Den Endpunkt erreicht John Cage, ›der große Anreger der modernen Musik‹ (Wellershof) und ›Initiator des neuen amerikanischen Musikverständnisses‹ (Renate Matthaei) mit seinem Klavierstück 4'33": Der Pianist sitzt 4 Minuten und 33 Sekunden vor dem Flügel, ohne zu spielen; die Musik liefern die Zufallsgeräusche im Konzertsaal. Nur und ausschließlich noch Anweisung! Eine Spieldauer von eben gerade 4'33" ist nicht schützbar, und das je sich im Einzelkonzert ereignende Zufallsgeräusch mangels Individualität ebenfalls nicht.«[1744] (Abb. 6)

Wenn also im Eingangsbeispiel *Tino Sehgal* die drei uniformierten Museumswärter den Besucher tanzend umkreisen und rhythmisch immer wieder den Titelsatz rufen lässt, »This is so contemporary, contemporary, contemporary! Tino Sehgal«, dann handelt es sich um ein urheberrechtlich schützbares Ereignis. Vom Schutzumfang ist aber nicht die Anweisung umfasst, dass uniformierte Museumswärter den Besucher tanzend umkreisen, oder gegebenenfalls die Anweisung *Sehgals*, statt uniformierter Museumswärter nackte Museumswärter und/oder Frauen zu wählen – was die Notwendigkeit unterstreicht, mit *Kummer*[1745] den Bereich der Anweisung im Zweifel weit zu fassen, auf Kosten der statistischen Einmaligkeit. Geschützt ist auch nicht die Kombination mit dem Titelsatz, sondern dieser erst mit der ikonografischen Einschreibung seines Namens – mit dem er zugleich seinen Willen zur Urheberschaft zeigt. Das heißt, der Rechtsschutz für derartige Inszenierungen, die überwiegend aus Anweisungen bestehen, ist ein entsprechend schmaler. Jeder kann derartige Regieanweisungen übernehmen und sehr ähnliche Inszenierungen hervorbringen. Sobald der Plagiator aber diesen Satz mit der Einschreibung von *Tino Sehgal* wiederholt, »This is so contemporary, Tino Sehgal!«, bricht er in den Schutzbereich des Urhebers ein. Es besteht daher nicht die Gefahr, das Urheberrecht räume mit dieser Rechtsfortbildung unverhältnismäßige Monopolrechte ein.[1746] Nicht das Ereignis wird geschützt, sondern die Inszenierung in der einmaligen und unwiederholbaren Aufführung, soweit die Inszenierung statistisch einmalig ist – aber auch keinen Schritt weiter. Das urheberrechtlich schützbare Ereignis ist daher kein Ärgernis. Denn die Anweisung bleibt frei.

Aus diesen Überlegungen folgt: Die Inszenierung ist das Geisteswerk, das eine räumlich und zeitlich begrenzte Situation beschreibt, in die sich Darsteller und Zuschauer hineinbegeben. Diese lässt aber immer Frei- und Spielräume.

5 Das Recht des ausübenden Künstlers

In Kapitel C hat sich gezeigt, dass der »Leistungsschutz« des ausübenden Künstlers von der Darbietung eines Werkes abhängig ist, der ausübende Künstler seinen Leib jedoch nicht in ein Werk transformiert, sondern Prozesse der Verkörperung vollzieht. Weiter hatte sich gezeigt, dass wenn der Zweck dieser Werkakzessorietät wegfällt, weil das Ziel unerreichbar ist, die Werkakzessorietät selbst wegfällt (*cessante ratione legis cessat ipsa lex*). Damit war der Weg zur Lückenfüllung eröffnet. Hierzu wurde das Konzept von Verkörperung (*embodiment*)[1747] als methodische Korrekturinstanz vorgeschlagen, damit in »denkendem Gehorsam« die vom Gesetzgeber vorgegebenen Strukturen des geregelten Sachbereichs des ausübenden Künstlers berücksichtigt werden können.

Wie sich nunmehr im letzten Kapitel gezeigt hat, ist gemäß dem erweiterten offenen Kunstbegriff (engagierte Kunst) die Inszenierung das Geisteswerk, das eine räumlich und zeitlich begrenzte Situation beschreibt, in die sich Darsteller und Zuschauer hineinbegeben. Damit ist eine Rechtsfortbildung *de lege lata* möglich. Denn mit dem Begriff der Werkakzessorietät ist jene gestaltete Situation zu verstehen, in die sich die ausübenden Künstler hineinbegeben. Der Begriff der Darbietung ist dabei im Sinne des *embodiment*-Konzepts zu redefinieren. »Künstlerisch« meint hierbei besondere Prozesse der Verkörperung des Leib-Seins, die nach drei unterschiedlichen Konzepten von Präsenz die Gelingensbedingungen einer künstlerischen Darbietung ausmachen, nämlich das schwache Konzept von Präsenz, das starke Konzept von Präsenz und das radikale Konzept von Präsenz.

Daraus ergeben sich mehrere, nicht abschließende Konstellationen: Diejenigen Fälle, in denen die Gerichte bislang davon ausgegangen sind, dass der ausübende Künstler mangels »Interpretation« keine künstlerische Leistung erbracht habe, kennzeichnen das schwache Konzept von Präsenz. Schwache Präsenz ist mit der bloßen Anwesenheit des Akteurs gegeben – und beschreibt das, was *Hertin* ohne Rücksicht auf eine besondere künstlerische Qualität mit seiner Individualitätsthese meint. Mit dem schwachen Konzept von Präsenz können also diejenigen Leistungen von Politikern, Predigern, Nachrichtensprechern etc. ausgeschlossen werden, die jegliche innere Anteilnahme vermissen lassen, weil sie sich nicht als Künstler präsentieren.

Dagegen meint das starke Konzept von Präsenz den geistigen-körperlichen Vorgang, mit dem der ausübende Künstler »den Zauber seiner Persönlichkeit«[1748] walten lässt. Der künstlerische Eigenwert der »Ausstrahlung der Persönlichkeit[1749] tritt hier dadurch zutage, dass dem Zuschauer ein »die Stimmung, das Empfinden, das Gefühl oder die Phantasie anregender Sinneseindruck« vermittelt wird, also eben das, was der BGH mit der geistigen oder seelischen Wirkung eines Quizmasters meint. Das starke Konzept von Präsenz ist hier erfüllt, wenn der Quizmaster »mit innerer Anteilnahme« und mit »abgestufter Lebhaftigkeit« spricht und es versteht, »die von ihm beabsichtigte Wirkung zu erreichen[,] und durchaus auch eine besondere Ausstrahlung erkennen [lässt], die sich von der persönlichen Wirkung anderer Quizmaster unterscheidet«.[1750]

Zur Klarstellung handelt es sich aber nicht um eine expressive Qualität, sondern um eine rein performative Qualität, indem der ausübende Künstler es versteht, seinen phänomenalen Leib auf eine Weise hervorzubringen, dass er die Bühne »beherrscht« und den Zuschauer dazu bringt, seine ganze Aufmerksamkeit auf ihn zu konzentrieren. Es tritt hier nichts anderes in Erscheinung als der gewöhnliche Mensch, der als *embodied mind* besonders auffällig wird, indem er es versteht, seinem Leib *agency* zu verleihen. Dies trifft auf sämtliche ausübenden Künstler zu, die ein Werk oder eine Ausdrucksform der Volkskunst aufführen, singen, spielen oder auf eine andere Weise darbieten.

Das radikale Konzept von Präsenz ist demgegenüber gegeben, wenn es dem ausübenden Künstler gelingt, nicht nur sich selbst als *embodied mind* in Erscheinung treten zu lassen, sondern wenn er eine Präsenz produziert, die alle möglichen Prozesse und Ereignisse auslöst, bei denen nicht nur eine besondere Gegenwart geschaffen, sondern Gegenwart auch präsentiert wird. Die Zuschauer und die anderen Mitwirkenden werden hier vom ausübenden Künstler derart angesteckt, dass auch sie sich als *embodied mind* erfahren.

Dieser Anwendungsfall ist insbesondere dann gegeben, wenn die Konzeption in der konkreten Situation, in welche sich die ausübenden Künstler hineinbegeben, in ihrer Gestaltungshöhe im Sinne der statistischen Einmaligkeit zweifelhaft ist, weil die Wechselwirkungsprozesse auf der Bühne so stark sind, dass sie beinahe vollständig ereignishaft sind. Dies ist beim Improvisationstheater wie »Theatersport« ebenso wie bei (Jazz-)Improvisationen der Fall, bei denen Schauspieler, die einfach drauflosspielen, Musiker, die spontan jammen, sonst komplett schutzlos gegen das Veröffentlichen von Mitschnitten und das Kopieren ihrer Darbietungen wären. Hier bleibt mangels einer statistisch einmaligen Situation nur ihr Schutz als ausübende Künstler.

Aber auch in anderen Fällen kann das radikale Konzept von Präsenz Anwendung finden. Wenn die wohl bedeutendste Aktions- und Performancekünstlerin, die 77-jährige Marina Abramović, in ihrem Projekt »The Artist is Present« (Abb. 24) 90 Tage lang, sechs Tage die Woche, ohne zu essen und zu trinken, regungslos im Atrium des Museum of Modern Art auf einem Stuhl vor einem Tisch sitzt und die Museumsbesucher sich jeweils einzeln an das andere Tischende setzen, dann ist an dieser Situation mangels Gestaltungshöhe urheberrechtlich ebenso nichts mehr zu schützen wie bei Cages »4'33"«. Es handelt sich dennoch um eine inszenierte Situation, die dem Urheberrecht prinzipiell zugänglich ist. Damit ist der Anwendungsbereich von § 73 UrhG auch in diesem Fall eröffnet, obgleich hier eine besondere Qualität gefordert werden sollte. Wenn es Abramović aber gelingt, 750 000 Besucher ins Museum zu locken, indem sie nichts anderes tut, als ihnen tief in die Augen zu blicken, und die meisten von einer grundstürzenden Erfahrung sprechen, die sie dabei gemacht haben, dann ist es ihr gelungen, als ausübende Künstlerin einen Exzess an Aufmerksamkeit zu erregen, durch den die Besucher sie und zugleich sich selbst als *embodied mind* erfahren: Sie spüren die zirkulierende Energie als transformatorische Kraft – und nehmen sie im oben genannten Sinne als »Lebens-Kraft« wahr. Die bislang vom Urheberrecht vorausgesetzte Dichotomie von Körper und Geist wird hier aufgehoben und etwas ganz Gewöhnliches wird nach Maßgabe des erweiterten offenen Kunstbegriffs als engagierte Kunst zum Ereignis: die Eigenart des Menschen, verkörperter Geist zu sein.

Abb. 24: Marina Abramović »The Artist is Present«

Die Begriffsbestimmung der künstlerischen Darbietung im Sinne des *embodiment*-Konzepts ist darüber hinaus auf Fälle anwendbar, in denen der ausübende Künstler »Ausdrucksformen der Volkskunst aufführt«, § 73 Satz 1 2. Alt. UrhG. Der Begriff »Ausdrucksformen der Volkskunst« ist die Übersetzung von »expressions of folklore«. Es besteht dabei weitgehend Einigkeit darüber, dass der Gesetzgeber mit »Volkskunst« Folklore meint, bei der Volkserzählungen, Volksgedichte, Volksmärchen, Volksmusik und Volkstänze aufgeführt werden und die von Generation zu Generation (meistens mündlich) weitergegeben wird.

Durch diese Hereinnahme werden ausübende Künstler, die Volkskunst aufführen, in unmittelbaren systematischen Zusammenhang zu ausübenden Künstlern gestellt, die ein »Werk« zur Darstellung bringen (sollen). Wie die Auslegung des Rechtsschutzes des ausübenden Künstlers einer bühnenmäßigen Aufführung im historischen Rückblick (Kapitel III.1) und dessen Einfluss auf den Gesetzgeber (Kapitel III.1.c)) gezeigt haben, soll das dargestellte Geisteswerk damit an und mit dem phänomenalen Körper des ausübenden Künstlers eine sinnlich wahrnehmbare Formgestaltung finden. Durch die Verwendung des Wortlauts »Ausdrucksformen der Volkskunst« wollte der Gesetzgeber also bewirken, dass nur diejenigen ritualisierten Handlungen geschützt werden, denen ein Mythos zugrunde liegt. Ebenso wie bei der Werkakzessorietät des ausübenden Künstlers wird hier also von einer klaren Hierarchie zwischen Mythos und Ritual ausgegangen, wobei der Mythos als das Primäre gilt, das vom Ritual lediglich ausgedrückt, bebildert und »aufgeführt« wird. *Dünnwald/Gerlach* sprechen in diesem Zusammenhang von einem in »konkrete Form gebrachten Gedankengut der Folklore«. Diese idealistische Position entzieht sich allerdings rationaler Erkenntnis. Durch die Untersuchungen von *Smith* (Lectures on the Religion of the Semites, 1889), *Frazer* (The Golden Bough. A Study in Comparative Religion, 1890), *Harrison* (Mythology and Monuments of Ancient Athens, 1890; Prolegomena of the Study of Greek Religion, 1955; A Study of the Social Origins of Greek Religion, 1967), *van Gennep* (Les rites de passage, 1909) und *Durkheim* (Die elementaren Formen des religiösen Lebens, 1981) wurde logisch bewiesen, dass nicht das Ritual aus dem Mythos, sondern der Mythos aus dem Ritual entstanden ist und der Mythos lediglich der Interpretation des Rituals dient.

Möchte der Rechtsschutz von ausübenden Künstlern, die »Volkskunst« aufführen, nicht zu einer dogmatischen Leerformel verkommen, muss also auch hier die Position von Mythos und Ritual umgekehrt werden, wie dies mit der vorliegenden Untersuchung mit der Umkehrung der Positionen von Text und Aufführung geschehen ist. Der Mythos taugt lediglich als Indiz dafür, ob es sich bei den aufgeführten Ritualen bereits um eine zur Gestaltungshöhe gebrachte (gemeinfreie) Inszenierung handelt – oder lediglich um ein zufälliges Ereignis. In Bezug auf den ausübenden Künstler fungiert der Begriff der Darbietung, wie er oben herausgearbeitet wurde, also auch hier als rechtliche Korrekturinstanz. Denn unproblematisch handelt es sich bei Aufführungen von Volkskunst um performative Handlungen im Sinne des *embodiment*-Konzepts, durch deren gemeinsamen Vollzug von Erzählungen, Dichtungen, Musik und Tänzen überhaupt erst das hervorgebracht wird, was sie vollziehen: die soziale Wirklichkeit von einer (autochthonen) Volksgemeinschaft.

Gemessen am Maßstab des erweiterten offenen Kunstbegriffs liegt der Zweck des Schutzrechts des ausübenden Künstlers als eines Persönlichkeitsrechts nach wie vor in der Sicherung seines Lebensunterhalts durch Schutz vor Ersetzbarkeit aufgrund technischer Speicherung und Dokumentation seiner eigentlich flüchtigen Leistung. Dieser Zweck wird weiter erreicht, wenn der Rechtsschutz an seiner künstlerischen Darbietung anknüpft, und zwar im Sinne der dargestellten Kategorien von Präsenz. Der Tatsachen- oder besser: Motivirrtum des Gesetzgebers wird durch die Redefinition der Werkakzessorietät und eine Umkehrung der Positionen von Mythos und Ritual überwunden.

III Zwischenergebnis zu G

Eine Rechtsfortbildung zum urheberrechtlichen Schutz performativer Kunst knüpft den Urheberschutz sinnvollerweise an die Inszenierung. Die grundlegende Schwäche aller Auffassungen, nach denen die Inszenierung kein eigenständiges urheberrechliches Werk sei, liegt darin, dass sie die Inszenierung nicht oder nicht nur als einen Übersetzungsprozess des dramatischen Textes in die bühnenmäßige Aufführung begreifen, sondern im Sinne des Schöpfungsprinzips vor allem in den Vordergrund stellen, dass durch die Inszenierung ein vorgängiger geistiger Gehalt zur Anschauung gebracht würde. Inszenierung meint entsprechend eine *Darstellungs*strategie. Gemessen am Maßstab des offenen Kunstbegriffs handelt es sich bei der Kunst der Inszenierung jedoch um eine *Erzeugungs*strategie: Die Aufführung wird durch die Auswahl und Anordnung der theatralen Elemente als ein Werk *sui generis* geschaffen. Soweit der offene Kunstbegriff davon ausgeht, dass sich jeden Abend die gleiche Aufführung wiederholt, entgeht ihm das Wirken der autopoietischen Feedback-Schleife. Vor diesem Hintergrund ist gemäß dem erweiterten offenen Kunstbegriff (engagierte Kunst) strikt zwischen der Inszenierung und Aufführung zu unterscheiden. Der Anweisungscharakter der Inszenierung als ein Konzept und der damit grundsätzlich verbundene Ausschluss vom Urheberschutz müssen nicht dazu führen, auch der *ausgeführten* Inszenierung den Schutz zu versagen. Denn hierdurch wird eine räumlich und zeitlich begrenzte Situation geschaffen, in die sich die ausübenden Künstler und Zuschauer hineinbegeben. Diese Situation wird anhand des Merkmals der statistischen Einmaligkeit beurteilt. Das heißt: Das, was sich als Nicht-Geplantes, Nicht-Inszeniertes, Nicht-Vorhersagbares in der Aufführung ereignet, ist nicht geschützt. Geschützt ist aber die statistisch einmalige Situation, wie sie sich anhand der Differenziertheit der Anweisungen oder des Konzeptes oder des ungeschützten Zufalls zeigt. In diese vom Urheber als statistisch einmalig gestaltete Situation begeben sich auch die ausübenden Künstler i. S. v. § 73 UrhG hinein. Die Gelingensbedingungen einer künstlerischen Darbietung beurteilen sich nach dem schwachen Konzept von Präsenz, dem starken Konzept von Präsenz und dem radikalen Konzept von Präsenz.

IV Kunst und Leben

Abschließend stellt sich die Frage nach der Schranke der Kunstfreiheitsgarantie und damit, wie weit die Kunstfreiheitsgarantie in Bezug auf Aufführungen reicht. Denn das Bundesverfassungsgericht denkt den Schutzbereich der Kunstfreiheitsgarantie von Art. 5 Abs. 3 S. 1 GG von den Schranken her, indem es Kunst von »Nicht-Kunst«[1751] abgrenzt.

Vor diesem Hintergrund wurde bereits in Kapitel F.II ausgeführt, dass Art. 5 Abs. 3 S. 1 GG ein weiteres wesentliches Strukturmerkmal voraussetzt: die Unterscheidung zwischen Kunst und Nichtkunst, also zwischen Kunst und Wirklichkeit. Diese Differenz wurde beim materiellen Kunstbegriff dahingehend bestimmt und begriffen, dass Kunst eine gegebene, vorgängige Wirklichkeit darstellt, nämlich den individuellen Stand seines Urhebers, und beim offenen Kunstwerk dahingehend, dass im Kunstwerk eine Wirklichkeit *sui generis* erschaffen wird, nämlich die gedankliche Vorstellung an sich, die nur im Kunstwerk aufgefunden werden kann. Diese Trennung von Kunst und Wirklichkeit, ihre Autonomie, garantiert dem Künstler seine Kunstfreiheit und schützt ihn vor staatlicher Ingerenz.

Diese Autonomie der Kunst gegenüber der Wirklichkeit ist in Aufführungen des Theaters und der Aktions- und Performancekunst problematisch. Denn die Handlungen sind selbstreferenziell insofern, als sie das bedeuten, was passiert, und sie sind wirklichkeitskonstituierend, dadurch dass sie die soziale Realität erzeugen, von der sie handeln. Dies gilt ebenfalls für die weiteren Begriffspaare, die zur Abgrenzung des Schutzbereichs anhand des Gegensatzes von Kunst und Wirklichkeit in Betracht kommen, wie etwa Kunst versus sozial, Kunst versus politisch und Kunst versus ethisch, wie sich dies anhand der Beispiele der Performances »Commune«,[1752] »Chance 2000«[1753] oder »Two Amerindians«[1754] gezeigt hat.

Vor diesem Hintergrund wurde bereits oben nicht mehr von *entweder* Kunst *oder* Wirklichkeit gesprochen, sondern vielmehr von *sowohl als auch.* Und eben in jenem Zusammenhang, in dem das Bundesverfassungsgericht sich zur grundsätzlichen Schutzfähigkeit des Bereichs der engagierten Kunst äußert, führt es aus: »Fällt damit die Veranstaltung des ›anachronistischen Zuges‹ in den Schutzbereich von Art. 5 Abs. 3 Satz 1 GG, kann daran auch die vordergründige und eindeutige politische Absicht der Veranstalter nichts ändern.«[1755] Das heißt, auch das Bundesverfassungsgericht akzeptiert diese doppelte Daseinsweise von Kunst und Wirklichkeit. Insofern das Bundesverfassungsgericht also die Autonomie der Kunst durch die Kunstfreiheit garantiert, eröffnet es damit zugleich die Möglichkeit, Aufführungen als Kunstereignisse zu reflektieren. Das heißt:

> »Auch wenn Künstler daran arbeiten, die Grenze zwischen Kunst und Leben, zwischen dem Ästhetischen und dem Sozialen, Politischen, Ethischen zu überschreiten, zu verwischen, ja zu annullieren, vermögen die von ihnen initiierten Aufführungen wohl, auf die Autonomie von Kunst zu reflektieren, nicht aber sie aufzuheben.«[1756]

Denn diese wird nach den eindeutigen Ausführungen des Bundesverfassungsgerichts in seiner Entscheidung »anachronistischer Zug« von der Kunstfreiheit in Art. 5 Abs. 3 GG garantiert.

»Jede ikonoklastische Geste der Künstler, jede auf die Zerschlagung der Institution Kunst zielende Aktion findet gleichwohl im Rahmen der Institution Kunst statt und stößt damit an ihre Grenzen.«[1757] Damit ist dennoch nicht dem »Definitionsgebot«[1758] Genüge getan. Denn »die Unmöglichkeit, Kunst generell zu definieren, entbindet indessen nicht von der verfassungsrechtlichen Pflicht, die Freiheit des Lebensbereichs Kunst zu schützen, also bei der konkreten Rechtsanwendung zu entscheiden, ob die Voraussetzungen des Art. 5 Abs. 3 Satz 1 GG vorliegen.«[1759]

Weder der Begriff der Inszenierung noch der Begriff der ästhetischen Erfahrung, wie sie beide hier herausgearbeitet wurden, liefern aber bislang Kriterien, wonach Kunst und Nichtkunst voneinander abgegrenzt werden können. Soweit die Inszenierung auf die Präsenz der ausübenden Künstler abzielt, gilt diese Feststellung z. B. auch für das Ereignis der Olympischen Spiele, die wegen ihres Sportcharakters gerade keine Kunst sind. Ebenso gilt sie für den Begriff der ästhetischen Erfahrung, da etwa auch Gottesdienste auf eine Transformation der Beteiligten abzielen.

In dieser Untersuchung hat sich aber ein Kriterium als tauglich erwiesen, zwischen Kunst und Nichtkunst auszudifferenzieren: nämlich dass der Künstler seine »Kunst« als Kunst *präsentieren* muss. Die Beantwortung der Frage, ob die ästhetische Funktion dominiert und der verbleibende Zweck dahinter zurücktritt, liegt hier aber nicht beim Künstler, der seine Arbeit präsentiert, sondern beim individuellen Betrachter, der dem Werk eine ästhetische Funktion zuschreibt, genauer: der Gesellschaft, bei der sich diese ästhetische Funktion stabilisiert und damit über alle anderen Zwecke dominiert.[1760]

Es sind daher die Umstände, also die »Gestaltung der äusseren Sachlage«[1761] entscheidet, ob es für jeden ersichtlich ist, dass es sich um Kunst handelt, ob also das als Kunst Präsentierte im Rahmen der gesellschaftlichen Konventionen (nur) die Wirklichkeit mitteilt (dann kein Schutz) oder ob es als Mittel zur Darstellung einer »anderen« und damit künstlerischen Wirklichkeit erscheint (dann Schutz). Die Voraussetzungen sind in Kapitel D.III.1.b) detailliert beschrieben worden.

Ob der Schutzbereich der Kunstfreiheitsgarantie hiernach eröffnet ist, kann nach Auffassung der für Kunst empfänglichen und mit Kunstanschauungen einigermaßen vertrauten Kreise beurteilt werden. Die intendierte ästhetische Erfahrung darf dabei aber nicht unberücksichtigt bleiben. Denn als Schwellenerfahrung steht sie in einer langen Tradition, die für den Normbereich der Kunstfreiheitsgarantie als Indiz für die Kunsteigenschaft herangezogen werden kann.

Bereits *Aristoteles* erörtert die Wirkung des antiken Trauerspiels in seiner *Poetik*. Die Affekte, also die leiblichen Erfahrungen, die der Zuschauer während der Aufführung macht, bezeichnet er als »éleos« und »phóbos«, d. h. als »Jammer« und »Schauder«, und gibt als Ziel der griechischen Tragödie die Läuterung von eben diesen Gefühlen aus.

Den Begriff, den er hierzu verwendet, ist der Begriff der Katharsis. Das heißt, die Gefühle, die der Zuschauer erzeugt, die Veränderung seines körperlichen Zustandes, kann man ebenfalls als Schwellenzustand beschreiben, der zu der gewünschten Reinigung führen soll.

Soweit das Kunstwerk als unmittelbarer Ausdruck des Künstlers ausgewiesen wird, geht diese Bestimmung auf die Autonomiebestrebungen der Aufklärung zurück, wonach das Kunstwerk Hort der Wahrheit sein soll und sich aus jeglichen weltlichen Zwängen lösen sollte. Dabei gilt es aber auch zu berücksichtigen, dass diese Autonomie als Mittel zum Zweck der *Bildung* des Menschen dienen sollte, wie dies etwa *Schiller* mit seinen Briefen »Über die ästhetische Erziehung des Menschen« intendierte. Wenn also auf der Grundlage dieser Kunstbegriffsdefinition bereits nach der Definition des Reichsgerichts, welche vom BGH übernommen wurde, das Werk des Künstlers vorzugweise zur Anregung des ästhetischen Gefühls durch Anschauung gedacht ist,[1762] dann ist dieser Genuss der autonomen Kunst dazu da, dass sich der Bürger – wenn auch durch Einfühlung – bildet. Ob diese Gelingensbedingungen theoretisch erfüllt sind, ist ein wesentliches Indiz für die Eröffnung der Kunstfreiheitsgarantie.

Als zu Beginn des 20. Jahrhunderts Marcel Duchamp den Flaschentrockner »kühn zum Museumsstück promoviert«[1763] und dieses hierdurch das »Signet Kunst«[1764] erhält, wurde dies als Metapher einer Weltanschauung interpretiert. Die ästhetische Erfahrung, die gemäß dem offenen Kunstbegriff als Schwellenerfahrung charakterisiert wurde, stellte daher auf eine Umstrukturierung der gedanklichen Vorstellung ab, um den Massenaspekt der (damaligen) Zivilisation zu bewältigen.

Heute liegen völlig andere Bedingungen vor, um eine Schwellenerfahrung zu intendieren.

> »In Zeiten einer ständig weiter um sich greifenden Ästhetisierung der Lebenswelt, unter den Bedingungen einer Spaß- und Eventkultur stellt ›uninteressiertes und freies Wohlgefallen‹ ganz sicher nicht die geeignete Empfindung dar, um das Subjekt in einen Schwellenzustand zu versetzen. Dazu bedarf es der Aufstörung der ›Sinne‹ als auch der ›Vernunft‹. Irritation, Kollision von Rahmen, Destabilisierung von Selbst-, Fremd- und Weltwahrnehmung, kurz: die Auslösung von Krisen scheint viel eher imstande, dies zu vollbringen. Denn sie vermitteln zutiefst verstörende Erfahrungen, die daher auch zu einer Transformation desjenigen führen können, der sie durchläuft.«[1765]

Und weiter:

> »Eine Ästhetik des Performativen zielt auf diese Kunst der Grenzüberschreitungen. Sie arbeitet unablässig daran, Grenzen, die, historisch gesehen, im ausgehenden 18. Jahrhundert errichtet wurden und seitdem als ebenso unverrückbar wie unüberwindbar und in diesem Sinne als quasi natürliche, das heißt von der Natur gesetzte Grenzen galten, – wie die Grenzen zwischen Kunst und Leben, zwischen Hochkultur und populärer Kultur, zwischen Kunst der westlichen Kultur und derjenigen anderer Kulturen, denen das Konzept der Autonomie der Kunst fremd ist –, zu überschreiten und so den Begriff der Grenze zu redefinieren. Während bisher das Trennende, die Abschottung, die prinzipielle Differenz als die ihn bestimmenden Aspekte im Vordergrund standen, macht eine Ästhetik des Performativen den Aspekt der Überschreitung und des Übergangs stark. Die Grenze wird zur Schwelle, die nicht voneinander trennt, sondern miteinander verbindet.«[1766]

Wenn nach diesem Maßstab von einer dominierenden ästhetischen Funktion auszugehen ist, ist der Kunstbereich der Kunstfreiheitsgarantie grundsätzlich eröffnet. Zudem gilt, dass jedes Grundrecht verfassungsimmanenten Schranken unterliegt. Wenn dabei die erforderliche Güter- und Pflichtenabwägung unter Berücksichtigung der Kunstfreiheit bereits auf Tatbestandsebene erfolgt, kann damit ausgeschlossen werden, dass eine gesellschaftliche Konvention zu Fehlurteilen führt. Zudem hat sich gezeigt, dass selbst das Bundesverfassungsgericht engagierte Kunst nicht von der Kunstfreiheitsgarantie ausnimmt, wobei hierzu erst einmal die für die Handlungsanleitung relevanten Tatsachen der Lebenswirklichkeit ausgewählt werden mussten, damit aus der Verbindung von Normprogramm und Normbereich eine Rechtsnorm erarbeitet werden konnte. Es ist daher nicht zu befürchten, dass der (urheberrechtliche) Schutz von performativen Ereignissen Tür und Tor für Fehlurteile öffnen würde, zumal im Urheberrecht das Korrektiv der statistischen Einmaligkeit für die vom Urheber gestaltete Situation besteht und beim ausübenden Künstler die Feinabstimmung über den deskriptiven Darbietungsbegriff möglich ist. Sämtliche Kriterien, nach denen der Schutzbereich der Kunstfreiheitsgarantie eng ausgelegt werden könnte, sind auch auf performative Kunst anwendbar.

H Gesamtergebnis

Die Untersuchung über den urheberrechtlichen Schutz performativer Kunst hat ergeben, dass dem geltenden Urheberrechtsgesetz ein Schöpfungsprinzip zugrunde liegt. Dieses besagt, dass im urheberrechtlichen Werk die innere, subjektive Wirklichkeit seines Schöpfers zum Ausdruck kommt. Damit avanciert als Kriterium für die Schutzwürdigkeit eines Werkes seine Fähigkeit, die Individualität seines Urhebers rein und unverfälscht – und das heißt neu und originell – zum Ausdruck zu bringen.

Das grundlegende Problem dieser Theorie vom Urheberrecht als einem Immaterialgüterrecht liegt darin, dass sie nicht befriedigend zu erklären vermag, warum ein Werk, welches als individueller Ausdruck der Urheberpersönlichkeit begriffen wird, von anderen daraufhin beurteilt werden könnte, ob diese innere, subjektive Wirklichkeit auch tatsächlich im Werk zum Ausdruck kommt.

Diesem Dilemma versucht die Theorie vom Urheberrecht als einem Persönlichkeitsrecht dadurch zu entgehen, dass sie postuliert, die Persönlichkeit seines Urhebers selbst verobjektiviere sich im Werk. Damit geht sie von der Voraussetzung aus, dass sich der Rezipient kraft Divination in die subjektive Wirklichkeit des Urhebers einfühlen und diese erkennen kann.

Diese beiden Theorien werden durch die monistische Theorie zusammengefasst. Danach wird im urheberrechtlichen Werk ein durch den Urheber vorgegebener geistiger Gehalt durch Darstellung zur Anschauung gebracht, sodass dieser dem Rezipienten erscheinen kann.

Unter die Tatbestandsmerkmale einer solchen Werkbegriffsbestimmung können die wenigen bislang bekannt gewordenen Rechtsprechungsfälle zur Aktions- und Performancekunst jedoch nicht subsumiert werden. Der Performativierungsschub in den Künsten seit den 1960er Jahren kann nicht mit den bestehenden Tatbestandsmerkmalen des herrschenden Werkbegriffs erfasst werden – auch wenn die Gerichte in mancherlei Hinsicht weiter unter sie subsumieren. Den für die Schutzlosigkeit performativer Kunst ausschlaggebenden Umstand, den Wandel vom Werk und den mit diesem gesetzten Relationen von Subjekt versus Objekt bzw. Körper versus Geist hin zum Ereignis, vermag das Schöpfungsprinzip nicht zu erfassen.

Bei der Frage, ob man Aktions- und Performancekunst mit Aufführungen des Theaters vergleichen kann, zeigt sich zudem, dass Theater performative Kunst par excellence ist. Die bühnenmäßige

Aufführung ereignet sich nicht nur als Ganzes und ist deswegen keine persönliche Schöpfung eines Urhebers, sondern auch alle anderen Tatbestandsmerkmale des herrschenden Werkbegriffs sind nicht erfüllt. So steht der ausübende Künstler nicht als Material für eine wahrnehmbare Formgestaltung zur Verfügung, sondern ereignet sich. Zudem werden in einer bühnenmäßigen Aufführung keine vorgegebenen Bedeutungen vermittelt, sondern diese entstehen erst im Verlauf der Aufführung – und zwar als je unterschiedliche und vielfältige bei den beteiligten Zuschauern.

Dies hat der Gesetzgeber nicht gesehen und daher auch nicht bewertet, als er den Werkbegriff definierte. In Bezug auf bühnenmäßige Aufführungen und solche der Aktions- und Performancekunst besteht daher eine primäre Gesetzeslücke. Die Frage, ob diese Regelungslücke planwidrig und wie sie gegebenenfalls auszufüllen ist, ist am Maßstab der »geltenden Gesamtrechtsordnung« zu entscheiden – in diesem Fall am Maßstab der Kunstfreiheitsgarantie des Art. 5 Abs. 3 S. 1 GG.

Dabei zeigt sich, dass der materielle Kunstbegriff, wie er vom Bundesverfassungsgericht zugrunde gelegt wird, als inhaltlich normierender Wertbegriff Zweifel an seiner Verfassungskonformität aufkommen lässt. Maßstab kann vielmehr nur der offene Kunstbegriff sein, wie er von *F. Müller* entwickelt und von *Kummer* für das urheberrechtlich schützbare Werk konkretisiert wurde. Das Verhältnis von Kunst und Wirklichkeit ist hier so zu verstehen, dass Kunst eine Wirklichkeit *sui generis* (eine gedankliche Vorstellung an sich) ist, die nirgends anders als im Kunstwerk aufgefunden werden kann.

Subsumiert man performative Kunst unter diesen offenen Kunstbegriff, scheint performative Kunst vom offenen Kunstbegriff ebenfalls nicht erfasst zu sein. Zwar weist dieser den materiellen Kunstbegriff in seinem Wahrheitsanspruch kategorisch zurück. Aber auch wenn mit ihm der Rezipient zu demjenigen erklärt wird, der das »Werk« als ein ästhetisches Objekt erst konstituiert, gehört zu seinem Kerngehalt doch das materielle Werk, das sich selbst gleich bleibt. Aufführungen sind jedoch Ereignisse und keine Werke.

Da aber der Sachbereich der Kunstfreiheitsgarantie nicht durch das Recht erzeugt wird, stellt sich die Frage, ob Aufführungen in ihrer Struktur einem Werk gleichgestellt werden können. Dabei zeigt sich, dass der offene Kunstbegriff von derselben ästhetischen Erfahrung ausgeht, die man auch in Aufführungen nachweisen kann: Die Ästhetizität von Aufführungen, ihre Kunsthaftigkeit, ergibt sich aus einer ästhetischen Erfahrung, die als Schwellenerfahrung charakterisiert werden kann. Anhand dieses Normprogramms konnte daher der Normbereich des engagierten Kunstbegriffs ausgewählt werden, der nach dem Bundesverfassungsgericht von der Freiheitsgarantie nicht ausgenommen ist.

Ereignishafte Kunst und damit Aufführungen des Theaters und der Aktions- und Performancekunst sind also Kunst im Sinne des Art. 5 Abs. 3 S. 1 GG. Ihr fehlender urheberrechtlicher Werkschutz widerspricht damit nicht nur diesem verfassungsrechtlichen Wertmaßstab, sondern diese Schutzlücke ist auch anhand dieses Wertmaßstabes zu schließen – und zwar durch ein Urheberrecht des (Theater-)Regisseurs an seiner Inszenierung. Über die Inszenierung wird das Kunstereignis der Aufführung dem Regisseur zugerechnet. Die Inszenierung ist dabei keine Darstellungs-, sondern eine Erzeugungsstrategie, die immer auch Frei- und Spielräume für den Zufall offenlässt. Urheberrechtlich geschützt ist die vom Urheber festgelegte Situation, in die sich die ausübenden Künstler wie die Zuschauer hineinbegeben.

Dies hat zur Konsequenz, dass das Urheberrecht des Autors an seinem dramatischen Text bei der bühnenmäßigen Aufführung auf die Wiedergabe seiner Wortfolge beschränkt ist. Beim Rechtsschutz des ausübenden Künstlers gemäß § 73 UrhG ist auf das Merkmal der Werkakzessorietät im Sinne von Darstellung zu redefinieren. Anstelle einer Leistungshöhe steht ein Mechanismus, der zwischen dem schwachen Konzept von Präsenz, dem starken Konzept von Präsenz (Normalfall) und dem radikalen Konzept von Präsenz differenziert.

Abschließend ist zu resümieren: Weder der Begriff der Inszenierung noch der Begriff der ästhetischen Erfahrung liefern Kriterien, wonach Kunst und Nichtkunst voneinander abgegrenzt werden können. Als taugliches Kriterium erweist sich aber die Präsentationstheorie von *Kummer*, wonach der Künstler seine Gestaltung als Kunst präsentieren muss. Denn die Beantwortung der Frage, ob die ästhetische Funktion dominiert und der verbleibende Zweck dahinter zurücktritt, liegt nicht beim Künstler, sondern beim individuellen Betrachter, der der Gestaltung eine ästhetische Funktion zuschreibt, genauer: der Gesellschaft.

Auch wenn Aktions- und Performancekunst ständig daran arbeitet, diese Grenzen zwischen Kunst und Leben zum Kollabieren zu bringen, reflektieren sie hiermit zugleich die Möglichkeit der Kunst, die sie deshalb auch nicht annullieren können. Die Kunstfreiheit ist damit durch die Institution »Kunst«, die sich bis heute bewiesen hat, garantiert. Da die Autonomie der Kunst durch die Kunstfreiheit garantiert ist, kann sie auch nicht durch eine Ästhetik des Performativen aufgehoben werden, weshalb sie umgekehrt von der Institutsgarantie geschützt ist.

Eine Ästhetik des Performativen intendiert die künstlerische Überwindung starrer Grenzen, wie Kunst und Leben, Hochkultur und Popkultur. In der sich zurzeit vollziehenden Wende will sie die Grenzen aber nicht einreißen, sondern es ist der Übergang, der zur Kunst wird. Der Rechtsanwender muss daher besonders sorgsam die Realdaten aus dem Sachbereich gemäß dem Normprogramm herausschneiden, um anhand dieser normativen Realdaten den Normbereich zu analysieren. Daraus ergibt sich für den Rechtsanwender bei der Konkretisierung der Rechtsnorm die Notwendigkeit einer interdisziplinären Öffnung.

1 In der vorliegenden Arbeit wird für Personenbezeichnungen generell das generische Maskulinum verwendet – andere Geschlechter sind damit ausdrücklich inkludiert.

2 Tino Sehgal im Gespräch mit dem Philosophen Peter Sloterdijk, in: Hanno Rauterberg, Kunst im Futur II, in: DIE ZEIT v. 09.06.2005.

3 Amtl. Begr. zum Regierungsentwurf eines Gesetzes über Urheberrecht und verwandte Schutzrechte (Urheberrecht) vom 23.03.1962, BT-Drucks. IV/270 S. 37.

4 Loewenheim/Leistner in: Schricker/Loewenheim, § 2 Rn 2.

5 Zur Wiederholbarkeit und der Nutzungsmöglichkeit von Immaterialgütern siehe Schramm, Grundlagenforschung auf dem Gebiete des gewerblichen Rechtsschutzes und Urheberrechtes, 1954, S. 29 f.

6 Kolesch in: Metzler: »Situation«, S. 305 f.

7 Zum Begriff des Performativen, wie er hier und nachfolgend verwendet wird, siehe Fischer-Lichte, Ästhetik des Performativen, 2004, S. 32: »[S]ie sind selbstreferentiell, insofern sie das bedeuten, was sie tun, und sie sind wirklichkeitskonstituierend, indem sie die soziale Wirklichkeit herstellen, von der sie sprechen.« Vgl. insgesamt Fischer-Lichte, Ästhetik des Performativen, 2004, S. 31–42.

8 Siehe auch Fischer-Lichte, Ästhetik des Performativen, 2004, S. 32.

9 »The Kiss« ist eine Art lebendes Bild, bei dem sich zwei Tänzer langsam, aber unablässig durch den Raum bewegen. Dabei küssen und berühren sie sich nach einer Art Choreografie so lange, bis sie sich zum Nachstellen bekannter Liebesposen vereinigt haben, z. B. aus Kunstwerken von Auguste Rodin, Constantin Brancusi, Gustav Klimt, Jeff Koons und/oder La Cicciolina.

10 Zur Tino-Sehgal-Ausstellung im Martin-Gropius-Bau aus dem Jahr 2015 siehe auch Rieger, Die Kunst der Begegnung. In: Der Tagesspiegel v. 27.06.2015.

11 Hierzu Janhsen, Neue Kunst als Katalysator, 2012, S. 71 ff.

12 Siehe etwa oben Fußnote 2.

13 So Bianchi, Kunst als Erfindung des Lebens, 1997, S. 21; hierzu auch Schilling, Aktionskunst: Identität von Kunst und Leben. Eine Dokumentation, 1978, S. 55 ff. m. w. N.

14 Siehe hierzu K. Schmidt, UFITA 77 (1976), 1 ff., 10, 20 f.

15 Wellershoff, Merkur 7/1975, 627 f.

16 Bürger, Theorie der Avantgarde, 1974, S. 76–80.

17 Loewenheim/Leistner in: Schricker/Loewenheim, § 2 Rn 39–44 und Loewenheim/Pfeifer § 7 Rn 1a; Kummer in: FS Troller, 1976, S. 89 ff., 95; ders., Das urheberrechtlich schützbare Werk, 1968, S. 75; ähnlich Schmieder, UFITA 52 (1969), 107, 113; Rau, Antikunst und Urheberrecht, Überlegungen zum urheberrechtlichen Werkbegriff, 1974, S. 41 ff., 65; J. Hoffmann: Kunstfreiheit und Sacheigentum, NJW 1985, 237, 240; Samson, UFITA 56, (1970), 117 ff.; K. Schmidt, UFITA 77, 1976, S. 1, 25.

18 Zum Aufführungscharakter BGH GRUR 2014, S. 65, 71 – Beuys-Aktion.

19 Siehe hierzu Fischer-Lichte, Ästhetik des Performativen, 2004, S. 22.

20 Zu den *action paintings* von Jackson Pollock s. a. Schramm, Die schöpferische Leistung, 1984, S. 55 f.; A. Nordemann in: Fromm/Nordemann, 12. Auflage, 2018, § 2 Rn 25. Zu Fromm/Nordemann, 1966, § 2 Nr. 4.Weitere Beispiele bei Thomaschki, Das schwarze Quadrat – Zur urheberrechtlichen Schutzfähigkeit zeitgenössischer Kunst, 1995, S. 35.

21 Siehe hierzu LG Hamburg ZUM 1999, S. 658 f. – Eva & Adele, die den Anspruch haben, »Wherever we are is museum«; aA Raue, GRUR 2000, 951 ff.

22 KG GRUR 1997, 128 f. – Verhüllter Reichstag I; KG GRUR 1997, 129 f. – Verhüllter Reichstag II.

23 Dietz, FuR 1978, 90, 93 f.

24 Zu Lichtskulpturen allgemein siehe auch LG Hamburg GRUR 1989, 591, 592 – Neonrevier.

25 DIE ZEIT Nr. 42 vom 09.10.1992, S. 71; hierzu auch A. Nordemann/Vinck in: Fromm/Nordemann, 9. Aufl. 1998, § 2 Rn 1.

26 Hierzu F. Vischer, FS Kummer, 1980, 277.

27 Zum verhüllten Reichstag ausführlich Müller-Katzenburg, NJW 1997, 2379 ff. Zum laufenden Zaun: Dietz, FuR 1978, 90 f.; zur Beuys-Badewanne: Hamann, FuR 1976, 166 f. Siehe auch Dietz, FuR 1978, 90, 92, insb. Fußnote 8. Für die Honigpumpe von Beuys: Dietz, FuR 1978, 90 f.

28 Anthropometrien, wie der weltbekannte vitruvianische Mensch von Leonardo da Vinci, beschäftigen sich mit den Körpermaßen des Menschen.
29 Zuletzt A. Nordemann in: Fromm/Nordemann, 12. Aufl., 2018 § 2 Rn 25.
30 Siehe hierzu Kummer, Das urheberrechtlich schützbare Werk, 1968, S. 103 f.; ders. in: FS Troller, 1976, S. 95 ff.; ähnlich Schmieder, UFITA 52 (1969), 107, 113. Weitere Beispiele bei Rau, Antikunst und Urheberrecht, Überlegungen zum urheberrechtlichen Werkbegriff, 1974, S. 14.
31 Ein *Objet trouvé* (franz. für »gefundener Gegenstand«) ist ein Alltagsgegenstand, der als Kunst präsentiert wird. *Readymade* wird er genannt, wenn der Künstler am vorgefundenen Objekt eine Bearbeitung vorgenommen hat. Zum Flaschentrockner von Marcel Duchamp siehe auch Gropp, Es kann nur einen geben – oder?, in: FAZ v. 25.10.2016. Zur Veränderung vorgefundener Gegenstände in der rechtlichen Bewertung siehe K. Schmidt, UFITA 77 (1976), 1, 25.
32 Siehe hierzu die Ausdifferenzierung der Publikumsbeteiligung von Jacobs, GRUR 1985, 530, 531.
33 BGH GRUR 2014, S. 65 – Das Schweigen von Marcel Duchamp wird überbewertet.
34 BGH GRUR 1985, 529 – Happening.
35 Zu Nitschs »Lammzerreißungsaktionen« siehe Fischer-Lichte, Verwandlung als ästhetische Kategorie, 1998, S. 21, 25.
36 Zum Aufführungscharakter der bildenden Künste seit den 1960er Jahren im Ganzen siehe auch Fischer-Lichte, Ästhetik des Performativen, 2004, S. 9 ff.
37 Der Begriff der Performativen Wende stammt von Fischer-Lichte, siehe hierzu Fischer-Lichte, Ästhetik des Performativen, 2004, S. 24.
38 Zu Karlheinz Stockhausen siehe auch Fromm, GRUR 1964, 304.
39 Siehe hierzu auch Fischer-Lichte, Ästhetik des Performativen, 2004, S. 24, 215 f.
40 Siehe auch John Cage, in: Richard Kostelanetz, Cage im Gespräch, 1989, S. 63, zitiert nach Fischer-Lichte, Ästhetik des Performativen, 2004, S. 216.
41 Kontova, Flash Art, No. 258, Januar/Februar 2008.
42 Interview von Julia Decker und Holger Liebs mit Vezzoli, in: SZ-Magazin 46/2007, S. 38.
43 Interview von Julia Decker und Holger Liebs mit Vezzoli, in: SZ-Magazin 46/2007, S. 38.
44 Interview von Julia Decker und Holger Liebs mit Vezzoli, in: SZ-Magazin 46/2007, S. 38.
45 Interview von Julia Decker und Holger Liebs mit Vezzoli, in: SZ-Magazin 46/2007, S. 38.
46 Wichmann, Eine Nacht in New York, in: SZ-Magazin 46/2007, S. 3.
47 Fischer-Lichte, Ästhetische Erfahrung, 2001, S. 356.
48 Fischer-Lichte, Ästhetische Erfahrung, 2001, S. 353.
49 Fischer-Lichte, Ästhetik des Performativen, 2004, S. 29.
50 Eine theoretische Annährung an den geistes- und sozialwissenschaftlichen Arbeitsgegenstand der »performativen Wende« findet sich für die Rechtswissenschaft u. a. bei Müller-Mall, Performative Rechtserzeugung: eine theoretische Annäherung, 2012.
51 Amtl. Begr. zum Regierungsentwurf eines Gesetzes über Urheberrecht und verwandte Schutzrechte (Urheberrecht) vom 23.03.1962, BT-Drucks. IV/270, S. 27.
52 Amtl. Begr. zum Regierungsentwurf eines Gesetzes über Urheberrecht und verwandte Schutzrechte (Urheberrecht) vom 23.03.1962, BT-Drucks. IV/270, S. 37.
53 Zum Prüfungsmaßstab von § 2 Abs. 2 UrhG siehe auch BGH GRUR 1985, S. 529 – Happening.
54 Siehe hierzu nur Müller/Christensen, Juristische Methodik, Bd. 1, 11. Aufl. 2013, S. 185.
55 Zum Begriff der so verstandenen »Intensionstiefe« siehe Müller/Christensen, Juristische Methodik, Bd. 1, 11. Aufl. 2013, S. 199.
56 Siehe Kapitel B.I.
57 Siehe Kapitel D.III.1.
58 Den Begriff der Individualität hat in Deutschland vor allem Eugen Ulmer geprägt, der als dessen Beurteilungsmaßstab den Begriff der Gestaltungshöhe eingeführt hat, siehe Ulmer, GRUR Int. 1959, 1, 2.
59 Unter Verwendung des Begriffs »ästhetischer Überschuss« und in Abgrenzung zu Industrieerzeugnissen wohl zuerst RGZ 76, 339, 344. Zuletzt und in Abweichung zur bisherigen Rechtsprechung in Bezug auf den Bereich der angewandten Kunst BGHZ 199, 52 – Geburtstagszug (auch in GRUR 2014, 175).

60 Loewenheim/Leistner in: Schricker/Loewenheim, § 2 Rn 2; BGHZ 9, 262, 268 – Lied der Wildbahn I; BGH GRUR 1995, 673, 675 – Mauerbilder.

61 Loewenheim/Leistner in: Schricker/Loewenheim, § 2 Rn 45.

62 Zum »Problem des geistigen Seins« siehe Hartmann, Ästhetik, 1953, S. 152 ff.

63 Damit steht der Werkbegriff in enger Verbindung zum materiellen Kunstbegriff von Art. 5 Abs. 3 GG. Siehe zum materiellen Kunstbegriff BVerfGE 67, 213, 224 – Anachronistischer Zug.

64 Zum Begriff ausdrücklich bereits Kohler, Das Autorrecht, 1880, S. 98 ff. Auf S. 99 heißt es hierzu: »Wer eine Sache erarbeitet, hat sie mit der von ihm ausgelösten Kraft, mit einem Theile seines Wesens erfüllt, in ihr eine Stätte geschaffen, in welcher die von ihm erzeugte Kraftfülle ihre dauernde Unterkunft findet.« Schwankungen gibt es nur in der Terminologie, Loewenheim spricht in diesem Zusammenhang etwa vom Urheberschaftsprinzip, meint aber dasselbe, siehe Loewenheim/Pfeifer in: Schricker/Loewenheim, § 7 Rn 1.

65 So zuletzt Ahlberg in: Möhring/Nicolini, § 2 Rn 52.

66 OLG Hamburg GRUR-RR 2003, 33, 34 – Maschinenmenschen.

67 Loewenheim/Pfeifer in: Schricker/Loewenheim, § 7 Rn 2; OLG Koblenz UFITA 70 (1974) 331 (334) – Liebeshändel in Chioggia. Siehe hierzu auch Hartmann, Ästhetik, 1953, S. 82 ff., über »Das Gesetz der Objektivation«. Zu Hartmann siehe auch Kummer, Das urheberrechtlich schützbare Werk, 1968, S. 14.

68 Loewenheim/Leistner in: Schricker/Loewenheim, § 2 Rn 2; so auch Haberstumpf, in: FS GRUR, 1991, Rn 27.

69 Loewenheim/Pfeifer in: Schricker/Loewenheim, § 7 Rn 1.

70 Säcker in: MüKo-BGB, Einl Rn 98.

71 Die Formel, wonach der Rechtsanwender zu »denkendem Gehorsam« verpflichtet ist, geht auf Philipp Heck zurück: Heck, Begriffsbildung und Interessenjurisprudenz, 1932, S. 107, 150. Zu den »Wertungslücken« einer Dezision ders., AcP 112 (1914), 1, 230.

72 In der amtl. Begr. zum Regierungsentwurf eines Gesetzes über Urheberrecht und verwandte Schutzrechte (Urheberrecht) vom 23.03.1962, BT-Drucks. IV/270, S. 38, heißt es hierzu: »In Absatz 2 bringt der Entwurf zum Ausdruck, daß unter ›Werken‹ im Sinne des Gesetzes nur persönliche geistige Schöpfungen zu verstehen sind. In den geltenden Urheberrechtsgesetzen ist eine solche Definition nicht enthalten; sie bedeutet jedoch keine Änderung des geltenden Rechts, sondern entspricht dem, was zur Zeit schon in Rechtslehre und Rechtsprechung unter dem Begriff ›Werke‹ verstanden wird. Als ›persönliche geistige Schöpfungen‹ sind Erzeugnisse anzusehen, die durch ihren Inhalt oder durch ihre Form oder durch die Verbindung von Inhalt und Form etwas Neues und Eigentümliches darstellen. Dem Vorschlag, die geschützten Werke als ›Schöpfungen eigentümlicher Prägung‹ zu definieren, folgt der Entwurf nicht. Eine solche Begriffsbestimmung erscheint bedenklich, weil sie das Erfordernis der individuellen Form zu sehr betont und zu dem Schluß verführen könnte, daß im Gegensatz zum geltenden Recht Werke von geringem schöpferischen Wert, die sog. ›Kleine Münze‹, in Zukunft keinen Schutz mehr genießen sollen. Ein solche Änderung gegenüber dem geltenden Recht ist nicht beabsichtigt.«

73 Siehe hierzu auch Vogel in: Schricker/Loewenheim, Einl. UrhG Rn 108 ff.

74 Säcker in: MüKo-BGB, Einl Rn 106.

75 Säcker in: MüKo-BGB, Einl Rn 106.

76 Kummer, Das urheberrechtlich schützbare Werk, 1968, S. 2.

77 Zur Geschichte und den Quellen des Urheberrechts in Kunst und Gesellschaft siehe insb. Bappert, Wege zum Urheberrecht, 1962, S. 23, 93, 105 ff., 117.

78 Für den Begriff »Plagiat« tauchen Belege bereits im 1. Jahrhundert n. Chr. auf. In einer Inschrift wird er von dem Dichter Martial in der Bedeutung von »plagiarius« (»Menschenräuber«) verwendet. So vergleicht Martialis seine Gedichte mit freigelassenen Sklaven; wer sich ihrer bemächtige, ohne hierzu berechtigt zu sein, sei ein »Seelenverkäufer«. Siehe auch Ulmer, Urheber- und Verlagsrecht, 3. Aufl. 1980, S. 50; Rehbinder, ZUM 1987, 328 m. w. N.

79 Zur Herausarbeitung der Unterscheidung zwischen dem körperlichen Sachgut und dem unkörperlichen Immaterialgut siehe insb. Kohler, Das Autorrecht, 1880, S. 168 ff. Siehe auch Ulmer, Urheber- und Verlagsrecht, 3. Aufl. 1980, S. 11 m. w. N.

80 Zur Idee und Theorie des geistigen Eigentums siehe Vogel in: Schricker/Loewenheim, Einl Rn 120 m. w. N. Einzelheiten bei Bappert, Wege zum Urheberrecht, 1962, S. 254 ff.

81 Wurde dennoch der Urheber privilegiert, geschah dies deshalb, weil er selbst sein Buch verlegte.
82 Um so der Industrie einen Schutz gegen Raubdruck ihrer oft mit hohen verlegerischen Investitionen angestrebten Buchprojekte bewilligen zu wollen.
83 Einzelheiten bei Bappert, Wege zum Urheberrecht, 1962, S. 266 m. w. N.
84 Zur Überwindung des Zeitalters der Privilegien vgl. Kohler, Das Autorrecht, 1880, S. 65 ff.; Gieseke, Vom Privileg zum Urheberrecht, 1995, S. 157 ff.
85 Einzelheiten zum Privilegienwesen sind zu finden bei Vogel in: Schricker/Loewenheim, Einl Rn 110 ff. m. w. N. Siehe auch Bappert, Wege zum Urheberrecht, 1962, S. 178 ff.
86 Siehe auch Bappert, Wege zum Urheberrecht, 1962, S. 213 ff.; Gieseke, Vom Privileg zum Urheberrecht, 1995, S. 23 ff., insb. S. 23 f., 65 ff.
87 Pütter erwähnt hierzu Adrian Beier, zitiert bei Kohler, AcP 82 (1894), 141, 174. Zu Beier siehe auch Bappert, Wege zum Urheberrecht, 1962, S. 252.
88 Vogel in: Schricker/Loewenheim, Einl Rn 1120.
89 Pütter, Der Büchernachdruck nach ächten Grundsätzen des Rechts geprüft, Nachdruck der Ausgabe Göttingen 1774, 1981, S. 25 u. 27.
90 Zu Pütter und seinen Anhängern siehe Vogel in: Schricker/Loewenheim, Einl Rn 120 m. w. N.; Einzelheiten bei Bappert, Wege zum Urheberrecht, 1962, S. 254 ff.
91 Pütter, Der Büchernachdruck nach ächten Grundsätzen des Rechts geprüft, Nachdruck der Ausgabe Göttingen 1774, 1981, S. 25.
92 Zur engen Verflechtung zwischen dem Künstler als »Genie« und dem »geistigen Eigentum« führt Hauser, Sozialgeschichte der Kunst und Literatur, 1973, auf S. 349 aus: »Die Entwicklung des Geniebegriffs beginnt mit der Konzeption des geistigen Eigentums. Im Mittelalter fehlt sowohl diese Vorstellung als auch der Wille zur Originalität; die beiden hängen miteinander unmittelbar zusammen. Solange die Kunst nichts als die Darstellung der Idee Gottes und der Künstler nur das Medium ist, durch welches die ewige, übernatürliche Ordnung der Dinge sichtbar wird, kann weder von einer Autonomie der Kunst noch von dem Eigentum des Künstlers an seinem Werk gesprochen werden. [...] Der Wille zur Originalität wird zu einer Waffe im Konkurrenzkampf. [...] Solange die Chancen des Kunstmarkts für den Künstler im allgemeinen günstig bleiben, entwickelt sich der Wille zur Eigenart noch zu keiner Originalitätssucht – dies geschieht erst im Zeitalter des Manierismus, als die neuen Verhältnisse auf dem Kunstmarkt empfindliche Störungen mit sich bringen. Der Typus des ›Originalgenies‹ aber erscheint erst im 18. Jahrhundert, als die Künstlerschaft bei dem Übergang vom Mäzenatentum zum offenen, schutzlosen Markt um ihre materielle Existenz einen härteren Kampf zu führen hatte als je zuvor.«
93 Locke, Zwei Abhandlungen über die Regierung, Buch II (1967), Kap. 5, § 27 (S. 217).
94 Zu dieser rechtstheoretischen Fundierung des Urheberrechts siehe auch Loewenheim in: Schricker/Loewenheim, Einl Rn 8 ff. m. w. N. Im Common Law wird diese Rechtsansicht häufig mit »sweat of the brow« oder auch mit »skill and labour« beschrieben.
95 Zur Entwicklung der Idee des geistigen Eigentums in Deutschland siehe Kohler, AcP 82 (1894), 141, 166 ff.
96 Kohler, AcP 82 (1894), 141.
97 Kohler, AcP 82 (1894), 141, 194.
98 BGHZ 17, 266, 278 – Grundig-Reporter.
99 Ulmer, Urheber- und Verlagsrecht, 3. Aufl. 1980, S. 106.
100 Ulmer, Urheber- und Verlagsrecht, 3. Aufl. 1980, S. 106.
101 Ulmer, Urheber- und Verlagsrecht, 3. Aufl. 1980, S. 106.
102 Siehe hierzu auch Bappert, Wege zum Urheberrecht, 1962, S. 278.
103 Aus welcher der BGH den Begriff des geistigen Eigentums in der Entscheidung »Magnettonaufnahmen« wieder herausgeholt habe, siehe hierzu Rehbinder in: Rehbinder/Peukert, Urheberrecht, 17. Aufl. 2015, § 7 Rn 137.
104 Ulmer, Urheber- und Verlagsrecht, 3. Aufl. 1980, S. 106.
105 Kohler, AcP 82 (1894), 141, 173 ff., 184, 185.
106 Kohler meinte damit aber zunächst den gleichen Gegenstand, der bereits mit dem Begriff des geistigen Eigentums beschrieben war. Denn auch für ihn lag die Begründung des Urheberrechts »in der Arbeit, richtiger in der Güterschöpfung«, durch die der Urheber ein Geisteswerk erzeugt (Kohler, Das Autorrecht, 1880, S. 98).

107 Kohler, AcP 82, (1894), 141, 154.
108 Einzelheiten hierzu bei Bappert, Wege zum Urheberrecht, 1962, S. 271; Kohler, Das Urheberrecht an Schriftwerken und Verlagsrecht, 1907, S. 77.
109 Fichte, Berliner Monatsschrift, Bd. 21 (1793), 443 ff., 447. Zu Fichte siehe auch Kohler, AcP 82 (1894), 141, 183.
110 Fichte, Berliner Monatsschrift, Bd. 21 (1793), 443, 450.
111 Fichte, Berliner Monatsschrift, Bd. 21 (1793), 451.
112 Kohler, Das Urheberrecht an Schriftwerken und Verlagsrecht, 1907, S. 77.
113 Loewenheim/Leistner in: Schricker/Loewenheim, § 2 Rn 76 ff. m. w. N.
114 Bappert, Wege zum Urheberrecht, 1962, S. 271; Kohler, Das Urheberrecht an Schriftwerken und Verlagsrecht, 1907, S. 77.
115 Kohler, AcP 82, (1894), 141, 183.
116 Kohler, AcP 82, (1894), 141, 154.
117 Kohler, AcP 82, (1894), 141, 183 f.
118 Kohler, Das Autorrecht, 1880, S. 169. Siehe hierzu auch die Parallelität zu der st. Rspr. des BGH, wonach bei Sprachwerken grundsätzlich sowohl die Gedankenformung und Gedankenführung des dargestellten Inhalts als auch die besonders geistreiche Form und Art der Sammlung, Einteilung und Anordnung des dargebotenen Stoffes geschützt ist, etwa BGH GRUR 1987, 704, 705 – Warenzeichenlexika.
119 Schmid, Der Büchernachdruck, aus dem Gesichtspunkt des Rechts, der Moral und Politik, 1823, S. 78.
120 Krug, Kritische Bemerkungen über Schriftstellerei, Buchhandel und Nachdruck, 1823, S. 3.
121 Kohler, AcP 82 (1894), 141, 186.
122 Kohler, AcP 82 (1894), 141, 186.
123 Hegel, Grundlinien der Philosophie des Rechts oder Naturrecht und Staatswissenschaft im Grundrisse, 1833, §§ 68 ff.
124 Kohler, AcP 82, (1894), 141, 155.
125 Schopenhauer, Neue Parerga und Paralipomena, 1851, 7. Aufl. 1891, § 270.
126 Kohler, Das literarische und artistische Kunstwerk und sein Autorschutz, 1892, S. 83.
127 Kohler, Das literarische und artistische Kunstwerk und sein Autorschutz, 1892, S. 155.
128 Kohler, Das literarische und artistische Kunstwerk und sein Autorschutz, 1892, S. 155.
129 Kohler, AcP 82 (1894), 141, 157.
130 Kohler, Das Urheberrecht an Schriftwerken und Verlagsrecht, 1907, S. 151.
131 Kohler, Das Urheberrecht an Schriftwerken und Verlagsrecht, 1907, S. 151.
132 Kohler, Das Autorrecht, 1880, S. 167.
133 So ausdrücklich Kummer, Das urheberrechtlich schützbare Werk, 1968, S. 12.
134 Ulmer, Urheber- und Verlagsrecht, 2. Aufl. 1960, S. 106.
135 De Boor, Urheberrecht und Verlagsrecht, 1917, S. 83 ff.; Kummer, Das urheberrechtlich schützbare Werk, 1968, S. 12, resümiert de Boor dahingehend: »Was der Dichter auszudrucken versuche, sei nicht ein einzelner, noch so scharfer Gedankengang; es habe ihm vielmehr die Seele bewegt, und so wie er selbst bewegt gewesen sei, möchte er andere bewegen; es sei also die ganze Fülle eines gottbegnadeten Moments, die er zu übertragen habe. Eine vollkommene Mitteilung eines seelischen Inhalts sei zwar bei der Verschiedenheit der aufzunehmenden Gemüter niemandem möglich. Immerhin sei auch hier ein gewisser Grad der Mitteilung erreichbar, und auf ihm beruhe die Möglichkeit der Wortkunst.«
136 Kummer, Das urheberrechtlich schützbare Werk, 1968, S. 15 (siehe auch seine Ausführungen hier auf S. 8, 11). In deutlicher Kritik zur Schichtenlehre von Hartmann führt Kummer in diesem Zusammenhang (S. 16) aus: »Manet hat sein Knabenbild ›Der Pfeifer‹ beschriftet. Rote Hose und Pfeife sind ›Inhalt‹ und damit frei, denn jedermann darf einen Pfeifer malen, und zum Pfeifer gehört diese Ausrüstung. Hätte er dieses Bild aber mit ›Knabe‹ betitelt, dann ist Inhalt ein Knabe, nun aber in besonderer Form, nämlich mit roter Hose und Pfeife, die also flugs in die Form hinüberspringen. Und vollends verliert sich die Abgrenzung im dunkeln, wenn etwa die ›Aussage‹ eines Bildes als Inhalt bezeichnet, die ›Intensität der Darstellung‹, die ›Stimmung‹ einbezogen wird, was ja eben den eigentlichen ›Gehalt‹ des Bildes ausmacht. Wir sind sofort bei der inneren

Form und beim imaginären Bild, und Form und Inhalt vermischen sich hoffnungslos.« (Kummer, Das urheberrechtlich schützbare Werk, 1968, S. 16).

137 Hegel, Encyclopädie der philosophischen Wissenschaften im Grundrisse (3. Originalausgabe 1830), § 133, zitiert bei Kummer, Das urheberrechtlich schützbare Werk, 1968, S. 15.

138 Siehe hierzu Ulmer, Urheber- und Verlagsrecht, 3. Aufl. 1980, S. 120 m. w. N. Eine Zusammenfassung von Kohlers Überlegungen findet sich bei Bappert, Wege zum Urheberrecht, 1962, S. 292 ff., 294.

139 Siehe hierzu auch Kummer, Das urheberrechtlich schützbare Werk, 1968, S. 15.

140 So zuerst das Kammergericht in der Entscheidung »Alt-Heidelberg – Jung-Heidelberg«, GRUR 1926, 441. Für die Schutzunfähigkeit des Inhalts zuvor noch RGZ 63, 158 ff. – Durchlaucht Radieschen; RGZ 82, 16 ff. – Die lustige Witwe. Ähnlich auch Kohler, Das Urheberrecht an Schriftwerken und Verlagsrecht, 1907, S. 128 ff.; de Boor, Vom Wesen des Urheberrechts, 1933, S. 72 ff.

141 Amtl. Begr. zum Regierungsentwurf eines Gesetzes über Urheberrecht und verwandte Schutzrechte (Urheberrecht) vom 23.03.1962, BT-Drucks. IV/270, S. 38.

142 In BGH GRUR 1987, 704, 705 – Warenzeichenlexika, unterscheidet der BGH gleichwohl zwischen der inneren Form, also »der Gedankenformung und Gedankenführung des dargestellten Inhalts«, und der äußeren Formgestaltung, also der »besonders geistvollen Form und Art der Sammlung, Einteilung und Anordnung des dargebotenen Stoffes«, und verweist hierzu auf: BGH GRUR 1986, 739 – Anwaltsschriftsatz; BGH GRUR 1985, 1041 – Inkassoprogramm; BGH GRUR 1984, 659, 660 – Ausschreibungsunterlagen; BGH GRUR 1981, 520, 521 – Fragensammlung; BGH GRUR 1980, 227, 230 – Monumenta Germaniae Historica.

143 v. Gierke, Deutsches Privatrecht, Bd. 1, 1895, S. 756.

144 v. Gierke, Deutsches Privatrecht, Bd. 1, 1895, S. 756.

145 Kant, Von der Unrechtmäßigkeit des Büchernachdrucks, Berlinische Monatsschrift 5 (1785), 403 ff., Nachdruck mit Kommentar von Hubmann in UFITA 106 (1987), 137, 139. Kant unterscheidet dabei zwischen dem sachlichrechtlichen körperlichen Kunstprodukt Buch (*opus*) und dem Inhalt eines Buches. Der Inhalt sei, so Kant, eine öffentliche Rede an das Publikum (*opera*).

146 v. Gierke, Deutsches Privatrecht, Bd. 1, 1895, S. 764.

147 Siehe auch Kohler, AcP (1894), 141, 190.

148 Kant, Von der Unrechtmäßigkeit des Büchernachdrucks, Nachdruck: UFITA 106 (1987), 137 ff., 144, Fn 4.

149 Bluntschli, Deutsches Privatrecht, 1864, Sechstes Capitel: Vom Autorrecht, S. 110, 115.

150 Bluntschli, Deutsches Privatrecht, 1864, Sechstes Capitel: Vom Autorrecht, S. 110, 115.

151 Dieser personenrechtliche Kern strahlt nach v. Gierke auch auf das Urheberrecht als ein Vermögensrecht aus, weshalb der Urheber etwa auch über die öffentliche Wiedergabe entscheiden könne, Nachdruck von v. Gierke, Deutsches Privatrecht Bd. 1: Allgemeiner Teil und Personenrecht, Leipzig 1895 (3. Titel des 4. Kapitels mit der Überschrift »Persönlichkeitsrechte«), S. 748–849, UFITA 125 (1994), 103, 116. Siehe auch Ulmer, Urheber- und Verlagsrecht, 3. Aufl. 1980, S. 110.

152 Kohler, AcP 82 (1894), 141, 190.

153 Kohler, Das Urheberrecht an Schriftwerken und Verlagsrecht, 1907, S. 1.

154 Kohler, Das Urheberrecht an Schriftwerken und Verlagsrecht, 1907, S. 1.

155 Kohler bevorzugte in Bezug auf die Kategorie des Sprachwerkes als *lex spacialis* das »Autorrecht« anstelle des vom Gesetzgeber verwendeten Begriffs des Urheberrechts, konnte sich damit aber nicht durchsetzen (Kohler, Das Autorrecht, 1880, S. 1 ff.).

156 Der Begriff geht zurück auf Riezler, Deutsches Urheber- und Erfinderrecht, 1909, S. 19 ff., 20: »Auch das sog. Immaterialgüterrecht dient nicht ausschließlich dem Schutz geldwerter Interessen, sondern zugleich dem ideeller Interessen, und es ist insofern, falls man das Recht nach der Funktion des geschützten Rechtsgutes charakterisiert, zwar nicht unrichtig, aber auch nicht völlig erschöpfend, wenn das Immaterialgüterrecht einfach als Vermögensrecht bezeichnet wird.«

157 Kohler, AcP 82 (1894), 141, 190, 191.

158 Kohler, Das Urheberrecht an Schriftwerken und Verlagsrecht, 1907, S. 1.

159 v. Gierke, Deutsches Privatrecht, Bd. 1, 1895, S. 762, etwa in Bezug auf die beschränkte Zeitdauer des Urheberrechts.
160 v. Gierke, Deutsches Privatrecht, Bd. 1, 1895, S. 759.
161 v. Gierke, Deutsches Privatrecht, Bd. 1, 1895, S. 759.
162 v. Gierke, Deutsches Privatrecht, Bd. 1, 1895, S. 759.
163 Zum *droit moral* siehe Lucas-Schloetter, GRUR Int. 2002, 809 ff. (»Die Rechtsnatur des Droit Moral«) m. w. N.
164 Allfeld, Das Urheberrecht an Werken der Literatur und Tonkunst, 1902, S. 22.
165 Ulmer, Urheber- und Verlagsrecht, 2. Aufl. 1960, S. 101. Die Metapher des Baumes geht zurück auf Kohler (Das Urheberrecht an Schriftwerken und Verlagsrecht, 1907, S. 4).
166 Ulmer, Urheber- und Verlagsrecht, 3. Aufl. 1980, S. 122; Loewenheim in: Loewenheim, Hdb. des UrhR, § 7 Rn 1 f. m. w. N.
167 BGHZ 16, 4, 6 – Zwischenmeister; BGHZ 22 209, 214 – Europapost; BGHZ 24, 55, 64 – Ledigenheim; BGHZ 27, 351, 356 – Candida-Schrift. Zuletzt (und in Abweichung von seiner bisherigen Rechtsprechung in Bezug auf die Aufgabe der unterschiedlichen Anforderungen an die Gestaltungshöhe bei der angewandten und freien Kunst) BGHZ 199, 52 – Geburtstagszug.
168 Hubmann, Das Recht des schöpferischen Geistes, 1954, S. 25.
169 Hubmann, Das Recht des schöpferischen Geistes, 1954, S. 38 f. (in Abgrenzung von der Schöpfung als bloßer Leistung).
170 Schleiermacher, Hermeneutik und Kritik, 1977, S. 77.
171 Hubmann, Das Recht des schöpferischen Geistes, 1954, S. 34.
172 Schleiermacher, Hermeneutik und Kritik, 1977, S. 169.
173 Amtl. Begr. zum Regierungsentwurf eines Gesetzes über Urheberrecht und verwandte Schutzrechte (Urheberrecht) vom 23.03.1962, BT-Drucks. IV/270, S. 38.
174 Siehe statt vieler Loewenheim/Leistner in: Schricker/Loewenheim, § 2 Rn 32.
175 Dieser Einteilung folgt auch die Rechtsprechung, siehe hierzu etwa Erdmann in: FS v. Gamm, 1990, S. 389, 396 ff.
176 Loewenheim/Leistner in: Schricker/Loewenheim, § 2 Rn 38.
177 Loewenheim/Leistner in: Schricker/Loewenheim, § 2 Rn 45.
178 Loewenheim/Leistner in: Schricker/Loewenheim, § 2 Rn 47.
179 Loewenheim/Leistner in: Schricker/Loewenheim, § 2 Rn 50.
180 Das Zitat stammt von Fromm, GRUR 1964, 304 (»Der Apparat als geistiger Schöpfer«).
181 Fromm, GRUR 1964, 304 (»Der Apparat als geistiger Schöpfer«).
182 Siehe hierzu auch die amtl. Begr. zum Regierungsentwurf eines Gesetzes über Urheberrecht und verwandte Schutzrechte (Urheberrecht) vom 23.03.1962, BT-Drucks. IV/270, S. 37.
183 Siehe u. a. BGH GRUR 1985, 1041, 1046 – Inkasso-Programm. Siehe hierzu auch Loewenheim in: Loewenheim, Hdb. des UrhR, § 6 Rn 20.
184 Fromm, GRUR 1964, 304 (»Der Apparat als geistiger Schöpfer«).
185 Fromm, GRUR 1964, 304 (»Der Apparat als geistiger Schöpfer«).
186 Fromm, GRUR 1964, 304, 306.
187 Fromm, GRUR 1964, 304, 305.
188 Siehe Loewenheim/Leistner in: Schricker/Loewenheim, § 2 Rn 39, 41; A. Nordemann in: Fromm/Nordemann, 12. Aufl., 2018, § 2 Rn 21; Ahlberg in: Möhring/Nicolini, § 2 Rn 55; Erdmann in: FS v. Gamm, 1990, S. 389, 396.
189 Schramm, Die schöpferische Leistung, 1984, S. 56.
190 Loewenheim in: Loewenheim, Hdb. des UrhR, § 6 Rn 16.
191 Loewenheim/Leistner in: Schricker/Loewenheim, § 2 Rn 40; Schulze in: Dreier/Schulze, UrhG, 6. Aufl. 2018, § 2 Rn 8; A. Nordemann in: Fromm/Nordemann, 12. Aufl., 2018, § 2 Rn 21; Ahlberg in: Möhring/Nicolini, § 2 Rn 55; Ulmer, Urheber- und Verlagsrecht, 3. Aufl., 1980, S. 127 f.; Erdmann in: FS v. Gamm, 1990, S. 389, 396.
192 AA Kummer, Das urheberrechtlich schützbare Werk, 1968, S. 30 ff.
193 Loewenheim/Leistner in: Schricker/Loewenheim, § 2 Rn 37; Hubmann, Das Recht des schöpferischen Geistes, 1954, S. 80, v. Foerster, Das Urheberrecht des Theaterregisseurs, 1971, S. 15; BGH NJW 2003, 665 (668) – Staatsbibliothek.
194 Hubmann, Das Recht des schöpferischen Geistes, 1954, S. 82; Schulze in: Dreier/Schulze, UrhG, 5. Aufl. 2015, § 2 Rn 11.
195 Rehbinder/Peukert, Urheberrecht, 18. Aufl. 2018, S. 9.
196 Loewenheim, Hdb. des UrhR, § 6 Rn 14.

197 v. Foerster, Das Urheberrecht des Theaterregisseurs, 1971, S. 15.
198 Hartmann, Ästhetik, 1953, S. 13 f.; Schramm, Die schöpferische Leistung, 1984, S. 58.
199 Hartmann, Ästhetik, 1953, S. 13 f.; Schramm, Die schöpferische Leistung, 1984, S. 58; v. Foerster, Das Urheberrecht des Theaterregisseurs, 1971, S. 19.
200 Loewenheim/Leistner in: Schricker/Loewenheim, § 2 Rn 37.
201 Schulze in: Dreier/Schulze, UrhG, 6. Aufl. 2018, § 2 Rn 11; Hubmann, Das Recht des schöpferischen Geistes, 1954, S. 80, 82.
202 Unikatrahmen BGH GRUR 2002, 532, 534); v. Gamm, UrhG, 1968, § 2 Rn 8.
203 Loewenheim/Leistner in: Schricker/Loewenheim, § 2 Rn 45 m. w. N.
204 Schulze in: Dreier/Schulze, UrhG, 6. Aufl. 2018, § 2 Rn 12.
205 Schricker, GRUR Int. 2008, 200, 202.
206 Loewenheim in: Schricker/Loewenheim, Einl Rn 7 m. w. N.
207 Schulze in: Dreier/Schulze, UrhG, 6. Aufl. 2018, § 2 Rn 11.
208 BGH GRUR 1985, 1041, 1046 – Inkasso-Programm.
209 Loewenheim/Leistner in: Schricker/Loewenheim, § 2 Rn 47; Schulze in: Dreier/Schulze, UrhG, 6. Aufl. 2018, § 2 Rn 13. Siehe auch Hartmann, Ästhetik, 1953, S. 83; Hubmann, Das Recht des schöpferischen Geistes, 1954, S. 80.
210 Siehe Kapitel B.I.3.b).
211 Schulze in: Dreier/Schulze, UrhG, 6. Aufl. 2018, § 2 Rn 19.
212 Um Missverständnissen vorzubeugen: Die Vorstellung vom Werk als einem »imaginären Bild« (hierzu Kapitel B.I.3.b) ist von der Rechtswissenschaft überwiegend und »mit Recht« abgelehnt worden, insb. von Ulmer unter Berufung auf de Boor. Aber weil die herrschende Meinung gleichwohl davon ausgeht, dass sich im Werk die Urheberpersönlichkeit verobjektiviert, also der subjektive Geist selbst im Werk fixiert ist, kann sich der Rezipient sozusagen von innen in diese Form einfühlen – und auf diese Weise die subjektive Wirklichkeit des Urhebers erkennen. Siehe Kapitel B.I.3.e).
213 Hubmann, Das Recht des schöpferischen Geistes, 1954, S. 80; v. Foerster, Das Urheberrecht des Theaterregisseurs, 1971, S. 15.
214 Siehe hierzu die Auseinandersetzung zwischen Elster (GRUR 1930, 927 ff.) und Cahn-Speyer (GRUR 1930, 755, 766) weiter unten (Kapitel C.III.1.b).aa).(2).). Siehe auch v. Foerster S. 20 f.
215 Dieser Unterschied wurde zu Beginn des 20. Jahrhunderts insbesondere von Alexander Elster aufgestellt, siehe Elster, UFITA 3 (1930), 371 ff.
216 v. Foerster, Das Urheberrecht des Theaterregisseurs, 1971, S. 22.
217 Hubmann, Recht des schöpferischen Geistes, 1954, S. 39.
218 Siehe hierzu LG München GRUR Int. 1993, 82, 83 – Duo Gismonti-Vasconcelos.
219 Siehe auch v. Foerster, Das Urheberrecht des Theaterregisseurs, 1971, S. 24.
220 BGHZ 37, 1, 7 – AKI; BGH GRUR 1962, 531, 533 – Bad auf der Tenne II; KG GRUR 1984, 507, 508 – Happening; Loewenheim/Leistner in: Schricker/Loewenheim, § 2 Rn 47 m. w. N.
221 Hartmann, Ästhetik, 1953, S. 84.
222 Hubmann, Das Recht des schöpferischen Geistes, 1954, S. 80.
223 Loewenheim in: Schricker/Loewenheim, § 2 Rn 2. Siehe auch die amtl. Begr. zum Regierungsentwurf eines Gesetzes über Urheberrecht und verwandte Schutzrechte (Urheberrecht) vom 23.03.1962, BT-Drucks. IV/270, S. 37.
224 Hartmann, Ästhetik, 1953, S. 84.
225 Hartmann, Ästhetik, 1953, S. 84.
226 So ausdrücklich Hartmann, Ästhetik, 1953, S. 82 ff.: »Gesetz der Objektivation«.
227 In der amtl. Begr. zum Regierungsentwurf eines Gesetzes über Urheberrecht und verwandte Schutzrechte (Urheberrecht) vom 23.03.1962 heißt es hierzu: »Die Bestimmung umschreibt allgemein den Inhalt des Urheberrechts und bringt zum Ausdruck, dass das Urheberrecht sowohl dem Schutz der ideellen als auch der materiellen Interessen des Urhebers dient«, womit der Gesetzgeber implizit an die oben dargestellte monistische Theorie anknüpft, BT-Drucks. IV/270, S. 43.
228 Loewenheim/Leistner in: Schricker/Loewenheim, § 2 Rn 50.
229 BGH GRUR 1986, 739, 740 – Anwaltsschriftsatz; OLG München ZUM 1989, 588 (590) – Ein bißchen Frieden.
230 Zur Abgrenzung der Begriffe »eigenartig/andersartig« und »eigentümlich« zur Beschreibung der Wesenszüge der Schöpfung siehe Schramm, Die schöpferische Leistung, 1984, S. 99, 100.

231 Zu der Frage, ob sich hieraus tatsächlich keine Unterschiede ergeben, siehe die Ausführungen in Kapitel D.IV.
232 Siehe hierzu etwa BGHZ 9, 267 – Schwanenbilder; BGH UFITA 30 (1960), 193 – Gasparone; BGH GRUR 1981, 517, 519 – Rollhocker.
233 BGHZ 9, 262, 268 – Lied der Wildbahn I (= NJW 1953, 1258).
234 BGH GRUR 1995, 673, 675 – Mauerbilder.
235 BGH GRUR 1960, 199 – Tofifa (= UFITA 32 (1960), 195, 198); BGH UFITA 20 (1955, 358 – Lied der Wildbahn).
236 EuGH GRUR 2012, 385 Tz 37 ff. – Football Dataco/Yahoo; BGH GRUR 1991, 449, 451 – Betriebssystem; BGH GRUR 1987, 704, 705 – Warenzeichenlexika.
237 BGH GRUR 1985, 1041, 1047 – Inkasso-Programm; BGH GRUR 1981, 352, 353 – Staatsexamensarbeit.
238 BGH GRUR 1991, 529, 530 – Explosionszeichnung.
239 Loewenheim/Leistner in: Schricker/Loewenheim, § 2 Rn 50; Schulze in: Dreier/Schulze, UrhG, 6. Aufl. 2018, § 2 Rn 18 ff.; Erdmann in: FS v. Gamm, 1990, S. 389, 400.
240 So BGHZ 22, 209, 215 – Europapost (= BGH GRUR 1957, 291).
241 RGZ 115, 181; RGZ 124, 68; RGZ 155, 290; ebenso OLG Hamburg, 3. ZS, Entscheidung vom 27.01.1955 – Europapost.
242 So wohl zuerst RGZ 76, 339, 344 – Schulfraktur. Siehe auch etwa BGHZ 16, 4, 6 – Zwischenmeister (= BGH GRUR 1955, 445); BGHZ 22, 209, 215 – Europapost; BGHZ 24, 55, 62 – Ledigenheim (= BGH GRUR 1957, 391); BGHZ 27, 351, 356 – Candida (= GRUR 1958, 562); BGH GRUR 1981, 517, 519 – Rollhocker.
243 OLG Düsseldorf GRUR 1955, 417.
244 RGZ 139, 217.
245 Loewenheim/Leistner in: Schricker/Loewenheim, § 2 Rn 51; A. Nordemann in: Fromm/Nordemann, 12. Aufl., 2018, § 2 Rn 30; Bullinger in: Wandtke/Bullinger, 5. Aufl. 2019, § 2 Rn 23.
246 Loewenheim/Leistner in: Schricker/Loewenheim, § 2 Rn 52.
247 Siehe hierzu Cahn-Speyer, GRUR 1930, 755, 756.
248 Loewenheim/Leistner in: Schricker/Loewenheim, § 2 Rn 50 m. w. N.
249 Loewenheim in: Loewenheim, Hdb. des UrhR, § 6 Rn 23. So auch noch Ulmer, Urheber- und Verlagsrecht, 2. Aufl. 1960, S. 110.
250 Schack, Urheber- und Urheberverlagsrecht, 9. Aufl. 2019, § 1 Rn 7.
251 Schramm, Die schöpferische Leistung, 1984, S. 211.
252 Hubmann, Das Recht des schöpferischen Geistes, 1954, S. 81.
253 Ulmer, Urheber- und Verlagsrecht, 3. Aufl. 1980, S. 127.
254 Anders als noch in der Vorauflage, offenbar als Eingeständnis auf die Kritik Kummers, das Werk müsse ansonsten die wahre Geistestat eines Genies sein, siehe Kummer, Das urheberrechtlich schützbare Werk, 1968, S. 39.
255 Rehbinder/Peukert, Urheberrecht, 18. Aufl. 2018, S. 68.
256 BGHZ 44, 288, 293 – Apfelmadonna. Siehe auch KG GRUR-RR 2002, 313, 314 – Das Leben, dieser Augenblick; OLG Düsseldorf GRUR 1990, 189, 191 – Grünskulptur; OLG München GRUR 1990, 674, 675 – Forsthaus Falkenau; Erdmann, GRUR 1996, 550, 551. Siehe auch Loewenheim/Leistner in: Schricker/Loewenheim, § 2 Rn 73 m. w. N.
257 Kummer, Das urheberrechtlich schützbare Werk, 1968, S. 57.
258 Ulmer, Urheber- und Verlagsrecht, 3. Aufl. 1980, S. 131; Loewenheim in: Loewenheim, Hdb. des UrhR, § 7 Rn 5; Thomaschki, Das schwarze Quadrat – Zur urheberrechtlichen Schutzfähigkeit zeitgenössischer Kunst, 1995, S. 17.
259 BGH GRUR 1987, 704, 706 – Warenzeichenlexika; BGH GRUR 2003, 231, 233 – Staatsbibliothek; BGH GRUR 2003, 876, 878 – Sendeformat; Loewenheim/Leistner in: Schricker/Loewenheim, § 2 Rn 73 m. w. N. Siehe zum Ideenschutz Oechsler, GRUR 2009, 1101.
260 Loewenheim/Leistner in: Schricker/Loewenheim, § 2 Rn 73.
261 Siehe Ulmer, Urheber- und Verlagsrecht, 3. Aufl. 1980, S. 130; ebenso Loewenheim/Leistner in: Schricker/Loewenheim, § 2 Rn 71.
262 BGHZ 5, 1, 4 – Hummel I; BGH GRUR 1970, 250 f. – Hummel III; BGH GRUR 1988, 690/693 – Kristallfiguren; KG GRUR-RR 2003, 91, 92 – Memokartei; Schulze in: Dreier/Schulze, UrhG, 6. Aufl. 2018, § 2 Rn 45; A. Nordemann in: Fromm/Nordemann, 12. Aufl., 2018, § 2 Rn 233; Ahlberg in: Möhring/Nicolini, § 2 Rn 63; v. Gamm, UrhG, 1968, § 2 Rn 11; Ulmer, Urheber- und Verlagsrecht, 3. Aufl. 1980, S. 130; Erdmann in: FS v. Gamm, 1990, S. 389, 398; ders., GRUR 1996, 550, 551.

263 Zum Begriff siehe Schramm, Die schöpferische Leistung, 1984, S. 47 ff.
264 Siehe hierzu auch Loewenheim in: Loewenheim, Hdb. des UrhR, § 7 Rn 2 m. w. N.
265 Troller, Immaterialgüterrecht, Bd. 1, 2. Aufl. 1968, S. 150.
266 Troller, Immaterialgüterrecht, Bd. 1, 2. Aufl. 1968, S. 150.
267 A. Nordemann in: Fromm/Nordemann, 12. Aufl., 2018, § 2 Rn 2; Schricker, GRUR 1996, 815, 816; ders., in: Schricker, Urheberrecht auf dem Weg zur Informationsgesellschaft, 1997, S. 26.
268 OLG Hamburg GRUR-RR 2001, 289, 290 – Faxkarte.
269 Loewenheim/Leistner in: Schricker/Loewenheim, § 2 Rn 72; Schricker, GRUR Int. 2008, 200; ders., in: Schricker, Urheberrecht auf dem Weg zur Informationsgesellschaft, 1997, S. 26 f.; Schulze in: Dreier/Schulze, UrhG, 6. Aufl. 2018, § 2 Rn 100, 101, 102, 103, 104. AA Henkenborg S. 206 ff.; bedenklich: OLG Düsseldorf GRUR 1990, 263, 264 – Automatenspielplan, das den Gedankeninhalt des Spiel- und Gewinnplans eines Spielautomaten für schutzfähig hält.
270 Siehe auch BGH GRUR 1962, 51, 52 – Zahlenlotto; OLG München ZUM 1995, 48/49; LG Mannheim NJOZ 2008, 3551, 3553 ff.
271 Loewenheim/Leistner in: Schricker/Loewenheim, § 2 Rn 80.
272 So schon Fichte, Berliner Monatsschrift, Bd. 21 (1793), 443 ff.
273 Ulmer, Urheber- und Verlagsrecht, 3. Aufl. 1980, S. 119.
274 Ulmer, Urheber- und Verlagsrecht, 3. Aufl. 1980, S. 119.
275 Hubmann, Das Recht des schöpferischen Geistes, 1954, S. 23 Zum Phänomen des objektiven Geistes siehe vor allem Hartmann, Ästhetik, 1953, S. 175 ff.
276 Im Anschluss an die Philosophie von Hegel, siehe hierzu seine Vorlesungen zur Philosophie der Geschichte, Ausgabe von Lasson, 1917.
277 Siehe OLG München GRUR 1956, 432, 434 – Solange Du da bist.
278 Die Terminologie geht auf Elster zurück (GRUR 1921, 41, 42): »Kleinmünze«.
279 Loewenheim in: Loewenheim, Hdb. des UrhR, § 6 Rn 22 m. w. N.
280 So ausdrücklich Ulmer, Urheber- und Verlagsrecht, 3. Aufl. 1980, S. 133.
281 BGH GRUR 1985, 529.
282 LG Hamburg ZUM 1999, 658.
283 BGH GRUR 2014, 65.
284 BGH GRUR 2014, 65.
285 LG Berlin vom 12. Mai 1981 – Az. 16 O 576/80.
286 LG Berlin vom 12. Mai 1981 – Az. 16 O 576/80.
287 LG Berlin vom 12. Mai 1981 – Az. 16 O 576/80.
288 KG Berlin GRUR, 1984, 507.
289 KG Berlin GRUR, 1984, 507, 508.
290 KG Berlin GRUR, 1984, 507, 508.
291 KG Berlin GRUR, 1984, 507, 508.
292 KG Berlin GRUR, 1984, 507, 508.
293 KG Berlin GRUR, 1984, 507, 508.
294 KG Berlin GRUR, 1984, 507, 508.
295 BGH GRUR 1985, S. 529 – Happening.
296 BGH GRUR 1985, S. 529 – Happening.
297 BGH GRUR 1985, S. 529 – Happening.
298 BGH GRUR 1985, S. 529 – Happening.
299 BGH GRUR 1985, S. 529 – Happening.
300 BGH GRUR 1985, S. 529 – Happening.
301 Siehe Kapitel B.I.4.
302 So ausdrücklich das LG Berlin v. 12. Mai 1981 – Az. 16 O 576/80 – Happening.
303 KG Berlin GRUR 1984, 508.
304 KG Berlin GRUR 1984, 508.
305 KG Berlin GRUR 1984, 507.
306 BGH GRUR 1985, 529 – Happening.
307 Die Postanweisung war bis zum April 2002 ein von der Deutschen Post angebotener Weg, den bei einer Postanstalt in bar eingezahlten Geldbetrag an den Empfänger anzuweisen.
308 KG Berlin GRUR 1984, 507, 508.
309 Zur Mitteltafel des Triptichons »Der Heuwagen« siehe auch https://de.wikipedia.org/wiki/ Der_Heuwagen, abgerufen am 22.12.2021; siehe auch Abb. 9.
310 LG Berlin v. 12. Mai 1981 – Az. 16 O 576/80 – Happening. Siehe auch Kapitel F.III.2.

311 LG Berlin v. 12. Mai 1981 – Az. 16 O 576/80 – Happening. Siehe auch Kapitel F.III.2.
312 LG Berlin v. 12. Mai 1981 – Az. 16 O 576/80 – Happening. Siehe auch Kapitel F.III.2.
313 LG Berlin v. 12. Mai 1981 – Az. 16 O 576/80 – Happening. Siehe auch Kapitel F.III.2.
314 KG Berlin GRUR 1984, 507, 508.
315 Zur vom Inhalt losgelösten Anweisung zur Formgestaltung siehe BGH GRUR 2003, 876 – Sendeformat; BGHZ 18, 175/177 – Werbeidee; RGZ 116, 292, 298 – Adreßbuch; v. Gamm, UrhG, 1968, § 2 Rn 10 m. w. N. zur älteren Rechtsprechung; Hertin, GRUR 1997, 799, 804.
316 KG Berlin GRUR 1984, 507, 508.
317 KG Berlin GRUR 1984, 507, 508.
318 AG Hamburg, Urteil vom 18.08.1998 – Az. 36a C 845/98 (= ZUM 98, 1047–1049); LG Hamburg, Urteil vom 07.04.1999 – Az. 308 S 4/98 (= ZUM 99, 658); Raue, GRUR 2000, 951.
319 Siehe Kapitel B.I.4.
320 Online unter: www.evaadele.com (abgerufen am 22.12.2021).
321 Raue, GRUR 2000, 951.
322 Robert Fleck, Eva & Adele, www.evaadele.com/texts/fleckdeutsch.html (abgerufen am 22.12.2021).
323 Raue, GRUR 2000, 951.
324 Raue, GRUR 2000, 951.
325 Eva und Adele im Gespräch mit Andre Sokolowski vom 11. August 2014, www.evaadele.com/texts/sokolowski.html (abgerufen am 22.12.2021).
326 Online unter: www.evaadele.com (abgerufen am 22.12.2021).
327 Raue, GRUR 2000, 951.
328 Mit Urteil vom 18. August 1998 – Az. 36a C 845/98 (= ZUM 1998, 1047) – Eva & Adele.
329 Mit Urteil vom 7. April 1999 – Az. 308 S 4/98 (= ZUM 1999, S. 658) – Eva & Adele.
330 BGH GRUR 1952, 516 – Hummelfiguren m. w. N.
331 AG Hamburg ZUM 1998, 1047, 1048.
332 AG Hamburg ZUM 1998, 1047, 1048. So auch der Leitsatz der Entscheidung.
333 AG Hamburg ZUM 1998, 1047, 1048.
334 AG Hamburg ZUM 1998, 1047, 1048.
335 AG Hamburg ZUM 1998, 1047, 1048.
336 AG Hamburg ZUM 1998, 1047, 1048 (Hervorhebung durch Verf.).
337 AG Hamburg ZUM 1998, 1047, 1048.
338 AG Hamburg ZUM 1998, 1047, 1048.
339 AG Hamburg ZUM 1998, 1047, 1048.
340 LG Hamburg ZUM 1999, 658.
341 LG Hamburg ZUM 1999, 658.
342 LG Hamburg ZUM 1999, 658.
343 LG Hamburg ZUM 1999, 658.
344 Unter Verweis auf K. Schmidt, UFITA 77 (1976), 1 ff., 20 f.
345 Etwa Tattoos, LG Hamburg ZUM 1999, 658, 659.
346 LG Hamburg ZUM 1999, 658, 659.
347 LG Hamburg ZUM 1999, 658, 659.
348 LG Hamburg ZUM 1999, 658.
349 Hierzu zitiert das LG Hamburg Vinck in: Fromm/Nordemann, 9. Aufl. 1998, § 2 Rn 6.
350 Raue, GRUR 2000, 951.
351 Raue, GRUR 2000, 951, 953.
352 Raue, GRUR 2000, 951, 953.
353 Raue, GRUR 2000, 951, 953.
354 Raue, GRUR 2000, 951, 953.
355 Raue, GRUR 2000, 951, 953.
356 Raue, GRUR 2000, 951, 952.
357 Raue, GRUR 2000, 951, 952.
358 Brandl-Risi in: Metzler: »*Tableau vivant*«, S. 325.
359 Raue, GRUR 2000, 951, 953.
360 Raue, GRUR 2000, 951, 953.
361 Raue, GRUR 2000, 951, 953 f.

362 Raue, GRUR 2000, 951, 952.
363 Kampmann, House of Futuring – Arbeit am Identitätsgehäuse, www.evaadele.com/texts/kampmanndeutsch.html (abgerufen am 22.12.2021) (Hervorhebung durch Verf.).
364 Fischer-Lichte, Ästhetik des Performativen, 2004, S. 31 f. (Hervorhebung durch Verf.).
365 Fischer-Lichte, Ästhetik des Performativen, 2004, S. 37.
366 BGH GRUR 2014, 65 – Beuys-Aktion.
367 Der Name »Fluxus« leitet sich vom lateinischen *flux/fluere* ab und bedeutet so viel wie »fließen, vergänglich sein«.
368 Schneede, Joseph Beuys, Die Aktionen, Kommentiertes Werkverzeichnis, 1994, S. 80 f. m. w. N.
369 Urteil des LG Düsseldorf GRUR-RR 2011, 203 (= ZUM 2011, 77); Verfügungsverfahren: LG Düsseldorf, Urteil vom 15. Juni 2009 – Az. 12 O 191/09 (juris).
370 OLG Düsseldorf GRUR 2012, 173 (= ZUM 2012, 692).
371 LG Düsseldorf, Urteil vom 15. Juni 2009 – Az. 12 O 191/09 (juris).
372 LG Düsseldorf, Urteil vom 15. Juni 2009 – Az. 12 O 191/09, Rn 31.
373 LG Düsseldorf, Urteil vom 15. Juni 2009 – Az. 12 O 191/09, Rn 32.
374 LG Düsseldorf, Urteil vom 15. Juni 2009 – Az. 12 O 191/09, Rn 33.
375 LG Düsseldorf, Urteil vom 15. Juni 2009 – Az. 12 O 191/09, Rn 33.
376 LG Düsseldorf, Urteil vom 15. Juni 2009 – Az. 12 O 191/09, Rn 33.
377 LG Düsseldorf, Urteil vom 15. Juni 2009 – Az. 12 O 191/09, Rn 34.
378 LG Düsseldorf, Urteil vom 15. Juni 2009 – Az. 12 O 191/09, Rn 34.
379 Schneede, Joseph Beuys, Die Aktionen, Kommentiertes Werkverzeichnis, 1994, S. 18. In Bezug auf die Verletzungshandlung liege zwar keine Vervielfältigung i. S. v. § 16 UrhG vor, da die Fotografien lediglich Augenblicke der Aktion wiedergeben. Allerdings geht das Landgericht wegen der fehlenden Zustimmung von einer Rechtsverletzung im Sinne von § 23 UrhG aus. Demgegenüber lägen die Voraussetzungen des § 24 UrhG nicht vor, da die Fotoserie »die tragenden Elemente«, nämlich die »Fettecke« und »die schriftliche Aussage«, wiedergebe.
380 Urteil des LG Düsseldorf vom 29.11.2010 – Az. 12 O 255/09, ZUM 2011, S. 77.
381 BGH ZUM 2011, 78.
382 OLG Düsseldorf GRUR 2012, 173.
383 OLG Düsseldorf GRUR 2012, 173, 174, unter Verweis auf OLG Düsseldorf GRUR-RR 2005, S. 1.
384 OLG Düsseldorf GRUR 2012, 173, 174, unter Verweis auf OLG Düsseldorf GRUR-RR 2005, S. 1.
385 OLG Düsseldorf GRUR 2012, 173, 175. Weiter heißt es: »Aktionskunst geschieht vor einem Publikum, das nicht unmittelbar an dem Geschehen beteiligt wird. Die Aktionskunst [...] kam erstmalig im Dadaismus auf und wurde seit 1958 durch Allan Kaprow und Wolf Vostell zum Happening umgebildet [...].« In Bezug auf die tatsächliche Beteiligung des Publikums bei einem Happening siehe aber die Besprechung der »Happening«-Entscheidung des BGH in Kapitel B.II.1.c).bb).
386 Schneede, Joseph Beuys, Die Aktionen, Kommentiertes Werkverzeichnis, 1994, zitiert von OLG Düsseldorf GRUR 2012, 173, 175.
387 Heft 22 (2009) der Schriften des Museums Schloss Moyland, zitiert von OLG Düsseldorf GRUR 2012, 173, 175.
388 OLG Düsseldorf GRUR 2012, 173, 175.
389 OLG Düsseldorf GRUR 2012, 173, 175.
390 OLG Düsseldorf GRUR 2012, 173, 175.
391 OLG Düsseldorf GRUR 2012, 173, 175.
392 OLG Düsseldorf GRUR 2012, 173, 175.
393 OLG Düsseldorf GRUR 2012, 173, 175.
394 OLG Düsseldorf GRUR 2012, 173, 175.
395 BGH GRUR 2014, 65 – Beuys-Aktion.
396 BGH GRUR 2014, 65, 70, 71 – Beuys-Aktion.
397 Siehe Kapitel B.II.3.b).bb).(2).
398 Siehe Kapitel B.I.4.
399 OLG Düsseldorf GRUR 2012, 173, 175.
400 In einer anderen Aktion forderte er die Zuschauer vor dem Fernseher auf, ihrerseits Aktionen durchzuführen.
401 OLG Düsseldorf GRUR 2012, 173, 175.

402 Siehe hierzu Kreuder, in: Metzler: »Gesamtkunstwerk«, S. 127.
403 Wagner, Gesammelte Schriften und Dichtungen, 1887/88, Bd. III, S. 60.
404 Wagner, Gesammelte Schriften und Dichtungen, 1887/88, Bd. IV, S. 78 f.
405 Wagner, Gesammelte Schriften und Dichtungen, 1887/88, Bd. IV, S. 192.
406 Wagner, Gesammelte Schriften und Dichtungen, 1887/88, Bd. II, S. 248.
407 Wagner, Gesammelte Schriften und Dichtungen, 1887/88, Bd. IV, S. 186.
408 OLG Düsseldorf GRUR 2012, 173, 1753. Hervorhebung durch Verf.
409 Siehe Kapitel B.I.4.d).
410 BGH GRUR 1962, 531 – Bad auf der Tenne II; Ulmer, Urheber- und Verlagsrecht, 2. Aufl. 1960, S. 114.
411 BGH ZUM 2003, 771 – Sendeformat.
412 BGH-GRUR 2014, 70.
413 BGH-GRUR 2014, 70.
414 Hierzu Schlatter-Krüger, GRUR Int. 1985, 299, 307.
415 OLG Düsseldorf GRUR 2012, 173, 175 – Beuys-Aktion.
416 Es ist keinesfalls ausgeschlossen, dass *Vostell* in der Aktion »Weißer als weiß«, in der er eine auf einem Bett liegende Schaufensterpuppe nebst Fernseher mit Waschmittel berieselte, zeitgleich seine eigene Live-Sendung ausstrahlte, was nachdrücklich auf ein Feedback zwischen Zuschauen und Handeln – und damit auf den Ereignischarakter seiner Aktion – hinweisen würde.
417 In dem Happening mit dem Titel »TV-Dé-coll/age für Millionen« hielt *Vostell* die Zuschauer an, unterschiedlichste Anweisungen auszuführen, um sie so zum Mitmachen anzuregen, damit auch hier der Rollenwechsel gelang und die Zuschauer aktiver Teil des Ereignisses wurden, siehe hierzu: www.kulturstiftung.de/mediale-wanderungen (abgerufen am 22.12.2021).
418 Der Begriff »soziale Plastik«, wie er von *Beuys* verwendet wird, beschreibt eine soziale Skulptur, um hieran die gesellschaftsverändernde Funktion seines erweiterten Kunstbegriffs zu erläutern.
419 Krawall in Aachen – Interview mit Joseph Beuys, in: Kunst 4, Oktober/November 1964, S. 96.
420 Siehe hierzu Kummer, Das urheberrechtlich schützbare Werk, 1968, S. 101.
421 Siehe hierzu Schumann, ZZP 81 (1968), 79 ff.; zur allgemeinen Akzeptanz der Rechtsfortbildung statt Vieler: Wiedemann, NJW (2014), 2407, 2411 m. w. N.; zur grundsätzlichen Zulässigkeit: Fischer, Die Weiterentwicklung des Rechts durch die Rechtsprechung, 1971, S. 7 ff.; Ipsen, Richterrecht und Verfassung, 1975, S. 21 ff.
422 BVerfGE 49, 304, 318 – Sachverständigenhaftung; BVerfGE 82, 6, 12 – Nichtehelicher Lebenspartner; BVerfGE 96, 375, 394 – Kind als Schaden; BVerfGE 122, 248, 267 – Rügeverkümmerung; erstmals ausdrücklich, dass die Kompetenz zur Rechtsfortbildung vom BVerfG schon immer anerkannt wurde: BVerfG, Beschl. v. 14.02.1973 – 1 BvR 112/65 – Soraya, BVerfGE 34, 269, 288.
423 BVerfGE 18, 97, 111 – Zusammenveranlagung; BVerfGE 35, 263, 280 – Behördliches Beschwerderecht (st. Rspr.).
424 Lilia, Urheberrechte an der Regie, 1914, siehe hierzu Kapitel G II.
425 BGBl. 1870, 339 (des Norddeutschen Bundes).
426 Klaar, »Bühne und Drama. Zum Programm der deutschen dramatischen Gesellschaft von Prof. Max Herrmann«, in: Vossische Zeitung v. 18.07.1918.
427 Kohler, GRUR 1909, 230, 232.
428 Zur Einführung in die Geschichte des Faches vgl. Fischer-Lichte, Theaterwissenschaft, 2010, S. 13 ff.
429 Fischer-Lichte, Ästhetik des Performativen, 2004, S. 42 ff.
430 Herrmann, Forschungen zur deutschen Theatergeschichte des Mittelalters und der Renaissance 1914, Teil II, S. 118. Siehe hierzu auch Fischer-Lichte, Ästhetik des Performativen, 2004, S. 43.
431 Herrmann, »Das theatralische Raumerlebnis«, in: Bericht vom 4. Kongress für Ästhetik und allgemeinen Kunstwissenschaft, Berlin, 1930, S. 152 f.
432 Herrmann, »Das theatralische Raumerlebnis«, in: Bericht vom 4. Kongress für Ästhetik und allgemeinen Kunstwissenschaft, Berlin, 1930, S. 152 f.
433 Herrmann, »Das theatralische Raumerlebnis«, in: Bericht vom 4. Kongress für Ästhetik und allgemeinen Kunstwissenschaft, Berlin, 1930, S. 152 f.
434 Fischer-Lichte, Paragrana, Band 10, Heft 1/2001, Theorien des Performativen, Vorwort.

435 Herrmann, »Das theatralische Raumerlebnis«, in: Bericht vom 4. Kongress für Ästhetik und allgemeinen Kunstwissenschaft, Berlin, 1930, S. 153.

436 Herrmann, »Das theatralische Raumerlebnis«, in: Bericht vom 4. Kongress für Ästhetik und allgemeinen Kunstwissenschaft, Berlin, 1930, S. 153 (Hervorhebung durch Verf.). Fischer-Lichte sieht in der Theorie der »Spiegelneuronen«, die beim Betrachten eines Vorgangs das gleiche Aktivitätsmuster zeigen sollen wie bei dessen eigener Ausführung, eine Unterstützung der These Herrmanns, siehe Fischer-Lichte, Ästhetik des Performativen, 2004, S. 54 in Fn 43 m. w. N.

437 Koch, Das Urheberrecht des Bühnenregisseurs, 1927, S. 19, gibt subsidiär auch noch den »Mund« an.

438 Herrmann, »Über die Aufgaben eines theaterwissenschaftlichen Instituts«, Vortrag vom 27.06.1920, in: Helmar Klier (Hrsg.), Theaterwissenschaft im deutschsprachigen Raum, 1981, S. 19.

439 Herrmann, »Über die Aufgaben eines theaterwissenschaftlichen Instituts«, Vortrag vom 27.06.1920, in: Helmar Klier (Hrsg.), Theaterwissenschaft im deutschsprachigen Raum, 1981, S. 19.

440 Fischer-Lichte, Ästhetik des Performativen, 2004, S. 53.

441 Herrmann, »Über die Aufgaben eines theaterwissenschaftlichen Instituts«, Vortrag vom 27.06.1920, in: Helmar Klier (Hrsg.), Theaterwissenschaft im deutschsprachigen Raum, 1981, S. 19, zitiert nach Fischer-Lichte, Ästhetik des Performativen, 2004, S. 46.

442 Bericht abgedruckt in Szene 15, 6–8, (Deutscher Amateurtheaterverband: Szene: Zeitschrift des Deutschen Amateurtheaterverbandes e. V. – Leipzig).

443 Bericht abgedruckt in Szene 15, 6–8, (Deutscher Amateurtheaterverband: Szene: Zeitschrift des Deutschen Amateurtheaterverbandes e. V. – Leipzig).

444 Herrmann, Bühne und Drama. – Antwort an Professor Dr. Klaar, in: Vossische Zeitung vom 30.07.1918.

445 Bericht abgedruckt in Szene 15, 6–8, (Deutscher Amateurtheaterverband: Szene: Zeitschrift des Deutschen Amateurtheaterverbandes e. V. – Leipzig).

446 Zum Individualitätsbegriff des Schöpfungsprinzips siehe Kapitel B.I.5.

447 BGH GRUR 2008, 1081 – Musical Starlights; BGHZ 142, 388, 397 – Musical-Gala (= GRUR 2000, 228); BGH GRUR 1960, 604, 605 – Eisrevue I; BGH GRUR 1960, 606, 608 – Eisrevue II.

448 Zur Explikation des Aufführungsbegriffs siehe Fischer-Lichte, in: Metzler: »Aufführung«, S. 17.

449 Zur Körperlichkeit der Aufführung siehe auch Fischer-Lichte, Theaterwissenschaft, 2010, S. 36; dies., Semiotik des Theaters, Bd. 1, 5. Aufl. 2007, S. 15. Zum Begriff der Materialität siehe Schouten in: Metzler: »Materialität«, S. 194.

450 Flüchtig, vergänglich und ephem meinen hier dasselbe, was Lessing transitorisch nennt.

451 BGHZ 33, 4.

452 Siehe hierzu Kapitel C.III und E.II.

453 Hierzu Hoeren in: Loewenheim, Hdb. des UrhR, § 21 Rn 47 ff. m. w. N.

454 Fischer-Lichte, Semiotik des Theaters, Bd. 1, 5. Aufl. 2007, S. 15. Siehe zum rechtlichen Begriff der Darbietung Grünberger in: Schricker/Loewenheim, § 73 Rn 12 ff.

455 Siehe hierzu Kapitel C.IV und E.III.

456 Zum rechtlichen Merkmal »gemeinsam« siehe Hoeren in: Loewenheim, Hdb. des UrhR, § 21 Rn 13 m. w. N.

457 Zum rechtlichen Merkmal »gleichzeitig« siehe v. Ungern-Sternberg in: Schricker/Loewenheim, § 19 Rn 25.

458 Ohne Zuschauer mag das darstellende Spiel i. S. v. § 19 Abs. 2 UrhG zwar wahrnehmbar sein. Doch läuft eine bühnenmäßige Aufführung, auch als bloße unkörperliche Form der Verwertung im Sinne des § 19 Abs. 2 UrhG, ins Leere, weil das Werk tatsächlich keine Nutzung erfährt. Eine bühnenmäßige Aufführung ohne Zuschauer ist daher keine bühnenmäßige Aufführung im Sinne des § 19 Abs. 2 UrhG. AA v. Ungern-Sternberg in: Schricker/Loewenheim, § 19 Rn 39, obgleich er zugibt, dass dem Urheber nur die öffentliche bühnenmäßige Aufführung als Verwertungshandlung zugerechnet wird. Eine bühnenmäßige Aufführung realisiert sich daher immer an mindestens einem Zuschauer, der in dieser Eigenschaft eine Mehrzahl von Mitgliedern der Öffentlichkeit repräsentiert (§ 15 Abs. 3 S. 3 UrhG); aA AG Nürnberg NJW-RR 1996, 683, wonach erst zwei Personen genügen; offengelassen von BGH GRUR 1996, 875, 876 –

Zweibettzimmer im Krankenhaus. Siehe auch Hoeren in: Loewenheim, Hdb. des UrhR, § 21 Rn 11.

459 Zur leiblichen Ko-Präsenz von Akteuren und Zuschauern eingehend Fischer-Lichte, Ästhetik des Performativen, 2004, S. 58–126.

460 Siehe hierzu Kapitel C.II und E.I.

461 Die spezifischen Tatbestände der unkörperlichen Verwertung mussten daher auch zu Problemen führen, insb. der Begriff der Öffentlichkeit ist umstritten. Zum Ganzen siehe Hoeren in: Loewenheim, Hdb. des UrhR, § 21 Rn 10 ff. m. w. N.

462 Ohne allerdings den Schlussfolgerungen von Fischer-Lichte zu folgen, siehe hierzu Kapitel E.III.2.

463 Körner, Der Text und seine bühnenmäßige Aufführung: Eine urheberrechtliche und theaterwissenschaftliche Untersuchung über die Inszenierung, 1999.

464 Fischer-Lichte, Semiotik des Theaters, Bd. 1, 5. Aufl. 2007, S. 16.

465 Fischer-Lichte, Ästhetik des Performativen, 2004, S. 58.

466 Zum Ganzen: Fischer-Lichte, Ästhetik des Performativen, 2004, »Die leibliche Ko-Präsenz von Akteuren und Zuschauern«, S. 58–126.

467 So geschehen bei Castorfs Inszenierung von »Endstation Sehnsucht«, siehe hierzu Roselt, Kreatives Zuschauen, Zur Phänomenologie von Erfahrung im Theater, in: Der Deutschunterricht 2/2004, S. 46, 50.

468 »Synästhetisch« bedeutet: mit allen Sinnen zugleich.

469 Fischer-Lichte, Ästhetik des Performativen, 2004, S. 58.

470 Fischer-Lichte, Ästhetik des Performativen, 2004, S. 58 f.

471 Fischer-Lichte, Ästhetik des Performativen, 2004, S. 59.

472 Fischer-Lichte, Theaterwissenschaft, 2010, S. 26.

473 Fischer-Lichte, Theaterwissenschaft, 2010, S. 26.

474 Fischer-Lichte, Theaterwissenschaft, 2010, S. 26.

475 Fischer-Lichte, Theaterwissenschaft, 2010, S. 27.

476 Fischer-Lichte, Ästhetik des Performativen, 2004, S. 80 f. Siehe auch dies., in: Metzler: »Aufführung«, S. 16, 17.

477 Fischer-Lichte, Theaterwissenschaft, 2010, S. 26.

478 Fischer-Lichte, Ästhetik des Performativen, 2004, S. 59.

479 Siehe Kapitel B.I.4.a).

480 A. Nordemann in: Fromm/Nordemann, 12. Aufl. 2018, § 2 Rn 25.

481 Loewenheim/Leistner in: Schricker/Loewenheim, § 2 Rn 41m. w. N.; v. Gamm, UrhG, 1968, § 2 Rn 12; Ulmer, Urheber- und Verlagsrecht, 3. Aufl. 1980, S. 127 f.

482 Zwar befasst sich dieser Teil der Autoren weitestgehend mit Computererzeugnissen. Man ist sich allerdings darüber einig, dass hier nicht die *mittelbare* Benutzung des Computers als eines Hilfsmittels einer menschlich-gestalterischen Tätigkeit entgegensteht, sondern streitet um die Schutzfähigkeit von Produkten, welche die Maschine *unmittelbar* als »geistiger Apparat« unter Verwendung eines Zufallsgenerators erzeugt hat.

483 Brutschke, Urheberrecht und EDV, 1972, S. 47, 49 f.; wohl auch Gerstenberg, Die Urheberrechte an Werken der Kunst, der Architektur, der Fotografie, 1986, S. 43 f., § 2 Anm. 16 (S. 59 f.); Möhring, UFITA 50 (1967), 835, 841.

484 Brutschke, Urheberrecht und EDV, 1972, S. 46.

485 Brutschke, Urheberrecht und EDV, 1972, S. 47 und 49 f.

486 So Gerstenberg, Die Urheberrechte an Werken der Kunst, der Architektur, der Fotografie, 1986, S. 43.

487 Möhring, UFITA 50 (1967), 835, 841.

488 A. Nordemann in: Fromm/Nordemann, 12. Aufl. 2018, § 2 Rn 25. Zur Zufallskunst und weiterführender Literatur siehe Thomaschki, Das schwarze Quadrat – Zur urheberrechtlichen Schutzfähigkeit zeitgenössischer Kunst, 1995, S. 35 ff.

489 A. Nordermann in: Fromm/Nordemann, 12. Aufl. 2018, § 2 Rn 25; v. Gamm, UrhG, 1968, § 2 Rn 12, S. 178; Loewenheim/Leistner in: Schricker/Loewenheim, § 2 Rn 41; Ulmer, Urheber- und Verlagsrecht, 3. Aufl. 1980, S. 127 f.; Fabiani, GRUR Int. 1965, 422, 424; Girth, Individualität und Zufall im Urheberrecht, 1974, S. 90 ff.; Hirsch-Ballin, UFITA 50 (1967), 843, 845, 848, 852; Pakuscher, UFITA 72 (1975), 107, 126; Rau, Antikunst und Urheberrecht, Überlegungen zum urheberrechtlichen Werkbegriff, 1974, S. 35; Samson, UFITA 56 (1970), 137, 140, 143; Wassner, Kunst, Geschmack und unlauterer Wettbewerb, 1975, S. 53; Weissthanner, Urheberrechtliche Probleme neuerer Musik, 1974, S. 72 f.

490 Loewenheim/Leistner in: Schricker/Loewenheim, § 2 Rn 41.
491 Loewenheim/Leistner in: Schricker/Loewenheim, § 2 Rn 41. So auch A. Nordermann in: Fromm/Nordemann, 12. Aufl. 2018, § 2 Rn 25, der »auf die Sichtung und Auswahl des willkürlich gewonnen Materials« abstellt (siehe hierzu auch die Kritik von Kummer, Das urheberrechtlich schützbare Werk, 1968, S. 40).
492 Girth, Individualität und Zufall im Urheberrecht, 1974, S. 90.
493 So auch der BGH in seiner »Happening«-Entscheidung (Kapitel B.II.1.c).cc)), in der davon ausgegangen wird, dass nicht nur das Ereignis selbst, so wie es stattgefunden hat, urheberrechtlich geschützt ist, sondern auch die Broschüre als eine Art Choreografie. Von dieser Prämisse scheint offenbar auch das OLG Düsseldorf ausgegangen zu sein (Kapitel B.II.3.c).aa).(2)) mit dem Maßstab, dass die Aktion durch ein präzises Konzept begrenzt sein soll.
494 Siehe hierzu auch Thomaschki, Das schwarze Quadrat – Zur urheberrechtlichen Schutzfähigkeit zeitgenössischer Kunst, 1995, S. 39.
495 Loewenheim/Leistner in: Schricker/Loewenheim, § 2 Rn 41.
496 BGH, Urteil vom 03.07.2008 – Az. I ZR 204/05 – Musical Starlights.
497 BGH GRUR 2000, 228, 230 – Musical-Gala, unter Bezugnahme auf BGH GRUR 960, 606, 608 – Eisrevue II.
498 BGH, Urteil vom 03.07.2008 – Az. I ZR 204/05 – Musical Starlights (Leitsatz).
499 v. Gamm, UrhG, 1968, § 19 Rn 12, S. 363.
500 Kroitzsch/Götting in: Möhring/Niccolini, § 19 Rn 14, 15.
501 v. Ungern-Sternberg in: Schricker/Loewenheim, § 19 Rn 35.
502 Siehe Fischer-Lichte, Ästhetik des Performativen, 2004, S. 82 ff.
503 Die gleichzeitige Anwesenheit von Akteuren und Zuschauern setzt einen Raum voraus, in dem die Aufführung stattfinden kann, daher findet sich in der Kommentarliteratur auch die Ansicht, dass ein räumliches Arrangement nicht erforderlich ist (siehe Ulmer, Urheber- und Verlagsrecht, 3. Aufl. 1980, § 23 II; siehe auch v. Ungern-Sternberg in: Schricker/Loewenheim, § 19 Rn 37), was aber die grundsätzliche Trennung zwischen Zuschauern und ausübenden Künstlern nicht infrage stellt.
504 Aus deutlicher Kritik an einer solchen Aufteilung stammt das Zitat von Meyerhold, Zur Geschichte und Technik des Theaters, Schriften, Bd. 1, 1979, S. 131.
505 Meyerhold, Zur Geschichte und Technik des Theaters, Schriften, Bd. 1, 1979, S. 131.
506 Zur historischen Dimension des Publikums Sauter in: Metzler: »Publikum«, S. 253, 255 m. w. N.
507 Erst aus dieser Trennung entwickelte sich im Zeitalter des Barocks das Ballett im heute verstandenen Sinn, siehe hierzu Jeschke, Tanzschriften, Ihre Geschichte und Methode, 1983, S. 23. Siehe auch Schlatter-Krüger GRUR Int. 1985, 299.
508 Sauter in: Metzler: »Publikum«, S. 256.
509 Diderot/ Lessing: Das Theater des Herrn Diderot, 1986, S. 102.
510 Fischer-Lichte, Ästhetik des Performativen, 2004, S. 59.
511 Auch in der Musik waren solche Ansätze vorhanden. So soll Beethoven zu seinem Publikum, das sein lautes, störendes Reden nicht einstellen wollte, gesagt haben: »Vor solchen Schweinen spiele ich nicht!«
512 Fischer-Lichte, Ästhetik des Performativen, 2004, S. 59.
513 Fischer-Lichte, Ästhetik des Performativen, 2004, S. 59.
514 Zitiert bei Brauneck, Literatur und Öffentlichkeit im ausgehenden 19. Jahrhundert, 1974, S. 163.
515 Hanstein, Das jüngste Deutschland, 1900, S. 170.
516 In Berlin wurden die Geburtszangen daraufhin »Kastanietten« genannt.
517 Hanstein, Das jüngste Deutschland, 1900, S. 170.
518 Siehe Kapitel B.I.4.
519 Siehe Kapitel C.I.2.
520 Siehe hierzu Maturana/Varela, Der Baum der Erkenntnis: Die biologischen Wurzeln des menschlichen Erkennens, 2. Aufl. 1987.
521 Fischer-Lichte, Ästhetik des Performativen, 2004, S. 61.
522 Fischer-Lichte, Ästhetik des Performativen, 2004, S. 63.
523 Fischer-Lichte, Ästhetik des Performativen, 2004, S. 63.
524 Fischer-Lichte, Ästhetik des Performativen, 2004, S. 63 ff.
525 Schechner, Environmental Theater, 1973, S. 44 zit. nach Fischer-Lichte, Ästhetik des Performativen, 2004, S. 63.

526 Fischer-Lichte, Ästhetik des Performativen, 2004, S. 64.
527 Fischer-Lichte, Ästhetik des Performativen, 2004, S. 64.
528 Fischer-Lichte, Ästhetik des Performativen, 2004, S. 64.
529 Die Baccusfeste waren im antiken Rom Feste, die von ihren Teilnehmern zu Ehren von Dionysos als ekstatische Exzesse ausgeführt wurden.
530 Dionysos in 69, o. S., zitiert bei Fischer-Lichte, Ästhetik des Performativen, 2004, S. 64.
531 Schechner, Environmental Theater, 1973, S. 44, zit. nach Fischer-Lichte, Ästhetik des Performativen, 2004, S. 64.
532 Schechner, Environmental Theater, 1973, S. 44, zit. nach Fischer-Lichte, Ästhetik des Performativen, 2004, S. 64.
533 Schechner, Environmental Theater, 1973, S. 44, zit. nach Fischer-Lichte, Ästhetik des Performativen, 2004, S. 64.
534 Fischer-Lichte, Ästhetik des Performativen, 2004, S. 64 ff.
535 Eine Gruppe US-amerikanischer Soldaten hatte den Auftrag, Mỹ Lai, Dorf Sơn Mỹ, Kreis Sơn Tịnh, Provinz Quảng Ngãi einzunehmen und nach Guerilleros des Vietcong zu durchsuchen. Die Soldaten vergewaltigten Frauen und töteten 504 Zivilisten, darunter zahlreiche Kinder. Lediglich der Hubschrauberpilot Hugh Thompson verweigerte den Befehl und drohte den US-amerikanischen Soldaten mit einem Schießbefehl aus Notwehr. So rettete er elf Frauen und Kinder.
536 Fischer-Lichte, Theaterwissenschaft, 2010, S. 30 f. Siehe auch Fischer-Lichte, Ästhetik des Performativen, 2004, S. 65.
537 Fischer-Lichte, Ästhetik des Performativen, 2004, S. 65.
538 Fischer-Lichte, Ästhetik des Performativen, 2004, S. 65.
539 Fischer-Lichte, Ästhetik des Performativen, 2004, S. 66.
540 Fischer-Lichte, Theaterwissenschaft, 2010, S. 31.
541 Fischer-Lichte, Performativität, Eine Einführung, 2012, S. 79.
542 Fischer-Lichte, Ästhetik des Performativen, 2004, S. 67.
543 Fischer-Lichte, Ästhetik des Performativen, 2004, S. 68.
544 Fischer-Lichte gibt diese Verknüpfung als Grund dafür an, warum das Theater im 19. Jahrhundert der Polizeibehörde unterstellt war; Fischer-Lichte, Ästhetik des Performativen, 2004, S. 68.
545 Fischer-Lichte, Ästhetik des Performativen, 2004, S. 69 ff.
546 Fischer-Lichte, Ästhetik des Performativen, 2004, S. 70 ff., passim.
547 Fischer-Lichte, Ästhetik des Performativen, 2004, S. 71 ff.
548 Fischer-Lichte, Ästhetik des Performativen, 2004, S. 71 ff., passim.
549 Fischer-Lichte, Ästhetik des Performativen, 2004, S. 73.
550 Fischer-Lichte, Theaterwissenschaft, 2010, S. 32.
551 »Dies gilt es vor allem zu bedenken, wenn es sich um ausdrücklich politische Aufführungen wie politische Feste und andere Arten von Massenspektakeln handelt. Sehr häufig wird argumentiert, dass derartige Aufführungen besonders dazu geeignet seien, die an ihnen beteiligten Bevölkerungsgruppen im Sinne der Herrschenden zu manipulieren. Das hieße, dass die Veranstalter imstande wären, den Verlauf der Aufführung zu steuern und zu kontrollieren, also erfolgreich solche Inszenierungsstrategien anzuwenden, die ein ›passives‹, ›unschuldiges‹ Publikum in genau vorausberechneter Weise zu überwältigen und das gewünschte Verhalten auszulösen vermögen. Wenn man dagegen davon ausgeht, dass in eine Aufführung involviert zu sein, zugleich bedeutet, in sie einzuwilligen, für sie Mit-Verantwortung zu übernehmen, so kann von Manipulation nur unter Vorbehalt die Rede sein.«, Fischer-Lichte, Theaterwissenschaft, 2010, S. 31 f.
552 Fischer-Lichte, Ästhetik des Performativen, 2004, S. 80.
553 Fischer-Lichte, Ästhetik des Performativen, 2004, S. 80.
554 Fischer-Lichte, Theaterwissenschaft, 2010, S. 31.
555 Fischer-Lichte, Ästhetik des Performativen, 2004, S. 82.
556 G. Fuchs, Die Revolution des Theaters, 1909, S. 63 f.
557 Meyerhold, Zur Geschichte und Technik des Theaters, Schriften, Bd. 1, 1979, S. 131.
558 Unter einem *Hanamichi* versteht man eine Extra-Bühne, wie sie im japanischen Kabuki-Theater verwendet wurde. Es handelt sich um eine Art Laufsteg durch das Publikum.

559 Eine Arenabühne knüpft an antike Arenen an, in denen Sportwettkämpfe und Zirkusspiele veranstaltet wurden. Zu Beginn des 20. Jahrhunderts sollte hierdurch die Illusion der Guckkastenbühne durchbrochen und die ausübenden Künstler näher an das Publikum herangeführt werden. Eine bekannte Aufführung in einer Arenabühne ist die Inszenierung der *Orestie* von Max Reinhardt, siehe hierzu Vollmoeller, Zur Entwicklungsgeschichte des Großen Hauses, in: Das Große Schauspielhaus. Zur Eröffnung des Hauses, hrsg. vom Deutschen Theater Berlin, 1920, S. 21.

560 Siehe Kapitel C.II.3.a).aa).

561 Fischer-Lichte, Ästhetik des Performativen, 2004, S. 87.

562 Schechner, Dionysos in 69, o. S., zitiert bei Fischer-Lichte, Ästhetik des Performativen, 2004, S. 64.

563 Fischer-Lichte, Ästhetik des Performativen, 2004, S. 87.

564 Fischer-Lichte, Ästhetik des Performativen, 2004, S. 87.

565 Fischer-Lichte, Ästhetik des Performativen, 2004, S. 88.

566 Fischer-Lichte, Ästhetik des Performativen, 2004, S. 88.

567 Nitsch, Das Orgien-Mysterien-Theater. Die Partituren aller aufgeführten Aktionen 1960–1979, 1979, S. 87, zit. nach Fischer-Lichte, Ästhetik des Performativen, 2004, S. 88.

568 Fischer-Lichte, Ästhetik des Performativen, 2004, S. 90.

569 Fischer-Lichte, Ästhetik des Performativen, 2004, S. 91.

570 Das chorische Theater ist eine Technik, bei der die fiktive Rolle nicht von einem einzelnen Darsteller, sondern von einer vielstimmigen und vielgesichtigen Gruppe unisono verkörpert wird.

571 Das »apollinische Prinzip« stellt den vernünftigen Menschen in den Vordergrund.

572 Fischer-Lichte, Ästhetik des Performativen, 2004, S. 93 f.

573 Fischer-Lichte, Ästhetik des Performativen, 2004, S. 94 f.

574 Siehe hierzu auch die Theaterkritik von Henrichs, Stöhn heul kreisch blök krächz jaul stotter murmel, in: DIE ZEIT v. 28.02.1986.

575 Fischer-Lichte, Ästhetik des Performativen, 2004, S. 95.

576 Fischer-Lichte, Ästhetik des Performativen, 2004, S. 95.

577 Fischer-Lichte, Ästhetik des Performativen, 2004, S. 95.

578 Fischer-Lichte, Ästhetik des Performativen, 2004, S. 97.

579 Fischer-Lichte, Ästhetik des Performativen, 2004, S. 96.

580 Fischer-Lichte, Ästhetik des Performativen, 2004, S. 96 f.

581 Fischer-Lichte, Ästhetik des Performativen, 2004, S. 97.

582 G. Fuchs, Der Tanz, 1906, S. 13.

583 Fischer-Lichte, Ästhetik des Performativen, 2004, S. 97.

584 Fischer-Lichte, Ästhetik des Performativen, 2004, S. 97.

585 Fischer-Lichte, Ästhetik des Performativen, 2004, S. 97.

586 Fischer-Lichte, Ästhetik des Performativen, 2004, S. 98.

587 Fischer-Lichte, Ästhetik des Performativen, 2004, S. 98.

588 Fischer-Lichte, Ästhetik des Performativen, 2004, S. 98.

589 Fischer-Lichte, Ästhetik des Performativen, 2004, S. 98 f.

590 Siehe Schmitz, System der Philosophie, 1965, insb. II, 1: Der Leib.

591 Fischer-Lichte, Ästhetik des Performativen, 2004, S. 99.

592 Fischer-Lichte, Ästhetik des Performativen, 2004, S. 100.

593 Fischer-Lichte, Ästhetik des Performativen, 2004, S. 100.

594 Fischer-Lichte, Ästhetik des Performativen, 2004, S. 100.

595 Als Variante von Watzlawicks pointiertem Ausspruch: »Man kann nicht nicht kommunizieren.«

596 BGH GRUR 2008, 1081 – Musical Starlights. Siehe auch BGHZ 142, 388, 397 – Musical-Gala (= GRUR 2000, 228); BGH GRUR 1960, 604, 605 – Eisrevue I; BGH GRUR 1960, 606, 608 – Eisrevue II.

597 So auch v. Foerster, Das Urheberrecht des Theaterregisseurs, 1971, S. 30. Siehe auch oben Kapitel B.I.4.c) und d).

598 v. Gamm, UrhG, 1968, § 19 Rn 12, S. 363; Kroitzsch/Götting in: Möhring/Nicolini, § 19 Rn 1, 15; v. Ungern-Sternberg in: Schricker/Loewenheim, § 19 Rn 36 m. w. N.

599 Siehe zu Lessings Hamburgischer Dramaturgie: Fischer-Lichte, Ästhetische Erfahrung, 2001, S. 326.

600 Zum Fixierungserfordernis siehe auch BGH GRUR 1962, 531, 533 – Bad auf der Tenne II; KG GRUR 1984 507, 508 – Happening; LG München GRUR Int. 1993, 82, 83 – Duo Gismonti-Vasconcelos; Erdmann in: FS v. Gamm, 1990, S. 389, 398.
601 BGHZ 33, 20, 27 – Figaros Hochzeit; siehe auch BFH UFITA 89 (1981), 343, 347.
602 BGHZ 33, 20, 27 – Figaros Hochzeit.
603 Kohler, GRUR 1909, 230.
604 Fischer-Lichte, Ästhetik des Performativen, 2004, S. 127.
605 Zum Schutz von Bühnen-, Masken- und Kostümbildern siehe BGH GRUR 1986, 458 – Oberammergauer Passionsspiele I; BGH GRUR 1989, 106 – Oberammergauer Passionsspiele II. Ausführlich zum Thema: Heker, Der urheberrechtliche Schutz von Bühnenbild und Filmkulisse, 1990, insb. S. 19 ff., 48 ff. m. w. N. Siehe auch Loewenheim/Leistner in: Schricker/Loewenheim, § 2 Rn 169 m. w. N.
606 Siehe hierzu Grünberger in: Schricker/Loewenheim, § 73 Rn 16 m. w. N.; so auch Dünnwald, UFITA 52 (1969), 49, 86.
607 BGHZ 33, 20, 27 – Figaros Hochzeit.
608 Siehe Fischer-Lichte, Ästhetik des Performativen, 2004, S. 127.
609 BGHZ 33, 20, 27 – Figaros Hochzeit.
610 Dünnwald/Gerlach, Schutz des ausübenden Künstlers, Kommentar zu §§ 73 bis 83 UrhG, 2008, § 73 Rn 1.
611 Im Folgenden werden Ausdrucksformen der Volkskunst nicht behandelt, da diese nicht notwendigerweise Werkcharakter besitzen (wohl aber einen dem geistigen Gehalt eines Werkes vergleichbaren »Mythos«, der in den ritualisierten Volkserzählungen, Volksgedichten, Volksmärchen, Volksmusik und Volkstänzen vorgängig gegeben sein soll; siehe hierzu aber Fischer-Lichte, Ästhetische Erfahrung, 2001, S. 14, wo sie unter Verweis auf Smith (Lectures on the Religion of the Semites, 1889), Frazer (The Golden Bough. A Study in Comparative Religion, 1890), Harrison (Mythology and Monuments of Ancient Athens, 1890; Prolegomena of the Study of Greek Religion, 1955; A Study of the Social Origins of Greek Religion, 1967), van Gennep (Les rites de passage, 1909) und Durkheim (Die elementaren Formen des religiösen Lebens, 1981) darlegt, dass vieles dafür spräche, dass nicht das Ritual aus dem Mythos, sondern der Mythos aus dem Ritual entstanden sei, womit zugleich gesagt wäre, dass für Ausdrucksformen der Volkskunst eine Dominatenverschiebung zwischen Mythos und Ritual infrage komme. Siehe hierzu unten Kapitel G.II.5.
612 Siehe statt aller Grünberger in: Schricker/Loewenheim, § 73 Rn 12, mit zahlreichen weiteren Nachweisen. Zur Forderung, das alte Dogma der Werkakzessorietät *de lege ferenda* aufzuheben, siehe insb. Bünte, Die künstlerische Darbietung als persönliches und immaterielles Rechtsgut, 2000, S. 81.
613 Grünberger in: Schricker/Loewenheim, § 73 Rn 13 spricht von einer »gelockerten Akzessorietät«. Siehe auch Dreier in: Dreier/Schulze, UrhG, 6. Aufl. 2018, § 73 Rn 8; ausführlich Hoeren in: FS Hertin, 2000, S. 113 ff., 116 ff.
614 Grünberger in: Schricker/Loewenheim, § 73 Rn 13.
615 Siehe hierzu etwa Dünnwald/Gerlach, Schutz des ausübenden Künstlers, Kommentar zu §§ 73 bis 83 UrhG, 2008, § 73 Rn 17.
616 BGH GRUR 1983, 22, 24 – Tonmeister.
617 Zu den Schranken, die sich aus dem speziellen Schutzbedürfnis des ausübenden Künstlers ergeben, siehe BGH GRUR 1983, 22, 24 m. w. N.
618 Zum LUG, vgl. BGHZ 33, 8 – Öffentliches Schallplattenkonzert und Künstlerlizenz.
619 Zur rechtshistorischen Entwicklung des LUG, Dünnwald/Gerlach, Schutz des ausübenden Künstlers, Kommentar zu §§ 73 bis 83 UrhG, 2008, Einl Rn 1 ff. m. w. N. Siehe hierzu auch die knappe Darstellung bei Bünte, Die künstlerische Darbietung als persönliches und immaterielles Rechtsgut, 2000, S. 15 ff.
620 Kohler, GRUR 1909, 230, 231.
621 Kohler, Das Urheberrecht an Schriftwerken und Verlagsrecht, 1907, S. 137.
622 Kohler, GRUR 1909, 230, 231.
623 Kohler, GRUR 1909, 230, 231. Der Schutz des ausübenden Künstlers entstand damit aus der gleichen Entwicklung wie das Urheberrecht. Siehe zur urheberrechtlichen Parallele BGHZ 33, 26.
624 Schiller, Wallenstein, Prolog (1929). In Bezug auf die Autoren heißt es dort: »[...], der Gesang des Dichters nach Jahrtausenden noch leben«.
625 Kohler, GRUR 1909, 230, 231.

626 Zur Spannung zwischen der flüchtigen Darbietung und dem Wunsch nach Wiederholung siehe auch BGHZ 33, 20, 27 – Figaros Hochzeit.
627 Der Begriff des ausübenden Künstlers wurde erst in den späteren Reformbestrebungen des LUG eingeführt, wird hier aber für alle Akteure gleich verwendet.
628 RGBl. 1910, S. 793.
629 Siehe Reichstags-Verhandlungen, Bd. 261, S. 2278, 2287; Bd. 276, S. 2314, 2315 (Bericht der 13. Komm. über den Entw. des Ges. zur Ausf. der RBÜ).
630 Kohler, GRUR 1909, 230.
631 Zuvor hatte Kohler die Ansicht vertreten, dass die Leistung des ausübenden Künstlers nur ein Persönlichkeitsrecht sei, siehe Kohler, Das Urheberrecht an Schriftwerken und Verlagsrecht, 1907, S. 137.
632 Kohler, GRUR 1909, 230.
633 Kohler versuchte das Urheberrecht durch den Begriff des Autorrechts zu ersetzen.
634 Kohler, GRUR 1909, 230, 231.
635 Kohler, GRUR 1909, 230, 231.
636 Kohler, GRUR 1909, 230, 231. In diesem Sinne schon zuvor Eisenmann, Das Urheberrecht an Tonkunstwerken, 1907, S. 49; zustimmend: Mittelstädt, GRUR 1909, 34, 35 f.; Marwitz, UFITA 3 (1930), 299, 305.
637 Kohler, GRUR 1909, 230, 231.
638 BGHZ 33, 4 – Künstlerlizenz bei öffentlicher Wiedergabe von Schallplatten; siehe auch GRUR 1960, S. 619 ff.
639 Elster, GRUR 1927, 42, 45.
640 BGHZ 33, 12 – Künstlerlizenz bei öffentlicher Wiedergabe von Schallplatten.
641 Der Begriff des »Quasi-Urheberrechts« stammt von Elster, UFITA 3 (1930), 574, 576.
642 Kohler, GRUR 1909, 230, 231.
643 Fischer-Lichte, Ästhetik des Performativen, 2004, S. 127.
644 AA Bünte, Die künstlerische Darbietung als persönliches und immaterielles Rechtsgut, 2000, S. 91 ff.
645 Die 360-Grad-Auswertung bezieht sich hier auf den sog. 360-Grad-Deal als ein Geschäftsmodell aus der Musikindustrie, bei dem es um eine Komplettvermarktung eines Künstlers oder einer Kapelle geht. Das betreffende Label ist hier an sämtlichen Nutzungsarten finanziell beteiligt; siehe »Musik mit Rundherum-Vermarktung«, FAZ v. 3. Juni 2011.
646 BGHZ 33, 27 – Figaros Hochzeit.
647 Phelan, Unmarked: The Politics of Performance, 1993, S. 146.
648 Dünnwald/Gerlach, Schutz des ausübenden Künstlers, Kommentar zu §§ 73 bis 83 UrhG, 2008, Einl Rn 2, S. 64.
649 Dünnwald/Gerlach, Schutz des ausübenden Künstlers, Kommentar zu §§ 73 bis 83 UrhG, 2008, Einl Rn 2, S. 64.
650 Siehe BGHZ 33, 4 – Künstlerlizenz bei öffentlicher Wiedergabe von Schallplatten.
651 Geschützt waren zunächst nur Vorrichtungen zur Wiedergabe für das Ohr, nicht für das Auge. Zur Entwicklung des Rechtsschutzes des Filmschauspielers vom Stummfilm zum aufkommenden Tonfilm siehe Dünnwald/Gerlach, Schutz des ausübenden Künstlers, Kommentar zu §§ 73 bis 83 UrhG, 2008, Einl Rn 2 m. w. N.
652 Marwitz/Möhring, Urheberrecht, § 2 Bem. 12.
653 Dünnwald/Gerlach, Schutz des ausübenden Künstlers, Kommentar zu §§ 73 bis 83 UrhG, 2008, Einl Rn 2.
654 In der amtlichen Begründung der Gesetzesnovelle von 1910, durch die § 2 Abs. 2 UrhG novelliert wurde, steht: »Gegenüber dem erweiterten Schutz, der den Urhebern gegen die mechanische Wiedergabe ihrer Werke gewährt wird, ist von Seiten der Industrie der mechanischen Musikinstrumente und der Sprechmaschinen der lebhafte Wunsch geäußert worden, auch ihrerseits einen Schutz für die von ihr hergestellten Walzen, Bänder, Platten usw. gegen unbefugte Nachbildung zu erhalten. Diesem Wunsch wollen die Vorschriften der Nr. 2 entgegenkommen. Bereits in den Verhandlungen der Berliner Urheberrechtskonferenz ist die Sache zur Sprache gekommen, dort aber nicht weiterverfolgt worden, weil sie nicht sowohl dem Gebiet des Urheberrechts als vielmehr dem des gewerblichen Rechtsschutzes angehöre (vgl. die Denkschrift der revidierten Berner Übereinkunft, S. 37) [...], Verhandlung des Reichstags, XII. Legislaturperiode, II. Session Bd. 275, S. 1794«, abgedruckt in BGHZ 33, 51 – Tonträger und Orchester.

655 Siehe oben Kapitel B.I.4.d). Siehe hierzu auch Bünte, Die künstlerische Darbietung als persönliches und immaterielles Rechtsgut, 2000, S. 25.
656 Verhandlung des Reichstags, XII. Legislaturperiode, Bd. 261, S. 2278, 2279; Bd. 275, S. 1785, 1793; Bd. 276, S. 2314, 2316 (Bericht der 13. Komm. über den Entw. des Ges. zur Ausf. der RBÜ).
657 So Freiesleben, GRUR 1916, 112, 114.
658 Marwitz, GRUR 1926, 573 ff.
659 Siehe Freiesleben, GRUR 1916, 112, 114, 115; Smoschewer, GRUR 1927, 50, 52 f.; W. Hoffmann, GRUR 1927, 69, 71; Lion, GRUR 1927, 296; siehe auch RG UFITA 7 (1934), 485, 486 – La Bohème.
660 Elster, UFITA 3 (1930), 574, 576, der hiermit erst sowohl den Begriff des Quasi-Bearbeiterurheberrechts als auch den des Leistungsschutzes eingeführt hatte.
661 Als glühendster Verfechter der Rechte des ausübenden Künstlers forderte dies insbesondere Rudolf Cahn-Speyer (GRUR 1927, 795 ff.; auch schon Allg. Musikzeitung v. 29.01.1926); ihm folgend W. Hoffmann, GRUR 1927, 69 ff. sowie ders., UFITA 1 (1928), 123, 161 f., 171 ff. und Smoschewer, GRUR 1927, 50, 51 ff.
662 Insbesondere Marwitz (GRUR 1926, 573 ff.) und Elster (GRUR 1927, 42 ff.; GRUR 1927, 431, 437 ff.) vertraten die Auffassung, ein Urheberrecht des ausübenden Künstlers komme rechtsdogmatisch nicht in Betracht, wohl aber sei ein Leistungsschutz für den reproduzierenden Künstler zu normieren.
663 Smoschewer, GRUR 1927, 50, 51.
664 BGHZ 33, 4 – Künstlerlizenz bei öffentlicher Wiedergabe von Schallplatten.
665 BGHZ 33, 4 – Künstlerlizenz bei öffentlicher Wiedergabe von Schallplatten.
666 Plessner, Zur Anthropologie des Schauspielers, 1979, S. 407.
667 BGHZ 33, 23 – Ausübender Künstler und Rundfunksendung.
668 Fischer-Lichte, Ästhetik des Performativen, 2004, S. 129.
669 BGHZ 33, 23 – Ausübender Künstler und Rundfunksendungen, S. 24.
670 BGHZ 33, 23 – Ausübender Künstler und Rundfunksendungen, S. 23. Siehe hierzu auch Bünte, Die künstlerische Darbietung als persönliches und immaterielles Rechtsgut, 2000, S. 93 f.
671 Kummer, Das urheberrechtlich schützbare Werk, 1968, S. 159.
672 Siehe hierzu Kapitel C.III.1.a).
673 Weswegen er für das schweizerische Recht für einen über das allgemeine Persönlichkeitsrecht und das Wettbewerbsgesetz hinausgehenden Schutz ein eigenes Gesetz fordert (Kummer, Das urheberrechtlich schützbare Werk, 1968, S. 159). Siehe hierzu die Rechtskonkretisierung gemäß der Lehre Kummers unten, Kapitel D.II.
674 W. Hoffmann, GRUR 1927, 69.
675 Siehe oben Kapitel B.I.4.e.
676 BGHZ 33, 26 – Ausübender Künstler und Rundfunksendung.
677 In Abgrenzung zur Leistung siehe Hubmann, Das Recht des schöpferischen Geistes, 1954, S. 38.
678 W. Hoffmann, GRUR 1927, 69.
679 Marwitz, UFITA 3 (1930), 299.
680 Kohler, GRUR 1909, 230.
681 Elster, GRUR 1927, 42, 43.
682 Elster GRUR 1927, 42, 44.
683 Siehe hierzu W. Hoffmann (GRUR 1927, 69) in seiner Kritik an Elster.
684 Elster, GRUR 1927, 42, 43.
685 Elster, GRUR 1927, 42, 43.
686 Elster, GRUR 1927, 42, 45. Siehe auch RGZ 63, 158, 159 – Bearbeitung und freie Benutzung, und RGZ 82, 16, 17, 19 – Bearbeitung oder freie Benutzung.
687 Elster, GRUR 1927, 42, 45.
688 Cahn-Speyer, UFITA 4 (1931), 368, 382 (Leistungsschutz oder Urheberrecht des ausübenden Künstlers).
689 Pfitzner, Werk und Wiedergabe, Gesammelte Schriften, Bd. 3, 1929, S. 20 f., zitiert bei Chr. Krüger in: FS Klaka, 1987, S. 142: »Die schöpferische Interpretation – ein Widerspruch in sich?«
690 Pfitzner, Werk und Wiedergabe, Gesammelte Schriften, Bd. 3, 1929, S. 127, zitiert bei Cahn-Speyer, GRUR 1930, 755, 765 f. in Fn 29.
691 Pfitzner, Werk und Wiedergabe, Gesammelte Schriften, Bd. 3, 1929, S. 127, zitiert bei Cahn-Speyer, GRUR 1930, 755, 765 f. in Fn 29.

692 Zur individuellen Rolle des modernen bürgerlichen Literaturtheaters siehe Haß in: Metzler: »Rolle«, S. 278, 280.
693 Marwitz, GRUR 1926, 573, 575.
694 Siehe hierzu etwa Elster, GRUR 1927, 42, 45.
695 Marwitz, UFITA 3 (1930), 299.
696 Kummer, Das urheberrechtlich schützbare Werk, 1968, S. 157.
697 Elster, GRUR 1927, 42, 43.
698 BGHZ 33, 20, 26 – ausübender Künstler und Rundfunksendung.
699 Elster, GRUR 1927, 42, 44.
700 Zum Geisteswerk als Vorstellung siehe RGZ 113, 413, 420 – Rundfunk.
701 Elster, GRUR 1927, 42, 46.
702 Siehe hierzu Fischer-Lichte, Theaterwissenschaft, 2010, S. 40; siehe auch dies., Ästhetik des Performativen, 2004, S. 134.
703 Siehe Kapitel B.I.4.b).
704 Siehe Kapitel B.I.4.d).
705 In diesem Sinne hatte etwa Lessing in seinem »Laokoon« (1766) den grundlegenden ästhetischen Unterschied – und in dessen Folge auch den urheberrechtlichen – zwischen »aufeinander folgenden« Handlungen in der Literatur (in der Zeit) und den »nebeneinander« angeordneten Farben und Formen in der bildenden Kunst (im Raum) herausgearbeitet, Lessing, Laokoon oder Über die Grenzen der Malerei und Poesie, Kapitel XVI, zitiert nach der Ausgabe von Ingrid Kreuzer, 1987, S. 114.
706 Siehe auch v. Foerster, Das Urheberrecht des Theaterregisseurs, 1971, S. 19.
707 Cahn-Speyer, GRUR 1927, Sonderheft zur Vorbereitung der Romkonferenz, S. 8. Siehe auch Cahn-Speyer, UFITA, 5 (1932), 342: Über das Schutzrecht des ausübenden Künstlers.
708 Cahn-Speyer, UFITA 5 (1932), 342, fährt fort: »Die Frage nach dem Wesen dieser oder überhaupt einer künstlerischen Tätigkeit gehört nicht in die Rechtswissenschaft, sondern in die Ästhetik und allenfalls in die Psychologie. [...] Es ist umstritten, ob die einschlägigen Forderungen der normativen Ästhetik Anerkennung beanspruchen können. Keinesfalls aber kann die Rechtswissenschaft dafür zuständig sein. Sie kann nur zur Kenntnis nehmen, was der Künstler wirklich tut, um es in eine rechtlich brauchbare Begriffsbildung einzugliedern und daraus Folgerungen zu ziehen.«
709 Fischer-Lichte, Ästhetik des Performativen, 2004, S. 133. Die Semiotik ist ein Begriff der Zeichentheorie, bei dem ein Signifikant auf ein Signifikat verweist. In diesem Zusammenhang ist der Begriff des semiotischen Körpers, wie er hier verwendet wird, mit dem Begriff der Ausdrucksform gleichzusetzen. Siehe hierzu den Werkbegriff von Kummer, unten Kapitel D.III.1.d.
710 W. Hoffmann, GRUR 1927, 69.
711 Johann Wolfgang von Goethe, Faust. Der Tragödie zweiter Teil, zitiert nach Fischer-Lichte, Ästhetik des Performativen, 2004, S. 21.
712 Siehe auch v. Foerster, Das Urheberrecht des Theaterregisseurs, 1971, S. 20.
713 Siehe auch v. Foerster, Das Urheberrecht des Theaterregisseurs, 1971, S. 20.
714 Zum Begriff der Werktreue und seiner Falsifikation siehe Raschèr, Für ein Urheberrecht des Bühnenregisseurs, 1989, S. 71–79 m. w. N.
715 Fischer-Lichte, Ästhetik des Performativen, 2004, S. 133.
716 Ulmer, Urheber- und Verlagsrecht, 3. Aufl. 1980, S. 160.
717 Cahn-Speyer, UFITA 4 (1931), 368, 375.
718 Cahn-Speyer, GRUR 1930, 755, 764, 765.
719 Siehe zum Ganzen auch v. Foerster, Das Urheberrecht des Theaterregisseurs, 1971, S. 30 f.
720 So auch Smoschewer, GRUR 1927, 50, 51, insbesondere S. 52.
721 Smoschewer, GRUR 1927, 50, 52.
722 Smoschewer, GRUR 1927, 50, 52.
723 Smoschewer, GRUR 1927, 50, 52.
724 Simmel, Zur Philosophie des Schauspielers, 1968, S. 75 f.; zur Wirksamkeit des Sprachwerkes als Symbol siehe auch Cahn-Speyer, GRUR 1930, 755, 765, linke Spalte unten: »Wird ein Sprachwerk geschrieben oder gedruckt, so wird nicht ein Ausdrucksmittel durch ein anderes ersetzt, sondern das ursprüngliche und einzig mögliche Ausdrucksmittel wird in Gestalt von Symbolen wirksam, die an die Stelle der unmittelbaren sinnlichen Wahrnehmung die Erinnerung an die sinnliche Wahrnehmung oder deren Vorstellung setzen.«

725 Cahn-Speyer, UFITA 4 (1931), 368, 375.
726 Cahn-Speyer schon in Allgemeine Musikzeitung, 1926, S. 80. Zu der Entwicklung dieses Torsobegriffes siehe auch Cahn-Speyer, UFITA 4 (1931), 368, 370. Später insb. Troller, Immaterialgüterrecht, Bd. 1, 2. Aufl. 1968, S. 390 ff.; siehe auch ders., Jurisprudenz auf dem Holzweg, 1959.
727 Cahn-Speyer vermeidet den Begriff der Literatur und spricht stattdessen von Sprachwerken, da das Schriftwerk seiner Meinung nach vom Vortrag kein verschiedenes Ausdrucksmittel, sondern das Buch nur das behelfsmäßige Festlegungsmittel ist, siehe Cahn-Speyer, GRUR 1930, 755, 766. So auch v. Foerster, Das Urheberrecht des Theaterregisseurs, 1971, S. 30. Dies ist wohl auch der tiefere Grund, warum in der urheberrechtlichen Literatur nicht mehr von der Aufführung von Werken der Literatur die Rede ist, sondern lediglich von der Aufführung eines Sprachwerkes.
728 Cahn-Speyer, GRUR 1930, 755, 764.
729 Cahn-Speyer, GRUR 1930, 755, 764.
730 Smoschewer, GRUR 1927, 50, 51.
731 Elster, UFITA 3 (1930), 371 ff.: Formgebung und Ausdrucksmittel II.
732 Siehe hierzu Cahn-Spyer, GRUR 1930, 755, 766.
733 AA Cahn-Speyer, GRUR 1930, 755, 765, rechte Spalte: »Nie wird ein taub Geborener, auch wenn er lesen lernt, ein Sprachwerk voll in sich aufnehmen, ein blind Geborener ein Werk der bildenden Kunst durch eine Beschreibung oder durch den Tastsinn voll auf sich wirken lassen.«
734 Vgl. hierzu Fischer-Lichte, Ästhetik des Performativen, 2004, S. 134. Zur impliziten Bezugnahme auf den »Taubstummenbrief« von Diderot siehe Elsters Replik an Cahn-Speyer mit dem Verweis auf das »Mundablesen der Taubstummen«, Elster, GRUR 1930, 927, 929.
735 Siehe hierzu auch Ulmer, Urheber- und Verlagsrecht, 3. Aufl. 1980, S. 159.
736 Elster, GRUR 1927, 42, 43.
737 Elster, UFITA 3 (1930), 371, 372: Formgebung und Ausdrucksmittel II.
738 Elster in Dienstag/Elster, Handbuch des deutschen Theater-, Film-, Musik- und Artistenrechts, 1932, S. 89.
739 Siehe hierzu etwa RGZ 63, 158.
740 Elster, GRUR 1927, 42, 45.
741 Cahn-Speyer, Allg. Musikzeitung 1926, S. 76 ff.; ders., UFITA 4 (1931), 368, 382 f.; Smoschewer, GRUR 1927, 50, 52 f.; Lion, GRUR 1927, 299.
742 Cahn-Speyer, GRUR 1930, 755, 766, zur impliziten Ablehnung des »Taubstummenbriefes« siehe insb. S. 765, rechte Spalte.
743 Siehe zur Aufführung auch v. Foerster, Das Urheberrecht des Theaterregisseurs, 1971, S. 31 f.
744 Simmel, Zur Philosophie des Schauspielers, 1968, S. 78.
745 Kohler, GRUR 1909, 230, 231.
746 Kohler, Das Urheberrecht an Schriftwerken und Verlagsrecht, 1907, S. 136.
747 Kohler, Das Urheberrecht an Schriftwerken und Verlagsrecht, 1907, S. 136.
748 Kohler, Das Urheberrecht an Schriftwerken und Verlagsrecht, 1907, S. 136.
749 Marwitz, UFITA 3 (1930), 299, 302 f.
750 Elster, UFITA 3 (1930), 574.
751 Elster, UFITA 3 (1930), 574, 575.
752 Elster, UFITA 3 (1930), 574, 575.
753 Elster, UFITA 3 (1930), 574, 578.
754 Der Begriff des impliziten Lesers geht zurück auf Wolfgang Iser (Der Akt des Lesens. Theorie ästhetischer Wirkung, 1976).
755 Cahn-Speyer, UFITA 4 (1931), 368, 374 f.
756 Cahn-Speyer, GRUR 1930, 755, 767.
757 Cahn-Speyer, UFITA 4 (1931), 381.
758 W. Hoffmann, GRUR 1927, 69, 71.
759 W. Hoffmann, GRUR 1927, 69, 70.
760 W. Hoffmann, GRUR 1927, 69, 71, in Auseinandersetzung mit Smoschewer, GRUR 1927, 50, 52.
761 W. Hoffmann, GRUR 1927, 69, 70, unter Verweis auf LG Leipzig vom 7. Dezember 1908 in GRUR 1909, 34 ff.
762 W. Hoffmann, GRUR 1927, 69, 70, unter Verweis auf LG Leipzig vom 7. Dezember 1908 in GRUR 1909, 34 ff.
763 W. Hoffmann, GRUR 1927, 69, 71.

764 W. Hoffmann, GRUR 1927, 69, 71.
765 W. Hoffmann, GRUR 1927, 69, 71.
766 W. Hoffmann, GRUR 1927, 69, 70.
767 W. Hoffmann, GRUR 1927, 69, 70.
768 W. Hoffmann, GRUR 1927, 69, 70.
769 Siehe hierzu Cahn-Speyer, UFITA 5 (1932), 342, 351 ff.
770 Smoschewer, GRUR 1927, 50, 51.
771 Cahn-Speyer, UFITA 5 (1932), 342, 354.
772 BGHZ 33, 1 ff. – Öffentliches Schallplattenkonzert und Künstlerlizenz; BGHZ 33, 20 ff. – Ausübender Künstler und Rundfunksendungen; BGHZ 33, 38. – Rundfunkmusikdarbietungen in Gaststätten und Künstlerlizenz; BGHZ 33, 48 – Tonträger und Orchester.
773 Siehe hierzu die Problemdarstellung von Bünte, Die künstlerische Darbietung als persönliches und immaterielles Rechtsgut, 2000, S. 41 ff.
774 BGHZ 33, 1 ff. – Öffentliches Schallplattenkonzert und Künstlerlizenz.
775 BGHZ 33, 1, 8.
776 BGHZ 33, 1, 8.
777 BGHZ 33, 1, 11.
778 BGHZ 33, 1, 15.
779 BGHZ 33, 20, 23 – Ausübender Künstler und Rundfunksendungen.
780 BGHZ 33, 38, 42 – Rundfunkmusikdarbietungen.
781 BGHZ 33, 48, 51 – Tonträger Orchester.
782 BGHZ 33, 8 – Öffentliches Schallplattenkonzert und Künstlerlizenz.
783 BGHZ 33, 1, 4 f. – Öffentliches Schallplattenkonzert und Künstlerlizenz.
784 BGHZ 33, 20, 23, 24 – Ausübender Künstler und Rundfunksendungen.
785 BGHZ 33, 20, 23 – Ausübender Künstler und Rundfunksendungen.
786 BGHZ 33, 20, 23 – Ausübender Künstler und Rundfunksendungen.
787 BGHZ 33, 20, 23 – Ausübender Künstler und Rundfunksendungen.
788 BGHZ 33, 20, 23 – Ausübender Künstler und Rundfunksendungen.
789 BGHZ 33, 20, 23 – Ausübender Künstler und Rundfunksendungen.
790 BGHZ 33, 20, 23 – Ausübender Künstler und Rundfunksendungen.
791 BGHZ 33, 52 f. – Tonträger Orchester.
792 BGHZ 33, 52 f. – Tonträger Orchester.
793 BGHZ 33, 52 f. – Tonträger Orchester.
794 BGHZ 33, 48, 51, 53 ff. – Tonträger Orchester.
795 BGHZ 33, 52.
796 BGHZ 33, 50.
797 BGHZ 33, 50.
798 BGHZ 33, 50.
799 Siehe hierzu Bünte, Die künstlerische Darbietung als persönliches und immaterielles Rechtsgut, 2000, S. 82 ff. (»monistische Betrachtungsweise«).
800 Siehe Kapitel C.III.b).bb).
801 Amtl. Begr. zum Regierungsentwurf eines Gesetzes über Urheberrecht und verwandte Schutzrechte (Urheberrecht) vom 23.03.1962, BT-Drucks. IV/270, S. 86 ff.
802 Amtl. Begr. zum Regierungsentwurf eines Gesetzes über Urheberrecht und verwandte Schutzrechte (Urheberrecht) vom 23.03.1962, BT-Drucks. IV/270, S. 86, 89.
803 Amtl. Begr. zum Regierungsentwurf eines Gesetzes über Urheberrecht und verwandte Schutzrechte (Urheberrecht) vom 23.03.1962, BT-Drucks. IV/270, S. 86.
804 Amtl. Begr. zum Regierungsentwurf eines Gesetzes über Urheberrecht und verwandte Schutzrechte (Urheberrecht) vom 23.03.1962, BT-Drucks. IV/270, S. 86.
805 Amtl. Begr. zum Regierungsentwurf eines Gesetzes über Urheberrecht und verwandte Schutzrechte (Urheberrecht) vom 23.03.1962, BT-Drucks. IV/270, S. 90, rechte Spalte.
806 Amtl. Begr. zum Regierungsentwurf eines Gesetzes über Urheberrecht und verwandte Schutzrechte (Urheberrecht) vom 23.03.1962, BT-Drucks. IV/270, S. 90.
807 Siehe hierzu auch Breuer, ZUM 2010, 301 ff.
808 Amtl. Begr. zum Regierungsentwurf eines Gesetzes über Urheberrecht und verwandte Schutzrechte (Urheberrecht) vom 23.03.1962, BT-Drucks. IV/270, S. 86.
809 Hubmann, Das Recht des schöpferischen Geistes, 1954, S. 40 f.
810 Amtl. Begr. zum Regierungsentwurf eines Gesetzes über Urheberrecht und verwandte Schutzrechte (Urheberrecht) vom 23.03.1962, BT-Drucks. IV/270, S. 89.

811 Amtl. Begr. zum Regierungsentwurf eines Gesetzes über Urheberrecht und verwandte Schutzrechte (Urheberrecht) vom 23.03.1962, BT-Drucks. IV/270, S. 87.
812 AA Bünte, Die künstlerische Darbietung als persönliches und immaterielles Rechtsgut, 2000, S. 89 ff., 92.
813 Fischer-Lichte, Ästhetik des Performativen, 2004, S. 128.
814 Fischer-Lichte, Ästhetik des Performativen, 2004, S. 139 ff.
815 Fischer-Lichte, Ästhetik des Performativen, 2004, S. 139.
816 Fischer-Lichte, Ästhetik des Performativen, 2004, S. 139.
817 Grotowski, Für ein armes Theater, 1986, S. 28.
818 Fischer-Lichte, Ästhetik des Performativen, 2004, S. 139 f. »Agency« meint in diesem Sinne das Bewusstmachen körperlicher Prozesse als leiblich-sinnliche Handlungsfähigkeit.
819 Fischer-Lichte, Ästhetik des Performativen, 2004, S. 140.
820 Fischer-Lichte, Ästhetik des Performativen, 2004, S. 140.
821 Fischer-Lichte, Ästhetik des Performativen, 2004, S. 140. Zur Definition des Begriffs *embodied mind* siehe unten Kapitel C.III.2.b).
822 Grotowski, Für ein armes Theater, 1986, S. 177.
823 Fischer-Lichte, Ästhetik des Performativen, 2004, S. 140; Fischer-Lichte führt sodann aus, dass dieser theoretischen Beschreibung des heiligen Schauspielers der Darsteller Ryszard Cieślak im »Standhaften Prinzen« am ehesten gerecht wird und führt in diesem Zusammenhang die Theaterkritik von Józef Kelera an: »Das Wesentliche [...] liegt in Wahrheit weder in der Tatsache, daß der Schauspieler seine Stimme auf erstaunliche Weise gebraucht, noch darin, daß er seinen fast nackten Körper einsetzt, um bewegliche Formen zu skulpturieren, die in ihrer Expressivität tief beeindruckend sind; noch liegt es in der Art und Weise, wie die Technik von Körper und Stimme während der langen, erschöpfenden Monologe, die stimmlich und physisch ans Akrobatische grenzen, eine Einheit bilden. Es handelt sich dabei um etwas ganz anderes. [...] Bis heute akzeptierte ich mit Vorbehalten Begriffe wie ›säkularisierte Heiligkeit‹, ›Akt der Demut‹, ›Reinigung‹, die Grotowski benutzt. Heute gebe ich zu, daß sie sich perfekt auf die Figur des Standhaften Prinzen anwenden lassen. Eine Art psychischer Erleuchtung geht von dem Schauspieler aus. Ich kann keine andere Definition finden. In den Höhepunkten der Rolle ist alles Technische wie von innen heraus erleuchtet [...]. Jeden Moment wird der Schauspieler zu schweben beginnen [...]. Er ist in einem Zustand der Gnade. Und dieses ›grausame Theater‹ um ihn herum, mit seinen Blasphemien und Exzessen, verwandelt sich in ein Theater im Zustand der Gnade«, zit. bei Grotowski, Für ein armes Theater, 1986, S. 87.
824 Fischer-Lichte, Ästhetik des Performativen, 2004, S. 142.
825 Fischer-Lichte, Ästhetik des Performativen, 2004, S. 141, passim.
826 Merleau-Ponty, *Das Sichtbare und das Unsichtbare, 1994, S.* 172–203.
827 Fischer-Lichte, Ästhetik des Performativen, 2004, S. 143.
828 Fischer-Lichte, Ästhetik des Performativen, 2004, S. 143.
829 Fischer-Lichte, Theaterwissenschaft, 2010, S. 44.
830 Der Begriff »spezifisches Genie« geht auf Ivan Nagel zurück, zitiert bei Fischer-Lichte, Ästhetik des Performativen, 2004, S. 143.
831 Fischer-Lichte, Ästhetik des Performativen, 2004, S. 145, passim.
832 Fischer-Lichte, Ästhetik des Performativen, 2004, S. 146.
833 Fischer-Lichte, Ästhetik des Performativen, 2004, S. 146.
834 Fischer-Lichte, Ästhetik des Performativen, 2004, S. 146.
835 Fischer-Lichte, Ästhetik des Performativen, 2004, S. 146.
836 Fischer-Lichte, Ästhetik des Performativen, 2004, S. 146.
837 Fischer-Lichte, Ästhetik des Performativen, 2004, S. 148.
838 Fischer-Lichte, Ästhetik des Performativen, 2004, S. 147.
839 Fischer-Lichte, Ästhetik des Performativen, 2004, S. 150.
840 Fischer-Lichte, Ästhetik des Performativen, 2004, S. 150.
841 Fischer-Lichte, Ästhetik des Performativen, 2004, S. 152.
842 Fischer-Lichte, Ästhetik des Performativen, 2004, S. 152 (Hervorhebung durch Verf.).
843 Fischer-Lichte, Ästhetik des Performativen, 2004, S. 153.
844 Fischer-Lichte, Ästhetik des Performativen, 2004, S. 153.
845 Siehe Kapitel C.III.1.b).aa).(2).
846 Siehe Kapitel C.III.1.b).aa).(1).

847 Karl Popper versteht eine Ad-hoc-Hypothese als methodisch verwerflich, weil sie als Trick, eine »Lieblingstheorie retten zu wollen«, die zu verteidigende Hypothese gegen bestimmte Falsifikationen immunisiert, siehe Popper, Conjectures and Refutations: The Growth of Scientific Knowledge, 2. Aufl. 1965, S. 8–9.

848 Siehe Kapitel C.III.1.b).bb).

849 Zu dieser Frage siehe Bünte, Die künstlerische Darbietung als persönliches und immaterielles Rechtsgut, 2000, S. 82.

850 BGHZ 33 S. 52 f. – Tonträger Orchester.

851 Siehe insoweit die Ausführungen in Kapitel B.II.1.

852 Siehe Kapitel B.II.1.b).bb).

853 Siehe hierzu Fischer-Lichte, Ästhetische Erfahrung, 2001, S. 9 ff.

854 Fischer-Lichte, Ästhetische Erfahrung, 2001, S. 153. Um Missverständnisse zu vermeiden: Das Konzept der Repräsentation entspricht exakt den normativen Tatsachen des Schöpfungsprinzips, wonach an und mit dem ausübenden Künstler die Figur, wie sie im dramatischen Text niedergelegt ist, lediglich eine andere Gestalt annimmt.

855 Csordas, Embodiment and Experience, The existential ground of culture and self, 1994, S. 1–24.

856 Csordas, Embodiment and Experience, The existential ground of culture and self, 1994, S. 1–24.

857 Csordas, Embodiment and Experience, The existential ground of culture and self, 1994, S. 1–24.

858 Csordas, Embodiment and Experience, The existential ground of culture and self, 1994, S. 1–24.

859 Csordas, Embodiment and Experience, The existential ground of culture and self, 1994, S. 1–24.

860 Fischer-Lichte, Ästhetik des Performativen, 2004, S. 153 f. (Hervorhebungen im Original).

861 Fischer-Lichte, Ästhetik des Performativen, 2004, S. 255.

862 Fischer-Lichte, Ästhetik des Performativen, 2004, S. 256.

863 BGHZ 33, 54.

864 BGHZ 33, 52 f.

865 Fischer-Lichte, Ästhetik des Performativen, 2004, S. 154 f.

866 Siehe hierzu Fischer-Lichte, Ästhetik des Performativen, 2004, S. 155. Es wird auch berichtet, dass seine Frau noch Zugang hatte.

867 Chris Burden, »Shoot«, gefilmt November 19, 1971. Youtube-Video, 1:52. Hochgeladen am 04.02.2008: http://www.youtube.com/watch?v=26R9KFdt5aY (abgerufen am 10.12.2016).

868 Chris Burden, Through The Night Softly, (1973), Youtube-Video, 2:40. Hochgeladen am 10.11.2009, https://www.youtube.com/watch?v=cxmy4aQ1dZY (abgerufen am 10.12.2016).

869 Online unter: http://uk.complex.com/style/2013/10/chris-burden-art-new-museum/trans-fixed, abgerufen am 10.12.2016. Siehe hierzu auch Fischer-Lichte, Ästhetik des Performativen, 2004, S. 155 m. w. N.

870 Fischer-Lichte, Ästhetik des Performativen, 2004, S. 154.

871 Fischer-Lichte, Ästhetik des Performativen, 2004, S. 158.

872 Fischer-Lichte, Ästhetik des Performativen, 2004, S. 158.

873 Fischer-Lichte, Ästhetik des Performativen, 2004, S. 154.

874 Th. Fuchs, Zwischen Leib und Körper, in: Martin Hähnel und Marcus Knaup (Hrsg.), Leib und Leben, Perspektiven für eine neue Körperkultur, 2013, S. 86.

875 Plessner, Lachen und Weinen: Eine Untersuchung nach den Grenzen menschlichen Verhaltens, 1961, S. 43.

876 Fischer-Lichte, Ästhetik des Performativen, 2004, S. 158.

877 Fischer-Lichte, Ästhetik des Performativen, 2004, S. 159.

878 Fischer-Lichte, Ästhetik des Performativen, 2004, S. 159.

879 Hierzu Grünberger in: Schricker/Loewenheim, § 73 Rn 13. Siehe auch Bünte, Die künstlerische Darbietung als persönliches und immaterielles Rechtsgut, 2000, S. 80 f.

880 Siehe auch Kornmeier/Cichon, Nutzungsrechte bei Multimedia-Auswertungen, in: Rolf Moser und Andreas Scheuermann (Hrsg.), Handbuch der Musikwirtschaft, 6. Aufl. 2003, S. 898.

881 Siehe Kapitel C.III.2.b). Zur Entleiblichung siehe auch Bünte, Die künstlerische Darbietung als persönliches und immaterielles Rechtsgut, 2000, S. 80; Breuer, ZUM 2010, 301, 302 ff.

882 Wittgenstein, Philosophische Untersuchungen, 3. Aufl. 1982, S. 119.

883 Siehe Kapitel C.III.3.

884 Siehe Kapitel C.III.1.

885 Siehe Kapitel C.III.2.b).

886 So insbesondere die früher von Hertin vertretene Auffassung in: Fromm/Nordemann, 9. Aufl. 1998, § 73 Rn 5; Hertin, UFITA 81 (1978), 39, 48 ff. Zu Hertin siehe auch Ekrutt, GRUR 1976, 193; siehe auch Schricker GRUR 1984, 733, 734 Fn. 16.

887 BGH GRUR 1981, 419, 420 f. – Quizmaster. AA Dünnwald/Gerlach, Schutz des ausübenden Künstlers, Kommentar zu §§ 73 bis 83 UrhG, 2008, § 73 Rn 27; LG Hamburg in GRUR 1976, 151 – Rundfunksprecher. Ebenso früher die hM, siehe statt vieler Grünberger in: Schricker/Loewenheim, § 73 Rn 23 m. w. N. Siehe auch Fromm/Nordemann, 12. Aufl. 2018, § 73 Rn 7.

888 Siehe hierzu BGH GRUR 1981, 419, 421 – Quizmaster.

889 LG Hamburg UFITA 78 (1977), 264 ff. – Rundfunksprecher.

890 LG Hamburg UFITA 78 (1977), 264 ff., 269 – Rundfunksprecher.

891 LG Hamburg UFITA 78 (1977), 264 ff., 269 – Rundfunksprecher.

892 LG Hamburg UFITA 78 (1977), 264 ff., 269 – Rundfunksprecher.

893 BGH GRUR 1981, 419, 420 – Quizmaster; LG Hamburg UFITA 78 (1977), 264 ff. – Rundfunksprecher; LG Hamburg ZUM 1995, 330 – Moderatorentätigkeit für Musiksendungen; Gentz, GRUR 1974, 328, 331.

894 AA zu § 73 a. F.: Hertin in: Fromm/Nordemann, 9. Aufl. 1998, § 73 Rn 5; Hertin, UFITA 81, (1978), 39, 48 f.; Ekrutt, GRUR 1976, 193.

895 LG Hamburg, UFITA 78 (1977), 264 ff., 269 – Rundfunksprecher; BGH GRUR 1981, 419, 420 – Quizmaster; LG Hamburg GRUR 1976, 151 – Rundfunksprecher; AG und LG Hamburg ZUM 1995, 340 ff. – Moderatorentätigkeit für Musiksendungen. Hierzu Dünnwald UFITA 65 (1972) 99, 108; Gentz, GRUR 1974, 328, 331; Breuer, Die Rechte der ausübenden Künstler im digitalen Zeitalter, 2007, S. 103.

896 So schon die amtl. Begr. zum Regierungsentwurf eines Gesetzes über Urheberrecht und verwandte Schutzrechte (Urheberrecht) vom 23.03.1962, BT-Drucks. IV/270, S. 90.

897 Fischer-Lichte, Ästhetik des Performativen, 2004, S. 161.

898 Goethe (IV. Abt., Bd. 22, 1901), S. 29.

899 Die ältere Rechtsprechung fordert etwa eine »von dem Gegenstand ausgeübte ästhetische Wirkung von solchem Rang […], dass von Kunst gesprochen werden kann« (OLG Düsseldorf GRUR 1955, 417), oder eine »ästhetische Intensität«. Siehe hierzu die Auflistung von Schramm, Die schöpferische Leistung, 1984, S. 100.

900 Schramm, Die schöpferische Leistung, 1984, S. 100.

901 Eine solche »ästhetische Wirkung« ist freilich davon abhängig, dass die Zuschauer die Handlungen des ausübenden Künstlers als ein bestimmtes Gefühl wahrzunehmen vermögen, d. h. verstehen. Siehe hierzu Fischer-Lichte, Der Körper als Zeichen und als Erfahrung, 2000, S. 67, 80.

902 Siehe hierzu auch die Überlegungen der Theaterwissenschaft, Fischer-Lichte, Ästhetik des Performativen, 2004, S. 161 f. m. w. N. aus der geschichtlichen Entwicklung.

903 BGHZ 33, 23.

904 BGHZ 33, 23.

905 BGHZ 33, 20 ff.

906 BGHZ 33, 20, 23.

907 BGHZ 33, 20, 23.

908 Dünnwald, UFITA 52 (1969), 49; ders., UFITA 65 (1972), 99; ders. in: FS Roeber, 1973, S. 73 ff.; ders., UFITA 84 (1979), 127 ff; ders., FuR 1984, 615.

909 Seelig, UFITA 133 (1997), 53, 106; Platho, FuR 1982, 221, 222; Ekrutt, GRUR 1976, 193.

910 Siehe insoweit oben Kapitel C.III.1.b).aa).(1).

911 Kohler, Das Urheberrecht an Schriftwerken und Verlagsrecht, 1907, S. 136.

912 Dünnwald/Gerlach, Schutz des ausübenden Künstlers, Kommentar zu §§ 73 bis 83 UrhG, 2008, § 73 Rn 25; so auch schon Kohler, Das Urheberrecht an Schriftwerken und Verlagsrecht, 1907, S. 136.

913 Dünnwald, UFITA 65 (1972), 99, 108.
914 Dünnwald, UFITA 65 (1972), 99, 129; Dünnwald/Gerlach, Schutz des ausübenden Künstlers, Kommentar zu §§ 73 bis 83 UrhG, 2008, § 73 Rn 25.
915 Dünnwald/Gerlach, Schutz des ausübenden Künstlers, Kommentar zu §§ 73 bis 83 UrhG, 2008, § 73 Rn 26.
916 Dünnwald/Gerlach, Schutz des ausübenden Künstlers, Kommentar zu §§ 73 bis 83 UrhG, 2008, § 73 Rn 26.
917 Dünnwald/Gerlach, Schutz des ausübenden Künstlers, Kommentar zu §§ 73 bis 83 UrhG, 2008, § 73 Rn 26.
918 Zur Anwendung dieser Formthese auf den Quizmaster siehe Dünnwald/Gerlach, Schutz des ausübenden Künstlers, Kommentar zu § 73 Rn 27.
919 Dünnwald, UFITA 65 (1972), 99, 111.
920 Dünnwald in: FS Roeber, 1973, S. 73, 78 f.; ders., UFITA 84 (1979), 1, 11; AG und LG Hamburg ZUM 1995, 340 ff. – Moderatorentätigkeit für Musiksendungen. Siehe auch die Abgrenzung bei Seelig, UFITA 133 (1997), 53, 67.
921 So aber Grünberger in: Schricker/Loewenheim, § 73 Rn 24.
922 AA Grünberger in: Schricker/Loewenheim, § 73 Rn 24 (»Interpretation ist nicht Mitteilung einer Person, sondern Ausdruck, und zwar unmittelbarster Ausdruck der individuellen Persönlichkeit des Künstlers«); kritisch zum BGH Seelig, UFITA 133 (1997), 53, 84 (für Sprechleistungen); Bünte, Die künstlerische Darbietung als persönliches und immaterielles Rechtsgut, 2000, S. 73.
923 Grünberger in: Schricker/Loewenheim, § 73 Rn 25 m. w. N., insb. in Fußnote 203.
924 Siehe Kapitel C.II.
925 Dass Dünnwald selbst hieran zweifelt, wird daran deutlich, dass das Wesentliche bei ihm in § 73 Rn 26 in Klammern steht: Der ausübende Künstler werde nicht nur, sondern auch in der Rolle wahrgenommen.
926 Siehe Fischer-Lichte, Ästhetik des Performativen, 2004, S. 131.
927 Siehe Kapitel C.II.2.
928 Engel, Ideen zu einer Mimik (1785/1786), 1804, S. 58.
929 Fischer-Lichte, Ästhetik des Performativen, 2004, S. 132.
930 BGH GRUR 1981, 419, 421 – Quizmaster.
931 Dünnwald/Gerlach, Schutz des ausübenden Künstlers, Kommentar zu §§ 73 bis 83 UrhG, 2008, § 73 UrhG Rn 25, S. 128.
932 BGHZ 33, 20, 23.
933 Das Berufungsgericht beruft sich hier auf die Entscheidung des LG Hamburg GRUR 1976, 151 ff. – Rundfunksprecher.
934 Zitiert auch von Dünnwald/Gerlach, Schutz des ausübenden Künstlers, Kommentar zu §§ 73 bis 83 UrhG, 2008, § 73 UrhG Rn 25.
935 BGH GRUR 1981, 419, 421.
936 BGH GRUR 1981, 419, 421.
937 BGH GRUR 1981, 419, 421.
938 BGH GRUR 1981, 419, 421.
939 Fischer-Lichte, Theaterwissenschaft, 2010, S. 47 f.
940 BGBl. 1870, 339 (des Norddeutschen Bundes).
941 Dambach, Fünfzig Gutachten über Nachdruck und Nachbildung, 1891, S. 174 f.; Dernburg, Lehrbuch des Preußischen Privatrechts und der Privatrechtsnormen des Reichs, 1983, in Fn 29; v. Gierke, Deutsches Privatrecht, Bd. 1, 1895, S. 775; Kohler, Das Autorrecht, 1880, S. 187 f.
942 Siehe hierzu das vorhergehende Kapitel C.III.1.
943 BGH GRUR 2008, 1081 – Musical Starlights (st. Rspr).
944 BGH GRUR 1971, 35 – Maske in Blau.
945 Loewenheim/Leistner in: Schricker/Loewenheim, § 2 Rn 102, mit zahlreichen weiteren Nachweisen in der Rechtsprechung.
946 BGH GRUR 1962, 256, 257 – Im weißen Rössl; KG UFITA 9 (1936), 422, 424 – Carmen.
947 v. Ungern-Sternberg in: Schricker/Loewenheim, § 19 Rn 41; v. Gamm, UrhG, 1968, § 19 Rn 8, S. 361. Siehe dazu auch OLG Braunschweig ZUM 1989, 134, 136 – zur Abgrenzung zwischen großem und kleinem Bühnenaufführungsrecht.
948 Siehe Kapitel C.II.3.
949 BGH Urt. v. 29.04.1970 – Az. I ZR 30/69, NJW 1970, 2247–2248 – Maske in Blau.
950 BGH, Urteil vom 03.07.2008 – Az. I ZR 204/05, GRUR 2008, 1081–1084 – Musical Starlights; Ulmer, Urheber- und Verlagsrecht, 3. Aufl. 1980, S. 143; v. Gamm,

UrhG, 1968, § 19 Rn 12; v. Ungern-Sternberg in: Schricker/Loewenheim, § 19 UrhG Rn 32 (m. w. N.), 41.

951 BGH GRUR 2008, 1082 – Musical Starlights. Siehe auch BVerfG, Urteil des Ersten Senats vom 31. Mai 2016 – Az. 1 BvR 1585/13, Rn 1–125 – Metall auf Metall, m. w. N.

952 BGH GRUR 1960, 604, 605 – Eisrevue I.

953 BGH GRUR 1960, 606, 608 – Eisrevue II.

954 OLG Braunschweig ZUM 1989, 134, 135, zur Abgrenzung zwischen großem und kleinem Bühnenaufführungsrecht.

955 BGH GRUR 2008, 1082, 1083 – Musical Starlights.

956 Vgl. hierzu Kapitel C.II.3.

957 Fischer-Lichte, Ästhetik des Performativen, 2004, S. 153.

958 Vgl. Kapitel C.III.2.

959 BGH GRUR 2008, 1081–1084 – Musical Starlights.

960 BGH GRUR 2008, 1081 (st. Rspr).

961 v. Gamm, UrhG, 1968, § 2 Rn 10.

962 Siehe hierzu auch die Darlegung von Fischer-Lichte, Ästhetik des Performativen, 2004, S. 243.

963 BGH GRUR 2008, 1081–1084 – Musical Starlights. Siehe auch Kapitel B.I.4.b).

964 *Fokine,* Letter to »The Times«, July 6th, 1914, S. 257, 260 (Übersetzung Rudolf Liechtenhahn).

965 BGH GRUR 1960, 604, 605 – Eisrevue I.

966 Fischer-Lichte gebraucht in diesem Zusammenhang den Begriff der Emergenz; siehe hierzu Fischer-Lichte, Performativität. Eine Einführung, 2012, S. 75.

967 Fischer-Lichte, Ästhetik des Performativen, 2004, S. 243.

968 Fischer-Lichte, Ästhetik des Performativen, 2004, S. 243.

969 Fischer-Lichte, Ästhetik des Performativen, 2004, S. 244.

970 Siehe Kapitel C.III.2.a).bb).

971 Fischer-Lichte, Ästhetik des Performativen, 2004, S. 143 f.

972 Fischer-Lichte, Ästhetik des Performativen, 2004, S. 244.

973 Fischer-Lichte, Ästhetik des Performativen, 2004, S. 244.

974 Fischer-Lichte, Ästhetik des Performativen, 2004, S. 244.

975 Fischer-Lichte, Ästhetik des Performativen, 2004, S. 23. Siehe hierzu Fischer-Lichte, Verwandlung als ästhetische Kategorie, 1998, S. 21, 25 ff.

976 Fischer-Lichte in: Metzler: »Bedeutung«, S. 30, 31, rechte Spalte.

977 Im Unterschied zur Perzeption bezeichnet die Apperzeption das Vermögen des Verstandes, klare gedankliche Vorstellungen aus der Perzeption herauszubilden (Kognition).

978 Fischer-Lichte, Ästhetik des Performativen, 2004, S. 244 f.

979 Fischer-Lichte, Ästhetik des Performativen, 2004, S. 245.

980 Fischer-Lichte in: Metzler: »Bedeutung«, S. 30, 31.

981 Fischer-Lichte, Ästhetik des Performativen, 2004, S. 245. Der Begriff der Signifikanz heißt hier das Bedeutende, der Begriff des Signifikats das Bedeutete. Sie werden nachfolgend synonym zu den Begriffen »Form« und »Inhalt« verstanden, allerdings im Hinblick auf eine Rezeptionsästhetik. Siehe hierzu Kapitel D.III.1.d).

982 Merleau-Ponty, 1908–1961: Phänomenologie der Wahrnehmung, 1966, S. 165.

983 Merleau-Ponty, 1908–1961: Phänomenologie der Wahrnehmung, 1966, S. 374.

984 Fischer-Lichte, Ästhetik des Performativen, 2004, S. 246.

985 Fischer-Lichte, Ästhetik des Performativen, 2004, S. 247.

986 Fischer-Lichte, Ästhetik des Performativen, 2004, S. 246.

987 Fischer-Lichte in: Metzler: »Bedeutung«, S. 30, 31.

988 Fischer-Lichte, Ästhetik des Performativen, 2004, S. 247.

989 Fischer-Lichte in: Metzler: »Bedeutung«, S. 30, 31.

990 Fischer-Lichte in: Metzler: »Bedeutung«, S. 30, 32.

991 Fischer-Lichte in: Metzler: »Bedeutung«, S. 30, 32.

992 Fischer-Lichte in: Metzler: »Bedeutung«, S. 30.

993 Fischer-Lichte, Theaterwissenschaft, 2010, S. 56.

994 Gleichnamige »Analyse der Phobie eines fünfjährigen Knaben« von 1909 durch Sigmund Freud, dessen Fallbeispiel als besonders wichtiger »Beleg« für seine »Ödipus-Theorie« gilt (Freud, Gesammelte Werke: chronologisch geordnet (unter Mitwirkung von Marie Bonaparte), hrsg. von Anna Freud u. a., 1909).

995 Fischer-Lichte, Ästhetik des Performativen, 2004, S. 248.

996 Fischer-Lichte, Theaterwissenschaft, 2010, S. 56.
997 Fischer-Lichte, Ästhetik des Performativen, 2004, S. 248.
998 Siehe Kapitel C.III.1.
999 Siehe Kapitel C.III.2.
1000 Fischer-Lichte, Ästhetik des Performativen, 2004, S. 256.
1001 Siehe Kapitel C.III.2.b).
1002 Fischer-Lichte, Ästhetik des Performativen, 2004, S. 255.
1003 Fischer-Lichte, Ästhetik des Performativen, 2004, S. 256.
1004 Fischer-Lichte, Ästhetik des Performativen, 2004, S. 256.
1005 Fischer-Lichte, Theaterwissenschaft, 2010, S. 57 f. Siehe auch Fischer-Lichte, Ästhetik des Performativen, 2004, S. 260, passim.
1006 Vgl. hierzu insbesondere Kapitel D.III.2.
1007 Fischer-Lichte, Ästhetik des Performativen, 2004, S. 257.
1008 Fischer-Lichte, Ästhetik des Performativen, 2004, S. 258.
1009 Fischer-Lichte, Ästhetik des Performativen, 2004, S. 260 f.
1010 Fischer-Lichte, Ästhetik des Performativen, 2004, S. 261.
1011 BGH GRUR 2008, S. 1081–1084 – Musical Starlights.
1012 Heck, Begriffsbildung und Interessenjurisprudenz, 1932, S. 107.
1013 Heck, AcP 112 (1914), 1, 161 ff.; Engisch, Einführung in das juristische Denken, 11. Aufl. 2010, S. 241 ff.; Canaris, Die Feststellung von Lücken im Gesetz, 2. Aufl. 1983, S. 17.
1014 BVerfGE 7, 198 – Lüth; BVerfGE 54, 148, 151 – Eppler; BVerfGE 54, 208, 215 – Böll; BVerfGE 66, 116, 131 – Wallraff.
1015 Siehe dazu Ulmer, Urheber- und Verlagsrecht, 3. Aufl. 1980, S. 113 m. w. N. Siehe auch oben Kapitel B.I.3.e).
1016 BVerfGE 31, 229, 238 – Kirchen- und Schulgebrauch; BVerfGE 49, 382, 392 – Kirchenmusik; Papier in: Maunz/Dürig, Art. 14 GG Rn 197; Badura, Privatnützigkeit, in: Ohly/Klippel (Hrsg.), Geistiges Eigentum und Gemeinfreiheit, 2007, S. 45, 46; Leinemann, Die Sozialbindung des »geistigen Eigentums«, 1998, S. 55 ff.; Seith, Wie kommt der Urheber zu seinem Recht?, 2003, S. 105 ff.
1017 Damit soll nicht ausgeschlossen werden, dass Art. 2 Abs. 1 GG als Auffanggrundrecht im Sinne Kohlers (dualistische Theorie) zur Anwendung kommt.
1018 BVerfGE 31, 229, 238 – Kirchen- und Schulgebrauch.
1019 BVerfGE 31, 229, 238 – Kirchen- und Schulgebrauch. Siehe auch BVerfGE 30, 173, 190 – Mephisto.
1020 So noch BVerfGE 31, 229, 240 – Kirchen- und Schulgebrauch.
1021 Zur Vorstellung der »Kommunikationsverfassung« siehe Scholz in: Maunz/Dürig, Art. 5 Abs. 3 GG Rn 4c.
1022 So Knies, Schranken der Kunstfreiheit als verfassungsrechtliches Problem, 1967, S. 156 m. w. N.
1023 Isensee, Wer definiert die Freiheitsrechte, 1960, S. 35.
1024 Bethge in: Sachs, Art. 5 GG Rn 182.
1025 So etwa Knies, Schranken der Kunstfreiheit als verfassungsrechtliches Problem, 1967, S. 217 ff.; dagegen Bethge in: Sachs, Art. 5 GG Rn 183, 190.
1026 BVerfGE 75, 369, 377 – Strauß-Karikatur (Hervorhebung durch Verf.). Siehe auch BVerfGE 67, 213, 224 f. – anachronistischer Zug, mit dem Argument, es fehle mit dem ästhetischen Werturteil eine objektive Basis der Wertentscheidung.
1027 Isensee, Wer definiert die Freiheitsrechte, 1960, S. 59.
1028 So etwa BVerfGE 12, 4 – Tabak für Kirchenaustritt.
1029 Wendt in: v. Münch/Kunig, Art. 5 Rn 89.
1030 F. Müller, Freiheit der Kunst als Problem der Grundrechtsdogmatik, 1969, S. 37.
1031 BVerfGE 30, 173, 188 ff. – Mephisto. Diese Strukturmerkmale sind auch der Überprüfungsmaßstab von fachgerichtlichen Entscheidungen, siehe BVerfGE 75, 369, 376 – Strauß-Karikatur.
1032 Wie sich zeigt, gehen alle Standardkommentare zur Bestimmung der Kunstfreiheit implizit oder explizit von einem Wesensgehalt der Kunstfreiheitsgarantie aus, wie er durch F. Müller in seinem Beitrag »Freiheit der Kunst als Problem der Grundrechtsdogmatik« (1969) als »Rechtsbegriff« bestimmt wurde, auch wenn der Unterschied zwischen der präskriptiven (materiellen) und der deskriptiven (offenen) Kunstbegriffsdefinition bei weiten Teilen der Anhänger des materiellen Kunstbegriffs noch nicht angekommen zu sein scheint.
1033 BVerfGE 67, 213, 226 – anachronistischer Zug; diese sollen sich gegenseitig ergänzen bzw. alternativ zur Anwendung kommen.

1034 BVerfGE 30, 173, 188 f. Siehe auch BVerfGE 31, 229, 238 ff. Das Bundesverwaltungsgericht hat sich dieser Begriffsbestimmung angeschlossen, siehe BVerwGE 39, 197, 207 – Jugendgefährdende Schriften.
1035 BVerfGE 30, 173, 188 ff. – Mephisto. Aus jüngerer Zeit: BVerfGE 83, 130, 138 – Josefine Mutzenbacher. Kritisch hierzu Isensee, Wer definiert die Freiheitsrechte, 1960, S. 27 (Fn 13): »Höhen der idealistischen Ästhetik des frühen 19. Jahrhunderts«.
1036 Ohne dass es freilich auf die weiteren Voraussetzungen wie etwa eine qualifizierte Gestaltungshöhe ankommen kann. AA v. Hartlieb, Die Freiheit der Kunst und das Sittengesetz, 1969, S. 24.
1037 BVerfGE 30, 173, 188 ff. – Mephisto. Siehe auch BVerfGE 31, 229, 238 f.
1038 v. Mangoldt/Klein etwa soll von einer »Gestaltung eines seelisch-geistigen Gehalts durch eine eigenwärtige Form nach bestimmten Gesetzen« sprechen, zitiert von Scholz in: Maunz/Dürig, Art. 5 Abs. 3 GG Rn 28; Strack dagegen spricht sich eher für einen offenen Kunstbegriff aus, in v. Mangoldt/Klein/Strack, Art. 5 Abs. 3 Rn 422.
1039 Insbesondere analysiert von Heidegger, Der Ursprung des Kunstwerks, 1960, u. a. S. 11 f.
1040 BVerfGE 67, 213, 226 – anachronistischer Zug m.w.N.
1041 Knies, Schranken der Kunstfreiheit als verfassungsrechtliches Problem, 1967, S. 219.
1042 F. Müller, Freiheit der Kunst als Problem der Grundrechtsdogmatik, 1969, S. 71, 73 am Ende.
1043 BVerfGE 67, 213, 226 – anachronistischer Zug.
1044 BVerfGE 67, 213, 226 f. – anachronistischer Zug; BVerfGE 81, 278, 291 ff. – Bundestagsflagge.
1045 BVerfGE 30, 173, 188 ff. – Mephisto, S. 190 f.; Hervorhebung durch den Verf.
1046 BVerfGE 67, 213, 226 – anachronistischer Zug.
1047 Helguera, Education for Socially Engaged Art, 2011, S. 1.
1048 Auf den formellen Kunstbegriff wird nachfolgend nicht weiter eingegangen, da es sich hierbei letztlich um eine Fortführung des offenen Kunstbegriffs handelt, dessen Strukturmerkmale sich bei den anerkannten Werkgattungen als von der Kunstfreiheit geschützt erwiesen haben, siehe hierzu F. Müller, Freiheit der Kunst als Problem der Grundrechtsdogmatik, 1969, S. 40 ff.
1049 BVerfGE 67, 213, 226 – anachronistischer Zug.
1050 Siehe Kapitel D.II.
1051 BVerfGE 31, 229, 238 – Kirchen- und Schulgebrauch.
1052 Zum Beispiel BVerfGE 12, 1, 4.
1053 F. Müller, Freiheit der Kunst als Problem der Grundrechtsdogmatik, 1969, S. 39.
1054 Zum Ganzen F. Müller, Freiheit der Kunst als Problem der Grundrechtsdogmatik, 1969, S. 35 ff.
1055 F. Müller, Freiheit der Kunst als Problem der Grundrechtsdogmatik, 1969, S. 35 ff.
1056 F. Müller, Freiheit der Kunst als Problem der Grundrechtsdogmatik, 1969, S. 35.
1057 Siehe hierzu F. Müller, Freiheit der Kunst als Problem der Grundrechtsdogmatik, 1969, Vorwort, siehe auch S. 43, 83, 85, 87. Der materielle Kunstbegriff ist daher nach der strukturierenden Rechtslehre genau genommen nicht alternativ, ergänzend oder wie auch immer parallel zur offenen Kunstbegriffsdefinition anwendbar, sondern nur entweder der eine oder der andere, beides ist nicht zu haben.
1058 F. Müller, Freiheit der Kunst als Problem der Grundrechtsdogmatik, 1969, S. 45: Die materielle Kunstbegriffsdefinition könne mit ihren »metajuristischen Wertvorstellungen« zwar auf eine ehrwürdige Geschichte blicken, sei aber »ohne stabilisierenden Wert für die Normkonkretisierung«.
1059 F. Müller, Freiheit der Kunst als Problem der Grundrechtsdogmatik, 1969, Vorwort.
1060 F. Müller, Freiheit der Kunst als Problem der Grundrechtsdogmatik, 1969, S. 72, insb. auch S. 87 ff.
1061 F. Müller, Freiheit der Kunst als Problem der Grundrechtsdogmatik, 1969, S. 37.
1062 F. Müller, Freiheit der Kunst als Problem der Grundrechtsdogmatik, 1969, S. 49–66.
1063 Siehe hierzu grundlegend F. Müller, Freiheit der Kunst als Problem der Grundrechtsdogmatik, 1969, Vorwort.

1064 F. Müller, Freiheit der Kunst als Problem der Grundrechtsdogmatik, 1969, S. 71.
1065 Siehe Kapitel B.
1066 Loewenheim/Leistner in: Schricker/Loewenheim, § 2 Rn 44.
1067 Siehe Kapitel B.I.3.c).
1068 Siehe Kapitel D.II.2.
1069 Siehe Kapitel B.I.3.c).
1070 Kummer, Das urheberrechtlich schützbare Werk, 1968, S. 29.
1071 Kummer, Das urheberrechtlich schützbare Werk, 1968, S. 29.
1072 Kummer, Das urheberrechtlich schützbare Werk, 1968, S. 29.
1073 Loewenheim in: Schricker/Loewenheim, § 2 Rn 17 (4. Aufl.).
1074 Kummer, Das urheberrechtlich schützbare Werk, 1968, S. 75. Siehe auch Kummer in: FS Troller, 1976, S. 92.
1075 »[...] was die moderne Kunst historisch bedeutet: die ungeheuerste Revolution, die sich in der Kunst je abgespielt hat« (Sedlmayr, Die Revolution der modernen Kunst, 1955, S. 15, zitiert bei Kummer in: FS Troller, 1976, S. 92).
1076 Kummer in: FS Troller, 1976, S. 92.
1077 Kummer, Das urheberrechtlich schützbare Werk, 1968, S. 75.
1078 So aber Loewenheim in: Schricker/Loewenheim, § 2 Rn 17 (4. Aufl.).
1079 Kummer, Das urheberrechtlich schützbare Werk, 1968, S. 73.
1080 Kummer, Das urheberrechtlich schützbare Werk, 1968, S. 73, was unabhängig davon gilt, dass Kummer Schweizer ist.
1081 BVerfGE 67, 213–231, Rn 23; siehe auch Rn 24 – Anachronistischer Zug.
1082 Kummer, Das urheberrechtlich schützbare Werk, 1968, S. 25.
1083 Kummer, Das urheberrechtlich schützbare Werk, 1968, S. 25.
1084 Hofmann, Grundlagen der modernen Kunst – Eine Einführung in ihre symbolischen Formen, 1966, S. 9.
1085 Kummer, Das urheberrechtlich schützbare Werk, 1968, S. 24.
1086 Kummer, Das urheberrechtlich schützbare Werk, 1968, S. 24.
1087 Kummer, Das urheberrechtlich schützbare Werk, 1968, S. 24.
1088 Steiner, Der Rückzug vom Wort; »Merkur«, Deutsche Zeitschrift für europäisches Denken, Nr. 172/1962, S. 510, 522, zitiert bei Kummer, Das urheberrechtlich schützbare Werk, 1968, S. 28.
1089 Read, Formen des Unbekannten, 1963, S. 173, zitiert bei Kummer, Das urheberrechtlich schützbare Werk, 1968, S. 72.
1090 Kummer, Das urheberrechtlich schützbare Werk, 1968, S. 26.
1091 Kummer, Das urheberrechtlich schützbare Werk, 1968, S. 26. In deutlicher Kritik zur sogenannten kleinen Münze des Urheberrechts (»ästhetischer Schwellenwert«).
1092 Kummer, Das urheberrechtlich schützbare Werk, 1968, S. 26.
1093 Kummer, Das urheberrechtlich schützbare Werk, 1968, S. 29.
1094 Kummer, Das urheberrechtlich schützbare Werk, 1968, S. 37.
1095 Kummer, Das urheberrechtlich schützbare Werk, 1968, S. 29.
1096 Kummer, Das urheberrechtlich schützbare Werk, 1968, S. 29.
1097 Kummer, Das urheberrechtlich schützbare Werk, 1968, S. 27.
1098 Kummer, Das urheberrechtlich schützbare Werk, 1968, S. 29.
1099 Kummer, Das urheberrechtlich schützbare Werk, 1968, S. 22.
1100 Kummer, Das urheberrechtlich schützbare Werk, 1968, S. 23.
1101 Kummer, Das urheberrechtlich schützbare Werk, 1968, S. 29.
1102 Kummer, Das urheberrechtlich schützbare Werk, 1968, S. 29.
1103 Ulmer, Urheber- und Verlagsrecht, 2. Aufl. 1960, S. 109.
1104 Ulmer, Urheber- und Verlagsrecht, 2. Aufl. 1960, S. 116.
1105 Ulmer, Urheber- und Verlagsrecht, 2. Aufl. 1960, S. 116.
1106 Ulmer, GRUR 1968, 527; Ulmer, Urheber- und Verlagsrecht, 3. Aufl. 1980, S. 133; so auch Schulze in: Dreier/Schulze, 6. Aufl. 2018, § 2 Rn 19.
1107 Ulmer, Urheber- und Verlagsrecht, 3. Aufl. 1980, S. 133.
1108 Hubmann, Urheber- und Verlagsrecht, 4. Aufl. 1978, S. 34.
1109 Ulmer, GRUR 1968, 527, 529.
1110 Ulmer, GRUR 1968, 527, 529.
1111 Ihm zustimmend Loewenheim in: Schricker/Loewenheim, § 2 Rn 16 f. m. w. N. (4. Aufl.); vgl. hierzu auch Loewenheim/Pfeifer in: Schricker/Loewenheim, § 7 Rn 1a »Theorie vom Ende des Subjekts in der Kunst«; Hubmann gibt an, es sei unmöglich, durchgängig »den Inhalt eines subjektiven Rechts durch ein bestimmtes Objekt zu kennzeichnen, sondern daß auf die Art der geschützten

Interessen zurückgegriffen werden muß« (Das Recht des schöpferischen Geistes, 1954, S. 83); Gerstenberg, Die Urheberrechte an Werken der Kunst, der Architektur, der Fotografie, 1986, S. 48 f (Anm. 4 und 5).

1112 Siehe dazu Kummer, Das urheberrechtlich schützbare Werk, 1968, S. 26.

1113 Ulmer, Urheber- und Verlagsrecht, 3. Aufl. 1980, S. 133. Siehe dazu auch Ulmer in: FS Troller, 1976, S. 193.

1114 Kummer, Das urheberrechtlich schützbare Werk, 1968, S. 29.

1115 Kummer, Das urheberrechtlich schützbare Werk, 1968, S. 29.

1116 Kummer, Das urheberrechtlich schützbare Werk, 1968, S. 5, passim.

1117 Kummer, Das urheberrechtlich schützbare Werk, 1968, S. 30.

1118 Loewenheim/Leistner in: Schricker/Loewenheim, § 2 Rn 44.

1119 Troller, Immaterialgüterrecht, Bd. 1, 2. Aufl. 1968.

1120 Was Troller in der dritten Auflage aber nicht getan hat, wie Larese, UFITA 105 (1987), 7, 14, feststellt.

1121 Ulmer, GRUR 1968, 527.

1122 Siehe Kapitel D.III.1.

1123 Obgleich in der rechtlichen Entscheidung unter der Hand eine dahin gehende Tendenz zu beobachten ist, etwa wenn das Merkmal der Art und Weise der Darstellung betont wird und dieses im Vergleich zu anderen Werken bewertet wird.

1124 Kummer, Das urheberrechtlich schützbare Werk, 1968, S. 30 ff. Siehe auch Troller in: FS Kummer, 1980, S. 265 ff.

1125 Siehe etwa Girth, Individualität und Zufall im Urheberrecht, 1974, 28 ff.; Hörnig, UFITA 99 (1985), 13, 56 f.; K. Schmidt, UFITA 77 (1976), 1, 22 ff. Für das Schweizer Recht: Straub, GRUR Int. 2001, 1, 5 ff.

1126 A. Nordemann in: Fromm/Nordemann, 12. Aufl. 2018, § 2 Rn 16; Bullinger in: Wandtke/Bullinger, 5. Aufl. 2019, § 2 Rn 15; Dreyer in: Dreyer/Kotthoff/Meckel, UrhG, § 2 Rn 22; Schack, Urheber- und Urhebervertragsrecht, 9. Aufl. 2019, Rn 183; Ulmer, Urheber- und Verlagsrecht, 3. Aufl. 1980, § 20 I 3, und ders., GRUR 1968, 527, 529; Rehbinder, Urheberrecht, 15. Aufl. 2008, Rn 185; Haberstumpf, Handbuch des Urheberrechts, 2. Aufl. 2000, Rn 95; Erdmann in: FS v. Gamm, 1990, S. 389, 397; Brutschke, Urheberrecht und EDV, 1972, S. 50 ff.; Girth, Individualität und Zufall im Urheberrecht, 1974, 35ff.; Rau, Antikunst und Urheberrecht, Überlegungen zum urheberrechtlichen Werkbegriff, 1974, S. 44; Wassner, Geschmack und unlauterer Wettbewerb, 1975, S. 23; Gerstenberg in: FS Wendel, 1969, S. 89, 95 ff.; Bielenberg GRUR 1974, 589 f.; Samson, UFITA 56 (1970), 117, 123 ff., 126; K. Schmidt, UFITA 77 (1976), 1, 29 ff.; Troller, UFITA 63 (1972), 1, 4. Gegen die statistische Einmaligkeit auch OLG Hamburg GRUR-RR 2002, 217, 218 – CT-Klassenbibliothek. Kummer zustimmend dagegen Hösly, Das urheberrechtlich schützbare Rechtssubjekt, 1987, S. 56 ff.; Thomaschki, Das schwarze Quadrat – Zur urheberrechtlichen Schutzfähigkeit zeitgenössischer Kunst, 1995, S. 75 ff.; Schulze spricht von einer indiziellen Wirkung, in: Dreier/Schulze, UrhG, 6. Aufl. 2018, § 2 Rn 9; v. Büren, GRUR Int. 1985, 385, 387 ff. m. w. N. Zum Ganzen auch Straub, GRUR Int. 2001, 1, 3 ff.

1127 Siehe unten Kapitel D.III.1.d).

1128 Diese Auflistung seiner Kriterien findet sich auf S. 80.

1129 Kummer, Das urheberrechtlich schützbare Werk, 1968, S. 5.

1130 Kummer, Das urheberrechtlich schützbare Werk, 1968, S. 5.

1131 Kummer, Das urheberrechtlich schützbare Werk, 1968, S. 6, insb. S. 57 f.

1132 Kummer, Das urheberrechtlich schützbare Werk, 1968, S. 58.

1133 AA Ulmer, GRUR 1968, 527.

1134 Kummer, Das urheberrechtlich schützbare Werk, 1968, S. 30. Hervorhebung im Original.

1135 So Ulmers Verständnis in GRUR 1968, 527.

1136 Kummer, Das urheberrechtlich schützbare Werk, 1968, S. 30 ff. Siehe auch Troller in: FS Kummer, 1980, S. 265 ff.; ebenfalls etwa Girth, Individualität und Zufall im Urheberrecht, 1974, S. 28 ff.; Hörnig, UFITA 99 (1985), 13, 56 f.; K. Schmidt, UFITA 77 (1976), 1, 22 ff. Für das Schweizer Recht: Straub, GRUR Int. 2001, 1, 5 ff.

1137 Kummer, Das urheberrechtlich schützbare Werk, 1968, S. 8 (»Form als Wahrnehmbarmachen«).

1138 Kummer, Das urheberrechtlich schützbare Werk, 1968, S. 36.

1139 Kummer, Das urheberrechtlich schützbare Werk, 1968, S. 100.

1140 Ulmer, GRUR 1968, 527. Siehe hierzu Kummer, Das urheberrechtlich schützbare Werk, 1968, S. 58.
1141 Kummer, Das urheberrechtlich schützbare Werk, 1968, S. 58.
1142 Kummer, Das urheberrechtlich schützbare Werk, 1968, S. 103.
1143 Nach dem Rezeptionsprinzip kommt es gerade nicht auf irgendwelche Assoziationen an. Die Föhrenwurzel ist nach der Lehre Kummers eher als ein äußeres Symbol zu verstehen, welches gerade von dem Werturteil, dass diese an eine Tänzerin erinnert, befreit werden möchte. Das heißt, nach Kummer soll es gerade nicht darauf ankommen, ob die Wurzel an eine Tänzerin, einen Tänzer oder gar an etwas ganz anderes erinnern soll.
1144 Larese dreht die Prämisse daher auch konsequent vom Kopf auf die Füße: Nicht der Urheber präge das Werk, sondern das Werk präge den Urheber (Larese, Urheberrecht in einem sich wandelnden Kulturbetrieb, 1979, S. 150).
1145 Kummer, Das urheberrechtlich schützbare Werk, 1968, S. 30.
1146 Kummer, Das urheberrechtlich schützbare Werk, 1968, S. 77 in Fn 109.
1147 Kummer, Das urheberrechtlich schützbare Werk, 1968, S. 77 in Fn 109.
1148 Dietz, Urheberrecht im Wandel. Paradigmenwechsel im Urheberrecht?, in: R. Dittrich (Hrsg.), Woher kommt das Urheberrecht und wohin geht es?, 1988, S. 200 ff., 205.
1149 Wölfflin, Kunstgeschichtliche Grundbegriffe, 10. Aufl. 1948, S. 11, zitiert von Kummer, Das urheberrechtlich schützbare Werk, 1968, S. 30.
1150 Kummer, Das urheberrechtlich schützbare Werk, 1968, S. 27, in Bezug auf die sogenannte *optical art*, in der »Gerade, Dreieck, Viereck, Kreis usw.« zur statistischen Einmaligkeit verbunden werden.
1151 Schon Kohler hat Kant den Vorwurf gemacht, dass dieser rein formal denke.
1152 Stieger, Urheberrecht: Bald ein »gewöhnliches« gewerbliches Schutzrecht; Symposium für Professor Manfred Rehbinder, 15.01.2009, S. 7 (www.homburger.ch; abgerufen am 10.12.2016).
1153 Kummer, Das urheberrechtlich schützbare Werk, 1968, S. 75, 80.
1154 Kummer, Das urheberrechtlich schützbare Werk, 1968, S. 75.
1155 Zu dieser anderen Realität siehe unten Kapitel D.III.1.d).bb).
1156 Kummer, Das urheberrechtlich schützbare Werk, 1968, S. 75.
1157 Kummer knüpft damit an Kant an, der Kunst zuallererst als einen autonomen Bereich verstanden hat. Vgl. zur Kunst als autonomen Bereich im Sinne von Kant: Fischer-Lichte, Ästhetische Erfahrung, 2001, S. 57 ff.
1158 Zur ästhetischen Funktion der Art und Weise der Darstellung im strukturalistischen Kunstverständnis siehe auch Fischer-Lichte, Ästhetische Erfahrung, 2001, S. 54 ff.
1159 Kummer, Das urheberrechtlich schützbare Werk, 1968, S. 75 ff.
1160 Kummer, Das urheberrechtlich schützbare Werk, 1968, S. 75.
1161 Kummer, Das urheberrechtlich schützbare Werk, 1968, S. 76.
1162 Kummer, Das urheberrechtlich schützbare Werk, 1968, S. 76.
1163 Kummer, Das urheberrechtlich schützbare Werk, 1968, S. 73.
1164 Kummer, Das urheberrechtlich schützbare Werk, 1968, S. 75.
1165 Hofmann, Grundlagen der modernen Kunst – Eine Einführung in ihre symbolischen Formen, 1966, S. 460.
1166 Kummer, Das urheberrechtlich schützbare Werk, 1968, S. 75.
1167 Kummer, Das urheberrechtlich schützbare Werk, 1968, S. 75.
1168 Wie geschehen in der Staatlichen Kunstakademie Düsseldorf, bei der eine Fettecke von Joseph Beuys durch Mitarbeiter der Akademie im Zuge von Reinigungsarbeiten am 9. Oktober 1986 zerstört wurde. Siehe hierzu LG Düsseldorf, Urteil vom 16.12.1987 – Az. 2 O 222/87. Siehe in diesem Zusammenhang auch Braun, NJW 1988, 297.
1169 Kummer, Das urheberrechtlich schützbare Werk, 1968, S. 75.
1170 Kummer, Das urheberrechtlich schützbare Werk, 1968, S. 76.
1171 Kummer, Das urheberrechtlich schützbare Werk, 1968, S. 76.
1172 Kummer, Das urheberrechtlich schützbare Werk, 1968, S. 75 (Hervorhebungen im Original).
1173 Kummer, Das urheberrechtlich schützbare Werk, 1968, S. 76.
1174 Ulmer, GRUR 1968, 527 ff.
1175 Ulmer, GRUR 1968, 527, 529.
1176 So auch Loewenheim in: Schricker/Loewenheim, § 2 Rn 17 (4. Aufl.).
1177 Kummer, Das urheberrechtlich schützbare Werk, 1968, S. 32.

1178 So ausdrücklich Ulmer, GRUR 1968, 527, 529.
1179 Kummer, Das urheberrechtlich schützbare Werk, 1968, S. 74.
1180 Kummer, Das urheberrechtlich schützbare Werk, 1968, S. 74.
1181 Kummer, Das urheberrechtlich schützbare Werk, 1968, S. 80.
1182 Kummer, Das urheberrechtlich schützbare Werk, 1968, S. 134.
1183 Ulmer, GRUR 1968, 527, 529.
1184 Kummer, Das urheberrechtlich schützbare Werk, 1968, S. 134.
1185 AA Ulmer, Urheber- und Verlagsrecht, 2. Aufl. 1960, S. 134 f.
1186 Kummer, Das urheberrechtlich schützbare Werk, 1968, S. 134, passim.
1187 Kummer, Das urheberrechtlich schützbare Werk, 1968, S. 76.
1188 Kummer, Das urheberrechtlich schützbare Werk, 1968, S. 73 (Hervorhebung im Original).
1189 Kummer, Das urheberrechtlich schützbare Werk, 1968, S. 73 (Hervorhebung im Original).
1190 Kummer will mit seiner Lehre das ästhetische Werturteil der h. M. vermeiden. Noch scheint aber der erwartbare Vorwurf gerechtfertigt, dass er ebenfalls in eine Wertungsfalle tappt. Denn wenn das (Kunst-)Kollektiv berufen sein soll, im Rahmen der gesellschaftlichen Konventionen zu beurteilen, ob etwas entweder zweckmäßig ist oder eine ästhetische Funktion hat oder ob, sollte die ästhetische Funktion gar zweifelhaft sein oder ganz infrage stehen, die Umstände für eine Präsentation als Kunstwerk sprechen, dann erinnert das an das ästhetische Werturteil »der gebildeten, mit Kunstanschauungen einigermaßen vertrauten und für künstlerische Dinge empfänglichen Verkehrskreise« der Rechtsprechung. Die von Kummer angestrebte objektive(re) bzw. praktikablere Beurteilung kann in diesem Fall nicht wirklich erkannt werden. Im Gegensatz zum Schöpfungsprinzip postuliert Kummer gleichwohl keinen inhaltlich normierenden Werkbegriff, sondern das Werk wird auf objektiver Grundlage auf seine statistische Einmaligkeit hin untersucht. Ob dabei die hier angesprochene Grenze zwischen der außerkünstlerischen Wirklichkeit und der Kunst tatsächlich einmal aufgehoben werden kann, ist daher, wie er sagt, eine »Schicksalsfrage [...], ob überhaupt noch eine ›Kunst‹ überleben wird« (Kummer in: FS Troller, 1976, S. 94). Wie und ob sich bei solchen Zweifelsfällen noch eine Kluft zwischen Kunst und Leben ergibt, wird noch zu prüfen sein. Es könnte sein, dass sich bei solchen »Zwittergebilden« (Kummer in: FS Troller, 1976, S. 96) die Kunsthaftigkeit nur noch aus dem Kontext der Institution Kunst ergibt. Vgl. hierzu das letzte Kapitel dieser Untersuchung.
1191 Kummer, Das urheberrechtlich schützbare Werk, 1968, S. 5.
1192 Kummer, Das urheberrechtlich schützbare Werk, 1968, S. 5.
1193 Kummer, Das urheberrechtlich schützbare Werk, 1968, S. 5.
1194 Kummer, Das urheberrechtlich schützbare Werk, 1968, S. 6 (Hervorhebungen im Original).
1195 Kummer, Das urheberrechtlich schützbare Werk, 1968, S. 101.
1196 Kummer, Das urheberrechtlich schützbare Werk, 1968, S. 101.
1197 Nicht aber das der Individualität, weswegen Kummer ausdrücklich davon ausgeht, dass Duchamp keinen Urheberschutz beanspruchen kann.
1198 *Imago dissimilis* heißt so viel wie »unähnliches Bild«; *factum brutum* heißt so viel wie das Ding an sich in seiner Materialität.
1199 Hofmann, Grundlagen der modernen Kunst – Eine Einführung in ihre symbolischen Formen, 1966, S. 339, zitiert von Kummer, Das urheberrechtlich schützbare Werk, 1968, S. 101.
1200 So auch Kummer, Das urheberrechtlich schützbare Werk, 1968, S. 102.
1201 Siehe Kapitel D.III.1.b).
1202 Zu dieser anderen Realität siehe unten Kapitel D.III.1.d).bb).
1203 Kummer, Das urheberrechtlich schützbare Werk, 1968, S. 77.
1204 Kummer, Das urheberrechtlich schützbare Werk, 1968, S. 77.
1205 Kummer, Das urheberrechtlich schützbare Werk, 1968, S. 76.
1206 Mukařovský, Kapitel aus der Ästhetik, 1970, S. 130. Zum strukturalistischen Kunstwerk als Herstellung einer Wirklichkeit *sui generis* siehe auch Fischer-Lichte, Ästhetische Erfahrung, 2001, S. 42 ff. Ausführlicher dazu auch dies., Ästhetische Erfahrung, 2001, S. 58 ff.
1207 Mukařovský, Kapitel aus der Ästhetik, 1970, S. 97.
1208 Mukařovský, Kapitel aus der Ästhetik, 1970, S. 97.
1209 Zum strukturalistischen Kunstbegriff siehe auch Fischer-Lichte, Ästhetische Erfahrung, 2001, S. 42 ff.

1210 Hofmann, Grundlagen der modernen Kunst – Eine Einführung in ihre symbolischen Formen, 1966, S. 445, zitiert bei Kummer, Das urheberrechtlich schützbare Werk, 1968, S. 101.
1211 Kummer, Das urheberrechtlich schützbare Werk, 1968, S. 77, näher erläutert im Kapitel: »Befreiung vom ästhetischen Werturteil«.
1212 Kummer, Das urheberrechtlich schützbare Werk, 1968, S. 77.
1213 Zu Mukařovský siehe auch Fischer-Lichte, Ästhetische Erfahrung, 2001, S. 58 ff.
1214 Siehe hierzu F. Müller, Freiheit der Kunst als Problem der Grundrechtsdogmatik, 1969, S. 72, 87 ff.
1215 Kummer, Das urheberrechtlich schützbare Werk, 1968, S. 7.
1216 Kummer, Das urheberrechtlich schützbare Werk, 1968, S. 6.
1217 Kummer, Das urheberrechtlich schützbare Werk, 1968, S. 58.
1218 Siehe Kapitel D.III.1.d).
1219 Kummer, Das urheberrechtlich schützbare Werk, 1968, S. 8–22, jeweils zu den verschiedenen Kunstgattungen, zur Literatur insb. S. 8–15.
1220 Kummer, Das urheberrechtlich schützbare Werk, 1968, S. 15.
1221 Kummer, Das urheberrechtlich schützbare Werk, 1968, S. 8.
1222 Kummer, Das urheberrechtlich schützbare Werk, 1968, S. 9.
1223 Kummer, Das urheberrechtlich schützbare Werk, 1968, S. 8.
1224 Kummer, Das urheberrechtlich schützbare Werk, 1968, S. 8.
1225 Wobei äußerst zweifelhaft ist, ob Kummer damit das Kriterium der Zweckfreiheit als erfüllt verstanden wissen will, was für die weitere Untersuchung aber unerheblich ist.
1226 Kummer, Das urheberrechtlich schützbare Werk, 1968, S. 9.
1227 Kummer, Das urheberrechtlich schützbare Werk, 1968, S. 9.
1228 Kummer, Das urheberrechtlich schützbare Werk, 1968, S. 9.
1229 Siehe hierzu Ulmer, Urheber- und Verlagsrecht, 2. Aufl. 1960, S. 106.
1230 Eine in Deutschland immer noch verbreitete Auffassung. Siehe hierzu auch Kummer, Das urheberrechtlich schützbare Werk, 1968, S. 21 m. w. N.
1231 Hofmiller, Form ist alles, 1955, S. 15, zitiert von Kummer, Das urheberrechtlich schützbare Werk, 1968, S. 9.
1232 Zum Problem, wonach eine solche Trennung »Unbrauchbares« liefert, da eine ausschließliche Betonung der Form als das urheberrechtlich Ansprechbare »sich rasch als unhaltbar [erweist], bliebe doch der Autor schutzlos gegen Übersetzungen wie auch gegen inhaltsgetreue Wiedergabe seines Werkes in gleicher Sprache, aber anderer Wortfolge, was beides gleich schief wäre«, siehe Kummer, Das urheberrechtlich schützbare Werk, 1968, S. 9; siehe hierzu schon Cahn-Speyer, GRUR 1930, 755, 766.
1233 Kummer, Das urheberrechtlich schützbare Werk, 1968, S. 5.
1234 Kummer, Das urheberrechtlich schützbare Werk, 1968, S. 7.
1235 Kummer, Das urheberrechtlich schützbare Werk, 1968, S. 6.
1236 Davenson, Traité de la musique selon l'esprit de Saint Augustin, 1942, S. 15, zitiert bei Kummer, Das urheberrechtlich schützbare Werk, 1968, S. 19. Übersetzt heißt es etwa: »Was die Musik anbetrifft, ist sie einfach Musik, es ist eine Sprache, die direkt wirkt, sie drückt nichts aus, sie bezeichnet nichts, sie verweist auf nichts anderes als auf sich selbst zurück.«
1237 Kummer, Das urheberrechtlich schützbare Werk, 1968, S. 71 (übersetzt etwa: »präziser, schöner Mechanismus, der zu nichts dient«).
1238 Kummer, Das urheberrechtlich schützbare Werk, 1968, S. 71.
1239 Kummer, Das urheberrechtlich schützbare Werk, 1968, S. 71.
1240 Der Begriff des autonomen Zeichens geht auf Mukařovský zurück. Zur besonderen Rolle der Subjektivität der Konstitution des ästhetischen Zeichens nach Mukařovský innerhalb eines strukturalistischen Kunstbegriffs siehe auch Fischer-Lichte, Ästhetische Erfahrung, 2001, S. 52–63.
1241 Kummer, Das urheberrechtlich schützbare Werk, 1968, S. 157, im Hinblick auf den »Geist« des Werkes, den der ausübende Künstler verkörpert.
1242 Siehe hierzu auch Hartmann, Ästhetik, 1953, S. 82–93: »Gesetz der Objektivation«, allerdings mit der Begründung, dass der gleiche geistige Gehalt dort nur ruht, er geht also tatsächlich von der gegenteiligen Auffassung aus.
1243 Hierzu Kummer, Das urheberrechtlich schützbare Werk, 1968, S. 157.
1244 Siehe hierzu F. Müller, Freiheit der Kunst als Problem der Grundrechtsdogmatik, 1969, S. 72 m. w. N.
1245 Siehe Kapitel D.III.1.b).

1246 Kummer, Das urheberrechtlich schützbare Werk, 1968, S. 80. Zur parallelen Problematik siehe zu Mukařovský Fischer-Lichte, Ästhetische Erfahrung, 2001, S. 60, 61.
1247 Zum Ganzen siehe Morris, Grundlagen der Zeichentheorie, 1972.
1248 Peirce, Schriften, Bd. 2, 1970, S. 352 f.
1249 Kummer, Das urheberrechtlich schützbare Werk, 1968, S. 30.
1250 Kummer, Das urheberrechtlich schützbare Werk, 1968, S. 76.
1251 Kummer, Das urheberrechtlich schützbare Werk, 1968, S. 76.
1252 Siehe Kapitel D.III.1.b).
1253 Zum Ganzen der Konstitution ästhetischer Zeichen siehe Fischer-Lichte, Ästhetische Erfahrung, 2001, S. 51–65.
1254 OLG Hamburg NJW 1964, 559; ebenso BVerwGE 25, 318, 326.
1255 F. Müller, Freiheit der Kunst als Problem der Grundrechtsdogmatik, 1969, Vorwort.
1256 F. Müller, Freiheit der Kunst als Problem der Grundrechtsdogmatik, 1969, S. 34 f.
1257 Vor diesem Hintergrund rückt die Rechtsprechung, die den Eigentümlichkeitsgrad eines Werkes erst durch einen Vergleich zu anderen Werken bestimmen will, in ein neues Licht. Denn offenbar ist auch den Gerichten die dargestellte Aporie nicht entgangen und sind sie »unter der Hand« bemüht (unter impliziter Anwendung der Lehre Kummers), das Werk von jedem ästhetischen Werturteil zu befreien. Allerdings ist zweifelhaft, ob sich der Gegensatz zwischen Schöpfungsprinzip und Rezeptionsprinzip nicht immer wieder zeigt, sodass sich deren Verbindung letztlich ausschließt.
1258 Siehe Kapitel D.III.1.
1259 Kummer, Das urheberrechtlich schützbare Werk, 1968, S. 30 ff., 47 ff.
1260 Kummer, Das urheberrechtlich schützbare Werk, 1968, S. 75 ff.
1261 Kummer, Das urheberrechtlich schützbare Werk, 1968, S. 8.
1262 Kummer, Das urheberrechtlich schützbare Werk, 1968, S. 5 ff.
1263 Siehe Kapitel D.III.2.
1264 Kummer, Das urheberrechtlich schützbare Werk, 1968, S. 30 (Hervorhebung im Original).
1265 Kummer, Das urheberrechtlich schützbare Werk, 1968, S. 165.
1266 Kummer, Das urheberrechtlich schützbare Werk, 1968, S. 165.
1267 Kummer, Das urheberrechtlich schützbare Werk, 1968, S. 165.
1268 Kummer, Das urheberrechtlich schützbare Werk, 1968, S. 165.
1269 Kummer, Das urheberrechtlich schützbare Werk, 1968, S. 166.
1270 Kummer, Das urheberrechtlich schützbare Werk, 1968, S. 43.
1271 Kummer, Das urheberrechtlich schützbare Werk, 1968, S. 138.
1272 Zur Einfühlung siehe auch Fischer-Lichte, Ästhetik des Performativen, 2004, S. 336 m. w. N.
1273 Fischer-Lichte, Ästhetik des Performativen, 2004, S. 60.
1274 Eisenstein, Montage der Attraktionen, 1971, S. 217.
1275 Siehe zum Ganzen auch Fischer-Lichte, Ästhetik des Performativen, 2004, S. 60 ff.
1276 Fischer-Lichte, Ästhetik des Performativen, 2004, S. 61 ff.
1277 Fischer-Lichte, Ästhetik des Performativen, 2004, S. 61.
1278 Kummer, Das urheberrechtlich schützbare Werk, 1968, S. 57.
1279 Kummer, Das urheberrechtlich schützbare Werk, 1968, S. 52.
1280 Kummer, Das urheberrechtlich schützbare Werk, 1968, S. 53.
1281 Kummer, Das urheberrechtlich schützbare Werk, 1968, S. 53.
1282 Kummer, Das urheberrechtlich schützbare Werk, 1968, S. 193 (Hervorhebung im Original).
1283 Kummer, Das urheberrechtlich schützbare Werk, 1968, S. 40. Siehe auch Kummer in: FS Troller, 1976, S. 107.
1284 Siehe Kapitel C.II.2.
1285 Fromm/Nordemann, 1966, § 2 Rn 4.
1286 Fromm/Nordemann, 1966, § 2 Rn 13, zitiert bei Kummer, Das urheberrechtlich schützbare Werk, 1968, S. 40. Siehe heute noch A. Nordemann in: Fromm/Nordemann in der 12. Aufl. 2018 § 2 Rn 25.
1287 Fromm/Nordemann, 1966, § 2 Rn 13, zitiert bei Kummer, Das urheberrechtlich schützbare Werk, 1968, S. 40.
1288 Fromm/Nordemann, 1966, § 2 Rn 13.

1289 Kummer, Das urheberrechtlich schützbare Werk, 1968, S. 40.
1290 Kummer, Das urheberrechtlich schützbare Werk, 1968, S. 52 f.
1291 Kummer, Das urheberrechtlich schützbare Werk, 1968, S. 40.
1292 Kummer, Das urheberrechtlich schützbare Werk, 1968, S. 57.
1293 Kummer, Das urheberrechtlich schützbare Werk, 1968, S. 53.
1294 Diese Frage stellt sich eigentlich nicht mehr, ebenso wenig im Folgenden die Fragen zu den weiteren Voraussetzungen von Kummers Lehre. Dennoch sind die folgenden Ausführungen nicht nur von (akademischem) Interesse, sondern sind von hoher Relevanz für einen Anknüpfungspunkt der Rechtsfortbildung.
1295 Siehe hierzu Kapitel C.III.
1296 Siehe Kapitel D.III.1.a).
1297 Kummer, Das urheberrechtlich schützbare Werk, 1968, S. 30.
1298 Kummer, Das urheberrechtlich schützbare Werk, 1968, S. 8.
1299 Kummer, Das urheberrechtlich schützbare Werk, 1968, S. 139.
1300 Kummer, Das urheberrechtlich schützbare Werk, 1968, S. 138 f.
1301 Siehe hierzu Kapitel D.III.
1302 Kummer, Das urheberrechtlich schützbare Werk, 1968, S. 157.
1303 Siehe Kapitel D.III.2.
1304 Kummer, Das urheberrechtlich schützbare Werk, 1968, S. 158.
1305 Kummer, Das urheberrechtlich schützbare Werk, 1968, S. 158 f.
1306 Kummer, Das urheberrechtlich schützbare Werk, 1968, S. 159 (Hervorhebung im Original).
1307 Kummer, Das urheberrechtlich schützbare Werk, 1968, S. 158.
1308 Kummer, Das urheberrechtlich schützbare Werk, 1968, S. 158.
1309 Kummer, Das urheberrechtlich schützbare Werk, 1968, S. 158.
1310 Siehe Kapitel C.III.1.b).aa).(1).
1311 Meyerhold, Der Schauspieler der Zukunft und die Biomechanik, in: ders., Theaterarbeit 1917–1930, hrsg. von Rosemarie Tietze, 1974, S. 73 f., zitiert nach Fischer-Lichte, Ästhetik des Performativen, 2004, S. 136 f.
1312 Siehe Kapitel C.III.1.b).aa).(1) und Kapitel C.III.1.c).
1313 Siehe Kapitel C.III.1.b).aa).(1).
1314 Zur vollkommenen Verfügungsgewalt des Subjektes über sein Körper-Objekt nach diesem Schauspielkonzept siehe auch Fischer-Lichte, Ästhetik des Performativen, 2004, S. 137 ff.
1315 Fischer-Lichte, Ästhetik des Performativen, 2004, S. 137.
1316 Fischer-Lichte, Ästhetik des Performativen, 2004, S. 137.
1317 Fischer-Lichte, Ästhetik des Performativen, 2004, S. 137.
1318 Siehe Kapitel C.III.1.b).aa).(1).
1319 Meyerhold, Rezensionen des Buches »Aufzeichnungen eines Regisseurs« von A. J. Tairov (1921/1922), in: ders., Theaterarbeit 1917–1930, hrsg. von Rosemarie Tietze, 1974, S. 72.
1320 Analog zu dem, was Fischer-Lichte zur Konzeption Meyerholds feststellt (Fischer-Lichte, Ästhetik des Performativen, 2004, S. 139).
1321 Kummer, Das urheberrechtlich schützbare Werk, 1968, S. 158 f.
1322 Siehe Kapitel C.III.2.b).
1323 Siehe Kapitel D.III.1.d).bb).
1324 Kummer, Das urheberrechtlich schützbare Werk, 1968, S. 138.
1325 Kummer, Das urheberrechtlich schützbare Werk, 1968, S. 138.
1326 Siehe auch BGH GRUR 1960, 604, 605 – Eisrevue I. So auch v. Ungern-Sternberg in Schricker/Loewenheim, § 19 Rn 41, der ebenfalls in Rn 42 darauf abstellt, dass der dargebotene geistige Gehalt selbst noch urheberrechtsschutzfähig sein muss.
1327 Siehe Kapitel D.III.1.d).bb).
1328 Eine in Deutschland immer noch weit verbreitete Auffassung, siehe hierzu Kummer, Das urheberrechtlich schützbare Werk, 1968, S. 21 m. w. N.
1329 Kummer, Das urheberrechtlich schützbare Werk, 1968, S. 58.
1330 Kummer, Das urheberrechtlich schützbare Werk, 1968, S. 58.
1331 Kummer, Das urheberrechtlich schützbare Werk, 1968, S. 58.
1332 Kummer, Das urheberrechtlich schützbare Werk, 1968, S. 58. Siehe auch Kapitel D.III.1.d).
1333 Kummer, Das urheberrechtlich schützbare Werk, 1968, S. 58; siehe bereits Kap. D.III.1.
1334 Kummer, Das urheberrechtlich schützbare Werk, 1968, S. 58 f.

1335 Kummer, Das urheberrechtlich schützbare Werk, 1968, S. 59.
1336 Kummer, Das urheberrechtlich schützbare Werk, 1968, S. 59 f.
1337 Kummer, Das urheberrechtlich schützbare Werk, 1968, S. 61.
1338 Siehe Kapitel D.III.1.d).bb).
1339 Kummer, Das urheberrechtlich schützbare Werk, 1968, S. 1.
1340 Kummer, Das urheberrechtlich schützbare Werk, 1968, S. 138.
1341 Kummer, Das urheberrechtlich schützbare Werk, 1968, S. 138.
1342 Kummer, Das urheberrechtlich schützbare Werk, 1968, S. 138.
1343 Kummer, Das urheberrechtlich schützbare Werk, 1968, S. 138.
1344 Kummer, Das urheberrechtlich schützbare Werk, 1968, S. 31.
1345 Siehe hierzu Ulmer, Urheber- und Verlagsrecht, 2. Aufl. 1960, S. 119.
1346 Kummer, Das urheberrechtlich schützbare Werk, 1968, S. 31.
1347 Kummer, Das urheberrechtlich schützbare Werk, 1968, S. 30.
1348 Kummer, Das urheberrechtlich schützbare Werk, 1968, S. 138.
1349 Siehe hierzu Kreuder, in: Metzler: »Schauspieltheorie«, S. 283, 286, 288–291.
1350 Siehe Kapitel C.IV.
1351 Zitiert bei Fischer-Lichte, Ästhetik des Performativen, 2004, S. 241 nach Ivanov, Einführung in die allgemeine Problematik der Semiotik, 1985, S. 248.
1352 Kummer, Das urheberrechtlich schützbare Werk, 1968, S. 139 f., in Abgrenzung zur technischen Anweisung des ungeschützten Tricks.
1353 Schlatter-Krüger, GRUR Int. 1985, 299.
1354 Siehe Kapitel D.III.2.
1355 Siehe hierzu die Schlussfolgerungen der Lehre Kummers in Kapitel D.III.2.
1356 Fischer-Lichte, Ästhetik des Performativen, 2004, S. 242.
1357 Kummer, Das urheberrechtlich schützbare Werk, 1968, S. 141.
1358 Kummer, Das urheberrechtlich schützbare Werk, 1968, S. 141.
1359 Hofmann, Grundlagen der modernen Kunst – Eine Einführung in ihre symbolischen Formen, 1966, S. 9.
1360 Valéry, Leonardo et les philosophes (1929), abgedruckt in: Oeuvres, Bibliothèque de la Plèiade, Bd. I, 1957, S. 1240.
1361 Benjamin, Das Kunstwerk im Zeitalter seiner technischen Reproduzierbarkeit, 1963, S. 44.
1362 Kummer, Das urheberrechtlich schützbare Werk, 1968, S. 24.
1363 Siehe LG Berlin AfP 1988, 168 – Trickkünstler; Bullinger in: Wandtke/Bullinger, 5. Aufl. 2019, § 2 Rn 78–80; LG Köln, Urteil vom 12. April 2006 – Az. 28 O 151/06. Siehe zur Entscheidung des LG Köln auch den Leitsatz der Berufungsinstanz: »Kontorsionistische Darbietungen können Werke der Tanzkunst im Sinne des § 2 I Nr. 3 UrhG sein. Die erforderliche Schöpfungshöhe wird aber nur erreicht, wenn die Darstellung über bloß akrobatische Leistungen hinausgeht und sich in den Bewegungen ein besonders künstlerischer Ausdruck manifestiert« (OLG Köln ZUM 2007, 399 – kontorsionistische Darbietungen).
1364 Siehe dazu Dünnwald/Gerlach, Schutz des ausübenden Künstlers, Kommentar zu §§ 73 bis 83 UrhG, 2008, § 73 Rn 18d m. w. N.
1365 LG München UFITA 54 (1969), 320 ff.
1366 Siehe Kapitel D.III.2.
1367 Siehe hierzu Kummer, Das urheberrechtlich schützbare Werk, 1968, S. 5.
1368 Heim, Die statistische Einmaligkeit im Urheberrecht de lege lata und de lege ferenda, 1971, S. 29.
1369 Kummer, Das urheberrechtlich schützbare Werk, 1968, S. 8.
1370 Kant, Kritik der reinen Vernunft (KrV B75, A48), 1781: »Wollen wir die Rezeptivität unseres Gemüts, Vorstellungen zu empfangen, sofern es auf irgendeine Weise affiziert wird, Sinnlichkeit nennen, so ist dagegen das Vermögen, Vorstellungen selbst hervorzubringen, oder die Spontaneität des Erkenntnisses, der Verstand. Unsere Natur bringt es so mit sich, daß die Anschauung niemals anders als sinnlich sein kann, d. i. nur die Art enthält, wie wir von Gegenständen affiziert werden. Dagegen ist das Vermögen, den Gegenstand sinnlicher Anschauung zu denken, der Verstand. Keine dieser Eigenschaften ist der anderen vorzuziehen. Ohne Sinnlichkeit würde uns kein Gegenstand gegeben, und ohne Verstand keiner gedacht werden. Gedanken ohne Inhalte sind leer, Anschauungen ohne Begriffe sind blind.«
1371 Siehe Kapitel C.IV.1.
1372 v. Gamm, UrhG, 1968, § 10 Rn 10, S. 176.
1373 Siehe Kapitel C.IV.1.

1374 Siehe Kapitel C.IV.1.
1375 Fischer-Lichte, Ästhetik des Performativen, 2004, S. 23.
1376 Fischer-Lichte, Ästhetik des Performativen, 2004, S. 246.
1377 Fischer-Lichte, Ästhetik des Performativen, 2004, S. 245.
1378 Siehe Kapitel E.III.
1379 Merleau-Ponty, 1908–1961, Phänomenologie der Wahrnehmung, 1966, S. 370, 377. Siehe auch Husserl, in: Ding und Raum, Vorlesungen 1907, hrsg. von Karl-Heinz Hahnengress und Smail Rapic, 1991, S. 80: »Ein wahrgenommenes Ding ist aber nie für sich allein da, sondern steht uns vor Augen inmitten einer bestimmten anschaulichen Dingumgebung. [...] Zu diesen Dinglichkeiten, die da mitwahrgenommen sind, gehört immer auch der Ichleib.«
1380 Kummer, Das urheberrechtlich schützbare Werk, 1968, S. 6.
1381 Zu der bereits aufgeworfenen Frage, ob die Aufführung des Sprachwerkes trotzdem auf eine Wiederholung des Inhalts hinausläuft, siehe Kapitel E.III.2.
1382 Kummer in: FS Troller, 1976, S. 104.
1383 Kummer in: FS Troller, 1976, S. 104.
1384 Fischer-Lichte, Ästhetik des Performativen, 2004, S. 251.
1385 Siehe Kapitel D.III.1.d).
1386 Kummer, Das urheberrechtlich schützbare Werk, 1968, S. 58.
1387 Kummer, Das urheberrechtlich schützbare Werk, 1968, S. 9.
1388 Kummer, Das urheberrechtlich schützbare Werk, 1968, S. 58.
1389 Kummer, Das urheberrechtlich schützbare Werk, 1968, S. 58.
1390 Kummer, Das urheberrechtlich schützbare Werk, 1968, S. 61.
1391 Kummer, Das urheberrechtlich schützbare Werk, 1968, S. 61 f.
1392 Kummer, Das urheberrechtlich schützbare Werk, 1968, S. 62.
1393 Kummer, Das urheberrechtlich schützbare Werk, 1968, S. 63.
1394 Kummer, Das urheberrechtlich schützbare Werk, 1968, S. 17.
1395 Kummer, Das urheberrechtlich schützbare Werk, 1968, S. 63.
1396 Kummer, Das urheberrechtlich schützbare Werk, 1968, S. 62.
1397 Kummer, Das urheberrechtlich schützbare Werk, 1968, S. 62.
1398 Siehe hierzu Peirce, Schriften, Bd. 2, 1970, S. 352 f. Nicht zu verwechseln mit einer Interpretation.
1399 Kummer, Das urheberrechtlich schützbare Werk, 1968, S. 165.
1400 Staiger, Grundbegriffe der Poetik, Zürich, 1946, S. 16.
1401 Kummer, Das urheberrechtlich schützbare Werk, 1968, S. 8.
1402 Kummer, Das urheberrechtlich schützbare Werk, 1968, S. 8.
1403 Kummer, Das urheberrechtlich schützbare Werk, 1968, S. 8.
1404 Kummer, Das urheberrechtlich schützbare Werk, 1968, S. 59.
1405 Kummer, Das urheberrechtlich schützbare Werk, 1968, S. 165.
1406 Kummer, Das urheberrechtlich schützbare Werk, 1968, S. 20 f.
1407 Kummer, Das urheberrechtlich schützbare Werk, 1968, S. 21.
1408 Raschèr, Für ein Urheberrecht des Bühnenregisseurs, 1989, S. 65; Brauneck/Schneilin (Hrsg.), Theaterlexikon, 1986, S. 971; Fischer-Lichte, Die Aufführung als Text, 1983, 2009, S. 112 ff.
1409 Seine Untersuchung basiert auf deutschem Recht.
1410 Raschèr, Für ein Urheberrecht des Bühnenregisseurs, 1989, S. 63.
1411 Raschèr, Für ein Urheberrecht des Bühnenregisseurs, 1989, S. 63.
1412 Raschèr, Für ein Urheberrecht des Bühnenregisseurs, 1989, S. 67.
1413 Siehe Kapitel D.III.1.
1414 Raschèr, Für ein Urheberrecht des Bühnenregisseurs, 1989, S. 66 ff.
1415 Raschèr, Für ein Urheberrecht des Bühnenregisseurs, 1989, S. 70, unter Berufung auf Fischer-Lichte, Die Aufführung als Text, 1983, 2009, S. 40 f.
1416 Raschèr, Für ein Urheberrecht des Bühnenregisseurs, 1989, S. 71.
1417 Zum ästhetischen Objekt siehe oben die Ausführungen über das Rezeptionsprinzip, Kapitel D.III.1.b).
1418 Fischer-Lichte, Die Aufführung als Text, 1983, 2009, S. 40–47.
1419 Raschèr, Für ein Urheberrecht des Bühnenregisseurs, 1989, S. 71 f.
1420 Raschèr, Für ein Urheberrecht des Bühnenregisseurs, 1989, S. 72 f., unter Berufung auf Fischer-Lichte, Die Aufführung als Text, 1983, 2009, S. 42.
1421 Fischer-Lichte, Die Aufführung als Text, 1983, 2009, S. 42.
1422 Raschèr, Für ein Urheberrecht des Bühnenregisseurs, 1989, S. 73, unter Berufung auf Fischer-Lichte, Die Aufführung als Text, 1983, 2009, S. 43.
1423 Raschèr, Für ein Urheberrecht des Bühnenregisseurs, 1989, S. 73 f., unter Berufung auf Fischer-Lichte, Die Aufführung als Text, 1983, 2009, S. 43 ff.

1424 Raschèr, Für ein Urheberrecht des Bühnenregisseurs, 1989, S. 73 f.; siehe auch Fischer-Lichte, Die Aufführung als Text, 1983, 2009, S. 44 f.
1425 Raschèr, Für ein Urheberrecht des Bühnenregisseurs, 1989, S. 74.
1426 Raschèr, Für ein Urheberrecht des Bühnenregisseurs, 1989, S. 76.
1427 Siehe Kapitel D.III.2.
1428 Raschèr, Für ein Urheberrecht des Bühnenregisseurs, 1989, S. 71.
1429 Raschèr, Für ein Urheberrecht des Bühnenregisseurs, 1989, S. 79. Siehe auch Fischer-Lichte, Die Aufführung als Text, 1983, 2009, S. 47.
1430 Raschèr, Für ein Urheberrecht des Bühnenregisseurs, 1989, S. 79. Siehe auch Fischer-Lichte, Die Aufführung als Text, 1983, 2009, S. 47.
1431 Raschèr, Für ein Urheberrecht des Bühnenregisseurs, 1989, S. 79 (Hervorhebung durch Verf.). Siehe auch Fischer-Lichte, Die Aufführung als Text, 1983, 2009, S. 48.
1432 Raschèr, Für ein Urheberrecht des Bühnenregisseurs, 1989, S. 78.
1433 Raschèr, Für ein Urheberrecht des Bühnenregisseurs, 1989, S. 83. Siehe hierzu auch Fischer-Lichte, Die Aufführung als Text, 1983, 2009, S. 53.
1434 Raschèr, Für ein Urheberrecht des Bühnenregisseurs, 1989, S. 83.
1435 Raschèr, Für ein Urheberrecht des Bühnenregisseurs, 1989, S. 83.
1436 Raschèr, Für ein Urheberrecht des Bühnenregisseurs, 1989, S. 83. Siehe auch Fischer-Lichte, Die Aufführung als Text, 1983, 2009, S. 53.
1437 Raschèr, Für ein Urheberrecht des Bühnenregisseurs, 1989, S. 79; siehe hierzu auch Fischer-Lichte, Die Aufführung als Text, 1983, 2009, S. 48, oben.
1438 Fischer-Lichte, Die Aufführung als Text, 1983, 2009, S. 53.
1439 Fischer-Lichte, Die Aufführung als Text, 1983, 2009, S. 53.
1440 Kummer hatte sich hierzu nicht explizit geäußert, vielmehr wurden die Prämissen konkretisiert und hierunter subsumiert.
1441 Siehe Kapitel E.III.2.a).
1442 F. Müller, Freiheit der Kunst als Problem der Grundrechtsdogmatik, 1969, S. 45.
1443 F. Müller, Freiheit der Kunst als Problem der Grundrechtsdogmatik, 1969, S. 71.
1444 Zum Werkcharakter von Kunst siehe F. Müller, Freiheit der Kunst als Problem der Grundrechtsdogmatik, 1969, S. 70 ff.
1445 F. Müller, Freiheit der Kunst als Problem der Grundrechtsdogmatik, 1969, S. 73.
1446 Siehe F. Müller, Freiheit der Kunst als Problem der Grundrechtsdogmatik, 1969, S. 85 ff.
1447 Fischer-Lichte, Ästhetik des Performativen, 2004, S. 282 ff., in Bezug auf die strukturalistische Ästhetik ebenso wie zum Rezeptionsprinzip, die, wie dargelegt (Kapitel D.III), dem offenen Kunstbegriff entspricht.
1448 Siehe F. Müller, Freiheit der Kunst als Problem der Grundrechtsdogmatik, 1969, S. 87.
1449 Auch der materielle Kunstbegriff geht, wie dargelegt (Kapitel B.I.4 auf Ebene des Urheberrechts und Kapitel D.II.1 auf Verfassungsebene), bei der Kunstfreiheit von einem Werk aus, bei dem sich Wahrheit ins Werk setzt, wie es Heidegger (Der Ursprung des Kunstwerks, 1960, S. 39) formuliert.
1450 BVerfGE 31, 229, 238.
1451 Zu diesen Anforderungen aber BVerfGE 30, 173, 191 – Mephisto; Wittreck in: Dreier, GG, Art. 5 Abs. 3 (Kunst), Rn 12.
1452 F. Müller, Freiheit der Kunst als Problem der Grundrechtsdogmatik, 1969, S. 43.
1453 BVerfGE 36, 321, 331. So auch Scholz in: Maunz/Dürig, Art. 5 III GG, Rn 8, 40.
1454 Siehe F. Müller, Normstruktur und Normativität, 1966, S. 77 ff., 188.
1455 F. Müller, Freiheit der Kunst als Problem der Grundrechtsdogmatik, 1969, S. 73 (Hervorhebung durch Verf.).
1456 Zum Normbereich der Kunstfreiheitsgarantie, F. Müller, Freiheit der Kunst als Problem der Grundrechtsdogmatik, 1969, S. 47, 63 ff.
1457 Erbel, DVBl 1969, 863, 864.
1458 Siehe hierzu Knie, Schranken der Kunstfreiheit, S. 214 ff.
1459 Fischer-Lichte, Ästhetik des Performativen, 2004, S. 281.
1460 BVerfGE 30, 173, 189 – Mephisto; BVerfGE 77, 240, 253 – Herrnburger Bericht; F. Müller, Freiheit der Kunst als Problem der Grundrechtsdogmatik, 1969, S. 65, 97.
1461 BVerfGE 30, 173, 189 – Mephisto; BVerfGE 119, 1 – 59 – Esra, Rn 59, 66.
1462 BVerfGE 119, 1–59, Rn 83 – Esra; BGH, Urteil vom 10. Juni 2008 – Az. VI ZR 252/07; BGH NJW 2008, 2587 – Maxim Biller »Esra II«.

1463 Es bleibt (noch) fraglich, ob das Interview tatsächlich unter den offenen Kunstbegriff subsumiert werden kann, da sich die Kunstform des Interviews dadurch auszeichnet, dass nicht vorhersagbar ist, was wer wann sagt.
1464 AG Kassel, Urteil vom 29.08.2013 – Az. 240 Cs – 1614 Js 30173/12 (= NJW 2014, 801). Siehe hierzu auch BGHSt 51, 244; Hufen, JuS 2014, 855; Muckel, JA 2014, 479.
1465 Das Neo Magazin Royale auf ZDFneo strahlte einen Beitrag des Satirikers Jan Böhmernann aus, in dem dieser unter dem Titel »Schmähkritik« ein Gedicht über den türkischen Staatspräsidenten Recep Tayyip Erdoğan vortrug, mit der Behauptung, damit erklären zu wollen, wie eine in Deutschland verbotene Schmähkritik aussehe. Daraufhin bekundeten sowohl die Regierung der Türkei als auch Erdoğan selbst ihr Strafverlangen bzw. erstatteten Strafanzeige. Die Staatsanwaltschaft Mainz hat daraufhin das Ermittlungsverfahren gegen den Moderator wegen des Vorwurfs der Beleidigung gemäß § 170 Abs. 2 StPO mit der Begründung eingestellt, das Gedicht sei von der Kunstfreiheit gedeckt, vgl. dazu StA Mainz, 04.10.2016 – Az. 3113 Js 10220/16 – nicht rechtskräftig). Siehe zu Strafrechtsproblemen der Kunstfreiheit auch F. Müller, Freiheit der Kunst als Problem der Grundrechtsdogmatik, 1969, S. 132 ff.
1466 Zur Autonomie der Kunst siehe auch Fischer-Lichte, Ästhetik des Performativen, 2004, S. 295 f.
1467 Fischer-Lichte, Ästhetik des Performativen, 2004, S. 296.
1468 Siehe Kapitel B.II.1.
1469 Siehe Kapitel A.IV.3.
1470 Siehe Kapitel C.III.3.
1471 Krämer/Stahlhut, Das »Performative« als Thema der Sprach- und Kulturphilosophie, in: Erika Fischer-Lichte und Christoph Wulf (Hrsg.), Theorien des Performativen (= Paragrana, Bd. 10 Heft 1), S. 56, zitiert nach Fischer-Lichte, Ästhetik des Performativen, 2004, S. 294.
1472 BVerfGE 119, 1–59 – Esra.
1473 BVerfGE 119, 1–59, Rn 69 – Esra. Siehe auch BVerfGE 30, 173, 188 f. – Mephisto; BVerfGE 67, 213, 224 ff. – anachronistischer Zug.
1474 BVerfGE 30, 173–227, Rn 59 – Mephisto, siehe hierzu insb. auch das abweichende Sondervotum ab Rn 75.
1475 BVerfGE 67, 213, 226 – anachronistischer Zug.
1476 BVerfGE 67, 213, 226 – anachronistischer Zug.
1477 Zur ästhetischen Erfahrung des Rezeptionsprozesses im Ganzen siehe auch Fischer-Lichte, Ästhetische Erfahrung, 2001, S. 349 ff.
1478 BVerfGE 67, 213, 226 – anachronistischer Zug.
1479 BVerfGE 67, 213, 226 – anachronistischer Zug.
1480 BVerfGE 67, 213, 226 – anachronistischer Zug.
1481 W. Hofmann, Grundlagen der modernen Kunst – Eine Einführung in ihre symbolischen Formen, 1966, S. 339.
1482 Kummer, Das urheberrechtlich schützbare Werk, 1968, S. 101.
1483 Emrich, Kann Dichtung verboten werden?, 1964, S. 159 ff.
1484 BVerfGE 30, 173–227, Rn 50 – Mephisto.
1485 Bubner, Über einige Bedingungen gegenwärtiger Ästhetik, 1973 (1989).
1486 Fischer-Lichte, Ästhetik des Performativen, 2004, S. 305.
1487 Turner: Betwixt and Between. The Liminal Period in Rites de Passage, in: June Helm (Hrsg.), Symposium on New Approaches to the Study of Religion. Proceedings of the 1964 Annual Spring Meeting of the American Ethnological Association, S. 4–20.
1488 Siehe hierzu Fischer-Lichte, Ästhetik des Performativen, 2004, S. 307.
1489 BVerfGE 119, 1 ff. – Esra.
1490 Siehe Kapitel A.IV.3.
1491 Siehe Kapitel C.II.3.b).
1492 Siehe Kapitel C.III.2.a).cc).
1493 Siehe Kapitel C.III.3.
1494 Fischer-Lichte, Ästhetische Erfahrung, 2001, S. 339.
1495 Fischer-Lichte, Ästhetische Erfahrung, 2001, S. 339.
1496 Fischer-Lichte, Ästhetische Erfahrung, 2001, S. 354.
1497 Siehe Kapitel B.II.1.
1498 Brandstätter, Grundfragen der Ästhetik: Bild – Musik – Sprache – Körper, 2008, S. 74 ff.

1499 Boehm, Repräsentation – Präsentation – Präsenz, Auf den Spuren des homo pictor, in: Tagungsband »Homo pictor«, hrsg. von Gottfried Boehm (Colloquium Rauricum 7), 2001, S. 3, 4.
1500 Mersch, Aisthetik und Responsivität. Zum Verhältnis von medialer und amedialer Wahrnehmung, in: Fischer-Lichte u. a. (Hrsg.), Wahrnehmung und Medialität, 2001, S. 273, 276.
1501 Mersch, Aisthetik und Responsivität. Zum Verhältnis von medialer und amedialer Wahrnehmung, in: Fischer-Lichte u. a. (Hrsg.), Wahrnehmung und Medialität, 2001, S. 273, 276.
1502 Siehe Kapitel C.II.3.a).cc).
1503 Siehe Kapitel A.I.
1504 Siehe Kapitel C.II.3.a).bb).
1505 Siehe Kapitel C.II.3.a).cc).
1506 Turner, The Ritual Process. Structure and Anti-Structure, 1969, S. 95.
1507 Turner, The Ritual Process. Structure and Anti-Structure, 1969, S. 95 ff.
1508 Fischer-Lichte, Ästhetische Erfahrung, 2001, S. 355.
1509 So wörtlich auch Fischer-Lichte im Hinblick auf eine semiotische Ästhetik: Ästhetische Erfahrung, 2001, S. 355.
1510 Fischer-Lichte, Ästhetische Erfahrung, 2001, S. 355.
1511 F. Müller, Freiheit der Kunst als Problem der Grundrechtsdogmatik, 1969, S. 74, der sich hier implizit auf Gadamer, Wahrheit und Methode, 1972, bezieht, z. B. dort auf S. 121 f.
1512 Siehe Kapitel D.III.1.d).bb).
1513 Siehe Kapitel C.IV.
1514 Fischer-Lichte, Ästhetische Erfahrung, 2001, S. 271.
1515 Fischer-Lichte, in: Metzler: »Bedeutung«, S. 30.
1516 Fischer-Lichte, Ästhetische Erfahrung, 2001, S. 339.
1517 Fischer-Lichte, Ästhetik des Performativen, 2004, S. 264.
1518 Fischer-Lichte, Ästhetik des Performativen, 2004, S. 267. Siehe auch Fischer-Lichte, Ästhetische Erfahrung, 2001, S. 339.
1519 Siehe Kapitel C.III.2.b).
1520 Fischer-Lichte in: Metzler: »Bedeutungen«, S. 31.
1521 Fischer-Lichte, Ästhetik des Performativen, 2004, S. 264.
1522 Fischer-Lichte, Ästhetische Erfahrung, 2001, S. 355.
1523 Siehe Kapitel F.III.2.
1524 Fischer-Lichte, Ästhetische Erfahrung, 2001, S. 356.
1525 Fischer-Lichte, Ästhetik des Performativen, 2004, S. 267 in Bezug auf Bedeutungen, was hier, wie dargelegt (Kapitel D.II), analog zu der gedanklichen Vorstellung im Sinne des offenen Kunstbegriffs gilt (Hervorhebung durch Verf.).
1526 Siehe Kapitel C.III.2.b).
1527 Fischer-Lichte, Ästhetische Erfahrung, 2001, S. 356.
1528 Fischer-Lichte, Ästhetische Erfahrung, 2001, S. 357.
1529 Fischer-Lichte, Ästhetische Erfahrung, 2001, S. 357.
1530 Zu diesem Erfordernis siehe BVerfGE 119, 1–59, Rn 83 – Esra; BGH, Urteil vom 10. Juni 2008 – Az. VI ZR 252/07; BGH NJW 2008, 2587 – Maxim Biller »Esra II«.
1531 Fischer-Lichte, Ästhetische Erfahrung, 2001, S. 357.
1532 Siehe Kapitel C.4.
1533 BVerfGE 30, 173–227 Rn 49; Scholz in: Maunz/Dürig, Art. 5 Abs. 3 GG Rn 17; Starck in: v. Mangoldt/Klein/Starck, § 5Abs. 3 GG Rn 307, 310.
1534 F. Müller, Freiheit der Kunst als Problem der Grundrechtsdogmatik, 1969, S. 89.
1535 F. Müller, Freiheit der Kunst als Problem der Grundrechtsdogmatik, 1969, S. 97 f.
1536 So aber BVerfGE 30, 173, 191 – Mephisto; BVerfGE 81, 278, 292 – Bundesflagge.
1537 Zu ausübenden Künstlern, die zugleich Urheber sind, siehe Grünberger in: Schricker/Loewenheim, § 73, Rn 37.
1538 Fischer-Lichte, Ästhetik des Performativen, 2004, S. 176.
1539 Fischer-Lichte, Ästhetik des Performativen, 2004, S. 327.
1540 Siehe Kapitel C.II.3.
1541 Fischer-Lichte, Ästhetik des Performativen, 2004, S. 285.
1542 Damit soll nicht gemeint sein, dass er nicht auch in seinem Wirkbereich geschützt ist. Vielmehr tritt hier die urheberrechtliche Arbeitsweise offen zutage, bei der sich sein »Werk« von ihm ablöst, sich ihm gegenüber verselbstständigt und sich auf diese Weise verobjektiviert.

1543 Fischer-Lichte, Ästhetik des Performativen, 2004, S. 286 f.
1544 BVerfGE 36, 321, 331 – Schallplatten; BVerfGE 81, 298, 305 – Nationalhymne; BVerfG, Stattgebender Kammerbeschluss vom 03. November 2000 – Az. 1 BvR 581/00 – Verunglimpfung des Staates, »Deutschland soll sterben« (juris), Rn 20. Siehe auch F. Müller, Freiheit der Kunst als Problem der Grundrechtsdogmatik, 1969, S. 97.
1545 So auch Fischer-Lichte, Ästhetik des Performativen, 2004, S. 287.
1546 BVerfGE 30, 173, 191 – Mephisto.
1547 F. Müller, Freiheit der Kunst als Problem der Grundrechtsdogmatik, 1969, S. 101 ff.
1548 Fischer-Lichte, Ästhetik des Performativen, 2004, S. 287.
1549 Fischer-Lichte, Ästhetik des Performativen, 2004, S. 287.
1550 Fischer-Lichte, Ästhetik des Performativen, 2004, S. 287.
1551 Fischer-Lichte, Ästhetik des Performativen, 2004, S. 288.
1552 Fischer-Lichte greift hier offenbar diejenigen Elemente auf, aus denen Niklas Luhmann später seine soziologische Systemtheorie entwickelte, die hier aber nicht weiter Beachtung findet.
1553 Siehe Kapitel F.III.3.
1554 Csordas, Cultural Anthropologie 1993, 135, 138.
1555 Fischer-Lichte, Ästhetik des Performativen, 2004, S. 268.
1556 Fischer-Lichte, Ästhetik des Performativen, 2004, S. 301.
1557 So auch J. Hoffmann, Die Kunstfreiheitsgarantie des Grundgesetzes und die Organisation einer Mediengewerkschaft, 1981, S. 230; ferner Graul, Künstlerische Urteile im Rahmen der staatlichen Förderungstätigkeit, 1970, S. 71; Schwabe, Probleme der Grundrechtsdogmatik, 1977, S. 161; Heuer, Die Besteuerung der Kunst, 2. Aufl. 1984, S. 68 f.; Ridder, Freiheit der Kunst nach dem Grundgesetz (1963), S. 10, 16.
1558 Ladeur in: AK-GG, Art. 5 Abs. 3 II, Rn 6.
1559 Lilia, Urheberrechte an der Regie, 1914, S. 10 f.
1560 Hagemann, Die Regie, 1913, S. 33.
1561 Lilia, Urheberrechte an der Regie, 1914, S. 29.
1562 Lilia, Urheberrechte an der Regie, 1914, S. 11.
1563 Lilia, Urheberrechte an der Regie, 1914, S. 20.
1564 Lilia, Urheberrechte an der Regie, 1914, S. 2.
1565 Lilia, Urheberrechte an der Regie, 1914, S. 2.
1566 Freiesleben, GRUR 1916, 112.
1567 Siehe auch Schreyer, Die Scene 1. Jg., 1912, S. 146; ders., Die Scene 2. Jg., 1913, S. 180; Oehmke, Studien zum künstlerischen Urheberrecht – Motiv – Regie – darstellerische Kunst, 1920, S. 29; W. Hoffmann, GRUR 1934, 699, 705 f.; Koch, Das Urheberrecht des Bühnenregisseurs, 1927, S. 21; Porstendorfer, Urheberrecht an Inszenierungen, 1933, S. 28 f.; Gnekow, Das Recht des Regisseurs. Eine theaterrechtliche Abhandlung, 1940, S. 15 ff., 79.
1568 Siehe Ellinger, Der Rechtsschutz der künstlerischen Darstellung. Zugleich ein Beitrag zur deutsch-österreichischen Rechtsangleichung, 1934, S. 55, 56 f.; Telser, Das Urheberrecht des Regisseurs, 1948, S. 20, 37; Ott, Das Urheberrecht des Theater- und Filmregisseurs, 1956, S. 22.
1569 Ellinger, Der Rechtsschutz der künstlerischen Darstellung. Zugleich ein Beitrag zur deutsch-österreichischen Rechtsangleichung, 1934, S. 56 f.; Telser, Das Urheberrecht des Regisseurs, 1948, S. 37; Ott, Das Urheberrecht des Theater- und Filmregisseurs, 1956, S. 31.
1570 Ellinger, Der Rechtsschutz der künstlerischen Darstellung. Zugleich ein Beitrag zur deutsch-österreichischen Rechtsangleichung, 1934, S. 56, 58; Telser, Das Urheberrecht des Regisseurs, 1948, S. 20.
1571 Siehe dazu auch v. Foerster, Das Urheberrecht des Theaterregisseurs, 1971, S. 8.
1572 Ott, Das Urheberrecht des Theater- und Filmregisseurs, 1956, S. 22.
1573 Telser, Das Urheberrecht des Regisseurs, 1948, S. 20.
1574 Ellinger, Der Rechtsschutz der künstlerischen Darstellung. Zugleich ein Beitrag zur deutsch-österreichischen Rechtsangleichung, 1934, S. 17, 55.
1575 Ellinger, Der Rechtsschutz der künstlerischen Darstellung. Zugleich ein Beitrag zur deutsch-österreichischen Rechtsangleichung, 1934, S. 17.
1576 Porstendorfer, Urheberrecht an Inszenierungen, 1933, S. 29.
1577 Porstendorfer, Urheberrecht an Inszenierungen, 1933, S. 29.
1578 Porstendorfer, Urheberrecht an Inszenierungen, 1933, S. 29.

1579 Porstendorfer, Urheberrecht an Inszenierungen, 1933, S. 35 ff., weswegen allenfalls ein literarisches, nicht aber ein bildnerisches Urheberrecht infrage kommt.
1580 Porstendorfer, Urheberrecht an Inszenierungen, 1933, S. 36 ff.
1581 Porstendorfer, Urheberrecht an Inszenierungen, 1933, S. 37: Hier komme sowohl ein Schutz der Einzelelemente als auch des einheitlichen Bühnenbildes infrage.
1582 Porstendorfer, Urheberrecht an Inszenierungen, 1933, S. 40 ff.
1583 Porstendorfer, Urheberrecht an Inszenierungen, 1933, S. 32, 40; ebenso Telser, Das Urheberrecht des Regisseurs, 1948, S. 20, 24.
1584 Hierfür müsse der Regisseur den Text um dramatische Vorgänge notwendigerweise »ergänzen«. Zur Vollendung der Dichtung setze diese Tätigkeit einerseits eine Vielzahl von Kenntnissen und Fähigkeiten über die Interpretation der Rolle voraus. Eine urheberrechtliche Schöpfung liege aber erst vor, wenn eine mimische Zutat im Verhältnis zur schriftlichen Vorlage vorliege. Porstendorfer erklärt dies mit der Aufführung eines fremdsprachigen Stückes, welches auch ohne Verständnis des Wortes begreifbar sei. Sofern mit einer solchen übertragenen Benennung ein Mehr an Informationen im Verhältnis zum aufgeführten Text vermittelt würde, stehe das Urheberrecht auf dem Plan (Porstendorfer, Urheberrecht an Inszenierungen, 1933, S. 41).
1585 Siehe das Allgemeine Theater-Lexikon oder Enzyklopädie alles Wissenwerthen für die Bühnenkünstler, Dilettanten und Theaterfreunde, 1846, S. 284.
1586 Fischer-Lichte, Ästhetik des Performativen, 2004, S. 319.
1587 RGZ 107, 62–67 – nur eine Tänzerin.
1588 RGZ 107, 62, 63.
1589 RGZ 107, 62, 65.
1590 RGZ 107, 62, 65.
1591 RGZ 107, 62, 65.
1592 RGZ 107, 62, 65.
1593 RGZ 107, 62, 65.
1594 RGZ 107, 62, 64.
1595 Siehe Kapitel G.II.1.
1596 RGZ 107, 62, 64.
1597 Zur Umschreibung des Begriffes »Gehilfe« siehe das Urteil des RG vom 21.01.1924, RGZ 108, 64.
1598 Elster in Dienstag/Elster, Handbuch des deutschen Theater-, Film-, Musik- und Artistenrechts, 1932, S. 89, S. 77. Siehe auch Rogger, Urheberrechtliche Fragen bei der Inszenierung von Bühnenwerken, 1976, S. 45.
1599 Rogger, Urheberrechtliche Fragen bei der Inszenierung von Bühnenwerken, 1976, S. 45.
1600 Rogger, Urheberrechtliche Fragen bei der Inszenierung von Bühnenwerken, 1976, S. 64.
1601 Rogger, Urheberrechtliche Fragen bei der Inszenierung von Bühnenwerken, 1976, S. 64.
1602 Siehe statt vieler Fromm, GRUR 1962, 561, 562; Rogger, Urheberrechtliche Fragen bei der Inszenierung von Bühnenwerken, 1976, S. 45 f.
1603 Siehe LG Saarbrücken, Urteil v. 13.02.1962, UFITA 38 (1962), 224 ff.
1604 LG Saarbrücken, Urteil v. 13.02.1962, UFITA 38 (1962), 227.
1605 Die aufgeworfene Rechtsfrage, ob dem Theaterregisseur darüber hinaus ein Bearbeiterurheberrecht zuzusprechen sei, betraf lediglich die Textfassung als solche, siehe LG Saarbrücken, Urteil v. 13.02.1962, UFITA 38 (1962), 224, 227. Siehe auch Rogger, Urheberrechtliche Fragen bei der Inszenierung von Bühnenwerken, 1976, S. 49.
1606 Siehe Arbeitsgericht München, Urteil v. 03.12.1965, UFITA 50 (1967), 303 ff. Kritisch hierzu Rogger, Urheberrechtliche Fragen bei der Inszenierung von Bühnenwerken, 1976, S. 53.
1607 Zustimmend Oehmke, Studien zum künstlerischen Urheberrecht – Motiv – Regie – darstellerische Kunst, 1929, S. 29; Riezler, UFITA 1 (1928), 340, 341.
1608 Lilia (Urheberrechte an der Regie, 1914) selbst hält die Ausdifferenzierung zwischen Text- und Rahmenregie in ihren Ausführungen zum Gebärdenspiel nicht durch, indem sie die Mimik und Gestik mal unter die Text-, mal unter die Rahmenregie subsumiert. Für die vorliegende Untersuchung ist daher nicht die Trennung zwischen Text- und Rahmenregie wesentlich, sondern ihre Begriffs-

bestimmung, die sie ihrer »allumfassenden« Inszenierung gegeben hat. Siehe hierzu Koch, Das Urheberrecht des Bühnenregisseurs, 1927, S. 21 f.
1609 Lilia, Urheberrechte an der Regie, 1914, S. 15.
1610 Siehe Lilia, Urheberrechte an der Regie, 1914, S. 15. Da eine »Identität zweier Aufführungen« (S. 27.) nicht zu erreichen sei, da sich »das veränderliche persönliche Moment nicht ausschalten lässt« (S. 27 f.), kommt sie zu der Einsicht, dass ein urheberrechtlicher Schutz für die Textregie zwecklos und überflüssig sei.
1611 Lilia, Urheberrechte an der Regie, 1914, S. 15. Die Ausdifferenzierung von Lilia in Rahmen- und Textregie findet sich als »Anordnung und Ausschmückung« einerseits sowie in »Anordnung des Lebendigen« andererseits bereits bei Akáts, Kunst der Scenik in ästhetischer und ökonomischer Hinsicht, 1841, S. IV.
1612 Lilia, Urheberrechte an der Regie, 1914, S. 25.
1613 Lilia, Urheberrechte an der Regie, 1914, S. 26.
1614 Lilia, Urheberrechte an der Regie, 1914, S. 27 f.
1615 Lilia, Urheberrechte an der Regie, 1914, S. 27 f.
1616 Lilia, Urheberrechte an der Regie, 1914, S. 27 f.
1617 Lilia, Urheberrechte an der Regie, 1914, S. 29.
1618 Wie z. B.: »Schlägt mit dem Kopf gegen die Wand.«
1619 Lilia, Urheberrechte an der Regie, 1914, S. 30 ff. (zusammenfassend S. 32).
1620 Lilia, Urheberrechte an der Regie, 1914, S. 20.
1621 Lilia, Urheberrechte an der Regie, 1914, S. 18.
1622 Lilia, Urheberrechte an der Regie, 1914, S. 23.
1623 Lilia, Urheberrechte an der Regie, 1914, S. 36.
1624 Lilia, Urheberrechte an der Regie, 1914, S. 25.
1625 Lilia, Urheberrechte an der Regie, 1914, S. 37.
1626 Lilia, Urheberrechte an der Regie, 1914, S. 38 in Fn 8.
1627 Lilia, Urheberrechte an der Regie, 1914, S. 13.
1628 Lilia, Urheberrechte an der Regie, 1914, S. 13.
1629 Lilia, Urheberrechte an der Regie, 1914, S. 32.
1630 Lilia, Urheberrechte an der Regie, 1914, S. 16.
1631 Koch, Das Urheberrecht des Bühnenregisseurs, 1927, S. 19.
1632 Koch, Das Urheberrecht des Bühnenregisseurs, 1927, S. 19; Freiesleben, GRUR 1916, 112; Gnekow, Das Recht des Regisseurs. Eine theaterrechtliche Abhandlung, 1940, S. 3, 15 f.; Schreyer, Die Scene 1. Jg., 1912, S. 146; ders., Die Scene 2. Jg., 1913, S. 180.
1633 v. Foerster, Das Urheberrecht des Theaterregisseurs, 1971, S. 26 m. w. N.
1634 Schreyer, Die Scene II, 11/12: »Der Dichter schafft die poetische Form, der Regisseur die Bühnenform des Dramas. Der Schauspieler ist im Verhältnis zum Regisseur das höchstbewertete ausübende Organ, der Funktionär des Regisseurs, während der Regisseur selbst der Schöpfer des Gesamtwerkes ist. Die Regietätigkeit ist nicht ein wesentliches Anordnen von tatsächlichen Verhältnissen nach Angaben des Dichters. Nicht dessen wenige, auf die Bühnenform bezüglichen Bemerkungen sind in erster Linie maßgebend, sondern das Wesen, der Gehalt der Dichtung, die der Bühnenkünstler gemäß seinem eigenen künstlerischen Temperament aufzuführen und in die neuen Werte der Bühnenform umzusetzen hat«, zitiert von Koch, Das Urheberrecht des Bühnenregisseurs, 1927, S. 24.
1635 Schreyer (Die Scene II, 11/12) fährt fort: »Theoretisch gesprochen ist es Aufgabe des Regisseurs, ein Werk der dramatischen Kunst durch Aufbietung aller erreichbarer Mittel so zu einem neuen Kunstwerk, der Aufführung, umzuwandeln, daß das Erlebnis des Dichters zu einem Erlebnis des Zuschauers wird.«
1636 Schreyer, Die Scene I, 10, zitiert von Koch, Das Urheberrecht des Bühnenregisseurs, 1927, S. 24.
1637 Der Begriff Transsubstantiation (lat.: »Wesensverwandlung«) bestimmt den Vollzug der Wandlung von Brot und Wein in den Leib und das Blut Jesu Christi in der katholischen Messe.
1638 C. Heine, Die Scene 6, zitiert nach Koch, Das Urheberrecht des Bühnenregisseurs, 1927, S. 25.
1639 Siehe Koch, Das Urheberrecht des Bühnenregisseurs, 1927, S. 25 in Fn 13.
1640 Koch, Das Urheberrecht des Bühnenregisseurs, 1927, S. 27. In diesem Sinne wohl auch Lion, GRUR 1927, 296, 299.
1641 Zur Entwicklung dieses Torsobegriffes siehe schon Cahn-Speyer, UFITA 4 (1931), 368, 370; oben Kapitel C.III.1.b).aa).(2).

1642 Koch, Das Urheberrecht des Bühnenregisseurs, 1927, S. 27.
1643 Koch, Das Urheberrecht des Bühnenregisseurs, 1927, S. 27 m. w. N.
1644 Wenger, Urheberrecht an der Regie, 1958, S. 29.
1645 Wenger, Urheberrecht an der Regie, 1958, 1928, S. 38; Telser, Das Urheberrecht des Regisseurs, 1948, S. 27 f.
1646 Siehe Freiesleben, GRUR 1916, 112.
1647 Eine ausführliche Darstellung der älteren Literatur findet sich in der Dissertation von v. Foerster (Das Urheberrecht des Theaterregisseurs, 1971, S. 25 ff.) und Rogger (Urheberrechtliche Fragen bei der Inszenierung von Bühnenwerken, 1976, S. 57), wobei letzterer von 1915 bis 1975 weit mehr als 100 Stellungnahmen zum Urheberrecht des Theaterregisseurs auflistet und in den letzten 30 Jahren nicht wenige dazugekommen sind.
1648 Schreyer, Die Scene, 1913, 180, 181.
1649 Copeau, (1991) Encyclopédie Française, Bd. 17, S. 64.
1650 Einen zusammenfassenden Überblick über die ablehnende Haltung in der Literatur gibt Raschèr, Für ein Urheberrecht des Bühnenregisseurs, 1989, S. 19 in Fn 91.
1651 Goldbaum, Theaterrecht, 1914, S. 117.
1652 Siehe zu Elster oben Kapitel C.III.1.b).aa).(1).
1653 Marwitz, GRUR 1926, 573, 575.
1654 RGZ, 107 64 ff. – nur eine Tänzerin.
1655 Marwitz/Möhring, Urheberrecht, S. 35.
1656 Ott, Das Urheberrecht des Theater- und Filmregisseurs, 1956, S. 28 f.
1657 Ott, Das Urheberrecht des Theater- und Filmregisseurs, 1956, S. 20, 84 f.
1658 Ott, Das Urheberrecht des Theater- und Filmregisseurs, 1956, S. 84 f.
1659 Lilia, Urheberrechte an der Regie, 1941, S. 14.
1660 In vielen Einzelfällen befürwortet auch der ansonsten eher zurückhaltende Loewenheim in Schricker/Loewenheim, § 3 Rn 21, ein (Bearbeiter-)Urheberrecht des Theaterregisseurs. Auch A. Nordemann in: Fromm/Nordemann, 12. Aufl. 2018, § 2 Rn 96 und § 3 Rn 31, schließt ein Bearbeiterurheberrecht nicht mehr kategorisch aus. Rehbinder/Peukert, Urheberrecht, 18. Aufl. 2018, sind zwar wie früher Hubmann der Ansicht, der Regisseur werde grundsätzlich nicht schöpferisch tätig, stellen aber in Rn 666 klar, dass auch ein Urheberrecht in Betracht kommt, was laut Vorauflage der Fall ist, »wenn es sich um eine grundlegende, schöpferische Neugestaltung der bühnenmäßigen Ausdrucksmittel handelt«.
1661 Wohl zuletzt Grunert, Werkschutz contra Inszenierungskunst, 2002; Körner, Der Text und seine bühnenmäßige Aufführung – Eine urheberrechtliche und theaterwissenschaftliche Untersuchung über die Inszenierung, 1999; Stahl, Die Regie im Urheberrecht, 1997; Raschèr, Für ein Urheberrecht des Bühnenregisseurs, 1989; Winckler-Neubrand, Urheber- und Leistungsschutzrechte bei der Theaterinszenierung, 1987; Rogger; Urheberrechtliche Fragen bei der Inszenierung von Bühnenwerken, 1976, S. 57; v. Foerster, Das Urheberrecht des Theaterregisseurs, 1971, S. 30 ff.
1662 Zur Übersicht in der Literatur siehe Grunert, ZUM 2001, 210, 211 in Fn 4 und 41.
1663 Schmieder, UFITA 63 (1972), 133, 137.
1664 Siehe Rogger, Urheberrechtliche Fragen bei der Inszenierung von Bühnenwerken, 1976, S. 84 f.; Winckler-Neubrand, Urheber- und Leistungsschutzrechte bei der Theaterinszenierung, 1987, S. 39 ff.; Erdmann in: FS Nierk, 1992, S. 209, 211.
1665 Koch, Das Urheberrecht des Bühnenregisseurs, 1927, S. 19.
1666 Schmieder, UFITA 63 (1972), 133, 137.
1667 Zitiert bei Fischer-Lichte, Ästhetik des Performativen, 2004, S. 324 in Fn 15.
1668 BGH GRUR 1971, 35.
1669 Krüger-Nieland, UFITA 64 (1972), 129, 140.
1670 BGH GRUR 1971, 35.
1671 Das Gericht macht sich diese Kritik zu eigen. Ebenfalls angeführt bei Krüger-Nieland, UFITA 64 (1972), 129, 131 (siehe ihre Würdigung der Entscheidung insb. auf S. 136).
1672 BGH GRUR 1971, 35, 37.
1673 Schmieder, UFITA 63 (1972), 133, 136; Dietz, FuR 1976, 816, 819; Raschèr, Für ein Urheberrecht des Bühnenregisseurs, 1989, S. 11; Hieber, ZUM 1997, 17, 19.
1674 Siehe Kapitel G.II.2.a).
1675 BGH GRUR 1971, 35, 37.

1676 Schmieder, UFITA 63 (1972), 133, 136.
1677 Schmieder, UFITA 63 (1972), 133, 136.
1678 Siehe Kapitel G.II.2.a).
1679 BGH GRUR 1971, 35, 37.
1680 BGH GRUR 1971, 35, 37 (Hervorhebung durch Verf.).
1681 BGH GRUR 1972, 143, 147 – Ein Spiel.
1682 BGH GRUR 1972, 143, 144 – Ein Spiel.
1683 BGH GRUR 1972, 143, 144 – Ein Spiel.
1684 BGH GRUR 1972, 143, 144 – Ein Spiel.
1685 S. 111 der zitierten Buchausgabe.
1686 BGH GRUR 1972, 143 – Ein Spiel.
1687 OLG Frankfurt GRUR 1976, 199, 200.
1688 LG Frankfurt UFITA 77 (1976), 278–282 – Götterdämmerung, unter Berufung auf v. Foerster, Das Urheberrecht des Theaterregisseurs, 1971, S. 48.
1689 UFITA 77 (1976), 278.
1690 UFITA 77 (1976), 279.
1691 UFITA 77 (1976), 279.
1692 Dietz, UFITA 87 (1980), 1, 15; Raschèr, Für ein Urheberrecht des Bühnenregisseurs, 1989, S. 12.
1693 OLG Frankfurt GRUR 1976, 199, 201.
1694 OLG Frankfurt GRUR 1976, 199, 201.
1695 OLG Frankfurt GRUR 1976, 199, 201.
1696 OLG Frankfurt GRUR 1976, 199, 201.
1697 OLG Frankfurt GRUR 1976, 199, 201.
1698 Iser, Der Akt des Lesens. Theorie ästhetischer Wirkung, 1976, S. 505 und 511, zitiert nach Fischer-Lichte, Ästhetik des Performativen, 2004, S. 324 f.
1699 RGZ 107, 62, 63. Siehe auch oben Kapitel G.II.2.a).
1700 Siehe Kapitel D.III.
1701 Kummer, Das urheberrechtlich schützbare Werk, 1968, S. 154 f.
1702 Kummer, Das urheberrechtlich schützbare Werk, 1968, S. 154.
1703 Kummer, Das urheberrechtlich schützbare Werk, 1968, S. 154.
1704 Kummer, Das urheberrechtlich schützbare Werk, 1968, S. 154.
1705 Kummer, Das urheberrechtlich schützbare Werk, 1968, S. 154 f.
1706 Zu diesem Tätigkeitsbereich des Theaterregisseurs siehe auch Raschèr, Für ein Urheberrecht des Bühnenregisseurs, 1989, S. 86–90.
1707 BGH UFITA 64 (1972), 288, 291 – Biografie: Ein Spiel. Siehe Kapitel G.II.3.b).bb).
1708 Siehe auch Raschèr, Für ein Urheberrecht des Bühnenregisseurs, 1989, S. 88 ff. m. w. N.
1709 Siehe Kapitel E.I.
1710 Craig, Über die Kunst des Theaters, 1969, S. 101.
1711 Siehe hierzu Craig, Über die Kunst des Theaters, 1969, S. 106.
1712 Siehe Kapitel G.I.1.
1713 Zur Bearbeitung Ulmer, Urheber- und Verlagsrecht, 3. Aufl. 1980, S. 157.
1714 Siehe Kapitel E.III.2.
1715 Siehe dazu BVerfGE 30, 173, 188; Knies, Schranken der Kunstfreiheit als verfassungsrechtliches Problem, 1967, S. 177 f.; Erbel, Inhalt und Auswirkungen der verfassungsrechtlichen Kunstfreiheitsgarantie, 1966, S. 99; Scholz in: Maunz/Dürig, Art. 5 Abs. 3 GG Rn 38.
1716 BGH GRUR 1960, 604, 605 – Eisrevue I.
1717 BGH GRUR 1960, 606, 608 – Eisrevue II.
1718 Herrmann, Über die Frage der schöpferischen Tätigkeit des Regisseurs und seiner Freiheit gegenüber dem Theater, in: Bericht vom Regiekongress der V.K.B. in seiner 14. Hauptversammlung am 23. Mai 1925, abgedruckt in Szene: Zeitschrift des Deutschen Amateurtheaterverbandes e. V., S. 6–8.
1719 Siehe Kapitel C.IV.2.
1720 Fischer-Lichte, Ästhetik des Performativen, 2004, S. 61.
1721 Siehe Kapitel G.I.1.
1722 Fischer-Lichte, Ästhetik des Performativen, 2004, S. 327.
1723 Fischer-Lichte, Ästhetik des Performativen, 2004, S. 327.
1724 Kummer, Das urheberrechtlich schützbare Werk, 1968, S. 57.
1725 Kummer, Das urheberrechtlich schützbare Werk, 1968, S. 150.
1726 Kelsch in: Metzler: »Situation«, S. 306.
1727 Kummer, Das urheberrechtlich schützbare Werk, 1968, S. 52.

1728 Kummer, Das urheberrechtlich schützbare Werk, 1968, S. 532.
1729 Kummer, Das urheberrechtlich schützbare Werk, 1968, S. 352.
1730 OLG Frankfurt GRUR 1976, 199, 201 unter Berufung auf BGHZ GRUR 1952, 519 – Hummelfiguren I. Siehe bereits oben Kapitel G.II.3.b).bb).
1731 Kummer, Das urheberrechtlich schützbare Werk, 1968, S. 53.
1732 Kummer, Das urheberrechtlich schützbare Werk, 1968, S. 53.
1733 OLG Frankfurt GRUR 1976, 199, 201.
1734 Kummer, Das urheberrechtlich schützbare Werk, 1968, S. 53.
1735 Kummer, Das urheberrechtlich schützbare Werk, 1968, S. 53.
1736 Kummer, Das urheberrechtlich schützbare Werk, 1968, S. 53.
1737 Kummer, Das urheberrechtlich schützbare Werk, 1968, S. 39.
1738 Kummer, Das urheberrechtlich schützbare Werk, 1968, S. 54.
1739 Kummer, Das urheberrechtlich schützbare Werk, 1968, S. 54.
1740 Kummer, Das urheberrechtlich schützbare Werk, 1968, S. 54, besser: auf Kosten des Zufalls.
1741 Kummer, Das urheberrechtlich schützbare Werk, 1968, S. 55 (Hervorhebung im Original).
1742 Kummer, Das urheberrechtlich schützbare Werk, 1968, S. 69.
1743 Kummer, Das urheberrechtlich schützbare Werk, 1968, S. 56.
1744 Kummer in: FS Troller, 1976, S. 106. Zu Cage siehe auch Kapitel A.IV.2.
1745 Kummer in: FS Troller, 1976, S. 106.
1746 Vgl. dazu Meier ZSR NF 106 (1987), S. 263.
1747 Siehe Kapitel C.III.5.b).
1748 Smoschewer, GRUR 1927, 50, 51.
1749 BGHZ 33, 20, 23.
1750 BGH GRUR 1981, 419, 421.
1751 Wendt in: v. Münch/Kunig, Art. 5 Rn 89.
1752 Siehe Kapitel C.II.3.a).cc).
1753 Siehe Kapitel C.II.3.a).cc).
1754 Siehe Kapitel C.II.3.a).cc).
1755 BVerfGE 67, 213, 226 – anachronistischer Zug.
1756 Fischer-Lichte, Ästhetik des Performativen, 2004, S. 352.
1757 Fischer-Lichte, Ästhetik des Performativen, 2004, S. 352.
1758 Isensee, Wer definiert die Freiheitsrechte, 1960, S. 59.
1759 BVerfGE 67, 213, 226 – anachronistischer Zug.
1760 Kummer, Das urheberrechtlich schützbare Werk, 1968, S. 134.
1761 Kummer, Das urheberrechtlich schützbare Werk, 1968, S. 76.
1762 Die ältere Rechtsprechung fordert etwa eine »von dem Gegenstand ausgeübte ästhetische Wirkung von solchem Rang […], dass von Kunst gesprochen werden kann« (OLG Düsseldorf GRUR 1955, 417), oder eine »ästhetische Intensität«. Siehe hierzu die Auflistung von Schramm, Die schöpferische Leistung, 1984, S. 100.
1763 Schramm, Die schöpferische Leistung, 1984, S. 100.
1764 Kummer, Das urheberrechtlich schützbare Werk, 1968, S. 76.
1765 Fischer-Lichte, Ästhetik des Performativen, 2004, S. 349.
1766 Fischer-Lichte, Ästhetik des Performativen, 2004, S. 356.

Literaturverzeichnis

Akáts, Franz von, Kunst der Scenik in ästhetischer und ökonomischer Hinsicht, Wien 1841.

Allfeld, Philipp, Kommentar zu den Gesetzen vom 19. Juni 1901 betreffend das Urheberrecht an Werken der Literatur und der Tonkunst und über das Verlagsrecht, München 1902 (zitiert: Allfeld, Das Urheberrecht an Werken der Literatur und der Tonkunst).

Allgemeines Theater-Lexikon oder Encyklopädie alles Wissenwerthen für die Bühnenkünstler, Dilettanten und Theaterfreunde, hrsg. von K. Herloßsohn, H. Marggraff u. a., 3. Bd., neue Ausgabe, Leipzig 1846.

Alternativkommentar zum Grundgesetz für die Bundesrepublik Deutschland, Bd. 1 Art. 1–37, hrsg. von Ekkehart Stein, Erhard Denninger, Helmut Ridder, Helmut Simon, bearbeitet von Richard Bäumlin u. a. (Ausg. in Kassette) 2. Aufl. 1989 Neuwied (zitiert: Bearbeiter in: AK-GG).

Badura, Peter, Privatnützigkeit und Sozialbindung des geistigen Eigentums, in: Ansgar Ohly und Diethelm Klippel (Hrsg.), Geistiges Eigentum und Gemeinfreiheit, Tübingen 2007, S. 45–60 (zitiert: Badura, Privatnützigkeit, in: Ohly/Klippel (Hrsg.), Geistiges Eigentum und Gemeinfreiheit).

Bappert, Walter, Wege zum Urheberrecht, Frankfurt am Main 1962.

Benjamin, Walter, Das Kunstwerk im Zeitalter seiner technischen Reproduzierbarkeit, Frankfurt am Main 1963.

Bianchi, Paolo, Kunst als Erfindung des Lebens, in: CUM. Katalog, Sprengel Museum, Hannover 1997, S. 23.

Bielenberg, Peter Eduard, Das urheberrechtlich schützbare Werk und das Urheberpersönlichkeitsrecht, GRUR 1974, 589–590.

Bluntschli, Johann Casper, Deutsches Privatrecht, Frankfurt am Main, (1. Auflage: 1853) 3. Auflage 1864.

Boehm, Gottfried, Repräsentation – Präsentation – Präsenz. Auf den Spuren des homo pictor, in: Tagungsband »Homo pictor«, hrsg. von Gottfried Boehm (Colloquium Rauricum 7), München/Leipzig 2001, S. 3.

Boor, Hans Otto de, Urheberrecht und Verlagsrecht, Stuttgart 1917.

Boor, Hans Otto de, Vom Wesen des Urheberrechts, Marburg in Hessen 1933.

Brandstätter, Ursula, Grundfragen der Ästhetik: Bild – Musik – Sprache – Körper, Stuttgart 2008.

Braun, Johann, Die Nachtwächter vom Hemshof, NJW 1988, 297–302.

Brauneck, Manfred, Literatur und Öffentlichkeit im ausgehenden 19. Jahrhundert, Stuttgart 1974.

Brauneck, Manfred/Schneilin, Gérard (Hrsg.), Theaterlexikon, Reinbek bei Hamburg, 1986.

Breuer, Lars, Die körperliche Individualität des Interpreten, ZUM 2010, 301–311.

Breuer, Lars, Die Rechte der ausübenden Künstler im digitalen Zeitalter, Saarbrücken 2007.

Brutschke, Paul-Gerhard, Urheberrecht und EDV, München 1972.

Bubner, Rüdiger, Ästhetische Erfahrung, Frankfurt am Main 1989.

Bubner, Rüdiger, Über einige Bedingungen gegenwärtiger Ästhetik, (zuerst) in: Neue Hefte für Philosophie, Nr. 5, 1973, 38–73; später auch in: *ders.*, Ästhetische Erfahrung, Frankfurt am Main 1989, S. 9–52.

Bünte, Rudolf, Die künstlerische Darbietung als persönliches und immaterielles Rechtsgut, Baden-Baden 2000.

Büren, Roland von, Gedanken zum Werkbegriff in der Praxis des Bundesgerichts und im Entwurf für eine Totalrevision des schweizerischen Urheberrechtsgesetzes, GRUR Int. 1985, 385.

Bürger, Peter, Theorie der Avantgarde, Frankfurt am Main 1974.

Cage, John, in: Richard Kostelanetz (Hrsg.), John Cage im Gespräch, Köln 1989.

Cahn-Speyer, Rudolf, Aestethische Grundlagen eines Urheberrechts für ausübende Künstler, Allg. Musikzeitung v. 29.01.1926, 207–210

Cahn-Speyer, Rudolf, Die dualistische Theorie des Urheberrechts und der nachschaffende Künstler, GRUR 1927, 795–798.

Cahn-Speyer, Rudolf, Leistungsschutz oder Urheberrecht des ausübenden Künstlers?, UFITA 4 (1931), 368–385.

Cahn-Speyer, Rudolf, Sonderheft zur Vorbereitung der Romkonferenz, GRUR 1927, 7–10.
Cahn-Speyer, Rudolf, Über das Schutzrecht des ausübenden Künstlers, UFITA 5 (1932), 342–355.
Cahn-Speyer, Rudolf, Zu Grenzbestimmungen des Urheberrechts, GRUR 1930, 755–779.
Canaris, Claus-Wilhelm, Die Feststellung von Lücken im Gesetz, 2. Auflage, Berlin 1983.
Copeau, Jacques, (1991) in: Encyclopédie Française, Bd. 17. Paris 1936, S. 64.
Craig, Edward Gordon, Über die Kunst des Theaters, Berlin 1969.
Csordas, Thomas J. (Hrsg.), Embodiment and Experience, The existential ground of culture and self, Cambridge 1994.
Csordas, Thomas J., Somatic Modes of Attention, Cultural Anthropologie 8 (1993), 135–156.
Dambach, Otto Wilhelm Rudolf, Fünfzig Gutachten über Nachdruck und Nachbildung, Leipzig 1891.
Davenson, Henri, Traité de la musique selon l'esprit de saint Augustin, Neuchatel 1942.
Decker, Pascal, Das Interview als Performancekunst, KuR 2014, 15–19.
Dernburg, Heinrich, Lehrbuch des Preußischen Privatrechts und der Privatrechtsnormen des Reichs, Bd. 2, 3. Auflage, Halle 1893.
Dessoir, Max, Beiträge zur Allgemeinen Kunstwissenschaft, Stuttgart 1929.
Diderot, Denis/Lessing, Gotthold Ephraim, Das Theater des Herrn Diderot, in: Reclams Universal-Bibliothek, Bd. 8283, Stuttgart 1986.
Dienstag, Paul/Elster, Alexander, Handbuch des Deutschen Theater-, Film-, Musik- und Artistenrechts, Berlin 1932.
Dietz, Adolf, Die Entwicklung des bundesdeutschen Urheberrechts in Gesetzgebung und Rechtsprechung von 1972 bis 1979, UFITA 87 (1980), 1–96.
Dietz, Adolf, Urheberrecht im Wandel, Paradigmenwechsel im Urheberrecht?, in: Robert Dittrich (Hrsg.), Woher kommt das Urheberrecht und wohin geht es?, Wien 1988, S. 200.
Dietz, Adolf, Urheberrechtsprobleme der neueren Kunstentwicklung, FuR 1978, 90–95.
Dietz, Adolf, Werkänderungen durch die Regie, FuR 1976, 816–829.
Dreier, Horst (Hrsg.), Grundgesetz-Kommentar, Bd. 1: Präambel, Artikel 1–19, 3. Auflage, Tübingen 2013 (zitiert: Bearbeiter in: Dreier, GG).
Dreier, Thomas/Schulze, Gernot, Urheberrechtsgesetz: UrhG, Urheberrechtswahrnehmungsgesetz, Kunsturhebergesetz, Kommentar, München, 6. Auflage 2018 (zitiert: Bearbeiter in: Dreier/Schulze, UrhG).
Dreyer, Gunda/Kotthoff, Jost/Meckel, Astrid, Urheberrechtsgesetze, Urheberrechtswahrnehmungsgesetz, Kunsturhebergesetz, 2. Auflage, Heidelberg 2009 (zitiert: Bearbeiter in: Dreyer/Kotthoff/Meckel, UrhG).
Dünnwald, Rolf, Das Leistungsschutzrecht des ausübenden Künstlers in der neueren Rechtsprechung des BGH, FuR 1984, 615–619.
Dünnwald, Rolf, Die künstlerische Darbietung als geschützte Leistung, UFITA 84 (1979), 1–25.
Dünnwald, Rolf, Inhalt und Grenzen des künstlerischen Leistungsschutzes, in: (Festschrift für Georg Roeber, hrsg. von Wilhelm Herschel, Friedrich Klein und Manfred Rehbinder), Hamburg/Berlin 1973, S. 127 (zitiert: Dünnwald in: FS Roeber, 1973).
Dünnwald, Rolf, Inhalt und Grenzen des künstlerischen Leistungsschutzes, UFITA 65 (1972), 99–116.
Dünnwald, Rolf, Zum Begriff des ausübenden Künstlers, UFITA 52 (1969), 49–88.
Dünnwald/Gerlach, Schutz des ausübenden Künstlers, Kommentar zu §§ 73 bis 83 UrhG, Stuttgart 2008.
Durkheim, Émile, Die elementaren Formen des religiösen Lebens, Frankfurt am Main 1981.
Eisenmann, Ernst, Das Urheberrecht an Tonkunstwerken, Chicago 1907.
Eisenstein, Sergej M., Montage der Attraktion, in: Schriften, Bd. 1, hrsg. von Hans-Joachim Schlegel, München 1974, S. 216–221.
Ekrutt, Joachim W., Der Rechtsschutz der ausübenden Künstler, GRUR 1976, 193.
Ellinger, Werner Bruno, Der Rechtsschutz der künstlerischen Darstellung. Zugleich ein Beitrag zur deutsch-österreichischen Rechtsangleichung, (Diss.) Heidelberg 1934.
Elster, Alexander, Das Gemeininteresse als Grenze des gewerblichen Rechtsschutzes, GRUR 1921, 41.

Elster, Alexander, Das Leistungsschutzrecht des ausübenden Künstlers, UFITA 3 (1930), 574–581.

Elster, Alexander, Das Persönlichkeitsrecht im geistig-gewerblichen Rechtsschutz, GRUR 1927, 431–438.

Elster, Alexander, Formgebung und »Grenzbestimmung des Urheberrechts«, GRUR 1930, 927–931.

Elster, Alexander, Formgebung und Ausdrucksmittel, UFITA 3 (1930), 371–391.

Elster, Alexander, Gibt es ein Urheberrecht des nachschaffenden Künstlers?, GRUR 1927, 42–54.

Emrich, Wilhelm, Kann Dichtung verboten werden?, in: Universitätstage 1964, Gesellschaftliche Wirklichkeit im 20. Jahrhundert und Strafrechtsreform, hrsg. von Karl-Heinrich Bauer, Berlin-West 1964, S. 159 (zitiert: Emrich, Kann Dichtung verboten werden?).

Engel, Johann Jakob, Ideen zu einer Mimik (1785/6), in Schriften Bd. 7/8 Berlin 1804, Bd. 7.

Engisch, Karl, Einführung in das juristische Denken, 11. Auflage, Stuttgart 2010.

Erbel, Günter, Ein »Definitionsverbot« für den verfassungsrechtlichen Begriff »Kunst« (Art. 5 Abs. 3 Satz 1), DVBl. 1969, 863.

Erbel, Günter, Inhalt und Auswirkungen der verfassungsrechtlichen Kunstfreiheitsgarantie, Berlin 1966.

Erdmann, Willi, Schutz der Kunst im Urheberrecht, in: Willi Erdmann u. a. (Hrsg.), Festschrift für Otto-Friedrich Frhr. v. Gamm, Köln 1990, S. 389–404 (zitiert: Erdmann in: FS v. Gamm, 1990).

Erdmann, Willi, Schutz von Werbeslogans, GRUR 1996, 550–551.

Erdmann, Willi, Werktreue des Bühnenregisseurs aus urheberrechtlicher Sicht, in: Karl Bruchhausen u. a. (Hrsg.), Festschrift für Rudolf Nirk zum 70. Geburtstag, München 1992, S. 209–231 (zitiert: Erdmann in: FS Nierk, 1992).

Fabiani, Mario, Sind Apparate geistige Schöpfer?, GRUR Int. 1965, 422.

Fichte, Johann Gottlieb, Beweis der Unrechtmäßigkeit des Büchernachdrucks, Berliner Monatsschrift, Bd. 21 (1793), 443.

Fischer, Robert, Die Weiterentwicklung des Rechts durch die Rechtsprechung, Karlsruhe 1971.

Fischer-Lichte, Erika, Ästhetik des Performativen, Frankfurt am Main 2004.

Fischer-Lichte, Erika, Der Körper als Zeichen und als Erfahrung, in: dies. (Hrsg.), Theater im Prozeß der Zivilisation, Tübingen/Basel 2000.

Fischer-Lichte, Erika, Performativität, Eine Einführung, Bielefeld 2012.

Fischer-Lichte, Erika, Semiotik des Theaters, Bd. 1: Das System der theatralischen Zeichen, 5. Auflage, Tübingen 2007).

Fischer-Lichte, Erika, Ästhetische Erfahrung. Das Semiotische und das Performative, Tübingen und Basel 2001.

Fischer-Lichte, Erika, Semiotik des Theaters, Bd. 3: Die Aufführung als Text, 1. Auflage, Tübingen 1983, 5. Auflage, Tübingen 2009.

Fischer-Lichte, Erika, Theaterwissenschaft, Tübingen 2010.

Fischer-Lichte, Erika, Theorien des Performativen, Paragrana. Internationale Zeitschrift für Historische Anthropologie, Band 10, Heft 1/2001, Vorwort.

Fischer-Lichte, Erika, Verwandlung als ästhetische Kategorie. Zur Entwicklung einer neuen Ästhetik des Performativen, in: dies. u. a. (Hrsg.), Theater seit den sechziger Jahren, Tübingen/Basel 1998, S. 21–91 (zitiert: Fischer-Lichte, Verwandlung als ästhetische Kategorie).

Foerster, Peter von, Das Urheberrecht des Theaterregisseurs, (Diss.) Hamburg 1971.

Fokine, Michail, Letter to »The Times«, July 6th, 1914, in: Roger Copeland (Hrsg.), What is dance?, New York, 1983, S. 257–261.

Frazer, James George, The golden bough. A study in comperative religion, London 1890.

Freiesleben, Gerhard, Rechtsschutz der Regiekunst, GRUR 1916, 112–117.

Freud, Sigmund, Analyse der Phobie eines fünfjährigen Knaben, Gesammelte Werke: chronologisch geordnet (unter Mitwirkung von Marie Bonaparte), hrsg. von Anna Freud u. a., Frankfurt am Main 1909.

Fromm, Friedrich Karl, Das Recht des Regisseurs und der Schutz seiner künstlerischen Leistung, GRUR 1962, 561–566.

Fromm, Friedrich Karl, Der Apparat als geistiger Schöpfer, GRUR 1964, 304.

Fromm, Friedrich Karl/Nordemann, Wilhelm, Urheberrecht, Kommentar zum Urheberrechtsgesetz, zum Verlagsgesetz und zum Urheberrechtswahrnehmungsgesetz, begr. von Friedrich Karl Fromm und Wilhelm Nordemann, fortgeführt von Wilhelm Nordemann, Kai Vinck und Paul Hertin, 9. Auflage, Berlin/Köln 1998.

Fromm, Friedrich Karl/Nordemann, Wilhelm, Urheberrecht, Kommentar zum Urheberrechtsgesetz, zum Verlagsgesetz und zum Urheberrechtswahrnehmungsgesetz, begr. von Friedrich Karl Fromm und Wilhelm Nordemann, fortgeführt von Wilhelm Nordemann, Kai Vinck und Paul Hertin, 12. Auflage, Berlin/Köln 2014.

Fromm, Friedrich Karl/Nordemann, Wilhelm, Urheberrecht, Kommentar zum Urheberrechtsgesetz, zum Verlagsgesetz und zum Urheberrechtswahrnehmungsgesetz, Berlin/Köln/Mainz 1966.

Fuchs, Georg, Der Tanz, Stuttgart 1906.

Fuchs, Georg, Die Revolution des Theaters, München 1909.

Fuchs, Thomas, Zwischen Leib und Körper, in: Martin Hähnel und Marcus Knaup (Hrsg.), Leib und Leben, Perspektiven für eine neue Körperkultur, Darmstadt 2013, S. 82–93.

Gadamer, Hans-Georg, Wahrheit und Methode, Tübingen 1972.

Gamm, Otto Friedrich Frh. von, Urheberrechtsgesetz, Kommentar, München 1968 (zitiert: v. Gamm, UrhG).

Gentz, Günther, Der künstlerische Leistungsschutz, GRUR 1974, 328.

Gerstenberg, Ekkehard, Die Urheberrechte an Werken der Kunst, der Architektur, der Fotografie, München, 1986.

Gerstenberg, Ekkehard, Moderne Kunst und Urheberrecht; in: Rainer Klaka (Hrsg.), Festschrift für Senatspräsident Wilhelm Wendel, München 1969, S. 89–97 (zitiert: Gerstenberg in: FS Wendel, 1969).

Gierke, Otto von, Deutsches Privatrecht, Bd. 1, Leipzig 1895.

Gieseke, Ludwig, Vom Privileg zum Urheberrecht, Baden-Baden 1995.

Girth, Peter, Individualität und Zufall im Urheberrecht, Berlin 1974.

Gnekow, Horst, Das Recht des Regisseurs. Eine theaterrechtliche Abhandlung, (Diss.) Göttingen 1940.

Goethe, Johann Wolfgang von, Goethes Werke, hrsg. im Auftrag der Großherzogin Sophie von Sachsen, Weimar 1901.

Goldbaum, Wenzel, Theaterrecht, Berlin 1914.

Graul, Heidemarie, Künstlerische Urteile im Rahmen der staatlichen Förderungstätigkeit, Berlin 1970.

Gropp, Rose-Maria, Es kann nur einen geben – oder? in: FAZ vom 25.10.2016.

Grotowski, Jerzy, Für ein armes Theater, Zürich 1986.

Grunert, Eike Wilhelm, Götterdämmerung, Iphigenie und die amputierte Csárdásfürstin – Urteile zum Urheberrecht des Theaterregisseurs und die Folgen für die Verwertung seiner Leistung, ZUM 2001, S. 210–218.

Grunert, Eike Wilhelm, Werkschutz contra Inszenierungskunst, München 2002.

Haberstumpf, Helmut, Handbuch des Urheberrechts, 2. Auflage, Neuwied 2000.

Haberstumpf, Helmut, Urheberrechtlich geschützte Werke und verwandte Schutzrechte, in: Festschrift zum hundertjährigen Bestehen der Deutschen Vereinigung für gewerblichen Rechtsschutz und Urheberrecht, hrsg. von Friedrich-Karl Beier, Alfons Kraft, Gerhard Schricker und Elmar Wadle, Weinheim 1991, S. 1125 (zitiert: Haberstumpf in: FS GRUR).

Hagemann, Carl, Die Regie, Berlin 1913.

Hanstein, Adalbert von, Das jüngste Deutschland, Zwei Jahrzehnte miterlebte Literaturgeschichte, Leipzig 1900.

Hamann, Wolfram, Urheberrechtsprobleme um Beuys' Badewanne, FuR 1976, 166.

Harrison, Jane Ellen, A Study of the Social Origins of Greek Religion, London 1967.

Harrison, Jane Ellen, Mythology and Monuments of Ancient Athens, London 1890.

Harrison, Jane Ellen, Prolegomena of the Study of Greek Religion, New York 1955.

Hartlieb, Horst von, Die Freiheit der Kunst und das Sittengesetz, Pullach 1969.

Hartmann, Nicolai, Ästhetik, Berlin 1953.

Hauser, Arnold, Sozialgeschichte der Kunst und Literatur, München 1973.

Heck, Philipp, Begriffsbildung und Interessenjurisprudenz, Tübingen 1932.

Heck, Philipp, Gesetzesauslegung und Interessenjurisprudenz, AcP 112 (1914), 1 ff.

Hegel, Georg Friedrich Wilhelm, Enzyklopädie der philosophischen Wissenschaften, 3. Originalausgabe, Heidelberg, Berlin 1830.

Hegel, Georg Friedrich Wilhelm, Grundlinien der Philosophie des Rechts oder Naturrecht und Staatswissenschaft im Grundrisse, hrsg. von Eduard Gans, Berlin 1833, §§ 68 ff.

Hegel, Georg Friedrich Wilhelm, Vorlesungen zur Philosophie der Geschichte, Ausgabe von Georg Lasson, Leipzig 1917.

Heidegger, Martin, Der Ursprung des Kunstwerks, Stuttgart 1960.

Heim, Elmar, Die statistische Einmaligkeit im Urheberrecht de lege lata und de lege ferenda, Freiburg 1971.

Heker, Harald G., Der urheberrechtliche Schutz von Bühnenbild und Filmkulisse, Baden-Baden 1990.

Helguera, Pablo, Education for Socially Engaged Art, New York 2011.

Henrichs, Benjamin, Stöhn heul kreisch blök krächz jaul stotter murmel, in: DIE ZEIT vom 28.02.1986.

Herrmann, Max, Bühne und Drama – Antwort an Prof. Dr. Klaar, in: Vossische Zeitung vom 30.07.1918.

Herrmann, Max, Das theatralische Raumerlebnis, in: Bericht vom 4. Kongress für Ästhetik und allgemeinen Kunstwissenschaft, Berlin 1930.

Herrmann, Max, Forschungen zur deutschen Theatergeschichte des Mittelalters und der Renaissance, Berlin, 1914, Teil II.

Herrmann, Max, Über die Aufgaben eines theaterwissenschaftlichen Instituts, Vortrag vom 27. Juni 1920, in: Helmar Klier (Hrsg.), Theaterwissenschaft im deutschsprachigen Raum, Darmstadt 1981, S. 15–24.

Herrmann, Max, Über die Frage der schöpferischen Tätigkeit des Regisseurs und seiner Freiheit gegenüber dem Theater, in: Bericht vom Regiekongress der V.K.B. in seiner 14. Hauptversammlung am 23. Mai 1925, abgedruckt in Szene: Zeitschrift des Deutschen Amateurtheaterverbandes e. V. – Leipzig 15, S. 6–8.

Hertin, Paul, Zum Künstlerbegriff des Urheberrechtsgesetz und des Rom-Abkommens, UFITA 81 (1978), 39.

Hertin, Paul, Zur urheberrechtlichen Schutzfähigkeit von Werbeleistungen unter besonderer Berücksichtigung von Werbekonzeptionen und Werbeideen, GRUR 1997, 799.

Heuer, Carl-Heinz, Die Besteuerung der Kunst, 2. Auflage, Köln 1984.

Hieber, Thomas, Für den Urheberschutz des Theaterregisseurs – die Inszenierung als persönliche geistige Schöpfung, ZUM 1997, 17.

Hirsch-Ballin, Ernst, Zufallsmusik, UFITA 50 (1967), 843.

Hoeren, Thomas, Sounds von der Datenbank – Zum Schutz des Tonträgerherstellers gegen Sampling, in: Christian Schertz und Hermann-Josef Omsels (Hrsg.), Festschrift für Paul W. Hertin zum 60. Geburtstag, München 2000, S. 113–132 (zitiert: Hoeren in: FS Hertin, 2000).

Hoffmann, Josef, Die Kunstfreiheitsgarantie des Grundgesetzes und die Organisierung einer Mediengewerkschaft, Bamberg 1981.

Hoffmann, Josef, Kunstfreiheit und Sacheigentum – Bemerkungen zum »Sprayer«-Beschluß des BVerfG, NJW 1985, 237.

Hoffmann, Willy, Das Urheberrecht des nachschaffenden Künstlers, GRUR 1927, 69.

Hoffmann, Willy, Die Staatenvorschläge zur Revision der revidierten Berner Übereinkunft, UFITA 1 (1928), 123–181.

Hoffmann, Willy, Die Wünsche der Romkonferenz als Wegweiser für die Entwicklung des Urheberrechts, GRUR 1934, 699–706.

Hofmann, Werner, Grundlagen der modernen Kunst – Eine Einführung in ihre symbolischen Formen, Stuttgart 1966.

Hofmiller, Josef, Form ist alles, München 1955.

Hörnig, Andreas, Das Bearbeitungsrecht und die Bearbeitung im Urheberrecht unter besonderer Berücksichtigung von Werken der Literatur, UFITA 99 (1985), 13–116.

Hösly, Balz, Das urheberrechtlich schützbare Rechtssubjekt, Bern 1987.

Hubmann, Heinrich, Das Recht des schöpferischen Geistes, Berlin 1954.

Hubmann, Heinrich, Immanuel Kants Urheberrechtstheorie UFITA 106 (1987), 145.

Hubmann, Heinrich, Urheber- und Verlagsrecht, 4. Auflage, München 1978.

Hufen, Friedhelm, Grundrechte: Kunstfreiheit und Verwenden von Kennzeichen verfassungswidriger Organisationen, JuS 2014, 855.

Husserl, Edmund, Ding und Raum, Vorlesungen 1907, hrsg. von Karl-Heinz Hahnengreß und Smail Rapic, Hamburg 1991.

Ipsen, Jörn, Richterrecht und Verfassung, Berlin 1975.

Isensee, Josef, Wer definiert die Freiheitsrechte?, Heidelberg 1960.

Iser, Wolfgang, Der Akt des Lesens. Theorie ästhetischer Wirkung, München 1976.

Ivanov, Vjacheslav Vsevolodovich, Einführung in die allgemeine Problematik der Semiotik, Tübingen 1985.

Janhsen, Angeli, Neue Kunst als Katalysator, Berlin 2012.

Jeschke, Claudia, Tanzschriften, Ihre Geschichte und Methode, Bad Reichenhall, 1983.

Jacobs, Rainer, Anmerkungen zum Happening-Urteil, GRUR 1985, 530–531.
Kampmann, Sabine, House of Futuring – Arbeit am Identitätsgehäuse, www.evaadele.com/texts/kampmanndeutsch.html (abgerufen am 10.12.2016).
Kant, Immanuel, Kritik der reinen Vernunft, Riga 1781.
Kant, Immanuel, Von der Unrechtmäßigkeit des Büchernachdrucks, Berlinische Monatsschrift 5 (1785), 403 ff., Nachdruck mit Kommentar von Hubmann in UFITA 106 (1987), 137.
Kienzl, Florian, »Gustaf mit ›f‹. Wie Gustaf Gründgens entdeckt wurde«, zit. nach Dagmar Walach, »Aber ich habe nicht mein Gesicht«. Gustaf Gründgens – eine deutsche Kariere, Begleitbuch zur gleichnamigen Ausstellung der Staatsbibliothek zu Berlin – Preußischer Kulturbesitz, 9. Dezember 1999 bis 12. Februar 2000, Berlin 1999, S. 29.
Klaar, Alfred, Bühne und Drama. Zum Programm der deutschen dramatischen Gesellschaft von Prof. Max Herrmann, in: Vossische Zeitung vom 18.07.1918.
Knies, Wolfgang, Schranken der Kunstfreiheit als verfassungsrechtliches Problem, München 1967.
Koch, Claus-Dietrich, Das Urheberrecht des Bühnenregisseurs, (Diss.) Rostock 1927.
Kohler, Josef, Autorschutz des reproduzierenden Künstlers, GRUR 1909, 230–232.
Kohler, Josef, Das Autorrecht, Jena 1880.
Kohler, Josef, Das literarische und artistische Kunstwerk und sein Autorschutz, Mannheim 1892.
Kohler, Josef, Das Urheberrecht an Schriftwerken und Verlagsrecht, Stuttgart 1907.
Kohler, Josef, Die Idee des geistigen Eigentums, AcP 82 (1894), 141–242.
Kontova, Helene, in: Flash Art, No. 258, Januar/Februar 2008.
Körner, Roswitha, Der Text und seine bühnenmäßige Aufführung – Eine urheberrechtliche und theaterwissenschaftliche Untersuchung über die Inszenierung, Münster 1999.
Kornmeier, Udo/Cichon, Caroline, Nutzungsrechte bei Multimedia-Auswertungen, in: Rolf Moser und Andreas Scheuermann (Hrsg.), Handbuch der Musikwirtschaft, 6. Auflage, München 2003, S. 864–907.
Krämer, Sybille/Stahlhut, Marco, Das »Performative« als Thema der Sprach- und Kulturphilosophie, in: Erika Fischer-Lichte und Christoph Wulf (Hrsg.), Theorien des Performativen (= Paragrana, Bd. 10 Heft 1), Berlin 2001, S. 35–64.
Krug, Wilhelm Traugott, Kritische Bemerkungen über Schriftstellerei, Buchhandel und Nachdruck, Leipzig 1823.
Krüger, Christof, Die schöpferische Interpretation – ein Widerspruch in sich, in: Georg Herbst (Hrsg.), Festschrift für Rainer Klaka, München 1987, S. 139–146 (zitiert: Krüger in: FS Klaka, 1987).
Krüger-Nieland, Gerda, Die Rechtsstellung des Bühnenregisseurs aus urheberrechtlicher Sicht, UFITA 64 (1972), 129–144.
Kummer, Max, Das urheberrechtlich schützbare Werk, Bern 1968.
Kummer, Max, Die Entgrenzung der Kunst und das Urheberrecht, in: Paul Brügger (Hrsg.), Homo Creator, Festschrift für Alois Troller, Basel/Stuttgart 1976, S. 89 (zitiert: Kummer in: FS Troller, 1976).
Larese, Wolfgang, Buchbesprechung: Troller, Immaterialgüterrecht, 3. Auflage 1983, UFITA 105 (1987), 7–15.
Larese, Wolfgang, Urheberrecht in einem sich wandelnden Kulturbetrieb, Bern 1979.
Leinemann, Felix, Die Sozialbindung des »geistigen Eigentums«, Baden-Baden 1998.
Lessing, Gotthold Ephraim, Laokoon oder Über die Grenzen der Malerei und Poesie, Kapitel XVI, zitiert nach der Ausgabe von Ingrid Kreuzer, Stuttgart 1987.
Lilia, Elisabeth, Urheberrechte an der Regie, Leipzig 1914.
Lion, Emil, Das Recht des wiedergebenden Künstlers, GRUR 1927, 296–300.
Locke, John, Zwei Abhandlungen über die Regierung, Buch II, Frankfurt 1967.
Loewenheim, Ulrich (Hrsg.), Handbuch des Urheberrechts, 3. Auflage, München 2021 (zitiert: Bearbeiter in: Loewenheim, Hdb. des UrhR).
Lucas-Schloetter, Agnès, Die Rechtsnatur des Droit Moral, GRUR Int. 2002, 809.
Luf, Gerhard, Philosophische Strömungen in der Aufklärung und ihr Einfluß auf das Urheberrecht, in: Robert Dittrich (Hrsg.), Woher kommt das Urheberrecht und wohin geht es?, Wien 1988, S. 9.
Mangoldt, Hermann von/Klein, Friedrich/Starck, Christian, Kommentar zum Grundgesetz: GG, begr. von Hermann von Mangoldt, fortgeführt von Friedrich Klein, hrsg. von Christian Starck, 3 Bde., 7. Auflage, München 2018 (zitiert: Bearbeiter in: v. Mangoldt/Klein/Starck).

Marwitz, Bruno, Erweiterung oder Beschränkung des Kreises der urheberrechtlich Geschützten, GRUR 1926, 573–577.
Marwitz, Bruno, Gutachten für den Urheberrechtsausschuß, GRUR 1926, 573–577.
Marwitz, Bruno, Künstlerschutz, UFITA 3 (1930), 299–309.
Marwitz, Bruno/Möhring, Philipp, Das Urheberrecht an Werken der Literatur und der Tonkunst in Deutschland. Kommentar zum Reichsgesetze vom 19. Juni 1901/22. Mai 1910 und den internationalen Verträgen Deutschlands, Berlin 1929 (zitiert: Marwitz/Möhring, Urheberrecht).
Maturana, Humberto/Varela, Francisco, Der Baum der Erkenntnis: Die biologischen Wurzeln des menschlichen Erkennens, 2. Auflage, Bern/München 1987.
Maunz, Theodor/Dürig, Günter (Begr.), Grundgesetz, Loseblatt-Kommentar, hrsg. von Roman Herzog, Rupert Scholz, Matthias Herdegen, Hans H. Klein, Stand: Dezember 2015, München (zitiert: Bearbeiter in: Maunz/Dürig).
Meier, Robert, Plädoyer für ein Urheberrecht der Theaterregisseure und Bühnenschauspieler, in: ZSR NF 106 (1987), S. 241–267.
Merleau-Ponty, Maurice, 1908–1961: Phänomenologie der Wahrnehmung, Berlin 1966.
Merleau-Ponty, Maurice, Das Sichtbare und das Unsichtbare, München, 2. Aufl. 1994.
Mersch, Dieter, Aisthetik und Responsivität. Zum Verhältnis von medialer und amedialer Wahrnehmung, in: Erika Fischer-Lichte u. a. (Hrsg.), Wahrnehmung und Medialität, Tübingen/Basel 2001, S. 273–300.
Metzler Lexikon Theatertheorie, hrsg. von Erika Fischer-Lichte, Doris Kolesch, Matthias Warstat, Stuttgart/Weimar 2005 (zitiert Bearbeiter in: Metzler: »[Stichwort]«).
Meyerhold, Vsevolod E., Der Schauspieler der Zukunft und die Biomechanik, in: Vsevolod E. Meyerhold, Theaterarbeit 1917–1930, hrsg. von Rosemarie Tietze, München 1974, S. 72–76.
Meyerhold, Vsevolod E., Rezensionen des Buches »Aufzeichnungen eines Regisseurs« von A. J. Tairov (1921/1922), in: Vsevolod E. Meyerhold, Theaterarbeit 1917–1930, hrsg. von Rosemarie Tietze, München 1974, S. 63–72.
Meyerhold, Vsevolod E., Zur Geschichte und Technik des Theaters, in: Vsevolod E. Meyerhold, Schriften, 2 Bde., Berlin 1979.
Mittelstädt, Johannes, Schutz der Vortragskunst, GRUR 1909, 34–37.
Möhring, Philipp, Können technische, insbesondere Computererzeugnisse, Werke der Literatur, Musik und Kunst sein?, UFITA 50 (1967), 835–843.
Möhring/Nicolini, Urheberrecht, Kommentar, hrsg. von Hartwig Albrecht und Horst-Peter Götting, 4. Auflage 2018 (zitiert: Bearbeiter in: Möhring/Nicolini).
Morris, Charles, Grundlagen der Zeichentheorie. Ästhetik und Zeichentheorie, München 1972.
Muckel, Stefan, Kunstfreiheit – Darstellung des Hitlergrußes als geschützte Kunstperformance, JA 2014, 479.
Mukařovský, Jan, Kapitel aus der Ästhetik, Frankfurt am Main 1970.
Müller, Friedrich, Freiheit der Kunst als Problem der Grundrechtsdogmatik, Schriften zum Öffentlichen Recht, Bd. 102, Berlin 1969.
Müller, Friedrich, Normstruktur und Normativität: Zum Verhältnis von Recht und Wirklichkeit in der juristischen Hermeneutik, entwickelt an Fragen der Verfassungsinterpretation, Berlin 1966 (zitiert: F. Müller, Normstruktur und Normativität).
Müller, Friedrich/Christensen, Ralph, Juristische Methodik, Band 1, 11. Auflage, Berlin 2013.
Müller-Katzenburg, Astrid, Offener Streit um den verhüllten Reichstag, NJW 1999, 2379.
Müller-Mall, Sabine, Performative Rechtserzeugung: eine theoretische Annäherung, Weilerswist 2012.
Münch, Ingo von/Kunig, Philip (Hrsg.), Grundgesetz, Kommentar, Bd. 1: Präambel, Art. 1 bis Art. 69, 6. Auflage, München 2012 (zitiert: Bearbeiter in v. Münch/Kunig).
Münchener Kommentar zum Bürgerlichen Gesetzbuch, hrsg. von Franz Jürgen Säcker, Roland Rixecker, Hartmut Oetker und Bettina Limperg, Bd. 1: Allgemeiner Teil §§ 1–240, AllgPersönlR, ProstG, AGG (Redakteurin: Claudia Schubert), 8. Auflage, München 2018 (zitiert: Bearbeiter in: MüKo-BGB).
Nitsch, Hermann, Das Orgien – Mysterien – Theater. Die Partituren aller aufgeführten Aktionen 1960–1979, Neapel/München/Wien 1979.
Nordmann, Matthias, Rechtsschutz von Folkloreformen, 2001.
Oechsler, Jürgen, Die Idee als persönliche geistige Schöpfung – Von Fichtes Lehre im Gedankentum zum Schutz von Spielideen, GRUR 2009, 1101.
Oehmke, Helmut, Studien zum künstlerischen Urheberrecht – Motiv – Regie – darstellerische Kunst, Greifswald 1920.

Ott, Gerhard, Das Urheberrecht des Theater- und Filmregisseurs, (Diss.) München 1956.

Pakuscher, Ernst Karl, Neue Musik und Urheberrecht, UFITA 72 (1975), 107.

Peirce, Charles Sanders, Schriften, Bd. 2. Frankfurt am Main, 1970.

Pfitzner, Hans, Werk und Wiedergabe, Gesammelte Schriften, Bd. 3, Augsburg 1929.

Phelan, Peggy, Unmarked: The Politics of Performance, London/New York 1993.

Platho, Rolf, Der Quizmaster als ausübender Künstler, FuR 1982, 221.

Plessner, Helmuth, Lachen und Weinen: Eine Untersuchung nach den Grenzen menschlichen Verhaltens, München 1961.

Plessner, Helmuth, Zur Anthropologie des Schauspielers, Frankfurt am Main 1979.

Popper, Karl, Conjectures and Refutations: The Growth of Scientific Knowledge, 2. Auflage 1965.

Porstendorfer, Walter, Urheberrechte an Inszenierungen, (Diss.) Leipzig 1933.

Pütter, Johann Stephan, Der Büchernachdruck nach ächten Grundsätzen des Rechts geprüft, Nachdruck der Ausgabe Göttingen 1774, München 1981.

Raschèr, Andrea Francesco Giovanni, Für ein Urheberrecht des Bühnenregisseurs, Baden-Baden 1989.

Rau, Gerhard, Antikunst und Urheberrecht, Überlegungen zum urheberrechtlichen Werkbegriff, Hamburg 1974.

Raue, Peter, Eva & Adele – der Mensch als »Werk« im Sinne des Urheberrechts, GRUR 2000, 951–956.

Rauterberg, Hanno, Kunst im Futur II, in: DIE ZEIT vom 09.06.2005.

Read, Herbert, Formen des Unbekannten, Zürich 1963.

Rehbinder, Manfred, 150 Jahre moderne Urheberrechtsgesetzgebung in Deutschland, ZUM 1987, 328–329.

Rehbinder, Manfred, Urheberrecht, 15. Auflage, München 2008.

Rehbinder, Manfred/Peukert, Alexander, Urheberrecht, 18. Auflage, München 2018.

Ridder, Helmut, Freiheit der Kunst nach dem Grundgesetz, Vortrag, gehalten auf dem Kongreß der Internationalen Gesellschaft für Urheberrecht e.V. am 16. September 1962 in Berlin, Schriftenreihe der Internationalen Gesellschaft für Urheberrecht, 1963.

Rieger, Birgit, Die Kunst der Begegnung: in: Der Tagesspiegel vom 27.06.2015.

Riezler, Erwin, Besprechung der Abhandlung Claus-Dietrich Kochs: Das Urheberrecht des Bühnenregisseurs, UFITA 1 (1928), 340–344.

Riezler, Erwin, Deutsches Urheber- und Erfinderrecht, München 1909.

Rogger, Michael, Urheberrechtliche Fragen bei der Inszenierung von Bühnenwerken, München 1976.

Roselt, Jens, Kreatives Zuschauen, Zur Phänomenologie von Erfahrung im Theater, Der Deutschunterricht 2/2004, 46.

Rüthers, Bernd/Fischer, Christian/Birk, Axel, Rechtstheorie, 8. Auflage, München 2015.

Sachs, Michael (Hrsg.), Grundgesetz, Kommentar, 8. Auflage, München 2018 (zitiert: Bearbeiter in: Sachs).

Samson, Benvenuto, Das neue Urheberrecht, UFITA 56 (1970), S. 137.

Samson, Benvenuto, Die moderne Kunst, die Computer-»Kunst« und das Urheberrecht – Zugleich kritische Notizen zu Max Kummers Buch über »Das urheberrechtlich geschützte Werk«, UFITA 56 (1970), S. 117–148.

Sander, Daniel, Diese Frau kriegt alle rum, in: Spiegel Online, http://www.spiegel.de/kultur/kino/dokumentation-marina-abramovic-the-artist-is-present-a-869812.html (abgerufen am 10.12.2016).

Schack, Haimo, Urheber- und Urhebervertragsrecht, 4. Auflage, Tübingen 2007, 9. Auflage, Tübingen 2019.

Schechner, Richard, Environmental Theater, New York 1973, zitiert nach *Fischer-Lichte, Erika*, Ästhetik des Performativen, Frankfurt am Main 2004.

Schechner, Richard, Dionysos in 69, New York 1970.

Schiller, Friedrich, Wallenstein, Prolog, Berlin 1929.

Schilling, Jürgen, Aktionskunst: Identität von Kunst und Leben. Eine Dokumentation, Luzern/Frankfurt am Main 1978.

Schlatter-Krüger, Sybille, Zur Urheberschutzfähigkeit choreographischer Werke in der Bundesrepublik Deutschland und der Schweiz, GRUR Int. 1985, 299.

Schleiermacher, Friedrich, 1768–1834: Hermeneutik und Kritik. Mit einem Anhang sprachphilosophischer Texte Schleiermachers, F. D. E. Schleiermacher, hrsg. und eingeleitet von Manfred Frank, Frankfurt am Main 1977 (zitiert: Schleiermacher, Hermeneutik und Kritik).

Schmid, Karl Ernst, Der Büchernachdruck, aus dem Gesichtspunkt des Rechts, der Moral und Politik, Jena 1823.

Schmidt, Karsten, Urheberrechtlicher Werkbegriff und Gegenwartkunst – Krise oder Bewährung eines gesetzlichen Konzepts? UFITA 77 (1976), 1–52.

Schmieder, Hans-Heinrich, Geistige Schöpfung als Auswahl und Bekenntnis, UFITA 52 (1969), 107–114.

Schmieder, Hans-Heinrich, Zur Rechtsstellung des Bühnenregisseurs, UFITA 63 (1972), 133–149.

Schmitz, Hermann, System der Philosophie, Bonn 1965.

Schneede, Uwe, Joseph Beuys, Die Aktionen, Kommentiertes Werkverzeichnis, Ostfildern-Ruit/Stuttgart 1994.

Schopenhauer, Arthur, Neue Parerga und Paralipomena (1851), 7. Auflage, Leipzig 1891.

Schramm, Carl, Die schöpferische Leistung, Berlin 1984.

Schramm, Carl, Grundlagenforschung auf dem Gebiete des gewerblichen Rechtsschutzes und Urheberrechtes, Berlin 1954.

Schreyer, Lothar, Vom Urheberrecht des Regisseurs, Die Scene 1912, 145.

Schreyer, Lothar, Voraussetzungen für das Urheberrecht des Regisseurs, Die Scene 1913, 180.

Schricker, Gerhard, Anmerkungen zum Urteil BGH, Urt. v. 24.11.1983 – I ZR 147/81 (OLG Frankfurt) – Filmregisseur, GRUR 1984, 733–734.

Schricker, Gerhard (Hrsg.), Urheberrecht auf dem Weg zur Informationsgesellschaft, Baden-Baden 1997 (zitiert: Bearbeiter in: Schricker, Urheberrecht auf dem Weg zur Informationsgesellschaft).

Schricker, Gerhard, Der Urheberrechtsschutz von Werbeschöpfungen, Werbeideen, Werbekonzeptionen und Werbekampagnen, GRUR 1996, 815.

Schricker, Gerhard, Urheberrechtsschutz für Spiele, GRUR Int. 2008, 200.

Schricker, Gerhard/Loewenheim, Ulrich, Urheberrecht, Kommentar, 6. Auflage, München 2020 (zitiert: Bearbeiter in: Schricker/Loewenheim).

Schumann, Ekkehard, Das Rechtsverweigerungsverbot, ZZP 81 (1968), 79–102.

Schwabe, Jürgen, Probleme der Grundrechtsdogmatik, Darmstadt 1977.

Sedlmayr, Hans, Die Revolution der modernen Kunst, Rowohlts deutsche Enzyklopädie Hamburg 1955.

Seelig, Geert Johann, Der Schutz von Sprechleistungen im Rundfunk, UFITA 133 (1997), 53–109.

Seith, Sebastian, Wie kommt der Urheber zu seinem Recht?, Heidelberg 2003.

Simmel, Georg (1923): Zur Philosophie des Schauspielers; in: Simmel, Georg (1968): Das individuelle Gesetz. Philosophische Exkurse, hg. von Landmann, 1968

Smith, William Robertson, Lectures on the religion of the semites, Edinbourgh 1889.

Smoschewer, Fritz, Zur Frage des Urheberschutzes der wiedergebenden Künstler, GRUR 1927, 50–54.

Stahl, Christoph, Die Regie im Urheberrecht, Basel 1997.

Staiger, Emil, Grundbegriffe der Poetik, Zürich 1946.

Steiner, Georg, Der Rückzug vom Wort, »Merkur«, Deutsche Zeitschrift für europäisches Denken, Nr. 172/1962, 510.

Stieger, Werner, Urheberrecht: Bald ein »gewöhnliches« gewerbliches Schutzrecht; Symposium für Professor Manfred Rehbinder (15.1.2002, S. 7), http://www.homburger.ch/fileadmin/publications/URGBanal.pdf (abgerufen am 10.12.2016).

Straub, Wolfgang, Individualität als Schlüsselkriterium des Urheberrechts, GRUR Int. 2001, 1.

Telser, Liselotte, Das Urheberrecht des Regisseurs, München 1948.

Thomaschki, Kathrin E., Das schwarze Quadrat – Zur urheberrechtlichen Schutzfähigkeit zeitgenössischer Kunst, Konstanz 1995.

Troller, Alois, Das Urheberrecht und die Gerechtigkeit, UFITA 63 (1972), 1.

Troller, Alois, Die Bedeutung der statistischen Einmaligkeit im urheberrechtlichen Denken, in: Hans Merz und Walter R. Schluep (Hrsg.), Recht und Wirtschaft heute, Festgabe zum 65. Geburtstag von Max Kummer, Bern 1980, S. 265 (zit. Troller in: FS Kummer).

Troller, Alois, Immaterialgüterrecht Bd. 1, 2. Auflage, Basel/Stuttgart 1968.

Troller, Alois, Jurisprudenz auf dem Holzweg, Internationalen Gesellschaft für Urheberrecht e. V., Bd. 13, Berlin/ Frankfurt 1959.

Turner, Victor W., Betwixt and Between. The Liminal Period in Rites de Passage, in: June Helm (Hrsg.), Symposium on New Approaches to the Study of Religion. Proceedings of the 1964 Annual Spring Meeting of the American Ethnological Association, Seattle, Wash, 1964 S. 4–20.

Turner, Victor W., The Ritual Process. Structure and Anti-Structure, London 1969.

Ulmer, Eugen, Gedanken zur schweizerischen Urheberrechtsreform, in: Paul Brügger (Hrsg.), Homo Creator, Festschrift für Alois Troller, Basel/Stuttgart 1976, S. 189–205 (zit. Ulmer in: FS Troller, 1976).

Ulmer, Eugen, Der Schutz der industriellen Formgebung – Vorbemerkung der Schriftleitung, GRUR Int., 1959, 1.

Ulmer, Eugen, Der urheberrechtliche Werkbegriff und die moderne Kunst – Rezensionsabhandlung, GRUR 1968, 527.

Ulmer, Eugen, Urheber- und Verlagsrecht, 2. Auflage, Berlin/Heidelberg 1960; 3. Auflage, Berlin/Heidelberg/New York 1980.

Valéry, Paul, Leonardo et les philosophes (1929), abgedruckt in: Oeuvres, Bibliothèque de la Plèiade, Bd. I, 1957.

Van Gennep, Arnold, Les rites de passage, Paris 1909.

Vielhaber, Gert, Ödipus Komplex auf der Bühne, in: DIE ZEIT vom 02.10.1947

Vischer, Robert, Der ästhetische Akt und die reine Form (1874), in: ders. (Hrsg.), Drei Schriften zum ästhetischen Formproblem, Halle 1927.

Vischer, Theodor, »Das Symbol« (1887), Wiederabdruck in: Kritische Gänge, Bd. 4, hrsg. von Robert Vischer, München 1922.

Vischer, Theodor, Ästhetik (1846–1848), Bd. 2, München 1922.

Vischer, Frank, Neue Tendenzen in der Kunst und das Urheberrecht, Festgabe zum 65. Geburtstag von Max Kummer, Bern 1980, S. 277 289 (zitiert: Vischer in: FS Kummer, 1980).

Vollmoeller, Karl, Zur Entwicklungsgeschichte des Großen Hauses, in: Das Große Schauspielhaus. Zur Eröffnung des Hauses, hrsg. vom Deutschen Theater Berlin, Berlin 1920, S. 15–21.

Wagner, Richard, Gesammelte Schriften und Dichtungen, 10 Bde., 2. Auflage, Leipzig 1987/88.

Wandtke, Artur-Axel/Bullinger, Winfried (Hrsg.), Praxiskommentar zum Urheberrecht, 5. Auflage München 2019 (zitiert: Bearbeiter in: Wandtke/Bullinger).

Wassner, Fernando, Kunst, Geschmack und unlauterer Wettbewerb, Berlin 1975, S. 53.

Weissthanner, Margot, Urheberrechtliche Probleme neuerer Musik, München 1974.

Wellershoff, Dieter, Die Auflösung des Kunstbegriffs (I), Merkur 7/1975, 627–640.

Welsch, Wolfgang, Ästhetisches Denken, Stuttgart 1998.

Wenger, Martin, Urheberrecht an der Regie, (Diss.) Königsberg i. Pr. 1928.

Wichmann, Dominik, Eine Nacht in New York, in: SZ-Magazin 46/2007.

Wiedemann, Herbert, Richterliche Rechtsfortbildung, NJW 2014, 2407, 2411.

Winckler-Neubrand, Annemarie, Urheber- und Leistungsschutzrechte bei der Theaterinszenierung, Frankfurt am Main 1987.

Wittgenstein, Ludwig, Philosophische Untersuchungen, 3. Auflage, Frankfurt am Main 1982.

Wölfflin, Heinrich, Kunstgeschichtliche Grundbegriffe, 10. Auflage, Basel 1948.

Abkürzungsverzeichnis

aA	andere Angabe(n)
a. a. O.	am angegebenen Ort
Abs.	Absatz
AcP	Archiv für die civilistische Praxis (Zeitschrift)
AG	Amtsgericht
AGG	Allgemeines Gleichbehandlungsgesetz
Alt.	Alternative
amtl.	Amtliche
Art.	Artikel
Aufl.	Auflage
Ausf.	Ausführung
Az.	Aktenzeichen
Bd.	Band
Begr.	Begründung
Bem.	Bemerkung(en)
BFH	Bundesfinanzhof
BGB	Bürgerliches Gesetzbuch
BGBl.	Bundesgesetzblatt
BGH	Bundesgerichtshof
BGHZ	Entscheidungen des Bundesgerichtshofes in Zivilsachen (Sammlung)
BT	Bundestag
BVerfGE	Entscheidungen des Bundesverfassungsgerichts (Sammlung)
DM	Deutsche Mark
Drucks.	Drucksachen
Einl	Einleitung
Entw.	Entwurf
Fn	Fußnote
FS	Festschrift
FuR	Familie und Recht (Zeitschrift)
Ges.	Gesetz
GG	Grundgesetz
GRUR	Gewerblicher Rechtsschutz und Urheberrecht (Zeitschrift)
Halbs.	Halbsatz
Hdb.	Handbuch
h. M.	herrschende Meinung
InfoSoc -RL	RICHTLINIE 2001/29/EG
insb.	Insbesondere
i. S. v.	im Sinne von
i. V. m.	in Verbindung mit
JA	Juristische Arbeitsblätter (Zeitschrift)
JuS	Juristische Schulung (Zeitschrift)
KG	Kammergericht
Komm.	Kommentar
KuR	Kunst und Recht (Zeitschrift)
LG	Landgericht
LUG	Gesetz betreffend das Urheberrecht an Werken der Literatur und der Tonkunst
MüKo	Münchener Kommentar
m. w. N.	mit weiteren Nachweisen
NF	Neue Folge
NJW	Neue Juristische Wochenschrift
Nr.	Nummer
OLG	Oberlandesgericht
ProstG	Prostitutionsgesetz
RBÜ	Revidierte Berner Übereinkunft
RG	Reichsgericht
RGZ	Entscheidungssammlung des Reichsgerichts in Zivilsachen
Rn	Randnummer
Rspr.	Rechtsprechung

S.	Satz/Seite(n)
st.	ständige
StA	Staatsanwaltschaft
StPO	Strafprozessordnung
UFITA	Archiv für Medienrecht und Medienwissenschaft (Zeitschrift)
UrhG	Urheberrechtsgesetz
Urt.	Urteil
vgl.	vergleiche
WPPT	WIPO Performances and Phonograms Treaty
ZSR	Zeitschrift für Schweizerisches Recht
ZUM	Zeitschrift für Urheber- und Medienrecht
ZZP	Zeitschrift für Zivilprozess

Abbildungsverzeichnis

Der Autor

Foto: Marie Jacob

Dr. Moritz Johannes Ott, geb. 1980, ist Rechtsanwalt und Fachanwalt für Urheber- und Medienrecht und arbeitet seit 2017 bei Jüdemann Rechtsanwälte in Berlin. Als IP-Anwalt liegt der Schwerpunkt seiner Tätigkeit im Bereich des Schutzes und der Verwertbarkeit kreativer Leistungen. Hierzu berät und vertritt er Mandanten aus der Kultur- und Kreativwirtschaft. Vor seinem Studium der Rechtswissenschaften an der Freien Universität Berlin, wo er promoviert wurde, absolvierte er seinen Zivildienst am Deutschen Theater Berlin. Er ist Gründungsmitglied vom Schauwerk Berlin e.V. und seit 2022 Vorstandsmitglied im Deutschen Werkbund Berlin e.V. sowie Mitglied der Deutschen Vereinigung für gewerblichen Rechtsschutz und Urheberrecht e.V. (GRUR). Seit 2020 unterrichtet er im Masterstudiengang AMM Architektur Mediamanagement an der Hochschule Bochum Urheberrecht, Medienrecht und Markenrecht. Ebenfalls seit 2020 ist er zertifizierter Permakulturdesigner.

Recherchen

1 Maßnehmen: Die Maßnahme . Kontroverse Perspektive Praxis Brecht/ Eislers Lehrstück
3 Adolf Dresen – Wieviel Freiheit braucht die Kunst? . Reden Briefe Verse Spiele
4 Rot gleich Braun . Brecht-Tage 2000
6 Zersammelt . Die inoffizielle Literaturszene der DDR
7 Martin Linzer – »Ich war immer ein Opportunist ...« . 12 Gespräche über Theater und das Leben in der DDR, über geliebte und ungeliebte Zeitgenossen
8 Jost Hermand – Das Ewig-Bürgerliche widert mich an . Brecht-Aufsätze
9 Die Berliner Ermittlung von Jochen Gerz und Esther Shalev-Gerz – Theater als öffentlicher Raum
10 Friedrich Dieckmann – Die Freiheit ein Augenblick . Texte aus vier Jahrzehnten
11 Brechts Glaube . Brecht-Tage 2002
12 Hans-Thies Lehmann – Das Politische Schreiben . Essays zu Theatertexten
13 Manifeste europäischen Theaters . Theatertexte von Grotowski bis Schleef
14 Jeans, Rock & Vietnam . Amerikanische Kultur in der DDR
15 Szenarien von Theater (und) Wissenschaft
19 Die Insel vor Augen . Festschrift für Frank Hörnigk
22 Falk Richter – Das System . Materialien Gespräche Textfassungen zu »Unter Eis«
23 Brecht und der Krieg . Brecht-Tage 2004
26 Gabriele Brandstetter – BILD-SPRUNG . TanzTheaterBewegung im Wechsel der Medien
27 Johannes Odenthal – Tanz Körper Politik . Texte zur zeitgenössischen Tanzgeschichte
28 Carl Hegemann – Plädoyer für die unglückliche Liebe . Texte über Paradoxien des Theaters 1980–2005
30 VOLKSPALAST . Zwischen Aktivismus und Kunst. Aufsätze
31 Brecht und der Sport . Brecht-Tage 2005
32 Theater in Polen . 1990–2005
36 Politik der Vorstellung . Theater und Theorie
37 Das Analoge sträubt sich gegen das Digitale? . Materialitäten des deutschen Theaters in einer Welt des Virtuellen
39 Stefanie Carp – Berlin/ Zürich/ Hamburg . Texte zu Theater und Gesellschaft
40 Durchbrochene Linien . Zeitgenössisches Theater in der Slowakei
41 Friedrich Dieckmann – Bilder aus Bayreuth . Festspielberichte 1977–2006
42 Sire, das war ich . Lessings Schlaf Traum Schrei Heiner Müller Werkbuch
46 Sabine Schouten – Sinnliches Spüren . Wahrnehmung und Erzeugung von Atmosphären im Theater
48 Die Zukunft der Nachgeborenen . Brecht-Tage 2007
49 Joachim Fiebach – Inszenierte Wirklichkeit . Kapitel einer Kulturgeschichte des Theatralen
52 Angst vor der Zerstörung . Der Meister Künste zwischen Archiv und Erneuerung
54 Strahlkräfte . Festschrift für Erika Fischer-Lichte
55 Martin Maurach – Betrachtungen über den Weltlauf . Kleist 1933–1945
56 Im Labyrinth . Theodoros Terzopoulos begegnet Heiner Müller
57 Kleist oder die Ordnung der Welt
58 Helene Varopoulou – Passagen . Reflexionen zum zeitgenössischen Theater
60 Elisabeth Schweeger – Täuschung ist kein Spiel mehr . Nachdenken über Theater
61 Theaterlandschaften in Mittel-, Ost- und Südosteuropa
62 Anja Klöck – Heiße West- und kalte Ost-Schauspieler? . Diskurse, Praxen, Geschichte(n) zur Schauspielausbildung in Deutschland nach 1945
63 Vasco Boenisch . Krise der Kritik? . Was Theaterkritiker denken – und ihre Leser erwarten
64 Theater in Japan
65 Sabine Kebir – »Ich wohne fast so hoch wie er« Steffin und Brecht
66 Das Angesicht der Erde . Brechts Ästhetik der Natur . Brecht-Tage 2008
67 Go West . Theater in Flandern und den Niederlanden
70 Reality Strikes Back II . Tod der Repräsentation
71 per.SPICE! . Wirklichkeit und Relativität des Ästhetischen
72 Radikal weiblich? . Theaterautorinnen heute
74 Frank Raddatz – Der Demetriusplan . Oder wie sich Heiner Müller den Brechtthron erschlich
75 Müller Brecht Theater . Brecht-Tage 2009
76 Falk Richter – Trust
79 Woodstock of Political Thinking . Im Spannungsfeld zwischen Kunst und Wissenschaft
81 Die Kunst der Bühne . Positionen des zeitgenössischen Theaters
82 Working for Paradise . Der Lohndrücker. Heiner Müller Werkbuch
83 Die neue Freiheit . Perspektiven des bulgarischen Theaters
84 B. K. Tragelehn – Der fröhliche Sisyphos . Der Übersetzer, die Übersetzung, das Übersetzen
87 Macht Ohnmacht Zufall . Aufführungspraxis, Interpretation und Rezeption im Musiktheater des 19. Jahrhunderts und der Gegenwart
91 Die andere Szene . Theaterarbeit und Theaterproben im Dokumentarfilm

Theater der Zeit

Recherchen

93 Adolf Dresen – Der Einzelne und das Ganze . Zur Kritik der Marxschen Ökonomie
95 Wolfgang Engler – Verspielt . Schriften und Gespräche zu Theater und Gesellschaft
97 Magic Fonds . Berichte über die magische Kraft des Kapitals
98 Das Melodram . Ein Medienbastard
99 Dirk Baecker – Wozu Theater?
100 Rimini Protokoll – ABCD
101 Rainer Simon – Labor oder Fließband? . Produktionsbedingungen freier Musiktheaterprojekte an Opernhäusern
102 Lorenz Aggermann – Der offene Mund . Über ein zentrales Phänomen des Pathischen
103 Ernst Schumacher – Tagebücher 1992–2011
104 Theater im arabischen Sprachraum
105 Wie? Wofür? Wie weiter? . Ausbildung für das Theater von morgen
106 Theater in Afrika – Zwischen Kunst und Entwicklungszusammenarbeit . Geschichten einer deutsch-malawischen Kooperation
107 Roland Schimmelpfennig – Ja und Nein . Vorlesungen über Dramatik
108 Horst Hawemann – Leben üben . Improvisationen und Notate
109 Reenacting History: Theater & Geschichte
110 Dokument, Fälschung, Wirklichkeit . Materialband zum zeitgenössischen Dokumentarischen Theater
111 Theatermachen als Beruf . Hildesheimer Wege
112 Parallele Leben . Ein Dokumentar-Theaterprojekt zum Geheimdienst in Osteuropa
113 Die Zukunft der Oper . Zwischen Hermeneutik und Performativität
114 FIEBACH . Theater. Wissen. Machen
115 Auftreten . Wege auf die Bühne
116 Kathrin Röggla – Die falsche Frage . Theater, Politik und die Kunst, das Fürchten nicht zu verlernen
117 Momentaufnahme Theaterwissenschaft . Leipziger Vorlesungen
118 Italienisches Theater . Geschichte und Gattungen von 1480 bis 1890
119 Infame Perspektiven . Grenzen und Möglichkeiten von Performativität und Imagination
120 Vorwärts zu Goethe? . Faust-Aufführungen im DDR-Theater
121 Theater als Intervention . Politiken ästhetischer Praxis
123 Hans-Thies Lehmann – Brecht lesen
124 Du weißt ja nicht, was die Zukunft bringt . Die Expertengespräche zu »Die Schutzflehenden / Die Schutzbefohlenen« am Schauspiel Leipzig
125 Henning Fülle – Freies Theater . Die Modernisierung der deutschen Theaterlandschaft (1960–2010)
126 Christoph Nix – Theater_Macht_Politik . Zur Situation des deutschsprachigen Theaters im 21. Jahrhundert
127 Darstellende Künste im öffentlichen Raum . Transformationen von Unorten und ästhetische Interventionen
128 Transformationen des Theaters in Ostdeutschland zwischen 1989 und 1995 . Umbrüche und Aufbrüche
129 Applied Theatre . Rahmen und Positionen
130 Günther Heeg – Das Transkulturelle Theater
131 Vorstellung Europa – Performing Europe . Interdisziplinäre Perspektiven auf Europa im Theater der Gegenwart
132 Helmar Schramm – Das verschüttete Schweigen . Texte für und wider das Theater, die Kunst und die Gesellschaft
133 Clemens Risi – Oper in performance . Analysen zur Aufführungsdimension von Operninszenierungen
134 Willkommen Anderswo – sich spielend begegnen . Theaterarbeiten mit Einheimischen und Geflüchteten
135 Flucht und Szene . Perspektiven und Formen eines Theaters der Fliehenden
136 Recycling Brecht . Materialwert, Nachleben, Überleben
137 Jost Hermand – Die aufhaltsame Wirkungslosigkeit eines Klassikers . Brecht-Studien
139 Theater der Selektion . Personalauswahl im Unternehmen als ernstes Spiel
140 Thomas Wieck – Regie: Herbert König . Über die Kunst des Inszenierens in der DDR
141 Praktiken des Sprechens im zeitgenössischen Theater
143 Ist der Osten anders? . Expertengespräche am Schauspiel Leipzig
144 Gold L'Or . Ein Theaterprojekt in Burkina Faso
145 B. K. Tragelehn – Roter Stern in den Wolken 2
146 Theater in der Provinz . Künstlerische Vielfalt und kulturelle Teilhabe als Programm
147 Res publica Europa . Networking the performing arts in a future Europe
148 Julius Heinicke – Sorge um das Offene . Verhandlungen von Vielfalt im und mit Theater
149 Julia Kiesler – Der performative Umgang mit dem Text . Ansätze sprechkünstlerischer Probenarbeit im zeitgenössischen Theater
150 Raimund Hoghe – Wenn keiner singt, ist es still . Porträts, Rezensionen und andere Texte (1979–2019)

Theater der Zeit

Recherchen

Theater der Zeit